吴门贩书丛谈

上

江澄波⊙著

江澄波近影

江澄波与祖父母等合影（1937 年杭州）

江静澜夫妇

江澄波夫妇

江澄波与女儿江娟娟

江澄波与沈燮元（中）、宋平生（右）

江澄波与杜信孚（右）

江澄波与吴格（左）、李军（右）

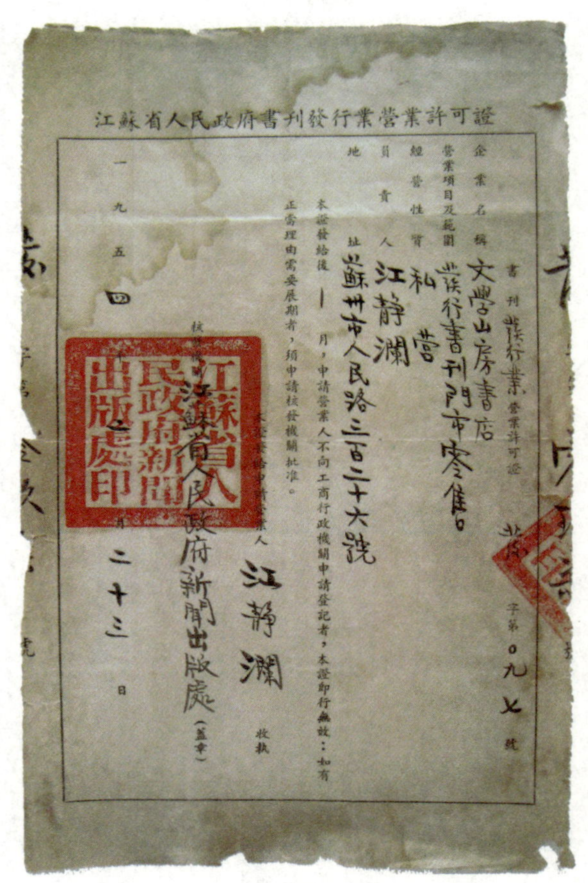
江蘇省人民政府書刊發行業營業許可證

書刊發行業營業許可證 發字第〇九七號

企業名稱 文學山房書店

營業項目及範圍 發行書刊門市零售

經營性質 私營

負責人 江靜瀾

地址 蘇州市人民路三百二十六號

本證發給後一月，申請營業人不向工商行政機關申請登記者，本證即行無效；如有正當理由需要展期者，須申請核發機關批准。

本證發給申請營業人 江靜瀾 收執

核發機關 江蘇省人民政府新聞出版處（蓋章）

江蘇省人民政府新聞出版處印

一九五四年　月二十三日

文学山房营业许可证

文學山房啟事牋

景鄭先生有道：復示拜悉（原目收閱）承。各書茲已照分一十九包，遵郵來青閣轉寄，希台洽。費單附上。至于寄費義不能抹除，實爰價極公道，諒高明終可鑒恤。代告前途，必許校出索還，即寄原目。容稍緩重錄寄呈。懇為介紹諸荐，照拂深感謝。匆匆復，順頌

文綏

晚生江靜瀾拜 八月

家嚴命附筆道候

蘇州護龍街七百零七號

江静澜致潘景郑札

靜瀾先生：

多年不晤，至為想念。

巾箱本聚珍版叢書有双邊單邊兩種，單邊者為杭州刻，双邊者是蘇州刻。蘇州刻的共有若干種，向無著錄。弟零星搜羅已得二十餘種，如有未備者尚想補購。尊處如有双邊的小聚珍版零種，请隨時見告。

唐六典 掃葉山房刻本或廣雅局本均可

唐尚書省郎官石柱題名考 月湖精舍叢鈔本

以上兩種，如有書，亦请見告。

敬禮

弟 陳乃乾謹啟 五月十九日

陈乃乾致江静澜札

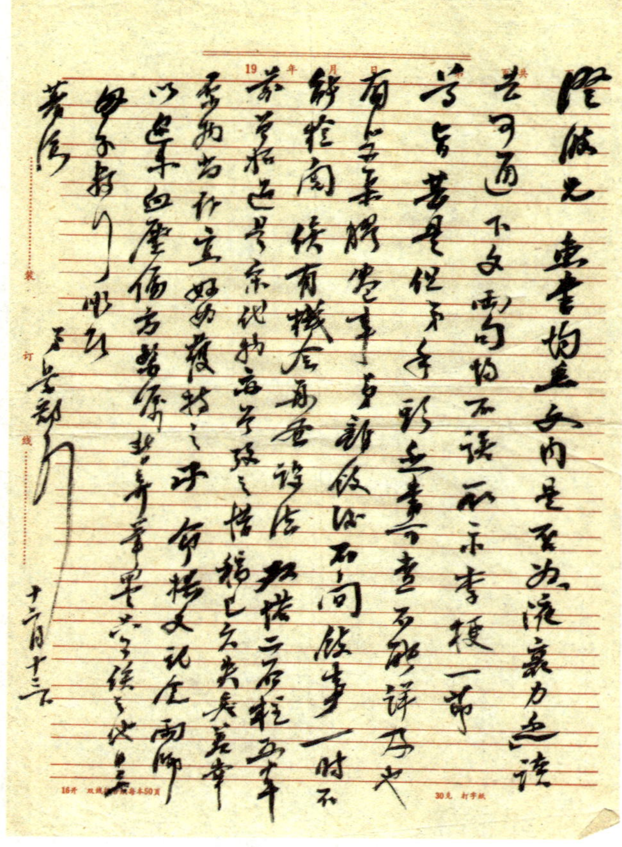

潘景郑致江澄波札

澄波同志：

信悉。要的书，名单如下：①秋红霞词，②春雪阁偶录，③悔庵诗钞，④寒松山房诗词草，⑤小隐庵词草，⑥小绿天庵诗词草，⑦历朝名贤篆书百体千字文，⑧黄哥轩田课，⑨画家三昧。

名媛图我已有。

另寄上黄山志略，分订四本，书根太窄，能不能加书根？只是太麻烦。书品太小，禁不起重装时切上下。黄山志定分订五本、查有补书眼；黄梨

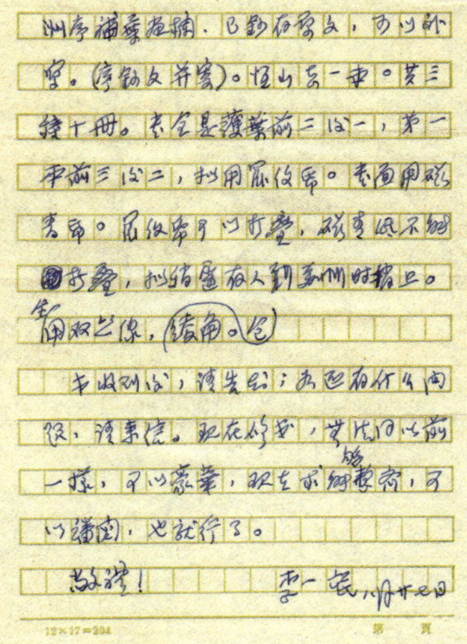

洲序补叶抄补，已抄在原处，可以补写。（序钞文并寄）。恒山志一本。黄三续十册。书全是护叶前三后一，第一本前三后二，抄用原纸印。书面用旧书面。原纸印可以订书，旧书面不能订书，书面另给先到苏州时带上。全用双丝线，包角。

书收到后，请告我；书还有什么问题，请来信。现在修书，要依照以前一样，可以豪华，只要求能够整齐，可以翻阅，也就行了。

敬礼！

李一氓 八月廿七日

李一氓致江澄波札

60 018

王謇致江澄波札

陕西师范大学古籍整理研究所

澄波先生：前在贵店看书，[illegible]甲佩文斋本，足见先生鉴别之精审，佩甚佩甚。其中三朝本北齐书一部，以颇有抄配，不如宋平生君所购一部之完善（宋君曾是年之学生），遂来问价，近思此等书今亦不多了，如价能廉于宋君所购之价，弟仍欲购置，乞斟酌后即赐来信示知为盼。专肃

敬颂

文祺

黄永年上

96.7.17.

贵店胡識清君均请代问好

黄永年致江澄波札

澄波先生：

手书敬悉。

我只有旧所刻[illegible]一两种，不是多种，一时也不想出让。目前书市不景气，卖古旧书而买新书，得不偿失，是以仍以抱残守缺为佳也。

书目甚欲一观，此种书目已多年不见，何时编成，仁兄[illegible]不多，[illegible]如何。

匆此即问

近安

黄裳 9月23日

黄裳致江澄波札

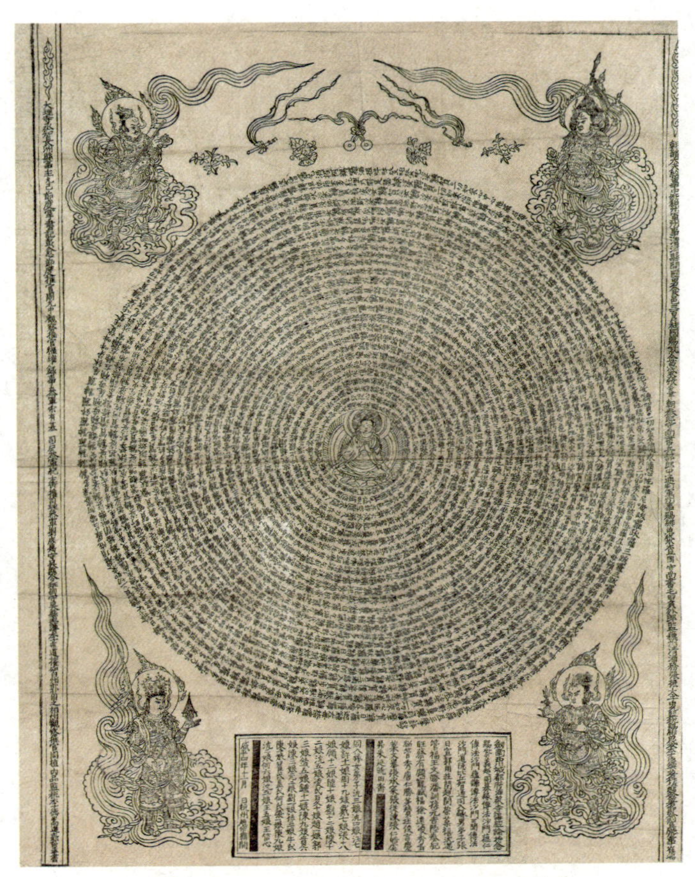

宋刻《大随求陀罗尼神咒经》 苏州博物馆藏

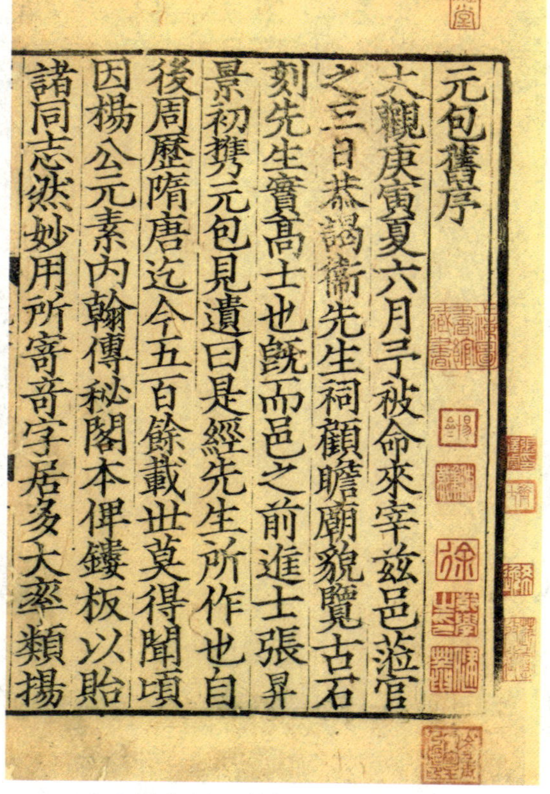

元包舊序

大觀庚寅夏六月予被命來宰茲邑蒞官之三日恭謁衛先生祠顧瞻廟貌覽古石刻先生實高士也既而邑之前進士張昇景初携元包見遺曰是經先生所作也自後周歷隋唐迄今五百餘載世莫得聞頃因楊公元素內翰傳秘閣本俾鏤板以貽諸同志然妙用所寄奇字居多大率類揚

宋刻《元包经传》 上海图书馆藏

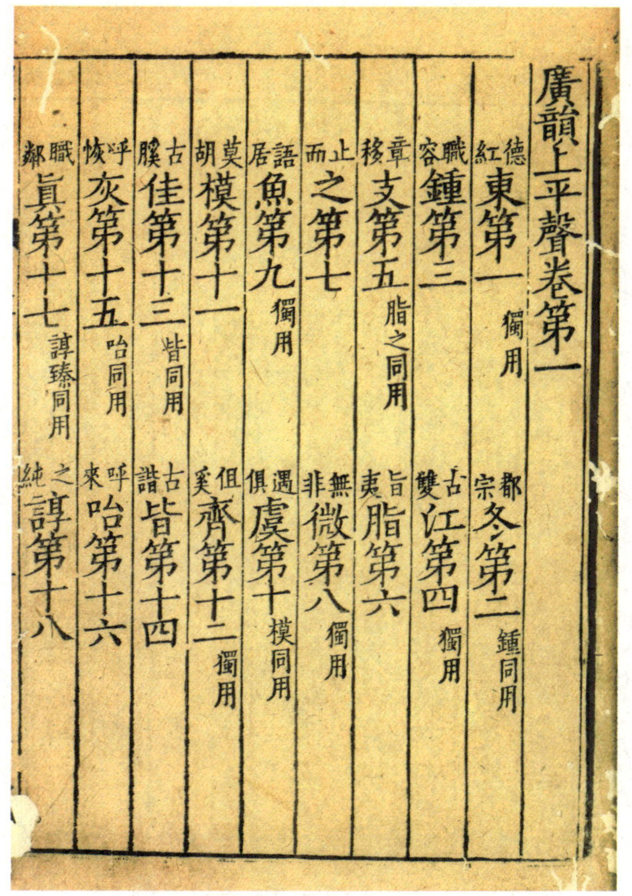

廣韻上平聲卷第一

德紅東第一獨用　都宗冬第二鍾同用

職容鍾第三　古雙江第四獨用

章移支第五脂之同用　旨夷脂第六

止而之第七　無非微第八獨用

語居魚第九獨用　遇俱虞第十模同用

莫胡模第十一　徂奚齊第十二獨用

古膎佳第十三皆同用　古諧皆第十四

呼恢灰第十五咍同用　呼來咍第十六

職鄰眞第十七諄臻同用　之純諄第十八

宋刻《广韵》 上海图书馆藏

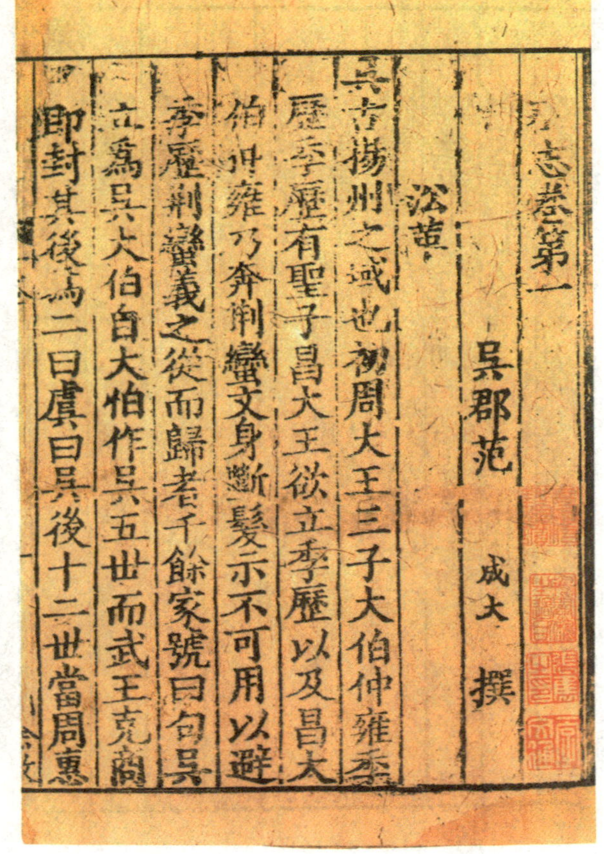
吳郡志卷第一

吳郡范　成大　撰

沿革

吳古揚州之域也初周大王三子大伯仲雍季歷季歷有聖子昌大王欲立季歷以及昌大伯仲雍乃奔荊蠻文身斷髮示不可用以避季歷荊蠻義之從而歸者千餘家號曰句吳立為吳大伯自大伯作吳五世而武王克商即封其後為二曰虞曰吳後十二世當周惠

宋刻《吴郡志》 南京图书馆藏

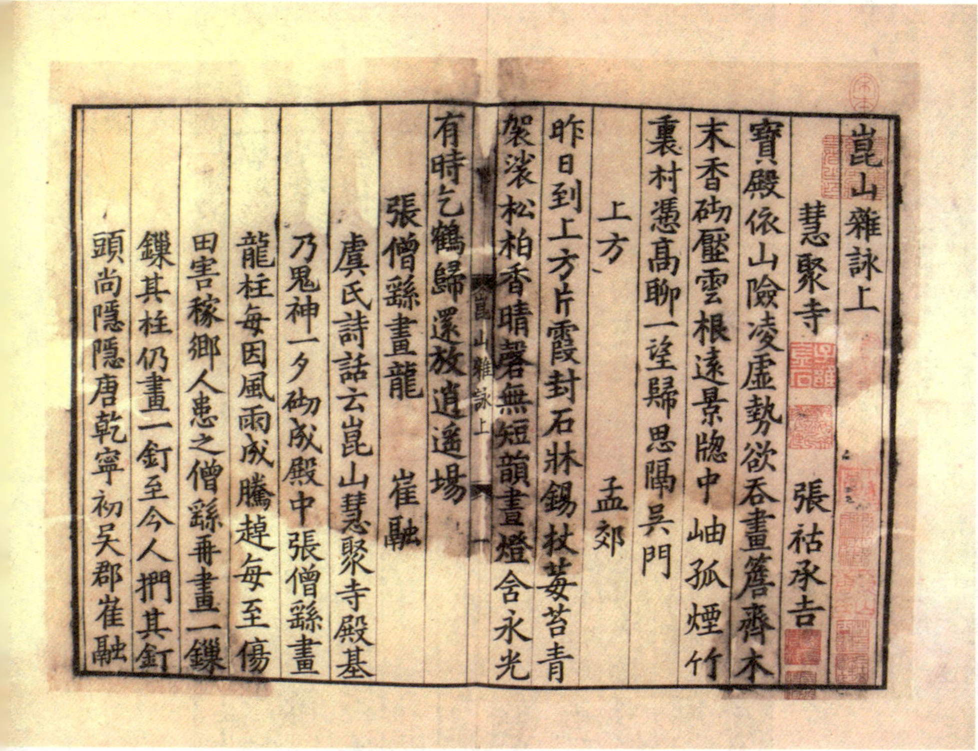

崑山雜詠上

慧聚寺　張祜承吉

寶殿依山險凌虚勢欲吞畫簷齊木
末香砌壓雲根遠景牕中岫孤煙竹
裏村憑高聊一望歸思隔吴門

上方　孟郊

昨日到上方片霞封石牀錫杖莓苔青
袈裟松柏香晴磬無短韻晝燈含永光
有時乞鶴歸還放逍遥場

崑山雜詠上　一

張僧繇畫龍　崔融

虞氏詩話云崑山慧聚寺殿基
乃鬼神一夕砌成殿中張僧繇畫
龍柱每因風雨成騰趠每至傷
田害稼鄉人患之僧繇再畫一鏁
鏁其柱仍畫一釘至今人捫其釘
頭尚隱隱唐乾寧初吴郡崔融

宋刻《昆山杂咏》 国家图书馆藏

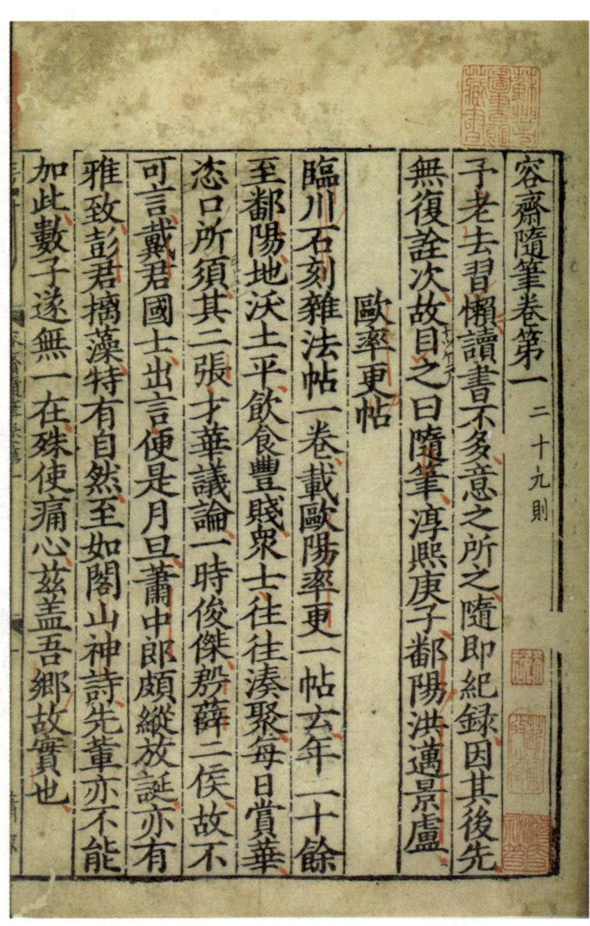

容齋隨筆卷第一　二十九則

予老去習懶讀書不多意之所之隨即紀録因其後先無復詮次故目之曰隨筆淳熙庚子鄱陽洪邁景盧

歐率更帖

臨川石刻雜法帖一卷載歐陽率更一帖云年二十餘至鄱陽地沃土平飲食豐賤衆士往往湊聚每日賞華恣口所須其二張才華議論一時俊傑殷薛二侯故不可言戴君國士出言便是月旦蕭中郎頗縱放誕亦有雅致彭君摛藻特有自然至如閣山神詩先輩亦不能加此數子遂無一在殊使痛心茲蓋吾鄉故實也

宋刻《容斋随笔》苏州图书馆藏

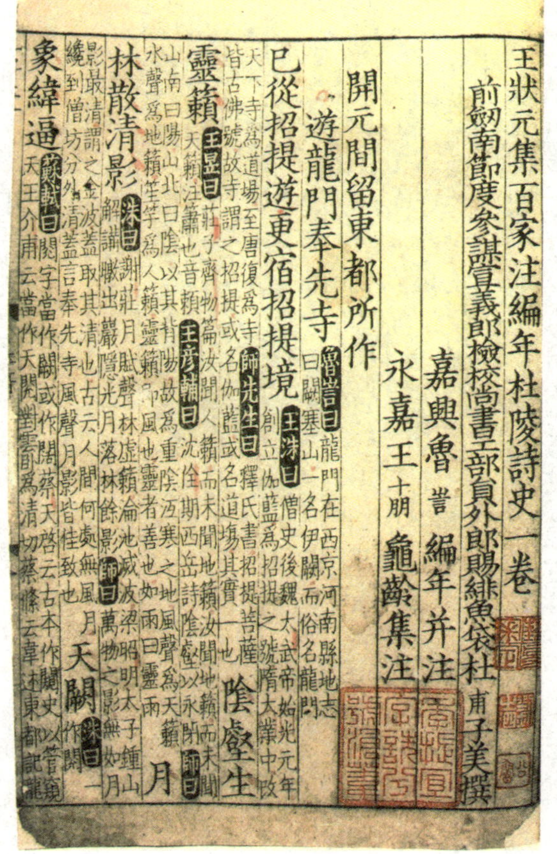

王狀元集百家注編年杜陵詩史一卷

前劍南節度參謀宣義郎檢校尚書工部員外郎賜緋魚袋杜甫子美撰

嘉興魯訔編年并注

永嘉王十朋龜齡集注

開元間留東都所作

遊龍門奉先寺 魯訔曰龍門在西京河南縣地志曰闕塞山一名伊闕而俗名龍門

已從招提遊更宿招提境 王洙曰僧史後魏太武帝始光元年創立伽藍爲招提之號隋大業中改天下寺爲道場至唐復爲寺 師先生曰釋氏書招提菩薩皆古佛號故寺謂之招提或名伽藍或名道場其實一也 陰壑生

靈籟 王昱曰莊子齊物篇汝聞人籟而未聞地籟汝聞地籟而未聞天籟注簫也音賴 王彥輔曰沈佺期西岳詩陰壑以永閟 師曰山南曰陽山北曰陰以其背陽故爲重陰冱寒之地風聲爲天籟水聲爲地籟笙竽爲人籟靈籟即風也靈者善也如雨曰靈雨 月

林散清影 朱曰謝莊月賦聲林虛籟淪池滅波梁昭明太子鍾山解講曒出巖隱光月落林餘影 師曰萬物之影無如月影最清謂之金波蓋取其清也古云人間何處無風月繞到僧坊分外清蓋言奉先寺風聲月影皆佳致也 天闕 朱曰一作闕

象緯逼 蘇軾曰閱字當作闕或作闚蔡天啓云古本作闚史以管窺天王介甫云當作天閱對雲臥爲清切蔡絛云韋述東都記龍

宋刻《王狀元集百家注编年杜陵诗史》 苏州图书馆藏

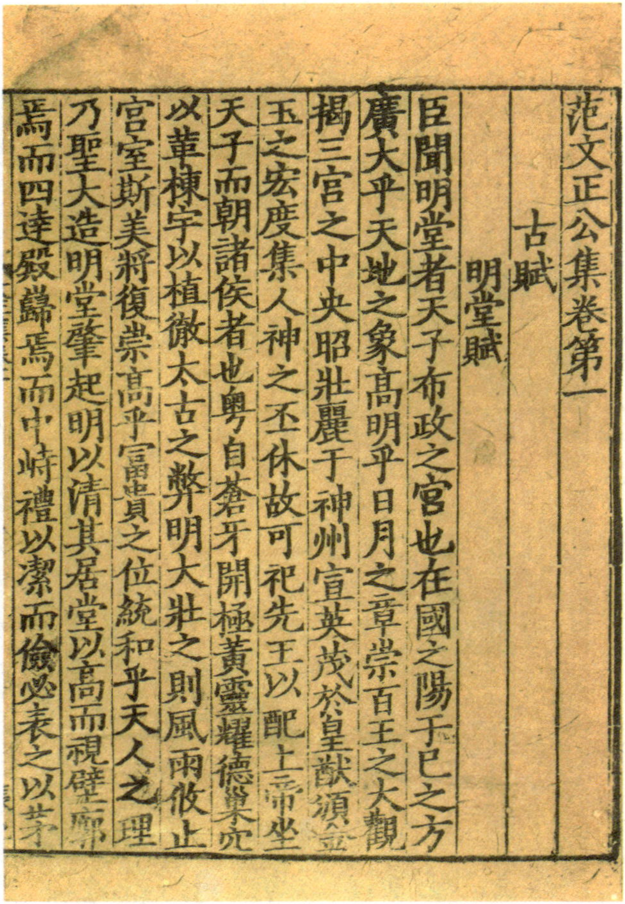

范文正公集卷第一

古賦

明堂賦

臣聞明堂者天子布政之宮也在國之陽于巳之方廣大乎天地之象高明乎日月之章崇百王之大觀揭三宮之中央昭壯麗于神州宣英茂於皇猷須金玉之宏度集人神之丕休故可祀先王以配上帝坐天子而朝諸侯者也粵自蒼牙開極黃靈耀德巢穴以華棟宇以植徹太古之弊明大壯之則風雨攸止宮室斯美將復崇高乎富貴之位統和乎天人之理乃聖大造明堂肇起明以清其居堂以高而視璧廱焉而四達殿巋焉而中峙禮以潔而儉必表之以茅

元刻《范文正公集》 国家图书馆藏

梅花衲

荷澤李龏　集句

蟾精雪魄孕靈荄，逐朶檀心巧勝裁。要比春工高一著，凌寒先伴六花開。歐陽永叔　丁謂之　王承可　田元邈

封植何人考厥初，一枝價直萬瓊琚。未央宫裏三千女，捲上朱簾總不如。馮文度　蘇子瞻　李商隱　杜牧之

冰姿元住藐姑山，一落風塵即厚顏。寄語清香少愁結，春光不度玉門關。

毛氏影宋抄本《梅花衲》 国家图书馆藏

林外野言卷上

崑山郭翼羲仲著

精衛操和鐵崖韻

東海水雖大，精衛心不移。銜石填海有滿時，有滿時，海有底，吁嗟人心不如海。

花游曲和鐵崖韻

石池天地花溟濛，夫容暖紅旗颭風。錦艚兩帆出雲裊，玉鱸搖溶養龍水。寶坊壁堂山入門，瓊琚雜珮飄

清鲍氏知不足斋批校本《林外野言》　苏州博物馆藏

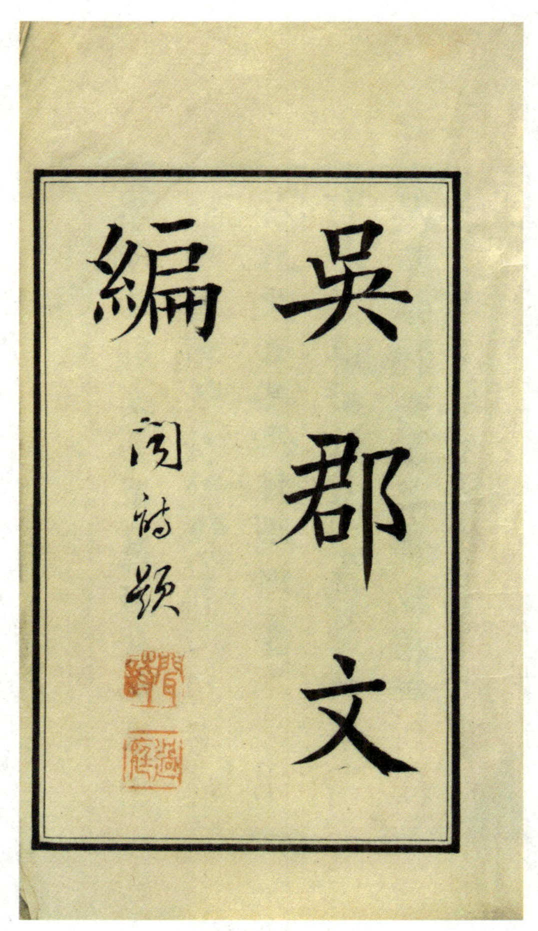

稿本《吴郡文编》扉页

東南巨郡吳為最聲明文物實甲宇內軌風之使鮮不訝人握靈珠家抱荆玉又其地殷賑蕃庶閩淛江廣道出其間他邦才俊維符寄廛輒多撰著不薈其緫後世何稽吾長洲顧湘舟上舍乃奮然有吳

稿本《吴郡文编》书影

吴敦木为江澄波绘《暮山塔影图》

吴雨苍为江澄波绘《访书图》

朱西邨为江澄波绘《仿大千山水》

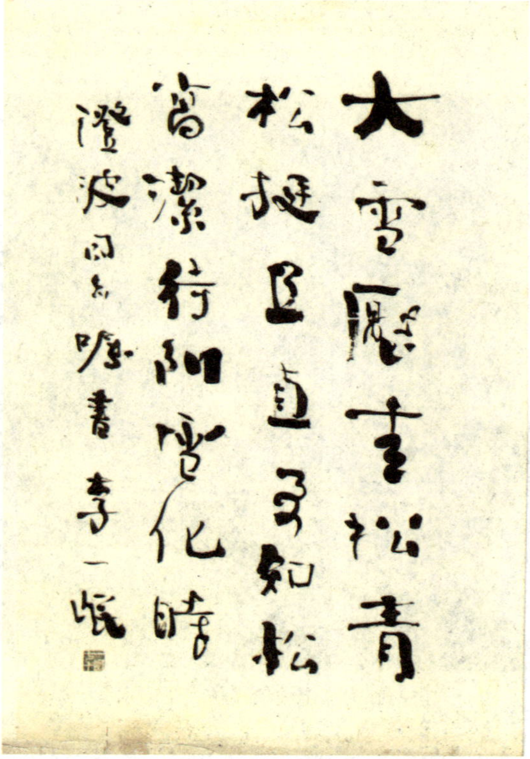

李一氓书陈毅诗轴

顾廷龙《临史颂敦盖铭》

一角殘山劫外支，淡煙冷翠不成詩。我來初見西湖影，却共垂楊照鬢絲。（己巳初到西湖）

半湖雨過日痕青，如夢千峰綠滿亭。一道晚虹圓到水，荷風吹面酒人醒。（雨過三潭）

殘柳依然護廟門，行人繫纜綠初昏。半湖雨歇一蛙語，漠漠野花搖夢魂。（岳王祠晚眺）

憑欄天近一鷗無，着個來僧若可呼。兩岸柳風雙槳雨，載將山綠過西湖。（晚起望湖）

踢倒須彌碎大千，塔鈴語斷聖湖邊。仙塵佛劫從頭數，已轉風輪九百年。（雷峰塔殘址）

舊作錄似澄波方家兩正　壬申夏八五叟錢仲聯

钱仲联为江澄波题诗

序

戊戌长夏，老友澄波兄自吴门来书，谓其近著《吴门贩书丛谈》行将付梓，欲丐一言，以为推介。

按吴门文学山房主人江君杏溪，原籍浙江吴兴织里镇，其父椿山迁苏州，为阊门扫叶山房店员。杏溪则在嘉兴旧书铺习业，光绪已亥，老父弃养，由嘉返苏，自创文学山房书肆于嘉余坊口。

吴地为文物之邦，故家藏书，时有流散。旧刻名抄，每为江氏所得，今略举一二，如宋刻蜀本《陈后山集》，毛氏汲古阁抄本《复古编》，何焯、黄丕烈跋明抄本《古今岁时杂咏》，明刊本杨循吉《南峰杂著》等。1924 年，又编印《江氏聚珍版丛书》四集二十八种，均属清代名家著述，稀见而难得者，一时纸贵洛阳，不胫而走，后又重印《望炊楼丛书》、《心矩斋丛书》等。

建国初，杏溪病殁，由其子静澜、孙澄波嗣守其业。澄波擅目录之学，精鉴别，耳濡目染，能与其先祖后先辉映。今将其平素所撰文字，勒为一编，倘亦为多闻君子所乐闻乎！

2018 年 7 月上浣，沈燮元谨序，时年九十有四。

目 录

版本目录之属

贩书经眼之属

书林旧闻之属

书人书话之属

读书小识之属

书札忆往之属

附录

版本目录之属

怎样鉴别古籍版本

一、版本名称的由来和发展

（一）书之称本

我国书之称本，始于汉代刘向，刘向《别录》云：“一人读书，校其上下，得其谬误，为校。一人持本，一人读书，若怨家相对，为雠。”这里所谓持本，即持书本的意思。到了南北朝时期，颜之推著的《颜氏家训》中，有一篇《书证篇》举了许多本子，有江南本，河北本，俗本，江南旧本，江南古本，江南书本等等，书之称本，便很通俗了。（都是楷写本）

（二）版本的发展

雕版印刷术是我国四大发明之一，至今已有一千多年的历史。在版刻印书出现后，手写传抄本仍然流行，为了区分它们的不同，就产生了版本这个名称。随着雕版印刷事业的发展，同一内容的书，往往有好几种不同的印本，版本的含义也就更加广泛，到了现在，一些非雕版印刷的铅印本、石印本、晒印本、油印本、静电复印本等等，也都成为版本的内容。

二、研究版本的意义

（一）为什么要研究版本

中国的古籍不但品种多，就是同一种书也有初刻、重刻、翻刻、初印、后印的区别。另一方面在刻印的过程中，由于具体条件的不同，写刻印工，校勘好坏，也会产生差异。或者有些书的内容与当时封建皇朝统治阶级的利益有抵触，因而被他们妄加删改，失去了本来面目；也有些刻书家自作聪明，书坊主人为了追求利润，标新立异，对原书内容增删改动，或不认真校勘，草率从事，以致错误百出。因此正确鉴定版本，不但可以说明书籍产生的时代和具体情况，而且也可以反映出图书的内容和价值。

（二）区分善本与劣本对读书研究的重要性

古书经过传刻或传抄，脱文误字，势所难免，要靠专家校正补完，方可诵读。现举数例，可见一斑。刘勰《文心雕龙》是一部文学理论名著，全书十卷，分上下编，而元代一刻，明弘治一刻、嘉靖三刻、万历一刻，其中《隐秀篇》皆缺，明钱允治得到了宋本，方为补足。又《元氏长庆集》第十卷第五至六页，明刻各本皆缺，而宋本独存。这是说的脱文。又明初有一名医叫戴元礼，常到南京。见一医家，去求诊的病人很多，元礼以为这一定是神医，天天到那医家门口看看。偶然看见一个求药的病人已出门外，那医师追出门去，叫那病人煎药时，一定要放一块锡下去同煎。元礼听了，很觉奇怪，因为自古以来，从未有以锡入煎剂的，遂问那医师。医师说：“这是古方。”元礼求得其书，乃是饧（餳）字，急为改正。（见《俨山外集》）饧即糖，食旁误作金旁，又少一笔，变为锡字。由于医师不讲版本，沿用劣本误书开方，险些害人性命。这是说的误字。若推广而之，读书不知版本好坏，影响到读书的效果，其害非浅，所以我们要研究版本，主要原因就在这里。

三、什么叫作善本

（一）清代目录学家张之洞所定善本

张之洞说：“善本非纸白版新之谓，谓其为前辈通人用古刻数本，精校细勘，不伪不缺之本也。善本之义有三，一曰定本（无缺卷，未删削），二曰精本（精校，精注），三曰旧本（旧刻，旧抄）。”

（二）整理《中国古籍善本书总目》时定的三性、九条

这三性是：因其年代久远而具有“历史文物性”，书籍内容有重要参考价值的“学术资料性”，雕版印刷考究，插图等精美的“艺术代表性”。以这三性为纲，下又列九条：

1. 元代或元代以前刻印或抄写的图书。

2. 明代刻印抄写的图书（版本模糊，流传较多者不在内）。

3. 清代乾隆及乾隆年以前流传较少的印本、抄本。

4. 太平天国及历代农民革命政权所印行的图书。

5. 辛亥革命前在学术研究上有独到见解，或有学派特点，

或集总说较有系统的稿本以及流传较少的刻本、抄本。

6. 辛亥革命前反映某一时期、某一领域或某一事件资料方面的稿本及少见的刻、抄本。

7. 辛亥革命前的有名人学者批校、题跋，或抄录前人批校而有参考价值的印、抄本。

8. 在印刷上能反映我国印刷技术发展，代表一定时期印刷水平的活字本、套印本，或有较精版画的刻本。

9. 明代印谱，清代集古印谱，名家篆刻的钤印本，有特色或亲笔题跋的。

凡符合上述之一者，可称为善本书。

四、鉴别版本的顺序和应注意的问题

（一）看序目、排卷数、查书根、理横线

我们每当看到一部书的时候，首先要详看序跋和目录，确定全书的卷数（因有个别书无目录，仅在序跋中提及卷数）。然后顺着次序把卷数一直排下去，中间如有缺卷，接不下去，就说明是不全的。还有的书在书根上，写好书名和册数。铅印、石印本书则在书脑（书脊）划过横线。当然这都是整理书的最简便的方法。但有时还不够正确，甚至发现过前人做假，所以必须全部排一次卷数，确定是否完全，是一个关键问题。

（二）熟悉古人作为分卷的常用规律

以“上下”代表二卷，以“天地人”代表三卷，以“元亨利贞”或“文行忠信”代表四卷，用“金木水火土”代表五

卷，用“礼乐射御书数”代表六卷，以“金石丝竹匏土革木”或“乾坎艮震巽离坤兑”来代替八卷，用“甲乙丙丁戊己庚辛壬癸”代表十卷，以“子丑寅卯辰巳午未申酉戌亥”作为十二卷的代号。卷数多的，有的用唐诗一首为序。个别大书则用“千字文”或“诗韵”作次序了。

（三）注意一般常见书的篇目内容

在收购古籍书工作中，一部书的内容是否完整，是一个关键问题。根据一般规律，只要按照书上目录，查对一下就可以解决了。但是有时会遇到有些书没有序目，或者已缺去序目，那就需要找工具书核对。特别是在外出收购时，一时手边又没目录，很难决定全与不全，对工作就会感到被动。因此对一些常见的古籍，熟悉其起讫篇目（特别是最后一篇应是什么?）是很有必要的。为了便于大家熟悉起见，介绍如下：

1. 周易　乾卦——杂卦止
2. 尚书　尧典——秦誓止
3. 诗经　国风——商颂止
4. 周礼　天官——考工记止
5. 仪礼　士冠礼——有司彻止
6. 礼记　曲礼——丧服止
7. 春秋　隐公——哀公止
8. 论语　学而——尧曰止
9. 孟子　梁惠王——尽心止
10. 尔雅　释诂——释畜止
11. 史记　五帝本纪——太史公自序止
12. 纲鉴　三皇纪——后周恭帝止

13. 通鉴　　周威烈王——后周世宗止
14. 续通鉴　　宋太祖——元顺帝止
15. 明纪　　明太祖——明怀宗止
16. 国语　　周语——越语止
17. 战国策　　东周——中山止
18. 地方志　　疆域沿革——杂记或志余止
19. 荀子　　劝学——尧问止
20. 管子　　牧民——轻重止
21. 韩非子　　初见秦——制分止
22. 孙子　　计篇——用间止
23. 吕氏春秋　　孟春——审时止
24. 淮南子　　原道训——要略训止
25. 本草　　序例——人部止
26. 老子（道德经）　　一章——八十一章止
27. 庄子（南华经）　　逍遥游——天下篇止
28. 列子（冲虚经）　　天瑞——说符止
29. 世说新语　　德行——任诞止
30. 楚辞章句　　离骚——九思止
31. 诗集　　五言古诗——七言绝句止
32. 文集　　赋——祭文、墓志止
33. 词集　　小令——长调止
34. 传奇　　楔子——尾声止

（四）区别原刻与翻刻

每要鉴定一种版本，首先要揭开书来看一看。从字体、版式、纸张的特点来判断一下，是何朝何代所刻。也可以书名和编著者和校订人的衔名作为参考。心中先有个数，特点突出毫无问题的，就可立即肯定。但需特别注意，不要把翻刻本和影印本误作原刊本。序和跋是鉴定版本的主要依据之一。一般来说，刻版与撰写序跋的时间是接近的，所以把它所署年月定为刻版时代，应当是可靠的。可是还必须注意字体、纸张、版式、墨色等是否与序跋时间吻合。假定感到有出入时，就要考虑到是否翻刻旧本，或影印旧本。翻刻和影印本的序跋是不足为据的，如果忽略了这一点，误把翻刊本和影印本当作原刻本，就会吃大亏。

（五）不迷信著录

一部书，根据字体、纸张、序跋鉴定仍有怀疑而不能肯定版本时，书上又无封面牌记可作证明，那就要查找一下前人著录，或是名家的题跋记载。前人的著录，绝大多数是可信的，但有时也有错误。例如：《万宝诗山》是明代宣德四年书林叶景逵刻本，莆田余性初作序，由于不知他是何时人，其序末署“著雍作噩”四字，应是“屠维作噩”，即“宣德四年”，但“绛云楼”“宜稼堂”均著录为宋版。莫友芝《宋元旧本书经眼录》也以为宋巾箱本。又黄丕烈所作《士礼居藏书题跋记》中，著录宋本《魏鹤山渠阳诗》的题跋中说：“此种本非老眼竟不辨其为宋版。……”现在已被考证为明代长沙王观所刻（见王海燕《版本鉴定中常见错误类型分析》）。由于前人所处的时代局限性，在他们著书的时候，交通又不发达，更不可能见到像现在这样多的资料和实物，既然掌握的材料有限，有的著录自然难免有错了。

（六）要注意作伪

由于旧社会古书业中的陋规，书商为了追求厚利，往往在书上弄虚作假，以新纸染旧，挖改序目，抽去年号牌记等手法，以达到以新充旧，以残充全等目的，因此在鉴别古书版本的同时，还必须识破这些弊端。这就需要在工作中积累经验，仔细研究。如果发现同一页书上，颜色有深有浅，很不匀称，就可考虑为染色冒充旧本。《史记》、《文选》等名著的明刻本，经过染色充宋版的最多。据文献记载在明代当时就有做假。其次，要特别注意目录的最后一页是否有挖补痕迹。另外还要注意这一页的颜色是否和上下页的颜色相同，如不一样就要考虑是否残缺了而重刻的目录。还有利用旧纸捺印本，就我见到的《通志堂经解》零种，有的就是在书口中捺去“通志堂”三字，而冒充宋版的。还有士礼居影宋刻本的《战国策》也有用皮纸印而捺去黄丕烈刻书款式而充旧本的。藏书印章，绝大多数为细朱文（也有白文的），并为名家所刻。看着很自然，印泥质量也好，虽年代久远，仍发红、发黄，而不发黑（个别无书面者，积灰尘后才发黑）。因此如在书中印章颜色发白或黑者，就可怀疑属于伪章。

五、鉴别版本的几种依据

（一）牌记和封面

宋元刊本中多有在序目后边或卷尾书末，刊刻牌记。例如，国家图书馆所藏宋刻《文选五臣注》第三十卷后，就有

“杭州猫儿桥河东岸开笺纸马铺钟家印行”一行。苏州古旧书店藏有明代赵宧光刻本《唐人万首绝句》第一卷尾也刊有“万历丙午秋日吴郡寒山校刊”篆书牌记。封面一般分三行，分别刊上书名、年号和单位。因此，无论牌记或封面，大多刻有雕版年月、刻家室名，据此鉴定刻牌时代，总的说来是可靠的。

（二）题跋和识语

历代藏书家在他收到自己心爱的比较好的书时，就加以考证，并在卷首或卷尾扉页上写上题跋识语，说明版刻时代，收藏源流或内容正误等问题，并钤盖印章。这些也是我们鉴定版本的重要依据，但也要注意张冠李戴。

（三）书名的虚衔

有些书在书名上冠以“国朝”、“皇朝”、“皇明”、“昭代”等字样，以表示对当代的尊重。有此字样者，多为本朝所刻。如《英烈传》冠“皇明”者为明代所刻，改为“明朝”的，其刻印时间已入清朝了，应仔细审定。

（四）避讳字缺笔

在封建帝王统治时期，在文字上不可以直写当代君主或其所尊之名。读书人遇到这类字时，就必须避忌，这就叫做避讳。避讳之例，始于周朝，行于秦汉，盛于隋唐，严于赵宋，直到民国改元，才废此习惯。避讳缺笔始于唐高宗时代，如改“葉”为“枽”，因“葉”字之中有“世”字；改“昬”为“昏”，因“昬”字之上有民字，是犯唐太宗李世民讳。讳字之例既如上述，不仅读书者须要了解，同时也是研究古籍版本者，必不可少的知识。书籍刻版盛于宋，宋代避讳也最严，不仅要避当代皇帝讳名（俗称避圣讳），就是他祖宗的名字也要避。如宋始祖名玄朗，即与这二字音同的也要避。宋太祖名匡胤，太宗名匡義（后更名炅），真宗名恒，仁宋名祯，英宗名曙，英宗父濮安懿王名允让，神宗名顼，哲宗名煦，徽宗名佶，钦宗名桓，这是北宋的讳字。南宋高宗名構，孝宗名眘，光宗名惇，宁宗名扩，理宗名昀，度宗名禥，恭帝名㬎。因此，凡胤、炅、恒、祯、曙、让、顼、煦、佶、桓、構、眘、惇、扩、昀、禥、㬎诸字皆需缺末笔，以表示避皇帝讳。又上举十七字同音字，谓之嫌名，也要缺笔避讳。还有宋太祖的高祖父名朓，曾祖父名珽，祖父名敬，父名弘殷，凡朓、珽、敬、弘殷诸字及嫌名都要缺笔，所以在鉴别宋版书时要细心查找缺笔的避讳字，究竟避到哪个皇帝的讳为止，就可说明是何时所刻。

（五）刻工的姓名

在宋元刻本古籍中，有较多的书，在版心下端雕刻上刊工姓名。如甲书中有张三、李四，有序跋、牌记、年月及各个方面，证明为宋本。乙书虽无序跋和牌记年月，但版心同样刻有张三、李四，其纸张、墨色、字体也与甲本相类似，一般也可确定为宋本。在宋刻本中，这种情况较多。例如：南宋绍兴间杭州刻本《广韵》，版心有刊工陈锡、徐杲、徐茂、徐昇等人。《乐府诗集》也有刊工徐杲、徐昇、陈询等四十多人姓名。因此即可证明也是南宋杭州地区所刻。这个办法比较科学。日本长泽规矩也著有《宋元刻工姓名录》，刊载于民国初年的《北平图书馆馆刊》上。

（六）行款和字数

一种古书尝有多种刻本，如《史记》、《杜诗》、《文选》等刻本更多，而各家刻本，行款字数并不一致。晚清时期，元和江标依据各家著录，辑为《宋元本书行格表》二卷，亦是我们鉴别版本的重要资料。

六、古书常用名词简介

1. 版框：指的是书版四周。

2. 栏线：上栏，下栏，左栏，右栏。

3. 朱丝栏和乌丝栏：指行格栏线（朱是红色，乌是黑色）。

4. 行款：是指每半页正文行数与字数。

5. 版心：一页书的正中折缝处，也叫书口。

6. 天头：指书页的上端（上栏以上）。

7. 地脚：指书页的下端（下栏以下）。

8. 书耳：刻在左栏外上角，刻书的小题或卷数。

9. 书脑：是指钻空穿线的部分。

10. 书背：相当于平装书的书脊。

11. 书根：线装书只能平放，因而在书根上写上书名和册数，便于检取。

12. 鱼尾：在版心中缝。

13. 书衣：俗称书皮。

14. 书签：是书衣上贴的纸签。

15. 书套：用马粪纸为里，外敷青布，起保护书的作用。

16. 封面：刻三行字，中间是书名，右面刻著者或年号，左面刻某某藏版。

17. 扉页：指封皮内另加的空白页子（亦称付页或护页）。

18. 蝴蝶装：把一页书字面朝里，对折起来，然后将折缝处粘在包背面纸上。

19. 金镶玉：将受潮、虫蛀或书品较小的书，修理后衬一新的白纸，天头地脚各长出几公分（上六下四），南方叫“惜古衬”。

20. 包背装：按书口中缝折叠（书口向外），用纸捻订册，再用书皮包背（不钻孔穿线）。

21. 经折装：绝大多数为佛经，和现在练习书法用的裱本字帖差不多。

22. 毛订：凡装订成册，而三面不切光的书称为毛订本。

七、古书用纸

（一）藏经纸

唐人写经所用的纸，一般说颜色黄褐，犹如茶色，略有棉性，质地厚硬，不透明。

（二）麻纸

麻纸有白、黄两种。白麻纸正面洁白光滑，背面略粗糙，有草棍纸屑粘附，质地很细很薄，坚韧耐久，不着潮不会变质。黄麻纸的颜色略黄，有的比白麻纸略厚，性能与白麻纸相仿，看起来略显粗糙。这两种麻纸，纸纹（俗称帘子纹）都比较宽，约有二指左右。但也有纸纹不太明显的。宋朝印书多用这两种麻纸。金代和元初印书用纸和宋末大致相同。据传本所见，以采用黄麻纸的比较多些。元末印的麻纸，纸纹宽度只有一指左右，直至明朝初期，仍有用麻纸印书的。由于麻纸对风吹日晒有很大抗性，所以有些宋元本书，流传至今将近千年，犹完整如新。

（三）麻沙纸

福建建阳麻沙镇生产的纸，色微黄，没有纸纹，其厚薄韧性与麻纸差不多。宋版麻沙本多用此纸。

（四）蚕茧纸

有两种颜色，一种洁白如玉，一种呈乳白色，质细而薄，有光泽，从表面看来颇与丝棉相似，韧性很强。元朝印本中，有少数用此纸印刷。

（五）罗纹纸

颜色洁白，质地细薄柔软，有显著罗纹，与丝织的罗一样。宋元本书已有用罗纹纸印的。到现在已极罕见，明清印本则有时还能见到。如康熙时席启寓刻《百家诗》有用罗纹纸印的。

（六）棉纸

南方称皮纸，有黑白两种。白棉纸颜色洁白，质细而柔，纤维多，韧性强。黑棉纸色呈黑黄，韧性较差。明代早期印书棉纸为多，嘉靖前比较细薄，隆、万后略粗而厚，并且绝大多数为竹纸所替代。

（七）贵州棉纸

颜色灰白，不太漂亮。由于印出书来不美观，只有清末云、贵二省用以印书。

（八）河南棉纸

颜色白而带黄，厚薄不太匀，很粗糙。清末民初河南省印志书用此，但不广泛。

（九）山西棉纸

颜色灰白，比贵州棉纸厚，韧性强，清末用以印地方志。

（十）竹纸

因为颜色微黄，通称黄纸。原料主要是竹子，因名竹纸。纸性稍脆。宋元以至明初，间有用以印书者，为数很少。明嘉靖以后，直至清朝，用竹纸印书，最为普遍。

（十一）开花纸

南方叫桃花纸，产自浙江开化县。质地细腻，洁白无纹，柔软可爱。清初内府所刻（殿版）书都用此纸印刷，美观漂亮。

（十二）开花榜纸

比开花纸厚，颜色略发乌，质量稍差。清嘉、道间殿版书用之。

（十三）太史连纸

通称粉连纸，又叫连史纸。洁白匀净，正面光润，背面稍涩。无草棍纸屑粘附，纸料很细。

（十四）棉连纸

是宣纸的一种。汪六吉制造的最佳，称六吉棉连。色白如玉，匀净细腻，软棉有韧性，摹拓金石彝器都用此纸。清末比较考究的印本，也用此纸。

（十五）川连纸

颜色比粉连纸略黄，较有韧性，厚薄不甚匀。除四川用以印书外，其他地区很少采用。

（十六）机器连史纸

用机器制造、颜色比连史纸黄。生产时间较晚，清末民初才作为印书用。中华书局影印《古今图书集成》就是用此纸印刷。

（十七）洋粉连纸

颜色灰白，正面平滑有亮光，背面粗涩，薄而且脆，不甚耐久。也是以机器制造。清末民初铅石印本书，多用此纸。

（十八）玉版宣纸

安徽宣城所出，色白，质细而厚。清末民初印制金石、考古、书画册等，很多采用这种纸。

（十九）料半纸

是宣纸的一种，比玉版宣薄，颜色洁白，性绵软，印书漂亮美观。晚清至民初部分印书采用此纸。

（二十）毛边纸

色呈米黄，简称黄纸。正面光，背面稍涩，质地略脆，韧性略差。

（二十一）毛太纸

颜色与毛边相似，较毛边纸薄，纸幅也小，有明显的直纹。清同、光时用以印书最多。

（二十二）高丽纸

类似朝鲜印书用纸，产自河北迁安。色白质厚，有绵性，很坚韧，有明显直纹，用以印书较少，多染色作书皮用。

（二十三）桑皮纸

颜色有黄白两种，质地坚固，因制造原料有桑皮成份，故名。

（二十四）官堆纸

比毛边纸略厚。金陵书局刻本，多用此纸印刷。

（二十五）库笺纸

白色、黄色都有，清宫内用以包裹东西，纸幅二尺见方大小，民间流传很少。1930 年，故宫博物院曾用薄库笺纸影印过部分字帖画册。

（二十六）册子纸

又叫库钞纸。明代有的印本，为了节约纸张，曾用印上格子的公文纸，或写过字的钱粮册纸，反过来空白的背面印书，所见到的多是棉纸。

（二十七）日本皮纸

又叫东洋皮纸，产自日本。黄白色都有，绵性较强，坚韧有力。日本印书都用此纸，清末民初我国也有用以印书的。

（二十八）美浓纸

纸面光滑、细薄匀称，软绵有韧性，日本印刷古书多用之。黎庶昌所印《古逸丛书》有部分是用此纸印的。

（二十九）报纸

一名新闻纸，新版古籍多用此纸来印刷。因原料经过化学处理，纸色易发黄，且质地发脆，日久容易损坏。

（三十）油光纸

颜色灰白，也是机器制造。日久变黄发脆，清末民初铅印、石印本书，用此纸印的极多。

八、根据刻版时代特点来识别

历代版刻书籍，有的没有序文或未署明年代，有的没有刻工姓名，各家著录也未必绝对正确，所以还要从各个朝代、各个地区的刻版来识别。由于刻书的时代、地点的不同，刻书的风气（包括字体、刀法、纸张、版式、装帧等）也不尽相同，现在简单地介绍如下：

（一）宋刊本

1. 字体：在时间上讲，宋代早期（北宋）刻书，多用欧阳询字体。欧字瘦劲，秀丽俊峭，字形略长，转折笔画轻细有角，其特征如："子上有"。后来逐渐流行颜体字，颜字雄伟朴厚，字形肥健，间架开阔，有骨有肉，其特征如"自序得志"。南宋以后柳字日趋增多。柳字比颜字瘦，笔划挺拔有劲，起落顿笔，过笔略细，横轻竖重，其特征如："太祖國志"。以地区来看，汴梁和浙本多欧体，蜀本多颜体，闽本多柳体，江西刻本欧体、柳体兼有之。

2. 墨色、刀法：宋本用墨，质料精良，一般浓厚如漆，虽着潮水，湿而无渍迹。宋时刻工，刀法精致认真，字画丝毫不拘，虽然刻在版上，并不失去原书手笔精神。

3. 印书用纸：北宋时汴梁本和南宋时的浙本、蜀本主要用白麻纸，南宋闽本则大都用黄麻纸，另外还有专印佛经的硬黄纸。

4. 版式：宋代早期刻书，大都是四周单栏，后逐渐演变为左右双栏、下上单栏，并且上下栏粗、左右栏细。行宽字疏、白口、单鱼尾，版心有刻工姓名和字数。有的书小题在上，大题在下，每卷结尾不刻在末行（随文隔行刻），书尾多刻牌记。宋版书还有个共同特点，就是每行字数虽然相同，但从横里看，字的间隔排列，大都是不整齐的。

5. 装帧：宋时书籍主要是蝴蝶装，北宋开宝藏是卷轴形式的，到南宋时出现了包背装。

（二）金刊本

1. 字体：金朝在北方，与南宋并存。刻书事业的中心在平阳（即今山西临汾）。所刻之书，流传到今天的已经极少。只有国家图书馆藏有《萧闲老人明秀集注》等几种，字近柳体，字画结构瘦峭有神，起笔顿笔，折笔有棱角，横轻直重，与魏碑中的《张猛龙碑》相仿，其特征如“老上東垣”，显得有神。

2. 纸墨刀法、版式：与宋本无大区别，多左右双栏，上下单栏，行款较密。

（三）元刊本

1. 字体字形、墨色、刀法：元代刻书字体，主要是赵孟頫字体。赵字柔软活泼，圆润俊美，无呆板的感觉。元代坊刊书中用简体字的特别多，版心所刻字数和页码，往往是草书，起笔落笔，都带回锋，其特点如“古杭地方”。字形比宋本略长些，元本墨色稍浊，刀法也软弱无力。

2. 纸张：元本主要用的黄麻纸，白麻纸、竹纸次之，极个别用的蚕茧纸。

3. 版式：大都是四周双栏，行窄字密，黑口，花鱼尾，目录和文内小题上也常有刻有花鱼尾的。书口上刻字数，下刻页码或刊工姓名。

4. 装帧：一般原装以包背装为主，蝴蝶装较少（但我见过兴文署刊的《资治通鉴》残卷，就是蝴蝶装，并且书品十分宽大）。线装还未兴起，当然现在所见到的元版书，绝大多数已经改为线装的了。佛经是用经折装。

（四）明刊本

1. 字体：明代刻书字体，大致可分为三个阶段。明初（洪武至正德）刻印的书，还有颜、柳、欧、赵四家余味，其中宣德、正统刻本，形似宋本，景泰间有些刻本，承袭元末字体刀法，很像元版。成化、弘治以至正德，也仍是写刊软体，尚不呆板。明中叶（嘉靖、隆庆时期）字体极力摹仿宋人字体，同时大兴翻刻宋本之风。字画横平竖直，撇捺直挺，整齐谨严，字形方正，成为真正的方块字，但缺乏流利生动之态。晚明（万历至崇祯）时期刻书不少，传本也最多。从万历起字形变长，笔划横细竖粗，略显拙笨，即所谓长宋体，但其间也有一部分写刻本，特别是安徽歙县、金陵、建阳所刻民间通俗读物，字都行书上版，婉转秀丽。

2. 纸张：明初时期虽然还有少数黄白麻纸，但印书主要用的还是白棉纸和黄棉纸（南方称白皮纸和黄皮纸），竹纸，罗纹纸。一般说来，官刻和家刻本多用棉纸，坊刻本都用竹纸。若以时代来分，明初多用黄白棉纸，用竹纸印的极少；至明中叶，多用白棉纸，渐有用竹纸者，用竹纸印的极少；至明中叶，多用白棉纸，渐有用竹纸者；晚明万历以后，多数用竹纸，个别用棉纸，至于毛边和毛太纸是常熟毛晋刻印书时的专用名词。另外在我带来的《明刻集锦》里还有明初本《宋文宪公集》和明末汲古阁刻的《列朝诗集》，都是用公牍或钱粮册子，翻过来，利用空白的背面重新印书的（可以参阅）。

3. 版式：洪武至弘治，一般都是四周双栏，粗黑口。经厂本行宽字大，开本也大。从正德起风气逐渐改变，以宋本为模范，变黑口为白口，版心上刻字数，下刻刊工，有时也把书写上版人的姓名也刻上，卷末书尾或序目后边刻有牌记。万历以后，白口为多，黑口较少，单栏双栏两样都有，没有什么突出。

4. 装帧：嘉靖以前多包背装，至万历时才逐步变为线装。

（五）清刊本

1. 字体：清初刻书字体，仍有明末余味，字体长方，横细直粗，如顺治刻本《涂山集》、《怀旧集》等如不是序跋所记年月和文字内容来议别，单凭字体，是很难区分的。康熙以后盛行着两种刻书字体，一为硬体字，也叫仿宋体，这种字体在清刻本中最为普遍。在道光以前刻的比较秀丽美观，其特征如“京墨松香”也是横轻竖重，撇长而尖，捺拙而肥，右折横笔肥粗，与明正嘉间的仿宋体，已迥然不同。道光以后字体结构非常呆板，也称匠体，而且字体排得特别密，阅读起来使人有黑糊糊一片的感觉。另外一种是软体字，也称手写体字，写刻上版的书，多出名家手笔，最为著名的是林佶四写（《古夫于亭杂录》、《渔洋山人精华录》、《尧峰文抄》、《午亭文编》），字体最为精美。还有金农（冬心）自写诗稿，有的还是用宋朝旧纸刷印，古雅绝伦，最可宝贵。

2. 纸张：清代印书用纸品类繁多，有开花纸、开花榜纸、棉纸、云南棉纸以及各地土产的棉纸、连史纸、粉连纸、玉版宣纸、棉连纸，颜色洁白，竹纸、毛边纸、毛太纸颜色较黄。除开花纸和开花榜纸多用以印殿版书外，其他都为通用的纸张。

3. 版式：一般左右双栏，也有四周双栏或单栏的，一般是白口，也有少数黑口，字行都排得比较整齐。书前刻有封面的较多，也有在封面页的反面雕上刻版地点、年月牌记，这对鉴别刻版时代，更为可靠。另外受到当时在学术上尊汉，在版本上佞宋的影响，乾嘉时期又兴起了影宋刊本（即照宋版原栏翻刊），保存了宋版的本来面目，直到道光时还刻了不少。

4. 装帧：清代装订都是用线装。装订时一般是书口下栏对得很整齐，不管上栏整齐与否，而殿版书则上下栏线都较整齐。

九、怎样识破活字版

科学技术和生产技术一样，都是在实践过程中获得丰富和发展的。当人们意识到刻版不太经济时，便开始想到用活字印刷。北宋时候泥活字版已有使用，以后更进而应用铜活字和木活字，由于还存在一定的技术困难，所以活字印书法仍没有被普遍采用。直至明代弘治、嘉靖年间，才得到较大的发展。当时江苏的无锡，几乎成了活字印刷的中心。其中最为有名的是华氏兰雪堂和会通馆、安氏桂坡馆。这类排印书一般印书不多，如我收到过明活字印本《太平御览》残册，书口下方就有

“宋本校正游氏活字印行一百余卩”小字二行，可以证明。活字本书除部分在版心有着刊行室名和年月外，其绝大部分是没有特殊标志的。由于活字本与一般刻本，无显著区别，对从业时间较短的同志，难免会感到不易识破，就我个人体会，似有以下十点，可作判断时参考。

（一）活字印的书，一般其字体大小不一样，且多歪斜，使人看了有不匀称的感觉（个别也有较整齐的）。因为版刻系写稿上版，字体大小一律，刊工一气呵成，因而大小匀正。

（二）笔划粗细不相同。一行字内，不但有大小，而且笔划粗细也不一致。

（三）因为排印时使用一个框或少数几个框，故而只要把书口看一看，就可清楚地看到上下栏间距离相同，或几个整齐明显的不同高度。

（四）因为活字长度很难做得完全一样，故有个别字参差不齐，所以从背面看，有些字受力较重，因而凸出，且墨色特别浓。

（五）一般除版框及版心有细栏外，字行间的直栏，几乎没有一条完整的，也有整个半页没有细格的。

（六）个别字有横排或倒排，这是最好的证据，不过不是每种书都能找到的。

（七）字划绝不交叉，写稿上版为了行款整齐，字体结构美观，在书写时，上下字之间，笔划有时交叉，但活字本则不然，每字刻一个，各自独立，因而字与字之间笔划绝无交叉者。

（八）栏线、四角横线、竖线拐角处接缝，有时离开较多，界格行线两头与栏线互不衔接。因版刻栏线是在上版稿纸上预先画好的。

（九）版心鱼尾与两旁行线有隔离痕迹，活版鱼尾系并排成版，故与左右行线有十之九有隔离迹象。

（十）无断版或裂版，活字印书印完拆版，再印再排，所以决无断裂现象。

按照上面十条特征，鉴别是否活字印本，一般是可以区别出来的。

十、区别丛书本和单刻本

丛书之名始见于唐代陆龟蒙所著《笠泽丛书》，但实际上这书的性质还是属于诗文集中的杂文。直至宋代俞鼎孙编刻《儒学警悟》和左圭的《百川学海》，才是正式的丛书。到明代中叶，则盛行于世。由于这些丛书中，一部分仅在卷首刻有序目外，另种各自为书，很难识别，尤其是明刻本，在价值上相差极大，所以历来对区分单刻本和丛书本，都认为是一项复杂的工作。现就个人记忆所及，介绍如下：

（一）根据校刻人姓名款式来识别

题“明四明范钦校”者为《范氏奇书》本。

题“明新安程荣校”者为《汉魏丛书》本。

题“无锡俞宪校”者为《盛明百家诗》本。

题“嘉禾梅墟周履靖校”者为《夷门广牍》本。

题“明吴琯校”者为《古今逸史》本。

题“海盐胡震亨订”者为《秘册汇函》本。

题“钱唐胡文焕校”者为《格致丛书》本。

题“新安汪士贤校”者为《山居杂志》本。

题“新安汪士贤校”（内容为集部）者是《汉魏二十一名家集》本。

题“海虞毛晋订”者为《津逮秘书》本。

题“明吴兴臧懋循校”者为《元曲选》本。

题“明会稽商浚校”者为《稗海》本。

题“新安潘是仁校”者为《宋元名家诗》本。

题“明朱蔚然茂叔校”者为《诸子全书》本。

题“明吴勉学校”（医书）为《医统正脉全书》本。

题“太仓张溥校”者为《汉魏百三名家集》本。

（二）注意其他特点

著者姓名题“郑世子臣载堉谨撰”者为《乐律全书》本。

每半页十二行，行廿字，白口无鱼尾者为（明刊）《百川学海》本。

卷尾刻有“顾氏大石山房”牌记者为《梓吴》本。

左栏外上方刻有“阳山顾氏文房”六字者，为《顾氏文房小说》本。

书口上方有“学山”二字者为《百陵学山》本。

书口上方有“献会”或“献言”个别字样者是为《今献汇言》本。

书口下方有“俨山书院”四字者为《古今说海》本。

书口下方有“堂策槛”三字为《郎刻五雅》本。

书名上冠以“宝颜堂重订”字样者为《宝颜堂秘笈》本。

版心下刻“汲古阁”（内容为宋人词），尾有毛晋跋者为《宋六十名家词》本。

传奇书名占用二行大字者为《六十种曲》本。

十一、怎样鉴别稿本和抄校本

书籍流传，向来都是自己抄录的。至宋代刻本渐盛，抄本渐衰，加上抄书费时，流传更不多，很容易失传。自从有了刻本，用刷印的办法来增加书籍的数量，起着很好的作用。但是我国的古籍太多，不见得每种书都有印本，如宋人王禹偁著的《小畜集》之类，明代无刻本，全靠抄本延其命脉。

宋代人著《枫窗小牍》里，有一段记载说："余家藏《春秋繁露》中缺二纸，比从藏书家借对，缺纸皆然，即馆阁订本亦复如此。后从相国寺圣门买得抄本，两纸俱全，此时欢喜，如得重宝。"看来当时是得到了唐人传下来的古抄本。

清代最有名的版本学家黄丕烈，最注重旧抄本。他在旧抄本《李群玉诗集》的题跋里说："大凡书笈，安得尽有宋刻而读之？无宋刻，则旧抄本贵矣。旧抄而出自名家所藏，则尤贵矣。如此集，予藏旧抄本有三，一叶氏抄本，一冯氏抄本，一毛氏抄本，就此三本核之，似冯本较胜，因有缺处独全也。"这都是说明旧抄本书的重要性，决不可因有刻本而废抄本。

（一）稿本

稿本一般分原稿和誊清稿二种。原稿大都是著者亲笔所写，因此又常称"手稿本"，基本上都盖有著者印记。原稿有写得字体端正的，但也有不少字迹很潦草，涂抹很多，甚至一改再改，几至不可辨识的。这也反映了作者当时的思想过程，所以更加宝贵。至于誊清稿则是已经过一番整理，只是没有出版而已。稿本之未能刻印，其原因是多方面的。有的因内容上触犯了封建统治者的利益，有的则因限于经济关系。前者往往是研究我国政治社会等历史的极有用的资料，需要特别注意。1958 年，我们在苏州洞庭东山造纸厂中抢救出来的，明末昆山归庄亲笔所写《恒轩诗稿》就是一部具有文学价值和文献价值的稿本。其中《悲昆山》等篇，以生动的笔调描述了国破家亡的悲惨遭遇，充分揭露了当时满清统治者的血腥罪行，反映了作者的爱国思想和鲜明的爱憎。当时南明虽然已经崩溃，但归庄还是念念不忘故国，强烈地希望自己的民族能够复兴。因此在这部稿本的《隆武集上》题名为“昆山归祚明天兴父著”。他这种威武不能屈、贫贱不能移的坚定抗清意志，肯定了他在文学史上的爱国诗人的地位。这部湮没了三百多年的作品的发现，不但对归庄得到更多的了解，而且对研究当时的社会政治情况，也增加了一份宝贵的资料。原本已珍藏在国家图书馆，这次我带来一部影印本，大家可以看一下。

另外我们在收购稿本时还必须注意到：由于受到明人胡乱刻书，随便改易书名风气的影响，写本书也出现过一股逆流。如清代长白七十一著的《西域闻见录》流传的旧写本很多，而书名却各异，就我个人见到的，已有《西陲纪略》《异域琐谈》《回疆纪事本末》等好几个书名。还有旧社会书商为了追求利润，竟有将抄本残书，改头换面，以充全部的。例如有一次某地寄来一部题着《四明诗剩》的写本书，经我仔细看，发现该书全部都有朱笔圈点，而每卷首半页无圈点，并且卷后结尾处，也有裁割痕迹。因此我断定它是一部残缺的《甬上耆旧诗》，每卷经重抄半页，更改书名和卷数，以充全帙的。但是无论作伪手法如何高妙，只要我们用心仔细观察，掌握一些主要规律，一定能够发现疑点而识别出来。

（二）毛抄本

古籍善本，除宋元刊本外，无不以抄校本冠之，而抄本中又以毛抄最为宝贵。因而自清代乾嘉以来藏书家，都对它作了极高的评价。据《天禄琳琅》载：“毛晋藏宋本最多，其有世所罕见，而藏之他氏不能得者，则选善手，以佳纸墨影抄之，与刻本无异，名曰影宋抄，一时好事家皆仿效，而宋椠之无存者，赖以传之不朽。”孙从添《藏书纪要》也说：“汲古阁影宋精抄，古今绝作，字画纸张，乌丝图章，追摹宋刻为近世无有。能继其作者，所抄甚少。抄录书籍以软体字小楷，颜柳欧字为工，宋刻字更妙，摹宋版字样，笔划均匀，不脱落，无遗误，乌丝行款整齐中带有生动，为至精而美备。序跋图章，画像摹仿精雅，不可呆板，乃为妙手。”

毛晋初名凤苞，晚更名晋，字子晋，清常熟人，生于明万历廿六年，卒于清顺治十六年，年六十有二。平生性嗜卷帙，毛氏并于门前揭有招贴说：“有以宋椠本至者，门内主人计页酬钱，每叶出二百。有以旧抄本至者，每页出四十。有以时下善本至者，别家出一千，主人出一千二百。”因其出价较高，书商们和一般出让者，愈加闻风而来了。其时湖州书舶云集于门，邑中为之谚曰：“三百六十行生意，不如鬻书于毛氏。”前后积书八万四千册，于宋元刊本之精者，以宋本、元本椭圆式印记别之。又以“甲”字印钤其首，构汲古阁、目耕楼以庋之。传刻古书，流布天下，在明季博雅好事，名重一时。

就我所见到的毛抄本中，可以分为二个类型，一是用竹纸影写的，不打乌丝栏格。例如：在抗日战争时期，从管氏（礼耕）“操敦斋”散出藏书中，有宋张有著《复古编》二册，前有“毛晋之印”、“子晋”二朱记，尾有“毛扆之印”、“斧季”二印记，系据宋本影抄者，纸墨均精，古雅可爱，后为张葱玉先生购去。至今已四十多年，尚记忆犹新。还有一个类型是，乌丝栏格影宋抄本。“文革”期间我店收到的二种宋人小集——李龏著《剪绡集》和《梅花衲》就是用白纸抄的，不仅笔划均匀，行格整齐，还钤有“宋本”印、“甲”字印及毛晋、毛扆父子印记，真所谓“纸洁如玉，墨光如漆”。如不仔细辨别，乍一看来，几乎与宋刻无异。这二册书已供应了国家图书馆保藏。

毛扆字斧季，号省庵，毛晋第五子，生于明崇祯十三年六月二十六日，精校勘，著名于时。有《汲古阁珍藏秘本书目》一卷，为其晚年拟将藏书售与吴江潘耒时之书目或帐单。就我个人所见的毛抄本，绝大多数是并有毛晋和毛扆父子印记的，而且都是细朱文。现在苏州市图书馆特藏库中，藏有毛氏影宋精抄《三经音义》（《论语》、《孟子》、《孝经》），尾页还有毛扆题识的。

（三）抄本

唐代（包括以前）写本，至今犹有保存的，以佛经为多。宋人写本，十分罕见。傅氏双鉴楼所藏《仙源类谱》，朱丝栏格，书法宗柳，可作宋人抄本的代表作。金元抄本也比较少见，常见的还是明清人抄本。

明人抄本字体飘洒，书写自然。印格颜色，嘉靖以前都用兰格、墨格或不印格，万历以后逐渐有用红格的。清初写本落落大方，校勘字体，绝不拘泥，尤其是王铎、钱陆灿等人，更是大气磅礴，气势豪放。乾隆以后受着馆阁体的影响，虽然趋向工整秀丽，但不如明人和清初之自然了。

古籍凡经名家收藏，多在卷首或卷尾，前后扉页，钤盖图章，治印刻字都用篆书（细朱文为多）。因此除了要熟悉每一时期的风气和名家字体特点外，还要多识一些篆字，以便识别名家印章上的文字。藏书印章，明初官家藏书有用水印的，一般则用油印。油印是用朱砂合油制成，质量好的颜色鲜明雅致，经久不变。个别次的颜色浑浊，经久发乌。印章除了刻有藏家姓名之外，还多刻有室名、别名。我国士大夫除了住室之外，还有读书藏书的场所，多以堂、室、斋、居、轩、亭、庵、馆为名，范围大的称楼称阁，朴实一点的称草堂、精舍，五花八门，不一而足。而堂室名称的起源，又各有原因，如四明范钦，在建阁时掘得“龙虎山天一池”石刻铭，因而移石而名之为天一阁。吴县黄丕烈购得宋刻书百种，就请顾莼（嘉庆进士，工诗文，善书画）给他写了块匾额叫“百宋一廛”。藏书家抄书刻印界栏，红、蓝、绿、墨各色都有。界格版心或栏外，都刻有其斋、室、堂名，现将明清两代著名藏书家抄书的格式，介绍如下：

1. 昆山叶盛：菉竹堂，抄书用纸印绿格或墨格，版心有“赐书楼”三字（首尾页自书）。

2. 长洲吴宽：丛书堂，抄书用纸印红格，版心有“丛书堂”三字（有首尾页自书者。）。

3. 长洲文徵明：玉兰堂，抄书用纸印绿格，版心有“停云馆”或“玉兰堂录”四字。

4. 常熟杨仪：七桧山房，抄书格纸，版心刻“嘉靖乙未七桧山房”或“万卷楼杂录”。

5. 四明范钦：天一阁，抄书用纸印红格、蓝格或墨格，很少不印格。

6. 四明范大澈：卧云山房，抄书用纸印黑格。

7. 无锡秦汴：绣石书堂，抄书用纸印黑格，版心有“绣石书堂”四字。

8. 长洲钱榖：悬磬室，抄书用纸印黑格，黑口。

9. 无锡姚咨：茶梦斋，抄书用纸印兰格，版心刻“茶梦斋抄”四字。

10. 吴郡沈与文：野竹斋，抄书格纸外刻“吴郡野竹斋沈辨之制”九字，或在版心刻“吴郡沈氏野竹斋校录”字。

11. 姑苏吴岫：尘外轩，抄书用纸印绿格，版心无字。

12. 常熟秦四麟：致爽阁，抄书格纸，版心刻“致爽阁”三字或“玄览中枢”四字。

13. 常熟赵琦美：脉望馆，抄书用纸印墨格。

14. 宣城梅鼎祚：东壁楼，抄书用纸印兰格，版心刻“东壁楼”三字。

15. 宁陵吕坤：了醒亭，抄书格纸刻“了醒亭”三字。

16. 金坛王肯堂：郁冈斋，抄书用纸印墨格，版心刻“郁冈斋藏书”五字。

17. 吴郡赵宧光：寒山堂，抄书用墨格，版心刻“寒山堂篆书”五字。

18. 长乐谢肇淛：小草斋，抄书格纸，版心刻“小草斋抄本”五字。

19. 山阴祁承㸁：澹生堂，抄书用墨格，版心刻“澹生堂抄本”五字。

20. 侯官曹学佺：书仓，抄书用纸印墨格，版心刻“曹氏书仓”四字。

21. 山阴祁彪佳：远山堂，抄书用纸印墨格。

22. 常熟毛晋：抄书用纸印墨格，版心刻“汲古阁”三字，栏外刻“毛氏正本汲古阁藏”。

23. 常熟钱谦益：绛云楼，抄书用纸印墨格或绿格，版心刻“绛云楼”三字。

24. 常熟钱谦贞：竹深堂，抄书格纸版心刻“竹深堂”三字。

25. 常熟钱曾：述古堂，抄书用纸印墨格，栏外刻“虞山钱遵王述古堂藏书”十字或刻“钱遵王述古堂藏书”八字。

26. 常熟冯班：空居阁，抄书格纸印蓝格，版心刻有“空居阁藏”四字。

27. 常熟冯舒：空居阁，抄书纸栏外刻“冯氏家藏”四字。

28. 常熟冯彦渊：空居阁，抄书格纸栏外刻“冯彦渊藏书”五字。

29. 常熟叶树莲（树廉）：朴学斋，抄书格纸左栏外下方刻“朴学斋”三字。

30. 娄东宋宾王：抄书用纸印墨格。

31. 昆山叶奕苞：小有堂，抄书用纸印墨格，版心刻“昆山叶氏小有堂抄”八字。

32. 昆山徐乾学：传是楼，抄书用白纸，版心刻“传是楼”三字。

33 秀水朱彝尊：潜采堂，抄书用毛泰纸，不印栏格。

34. 商丘宋荦：抄书用蓝格，版心下刻“漫堂抄本”四字。

35. 侯官林佶：朴学斋，抄书用墨格，版心下刻“朴学斋”三字。

36. 休宁汪森：裘杼楼，抄书格纸版心刻“裘杼楼”三字。

37. 桐乡金檀：文瑞楼，抄书用黑格，版心下刻“文瑞楼”三字。

38. 元和惠栋：红豆斋，抄书用墨格，栏外有“红豆斋藏书抄本”七字。

39. 钱塘吴焯：绣谷亭，抄书用毛泰纸，版心有“绣谷亭”三字。

40. 钱塘吴城：瓶花斋，抄书用纸印墨格，版心刻“瓶花斋”三字。

41. 仁和赵昱：小山堂，抄书用纸印墨格，版心刻“小山堂”三字，栏外刻“小山堂抄本”五字。

42. 钱塘汪宪：振绮堂，抄书格纸版心下刻“振绮堂”三字。

43. 歙县鲍廷博：知不足斋，抄书用毛泰纸，无栏格。

44. 南昌彭元瑞：知圣道斋，抄书用黑格，版心下刻“知圣道斋抄校书籍”八字。

45. 钱塘厉鹗：樊榭山房，抄书用纸印墨格，每半页八行。

46. 颍川陈焯：湘管斋，抄书用纸印墨格，左栏外刻“颍川中子书”，下刻“湘管斋珍秘”。

47. 望江倪模：经锄堂，抄书用纸印绿格，左栏外刻“经锄堂重录”五字。

48. 长洲吴翌凤：与稽斋，抄书用毛泰纸，无栏格。

49. 海宁吴骞：拜经楼，抄书用毛泰纸，无栏格。

50. 吴县钮树玉：抄书用十行绿格。

51. 吴县袁廷梼：贞节堂，抄书用纸印绿格，版心下刻“贞节堂抄本”五字。

52. 吴县黄丕烈：士礼居，抄书用纸印墨格。

53. 昭文张金吾：爱日精庐，抄书用纸用黑格。

54. 金山钱熙祚：守山阁，抄书用纸印绿格，栏外有“守山阁抄本”五字。

55. 长洲顾沅：艺海楼，抄书用兰格，版心下刻有“艺海楼”三字。

56. 诸城刘熙海：嘉荫簃，抄书用纸印绿格，版心下刻“东武刘氏味经书屋”，或在左栏外刻“燕庭抄校”或刻”嘉荫簃写书”。

57. 独山莫友芝：影山草堂，抄书用纸印绿格，栏外刻“影山草堂”四字。

58. 归安姚觐元：咫进斋，抄书用纸印绿格，版心刻“咫进斋”三字，每半页十三行。

59. 常熟赵宗建：旧山楼，抄书用毛泰纸，不印格。

60. 江阴缪荃孙：艺风堂，抄书用纸印墨格，版心刻“艺风堂”三字。

61. 常熟丁祖荫：淑照堂，抄书用墨格巾箱本，版心下刻“淑照堂丛书”五字。

（四）批校本

我们研究版本，其目的是在求得善本，以为研究古书之用。书籍流传，或写或刻，总不免有错字和脱漏，以此作准，不但无益，反而有害。故而书籍无论刻本，还是抄本，必须校正误字，无脱文的才称得上善本。即在未刻之先，经过精心校雠，已刻之后，又经名人校过，最为可靠。若抄本，其底本已经精校，抄后又汇集别本精校，就成为善而又善之本，故而名家手校之本，所占地位甚高。如要辨别校本之可靠与否，要看校书人是否专家。

清代以校勘称于世的专家，有长洲何焯，字屺瞻，晚号茶仙，世称“义门先生”，康熙癸未进士，批校至精。全祖望《长洲何公墓志铭》：“公笃志于学，读书茧丝牛毛，必审必校，吴下多书估，公从之访购宋元旧槧及故家抄本，细雠正之，一卷或积数十过，丹黄稠叠。”沈彤《何先生行状》：“先生畜书数万卷，参稽互证，于其真伪是非，皆有题识，其校定《两汉书》、《三国志》最有名。……”所著《义门读书记》至今仍是研究古籍的重要参考书。

何焯的学生陆锡畴也说：“吾师最矜慎，不肯轻著书，苟有所得，再三详定，以为可者，则约言以记之，积久遂成《道古录》若干卷。……年来颇有嗜吾师之学者，兼金以购其所阅经史诸本，吴下估人多冒其迹以求售，于是有何氏伪书，而人莫之辨。”根据这段材料，使我们能够了解到，由于何焯的名气大，在当时已经有人做假了。所以至今流传的古书中，过录他批校的很多，特别是《文选》更多（有的还盖有伪印），真迹则极少。我所经手过的，有他校跋的明蓝格抄本《古今岁时杂咏》和明刻《元丰类稿》校宋本（现藏苏州博物馆等处）。据我个人体会，他亲笔所校之书，除了钤有“何焯之印”外，每册首页有时还盖有一些闲章，如“心要在腔子里”、“年年岁岁一床书”等，也可作参考。

还有卢文弨，字召弓，号抱经，浙江仁和人（一作余姚），乾隆十七年（1752）一甲三名进士，历官侍读学士，充湖南学政，乞养归，主讲江浙书院二十余年，与戴震、段玉裁友善，好校书，曾校刊《抱经堂丛书》十五种。又苦刻版不易，合经史子集卅八种，摘而注之，名曰《群书拾补》。其他著作甚多，内容均经学考据，向为学者所推崇。他所校之书，一个特点是，除了盖上姓名藏章之外，所写校字或题跋，多为正楷，很少有行书或草书者，并且我未见有做假的。

再有黄丕烈和顾千里。黄丕烈字绍武，号荛圃，苏州人，乾隆戊申（1788）举人，喜藏书，得宋椠百余种。学士顾莼颜其室曰“百宋一廛”，尝得汲古阁旧藏北宋本《陶诗》，又得南宋本《汤注陶诗》，因名其室曰“陶陶室”，王芑孙为之记，其中说到：“今天下好宋版书未有如荛圃者也，荛圃非维好之，实能读之，于版本之后先，篇第之多寡，音训之异同，字画之增损及其传授源流，翻摹本末，下至行款之疏密广狭，装缀之精粗敝好，无不心营目识，条分缕析。”因此，凡黄氏题跋识语，都为后世所宝，为其内容亲切而富有人情。其别号见之题跋者曰：荛夫，复翁、复初氏、复斋、复见心翁、一阳更生、廿止醒人，五十岁后自号知非子，晚年又自号抱守老人、秋清逸叟、六十老人、独树逸翁、龟巢老人，其他如荛圃主人、士礼居主人、小千顷堂主人、黄氏仲子比较常见。我曾收到过他手校的《牧斋初学集诗注》旧抄本，末尾识语题款为“书魔”（现藏上海图书馆）。他的字迹也以楷书为多，总之其藏书校勘，是清代三百年间大江南北之巨擘、中国藏书家一大掌故。顾千里，原名广圻，以字行，号涧薲。他反对校书时妄改古书，很佩服北魏时期一位大儒邢子才。邢子才读书发现错误，只是考求正确的字句，而不主观轻易改动，曾说过一句名言："日思误书，亦是一适。"因而取思适二字做书斋的室名，更自号为"思适居士"。他初遇名师张思孝，后又从学于江声。江是江南经学大师惠栋的弟子，研究经学、小学有很高的成就，所以他又得到了汉学的真传。从兄顾之逵（抱冲）也是藏书校勘名家，千里得到在其家借读借校的便利。他又在黄丕烈家教书很久，曾一度住于黄家，借窗读书，尽窥黄氏所藏精秘。可以说顾氏一天也没有离开过书，同时得到名师益友帮助，成为一代校勘名家，就不是偶然的。清代乾嘉之际，正是校勘学已属成熟时期，出了不少优秀的学者，顾千里实为这一时期的代表人物。他代人校刻了很多的书。都是选择最好的本子，又用几个本子互校，写成考异、识误或校记附后，对后世校勘学起了典范作用。他的字迹，楷书与行书都有。校过之书一般都盖有图章。但我收到过他给钮树玉校的《说文新附考》稿本，就没有题名和印记（现藏苏州博物馆）。

十二、怎样识别藏经

鉴别佛教藏经，遇宋元刊者，除校对行款以外，须查明当时刻经人姓名，有无相合者，又看字画刀法，大致可以肯定何时刻本。明刻南北藏经及清刻龙藏，传本还多，必须区别清楚。南藏写欧体，一版经文刚好分五面（每面六行）；北藏写赵体，显然有区别，每面五行也和南藏不同。遇到单本，一看便知。清刊龙藏和北藏相比，版面行数和字体均同，但每行字数不同。据此一点，即可分清。为了便于鉴别，分别列出如下：

（一）开宝大藏

5048卷，益州刊卷子本，宋开宝四年至太平兴国八年竣工，每版25行，行14字至15字，主刊者张从信。

（二）崇宁万寿大藏

6434卷，福州刊梵筴本，宋元丰三年至政和二年竣工。每版30行，行17字（半页6行），主刻者冲真、普明、咸晖等。

（三）毗卢大藏

6117卷，福州刊梵筴本，宋政和三年至乾道八年竣工，每版30行，行17字（半页6行），主刻者为本明、宗鉴、行崇、了一、蔡俊臣、陈询、刘渐、冯檝等。

（四）思溪圆觉藏

5480卷，湖州刊梵筴本，宋绍兴二年始刊，王永从及沙门宗鉴、净梵、怀琛等主其事。每版30行，行17字（半页6行）。

（五）思溪资福藏

5740卷，安吉州刊梵筴本，宋绍兴二年始刊，每版30行，行17字（半页6行）。

（六）碛砂藏

6362卷，平江府刊梵筴本，每版30行，行17字（半页6

行），宋绍定四年至元至治二年刻竣，藏主法忠，功德主清圭，又沙门德璋、志清、慧琚、慧朗、志莲、志昌、行一、维总、昙瑞、惟吉等主其事。

（七）普宁藏

6018卷，杭州路刊梵筴本，元至元六年开雕，每版30行，行17字（半页6行），主其事者释道安、如一、崇善、如贤等。

（八）明南藏

6331卷，南京蒋山刊梵筴本，明洪武五年太祖敕修，每版30行，行17字（半页6行）。

（九）明北藏

6367卷，北京刊梵筴本，明永乐八年至正统五年竣工，每版25行，行17字（半页5行）。

（十）径山藏

6956卷，线装方册本，在余杭开雕，在嘉兴装订发售，故亦称嘉兴藏。明万历十七年至清康熙十六年正藏方刻成（卷尾有牌记）。

（十一）龙藏

7168卷，北京刊梵筴本，清雍正十三年敕刻，乾隆初竣工，每版25行，行15字。

十三、铅印、石印和影印

道光二十三年（1843）五口通商后，上海成立了一家铅印出版机构——墨海书馆，地址在麦家圈（即现在的山东路）。它除了备有大小英文铅印外，还刻有中文铅字大小两种。该馆中文编辑为王韬，很有才华，他自著的《海陬冶游录》、《瀛海杂志》就是墨海书馆铅字排印的。

1872 年至 1877 年《申报》馆用活字聚珍版印行了《申报馆丛书》。由于每种只印一二千部，不易再版，所以到现在零种也不多见。内容有史料价值的，已成为稀有之本了。

《申报》馆还经营上海图书集成局，把《古今图书集成》用铅字版印行，线装分订 1628 册，当时外国人把这部一万卷的巨著称为《康熙百科全书》。就是由于用纸数量过大，连史纸生产跟不上需要，因而一部分改用了机制的洋粉连纸，这是美中不足之处。

与此同时《申报》馆又开办了点石斋石印书局，用轮转石印机印《圣谕像解》、《康熙字典》、《十三经注疏》等，还以随报附送的形式，印了《点石斋画报》（郑逸梅同志在《书报话旧》中说是共印了卅六集，据我亲眼目睹的，除了天干、地支、八音、六艺外，还有元亨利贞和文行忠信八集）共四十四集。

另外同文书局石印的有《二十四史》、《全唐诗》、《骈字类编》等书，都是白口的。还有五洲同文书局也印过《二十四史》，虽然本数也是 711 册，但是书口是黑线口，与老同文版不能互配。

商务印书馆于1919年影印的《四部丛刊初编》是由张元济主持编辑的，分经史子集，用当时最好的版本影印。先后两版，第一次印本订2100册，第二次印为2112册（原因是改用《王文成公全书》多出十二册）。后来又接着印行了续编，订510册；三编，订500册。这样对稀少古本的复印与流传是有一定贡献的。《四部丛刊》有用毛边纸和连史纸两种印本，大约是连史纸十二开大小（和现代书32开差不多），每种书封面上印有《四部丛刊》某部字样。1930年商务馆还影印了《百衲本二十四史》，都是照宋元版影印，全书分订820册，是史书中最好的版本。

中华书局于1924年以铅字聚珍仿宋版排印了《四部备要》，内容虽然也是采自经史子集四部，但他的指导思想是讲究实用。例如，《十三经注疏》用阮元校勘记本，有的用清人注释本，并且校勘较严，很少错字，因而在学术研究上得到了很高的评价。连史纸印本共2500册，书口下方刊有“中华书局聚珍仿宋版印”两行，封面背后是版权页。后来又影印过一部大书《古今图书集成》，底本是用的康有为旧藏的铜活字本，机制连史纸六开大小，共订808册。

另外，扫叶山房、著易堂、文瑞楼等书店，也石印或铅印了不少古籍书（包括一些著名的古典小说）。还有博古斋则用影印的办法印了《士礼居丛书》、《津逮秘书》等丛书十种左右，都是白连史纸影印的。其他尚多，不胜枚举。

十四、值得注意的问题

在清初时期为了节约用纸，曾出现过以旧书页裱书面或作衬纸的情况。由于时代的变化，对书笈内容的估价，也就不同。过去所推崇的书籍，到现在也许毫无参考价值了。如精刻本的科举八股文章等。相反，当时是很普遍，或为士大夫阶级摒弃的书，现在却正是我们所急需搜求的了。明版书中，很多整部有用的资料，当时就有不少遭到拆散而作衬纸的命运。就我所知，在抗日战争时期，苏州曾有人在一部抄本的《天文大成》的衬纸里，清理出明版棉纸书七部，并且都基本完整。其中最为突出的二种是《本兵敷奏》和《罗龙寨略》，还有五部则是明刊明人集。解放初期我也在乱书中的坊刻本《孟子读本》里，拆出过明代万历年刊《吴邑公田书册》（现归江苏省博物馆收藏），还有一本江阴地方文献《闾史》，也是晚明时刻本，都是极为珍贵的善本书。由此可见，收购古旧书是一件相当细致的工作，必须全面观察。如果只注意书的本身，而忽略了衬纸，很可能把一些极宝贵的东西失之交臂，所以应该引起注意。至于以旧书面裱书面，则终因数量有限，很难得到全帙，似乎关系不大，但对有些已经失传的书籍，能够得到几片残页，对考证其刊刻时代、存佚情况，也起着极为重要的作用。例如：阿英同志在《小说闲谈》中述及嘉靖本《翡翠轩》及《梅杏争春》（清平山堂话本）四十残片，即由书面撕下。近年北京中国书店也从旧书面纸上揭下了明成化刻本《西厢记》残页，就是从未发现过的孤本。所以，这一点不得不加以注意。

宋元时期江苏地区刻书概述

我国雕版印刷事业，肇始于唐朝，奠基于五代，到了两宋时期，才得到较好的发展。唐及五代所刻图书，数量极少，历时又久，至今传本已罕见，因而宋版书已成为流传较少的古书，使它成为艺林的瑰宝。实际上宋版书的可贵处，不仅仅在于其时代的久远和流传的稀少而已，更重要的是宋版书去古较近，书的内容存真性自然较高些，因而人们就更珍视它。因为一种古书，尤其是名著，传世以后，往往经过多次抄录或翻刻，便常常会因为人们的疏忽而容易产生“以帝为虎，以鲁为鱼”的错误现象。因而清代校勘学家顾广圻（千里）[①] 极力主张“书以弥古为弥善”，就是说一种书如果少经几次转抄和翻刻，一定会少些错误。

宋代是一个学术极为昌明的时代。在时代环境的影响下，当时负责出版图书的人，态度审慎，校对精良，讹字绝少。其次，宋代所据以刻印的书，距离原作者所处时代较近，有利于减少以讹传讹的失误，所以说宋版书在史料的存真方面较好，这才是宋版书被人们重视的真正原因。

---

① 顾广圻（1766—1835），字千里，江苏元和人。诸生，受业于吴县江声。颖敏博洽，通经史小学，尤精校勘。孙星衍、张敦仁、黄丕烈、胡克家、秦恩复等人，先后延主刻书，皆为作札记，考订文字，于目录学尤为专门。尝以邢子才“日思误书更是一适”语，自号思适居士。著有《思适斋文集》十八卷。

江苏在宋代分属“两浙西路”、“江南东路”、“淮南东路”，是一个历史悠久、文化发达的地区。早在唐代太和九年（835）前后，苏州北部一带地方，民间就开始制作雕版历日，拿到市场上出售。① 宋代苏州名平江府，面临太湖，水网交错，土地肥沃，范成大《吴郡志》中引民谚就有“天上天堂，地下苏杭”之美称。由于经济富裕，刻书较多。世称“姑苏本”或“苏州本”者向有盛誉。1978 年在苏州瑞光塔第三层塔心穴藏内发现真珠舍利宝幢，护轮用纸是北宋咸平四年（1001）苏州军州②所刻《大隋求陁罗尼》（经）一卷，上面刻有知苏州军州及长洲、吴县两县令等地方官员的衔名款识，现藏苏州博物馆③，这是现存北宋时期苏州雕版印刷最早的唯一实物。嘉祐四年（1059）姑苏郡斋王琪刊有《杜工部集》无注二十卷本为最古，后来一切注释分类本都从此出，但北宋原本已亡，今仅南宋时翻刻残本传世。元符改元（1098）苏州公使库刊朱长文《吴郡图经续记》三卷，尚有绍兴四年（1134）吴人孙佑重刻本流传。南宋时期，随着政治中心的南移，江苏的木刻印书事业，得到了进一步的发展。绍熙三年（1192）平江府学刊范成大《吴郡志》，版存苏州府学，晚明时常熟人毛晋曾在韦刺史祠中见到。④ 绍兴十五年（1145）平江府刊《营造法式》，原刻全书已罕见，国家图书馆仅藏残编三卷。南宋时苏州一带的

---

① 见郭味蕖《中国版画史略》。

② 苏州军州是北宋时期苏州政区。政和三年（1113）升苏州为平江府，说明当时苏州经济发展水平较高，人口正在不断增加。

③ 见 1979 年《文物》第 11 期刊载《苏州市瑞光塔发现一批五代、北宋文物》。

④ 详见毛晋重刊《吴郡志》跋。

僧俗善男信女，在平江府陈湖中（今昆山陈墓）碛砂延圣院内设立经坊，从绍定四年（1231）起开雕藏经，直至元代至治二年（1322）始毕工，世称《碛砂藏》经折本。

建康府（今南京市）地处长江下游，水陆交通称便，且为军事重镇。所以宋高宗赵构南渡后，陈亮等建议，不如把政府从临安（杭州）迁往建康，以便收复北方失地。据《景定建康志》著录所藏书版，就有六十八种，可见当时刻书之多。嘉祐三年（1058）江宁府开选《建康实录》，末有校刊衔名，现仅有绍兴时重修本。嘉定十三年（1220）建康府溧阳学宫刊陆游《渭南文集》五十卷，为放翁幼子子遹编刊，刻印俱精，“游”字缺末笔，以避家讳。绍兴十八年（1148）晁谦之跋刻《花间集》十卷，其刻工周清、章旼等与江南东路转运司刻《后汉书注》同，可证其为同一时期南京刊本。

淮南东路扬州为隋唐繁华之地、江左大镇，土地平旷，且为南北交通枢纽，商业发达。乾道二年（1166）扬州州学曾刻沈括《梦溪笔谈》二十六卷。嘉定七年（1214）真州郡斋刊有陈旉《农书》及秦观《蚕书》。景定五年（1264）淮安州学重刊徐积《节孝先生集》三十卷。嘉定九年（1216）高邮郡斋刊孙觉《龙学孙公春秋经解》十五卷，尾有郡守汪纲刻书跋。

此外镇江、常州等地亦都刻书。尤以江阴军所刻最多。北宋天圣七年（1029）江阴乡贡进士葛惟肖刊《国语韦昭注》二十一卷，明道二年（1033）得真本刊正增改，即世称天圣明道本。原刻久佚。嘉庆四年（1799）吴县黄氏（丕烈）据影宋抄本重刊，丝毫不爽。乾道三年（1167）江阴军学刊有《宣和奉使高丽图经》四十卷，刻版距原作者徐兢卒年仅十五年，而其第四十卷“儒学”条，较鲍廷博刻《知不足斋丛书》本多253

字，其他讹文误字之处也很多，足见宋版书之可贵。

继宋之后统一中国的是元朝。元世祖忽必烈接受中书令耶律楚材的建议，起用汉族吴澄、许衡[①]等人，对于中国的经学大力提倡。世祖尊崇孔子，不改汉制。为笼络汉族士林子弟，拨发官款雕印汉文图书，以供学校使用，因而官刻图书遍及各地。当时全国各路、府、州、郡、县都设有儒学，入学的生徒可免一身杂役。元代各书院刻的书都非常精致，因为主持书院的“山长”[②] 多是一些有学问的著名学者，他们亲自校勘。书院又有学田收入作为刻书经费。地方官府所刻图书，以九路儒学分刊九史为最著名。我省仅建康路儒学刻有《新唐书》，扬州路儒学刻有《马石田文集》，平江路儒学刻有《吴师道校正鲍彪注国策》，无锡州学刻有《白虎通德论》和《风俗通义》，且均有实物传世。官府倡导于先，私人也就随之风行于后。其著称于世的有岳氏荆溪（宜兴）刻《春秋经传集解》，吴中范氏家塾岁寒堂刻《范文正公集》和《范忠宣公集》（总称《二范全集》），吴郡陆德原刻《笠泽丛书》，吴江金伯祥刻《道园遗稿》，崇川（南通）书府刻《春秋诸传会通》等。

---

① 吴澄，字幼清，元崇仁人。官至国子监司业，迁翰林学士，著有《学基》、《学统》，校定《皇极经世书》，世称“草庐先生”。许衡，字仲平，元河内人。世祖时召为国子祭酒，拜中书左丞，学者称“鲁斋先生”。著有《鲁斋遗书》、《鲁斋心法》等。

② 唐五代时山中学舍称书院，其主讲并总务者曰“山长”。自南宋及元，官立书院概置“山长”，与“学正”、“教谕”并为学官，由礼部及行省宣慰使选任。

宋代刻书

（一）两浙西路平江府（苏州军）

1.《大隋求陁罗尼》（经）一卷，宋咸平四年（1001）苏州军州刊。版框高44.6厘米，阔30.7厘米。经文环行，共27圈。中心为释迦牟尼像。上下四角则刻有四大天王像。经文上部正中有一图案，下部正中为长方型框，框内直行刻“剑南西川成都府净宗寺讲经论持念赐紫义超同募缘传法沙门蕴仁……同入缘弟子张日宣……同入缘女弟子沈三娘……”最后落款是“咸平四年十一月　日杭州赵宗霸开”。还有左右边款各一道。右边款是“朝请大夫给事中知苏州军州事清河县开国男食邑三百户柱国赐紫金鱼袋张去华、朝奉郎守尚书兵部郎中通判军州事赐绯鱼袋查陶、守尚书屯田员外郎监苏州清酒务张振、太子中允监税赐绯鱼袋李德镆、著作佐郎签署都察判官厅事崔端”，共98字。左边款是“大理寺丞知长洲县事王允已、节度掌书记彭愈、节度推官周允中、观察推官程璀、录事参军宋有基、司户参军纪士衡、权司理参军刘庶儿、守吴县令班绚、守吴县主簿李宗道、权知白州郭用之、权州观察推官同植、内品监税李德崇，进士郭宗孟书”，共96字。

民国《吴县志》职官表有宋知州张去华，字信臣，襄邑人。咸平二年四月自杭徙苏，寻以疾分司西京。因此我认为在其任内请杭州刻工赵宗霸，按照西川成都所刻原件重雕行世。所以两旁刊有当时苏州军州及长、吴二县地方长官职衔姓名，可作明证。

2.《苏州图经》六卷，宋大中祥符四年（1011）颁刊。宋李宗谔撰。原书久佚。陈振孙《直斋书录解题》：“景德四年（1007）诏以四方郡县所上图经，刊修校定为一千五百六十六卷。以大中祥符四年颁下，今皆散亡，馆中仅有九十八卷，余家所有惟苏、越、黄三州刻本耳。”叶昌炽《藏书纪事诗》引《池北偶谈》：“《南唐书》今止传陆游、马令二本，胡恢书久不传。惟江阴赤岸李氏有之。李即忠毅公应升之叔，忘其名矣。昌炽案：即贯之（李如一）先生也。……余见其《得月楼书目》，又有李宗谔《苏州图经》六卷、赵抃《成都古今记》三十卷，皆世所不传之本。”由此可见，晚明时期，江阴李氏尚藏有此书。另据张秀民《中国印刷史》上说：“《苏州图经》刊于绍圣三年（1096）。”

3.《杜工部集》二十卷，宋嘉祐四年（1059）姑苏郡斋王琪刊。唐杜甫撰。宋王洙编。后记云：“原叔虽自编次，余病其卷帙之多而未甚布。暇日与苏州进士何君琢、丁君修，得原叔家藏及古今诸集，聚于郡斋而参考之，三月而后已。义有兼通者，亦存而不敢削。阅之者固有浅深也，而又吴江邑宰河东裴君煜，取以覆视，乃益精密，遂镂于版，庶广其传。”范成大《吴郡志》云：“嘉祐中，王琪以知制诰守郡，大修设厅，规模宏壮，假省库钱数千缗。厅既成，漕司不肯除破。时方贵《杜集》，人间苦无全书。琪家藏本，雠校素精，既俾公使库镂版，印万本，每本为直千钱，士人争买之。既偿省库，羡余以给公厨。”

王琪镂版于姑苏之北宋《杜集》原本，早已不可得见。今但存南宋翻刻本有二，后由毛氏汲古阁主人毛扆合为一帙。今藏上海图书馆。

其一，每半页十行，行十八至二十一字不等。白口，左右双边。刻工洪茂、史燕、张由、张先、牛实、骆升等皆绍兴间习见良工，以《吴郡图经续记》刻工有牛实证之，疑是南宋初年重刻王琪本。苏杭一苇可通，当时刻工可通力合作，与后此平江府刻《营造法式》、绍定《吴郡志》情况相同。

其二，每半页十行，行二十字。白口，左右双边。校注樊作某、晋作某，宋景文作某，陈作某，与钱谦益《杜诗笺注》所载绍兴三年吴若后记本同。

4.《李翰林集》三十卷，宋元丰三年（1080）苏州守晏知止刊。唐李白撰，宋曾巩编辑，信安毛渐题云："临川晏公知止字处善，守苏之明年，政成暇日，出李翰林诗以授于渐曰：'白之诗历世浸久，所传之集，实多讹缺。予得此本，最为完善，将欲镂版，以广其传。'渐窃谓李诗为人所尚，以宋公编类之勤，而曾公考次之详，世虽甚好，不可得而悉见。今晏公又能镂版以传，使李诗复显于世，实三公相与成始而成终也。元丰三年夏四月，信安毛渐校正谨题。"这可以说是《李白集》的第一个刻本。

5.《吴郡图经续记》三卷，宋元符改元（1098）苏州公使库刊。宋朱长文撰。每半页九行，行十八字，白口，左右双边。前有祝安上书："元符改元，安上以不才滥绾倅符。……而得此书于公之子耜，惜其可传而未传也。于是不敢自秘，偶以承乏郡事，俾镂版于公库，以示久远。……越明年，岁在庚辰（1100）八月望日，朝请郎通判苏州权管军州事祝安上书。”此刻原本，久已不传。清乾隆六十年（1795），吴人黄丕烈以五十金从华阳桥顾氏得一宋刊本，但已是绍兴四年（1134）郡守孙佑翻刊之本。后有题识云：“自庚辰八月权州祝君镂版题跋之后，距今绍兴甲寅实三十五年。佑被命假守，时兵火之余，图籍散亡，每贤士大夫相过必以谘访。未几前湖州通判陈能千自青龙泛舟，携此书相访。开卷欣跃，因授学官孙卫补葺校勘，复为成书以传。……”此本从士礼居散出后，历经汪士钟、胡珽、吴云、汪鸣銮、蒋汝藻等递藏。民国十三年（1924）蒋氏曾据以景刻，收入《密韵楼景宋七种》中。

6.《西汉诏令》十二卷，宋政和间（1111—1118）释庆善（俗姓林）刊。宋林虙撰。陆心源《皕宋楼藏书志》著录景宋抄本。首有大观三年（1109）程俱叙称：“右《西汉诏令》四百一章，旧传《西汉文类》所载尚多阔略。吴郡林德祖虙实始采括传志，参之本纪，断章析简，缀之无遗。……”林虙，字德祖，福建福清人。祖概，父旦，伯父希，《宋史》皆有传。希、旦始居苏州之戴城桥。元丰中试太学第一，连黜于礼部。绍兴四年（1134）始登进士，教授常州，迁扬州，擢河北西路提举学事，除开封府左司录。时府尹以佞幸进，有所不乐，遂纳禄去。归隐苏州大云境，自号大云翁。

7.《东坡集》四十卷《后集》二十卷，宋宣和间（1119—1125）姑苏居世英刊。宋苏轼撰。缪荃孙《云自在龛随笔》：“宋姑苏居世英刊《东坡前后集》。”又《苏州府志》：“居世英系宣和六年（1124）沈晦榜进士。”不见于现存书目，绍兴间人胡仔《苕溪渔隐丛话》称其为谬误绝少的善本。

8.《备急总效方》四十卷，宋绍兴二十四年（1154）平江府刊。不著编者姓氏。每半页十行，行十六字。方低一格，每证下注方所出书名，病题用阴文。白口，左右双边。鱼尾下题备方一二等字。版心下方题刊书人姓名。有乙成、金彦、惠道、李祥、王份、项中、牛智、叶先、贾琚、昌旻、陈忠。宋讳玄、镜、竟、敬、惊均缺笔。前有“绍兴二十四年四月二十日左朝奉大夫知平江军府事提举学事兼管内劝农使溧阳县开国男食邑三百户赐紫金鱼袋李朝正”序。傅增湘《藏园群书经眼录》称：“此书字樵欧体，刊工陈忠见敝藏《水经注》及明州本《文选》补版中，写刻既工，印尤精妙，桑皮莹洁，墨采静穆，真希世之珍也。”

9.《翻译名义集》七卷，宋绍兴二十七年（1157）姑苏景德寺刊。宋姑苏景德寺普润大师法云编。前有绍兴丁丑（1157）周敦义序。每半页六行，注双行，行二十字。大字约占小字四。版心有开经人名字。卷一有“僧法愿施行经本钱开叶慧承继看心经，信人钱开张浩答四恩三有”。卷二有“马圭开报四恩”。第一卷后题：“宋太尉宅施钱十四贯，足助开此集增添福慧。东掖白莲教院住持与咸喜遇翻译名义回施五贯，助集流通。开元寺都僧普照大师智灯施钱开集二版。比丘净行遂各开一版。并用庄严净土比丘祖辉等回施莲华净社剩十七贯，足助开此集。庄严净土，传法寺比丘尼彦楷施五贯足。庄严净土，常熟县明净庵净人苏彦亿募钱十二贯足。名随施主愿心如

意。”第二卷后题“平江府宁国寺西面南居住弟子沈贵□□□梵勤各施钱五贯足”。（下佚）

10.《东莱先生诗集》二十卷，宋乾道二年（1166）吴郡斋刊。宋吕本中撰，沈度编。每半页十一行，行二十字，白口，左右双边。乾道二年赣川曾几后序称：“是集沈公雅编。公雅于公为通家子，且从之游。时出守吴郡，暇日裒集公诗，刻置郡斋。……”原刻中土久佚。仅日本内阁文库藏有全帙。民国二十三年（1934）上海商务印书馆据以影印，收入《四部丛刊》续编中。

11.《增广注释音辨唐柳先生集》四十三卷《年谱》一卷《别集》二卷《外集》二卷《附录》一卷，宋乾道三年（1167）吴郡陆之渊刊。唐柳宗元撰，宋童宗说注释，张敦颐音辨，潘纬音义。吴郡陆之渊序云：“柳州内外集，凡三十三通，莫不贯穿经史，镠辖传记，诸子百家，虞初稗官之言。古文奇字，比韩文不啻倍蓰，非博学多识前言者，未易训释也。广文中乙丑年甲科，恬于进取，尚淹选调，生平用力于内，不求诸外，遂能会粹所长，成一家言，将与柳文并行不朽。”

12.《韦苏州集》十卷《补遗》一卷，宋乾道七年（1171）平江府学刊。唐韦应物撰。有乾道辛卯平江府教授胡观国跋，又崔敦礼跋，皆称：“丞相观文魏公守平江，锓版以传。署曰重刊，盖即葛蘩所校本也。”丞相魏公乃寿春人魏杞，乾道六年以参知政事右仆射罢授观文殿学士知平江府。后来一切韦集大抵都是这个乾道本的覆刻。

13.《吴郡乐圃朱先生余稿》十卷《附录》一卷，宋绍熙五年（1194）吴人朱思刊。宋朱长文撰。首有从孙朱思刻书序："乐圃文集近百卷，家藏古今篇帙动万计，与夫数世聚族之居，堂宇亭榭，名花古木，罹建炎兵火之难，吴城失守，一日翦为劫灰。其后独先生《春秋通志》覆传本于他郡。仅有全篇。思玷处孙列，自幼搜访乐圃余稿，每得一篇，必珍而藏之。今裒集有年矣。……今虽百卷之中仅存十一，然雄文丽藻，恐又将湮没。遂止凭所藏得古律诗大小百六十有三，记五，序六，启七，墓志五，世谱、题跋、祭文、赋、书、铭各一，类为十卷，捐俸募工，以锓诸木。"

《仪顾堂题跋》："《吴郡乐圃朱先生余稿》十卷……题曰侄孙中奉大夫知汉阳军事赐紫金鱼袋思裒次。……每半页九行，行二十五字。……是从绍熙甲寅刊本摹写者。"

14.《石湖居士诗文集》一百三十卷，宋嘉泰三年（1203）吴郡范莘（成大子）刊。宋范成大撰。清顾嗣立重刻《石湖诗集》序称："《石湖诗集》三十三卷。凡古今各体诗一千九百一十六首。范文穆公手自编定。宋嘉泰三年其子莘等刻以行世。合诗文凡百有三十卷，明时曾以重刊而流传颇少，又有活版印本，残缺甚多。今藏书家多有抄本。……吾友金子亦陶所藏从宋版抄得，更为广集诸家，校勘精密，可称善本。兹先刻其诗集，以供同好。……康熙戊辰八月中秋前一日依园主人谨识。"傅增湘《明抄范石湖集跋》："……是金氏藏本实兼存文集，不审顾氏何以只取其诗，致令百卷鸿文竟归沉没，并传抄亦绝迹于天壤，深足嗟惜。"

15.《嘉泰普灯录》三十卷，宋嘉泰四年（1204）平江府刊。题“平江府报恩光孝禅寺臣僧正受编”。每半页 10 行、行 20 字。白口、左右双边。版心记“普灯录”三字，下记刊工姓名。有李信、李亿、李倚、李思忠等。

16.《白氏文集》七十一卷，宋嘉定年间（1208—1224）吴郡守李大异刊。唐白居易撰。李大异，字伯修，豫章人。楼钥《白乐天文集目录》云：“……余平日佩服其妙处，手编目录寄吴门使君李公谏议，并以闻录寄之。李德劭璜有白氏年谱，尚当访求，以成此书。”又跋《龙眠二马》云：“余家藏《白氏长庆集》久矣。近又得吴门大字者。周伯范模欲得旧本，以所藏《龙眠二马》遗余。古有以妾换马者矣。以书换马自攻媿始，可博一笑。”

17.《大事记》十二卷《通释》三卷《解题》一卷，宋嘉定五年（1212）吴郡学舍刊。宋吕祖谦撰。《四库全书总目提要》即据此刻著录称：“此本乃宋嘉定壬申吴郡学舍所刻。”尾有宋人李大有刻书跋：“太史先生是书名袭迁史，体备编年，包举广而兴寄深。虽不幸绝笔于政和，而书法可概见。其文则史，其义则窃取之矣。《通释》，是书之总也：《解题》，是书之传也。学者考《通释》之纲，玩《解题》之旨，斯得先生次辑之意云。嘉定壬申锓木吴学。谨识于卷后，时冬至前三日学掾东阳李大有书。”现原刻本已罕见，仅有后世多种重刊本传世。

18.《营造法式》三十六卷，宋绍定年间（1228—1233）平江府刊。宋李诫撰。每半页十一行，行二十一字、二十二字不等。细黑口，左右双边。刻工全荣、蒋宗、贾裕、蒋荣祖、马良臣等又刻绍定《吴郡志》、《碛砂藏》等书，因而推知此书当是南宋后期平江府官版。现国家图书馆藏有残本，存卷十一至十三，凡三卷又三页。

19.《吴郡志》五十卷，宋绍定二年（1229）平江府学刊。宋范成大撰。每半页九行，行十八字。白口，左右双边。版心下记刻工姓名。目录后有校刻人衔名："校勘进士何漳府学学谕刘九思，校勘迪功郎新广德军军学教授李起，校勘迪功郎充平江府府学教授汪泰亨，校勘国学免解进士李宏"四行。现南京图书馆藏有宋刊明印本。

20.《大藏经》六千三百六十二卷，宋绍定四年（1231）平江府碛砂延圣院始刊。碛砂延圣院在吴县（今属昆山）陈湖中。宋乾道间寂堂禅师创建。绍定四年设经坊开雕全藏。藏主为法忠禅师。嘉熙、淳祐间校刻经卷甚盛。至元至治二年（1322）共历九十一年始告成。梵夹装。每开六行，行十七字。西安开元、卧龙两寺原存全藏约十分之八，今归陕西省图书馆。苏州戒幢律寺亦藏有零种多册。

21.《琴史》六卷，宋绍定六年（1233）吴人朱正大刊。宋朱长文撰。陆心源《仪顾堂题跋》著录黄丕烈校宋本。每半页六行，行十八字。《四库全书总目提要》："《琴史》六卷……绍定癸巳其从孙正大始刊版，并为后序。"

22.《张司业集》八卷《附录》一卷，宋淳祐四年（1244）

平江府署刊。唐张籍撰。陈振孙《直斋书录解题》："汤中季庸以诸本校定，且考订其为吴郡人，魏峻叔高刻之平江，续又得《木铎集》，凡他本所无者，皆附其末。"

23.《鹤山文集》一百卷，宋淳祐辛亥（1251）平江府刊。宋魏了翁撰。莫友芝《郘亭知见善本书目》称："《鹤山集》二子近思、克愚编百卷本，淳祐中刊之。"又明锡山安国刊本有吴潜后序："……公之子近思、克愚相与搜遗亡轶，有正集、外集、奏议凡一百卷，将锓梓行于世。既属叔氏序其首，又俾潜曰：'子为我申言之。'……淳祐辛亥四月哉生明，太中大夫新除参知政事同提举编修敕令同提举编修经武要略金陵郡开国侯食邑一千七百户食实封二百户吴潜后序。"

24.《通鉴纪事本末》四十二卷，宋宝祐五年（1257）宋宗室赵与篙平江刊。每半页十一行，行十九字。明卢熊《苏州府志》："赵与篙字德渊，太祖十世孙，希怿子……嘉熙三年（1239）直敷文阁知平江兼淮浙发运使。特置使领其事自与篙始。……宝祐三年以观文殿学士再守郡，行乡饮射礼于学宫，复修饰殿堂斋庐，广弦诵以严教养，学宫弟子为立生祠，景定初再知平江丐祠。"

25.《韦苏州集》十卷，宋熙宁九年（1076）权知吴县事葛繁刊。唐韦应物撰。后有熙宁九年葛繁后序称："昌黎韩公知苏州事，得晁文元家藏韦氏全集，俾僚属宾佐参校而终于繁，镂版传之。"后列衔三人，长洲尉王昌彦、州学教授霍汉英，而繁实知吴县事也。

26.《昆山杂咏》三卷，宋开禧三年（1207）昆山郡斋刊。宋龚昱辑。每半页八行，行十五字。白口，左右双边。前有嘉定改元（1208）十二月初吉朝散郎监察御史范之柔序。尾有徐挺之刻书跋：“楼间主人龚君昱，字立道，昆山佳士也。讲学之暇刻意于诗，裒所藏今昔名公之什，总成此编以示，交承金华潘文叔。文叔迫去，不克广其传。挺之来试邑，刊置县斋，不惟喜立道之好，尚抒以全文叔之志云。开禧丁卯中秋仪征徐挺之识”。现国家图书馆藏有宋刊原本。

27.《玉峰志》三卷《续志》一卷，宋淳祐十一年（1251）昆山县学刊。宋凌万顷、边实撰。后有淳祐壬子项公泽刻书跋：“昆山为吴壮邑，地险而俗劲，田多而赋重，凋弊积有年矣。故于稽古载籍之事多缺焉。考之《吴郡志》，虽附书一二，其详不可得而闻。公泽承乏学制，每与乡校诸友议斯缺典，欲网罗补苴，然方有公事未皇也。直学凌君、掌仪边君俱有俊誉，慨为己任，搜访掇拾，斯已勤矣。地理标名，财赋之件目，尝与参订，至若废置因革，人物异闻，视昔为详，将求印证于多识前言往行者。俄及瓜，惧失其传，而二君之劳孤矣。姑授之梓，以俟方来，庶知今者果不谬，古者犹可质云。淳祐壬子中和节东嘉项公泽谨跋。”此志即最早之昆山县志。宋刻原本久佚。历来仅有旧抄本及晚清时重刊本传世。

28.《琴川志》十五卷，宋嘉定三年（1210）常熟县令叶凯刊。宋鲍廉撰。元人卢镇后序称：“按琴川自宋南渡，版籍不存。其后庆元丙辰（1196）县令孙应时尝粗修集，迨嘉定庚午（1210）县令叶凯始广其传。……”但宋代原刻早佚。

29.《言子》三卷，宋端平年间（1234—1236）知常熟县事王爚刊。宋王爚编。爚字伯晦，新昌人。嘉定进士。理宗时官至左丞相，与陈宜中不协而去。度宗时诏充上蔡书院山长，后进皆多成就。《直斋书录解题》：“言偃，吴人，相传所居在常熟县。庆元间邑宰孙应时季和始为立祠，求朱晦翁为记。近新昌王爚伯晦复裒《论语》诸书所载问答为此书。邑中至今有言氏，亦买田教养之。”

30.《佛顶心观世音菩萨大陁罗尼经》一卷，宋崇宁元年（1102）吴江石处道等刊。全经二百三十八行，行十四字。清末出吴江东郊垂虹桥塊华岩塔石匣中。开卷佛说法图，观世音菩萨化僧解冤等扉画。初印精湛，纸墨莹洁。末有“崇宁元年石处道同妻梁氏镂版印施”题记。

31.《笠泽丛书》四卷《补遗》一卷，宋政和元年（1111）吴江县令朱衮刊。唐陆龟蒙撰。序云：“天随子居衰乱之世，仕不苟合，家于松江，躬劳苦，甘淡薄，而以读书考古为事。……世所传丛书多舛误。衮既至是邑，想其遗风，因求善本校正，刊之于版，俾览者非独玩其辞而已矣。……政和改元季夏四日毗陵朱衮记。”《皕宋楼藏书志》著录抄本，有元符庚辰樊开序。

32.《甫里先生集》二十卷，宋宝祐五年（1257）吴江叶茵刊。唐陆龟蒙撰。叶茵刻书序云：“《笠泽丛书》、《松陵集》凡四百八十一。茵居其乡，诵其文，且和其绝句百八十余首，遂于文籍中裒集得一百七十一篇，合《丛书》、《松陵集》计六百五十二篇，凡可助此书以流行者，聚于卷末，名曰附录，总为二十卷，刊置义庄。字划疑者存之，舛讹者是正之。宝祐五年叶茵谨识。”

（二）两浙西路镇江府

33.《镇江志》三十卷，宋嘉定年间（1208—1224）镇江府学刊。宋卢宪撰。《直斋书录解题》著录：“《镇江志》三十卷，教授天台卢宪子章撰。”《文献通考》亦有著录。书中称宪者四条、称卢宪者一条，故知为宪之书。中载史实惟史弥坚最详，赵善湘次之。考弥坚以嘉定十四年十二月守镇江，十七年召还，宝庆二年再任。据至顺《镇江志》学校门载教官卢宪嘉定癸酉谒庙事，癸酉为嘉定六年，正弥坚守郡之日，书当成于此时。宋刻原本已佚。阮元《四库未收书目提要》有此志抄本。仅二十二卷，恐系残帙。

34.《新定三礼图集注》二十卷，宋淳熙二年（1175）镇江府学刊。宋聂崇义撰。每半页八行，行二十二字至二十四字不等。白口，左右双边。据淳熙二年陈伯广后跋称：“熊君子复得蜀本，人欲以刻于学而予至，因属予刻之。”与《镇江志》合。熊克字子复，建阳人，《宋史》入文苑传，因推知此书确是淳熙二年镇江府学官版。

35.《李卫公备全集》三十九卷，宋淳熙间（1174—1189）耿秉于京口刊。唐李德裕撰。张秀民《中国印刷史》称：“比永嘉及蜀本三十四卷外多《姑藏集》五卷。”京口即现在之镇江。耿秉，江阴人，曾在淳熙辛丑刻过《史记》，可参阅。

36.《宝晋英光集》八卷，宋绍定五年（1232）岳珂于润州刊。宋米芾撰。莫友芝《郘亭知见善本书目》称：“绍定壬辰岳珂编刊《宝晋英光集》于润州米祠。”润州为镇江地名之古称。米祠为米芾之祠堂。

37.《说苑》二十卷，宋咸淳元年（1265）镇江府学刊。汉刘向撰。每半页九行，行十八字。黑口，左右双边。版心下注字数及刻工姓名。前有刘向进书序，继以总目。目后有曾巩进书序，后有“咸淳乙丑九月乡贡进士直学胡达之视役，迪功郎改差镇江府府学教授徐沂、迪功郎特差充镇江府府学教授李士忱命工重刊”三行。现藏国家图书馆。

38.《梁溪漫志》十卷，宋嘉泰改元（1201）丹阳县斋刊。宋费衮撰。每半页十行，行十九字。语涉宋帝皆空格。前有自序及楼钥跋，十卷目录后又有嘉泰改元晋陵施济跋。又有国史实录院牒并衔名十行。乾隆时鲍廷博刻《知不足斋丛书》本，即从此本翻刊。

（三）两浙西路常州

39.《重修毗陵志》三十卷，宋咸淳四年（1268）常州郡斋刊。宋史能之撰。每半页九行，行二十字。版心有字数。首有史能之刻书序：“毗陵有志旧矣。岁淳祐辛丑，余尉武进时，宋公慈为守，相与言，病其略也。俾乡之大夫士增益之，计书成且有日。越三十年，余承朝命长此州，取而阅之，则犹故也。……乃命同僚之材识与郡士之博习者，网罗见闻，收拾放失，又取宋公未取之书于常簿季公之家。讹者正，略者备，缺者补，盖阅旬月而后成。虽然，余岂掠美者哉。事患不为，为而无不成。余之续之，所以成前人之志而广异日之传云尔。后之览者，亦将有感于斯。咸淳四年月正元日四明史能之序。”《皕宋楼藏书志》著录宋刊本，残存卷七至卷十九，又第二十四卷。今已外流日本，藏于日本静嘉堂文库。

40.《山海经》三卷，宋淳熙庚子（1180）锡山尤袤刊。每半页十行，行二十一字。宋讳慎字缺笔。张金吾《爱日精庐藏书志》著录毛扆校宋本，有尤袤题语云：“予得刘歆所定书，其南、西、北、东及中山，号“五藏”，书为五篇，其文最多。《海内》、《海外》、《大荒》三经，南、西、北、东各一篇，并《海内经》一篇，总十八篇，多者十余简，少者二三简。虽若卷帙不匀，而篇次整比最古，遂为定本。参校得失，稍无舛讹。卷后或题：‘建平元年四月丙戌待诏太常属臣望校治，侍中光禄勋臣龚、侍中奉车都尉光禄大夫臣秀领主省’。”

41.《皇朝文鉴》一百五十卷，宋嘉泰甲子（1204）梁溪沈有开刊。宋吕祖谦奉勅撰。每半页十行，行十九字。版心上记字数，下记刻工姓名，有李忠、李彦、王华、王信、刘用等。前有嘉泰甲子沈有开刊版序称：“……诸处未见刊版，惟建宁书坊有之，而文字多误。”又沈有开，无锡人，字起先，淳熙五年进士。官至太平知州，加直龙图阁致仕。见于《咸淳毗陵志》。

42.《古文苑注》二十一卷，宋端平三年（1236）常州军刊。不著编者姓名，宋章樵注。前有绍定壬辰七月望日朝奉郎知平江府吴县事武林章樵自序。又嘉熙丁酉良月江师心序称："……章君倅毗陵日，欲绣诸梓。适拜司鼓之命，以稿属之后政程士龙，岁在丙申六月毕工。"

（四）两浙西路江阴军

43.《佛说观世音经》一卷，宋大中祥符六年（1013）江阴县助教葛诱刊。有"大中祥符六年，江阴太宁乡就日里人葛诱因久病医治无效，发愿舍财刻印"款识。葛诱任将仕郎、江阴县助教。原件于1981年在江阴出土，现藏江阴市文化馆。

44.《国语》二十一卷，宋天圣七年（1029）江阴军刊。吴韦昭注。每半页十一行，行二十一字。小字双行，每行三十一字。前有韦昭序。末有"天圣七年七月二十日开印，江阴军乡贡进士葛惟肖再刊正，镇东军权节度掌书记魏庭坚再详，明道二年四月初五日得其本，凡刊正增减"四行。宋时原刻早佚。嘉庆四年（1799）吴门黄丕烈据影宋抄本重刊。

45.《史记》一百三十卷，宋淳熙辛丑（1181）澄江耿秉刊。汉司马迁撰，刘宋裴骃集解，唐司马贞索隐。每半页十二行，行二十五字。版心有字数及刻工姓名。殷、慎、贞、恒皆缺笔避宋讳。前有淳熙丙申（1176）张杅序。末有澄江（江阴）耿秉的刻书跋："淳熙丙申，郡守张介仲刊《太史公书》于郡斋，凡褚少孙所续悉削去，尊正史也。学者谓非全书，怀不满意，且病其讹舛。越二年，赵山甫守郡，取所削别刊为一帙，示不敢专。而观者复以卷第不相入，览久非便，置而弗印，殆成弃物。信乎流俗染人之深，夺而正之，如是其难。然星之于月，其不侔亦昭昭矣。屏之使不得并，孰若附之其旁，则大小较善，不其愈尊乎？别以所续从其卷第而附入之，两存其版，俾学者自择焉。其谬误重脱，因是正凡一千九百九字。以辛丑仲秋望日毕工。澄江耿秉直之谨书。”耿秉字直之，江阴人。仕至焕章阁待制。律己清俭，两为浙漕，所至以利民为事。《皕宋楼藏书志》著录藏有残本九十九卷。晚清时流散至日本，现藏于静嘉堂文库。

46.《宣和奉使高丽图经》四十卷，宋乾道三年（1167）瀓（澄）江郡斋刊。宋徐兢撰。每半页九行，行十七字。白口，左右双边。首有徐蒧刻书序：“……仲父既以书上御府，其副藏家。靖康丁未，里人徐周宾乞观未归，而寇至，失书所在。后十年，家君漕江西，弭节于洪□，仲父来省，或谓郡有北医上官生，实获此书，亟访之。其无恙者，特海道二卷耳。仲父尝为蒧言，世传余书往往图亡而经存。余再画之无难也，然不果就。嘻！盖榷事乃已矣。姑刻是留瀓江郡斋，来者尚有考焉。乾道三年夏至日左朝奉郎权发遣江阴军主管学事徐蒧书。”《苏州府志》称徐蒧“乾道初改知江阴军，作新庙学，刊书以惠学徒”。此书乾隆时藏于清宫，著录于《天禄琳琅书目》。现藏台湾“故宫博物院”。

47.《五代会要》三十卷，宋乾道七年（1171）江阴军刊。题推忠协谋佐理功臣光禄大夫守司空兼门下侍郎同中书门下平章事修国史上柱国太原郡开国公食邑一千户实封四百户臣王溥纂。前有庆历六年文彦博序。后有乾道七年施元之跋。施元之字德初，吴兴人，官司谏，尝注东坡诗，即世行之《施注苏诗》。

48.《脍炙集》一卷，宋乾道九年（1173）江阴军严焕刊。宋佚名编撰。《直斋书录解题》："《脍炙集》一卷，朝请郎严焕刻于江阴，韩吏部以下杂文二十余篇。"严焕字子文，常熟人，知江阴军时刊。

49.《春秋经传集解》三十卷，宋乾道年间（1165—1173）江阴军学刊。晋杜预撰。每半页十行，经传行十九字，注双行二十五字。白口，左右双边。原藏天禄琳琅。《故宫善本书目》著录配本残卷。现藏台湾故宫博物院。见台湾《故宫文物月刊》总二十九期（林恭祖《故宫经部图书面面观》）。

（五）江南东路建康府（江宁府）

50.《建康实录》二十卷，宋嘉祐三年（1058）江宁府刊。唐许嵩撰。七百四十版。每半页十一行，行二十字，小三十字。白口，左右双边。卷末题："江宁府嘉祐三年十一月开造《建康实录》，并案《三国志》、东西《晋书》并《南北史》校勘，至嘉祐四年五月毕工，凡二十卷，总二十五万七千五百七十七字，计十一策，将仕郎守江宁府溧水县主簿张庖民、登仕郎守江宁府句容县主簿钱公瑾校正，将仕郎守江宁府右司理参军曾伉校正，朝奉郎试秘书省校书郎权江宁府节度推官熊本校正，宣德郎守大理寺丞致仕充江宁府学教授赵真卿校正，朝奉郎尚书比部员外郎通判军府骑都尉赐绯鱼袋彭仲荀、龙图阁直学士朝散大夫右谏议大夫知军府事兼管内劝农使南昌郡开国伯赐紫金鱼袋梅挚"等共十行。原刊已佚。现国家图书馆藏有绍兴十八年（1148）荆湖北路安抚使司翻刊本。

51.《史记集解》一百三十卷，宋绍兴年间（1131—1162）淮南路转运司刊。刘宋裴骃集解。每半页九行，行十六字。注双行，行二十二字。白口，左右双边。《李斯列传》、《匈奴列传》、《滑稽列传》等末页后有“校对无为军军学教授潘旦，监雕淮南路转运司干办公事石蒙正”衔名两行。但此书却非无为刻版，刻工与建康府江南东路转运司本《后汉书》以及当涂、宣城等地刻书多同，宋讳缺笔至构字，间有避慎字者，因推知此书实由南宋初期南京地区工人担任。《容斋续笔》“绍兴中，分命两淮、江东转运司刻三史版”，即指此本。现上海图书馆藏有残本三十卷。

52.《后汉书注》一百二十卷，宋绍兴年间（1131—1162）江南东路转运司刊。唐李贤注。每半页九行，行十六字。注双行，行二十字。白口，左右双边。此书缺笔之多，为宋版书中仅见。桓、构二字，有时作“渊圣御名”或作“今上御名”。《容斋续笔》：“绍兴中，分命两淮、江东转运司刻三史版。其两汉书凡钦宗讳小书四字，曰‘渊圣御名’”，与此书情况合。文字比元以后诸本胜处甚多，故《百衲本二十四史》即据此帙影印。

53.《花间集》十卷，宋绍兴十八年（1148）建康府刊。后蜀赵崇祚辑。一百七十七版。每半页八行，行十七字。白口，左右双边。绍兴十八年晁谦之跋文：“《花间集》，建康旧有刻本，往年郡将监司僚幕之行，有《六朝实录》与《花间集》之贶，因覆刻以存旧事。”刻工周清、章旼、毛仙、于洋又刻江东漕司本《后汉书》。

54.《六朝事迹编类》二卷，宋绍兴三十年（1160）建康府刊。宋张敦颐撰。每半页十行，行十八字。注双行细字。尾有刻书跋：“高阳许嵩作《建康实录》，文多汗漫，参考者疲于省阅，新安张养正裒旧史而为《六朝事迹编类》……余叨守建康，养正适以议郎居幕府，因取其书刊于此邦。……绍兴庚辰立冬日东鲁韩仲通书。”

55.《清真词》二卷，宋淳熙七年（1180）溧水县斋刊。宋周邦彦撰。张秀民《中国印刷史》称：“强焕镌木溧水县斋。”马端临《文献通考》称：“周邦彦字美成，钱唐人。疏隽少检，不为州里推重。而博涉百家之书，元丰中献《汴都赋》，召为大乐正。居五岁不迁，益尽力于词章，出教授庐州，知溧水。……”

以下六十五种为景定（1260—1264）前刊。

56.《横渠易说》三卷，见景定《建康志》。一百六十八版。宋陈振孙《直斋书录解题》：崇文校书长安张载子厚撰。《文献通考》、《宋史·艺文志》俱作十卷。

57.《易索》十三卷，一百四十五版。宋人陈振孙《直斋书录解题》：知岳州太和张汝明舜文撰。上、下经六卷外，观象三，观变、玩辞、玩占、从说各一。汝明，元祐壬申进士，大观初为御史、省郎。游酢定夫志其墓。

58.《学易蹊径》二十卷，一千五百版。宋田畴撰。朱彝尊《经义考》著录：未见。《姓谱》：田畴，华亭人，号兴斋，嘉定间尝设讲席于国学，六馆之士皆北面焉。

59.《李公易解》十卷，二百八十版。《直斋书录解题》：唐著作郎李鼎祚集。……案此书集子夏以来易说三十二家，外又引张氏伦、朱氏仰之、蔡氏景君三家注。案《唐书》作十七卷。晁公武谓今止十卷，而始末皆全，无所亡失，或后人并之也。

60.《礼记集说》一百六十卷，四千六百版。《直斋书录解题》：直秘阁昆山卫湜正叔集诸家说，自注疏而下为一书，各著其姓氏。宝庆二年（1226）表上之。由此寓直中秘。魏鹤山为作序。

61.《春秋讲义》，三百二十版。《经义考》著录自序一篇（原书已佚）。《姓谱》：黄裳字冕仲，浦城人。元丰五年对策第一，后官尚书，赠资政殿大学士，谥忠文。

62.《春秋纪咏》三十卷，四百九十三版。《直斋书录解题》：宋宇文虚中撰。《宋史・艺文志》同。

63.《东坡论语传》十卷，一百二十版。宋苏轼撰。马端临《文献通考》作《论语解》十卷。

64.《近思录》十四卷，二百六十版。《直斋书录解题》：朱子、吕祖谦取周、程之书关于大体而切于日用者六百十九条，取切问近思之义，以教后学。

65.《小学》四卷，二百十版。《直斋书录解题》：朱熹所集古圣格言至论，以教学者，皆成童幼志进学之序也。内篇曰：立教、明伦、敬身、稽古。外篇曰：嘉言、善行。

66.《朱文公年谱》三卷，一百二十版。《直斋书录解题》：朱侍讲门人、通判辰州昭武李方子公晦撰。

67.《河南师说》十卷，一百五十四版。《直斋书录解题》：尚书颖川韩元吉无咎以《河南雅言》、《伊川杂说》及诸家语录，厘为十卷，以尹和靖所编为卷首，不若《遗书》之详订也。

68.《四家礼范》五卷，一百五十版。《直斋书录解题》：张栻、朱熹所集司马、程、张、吕氏诸家，而建安刘珙刻于金陵。

69.《释奠通祀图》一卷，三十五版。宋张维撰。见《宋史艺文志》卷三。

70.《诸史精语》，七百二十版。缪荃孙刻《南朝史精语》跋："宋洪迈撰。此书见四库存目，并载迈所撰《史记法语》六卷、《经子法语》二十四卷。盖摘录经子新颖字句以备程式之用。”《宋史·艺文志》又有《西汉法语》、《东汉精语》、《三国志精语》、《晋书精语》、《唐书精语》，入类事类。

71.《六朝事迹》二卷，二百三十版。《直斋书录解题》：不知何人所作，记六朝故都事迹颇详。

72.《乾道建康志》十卷，二百八十版。《直斋书录解题》：府帅史正志志道撰，时乾道五年（1199）。

73.《庆元建康志》十卷，二百二十版。《直斋书录解题》：府帅吴琚居父以郡人朱舜庸所编铨次，与前志并行，时庆元六年（1200）。

74.《景定建康志》五十卷，宋周应合撰。一千七百二十八版。《绛云楼书目》：应合，武宁人，作志时为江东宣司干官。《仪顾堂题跋》：影宋抄本，题承直郎差充江南东路安抚使司干办公事周应合修纂。前有马光祖序、进书表、献皇太子笺、景定二年九月谕旨，次目录及修志始末记。每半页十行，行十九字，小字双行。语涉宋帝提行。

75.《皇朝特命录》一卷，四十五版。《宋史·艺文志》作《宋特命录》。宋龚颐正撰。

76.《翰苑群书》三卷，二百零五版。《直斋书录解题》：学士承旨鄱阳洪遵景严撰。自李肇而下十一家及年表，中兴后题名共为一书，而以其所录遗事附其末。总为三卷。遵后至签枢。父皓、兄适、弟迈四人入翰苑，可谓盛矣。

77.《集贤注记》三卷，六十一版。《直斋书录解题》：唐集贤院学士京兆韦述撰。叙置院始末、学士名氏及院中故事。

78.《文昌杂录》六卷，九十六版。《直斋书录解题》：主客郎中南京庞元英懋贤撰。官制初行，元英为郎，在省四年，记一时见闻及古今典故，可观览。元英，丞相庄敏公籍之子。

79.《东观余论》二卷，二百一十版。《直斋书录解题》：秘书郎昭武黄伯思长睿撰。伯思，右丞黄履之孙，吴园张根之婿。于李忠定纲为中外襟袂，故忠定志其墓。元符庚辰进士。年四十而卒。好古博雅……有集百卷，此书止《法帖刊误》及序跋古书画、器物，故名余论。

80.《富文公赈济录》一卷，六十二版。马端临《文献通考》：丞相富文忠公弼青州救荒施行文牍也。

81.《救荒录》五卷，一百八十六版。《直斋书录解题》：王居仁撰。淳熙乙未，枢密刘珙共父帅江东救荒本末。嘉定乙亥，真景元刻之漕司，以配富郑公《青社》之编，而以刘公行状、谥议附录于后。

82.《活民书》三卷，一百七十六版。《直斋书录解题》：从政郎鄱阳董煟编进。煟，绍熙五年进士，尝知瑞安县。

83.《重编楚辞》十六卷，五百七十版。《郡斋读书志》：晁补之撰。右族父吏部公重编。独《离骚经》仍故，为首篇。其后以《远游》、《九章》、《九歌》、《天问》、《卜居》、《渔父》、《大招》、《九辩》、《招魂》、《惜誓》、《七谏》、《哀时命》、《招隐士》、《九怀》、《九叹》为次，而去其《九思》一篇。

84.《杜工部诗》二十卷，五百二十版。《直斋书录解题》：唐左拾遗检校工部员外郎剑南节度参谋襄阳杜甫子美撰。案《唐志》六十卷，小集六卷。王洙原叔搜裒中外书九十九卷，除重复，定取千四百五篇，古诗三百九十九，近体千又六。起太平时，终湖南所作，视居行之次，若岁时为先后，别录杂著为二卷，合二十卷，宝元二年记，遂为定本，王琪君玉嘉祐中刻之姑苏，且为后记。

85.《金陵览古诗》二卷，三十五版。《直斋书录解题》：虞部员外郎杨备撰。备，亿之弟也。

86.《庄敏遗事》一卷，三十二版。《直斋书录解题》：秘书丞韩宗武文若撰。记其父丞相缜玉汝事，末亦杂记他事。宗武即少年遇洋客者也，年八十二乃卒。此编亦载其诗，云熙宁间得异疾，与神物遇。

87.《棠阴比事》二卷，五十六版。《四部丛刊续编》：收入傅增湘藏影元抄本，首有嘉定癸酉刻书序："疑狱有集，旧矣。理掾桂君万荣，今所撰次尤详，真治狱龟鉴也。职牧守者所当究心，毋徒曰比司狴犴者之责也。昔于公自谓治狱有明德，遽高其门。我朝钱公若水，问狱得情，亦自为郡府小官。时桂君之为此，其后讵可量耶？亟命锓木，用广其传。嘉定癸酉良月既望莆田刘隶书于金陵郡斋。”

88.《松漠纪闻》二卷，四十五版。宋洪皓撰。《皕宋楼藏书志》著录明仿宋刊本。有其子洪遵刻书跋：“先忠宣《松漠纪闻》，伯兄锓版歙越。遵来守建邺，又刻之。暇日搜阅故牍，得北方十有一事，皆曩岁侍旁亲闻者，目曰补遗，附载于此。乾道九年六月二日第二男资政大学士左中大夫知建康府江南东路安抚使兼行宫留守遵谨书。”

89.《江行录》一卷，六十五版。《直斋书录解题》：真州教授句颖绍圣三年（1096）所序云：“太守张公所修也。张不著名。自真而上，直抵荆南，自岳而分，旁征衡、永，自湖口而别，则东入鄱阳，南至庐陵，程期岸次、风云占候、时日吉凶与夫港流滩碛矶洑，莫不具载。行江者赖焉。”《宋史・艺文志》：不知作者，沈该订正。

90.《张公奏议》十卷，二百六十版。《宋史・艺文志》：张栻撰。

91.《李公家传》三卷，一百四十五版。《宋史・艺文志》：李复圭撰。

92.《产育保庆集》一卷，一十九版。《直斋书录解题》：濮阳李师圣得《产论》二十一篇，有其说而无其书。医学教授郭稽中以方附诸论之末，遂为全书。

93.《清晖阁诗》一卷，四十六版。《直斋书录解题》：史正志创阁于金陵，僚属皆赋诗。

94.《犏轩唱和》一卷，三十一版。《直斋书录解题》：鄱阳洪皓、历阳张邵、新安朱弁使金得归，道间唱酬，邵为之序。

95.《苏氏道德经》二卷，八十六版。《宋史·艺文志》：苏辙《老子道德经义》二卷。

96.《小儿保生方》三卷，五十一版。《直斋书录解题》：左司郎姑孰李柽与几撰。

97.《钱氏小儿药证真诀》三卷，一百四十五版。《直斋书录解题》：太医丞东平钱乙仲阳撰。宣教郎大梁阎季忠集。上卷言证，中卷叙尝所治病，下卷为方。季忠亦颇附己说，且以刘斯立所作《仲阳传》附于末，宣和元年也。

98.《张氏小儿方》三卷，二百十版。郑樵《通志》：宋张涣撰。

99.《海上名方》一卷，六十五版。《直斋书录解题》：不著名氏，括苍刻本。《馆阁书目》有此方云：乾道中知州钱竽编。

100.《西山先生心政经》二卷，九十六版。宋真德秀撰。《嘉业堂书影》著录，每半页十行，行十八字。

101.《西山先生文章正宗》二十卷，一千九百九十六版。《直斋书录解题》：参知政事真德秀希元撰。自序："正宗云者，以后世文词之多变，欲学者识其源流之正也。自昔集录文章，若杜预、挚虞诸家，往往湮没弗传。……故今所辑，以明义理、切世用为主，其体本乎古而旨近乎经者，然后取焉。其目凡四，曰辞命、曰议论、曰叙事、曰诗赋。"去取甚严。

102.《易象图说》，见《景定建康志·文籍志·书版门》著录，八十五版。作者姓氏及卷数待考。

103.《周易终说》，见《景定建康志·文籍志·书版门》著录，一百二十版。作者姓氏及卷数待考。

104.《语孟拾遗》，见《景定建康志·文籍志·书版门》著录，一十九版。作者姓氏及卷数待考。

105.《论语约说》，见《景定建康志·文籍志·书版门》著录，三百二十版。作者姓氏及卷数待考。

106.《孝经集遗》，见《景定建康志·文籍志·书版门》著录，一十九版。作者姓氏及卷数待考。

107.《程子》，一百七十九版。《直斋书录解题》：朱熹集录二程门人李吁端伯而下诸家闻见问答之语。

108.《少陵先生年谱》，六十八版。谱主杜甫，编者及卷数不详。

109.《金陵怀古诗》，八十五版。各家藏目罕见。疑与《金陵览古诗》同一作者。

110.《和晏叔原小山乐府》，二百四十六版。见《景定建康志·文籍志·书版门》。各家簿录失载。

111.《寒山子诗》，六十八版。钱曾《读书敏求记》："丰干语闾丘胤（允）'寒山文殊，拾得普贤'，真为饶舌矣。胤令国清寺僧翘纂集文句成卷，而为之序赞，附著拾得录于诗之前，惜乎传世绝少。此从宋刻摹写。……"

112.《通鉴笔义》，见《景定建康志·文籍志·书版门》著录，一百五十五版。作者姓氏及卷数待考。

113.《太一醮式》，道教中科仪，各家目录未见。《景定建康志·文籍志·书版门》著录，三十二版。

114.《产宝类要》，一百七十五版。陈振孙《直斋书录解题》著录《产宝诸方》一卷，不著撰人名氏。

115.《余山南升杲》，见《景定建康志·文籍志·书版门》

著录，二十二版。作者姓氏及卷数待考。

116.《半山老人绝句》，疑是王安石作。《景定建康志》著录，三十八版。

117.《选诗演义》，见《景定建康志·文籍志·书版门》著录，七十三版。作者姓氏及卷数待考。

118.《余山南南轩讲义》，见《景定建康志·文籍志·书版门》著录，三十五版。作者姓氏及卷数待考。

119.《余山南读易记》，见《景定建康志·文籍志·书版门》著录，六十五版。作者姓氏及卷数待考。

120.《伤寒须知》，二十六版。《景定建康志·文籍志·书版门》著录。

121.《小儿疮疡论方》，见《景定建康志·文籍志·书版门》著录，二百二十版。作者姓氏及卷数待考。

122.《渭南文集》五十卷，宋嘉定十三年（1220）建康府溧阳学宫刊。宋陆游撰。每半页十行，行十七字。首有刻书序："盖今学者皆熟诵剑南之诗。续稿虽家藏，世亦多传本。惟遗文自先太史未病时故已编辑，而名以渭南矣，第学者多未之见。今别为五十卷，凡命名及次第之旨，皆出遗意，今不敢紊，乃锓梓溧阳学宫以广其传。……嘉定十有三年十一月壬寅幼子承事郎知建康府溧阳县主管劝农公事子遹谨书。”

(六) 淮南东路扬州

123.《稗雅》二十卷，宋宣和七年（1125）淮南路转运使刊。题中大夫尚书左丞上柱国吴郡开国公赐紫金鱼袋陆佃撰。总目外每卷各有目次。首有宣和七年六月旦男朝请郎直秘阁权发遣淮南路计度转运副使公事借紫金鱼袋宰序。称：“先公尝进《说鱼》、《说木》二篇，自是益加笔削。……先公旋亦补外。事简政清，得专论撰，既注《尔雅》，乃赓此书号《稗雅》，言为《尔雅》之辅也。……”

124.《梦溪笔谈》二十六卷，宋乾道二年（1166）扬州州学刊。宋沈括撰。每半页十二行，行十八字。白口，左右双边。前有沈括自序。后有刻书跋：“广陵曩丁云扰，幸存黉宫两庑，析为官舍、储粟之所，士皆暴露，时有子衿之叹。大帅周侯开藩之二年，慨然谓：成俗之方，本乎礼义，学宫又礼义之本。一日尽屏官舍、储廪于外，因其旧扶颠易圮而新之。继广田租，稍增生员，寻又斥其余刊沈公《笔谈》，为养士亡穷之利。……乾道二年六月日迪功郎充扬州州学教授汤修年跋。”

125.《易数钩隐图》三卷附《遗论九事》一卷，宋乾道三年（1167）两浙转运判官刘敏士刊。宋刘牧撰。《四库全书总目》提要称：“南宋时刘敏士尝刻于浙右漕司。……”康熙十九年旗籍纳兰成德所刻《通志堂经解》中收入此书，是仅有的翻刊本。

126.《补汉兵志》一卷，宋嘉定乙亥（1215）王大昌淮南漕廨刊。宋钱文子撰。首有其门人陈元粹序，述其作书之意甚详。末题“大昌于是年九月锓版漕廨，益广其传。”民国五年（1916）南陵徐乃昌根据影宋抄本覆刻，收入《随庵徐氏丛书续编》内。

127.《注东坡先生诗》四十二卷，宋景定三年（1262）重修淮东仓司刊。宋施元之、顾禧撰。每半页九行，行十六字。注双行同。白口，左右双边。末有郑羽刻书跋：“坡诗多本，独淮东仓司所刊明净端楷，为有识所宝。羽承乏于兹，暇日偶取观，汰其字之漫者大小七万一千五百七十七，计一百七十九版，命工重梓。他时版浸古，漫字浸多，后之人好事必有贤于羽者矣。景定壬戌中元吴门郑羽题。”

128.《广陵志》十二卷，宋淳熙六年（1179）扬州州学刊。《直斋书录解题》：“教授三山郑少魏、江都尉会稽姚一谦撰。绍熙六年，太守郑兴裔也。”原书久佚。

（七）淮南东路真州

129.《农书》三卷，宋嘉定七年（1214）真州郡斋刊。宋陈旉撰。首有洪兴祖序：“西山陈居士，于六经诸子百家之书，释老黄帝神农氏之学，贯参出入，往往成诵，如见其人，如指诸掌。下至术数小道，亦精其能。其尤精者，《易》也。平生读书不求仕进，所至即种药治圃以自给。绍兴己巳自西山来，访予于仪真。时年七十有四，出所著《农书》三卷曰：‘此吾闲中事业，不足拈出，然使沮溺耦耕之徒见之，必有忻然相契处。’仆喜其言，取其书读之三复，曰：‘如居士者可谓士矣。’因以仪征劝农文附其后，俾属邑刻而传之。丹阳洪兴祖序。”《皕宋楼藏书志》著录旧抄本，有郡守汪纲题识。

130.《蚕书》一卷，宋嘉定七年（1214）真州郡斋刊。宋秦观撰。首有刻书序：“谷茧约之，利一也。高沙之俗耕而不蚕。……一日郡太守汪公取秦淮海《蚕书》示余，曰：‘子谓高沙不可以蚕，此书何谓而作乎？’乃命锓木，与《农书》并传焉。……嘉定甲戌腊月下旬三日寓郡斋双溪孙镛谨书。”《皕宋楼藏书志》著录吴翌凤抄本。乾隆时鲍廷博刻入《知不足斋丛书》，后附楼璹著《耕织图诗》。

（八）淮南东路通州

131.《新纂门目五臣音注扬子法言》十三卷，宋崇川余氏刊。汉扬雄撰，晋李轨注。序后刻有题记：“谨将监本写作大字刊行，校正无误。专用上等好纸印造，与他本不同。收书贤士幸详鉴写。崇川余氏家藏。”

（九）淮南东路泰州

132.《吴陵志》十卷，宋淳熙十二年（1185）郡守刊。不著撰人姓氏。《直斋书录解题》：淳熙壬寅所修，后三年乙巳（1185）太守钱塘万钟元亨属僚佐参正而刻之。泰州在唐为吴陵县。此书久佚，并无翻刻。

（十）淮南东路淮安军

133.《徐节孝先生集》三十卷，宋绍兴十八年（1148）山阳儒学刊。宋徐积撰。潘景郑《著砚楼书跋》："《徐节孝先生集》三十卷，附录《事实》、《语录》各一卷。初刊于绍兴戊辰山阳儒学。"

134.《节孝先生集》三十卷，宋景定五年（1264）淮安州学刊。宋徐积撰。前有淳祐庚戌（1250）王央宗序。结衔"淮南东路提点刑狱公事兼淮南东路转运判官"。目录后有"迪功郎淮安州学教授翁蒙正，景定甲子孟秋初吉重行编次校定"两行。

（十一）淮南东路高邮军

135.《金刚般若波罗密经》三卷，宋雍熙二年（985）高邮军刊。附有《说法图》扉画。见《现代佛学》1957年第11期发表，日本人冢本善隆作《奝然请到日本的释迦佛像胎内的北宋文物》文章。

136.《淮海集》四十九卷，宋绍兴三年（1132）高邮军学刊。宋秦观撰。每半页九行，行十六字，白口，左右双边。尾有乾道癸巳（1173）林机跋。略云："里人王公之牧是邦，搜访遗逸校集成编。总七百二十篇，厘为四十九卷，版置郡庠。……"后记列衔："右承事郎权发遣高邮军主管学事兼管内劝农营地事王定国，左修职郎高邮军录事参军兼推官兼教授赵伯肤，军学谕韩涛、林泾楫校勘"。

137.《高邮志》三卷，宋淳熙五年（1178）高邮郡斋刊。宋孙祖义撰。《直斋书录解题》："宋兴化县主簿孙祖义撰。郡守赵不惭刻之淳熙四五年间也。其书在图志中最为疏略。嘉定中，守汪纲再修，稍评定矣。”此书早佚无传。

138.《龙学孙公春秋经解》十五卷，宋嘉定九年（1216）高邮郡斋刊。宋孙觉撰。《仪顾堂续跋》：首有自序……杨时后序，序后低二格有汪纲刻书跋：“纲因读《龟山文编》，见其为中丞孙先生作《春秋解后序》，窃为杨公学邃于经，今于是书尊信推之若弟子之于其师。后学观此，当知所依归矣。敬锓诸梓，以补前之未备云。时嘉定丙子仲春上浣郡守新安汪纲书。”

元代刻书

（一）扬州路

139.《勤斋集》十五卷，元至正四年（1344）江北淮东肃政廉访司刊。元萧𣂏撰。𣂏字维斗，奉元人。历官集贤学士、国子祭酒，谥文敏，入《元史·儒林传》。所著诗文卒后散失。至正四年（1344）苏天爵官西台，始搜其遗文八十篇、诗二百六十首、乐府二十八篇，官为镂版，有“江北淮东肃政廉访司下本路刊印”牒文。自元讫明，集已失传。乾隆时《四库全书总目》著录《勤斋集》八卷，系辑自《永乐大典》者。

140.《石田先生文集》十五卷《附录》一卷，元至正五年（1345）扬州路儒学刊。元马祖常撰。每半页十行，行十八字，黑口，左右双边，大版心，上记字数，下方间记人名一字。字樵松雪，刻印俱精，在元刻中为最上乘。现国家图书馆有藏本。

141.《同文贞公集》三十卷，元至正六年（1346）江淮郡学刊。元同恕撰。《光绪增修甘泉县志》著录。《四库全书总目》有《榘亭集》十五卷，系从《永乐大典》中辑出。

142.《春秋诸传会通》二十四卷，元至正九年（1349）崇川（南通）书府刊。元李廉辑。《铁琴铜剑楼藏书目录》题庐陵进士李廉辑，自序谓读经三十年而成书。前有凡例及《读春秋纲领》。通志堂本即其所出。自序后有墨记云“至正辛卯腊月崇川书府重刊”。

（二）平江路

143.《诗苑众芳》一卷，元初平江路无年月刊。宋刘瑄编。内容系苏州人或作官苏州者之诗。阮元《揅经室外集》：“此诗影元抄本，首题吴郡梅溪刘瑄伯玉编所选诸家诗。……潘牧、章康、黄简、赵汝谈、方万里、郑起潜、文天祥……二十四人。一人之诗多不过十首，少或一二首。计仅八十二首。每人名后著其字号籍贯。”

144.《周易参同契发挥》三卷《释疑》一卷，元至元甲申（1284）吴中俞氏刊。元俞琰撰。每半页十二行，行二十三字。中篇末叶有“石涧书印”、“林屋洞天”二木记。观此当为俞氏自刊。《涵芬楼烬余书录》著录元至元刊本，题“林屋山人全阳子俞琰述”。

145.《居家必用事类全集》，元大德五年（1301）吴郡徐元瑞刊。元佚名撰。《经籍访古志》著录有元椠壬癸二卷，每半页十三行，行二十二字。卷中标目并二行大书。

146.《新唐书》二百五十五卷，元大德十一年（1307）平江路儒学刊。宋欧阳修等撰。傅增湘《藏园群书经眼录》：每半页十行，行二十二字。黑口，四周双边。版心上记字数，下记刻工姓名。前列曾公亮进书表。

147.《镡津文集》二十二卷，元至大二年（1309）苏州幻住庵比丘永中刊。宋释契嵩撰。《藏园群书经眼录》：每半页十二行，行二十四字。细黑口，左右双边。每卷后列捐资助刊人姓名一行或数行。前有屏山居士李之令序，尾有至大己酉比丘永中重刊此集疏："《镡津集》诸方版行已久，惟传之未广，因细其字划，重新锓梓。工食之费荷好事者助以成之，其名衔具题各卷之末。惟冀义天开郎，性海宏深，庶有补于见闻，抑普资于教化者矣。至大己酉孟春吴城西幻住庵比丘永中谨志。"

148.《佛说最上根本大乐金刚不空三昧大教王经》七卷，元延祐五年（1318）平江路碛砂延圣寺刊。宋释法贤撰。每半页六行，行十七字。每卷后附音义。卷一尾有刻书题记："平江路碛砂延圣寺行铦，情旨发心，回施中统抄五十六贯文，命工刻《大三昧金刚仪轨分》一卷，功德报答诸佛深思晋资三有，乞保见生之内身心安乐，他处之日二严俱备者。延祐五年二月□日住持比丘行森谨题。"

149.《中论》二卷，元至治三年（1323）吴县陆友刊。汉徐幹撰。后有“绍兴二十八年戊寅清明日假朱丞本校于博古堂石邦哲识”二行。又陆友记：“《中论》二卷……按《唐志》六卷，今本二卷、二十篇，学校文理正山阴石邦哲手校题识。邦哲字熙明，再世藏书，至治二年得之钱唐仇远氏，明年夏五月己酉平原陆友友仁义记。”墨记八行。

150.《范文正公集》二十卷《别集》四卷，元天历元年（1328）苏州范氏岁寒堂刊。宋范仲淹撰。每半页十二行，行二十字，白口，版心下记字数及刻工姓名。前有元祐四年（1089）苏轼序，序后有亚字形图记篆书云：“天历戊辰改元褒贤世家重刻于家塾岁寒堂”。此本系据宋刊重翻，故序跋衔名及刻工姓名与宋刊本同。是刻传世尚多，现国家图书馆、上海图书馆等均藏有全书。

151.《范忠宣公文集》二十卷《遗文》一卷，元天历元年（1328）苏州范氏岁寒堂刊。宋范纯仁撰。每半页十二行，行二十字。前五卷为诗，后十二卷皆杂文，末三卷为国史本传及李之仪所撰行状，皆其侄孙之柔刊集时所附入。前有嘉定五年（1212）楼钥序。次嘉定辛未（1211）元侄孙朝散郎左司谏兼侍讲范之柔序。此本亦据宋刊翻雕。

152.《玉灵聚义》五卷，元天历二年（1329）平江路儒学刊。元陆森编。每半页十行，行十六字。白口。目录后有“茂林”二字鼎式木记。并有刻书衔名：“光禄大夫行右散骑常侍集贤院学士副知院事东海郡开国公徐坚撰，敕授平江路阴阳教授骆天佑纂，古吴茂林陆森编集，平江路儒学训导俞安国校正。……赵孟暄阅序。”

153.《范文正公政府奏议》二卷，元元统二年（1334）吴中范文英刊。宋范仲淹撰，其子纯仁编。凡八十五篇，所辑自庆历三年至五年在政府及陕西四路宣抚使时奏议、章疏。每半页十二行，行二十二字，白口，左右双边，大版心，目录后有篆文墨记。文曰：“元统甲戌褒贤世家岁寒堂刊”。据八世孙文英跋称：“先文正公奏议十七卷，韩魏公为序。在昔版行于世，虽不复存。其政府奏议二帙，卷中不载，兹得旧本，惜多漫灭，特缮写锓梓。而乡士钱翼之见焉，乐为之书，于是命工刻成，置于家塾，期世传之。元统二年甲戌（1334）九月八世孙文英谨识。”按钱良右，元平江（今苏州）人，字翼之，自号江村民，至大中署吴县儒学教谕。变代后不复出，一室萧然，工书，篆、隶、正、草、行，无不精绝，著有《江村先生集》。此刻现藏国家图书馆。

154.《范文正公尺牍》三卷，元至元三年（1337）吴门范文英刊。宋范仲淹撰。每半页十二行，行二十二字。白口，左右双边。版心上记字数，下记刻工姓名，有文正八世孙文英跋云：“先公尺牍旧刻郡庠，今梓家塾。所谓郡庠，自是苏州郡庠，是桂林一刻，吴中再刊，凡三刻矣。”现藏国家图书馆。

155.《元叟和尚语录》一卷，元至正元年（1341）平江路刊。题侍者法林编。每半页十一行，行二十一字。黑口，左右双边。前有至正元年（1341）三月十三日微笑居士虞集序。尾有“灵谷禅寺住持远孙、比丘清睿助钞五拾贯，中吴万寿禅寺比丘昙相助钞五贯，虎丘云岩禅寺比丘隐耕助钞五贯，鸡鸣禅寺住持、比丘德瑄助钞五贯。……”黄丕烈《士礼居藏书题识续录》：“去年夏得此元刻《元叟和尚语录》一册，久欲持赠吾与庵寒石师。因置乱帙中，寻而不获，已许之矣。顷往五峰展墓，道出支硎，顺贺寒石法喜，袖此为赠，想寒石亦相视一笑也。时嘉庆丙寅春正月十日荛翁黄丕烈记。”现藏南京图书馆。

156.《大佛顶如来密因修证了义诸菩萨万行首楞严经》十卷《会解》十卷，元至正二年（1342）苏州狮子林寺僧惟则刊。元释惟则会解。每半页十一行，行二十一字。首有至正二年自序。末有“武林童遵道刊”一行。

157.《佛祖历代统载》三十卷，元至正七年（1347 午）释念常自刊。元释念常撰。每半页十行，行二十字。黑口，左右双边。此书采用编年体叙述历代佛教史实。迄至元四年（1338）止。至正七年（1347）平江路官吏僧尼在编者念常创议下集资刻版。正书首行下刻有“吴郡朱显卿刊”草体书六字。版藏嘉兴城东云门庵。

158.《狮子林天如和尚语录》五卷《别录》五卷，元至正八年（1348）苏州狮子林寺僧善遇刊。每半页十一行，行二十一字。线黑口，左右双边。卷五后有刻书跋：“《语录》、《别录》共十卷，昔编草初成之日，钱塘沙门炬菩萨见之，即持去。命张克明重写，仍率同志先刊二卷，于是吴郡寓居菩萨戒弟子普达、实立副使诸道友欣然出俸赀，宁文寿复助梨版，以复其成，遂不容其自已也。然或校对之未详，编集之未善，作者幸赐教焉。时至正八年（1348）戊子岁十一月长至日善遇谨识。”傅增湘藏有《别录》五卷，评此书字橅松雪，雕工秀丽，铁划银钩，元刊中之上驷。

159.《周易集说》四十卷，元至正九年（1349）吴中俞贞木刊。宋俞琰撰。每半页十二行，行二十一字。细黑口，左右双边。次行题“林屋山人俞琰集说”。卷尾标题“俞石涧周易集说下经卷终”。下空一行，低七格题“嗣男仲温点校，孙贞木缮写、锓梓于家之读易楼，至正九年（1349）岁在己丑十一月朔旦志”。注中凡引书名、人名皆以白文识之。字体工丽，气韵疏雅，乃俞贞木手书上版。傅增湘藏下经一卷。

160.《狮子林天如和尚剩语录》二卷，元至正十二年（1352）苏州狮子林寺刊。元释善迁辑。每半页十一行，行二十一字。黑口，单边。第一卷《宗乘要义》，第二卷《净土或问》，后附《狮子林菩提正宗寺记》。《或问》后有刻书跋：“是集发明禅净土之旨亦颇详矣。今吴郡菩萨戒弟子张善照施财入梓，用广流通，愿与法界一切众生以及当来诸有情等，会宗乘之直指，语文文字，悉显禅机；修净业之正因，速悟圣凡，同归乐土。”行书甚精，字仿松雪，刊刻工雅。

161.《六书正讹》五卷《说文字原》一卷，元至正十五年（1355）平江守高德基刊。元周伯琦撰。每半页五行，行小字二十，注双行。篆文一字占小字六。卷末有“男宗羲同门人谢以信校正”。国家图书馆藏有元刊本。

162.《传道四子书》八卷，元至正二十一年（1361）吴郡徐达左自刊。元徐达左编。《善本书室藏书志》前有达左自序云：“颜子圣门高弟，惜乎不寿，又不授徒，故无书之可传。曾子虽有书十篇，盖后人蹈袭，不得其守约一贯之旨。子思有《中庸》，孟子有七篇，虽圣贤之道不外乎是，尚有言行见于传记，亦足观也。愚不乍揆，每检群书，得四子之嘉言善行，日抄月积，会粹成编云。”

163.《通鉴总类》二十卷，元至正二十二年（1362）苏州郡庠刊。宋沈枢撰。每半页十一行，行二十三字，是书为宋宪敏公所编，嘉定元年（1208）四明楼钥序而刻之。至正二十二年（1362）江浙行中书省左丞海陵蒋德明分省于吴，命郡庠重刻。

164.《通鉴续编》二十四卷，元至正二十二年（1362）平江路儒学刊。元陈桱撰。每半页九行，行二十二字。线黑口，单鱼尾。书口下间有“训导钱当埙校正，训导钱绅”等字，间有刻工姓名。罗振常《善本书所见录》著录。

165.《战国策校注》十卷，元至正二十五年（1365）平江路儒学刊。据《铁琴铜剑楼藏书目录》，题“缙云鲍彪校注，东阳吴师道重校”。此书合高诱注，姚宏续注校正。鲍注阙失，每条注明“正曰”、“补曰”别之，仍不改鲍注原本面目，为从来注《国策》之最善本。乃吴氏成书后之第一刻本。第三、四、五、六卷末有“至正乙巳前蓝山书院山长刘镛重校勘”一行。第八、九、十卷后有“平江路儒学正徐昭文校勘”一行。

166.《清隽集》一卷，元无年号平江路天心桥南刘姓梅溪书院刊。宋郑震撰。《郑所南先生文集》一卷、《百二十图诗》一卷、《锦残余笑》一卷，宋郑思肖撰。《中国书史》著录：临桂况周颐蕙风簃藏书。

167.《笺注唐贤三体诗法》二十卷，元大德九年（1305）吴县碛砂寺刊。宋周弼选，元释圆至注。大德中陈湖碛砂寺僧魁天纪与圆至校注其书，乞虚谷（方回）为序，刻置寺中，世称碛砂唐诗。

168.《中吴纪闻》六卷，元至正二十五年（1365）吴县教谕卢熊刊。宋龚明之撰。每半页十一行，行二十一字，黑口。吴县教谕昆山卢熊刊于吴县县学。

169.《本草元命苞》九卷，元至元三年（1337）常熟知州班惟志刊。元尚仲善撰。《铁琴铜剑楼藏书目录》著录旧抄本。仲善自署衔名为“御诊太医宣受全郎上都惠民司提点”。前有“平江路常熟州知州班惟志”序。

170.《重修琴川志》十五卷，元至正二十三年（1363）常熟州知州卢镇刊。宋孙应时原纂，鲍廉增补，元卢镇续修。据《铁琴铜剑楼藏书目录》著录，常熟言氏影元抄本，有卢镇后序：“按《琴川志》自宋南渡，版籍不存。其后庆元丙辰，县令孙应时尝粗修集。迨嘉定庚午，县令叶凯始广其传。至淳祐辛丑，县令鲍廉又加饰之，然后是书乃为详悉。自是迄今且百余年，顾续编者未有其人。……镇惟是州，虞仲、子游文化之地，不可无纪，爰属耆老顾德昭等，遍求旧本。公暇，集诸士参考异同，重锓诸梓。其成书后，凡所未载，各附卷末，总十有五卷，仍曰《重修琴川志》。其续志则始于有元焉。至正癸卯知州卢镇跋。”此书元刻久佚，有旧抄本及重刻本传于世。

171.《笠泽丛书》四卷《补遗》一卷，元至元五年（1339）吴江陆德原刊。唐陆龟蒙撰。吴焯《绣谷亭薰习录》：“重刊校正《笠泽丛书》五卷，元至元五年鲁望十一世孙德原刻于书院。不分卷帙，以甲乙丙丁为次，所谓原书八十余篇者是也。后一卷补遗并续。凡录诗文十八篇，三山王益祥跋。德原为后序，盖复刻本也。”又陆德原后序：“……今清朝右文，既以书院祀先生于吴下，而其遗书若《松陵集》、《皮陆倡和》皆已行于世。而《丛书》虽版刻于宋元符间，然而芜没久矣。今而刻于书院者，将与好事者共之也。……至元仍纪元五年（1339）岁次丙辰七月一日十一世孙德原百拜谨题。”

172.《道园遗稿》六卷，元至正十四年（1354）吴江金伯祥刊。元虞集撰。每半页十一行，行二十字，黑口，左右双边。傅增湘《藏园群书经眼录》云：“卷五后有至正十四年从孙虞堪识语十二行称：‘《学古录》、《翰林珠玉》已行世，虑其有所遗落，辄为搜猎，得诗章七百余首，金君伯祥寿梓，以广其传，命其子镠书以入刻，外有杂文诸赋，俟之他日’云云。”

（三）常州路

173.《春秋经传集解》三十卷，元初荆溪（宜兴）岳氏荆溪家塾刊。晋杜预撰。每半页八行，行十七字。注文双行，行字同，细黑口，四周双边。书耳记某公某年字样，卷后有“相台岳氏刻梓荆溪家塾”牌记二行，前人肯定相台本群经为宋时岳珂家刻本。别有《九经三传沿革例》，亦肯定为岳珂编著。张政烺认为相台本群经乃元初义兴岳氏据廖莹中“世彩堂”本校正重刻，与岳珂无涉。张秀民《中国印刷史》：“按张说甚确。谢应芳《龟巢稿》跋《岳氏族谱》：‘岳氏为常之望族，岳王弟经略使之孙，自九江来居，由宋而元，子孙蕃衍。可见岳氏迁居常州，至元初已历数世，荆溪为宜兴古名，元代属常州路。常州岳氏，当即义兴岳氏。荆溪家塾，亦即义兴家塾。’郑元佑《侨吴集》送岳山长序：‘某尝馆于义兴岳君德操长兄汉阳君之家。人言其完盛时延致钜儒，雠校群经锓诸梓，号为岳氏九经。’万历《宜兴县志》：‘岳浚字仲远，飞九世孙。积书万卷，一时名士都游其门。’据上举资料汉阳君与岳浚必是一家眷属……”廖刻群经久佚。相台岳氏本除此书外仅存《周易》、《论语》、《孟子》、《孝经》及《周礼》残帙，今并藏国家图书馆。

174.《周易程朱二先生传义附录》十四卷，至正壬午（1342）桃溪（今宜兴）居敬书堂刊。宋程颐传，朱熹本义。每半页十二行，行二十二字。双边，双鱼尾，小黑口。凡例后及筮仪末页均有“至正壬午桃溪居敬书堂刊”牌记。罗振常《善本书所见录》著录。

175.《白虎通德论》十卷，元大德九年（1305）无锡州学刊。汉班固撰。每半页九行，行十七字，细黑口，四周双边。前有大德乙巳严度序，又张楷序。系浙人刘平甫（字世常）任无锡守时于州学刊。

176.《大德新刻风俗通义》十卷，元大德九年（1305）元锡州学刊。汉应劭撰。每半页九行，行十七字，细黑口，四周双边，与《白虎通德论》同式。

（四）建康路（集庆路）

177.《唐书》二百二十五卷，元大德九年（1305）建康路明道书院刊。宋欧阳修奉敕撰。每半页十行，行二十二字。有建康路学录戚明瑞序云："大德丙午拜都侍御持节江东，尝欲部下各路分刊《十七史》，升①所锓者《唐书》，建康路推官吕承务提其纲，前甘州路教授赵伯升日莅四学监造，且敦儒寻友，缕辑毫联，自一校至三校用心亦勩，时仆鼓箧升序，命述其事云。"前有校勘官十二人，中有溧水学教授屠约、溧水学教授仇远名字。现南京图书馆有藏本。

178.《救荒活民类要》不分卷，元至治元年（1322）集庆路儒学刊。元张光大撰。每半页十行，行二十字。题桂阳路儒学教授张光大编辑、桂阳路总管高丽完者秃校正。摘录历代救荒措施与救荒丹方。纪事至至治元年（1321）止。《南雍志·经籍考》中有《救荒活民书》（集庆路儒学梓）一目，盖即此本。《南雍志》称八卷，此本与明刻本都不分卷，《四库全书》

---

① 升，州名。唐乾元元年（758）改江宁郡置，以上元为治所。五代时吴杨氏改为金陵府。南唐李氏改江宁府。宋开宝间复为升州，后升建康府。元代改为集庆路。

未著录。清道光、咸丰间有刊本，行款同。即据此本翻雕。

179.《修辞鉴衡》二卷，元至顺四年（1333）集庆路儒学刊。元王构辑。每半页十行，行二十字。白口，左右双边。前有至顺四年（1333）江南诸道行台御史王理序，云："命儒学正戚君子实掌版，郑懋刻之集庆路学。"见《藏园群书经眼录》。

180.《乐府诗集》一百卷，元至正元年（1341）集庆路儒学刊。宋郭茂倩撰。每半页十一行，行二十字。细黑口，左右双边。版心上方间记字数，有至元初元菊月朔文学冷掾周慧孙序，至元六年十二月一日永嘉李孝光序。见《藏园群书经眼录》。

181.《至正金陵新志》十五卷，元至正四年（1344）集庆路儒学刊。元张铉纂修。每半页九行，行十八字，注文双行，行字同，左右双边。此志继《景定建康志》而作，旁参至顺间戚光《续志》，分图考、通纪、世年表、志、谱、列传、摭遗、论辨，凡八门。集庆路儒学与溧阳州学、溧水州学、明道书院合版印行。明初，版入南京国子监，《南雍志·经籍考》中有《金陵新志》一目，盖即此本。《四库全书》误题《至大金陵新志》，应予改正。

182.《脍亭稿》九卷，元至正十年（1350）集庆路儒学刊。元丁复撰，南台监察御史张惟远合编。每半页十行，行二十字。前有李恒、李孝先、危素、杨翮序，后有喻立德跋：

“右《脍亭集》，天台丁先生诗也。……南台监察御史张君惟远见而爱之，惜不大传于时，移文有司锓梓集庆学宫，教授查信卿实董其役。……至正十年（1350）冬友生江夏喻立德敬志。”

183.《茅山志》十五卷，元天历元年（1328）句曲外史张雨写刊。题上清宗师刘大彬造。每半页十三行，行二十三字。大黑口，单边。前有泰定甲子西秦赵世延序，次泰定丁卯吴全节序，又天历元年岁在戊辰十二月二日嗣上清经箓四十五代宗师洞观微妙玄应真人刘大彬自序。元和顾氏藏本有孙星衍题识：“《茅山志》十五卷，元刊本。道士刘大彬撰。写刊者，精妙，传为张雨手书。此版毁于明永乐时，今所传惟有江永年重刊本。余游武林，购得是本，真希世之宝。笪蟾光重修《茅山志》改乱体例，不复成书矣。壬申年五月十九日五松居士记于冶城山馆。”

以下十八种为至正前刊，见至正《金陵新志》。

184.《大学鲁斋诗解》一卷，元许衡撰。《南雍志・经籍考》著录：“存者八面，逸者十一。本集庆路儒学梓。见《金陵新志》。”

185.《史记中字》（本）七十卷，汉司马迁撰。《南雍志・经籍考》著录：“存者一千六百面，缺者二百一十九面。本集庆路儒学梓。见《金陵新志》。”

186.《前汉书》一百卷，汉班固撰。《南雍志・经籍考》

著录：“集庆路儒学梓，计二千七百七十五面，见《金陵新志》。”

187.《后汉书》一百二十卷，宋范晔撰，梁刘昭补。《南雍志 • 经籍考》著录：“集庆路儒学梓，二千三百六十六面。见《金陵新志》。”

188.《三国志》六十五卷，晋陈寿撰。《南雍志 • 经籍考》著录：“集庆路儒学梓，计一千二百九十六面，见《金陵新志》，与今不同。”

189.《晋书》一百三十卷，唐房玄龄等奉诏撰，《南雍志 • 经籍考》著录：“集庆路儒学梓，见《金陵新志》。”

190.《南史》八十卷，唐李延寿撰。《南雍志 • 经籍考》著录：“本集庆路儒学梓，见《金陵新志》。”

191.《北史》一百卷，唐李延寿撰。《南雍志 • 经籍考》著录：“本集庆路儒学梓，见《金陵新志》。”

192.《隋书》八十五卷，唐魏徵等撰。《南雍志 • 经籍考》著录：“集庆路儒学梓，见《金陵新志》。”

193.《唐书》二百十五卷《释音》二十五卷，宋欧阳修撰。《南雍志 • 经籍考》著录：“本集庆路儒学梓，见《金陵新志》。”

194.《五代史》七十五卷，宋欧阳修撰。《南雍志·经籍考》著录："本集庆路儒学梓，见《金陵新志》。"

195.《贞观政要》十卷，唐吴竞辑。《南雍志·经籍考》著录："合四十篇，临川戈直尝集诸家而校正之，刻于集庆路儒学。"

196.《南唐书》十卷，宋陆游撰。《南雍志·经籍考》著录："本集庆路儒学梓。见《金陵新志》。"

197.《曹文贞公集》十卷《续集》三卷，元曹伯起撰。《南雍志·经籍考》著录："本集庆路儒学梓。二百八十五面，存者九十一面，坏者一百二十八面。元中丞曹伯起撰，自题其集曰《汉泉漫稿》。既殁，其子南台管句复亨刊。"

198.《刑统赋解》二卷，元傅霖撰。《南雍志·经籍考》著录："本集庆路儒学梓，见《金陵新志》。"《读书敏求记》谓"延祐丙辰刻本"。

199.《宪台通纪》二十三卷，元潘迪编。《南雍志·经籍考》著录："元监察御史潘迪编，乃集庆路儒学梓，见《金陵新志》。"

200.《农桑辑要》六卷，《南雍志·经籍考》著录："本集庆路儒学梓。见《金陵新志》。元延祐三年刊。"《读书敏求记》："延祐元年皇帝圣旨曰：'这农桑册子字样不好，教真谨大字书写开版。’盖元朝以此书为劝民要务，故郑重不苟如此。序后资行结衔皆江浙等处行中书省事官，则知是版刊于江南，当日流布必广。今所行惟小字本，而此刻绝不多见，何耶?”

201.《厚德录》四卷，宋百炼真隐李元纲编。《南雍志·经籍考》著录：“本集庆路儒学梓，见《金陵新志》。”

晚清江苏的三大官书局

——金陵·江苏·淮南书局刻书概述

江苏文化发达，刻书印刷历史悠久，早在唐大和年间，民间即有雕版历日印行。[①] 宋代有很大发展。据载嘉祐时江宁府刊有《建康实录》，姑苏郡斋刊有《杜工部集》，苏州公使库刊有《吴郡图经续记》，南宋时平江府刊有《吴郡志》等。元代集庆路儒学刊有《金陵新志》、平江路儒学刻有《通鉴纪事本末》、《战国策》等。明清两朝江苏各地刻印书籍，数量之大、品种之多远超前代，南京成为全国出版中心。饾版、拱花套印技术是这一时期的重大发展。藏书家、校勘家和写刻名手辈出。其中翻宋刊本尤为珍贵。咸丰兵燹，散失甚多。同治时，省内金陵、江苏、淮南三大官书局之建立，又进入一个新的出版时期。

同治三年（1864）两江总督曾国藩在南京首创金陵书局，刻书流通。随后各地仿行，省内先后建成苏州江苏书局、扬州淮南书局。省外则有杭州浙江书局、武昌崇文书局等。后经德清俞樾创议，曾合刊《二十四史》，即世称五局合刊本（宁、苏、扬三局共刻十八史）。官书局所刻书籍，多是以“御纂”、“钦定”本作底本，经史为主，诗文次之。同时为了适应一般

---

① 据郭味蕖著《中国版画史略》。

读者的需要，对各种普及读物，定价低廉，求之较易，这是官书局刻书的特点。现据有关文献资料及个人见闻所及，概述如下：

金陵官书局

金陵官书局初设在南京铁作坊，后移江宁府学之飞霞阁，延请洪汝奎、[①] 莫友芝[②]督理创办书局事宜。同治六年（1867）江宁府知府六安涂宗瀛提调局事，八年（1869）江苏候补道泾县洪汝奎继任。分任校勘的有南汇张文虎、德清戴望、金坛冯煦、宝应刘恭冕等人。所刻书籍除“前四史”——《史记》、《前后汉书》、《三国志》外，还有魏晋六朝南北史以及《昭明文选》等，都是重刻毛氏汲古阁本，字体稍扁，横轻直重，行字之间，排列过密，刻字笔划和印刷手法过重，刷印又用煤烟，浊而且浓，使读者眼前有黑沓沓一片的感觉。但对书的内容来说，都是经过通人达士校勘，有一定的实用价值。光绪年间更名为江南书局（亦称江宁书局），继续刻书。直到宣统期间，随着西法印书的普及，逐渐萎缩。

民国三年（1914）江南书局经省批准划归江苏省立第一图书馆接收。继续发售局刊图书。1960 年遵照国务院指示精神，

---

① 洪汝奎，字琴西，泾县人，道光举人，官至两淮盐运使，以学行经济负海内清望，曾国藩以为畏友。

② 莫友芝，字子偲，独山人，道光举人，学部淹通，喜聚书，又工各体书，与郑珍齐名。客曾国藩幕甚久，往来江淮吴越间，居吴之日尤多，遇有古籍，随时搜罗，故其所藏益富。著有《郘亭知见传本书目》十六卷传于世，是研究古籍版本的重要参考书。

全部版片移交扬州市图书馆。现存广陵古籍刻印社。

金陵书局（江南书局）所刻书共56种，2776卷，690册。

清同治四年（1865）刊：

《周易本义》十二卷，宋朱熹撰，二册。

《几何原本》十五卷，明徐光启、清李善兰译，八册。

清同治五年（1866）刊：

《周易程传》八卷，宋程颐撰，三册。

《书经集传》六卷，宋蔡沈撰，四册。

《诗经集传》八卷，附《序辨》一卷，宋朱熹撰，四册。

《礼记集说》十卷，元陈澔撰，十册。

《春秋左传杜注补辑》三十卷，晋杜预注，清姚培谦辑，十册。

《史记集解索隐正义》一百二十卷，汉司马迁撰，宋裴骃集解，唐司马贞索隐，唐张守节正义，二十册。

《重学》二十卷，清李善兰译，四册。

《圆曲线说》三卷，清李善兰译，二册。

《古诗选》三十二卷，清王士禛选，八册。

《今体诗选》十八卷，清姚鼐选，二册。

清同治六年（1867）刊：

《小学集注》六卷，宋朱熹撰。二册。

《则古昔斋算学》（十三种）二十四卷，清李善兰撰，六册。

清同治七年（1868）刊：

《仪礼郑注句读》十七卷，附《监本正误》一卷，清张尔岐撰，四册。

《春秋公羊传》十一卷，汉何休撰，二册。

《春秋穀梁传》十二卷，晋范宁集解，二册。

《五种遗规》十六卷，清陈宏谋撰，十二册。

木活字印《两汉刊误补遗》六卷，宋吴仁杰撰，二册。

清同治八年（1869）刊：

《汉书》一百二十卷，汉班固撰，唐颜师古注，十六册。

《后汉书》一百二十卷，刘宋范晔撰，唐李贤注，十六册。

《文选李善注》六十卷，梁萧统选，唐李善注，十册。

清同治九年（1870）刊：

《三国志》六十五卷，晋陈寿撰，刘宋裴松之注，八册。

《读书杂志》八十四卷，清王念孙撰，二十四册。

《唐人万首绝句选》七卷，清王士禛选，二册。

清同治十年（1871）刊：

《晋书》一百三十卷、《音义》三卷，唐房乔等撰，《音义》唐何超撰，二十册。

清同治十一年（1872）刊：

《宋书》一百卷，梁沈约撰，十六册。

《魏书》一百十四卷，北齐魏收撰，二十册。

《陈书》三十六卷，唐姚思廉撰，四册。

《南史》八十卷，唐李延寿撰，十二册。

《北史》一百卷，唐李延寿撰，二十册。

《校刊史记集解索隐正义札记》五卷，清张文虎撰，三册。

《楚辞》十七卷，汉王逸章句，宋洪兴祖补注，四册。

《曹集铨评》十卷（附佚文、年谱），魏曹植撰，清丁晏铨评，二册。

《佩文广韵汇编》五卷，清李元淇撰，二册。

清同治十三年（1874）刊：

《南齐书》五十九卷，梁萧子显撰，六册。

《梁书》五十六卷，唐姚思廉撰，六册。

《北齐书》五十卷，唐李百药撰，四册。

《周书》五十卷，唐令狐德棻等撰，四册。

《大学衍义》四十三卷，宋真德秀撰，八册

清同治间（1862—1874）刊：

《御纂七经》二百八十二卷，清康熙御撰，一百四十二册。

清光绪二年（1876）刊：

《仿宋相台本五经》九十三卷，清阮元校订，三十二册。

清光绪四年（1878）刊：

《史记》一百三十卷，汉司马迁撰，刘宋裴骃集解，十二册。

清光绪六年（1880）刊：

《元和郡县图志》四十卷、《补志》九卷（《图志》原阙六卷），唐李吉甫撰，《补志》清严观辑，八册。

《舆地广记》三十八卷、《札记》二卷，宋欧阳忞撰，《札记》，清黄丕烈撰，四册。

《元和姓纂》十卷，唐林宝撰，四册。

清光绪八年（1882）刊：

《太平寰宇记》二百卷、目录二卷，宋乐史撰，三十六册。

《元丰九域志》十卷，宋王存等撰，四册。

《御制数理精蕴》五十三卷，清康熙御撰，四十册。

清光绪九年（1883）刊：

《蚕桑辑要》二卷，清沈秉成撰，一册。

清光绪十二年（1886）刊：

《王船山年谱》二卷，清刘毓崧撰，二册。

清光绪十五年（1889）刊：

《周易传义音训》八卷，宋程颐传、朱熹本义、吕祖谦音训，六册。

《诗集传音释》二十卷，附《札记》一卷，元罗复撰，六册。

《湘军记》二十卷，清王定安撰，十二册。

清光绪三十年（1904）刊：

《唐荆川先生文集》十二卷、《外集》三卷、《附录》一卷、《补遗》五卷，明唐顺之撰，十册。

江苏官书局

江苏官书局，同治四年（1865）江苏巡抚李鸿章创建于苏州燕家巷内杨家园。与江宁、杭州、武昌、成都各局同时举办。以刊刻经史读本为主。同治七年（1868）丁日昌由江苏藩司升任巡抚，对官书局加以扩充。又“以端吏治而正人心”，奏刊《牧令书》（见《设立苏省书局疏》）。同治七年三月初十日奉上谕："丁日昌奏设局刊刻《牧令》各书一折，州县为亲民之官，地方之安危系之。丁日昌现编刊《牧令》各书颁发所属，即着实力举行。俾各州县得所效法。其小学，经史等编，有裨学校者，并着陆续刊刻，广为传布；至邪说传奇，为风俗人心之害，自应严行禁止。"

江苏官书局初以同知直隶江山刘履芬①充提调，聘翰林院编修德清俞樾②任总校。光绪五年（1879）刘履芬调任嘉定知县，由特旨发回江苏五品尽先即补知县钱塘诸可宝③继任书局提调。当时江苏书局刻书之封面，多由诸可宝书写。

江苏官书局始创于同治、极盛于光绪，所刊经史子集各书，字大悦目，校勘谨严，刷印亦佳。光绪十五年（1889）江苏布政使贵筑黄彭年在沧浪亭可园，创建学古堂。光绪三十四年（1908）江苏巡抚陈启泰增设存古学堂。这二处也都刻书，书版后来并入江苏书局。因此其刻书时间之长，品种之多，可称全国各大官书局之冠。究其原因有四个方面。一是本局自刊，如《五礼通考》、《辽金元三史》、《苏州府志》、《碑传集》等。二是修补旧版重印。如补刻胡克家覆元本《资治通鉴》、毕沅《续资治通鉴》等。三为当时官员所刻书版的捐赠，如出使日本大臣黎庶昌在日京所刊，为国内不传之本的《古逸丛

---

① 刘履芬，字彦清，江山人，生于云间，故号泖生。以同知直隶充苏州书局提调。官至嘉定知县。性嗜书，遇善本必倾囊购之，其不能得者手自抄录。见吴晗《江浙藏书家史略》。

② 俞樾，字荫甫，号曲园，德清人。道光进士。官编修，提学河南学政，罢官归，侨寓苏州，一意治经。曾主讲苏州紫阳书院及杭州诂经精舍，为一时朴学之宗。著有《春在堂全集》五百余卷。冯桂芬《明纪序》称其为江苏书局总校。

③ 诸可宝，字迟菊，号璞斋，女词人邓瑜之夫。光绪间官江苏知县。提调苏州书局事。职名见《碑传集》校勘记。

书》等。四乃接受了学古堂和存古学堂所刻《学古堂日记》、《范文正公全集》等书版。为刻行图书事业的发展，创造了更有利的条件。

民国三年（1914）江苏官书局经省批准，由江苏省立第二图书馆（即后来的苏州图书馆）接收，改名为“官书印行所”继续刷印出售，延到抗战时才停止。

1960 年根据国务院“要求各地把散失的古籍书版分点集中，进行整理”的指示精神，由苏州市图书馆将馆藏全部书版移交扬州。

江苏书局（苏州书局）所刻书 206 种，5047 卷，1632 册。

清同治六年（1867）刊：

《小学集注》六卷，宋朱熹撰，二册。

《汪龙庄遗书》四种、十五卷，清汪辉祖撰，六册。

《陆清献公莅嘉遗迹》一卷，清陆陇其撰，一册。

清同治七年（1868）刊：

《说文解字注》三十卷，附《六书音韵表》五卷，清段玉裁撰，十六册。

《司马氏书仪》十卷，宋司马光撰，一册。

《牧令全书》五种、二十三卷，清丁日昌编，十四册。

《牧令书辑要》十卷，清徐栋撰，丁日昌重编，四册。

《保甲书辑要》四卷，清徐栋撰，四册。

清同治七年（1868）刊：

《牧民忠告》二卷，元张养浩撰，一册。

《刘廉舫先生吏治三书》六卷（《庸吏庸言》二卷、《读律心得》三卷、《蜀僚问答》一卷），清刘衡撰，四册。

《钦颁州县事宜》一卷，清田文镜撰，一册。

《文庙丁祭谱》一卷，清佚名撰，一册。

《文昌庙乐舞图》一卷，清佚名撰，一册。

《苏省舆地图说》（省总图、松常镇太五里方图、二里平方舆图），清丁日昌编，十四册。

《陆清献公治嘉格言》一卷，清陆陇其撰，一册。

《二十四孝图说》一卷，清佚名撰，一册。

《朱子治家格言》一卷，清朱用纯纂，一册。

《周文忠公尺牍》二卷、《附录》一卷，清周天爵撰，一册。

清同治八年（1869）刊：

《资治通鉴》二百九十四卷，附《释文辨误》十二卷，宋司马光撰，一百册。

《续资治通鉴》二百二十卷，清毕沅撰，六十册。

《资治通鉴目录》三十卷，宋司马光撰，十册。

《司马温公稽古录》二十卷，宋司马光撰，四册。

《察吏六条》一卷，清丁日昌撰，二册。

《百将图传》二卷，清丁日昌撰，二册。

《近思录集注》十四卷，宋朱熹撰，清江永集注，四册。

《小学集解》六卷，宋朱熹撰，明吴讷集解，二册。

《小学纂注》六卷，附《朱子年谱》一卷，宋朱熹撰，清高愈纂注，二册。

《读书分年日程》二卷、《纲领》一卷，元程端礼撰，二册。

《程氏性理字训》一卷，清程若庸补辑，一册。

《韩昌黎集》四十卷、《外集》十卷、《遗文》一卷、《韩集点勘》一卷，唐韩愈撰，清陈景云点勘，十一册。

《古文辞类纂》七十五卷，清姚鼐撰，十二册。

清同治九年（1870）刊：

《禹贡正诠》四卷，清魏彦渠撰，二册。

《律例便览》八卷，附《处分则例图要》六卷，清蔡嵩年、蔡逢年编，六册。

《吾学录初编》二十四卷，清吴荣光撰，六册。

清同治十年（1871）刊：

《明纪》六十卷，清陈鹤撰，二十册。

《通鉴外纪》十卷、《目录》五卷，宋刘恕编集，清胡克家注补，十册。

《直省设奠礼乐记》六卷，清应宝时撰，四册。

《杨园先生集》五十四卷、《年谱》一卷，清张履祥撰，十六册。

清同治十一年（1872）刊：

《重订文选集评》十五卷、首一卷、末一卷，清于光华编次，十六册。

《三流道里表》十九卷，清唐绍修撰，二册。

《实政录》七卷，明吕坤撰，六册。

《培远堂手札节存》三卷，清陈宏谋撰，一册。

清同治十二年（1873）刊：

《五军道里表》十八卷，清常泰修撰，十八册。

《春秋属辞辨例编》六十卷、首二卷，清张应昌撰，三十二册。

《吴地记》一卷、《后集》一卷，唐陆广微纂，一册。

《吴郡图经续纪》三卷，宋朱长文纂，一册。

《辽史》一百一十五卷，元托克托撰，十二册。

《明卅家诗选》初集八卷、二集八卷，清汪端选，八册。

清同治十二年（1873）刊：

《沈端恪公遗书》四卷，清沈近思撰，二册。

《元史》二百十卷，明宋濂等撰，四十册。

《史鉴节要便读》六卷，清鲍东里撰，二册。

《元史氏族表》三卷，清钱大昕撰，二册。

《补元史艺文志》四卷，清钱大昕撰，二册。

《自然好学斋诗集》十卷，清汪端撰，三册。

清光绪元年（1875）刊：

《辽史拾遗》二十四卷、《纪年表》一卷，清厉鹗撰，清汪远孙撰表，八册。

《理瀹骈文摘要》二卷，清吴尚先撰，二册。

《儒门法语》一卷，清彭定求撰，一册。

《蕴竺吟馆诗余》二卷，清恩锡撰，一册。

清光绪二年（1876）刊：

《大中讲义》三卷，清朱用纯撰，三册。

《楚汉诸侯疆域志》三卷，清刘文淇撰，一册。

《医林纂要探源》十卷，清汪绂撰，十册。

《陆宣公集》二十二卷、首一卷、《附录》一卷，唐陆贽撰，六册。

《昙云阁诗集》八卷、《附录》二卷、《外集》一卷、《词抄》一卷、《音匏随笔》一卷，清曹楙坚撰，五册。

清光绪三年（1877）刊：

《汇刻五经四书》九十三卷，宋朱熹等撰，三十六册。

《辽史拾遗补》五卷，清杨复吉撰，二册。

《思辨录辑要》二十二卷、《后集》十三卷，清陆世仪撰，八册。

清光绪四年（1878）刊：

《辽金元三史国语解》四十六卷，清乾隆时奉勅撰，十册。

《秋审实缓比较条款》五卷，清谢诚钧撰，二册。

《志学会约》一卷、《困学录》一卷，清汤斌撰，一册。

《欧阳点勘记》二卷，清欧阳泉撰，二册。

清光绪五年（1879）刊：

《学仕遗规》四卷、补四卷，清陈宏谋撰，五册。

《图民录》四卷，清袁守定撰，二册。

《筹济编》三十二卷、首一卷，清杨景仁编，八册。

《小学韵语》一卷，清罗泽南撰，二册。

《张忠敏公遗集》十卷、首一卷、《附录》六卷，明张国维撰，六册。

清光绪六年（1880）刊：

《五礼通考》二百六十二卷，清秦蕙田撰，一百册。

《金史详校》十五卷，清施国祁撰，十册。

《五省沟洫图说》一卷，清沈梦竺撰，一册。

清光绪七年（1881）刊：

《周易本义》十二卷，宋朱熹撰，二册。

《读礼通考》一百二十卷，清徐乾学撰，十二册。

《论语古注集笺》十卷、《考》一卷，清潘维城撰，六册。

《唐宋诗醇》四十七卷、《目录》二卷，清乾隆御选，二十册。

清光绪八年（1882）刊：

《周易孔义集说》二十卷，清沈起元撰，八册。

《通鉴地理今释》十六卷，清吴熙载撰，三册。

《易经读本》四卷，宋朱熹撰，二册。

《书经读本》六卷，宋蔡沈集传，五册。

《诗经读本》八卷，宋朱熹传，四册。

《礼记读本》十卷，元陈澔撰，十一册。

《左传读本》三十卷，晋杜预、宋林尧叟注，十册。

《四书读本》二十六卷，宋朱熹集注，六册。

《春秋左传贾服注辑述》二十卷，清李诒德撰，六册。

《资治通鉴目录》三十卷，宋司马光撰，十册。

《资治通鉴宋本校勘记》五卷、《元本校勘记》二卷，清张瑛撰，一册。

《苏州府志》一百五十卷、首三卷，清李铭皖、谭钧培修，冯桂芬纂，八十册。

《楚辞集注》八卷、《辩证》二卷、《后语》六卷，宋朱熹集注，明蒋之翘评校，四册。

《唐宋十大家文集录》五十卷，清储欣选辑，三十二册。

清光绪九年（1883）刊：

《说文解字系传》四十卷，南唐徐锴撰，八册。

《大清通礼》五十四卷，清李玉鸣撰，十二册。

《寰宇访碑录》十二卷，清孙星衍、邢澍同撰，四册。

《直斋书录解题》十七卷，宋陈振孙撰，六册。

《蚕桑辑要》二卷，清沈秉成撰，一册。

《靖节先生集注》十卷、首一卷，晋陶潜撰，清陶澍集注，四册。

《续古文苑》二十卷，清孙星衍编，四册。

《唐文粹》一百卷，宋姚铉编，十六册。

清光绪十年（1884）刊：

《仪礼要义》五十卷，宋魏了翁撰，十二册。

《论孟书法》二卷、《读四书》一卷，清张瑛撰，一册。

《西汉会要》七十卷，宋徐天麟撰，十册。

《东汉会要》四十卷，宋徐天麟撰，八册。

《唐会要》一百卷，宋王溥撰，二十四册。

《墨妙亭碑目考》四卷，清张鉴撰，二册。

《西夏纪事本末》三十六卷、《年表》一卷，清张鉴撰，四册。

《沧浪小志》二卷，清宋荦撰，一册。

《眉山诗案广证》六卷，清张鉴撰，二册。

清光绪十一年（1885）刊：

《说文解字校录》三十卷，清钮树玉撰，十四册。

《三国志证闻》二卷，清钱仪吉撰，二册。

《重订江苏海运全案原案》六卷，清谭钧培辑，六册。

《唐文粹补遗》二十六卷，清郭麐辑，四册。

清光绪十二年（1886）刊：

《周易要义》十卷，宋魏了翁撰，四册。

《尚书要义》二十卷，宋魏了翁撰，六册。

《毛诗要义》二十卷，宋魏了翁撰，十二册。

《礼记要义》三十二卷，宋魏了翁撰，八册。

《五代会要》三十卷，宋王溥撰，六册。

《定庵文集补编》四卷，清龚自珍撰，二册。

《古文苑》二十一卷，宋章樵注，四册。

《宋文鉴》一百五十卷、《目录》三卷，宋吕祖谦编，二十四册。

清光绪十三年（1887）刊：

《圣谕广训直解》一卷，清佚名编，二册。

清光绪十四年（1888）刊：

《通行条例》四卷，清佚名撰，六册。

《弟子职集解》一卷、《考证》一卷、《补音》一卷、清庄述祖集解，黄彭年考证补音，一册。

《蚕桑简明辑说》一卷，清黄世本撰，一册。

《有不为斋随笔》十卷，清光聪谐撰，二册。

《璞斋集》五卷，清诸可宝撰，四册。

《南宋文范》七十卷、《外编》四卷、《作者考》二卷，清庄仲芳编，十六册。

清光绪十五年（1889）刊：

《大清律例总类》七卷，清佚名撰，二册。

《牧令须知》六卷，清刚毅编，二册。

《审看拟说》四卷，清刚毅撰，二册。

《元文类》七十卷、《目录》三卷，元苏天爵编，十册。

《明文在》一百卷，清薛熙编，十册。

清光绪十六年（1890）刊：

《字林考逸》八卷、补一卷，清任大椿辑，陶方琦补，四册。

《仓颉编》三卷、续一卷、补二卷，清孙星衍撰，任大椿续，陶方琦补，二册。

《学古堂日记》五十四卷，清雷浚、汪之昌选，二十六册。

《江苏省例正编》七卷、《续编》七卷、《三编》八卷、《四编》十二卷，清佚名辑，十二册。

《读律一得》四卷，清宗继曾撰，二册。

《江苏海塘新志》八卷，清李庆云等纂，四册。

《愧林漫录》二卷，明瞿式耜撰，二册。

《萃锦吟》八卷，清奕䜣撰，五册。

《八代诗选》二十卷，清王闿运编，八册。

《古逸丛书》二十六种，二百卷，清黎庶昌辑（在日本使署刻成，后版归江苏书局重印），四十九册。

清光绪十七年（1891）刊：

《王会篇笺释》三卷，清何秋涛撰，三册。

《唐律疏义》三十卷、《音义》一卷，唐长孙无忌撰，八册。

《捕蝗要诀》一卷、《除蝻八要》一卷，清钱炘和撰，一册。

《洗冤录义证》四卷、《附录》二卷，清刚毅撰，二册。

《笃素堂集抄》三卷，清张英撰，一册。

《南宋文录录》二十四卷，清董兆熊辑，六册。

《金文雅》十六卷，清庄仲芳编，四册。

清光绪十八年（1892）刊：

《公门果报录》一卷，清宋楚望撰，一册。

《九数存古》九卷，清顾观光撰，四册。

《切问斋集》十二卷，清陆耀撰，四册。

清光绪十九年（1893）刊：

《碑传集》一百六十卷，清钱仪吉纂，六十册。

清光绪二十年（1894）刊：

《才调集补注》十卷，唐韦縠编，清宋邦绥补注，四册。

清光绪二十一年（1895）刊：

《历代名儒名臣循吏合传》五十一卷，清朱轼、蔡世远同编，二十四册。

《江苏全省舆图》三卷，清诸可宝纂，三册。

《金文最》六十卷，清张金吾辑，十六册。

清光绪二十二年（1896）刊：

《毛诗订诂》八卷、《附录》二卷，清顾栋高撰，四册。

《沈余遗书》三种，八卷，清赵舒翘辑，四册。

清光绪二十三年（1897）刊：

《仪礼章句》十七卷，清吴廷华撰，四册。

《代数启蒙》四卷，清冯征撰，四册。

《衍元笔算今式》二卷，清汪香祖撰，二册。

《七十家赋抄》六卷，清张惠言编，五册。

清光绪二十四年（1898）刊：

《刺字集》四卷，清沈家本撰，一册。

《劝学篇》二卷，清张之洞撰，一册。

《增删算法统宗》十一卷、首一卷，明程大位编，清梅瑴成增删，四册。

《万象一原》九卷，清夏鸾翔演，一册。

《割圆通解》一卷，清吴诚撰，一册。

《盈朒一得》，清崔朝庆撰，一册。

《董氏诹吉新书》二卷，清董潜等撰，二册。

《古文关键》二卷，宋吕祖谦选，二册。

《求益斋全集》二十卷，清强汝询撰，六册。

清光绪二十六年（1900）刊：

《小沧浪笔谈》四卷，清阮元撰，二册。

清光绪三十二年（1906）刊：

《庸言》四卷，清余元遴撰，二册。

清光绪间（1875—1908）无年月刊：

《学古堂藏书目》，黄彭年编，一册。

《筑圩图说》，孙峻撰，一册。

《大婚合卺礼节》，佚名撰，一册。

《圣谕十六条附律易解》，佚名撰，一册。

《劝善要言》，佚名撰，一册。

《庭训格言》，清胤祯撰，一册。

《保甲章程》，佚名撰，一册。

《清讼章程》，佚名撰，一册。

《秋谳辑要》，佚名撰，一册。

《童蒙须知韵语》，佚名撰，一册。

《心政经合编》，宋真德秀撰，一册。

《弟子规》，清李子潜撰，一册。

《诫子书》，清聂继模撰，一册。

《词辨》，清周济撰，一册。

《苏州城厢图》，一张。

《苏省五属十里方舆图》，一张。

《劝善歌》，一张。

附：江苏存古学堂刻印书

清光绪三十三年（1907）刊《存古学堂丛刻》不分卷，二册。

清光绪三十四年（1908）刊《孝经学》七卷，清曹元弼撰，一册。

清光绪三十四年（1908）刊《白虎通义引书表》一卷，清王仁俊撰，一册。

清宣统元年（1909）排印《读书镫》一卷，清邹福保撰，一册。

清宣统元年（1909）排印《彻香堂经史论》一卷，清邹福保撰，一册。

清宣统元年（1909）排印《文钥》二卷，清邹福保撰，二册。

清宣统二年（1910）木活字排印《经学文抄》二五卷、首三卷，清梁鼎芬、曹元弼辑，三十册。

清宣统二年（1910）刊《范文正公全集》四十八卷，宋范仲淹撰，十册。

清宣统二年（1910）刊《范忠宣公全集》二十五卷，宋范纯仁撰，六册。

淮南官书局

淮南官书局，同治八年（1869）时，两淮盐运使方濬颐[①]创设。地址在扬州琼花观街。以整理旧有《盐法志》及各种官书残版，刊布江淮间耆旧著述为宗旨。延请养贤馆[②]中士人至局校理。其经费仍于裁减成本项下开支，书成，平其值售之。续修《扬州府志》，网罗文献。幕中宾僚如桐庐袁昶、仁和谭献、丹徒庄忠棫，秀水高行笃、泰兴朱铭盘其卓著者。同治九年（1870）署盐运使庞际云[③]请于盐政马新贻，分刊金陵书局《隋书》，并厘订章程，添拨书院余存经费，以充局用。光绪五年（1879）盐运使洪汝奎更访善本传刻之。知府衔两淮监掣同知莫绳孙[④]任书局提调。

淮南书局至光绪二十九年（1903）裁撤，归并于金陵书局。

淮南书局（扬州书局）所刻书共60种，1701卷，479册。

清同治八年（1869）刊：

《广陵通典》十卷，清汪中撰，二册

《述学》四卷、《补遗》一卷、别集一卷、《校勘记》

---

① 方濬颐，字子箴，定县人。道光进士。官两淮盐运使，开淮南书局。后侨寓扬州，主讲安定书院。著有《二知轩文集》行于世。

② 同治四年署盐运使李宗羲开养贤馆，以收恤寒畯。见《光绪江都县续志》。

③ 庞际云，字省三，保定人，道光进士，盛京刑部郎中，改官知府，分发安徽，入曾国藩幕，积功以道员用。同治九年署两淮盐运使。

④ 莫绳孙，系莫友芝次子。曾于同治癸酉（1873）辑录其父所作《宋元旧本书经眼录》五卷，刊刻行世。

一卷，清汪中撰，二册。

清同治九年（1870）刊：

《淮北票盐志略》十五卷、《续略》十二卷，清童廉、许宝书编，八册。

清同治十年（1871）刊：

《隋书》八十五卷，唐魏徵等撰，十册。

《胜朝殉扬录》三卷，清刘宝楠撰，二册。

清同治十一年（1872）刊：

《旧唐书》二百卷、《校勘记》六十六卷、《逸文》十二卷，后晋刘昫等撰，《校勘记》清罗士琳等撰，《逸文》清岑建功辑，六十册。

《扬州画舫录》十八卷，清李斗撰，四册。

《扬州水道记》四卷，清刘文淇撰，二册。

《啖蔗轩全集》五卷，清方士淦撰，四册。

《南宋杂事诗》七卷，清沈嘉辙撰，二册。

清同治十二年（1873）刊：

《经籍纂诂》一百六卷（附补遗），清阮元撰，四十八册。

《淮南盐法纪略》十卷，清庞际云纂，四册。

《小知录》十二卷，清陆凤藻撰，四册。

《金源纪事诗》八卷，清汤运泰撰，四册。

《十国宫词》一卷，清吴省钦撰，一册。

《三家宫词》一卷、《二家宫词》一卷，明毛晋辑，一册。

清同治十三年（1874）刊：

《大戴礼记补注》十三卷、《叙录》一卷，清孔广森撰，二册。

清同治间（1862—1874）重刊：

《四书说苑》十三卷，清孙应科撰，四册。

《汉官仪》三卷，汉应劭撰，一册。

《两淮盐法志》五十六卷，清单渠荣纂，二十册。

《秣陵集》六卷、《图考》一卷，清陈文述撰，三册。

《题襟馆倡和集》二卷，清方浚颐撰，四册。

清光绪元年（1875）刊：

《白虎通疏证》十二卷，清陈立撰，四册。

清光绪二年（1876）刊：

《春秋或问》六卷，清郜坦撰，一册。

《春秋集古传注》二十六卷，清郜坦撰，四册。

清光绪四年（1878）刊：

《毛诗注疏》三十卷、首一卷，汉郑玄笺，唐孔颖达正义，二十册。

《书古微》十二卷，清魏源撰，四册。

《韵诂》五卷、《补遗》五卷，清方浚颐撰，六册。

《十三经注疏》三百七十四卷，清阮元校订，一百册。

《南北史补志》十四卷，清汪士铎撰，六册。

《古微堂内集》三卷、《外集》七卷，清魏源撰，四册。

清光绪五年（1879）刊：

《广雅疏证》十卷附《博雅音》十卷，清王念孙撰，八册。

《四书章句集注》二十六卷，宋朱熹集注，七册。

《初唐四杰文集》二十一卷，唐王勃等撰，四册。

《一灯精舍甲部稿》五卷，清何秋涛撰，一册。

《小学弦歌》八卷，清李元度撰，四册。

清光绪七年（1881）刊：

《音韵阐微》十八卷、《韵谱》一卷，清李光地等撰，五册。

《说文解字》三十卷、附《校勘记》一卷，汉许慎撰，宋徐铉校定，清张行孚校记，五册。

清光绪八年（1882）刊：

《春秋繁露》十七卷，汉董仲舒撰，二册。

《复古编》二卷、附四卷，宋张有撰，三册。

清光绪九年（1883）刊：

《说文解字斠诠》十四卷，清钱坫撰，六册。

《古今韵会举要》三十卷，元黄公绍撰，熊忠举要，十册。

《东都事略》一百三十卷，宋王称撰，八册。

《宝应图经》六卷、图一卷、首一卷，清刘宝楠撰，四册。

《困学纪闻》二十卷，元王应麟撰，清翁元圻注，四册。

清光绪十二年（1886）刊：

《注陆宣公奏议》十五卷、《制诰》十卷、《附录》一卷，唐陆贽撰，宋郎晔注，四册。

清光绪十三年（1887）刊：

《周易本义》十二卷，宋朱熹撰，二册。

《易经》八卷，宋程颐传，三册。

《书经》六卷、首一卷、末一卷，宋蔡沈集传，四册。

《诗经》八卷，宋朱熹传，四册。

《周礼》六卷，汉郑玄注，四册。

《仪礼》十七卷，汉郑玄注，四册。

《礼记》十卷，元陈澔集说，二册。

《春秋左传》三十卷，晋杜预、宋林尧叟注释，十二册。

《春秋公羊传》十一卷，汉何休注，二册。

《尔雅》三卷，晋郭璞注，三册。

《孝经》一卷，唐玄宗注，一册。

《四书集注》二十卷，宋朱熹集注，六册。

清光绪十八年（1892）刊：

《四语汇编》四卷，清詹坦辑，四册。

民国时期苏州地区民间刻印图书概述

苏州地区历史悠久，文化发达。明清以来，刻书藏书蔚然成风。清代中期，黄氏士礼居①、汪氏艺芸书舍②景宋精刊，闻名于海内外。晚清江苏官书局③刻书数量之多，居全国首位。辛亥革命以后，随着西法印书技术之传入，虽然木刻之风已届歇绝之期，但尚有赵诒琛又满楼、曹元弼复礼堂、李根源曲石精庐诸刻，尚能继其余风。江氏聚珍版《文学山房丛书》，已成为吴中木活字印书之绝响，他如陈去病、柳亚子所编《南社丛刻》及《笠泽词征》则开铅字排印之先声。潘氏宝山楼以珂罗版影印《明清藏书家尺牍》与《明清画苑尺牍》，保持手迹，纠正前人摹刻失真之弊。瞿氏《铁琴铜剑楼宋金元本书影》，刻式俱呈，一目了然，为研究版本目录之新编。观前市民公社重印《元妙观志》，以及由群众集资而印之《八年丛编》，亦是出版历史上之创举。现就传世实物及有关文献资料，将辛亥革命以后至建国以前民间刻印图书，概述如下，以助评

---

① 叶德辉《书林活话》卷九："……如黄丕烈《士礼居丛书》、鲍廷博《知不足斋丛书》既精鉴赏，又善校勘，则绝无仅有者矣。"

② 《中国藏书家考略》："汪士钟字阆源，长洲人。藏书甚富，皆得之于黄荛圃，所庋之室，为'艺芸书舍'。所摹刻宋本《孝经义疏》、《仪礼单疏》、《刘氏诗说》、《郡斋读书志》诸书，雠对精审，举世珍若球璧。"

③ 江苏官书局共刻书206种、5047卷，1632册，为晚清时全国之冠。

察民国时期版本递嬗之迹，兼供编史修志参考。

曹氏䰞字斋

曹允源（1855—1927），字根荪，吴县人。光绪进士。曾任湖北襄阳知府、荆州兵备道。居官清廉，有善政。辛亥革命以后，携眷回苏，闭门著述。民国四年（1915）任江苏省立第二图书馆（即苏州图书馆）馆长。在任期间大量搜购善本古籍，成绩显著，同时还添购新版图书，刻有《馆藏书目》、《二编》和《三编》传于世。后又出任吴县修志局主任、《吴县志》总纂，不辞艰辛，勤访博采，日夜编写，积劳成疾而卒。其所刊自著有：

《复盦公牍》四卷

曹允源撰，民国三年（1914）木刊。

《复盦类稿》八卷《复盦文集》十四卷

曹允源撰，民国九年（1920）木刊。

《复盦外稿》二卷

曹允源撰，民国十年（1921）木刊。

《䰞字斋诗略》五卷、《䰞字斋诗略续》一卷、《复盦类稿续编》四卷

曹允源撰，民国十一年（1922）木刊。

陶氏贞丰书屋

陶惟坻（1855—1930），字小沚，昆山人。晚清举人。辛亥革命后被选为江苏省议会议员。民国十六年（1927）任省立

苏州图书馆馆长。曾创办《江苏省立苏州图书馆馆刊》。卒于任。

《租核》一卷

清陶煦撰，民国十六年（1927）铅印。

《湘城小志》六卷

陶惟坻修，民国十九年（1930）活字排印。

王氏市隐庐

王德森（1856—1943），字严士，一字漱六，别号岁寒居士。原籍昆山，移寓苏州。隐于医，尤精幼科。光绪间毛庆蕃学使提学江苏，礼贤下士，闻其名，即致书加币遣使迎之。性嗜书，富收藏，搜集乡邦文献不遗余力。有藏于他氏而不能得者，则借而录之。抄书用黑格，书口下方刻“市隐庐”三字。吴梅跋《岁寒文稿》云：“……丈一老明经耳，而穷年铅椠，垂老不倦，一言月旦，尽成文献。此岂当世显著者所能从事乎？”

《市隐庐医学杂著》

王德森撰，民国二年（1913）木刊。

《劝孝词》一卷

王德森撰，民国六年（1917）木刊。

《岁寒文稿》八卷

王德森撰，民国十七年（1928）木刊。

《养真庸言释义》六卷

王德森撰，民国二十一年（1932）木刊。

朱氏彊村

朱祖谋（1857—1931），又名孝臧，字古微，号沤尹，又号彊村。原籍浙江归安，光绪进士，曾任侍讲学士、礼部侍郎。辛亥革命后侨寓吴中庆元坊之听枫园，与郑文焯往来无虚日。平生致力于词籍校勘，积二三十年之功，遍求南北藏书家善本，殚精竭虑，丹黄满眼，校编成《彊村丛书》，包括唐、五代、宋金元人词总集五种，别集一百七十四种，吴人沈修（绥成）为作序。该书系我国词集四大丛刊之冠。

《彊村丛书》一百七十九种

朱祖谋辑并撰校记（子目参见《中国丛书综录》906页），民国十一年（1922）木刊。

顾氏过云楼

顾麟士（1865—1930），字鹤逸，自号西津渔父，元和（今苏州市）人。顾文彬之孙，工画山水。先世于张文达（之万）抚吴时夙缔墨缘，过云楼收藏之富，甲于吴下。涵濡功深，故笔多逸气，尤长临古。其家怡园别业，水木清华。尝与契友会画其中，有云林清秘遗风。珍藏古籍善本甚多，见《顾鹤逸藏书目》。[①]

《过云楼续书画记》四卷

---

① 《顾鹤逸藏书目》刊载于《国立北平图书馆馆刊》第五卷第六号（民国二十年）。

顾麟士编，民国十六年（1927）铅印。

《鹤庐画赘》二卷、《鹤庐题画录》二卷

顾麟士撰，民国三十年（1941）木刊（子公硕等刊）。

郑氏大鹤山房

郑文焯（1865—1918），字俊臣，号小坡、叔问，又号冷红词客，别署大鹤山人，原籍辽宁铁岭，汉军正黄旗。光绪举人。曾官内阁中书。清亡，定居吴门，尝筑石芝西堪于吴小城东之孝义坊，自云有终老之志。精鉴赏，金石书画经籍，一经品题，人皆重之，藏家得其一跋为荣。校词读画，题识金石拓本，几成日课。藏书身后为南海康有为所得。①

《樵风乐府》九卷

郑文焯撰，民国二年（1913）木刊。

《苕雅余集》一卷

郑文焯撰，民国四年（1915）木刊。

《瘦碧词》二卷

郑文焯撰，民国二年（1917）木刊。

唐氏茹经堂

唐文治（1865—1954），号慰芝，晚号茹经，太仓县人。光绪进士。传补总理衙门章京，光绪二十七年（1901）随专使那桐赴日“谢罪”。其后并游欧美诸国。历任商部右丞、左丞、

① 见潘景郑《著砚楼书跋》第56页。

左侍郎署尚书，上海高等学堂监督。民国后主持上海交通大学长达十四年，同时还先后创办北京实业学堂、吴淞商船学堂、无锡国学专修馆。

《人格》一卷

唐文治撰，民国四年（1915）铅印。

《读左质疑》四卷首一卷

王祖畲撰，民国七年（1918）木刊。

《国文大义》二卷、《古人论文大义》

唐文治撰，民国九年（1920）铅印。

《礼记经注校证》二卷

王祖畲撰，民国十年（1921）木刊。

《洪范大义》三卷

唐文治撰，民国十一年（1922）木刊。

《读孟随笔》二卷

王祖畲撰，民国十一年（1922）木刊。

《性理学大义》十七卷

唐文治撰，民国十三年（1924）铅印。

《国文经纬贯通大义》八卷

唐文治撰，民国十三年（1924）铅印。

《军箴》五卷

唐文治撰，民国十四年（1925）铅印。

《茹经堂文集初编》六卷

唐文治撰，民国十五年（1926）木刊。

《茹经堂文集二编》九卷、《茹经堂奏疏》三卷

唐文治撰，民国十六年（1927）木刊。

《尚书大义》二卷、《阳明学术发微》七卷

唐文治撰，民国十八年（1929）铅印。

《紫阳学术发微》十二卷

唐文治撰，民国十九年（1930）铅印。

（以上据《国专校友会集刊》第一期）

邓氏群碧楼

邓邦述（1868—1939），字正闇，号孝先，原籍江宁。光绪进士。入端方幕。光绪三十一年（1905）受清政府派遣，出国考察。后任吉林民政使，辛亥革命后回京，随移居苏州侍其巷。立志藏书，不惜举债搜购善本，有群碧楼藏书四万卷，中有宋本千余卷。民国十六年（1927）将大部藏书售于中央研究院，以还巨债。改群碧楼为寒瘦山房。

《双砚斋诗抄》十六卷、《双砚斋词抄》二卷、《诗双声叠韵谱》一卷、《许氏说文双声叠韵谱》一卷、《双砚斋笔记》六卷

清邓廷桢撰，民国十一年（1922）木刊。

《空一切盦词》一卷、《晴花暖玉词》二卷

清邓嘉缜撰，民国十一年（1922）木刊。

《群碧楼诗抄》四卷

邓邦述撰，民国十九年（1930）木刊。

《蹇盦词》二卷

清邓邦达撰，民国二十一年（1932）木刊。

《沤梦词》四卷

邓邦述撰，民国二十二年（1933）木刊。

《群碧楼善本书录》六卷、《寒瘦山房鬻存书目》七卷

邓邦述编，民国十八年（1929）木刊。

《邓制军禁烟防海奏议》二卷

清邓延桢撰、曾孙邦述辑，民国二十四年（1935）印本。

赵氏又满楼

赵诒琛（1869—1948），字学南，昆山人。父元益，供职上海江南制造局。为无锡荡口华氏婿，太平天国时避难该镇，曾收得明清名人抄校古籍甚多。刻有《高斋丛刻》十种。故居邻近制造局，民初毁于兵火。诒琛移居苏州大井巷，继续搜访旧籍，并日日从事丹铅，刻行《峭帆楼丛书》、《又满楼丛书》、《对树书屋丛刊》等书。又倡议集资排印《八年丛编》、《艺海一勺》，为近代著名藏书家。

《离忧集》二卷、《从忧集》二卷

明陈瑚辑，民国元年（1912）木刊。

《云间三子新诗合稿》九卷

明陈子龙、李雯、宋征舆撰，夏完淳辑，民国二年（1913）木刊。

《通鉴补正略》三卷

明严衍撰，清张敦仁辑，民国三年（1914）木刊。

《昆山杂咏》三卷

宋龚昱辑，民国三年（1914）木刊。

《重编红雨楼题跋》二卷

明徐𤊹撰，缪荃孙重辑，民国三年（1914）木刊。

《阳山志》三卷

明岳岱撰，民国四年（1915）木刊。

《明懿安皇后外传》一卷

清纪昀撰，民国四年（1915）木刊。

《鸡窗丛话》

清蔡澄撰，民国四年（1915）木刊。

《蕙榜杂记》一卷

清严元照撰，民国五年（1916）木刊。

《柿叶轩笔记》一卷

清胡虔撰，民国五年（1916）木刊。

《教孝编》一卷

清姚廷杰撰，民国五年（1916）木刊。

《顽潭诗话》二卷补遗一卷附录一卷

清陈瑚辑，民国六年（1917）木刊。

《晋五胡指掌》二卷、《唐藩镇指掌》二卷

明张大龄撰，民国六年（1917）木刊。

《新阳赵氏家乘》十六卷

赵诒琛、诒绅编，民国七年（1918）木刊。

《新阳赵氏清芬录》三卷

赵诒琛编，民国七年（1918）本刊。

《重编桐庵文稿》一卷

明郑敷教撰，赵诒琛重辑，民国七年（1918）木刊。

《晚香书札》二卷

清潘道根撰，民国八年（1919）木刊。

《徐巡按揭帖》一卷

明徐吉撰，民国九年（1920）木刊。

《辛丑纪闻》一卷

清佚名撰，民国九年（1920）木刊。

《龚安节先生年谱》

明龚绂撰，民国九年（1920）木刊。

《校正万古愁》一卷

清归庄撰，黄钧校正，民国九年（1920）木刊。

《民抄董宦事实》

明佚名撰，民国十年（1921）木刊。

《红叶村诗稿》六卷补遗一卷

明梁逸撰，民国十年（1921）木刊。

《龚安节先生遗文》一卷

明龚诩撰，民国十一年（1921）木刊。

《林外野言》二卷补遗一卷

元郭翼撰，民国十二年（1923）木刊。

《新乐府》二卷

清万斯同撰，民国十二年（1923）木刊。

《殢花词》一卷

清唐祖命撰，民国十二年（1923）木刊。

《莺边词》一卷

清张思孝撰，民国十二年（1923）木刊。

《留沤唫馆词存》一卷

清沈鋆撰，民国十二年（1923）木刊。

《红蕉词》一卷

清江标撰，民国十二年（1923）木刊。

《寒夜丛谈》三卷

清沈赤然撰，民国十三年（1924）木刊。

《归玄恭先生年谱》一卷

赵经达撰，民国十三年（1924）木刊。

《汪尧峰先生年谱》一卷

赵经达撰，民国十四年（1925）木刊。

《元史弼违》二卷

明周复俊撰，民国二十一年（1932）木刊

《草莽私乘》一卷附刻一卷

元陶宗仪辑，民国二十一年（1932）木刊。

《顾千里先生年谱》二卷

赵诒琛撰，民国二十一年（1932）木刊。

《怡松轩金石偶记》一卷

陈洙辑，民国二十三年（1934）木刊。

《野古集》三卷

明龚诩撰，民国二十三年（1934）木刊。

《爨龙颜碑考释》一卷

赵诒琛辑，民国二十五年（1936）木刊。

《赵氏图书馆藏书目录》五卷、《补遗》一卷、《新抄书目》一卷、《善本书目》一卷

赵诒琛编，民国十五年（1926）铅印。

《艺海一勺》二十三种

赵诒琛辑（子目参见《中国丛书综录》306 页），民国二十二年（1933）集资铅印。

《甲戌丛编》二十种

赵诒琛、王保譿辑，民国二十三年（1934）集资铅印。

《乙亥丛编》二十种

赵诒琛、王保譿、王大隆编辑，民国二十四年（1935）集资铅印。

《丙子丛编》十二种

赵诒琛、王大隆辑，民国二十五年（1936）集资铅印。

《丁丑丛编》十种

赵诒琛、王大隆辑，民国二十六年（1937）集资铅印。

《戊寅丛编》十种

赵诒琛、王大隆辑，民国二十七年（1938）集资铅印。

《己卯丛编》十种

赵诒琛、王大隆辑，民国二十八年（1939）集资铅印。

《庚辰丛编》九种

赵诒琛、王大隆辑，民国二十九年（1940）集资铅印。

《辛巳丛编》九种

赵诒琛、王大隆辑，民国三十年（1941）集资铅印。

以上八年丛编子目参见《中国丛书综录》307 页—308 页。

丁氏淑照堂

丁祖荫（1871—1930），原名祖德，字芝孙，号初我，别名初园居士。常熟人。光绪生员。民国初年曾任常熟县民政长、吴江县知事。性嗜古籍，收藏多善本。对邑中先哲著作，刻意搜罗校勘。民国十三年（1924）齐卢交战，丁氏迁居苏州，买宅公园对面，遂将一部分善本移藏苏寓。民国十九年（1930）丁氏去世。抗战时苏州沦陷，丁宅所藏古书散出，内有旧山楼所藏惊人秘笈，明人赵琦美《脉望馆藏古今杂剧》流至上海，为郑振铎代北平图书馆购藏。郑氏并在《劫中得书记》附录中，详述此书之考证及聚散源流。

《松陵文牍》一卷

丁祖荫辑，民国三年（1914）铅印。

《一行小集》一卷

丁祖荫撰，民国三年（1914）铅印。

《虞阳说苑甲编》

丁祖荫辑，民国六年（1917）铅印。

七峰遗稿二卷，清七峰樵道人撰。

海角遗编一卷，清漫游野史撰。

海虞被兵记一卷，清□俨撰。

过墟志感二卷，清墅西逸史撰。

书老书生蒙难事一卷，清佚名撰。

虞山妖乱志三卷，清冯舒撰。

笔梦一卷，清据梧子撰。

张汉儒疏稿一卷，明张汉儒撰。

阁讼记略一卷，明佚名撰。

牧斋遗事一卷，清佚名撰。

牧斋先生年谱一卷，清葛万里撰。

河东君殉家难事实，清钱孺饴撰。

虞山胜地纪略一卷，清张应遴撰。

琴川三风十愆记一卷，清瀛若氏撰。

祝赵始末一卷，清佚名撰。

邑侯于公政迹记略一卷，清戴兆祚撰。

恭纪御试一卷，清陶贞白撰。

潮灾纪略一卷，清古虞野史氏撰。

常熟记变始末一卷，清谭嘘云撰。

守虞日记一卷，清谭嘘云撰。

《虞山丛刻》

丁祖荫辑，民国八年（1919）木刊。

天启宫词一卷，明秦兰征撰；校语一卷，丁祖荫撰。

崇祯宫词二卷，清王誉昌撰，吴理注；校记一卷，丁祖荫撰。

霜猿集四卷，明周同谷撰；校记一卷，丁祖荫撰。

吾炙集一卷，清钱谦益撰。

东山酬倡集二卷，清钱谦益撰。

和古人诗一卷、和今人诗一卷、和友人诗一卷、野外诗一卷，明毛晋撰。

隐湖题跋二卷，明毛晋撰。

以介编二卷，清张宗芝、王沩辑。

松窗快笔十卷、补一卷、补注一卷，明龚立本撰。

烟艇永怀三卷、附录一卷，明龚立本撰。

虞乡杂记不分卷，明毛晋撰。

《虞阳说苑乙编》

丁祖荫辑，民国二十一年（1932）铅印

虞山杂志一卷，明佚名撰。

虞书一卷，清刘本沛撰。

后虞书一卷，清刘本沛撰。

虞谐志一卷，清尚湖渔父撰。

熙怡录一卷，清戴束撰。

鹊南杂录一卷，清戴束撰。

厝亭杂记一卷，清赵□撰。

残篦故事一卷，清香谷氏撰。

养疴客谈一卷，清近鲁草堂主人撰。

云峰偶笔一卷，清屈振镛撰。

思庵闲笔一卷，清严虞惇撰。

粤西从宦略一卷，清王庭筠撰。

瞿氏铁琴铜剑楼

瞿启甲（1873—1940），字良士，常熟人，瞿绍基曾孙，为晚清时全国四大藏书家之一。辛亥革命后曾任北洋政府众议院议员。民国十二年（1923）因拒绝曹锟贿选而回家。在继承先代藏书之后，辑印所藏宋金元本书影，并善书法。偶作画，清逸有致。抗日战争时期将祖传古籍全部运往上海。建国初期，后人将藏书捐献于国家图书馆。

《洪氏集验方》五卷

宋洪遵撰，民国七年（1918）珂罗版影印宋本。

《离骚集传》一卷

宋钱杲之撰，民国七年（1918）珂罗版影印宋本。

《歌诗编》四卷

唐李贺撰，民国七年（1918）珂罗版影印金本。

《朱庆余诗集》一卷

唐朱庆余撰，民国七年（1918）珂罗版影印宋本。

《周贺诗集》

唐周贺撰，民国七年（1918）珂罗版影印宋本。

《注鹤山先生渠阳诗》

宋王德文撰，民国七年（1918）珂罗版影印宋本。

《李丞相诗集》二卷

南唐李建勋撰，民国七年（1918）珂罗版影印宋本。

《铁琴铜剑楼宋金元本书影》八卷、《识语》四卷、《常熟瞿氏四代忠贤画像》一卷

瞿启甲辑，民国十一年（1922）影印。

《菰里瞿氏四世画卷题词》四卷

孙雄校录，民国十二年（1923）铅印。

《杨太后宫词》一卷

宋潜夫（周密）辑，民国十三年（1924）影刊宋抄本。

孙氏四益宧

孙德谦（1873—1935），字受之，一字益庵，晚号隘堪居士，吴县人。早年致力于声韵、训诂、经史之学。历任东吴大学、大夏大学、交通大学、政治大学教授。

《汉书艺文志举例》一卷

孙德谦撰，民国七年（1918）木刊。

《刘向校雠学纂微》一卷、《六朝丽珠》一卷

孙德谦撰，民国十二年（1923）木刊。

《太史公书义法》二卷

孙德谦撰，民国十四年（1925）木刊。

王氏写礼庼

王季烈（1873—1952），字君九，别名螾庐，吴县人。王颂蔚之子。光绪进士。长期从事昆曲理论研究，精通曲律。还

根据明人赵琦美脉望馆藏本，校订了《孤本元明杂剧》，由商务印书馆出版。另外还选编了叶昌炽《缘督庐日记抄》十六册。

《写礼庼遗著》四种五卷

清王颂蔚撰，民国四年（1915）木刊。

《震泽长语》二卷、《震泽纪闻》二卷

明王鏊撰，民国九年（1920）木刊。

《螾庐曲谈》四卷

王季烈撰，民国十七年（1928）石印。

《螾庐未定稿》三卷

王季烈撰，民国二十四年（1935）石印。

《正俗曲谱》子、丑集

王季烈撰，民国三十六年（1947）石印（未印全）。

金氏天放楼

金天翮（1874—1947），字松岑，号鹤望，笔名爱自由者、金一，自署天放楼主人。吴江人。曾创办同里自治学社，组织雪耻学会，介绍孙中山革命活动，光绪二十八年（1902）在上海参加蔡元培创办的爱国诗社。民国元年（1912）当选江苏省议员。民国二十一年（1932）在苏州国学会与章太炎迭主讲学。抗战时期任光华大学中文系教授。

《孤根集》三卷

金天翮撰，民国元年（1912）铅印。

《鹤望近诗》一卷

金天翮撰，民国三年（1914）铅印。

《天放楼诗集》九卷

金天翮撰，民国十一年（1922）铅印。

《天放楼文言》十二卷、《天放楼诗集》九卷

金天翮撰，民国十六年（1927）铅印。

《天放楼诗续集》五卷、《天放楼续文言》二卷

金天翮撰，民国二十一年（1932）铅印。

《苏州五奇人传》一卷

金天翮撰，民国二十五年（1936）铅印。

《皖志列传稿》九卷

金天翮撰，民国二十五年（1936）铅印。

《天放楼文言遗集》四卷、《天放楼诗遗集》七卷、《鹤缘词》一卷、《鹤舫中年政论》

金天翮撰，民国二十六年（1947）铅印。

陈氏百尺楼

陈去病（1874—1933），字巢南，一字佩忍，原名庆林，别名垂虹亭长。吴江人。早年从事爱国活动，光绪二十四年（1898）创办雪耻学会，后加入中国同盟会、中国教育会、拒俄义勇队等。多年从事宣传工作，曾主编《警钟报》，要求变法维新，推翻清朝统治；并参加《江苏》、《二十世纪大舞台》、《国粹学报》等刊物的编辑工作。辛亥革命后，曾任江苏革命博物馆馆长。护法运动时任大本营宣传主任。为革命文学团体《南社》始创人之一。

《笠泽词征》三十卷

陈去病纂辑，民国四年（1915）铅印。

《词旨》二卷

元陆行直撰，民国四年（1915）铅印。

《乐府指迷》一卷

宋沈义父撰，民国四年（1915）铅印。

《词品》一卷

清郭麐撰，民国四年（1915）铅印。

《问花楼词话》一卷

清陆鎣撰，民国四年（1915）铅印。

《松陵文集初编》四卷、《松陵文集二编》六卷、《松陵文集三编》五十卷

陈去病纂辑，民国十一年（1922）铅印。

《浩歌堂诗抄》十卷

陈去病撰，民国十三年（1924）铅印。

《吴江诗录》二十二卷

陈去病辑，民国十四年（1925）铅印。

刘氏暖红室

刘世珩（1874—1926），字葱石，号聚卿，别号楚园、梦凤楼主、双忽雷阁道士。原籍安徽贵池。光绪举人。曾任江苏候补道、天津造币厂监督、度支部左参议等职。平生喜文学，尤工词曲。收藏图书极富，曾刻有《聚学轩丛书》、《贵池先哲遗书》、《玉海堂景宋丛书》等。晚年定居苏州太平巷西口。在此期间又刻《汇刻传奇》五十一种。其中附有插图，为其夫人暖红室主人傅春珊手摹上版。校订者为长洲吴梅。刻工为吴门陈海泉。该书刻成后未曾汇印。故而抗战前来青阁书肆重印

时，发现书版已有残缺，乃剔除未印。因此现各大图书馆藏本，亦仅有三十四种。今将原目录存，以窥全貌。

《汇刻传奇》

刘世珩辑，民国八年（1919）木刻。

△西厢记一本，金董解元撰

△西厢记五剧五本，元王实甫撰。

附

△重编会真杂录二卷，刘世珩辑。

△商调蝶恋花词一卷，宋赵令畤撰。

△西厢记五剧五本解征一卷，明凌濛初撰。

△元本北西厢记释义音字大全一卷，明徐逢吉撰。

△古本西厢记校注一卷，明王骥德撰。

△批评西厢记释义字音一卷，明陈继儒撰。

△五剧笺疑一卷，明闵遇五撰。

△丝竹芙蓉亭一折，元王实甫撰。

△围棋闯局一折，元晚进王生撰。

△钱唐梦一折，元白朴撰。

△园林午梦一折，明李开先撰。

△南西厢记二卷，明李日华撰。

△南西厢记二卷，明陆采撰。

△琵琶记二卷，元高明撰，明陈继儒评。

拜月亭记二卷，元施惠撰，一名幽闺记。

荆钗记二卷，明宁献王权撰。

白兔记二卷，无名氏撰。

△杀狗记二卷，明徐畛撰，龙子犹订定。

金印合纵记二卷，明苏复之撰，一名黑貂裘。

△四声猿一本，明徐渭撰。

△红拂记二卷，明张凤翼撰。

霞笺记二卷，无名氏撰。

△还魂记二卷，明汤显祖撰。

附

△纽少雅格正词调还魂记二卷。

紫钗记二卷，明汤显祖撰。

邯郸记二卷，明汤显祖撰。

△南柯记二卷，明汤显祖撰。

春灯谜二卷，明阮大铖撰。

燕子笺二卷，明阮大铖撰。

西园记二卷，明吴炳撰。

情邮记二卷，明吴炳撰。

△绿牡丹二卷，明吴炳撰。

画中人二卷，明吴炳撰。

△疗妬羹二卷，明吴炳撰。

△通天台一本，清吴伟业撰。

△临春阁一本，清吴伟业撰。

△秣陵春二卷（一名双影记），清吴伟业撰。

△荷花塘二卷，清马佶人撰。

天马媒二卷，清刘方撰。

△长生殿二卷，清洪昇撰。

△小忽雷二卷附大忽雷一卷，清顾彩、孔尚任撰。

△桃花扇二卷，清孔尚任撰。

附刊

△录鬼簿二卷，元钟嗣成撰。

△曲品二卷，明吕天成撰。

△新传奇品二卷，清高奕撰。

北词广正谱十八卷，清李玉撰。

南词新谱二十六卷，清沈自晋撰。

新定十二律昆腔谱十六卷，清王正祥编。

别行

△江东白苎二续卷，明梁辰鱼撰。

以上传奇三十种，附录十四种，附刊六种，都五十种，别行一种。凡书名前有△号者，为《中国丛书综录》著录的三十四种（即来青阁书肆重印本）。

曹氏复礼堂

曹元弼（1879—1952），字叔彦，吴县人。光绪进士，授翰林院编修。为当时著名经学家，受张之洞《劝学篇》影响，必欲措之实用，故以昌明圣学，恢弘文化自期。藏书万余卷，多稿抄校本，笺注十三经为世所称，晚清时期已刻过《礼经校释》、《礼经学》等书行于世。

《复礼堂文集》十卷

曹元弼撰，民国六年（1917）木刻。

《礼经大义》一卷

曹元弼撰，民国十二年（1923）铅印。

《孝经郑注解》一卷附《六艺论逸文》

清臧镛堂、礼堂同撰，民国十三年（1924）木刊。

《孝经学》七卷

曹元弼撰，民国十三年（1924）木刊。

《周易郑氏注笺释》十六卷、《正误》一卷、《叙录》一卷、《旁证》一卷

曹元弼撰，民国十五年（1926）木刊。

《周易集解补释》十七卷、《条例》一卷、《序释》一卷、《易学源流辨》一卷

曹元弼撰，民国十六年（1927）木刻。

《大学通义》一卷、《中庸通义》二卷

曹元弼撰，民国二十一年（1932）木刊。

《复礼堂述学诗》十五卷

曹元弼撰，民国二十五年（1936）木刊。

李氏曲石精庐

李根源（1879—1967），字印泉，原籍云南腾冲，为辛亥革命和护法战争时期著名人物。早年任云南讲武学堂监督和总办时，与朱德有师生之谊。历任陕西省长、农商总长、代国务总理等。民国十六年（1927）后脱离军界，侍母来苏州定居。常深入郊外调查名胜古迹及名人墓葬，著有《吴郡西山访古记》一书。民国二十一年（1932）在苏州积极参加救亡运动，并为阵亡将士建墓立碑。民国二十六年（1937）“七七”抗战开始与马相伯、张一麐一起通电全国，号召组织老子军抗日。解放后历任西南军政委员会委员、中国政治协商会议全国委员会委员。

《腾越杜乱纪实》一卷

曹琨撰，民国十二年（1923）木刊。

《滇西兵要界务图注》三卷、《吴郡西山访古记》五卷、

《镇扬游记》一卷

李根源撰，民国十二年（1923）木刊。

《文氏族谱续集》

清文含撰，民国十二年（1923）木刊。

《东斋诗抄》一卷、《文抄》一卷

李根源撰，民国十三年（1924）木刊。

《观贞老人哀挽录》二卷

孙光庭辑，民国十四年（1925）木刊。

《娱亲雅言》一卷

李根源辑，民国十五年（1926）木刊。

《罗生山馆诗集》五卷、《治平吟草》四卷、《治平文稿》一卷

李学诗撰，民国十七年（1928）木刊。

《东斋诗续抄》一卷、《东斋文续抄》一卷

李根源撰，民国十七年（1928）木刊。

《虎丘金石经眼录》一卷、补一卷，《洞庭山金石》二卷，《阙茔石刻录》一卷、补录一卷，《岳峙山石刻》一卷

李根源撰，民国十八年（1929）木刊。

《雪生年录》三卷

李根源撰，民国十八年（1929）铅印。

《焦尾集》一卷

贺宗章撰，民国十九年（1930）木刊。

《九保金石文存》一卷

李根源辑，民国十九年（1930）木刊。

《九保诗录》一卷、《九保节孝录略》一卷

李根沄辑，民国十九年（1930）木刊。

《罔措斋联集》一卷

清释普荷撰，民国十九年（1930）木刊。

《曲石文录》六卷、《景邃堂题跋》三卷

李根源撰，民国二十一年（1932）铅印。

《陈圆圆事辑》一卷、续一卷

况周颐、李根源辑，民国二十二年（1933）铅印。

《云南金石目略初稿》四卷

李根源辑，民国二十四年（1935）铅印（平装）。

吴氏百嘉室

吴梅（1884—1939）字瞿安，一字灵鳷，号霜厓，长洲（今苏州市）人。晚清诸生。致力于诗古文词，研究古乐及南北曲，能制谱填词，又工声律。所藏词曲极富，抗战前上海商务印书馆出版之《奢摩他室曲丛》初二集底本即其藏本。所著《风洞山传奇》、《轩亭秋杂剧》等于晚清至民初分别发表于《小说林》、《小说月报》上。其他著作《顾曲麈谈》、《中国戏曲概论》等亦由上海各书局出版。藏曲之富，海内无与伯仲。曾掌教苏州东吴大学，历应北京、中山、光华、中央等大学之聘，前后二十余年，为海内推崇之曲学大师。

《湘真阁曲本》一卷

吴梅撰，民国十六年（1927）石印。

《霜厓三剧》三卷、谱三卷

吴梅撰，民国二十二年（1933）木刊。

《未园集略》八卷

沈修撰，吴梅选编，民国二十四年（1935）石印。

柳氏磨剑室

柳亚子（1887—1958），原名慰高，字安如，改名人权，号亚庐，再改名弃疾，号亚子。清末秀才，光绪三十二年（1906）加入同盟会，宣统元年（1909）创办革命文学团体南社，任社长。辛亥革命后任总统府秘书、上海通志馆长。建国后曾任中央人民政府委员、全国人大常委。

《南社丛刻》共二十二集

柳亚子编，宣统二年（1910）至民国十二年（1923）铅印。

《流霞书屋遗集》四卷

邹铨撰，柳亚子编，民国二年（1913）铅印。

《春航集》、《子美集》

柳亚子撰，民国三年（1914）铅印。

《宁太一遗书》二十三卷

宁调元撰。

《陈勒生烈士遗集》一卷、《孙竹丹烈士遗集》一卷

柳亚子编，民国三年（1914）铅印。

《南社小说集》一卷、《庞檗子遗集》一卷

庞树柏撰，民国六年（1917）铅印。

《话雨楼遗诗》一卷、附录一卷

清徐涛撰，民国六年（1917）铅印。

《盍簪书屋遗诗》一卷、附录一卷

清吴鸣钧撰，民国六年（1917）铅印。

《谏果书屋遗诗》一卷、附录一卷

清郑恭和撰，民国七年（1918）铅印。

《山外楼诗稿》、《尘天阁诗草》一卷

清徐商济撰，民国八年（1919）铅印。

《乐国吟》二卷

柳亚子撰，后序自署为李宁（即列宁）私淑弟子，民国十二年（1923）铅印。

《分湖诗苑》一卷

清柳树芳辑，民国十三年（1924）木刊。

费氏华萼堂

费善庆，字伯缘，吴江人，晚清时震泽县庠生，生卒年不详。民国初年在世。藏书甚富，曾与柳亚子等十二人，组织松陵文献保存会，各出所藏之书编目，以“文献流传后生之责维桑与梓”十二字作代号，柳为文，费为献，自著《垂虹识小录》及《玉壶仙馆备忘录》稿本未刻。

《垂虹诗剩》七卷

清周之祯辑，民国四年（1915）木刊。

《垂虹诗剩补编》一卷

清沈大本辑，民国四年（1915）木刊。

《垂虹诗剩续编》二卷

费善庆辑，民国四年（1915）木刊。

《松陵女子诗征》十卷

费善庆、薛凤昌合编，民国七年（1918）铅印。

薛氏邃汉斋

薛凤昌，字砚耕，号公侠，吴江人。晚清震泽县庠生。生卒不详。民国初年在世。曾在宣统二年（1910）以薛氏邃汉斋名义，用铅字排印《牧斋全集》一百六十卷。并与同邑费善庆合编《松陵女子诗征》传于世。

《吴江文献保存会书目》四卷

柳弃疾、薛凤昌编印，民国八年（1919）油印。

《江震游庠录》二卷

汝益谦辑，薛凤昌校，民国十三年（1924）铅印。

《松陵绝妙词选》四卷、《华胥语业》一卷

周铭辑，民国十五年（1926）铅印。

张氏百忍堂

张郁文，字壬士，吴县胥口人，贡生。少馆于木渎冯桂芬家。通览其藏书，好《元史》，民国十年（1921）成《元史地理通释》一书，为学术家所重。

《木渎诗存》八卷

清汪正石编，郭绍裘重订，民国十一年（1922）铅印。

《元史地理通释》四卷

张郁文撰，民国十四年（1925）铅印。

《木渎小志》六卷

张郁文撰，民国十七年（1928）铅印。

王氏海粟楼

王謇（1888—1969），字佩诤，吴县人。年轻时从沈修（绥成）为师，后又列章太炎、金天翮、黄人（摩西）、吴梅门下，并参与《国学论衡》、《文艺捃华》、《吴县志》等编辑工作。精于版本目录之学，抗战前任江苏省立苏州图书馆编目部主任，对地方文献和善本古籍的采访保藏以及筹备“吴中文献展览会”都作出过较大贡献。抗日战争爆发时，曾参加馆中保护善本古籍运往洞庭西山秘密贮存工作。苏州沦陷即迁居上海，曾任上海震旦大学、华东师范大学教授。

《宋平江城坊考》五卷、《吴中故市考》一卷、《氏族志补》一卷

王謇撰，民国十四年（1925）铅印。

尾有：“民国十四年初版，售价银四元，版权经著者赠与苏州基督青年会，翻印必究”。

王氏豁山书屋

王保譿（1890—1938），号慧言，太仓人。父祖畬，光绪进士。藏书甚富，保譿继承藏书事业，增益甚多。又喜刻书。并与昆山赵诒琛发起集资编印《甲戌丛编》等。日寇侵华，战火中藏书损失十分之三。卒后，藏书由其夫人编目庋藏，尚有数万卷。后散出。

《豁山老农自订年谱》二卷、续一卷

王保譿编，民国七年（1918）木刊。

《太仓州志》二十八卷、首尾各一卷，《镇洋县志》十一卷、附二卷

王祖畬纂，民国八年（1919）木刊。

《王文贞文集》十五卷、《谿山诗存》二卷

王祖畬纂，民国十年（1921）木刊。

《桴亭先生集外文》一卷

王保譿编，民国十六年（1927）木刊。

《乙亥志稿》一卷

王保譿编，民国二十四年（1935）铅印。

蒋氏吟秋馆

蒋镜寰（1896—1981），原名瀚澄，字吟秋，后以字行。吴县人。初任吴县县立师范史地教员、苏州美专国学教员。民国十一年（1922）进入江苏省立苏州图书馆，任官书印行所负责人，整理原官书局图书版片，并重新编订书目，内有经史子集丛书等二百八种。民国二十四年（1935）任图书馆长。抗战时期将馆藏善本书移洞庭西山显庆寺，使珍本古籍免于损失。详其自作《护书记》。[①] 1949 年 8 月辞职。

《沧浪亭新志》八卷

蒋镜寰撰，民国十八年（1930）铅印。

① 《护书记》载于《苏州文史资料》十四辑。

王氏学礼斋

王大隆（1901—1966），字欣夫，吴县人（原籍秀水）。为经学大师曹元弼入室弟子。好藏书，精研版本目录之学。曾辑编《黄顾遗书》及《笺经室遗集》等书。并与昆山赵诒琛合编《乙亥丛编》等。建国后任上海复旦大学中国古典文献学教授。

《荛圃藏书题识续录》四卷、《荛圃杂著》一卷

王大隆辑，民国二十二年（1933）木刊。

《思适斋书跋》四卷、补遗一卷

王大隆辑，民国二十四年（1935）木刊。

《思适斋集补遗》二卷、再补遗一卷

王大隆辑，民国二十五年（1936）木刊。

《荛圃藏书题识再续录》三卷

王大隆辑，民国二十九年（1940）木刊。

以上四种后汇印，名为《黄顾遗书》。

《笺经室遗集》二十卷

曹元忠撰，王大隆编，民国三十年（1941）铅印。

潘氏宝山楼

潘承弼（1907—2004），字良甫，号景郑，吴县人。早年受业于章太炎、吴梅门下。抗日战争时期，应顾廷龙之邀，前往合众图书馆任职。建国以后入上海图书馆工作。精研古籍版本及考证。其家藏书渊流可溯至乾隆时潘奕隽之三松堂，后又

有潘祖荫之滂喜斋，再经他及兄承厚（博山）极力搜集，与邓邦述、宗舜年、丁祖荫等人角逐一时，积书至三十余万册。除收藏图书外，兼蓄金石拓本万余种，石砚五十余方，后遂以著砚楼为藏书室名。所藏图书以明季史料及苏州地方文献为特色。尤多珍本，如宋版《后山居士文集》、明人文俶彩绘《金石昆虫草木状》，皆惊人秘笈。所藏图书金石，建国后捐献于上海图书馆，著有《著砚楼书跋》，是研究版本目录学的重要参考书。

《耐庵诗存》一卷

潘亨穀撰，男承弼校，民国十七年（1928）木刊。

《小鸥波馆文抄》二卷、《小鸥波馆骈体文抄》一卷、《红雪山房画品》一卷

清潘曾莹撰，民国二十六年（1937）木刊。

《竹山堂文剩》一卷、《竹山堂诗补》一卷

潘祖同撰，孙承弼校，民国二十六年（1937）木刊。

《花间笛谱》一卷

清潘曾莹撰，民国二十八年（1939）石印。

《春秋左传读》十卷

章炳麟撰，民国二十八年（1939）石印。

《庚戌春闱纪事诗》附《日记》

清潘曾莹撰，民国二十九年（1940）影印。

《陟冈楼丛刊》甲集

潘承弼辑，民国三十二年至三十四年（1943—1945）石印。

古塤考释一卷，清潘祖荫撰。

兰陔絜养图咏一卷，清潘世恩辑。

家庆图咏一卷，清潘世恩辑。

拙速诗存一卷，潘祖年撰。

使滇日记一卷，潘世恩撰。

丙午使滇日记一卷，清潘曾莹撰。

碧云仙馆吟草一卷，清潘成穀撰。

郑盦诗存一卷、文存一卷，清潘祖荫撰。

已丑恩科乡试监临纪事一卷、附武乡试监临纪事一卷，清潘祖荫撰。

潘氏一家言，清潘志万辑，潘承弼重辑。

习虚小草一卷，清潘宗邺撰。

研香堂遗草一卷，清潘奕兴撰。

草绿书窗剩稿一卷，清潘遵礼撰。

二十四琅玕仙馆诗抄一卷，清潘遵颜撰。

浮白诗抄一卷，清潘雷撰。

烂存诗抄一卷，清潘霨撰。

桐西书屋诗抄一卷、文抄一卷，清潘介繁撰。

迦兰陀室诗抄一卷，清潘康保撰。

藕花香榭吟草一卷，清潘介祉撰。

燕庭遗稿一卷，清潘志诒撰。

笏盦集诗一卷词一卷，清潘志万撰。

养闲草堂图记一卷，清潘曾玮撰。

横塘泛月图记一卷，清潘曾玮撰。

《涉冈楼丛刊》乙集

潘承弼辑，民国三十二至三十四年（1943—1945）石印。

霜厓词录一卷，吴梅撰。

霜厓诗录四卷，吴梅撰。

《明清藏书家尺牍》四卷

潘承厚、承弼同辑，民国三十二年（1943）珂罗版影印。

《明清画苑尺版》五卷《元明诗翰》一卷

潘承厚、承弼同辑，民国三十三年（1944）珂罗版影印。

《蘧庵遗墨》一卷

潘承厚、潘承弼编，民国三十三年（1944）珂罗版影印。

江氏文学山房

江杏溪（1881—1949），原名如礼，以字行。吴县人，娴于版本目录，尤善访古籍。光绪二十五年（1899）创设文学山房于护龙街嘉余坊口，民国十年（1921）店务蒸蒸日上，迁到大井巷北首，成为东南贩卖旧籍名铺。经营旧书益富，如木渎冯桂芬、无锡朱达夫以及管礼耕、叶昌炽、丁士涵、沈秉成、王同愈诸家之藏，皆囊括店中。于是南北名家，时聚山房。若涵芬楼之张元济、孙毓修，合众图书馆的叶景葵，北则傅增湘、朱希祖、顾颉刚、谢国桢等时来访书。名作家郑振铎、阿英以及吴门学者名流李根源、邓邦述、金天翮、吴梅等人亦时集山房，不但选择各需书籍，又成为探讨学术场所。始由贩卖旧书，转为自印专著，用聚珍木活字精印。[①]

《文学山房丛书》

江杏溪辑，民国十三年（1924）木活字排印本。

初集

唐才子传十卷，元辛文房撰。

古今伪书考一卷，清姚际恒撰。

思适斋集十八卷，清顾广圻撰。

艺芸书舍宋元本书目二卷，清汪士钟撰。

别下斋书画录七卷，清蒋光煦撰。

墨缘小录一卷，清潘曾莹撰。

持静斋藏书纪要二卷，清莫友芝撰。

二集

南濠居士金石文跋四卷，明都穆撰。

铁函斋书跋四卷，清杨宾撰。

拜经楼藏书题跋记五卷、附录一卷，清吴寿旸撰。

小鸥波馆画识三卷、画寄一卷，清潘曾莹撰。

迟鸿轩所见书画录四卷，清杨岘辑。

国朝书画家笔录四卷，清窦镇撰。

三集

程氏考古编十卷，宋程大昌撰。

历代寿考名臣录不分卷，清洪梧等辑。

雕菰楼集二十四卷，清焦循撰。附蜜梅花馆文录一卷、诗录一卷，清焦廷琥撰。

---

① 摘自沈延国《苏州文学山房记》，全文刊载于《苏州文史资料》第十四辑。

知圣道斋读书跋二卷，清彭元瑞撰。

经传释词十卷，清王引之撰。

古书疑义举例七卷，清俞樾撰。

四集

经读考异八卷、补一卷，清武亿撰。

句读叙述二卷、补一卷，清武亿撰。

四书考异一卷，清翟灏撰。

群经义证八卷，清武亿撰。

读书脞录七卷，清孙志祖撰。

家语证伪十一卷，清范家相撰。

声类四卷，清钱大昕撰。

书林扬觯一卷，清方东树撰。

西圃题画诗一卷，清潘遵祁撰。

杨氏来青阁

杨寿祺，以字行，吴县人。生卒年不详，“文革”初期在世。该店为其祖父杨云溪所创设，地点在护龙街嘉余坊口。民国二年（1913）设分店于上海福州路青莲阁茶楼下（后迁汉口路），因而业务重点随之转移。寿祺精鉴版本，经手宋元本书甚多。最著者为宋建安余氏万卷堂本《礼记郑注》，曾以玻璃版影印行世。另一部为《江湖群贤小集》，现藏在台湾“中央图书馆”。其自印之书有：

《陶斋古玉图》不分卷

清端方撰，王大隆编，民国二十五年（1936）影印。

《礼记郑注》二十卷

南宋余氏万卷堂刊本，民国二十六年（1937）玻璃版影印。

邹氏振新书社

邹章卿，字号及。生卒年不详，民国二十年前后在世。原籍无锡大墙门镇。振新书社创设于清末，地址在观前街平安坊西。曾以石印及珂罗版印过部分书籍及画册。抗战前夕倒闭。

民国五年（1916）石印：

《篆文论语》，吴大澂书，四册，一元。

《说文古籀补》，吴大澂撰，四册，一元。

《说文部首墨迹》，吴大澂书，一册，三角。

《说文部首许序墨迹》，杨沂孙书，一册，六角。

《缪篆分韵》，桂未谷（馥）撰，一元四角。

《两罍轩彝器图说》，吴屏（平）斋撰，六册，四元。

《清仪阁题跋》，张叔未撰，六册，一元二角。

《词选》、张惠言编，《续词选》、董毅编，二册，三角。

《金圣叹评选唐才子诗集》，八册，一元四角。

《王烟客集》，秘藏抄本，本纸、一元二角，洋纸、八角。

《六也曲谱》，精印，四册，一元。

《右台仙馆笔记》，俞曲园撰，八册，一元二角。

《履园丛话》，八册，一元四角。

《诸子百家精华》，八册，定价二元，特价一元。

《篆文孝经》，吴大澂书，一册，二角五分。

民国七年（1918）石印：

《陆（象山）王（阳明）学精华》，四册，六角。

《上海南洋公学国文成绩初二集》，十二册，一元八角。

《江苏各校国文成绩精华》初集，六册，七角五分。

《江苏各校国文成绩精华》二、三集，十二册，一元二角。

《上海徐家汇函授学校国文成绩》，四册，六角。

《诗学词学捷径》，邹弢编，二册，三角。

《初高两等通用新尺牍》，二册，二角。

《实用尺牍校本》，一册，一角五分。

《新体幼稚课本》，一册，八分。

《幼稚国文教科》，一册，一角。

《幼稚课本》，一册，一角。

《字说》，吴大澂，一册，三角。

（以上据振新书社出版书广告）

《黄蔼农篆书百家姓》，黄葆钺，民国十三年（1924）石印。

《陆廉夫临董思翁山水册》、《陆廉夫临南田山水册》、《陆廉夫临王石谷山水册》，陆恢，民国十五年（1926）珂罗版印。

《顾若波先生山水册》，顾沄，民国十七年（1928）珂罗版印。

《历代名画共赏集》第一集，王原祁等，民国十九年（1930）珂罗版印。

《陶锥庵山水册》，一元八角。

《沈竹宾山水册》，一元六角。

《清代十大家花卉集册》，一元五角。

《吴秋农山水册》，一元六角。

《倪墨耕人物册》，一元六角。

《王忘庵花卉册》，一元二角。

《吴辛生花卉册》，一元六角。

《历朝名人扇册》，一元八角。

《江建霞修书图》，一元二角。

《张子祥仿古山水册》，一元六角。

《吴中名人书画册》，一元八角。

（以上据振新书社出版画册目录）

邹氏百拥楼

邹绍朴，字伯耐，生卒年不详，抗战时期尚在世。吴县人。为晚清榜眼邹福保之子。初与平湖屈爔（伯刚）合资开设“百双楼”于护龙街怡园北，后因意见不合而分开。伯耐将书搬还塔儿巷自己家中，牌号改为“百拥楼”。曾据松江韩氏藏书中辑出顾广圻（千里）题跋，为文集未收者，辑为《思适斋集外书跋》，自序称“佣书十载……”书尾留有空白格纸，以备读者发现新的跋文，抄录寄回。供增订之用。

《思适斋集外书跋》一卷

清顾广圻撰，蒋祖诒会辑，民国二十四年（1935）铅字排印。邹百耐增印。

观前市民公社

辛亥革命前后，苏州一些具有民主思想的人士，发起组织了市民公社，它的成员绝大多数为中小商人。因尽出自商民，性质是商人自治公益团体，宗旨是“辅助官治、试行自治”。侧重办理修桥、铺路、卫生、消防、浚河、救济等公益事宜，也参加过抵制日货、竞选议员等政治活动。观前市民公社印书一种。

《元妙观志》十三卷

清顾沅撰，民国十七年（1928）铅字排印。

首有里人蒋炳章序称：“……苏城元妙观创自有唐……清道光中郡人顾湘舟明经沅撰为观志，计十三卷。……沈君鸿揆居与观邻，留意文献，新从王君佩诤假得完本，商诸同社庞君复庭、邹君章卿重排印行，甚盛事也。”版权页具名为“印行者苏州观前市民公社”。定价大洋一元，实售大洋八角。

中国国学会

国学会为继南社而起，隐然成为承先启后的文学家集团。这是产生于民国廿一年（1932）以后，新文学昌盛的一种反响。其时章太炎、陈石遗、况蕙风、金鹤望等许多年高德劭的文学巨子，都不期而遇地在苏州，时为文酒之会，就由鹤望发起组织国学会，地点借在苏州公园路吴县图书馆内。出版了会刊——《国学论衡》和《文艺捃华》。常务理事为金天翮（鹤望）、凌景埏、蒋镜寰、金震、屈怀白、蒋恭、黄觉。编委为陈衍、金天翮、朱学浩、董家麟、范镛（烟桥）、李勋。

《国学论衡》（半年刊）

国学会编，民国廿二年至廿六年（1933.6—1937.6）排印。

（第一期原名《国学商兑》二期起改本名）

《文艺捃华》（季刊）

民国廿三年至廿六年（1934.2—1936.12）排印。

（原为双月刊，自二卷一期起为季刊）

章氏国学讲习会

民国二十三年（1934）秋，章太炎先生举家迁苏州。原先已购置侍其巷双树草堂一所，后因旁有织布厂，终日机声喧闹，改置公园附近锦帆路五十号西式新屋两幢，地处市中心而极宁静，即迁入。是年冬，有举办第三次章氏国学讲习会之议。民国二十四年（1935）章氏国学会在苏州再办。《制言》社同时筹设。撰稿者都是其及门弟子，如王謇、诸祖耿、潘承弼、沈延国、朱季海等人。

《制言》半月刊

民国二十四年至二十六年（1935—1937）排印，在苏州出版第一至四十七期止，扉页上刊登抗日歌及歌谱。

《说文解字序》一卷

章太炎讲、王謇等记，民国二十四年（1935）排印。

《太炎先生著述目》

潘承弼撰，民国二十五年（1936）排印。

《太炎先生著述目录后编初稿》

潘承弼撰，民国二十六年（1937）排印。

范仲淹著作版本源流考

范仲淹（989—1052）字希文，江苏吴县人。宋真宗大中祥符八年（1015）进士。北宋政治家、文学家。青少年时代度过一段艰辛的岁月。他刻苦向学的心志，以天下兴亡为己任，常说："士当先天下之忧而优，后天下之乐而乐。"他上事天子，下对百姓，都以此为心，绝不因穷达而稍有转移。

宋仁宗天圣间任西溪盐官时，泰州知州张纶接受他的建议，营造海堤，使大量土地免受海潮浸淹，为民称颂。历知睦、苏、饶、润、越、延、庆、邠、邓、青等十余州，足迹遍及宋朝大半领土，对四方民情风俗有深入的了解。他最关心的是地方教育和民生疾苦利病，故所至以兴学养士、防灾救荒、爱惜民力、奖劝农桑为首要政务。在苏州时曾疏浚太湖入海水道，解除江南涝灾，政绩显著。康定元年（1040）与韩琦同任陕西经略副使，在抵御西夏的问题上，主张以防守为主，并修固边城，精练士卒。庆历三年（1043）任参知政事。宋仁宗要挽救国家危亡，常以治国平天下之责期望仲淹，乃开天章阁，询问应举应革的意见，限令尽快详细条陈。仲淹退而与韩琦、富弼联合草拟，提出严密任官制度、均公田、重农桑、整武备、行法制、减徭役等改革方案。疏上，大都被仁宗采纳，颁行全国，号称"新政"。但因新政限制大官僚、大地主的特权，实行时遇到强烈反对，不久即罢。皇祐四年（1052）改知颍州途中病故，卒年六十四岁。

范仲淹的著作，在北宋时已编成文集，刊刻行世，南宋乾道三年（1167）饶州再刻，淳熙、嘉定递修之本，今世亦属罕见，弥足珍贵。元天历元年（1328）吴中褒贤世家家塾岁寒堂刻本即从此本出。明嘉靖辛酉（1561）时兆文、黄姬水、李凤祥校正本以及范惟一所刊，又从元版翻雕。清康熙丁亥（1707）二十一世孙范时崇重刊本则增补奏议、尺牍、年谱、褒贤集等内容。乾隆时收入《钦定四库全书》，当时抄存七部，现已仅有四部存世。宣统二年（1910）元和邹福保又依康熙本重刻于苏州存古学堂。民国八年（1919）上海商务印书馆（涵芬楼）据明刻覆元本影印，收入《四部丛刊》。

明万历间康丕扬初刻《宋两名相集》十卷本，后属毛九苞重编《文正公集》二十四卷本。毛一鹭刻十二卷本，清代同治八年（1869）福州正谊书院刻九卷本，则均另立体例重编，与前此各本殊异，自是别一系统。

现据有关文献著录序跋并结合见闻所及，分别纪要如下：

文集

（一）北宋刊本

《范文正公集》二十卷。相传为吴中范氏世藏。乾隆时归昆山孔继泰。第二卷首有“继泰”、“鹤瞻”等印记，扉页有孔氏题识：“此书得于范主奉家，的系原本宋印，惜失却首本，衬订俱用棉料宣纸，尤可宝也。丁酉夏重订，另购光洁佳纸易出，余故记其所自云。”并钤有“鹤溪孔氏藏书印”。旋为嘉定廖氏所得，有“廖印世荫”、“古畽拥百城楼主人珍藏书画印记”可证。民国初年为上海古书流通处主人陈立炎收得。民国八年（1919）售于傅增湘，著录于《双鉴楼善本书目》中。序目及卷一原缺，傅先生请国家图书馆爨汝禧依宋乾道本补录，此本每半页九行、行十八字，白口，左右双边，版心镌卷次及页数，无刻工姓名及字数，其页数为数卷统计，卷一至四，五至八，九至十二，十三至十六，十七至二十分别记数，可证原分装五册。宋讳勖、树、曙、署、顼等缺笔，构、沟不避。此书结构谨严，遒劲古朴。版式疏朗，印刷精美。确为北宋佳椠。按册记页也符合北宋末、南宋初刻本的特点。前有元祐四年（1089）苏轼序：

“庆历三年，轼始总角，入乡校……嘉祐二年，始举进士至京师，则范公殁。既葬而墓碑出，读之至流涕，曰：‘吾得其为人盖十有五年而不一见其面，岂非命也欤！’是岁登第，始见知于欧阳公，因公以识韩、富，皆以国士待轼，曰：‘恨子不识范文正公。’其后三年，过许，始识公之仲子、今丞相尧夫。又六年，始见其叔彝叟京师。又十一年，遂与其季德孺同僚于徐，皆一见如旧，且以公遗稿见属为序。又十三年，乃克为之。呜呼！公之功德，盖不待文而显，其文亦不待序而传。……公在天圣中，居太夫人忧，则已有忧天下、致太平之意，故为万言书以遗宰相，天下传诵。至用为将，擢为执政，考其平生所为，无出此书者。今其集二十卷，为诗赋二百六十八，为文一百六十五……元祐四年四月十一日，龙图阁学士朝奉郎知杭州军州事苏轼撰。”

据此可知，熙宁十年（1077）苏轼知徐州时，与范纯粹（仲淹之子，字德孺）同僚，二人相见如故。苏轼在范纯粹处得见“公之遗稿”且受命作序。十三年后，即元祐四年（1089）序成。足证第一部《范文正公集》为二十卷，子纯粹编成，成书年代不晚于熙宁十年，刊刻行世不晚于元祐间。此本正是二十卷本，虽尚不能肯定就是元祐初刊之本，但作为仅存的北宋刊本，也是极可珍贵的。因为二十卷本经靖康之变，在南宋时已属罕见。古今各家书目均不见著录。

此本现藏于国家图书馆，是范集唯一存世的北宋刻本，堪称稀世之珍、国之瑰宝。1984 年由中华书局依原本影印，收入《古逸丛书三编》中，惜对原书上的傅增湘题跋未印。可说是美中不足。现据《藏园群书题记》补录于下：“世传宋椠文正集，有乾道饶州刊、淳熙嘉定重修之本。元天历戊辰重刊本，即从此出。半页十二行，行二十字。缪艺风尝见一本，半页十行，行二十字。字体方整，类唐石经，疑是北宋本。此本则半页九行，行十八字，与前二本异。诸家多未著录，结体方劲而行字疏朗，参差衔贯，犹有古人写书遗意。版心记卷几，无字数、刊工姓名。树、熙、勗字阙笔谨严，洵为北宋佳刊。按东坡序作于元祐四年新知杭州时，意即当日初刻之本。后此坡文遭禁，未能锓传矣。原缺序目及卷第一，属夔君颂生，依乾道本，按行格字数补录。然以页数推之，尚差十六番，疑东坡序后尚有他文，或年谱之类，无从臆补。故页数不能吻合也。（原本各卷页数为长号，卷一至四通八十三页。卷五至八通八十三页。卷九至十二通一百十页。卷十三至十六通一百页。卷十七至二十通六十二页。意当时刻书合订数卷为一册，故其页数通连而计之也。）余取明嘉靖黄姬水刊本校之，卷第迥然不同。诗如《阅古堂诗》、《和孙学士》（五首）、《赠方秀才》、《和庞殿院》，文如《上攻守二策》、《唐异诗序》、《四德说》、《春秋序》、《上李中丞书》、《遗表》，北宋本皆无之。其第二十全卷，赋十首，亦不载。盖后刻者增入之。而卷三《落星寺诗》一首，则又乾道以下各本所无。各篇夺文如：《上执政书》，‘我太祖皇帝’句下，夺‘太宗皇帝’四字。《与周骙书》，‘中有册文’句下，夺‘讵可统而为制，仆求而阅之，果千首中有册文’十九字。《狄梁公碑》，‘弗忘其亲’下，夺‘此公之谓欤’五字；‘其知人之深乎’下，夺‘又尝引拔桓彦范、敬晖、姚元崇等至公卿者数十人’二十字。《王质墓志铭》，‘曰：将作监主簿’下，夺‘曰规前明州奉化县主簿’十字。《贾昌龄墓志》，‘弗易其居’上，夺‘弗辞厥命’四字。《书环州夫子庙碑阴》‘公方’下，夺‘为淄川兵马’五字。其他单词只字，校改又数百字。顷闻内府藏书，有宋本范集，其行款与众不同，何由得取而观之，以弥此本缺耶！岁在乙丑七月初七日开校，十九日毕。因记其梗概如右。藏园居士书于龙龛精舍。”

傅跋所谓“顷闻内府藏书，有宋本范集，其行款与此不同者”乃是指《天禄琳琅书目》后编六之宋版集部著录者。但该范集在民国二十三年（1934）故宫博物院排印本《故宫善本书目》中，已重新鉴定为元天历元年范氏岁寒堂刊本。后来傅增湘在其所著《藏园群书经眼录》上说：故宫所藏是经人割去元代刻书木记而充宋刻者。

（二）南宋刊本

《范文正公集》二十卷、《别集》四卷。此本为南宋乾道三年（1167）鄱阳郡斋所刻州学原本，经淳熙、嘉定递修者。每半页十行，行二十字，版心有字数及刻工姓名。首有苏轼序，又俞翊识语："鄱阳在江右号古郡，昔之为守者固多，以贤称者仅九人，而杰出于九贤之中，又止唐之颜鲁公、本朝之范文正公，可谓难得也已！二公名氏在史馆，大节在天下。至于文章散落人间，虽笔端游戏之余，而典雅纯实，可以经世而出治，垂久而行远。盖其所养得天地之正气，故文亦如之。然是邦实二公旧治，独无墨本，而间见于他处，诚缺典也。翊摄乏此来，首访而得之。鸠工镂版，以传不朽。斯人之眷眷二公，虽不系于文集之有无，然使学士大夫家有其书，如潮人之于退之，柳人之于子厚，因书以致其师仰敬慕之意。不犹愈于甘棠之思乎！乾道丁亥五月既望邵武俞翊谨识。"观此，可见俞翊感于范仲淹之为人，极欲将其经世文章流传百世，几经搜访，终于求得，于是鸠工镂版，以传不朽。淳熙十三年（1186）綦焕得《范文正公集》、《奏议》，岁久版多漫灭，殆不可读。于是以旧京本《丹阳集》参校，且又得诗文三十七篇，为遗集，补刊行世（所谓旧京本《丹阳集》疑即《郡斋读书志》所载之《丹阳编》）。故其跋云："鄱阳郡斋州学，有文正范公文集、奏议，岁久版多漫灭，殆不可读，判府太中先生，尝谓此郡太守名德如日月之照，终古不泯者。在唐则颜鲁公，本朝范文正公，文正之集，士大夫过郡者，莫不欲见，其可不整治乎？于是委属僚，以旧本《丹阳集》参校，且捐公帑刊补之，又得诗文三十七篇为遗集附于后。其间尚有舛误，更俟后之君子访善本订正焉。淳熙丙午十二月□日郡从事北海綦焕谨识。"后题"嘉定壬申仲夏重修"及"朝奉郎通判饶州军州兼管内劝农营田事宋钧、朝请大夫知饶州军州兼管内劝农营田事赵……"监修衔名二行。元天历刊即从此出，行款皆同，惟此本字皆方整，元刻则趋于圆活矣。

据陆心源《皕宋楼藏书志》、杨绍和《楹书隅录》、缪荃孙《艺风堂藏书记》、莫伯骥《五十万卷楼群书跋文》、潘宗周《宝礼堂书目》均有著录《范文正公集》二十卷、《别集》四卷。以上《别集》四卷，显然是南宋时增补。另外云间韩氏藏有此刻残本，并吴县曹元忠题跋："此红罗纹纸印本《范文正公集》，每半页十二行、行二十字，版心有刻工张允、周成等姓名。于惊、警、贞、让、桓、觏、沟诸字皆缺笔。据《别集》后俞翊、綦焕诸跋及跋后宋钧、赵……等题名，知为乾道丁亥饶州旧刻、淳熙丙午补刻、嘉定壬寅重修者。元天历戊辰褒贤世家重刻本即从此翻。明嘉靖辛酉时兆文、黄姬水、李凤祥校正本又从元本翻刻。至我朝康熙间岁寒堂所刻更翻明本，故行款均与此同。惟展转摹刻，不无移易删并……"

据《中国古籍善本书目》（征求意见稿）著录现在全国七百七十五个公家图书馆中，藏有南宋刻本《范文正公集》者，仅有北京文物局及山东省博物馆二家，而且都是残缺之本，可见其传世之稀。

（三）元天历刊本

《范文正公集》二十卷、《别集》四卷。此为天历元年（1328）苏州范氏家塾岁寒堂重刻宋鄱阳郡斋本。每半页十二行、行二十字、白口。版心下记字数及刻工姓名：张允、张仲、张寿、周言、周广、周全、夏潮、夏维、杨惠、杨鸾、唐林、唐其、章仁、章益、陈鉴、陈子仁、冯相、守仲、文祥、李约。首有元祐四年苏轼序，序后有亚字形墨图记篆书云："天历戊辰改元褒贤世家重刻于家塾岁寒堂。"《别集》有乾道丁亥俞翊跋，淳熙丙午綦焕跋，嘉定壬申宋钧、赵……衔名两行，与嘉定重修本同。

此刻历来传世尚多。张金吾《爱日精庐藏书志》、瞿镛《铁琴铜剑楼藏书目录》、潘祖荫《滂喜斋藏书记》、傅增湘《藏园群书经眼录》、王文进《文禄堂访书记》等均有著录。

现在国家图书馆、上海图书馆、郑州大学图书馆、福建师范大学图书馆等藏有全书。另外华东师范大学图书馆、甘肃省图书馆、山东省博物馆、无锡市图书馆、宁波天一阁均藏有残帙。

（四）明覆元刻本

《范文正公集》二十卷、《别集》四卷，附《政府奏议》二卷，《尺牍》二卷，《年谱》一卷，《年谱补遗》一卷，《言行拾遗事录》四卷，《鄱阳遗事录》一卷，《遗迹》一卷，《义庄规矩》一卷，《褒贤集》九卷。题后学时兆文、黄姬水、李凤祥校正。十五世孙启乂、十六世孙维元同校。

据丁丙《善本书室藏书志》“宋范仲淹撰。仲淹字希文，其先邠人。大中祥符八年进士，榜名朱说，幼孤随母适朱氏，及为兖州推官始复姓更名。仕至枢密副使、参知政事，谥文正。为学明经术，慕古人事业，慨然有康济之志。作文章尤以传道为任。姑苏之范皆疏，置义庄以赒给之。《文集》二十卷有元祐四年新知杭州军州事苏轼序。序后木记曰‘天历戊辰改元褒贤世家重刊于家塾岁寒堂’。《别集》四卷皆诗赋。《政府奏议》旧有韩琦序，《目录》后有木记曰：“元统甲戌褒贤世家岁寒堂刊’。《尺牍》向有五卷，今所传止二卷。《年谱》旧为楼钥编次，五世孙之柔校正。《年谱补遗》一卷，有天历三年八世孙国儁跋。《言行遗事录》四卷（文正公三卷、监簿忠宣诸公一卷)。《鄱阳遗事录》一卷，宋陈贻范为序。《遗迹》一卷，附载中白、山东及洛阳、西夏堡寨诸迹。《义庄规矩》一卷。《褒贤集》凡九卷。《褒贤集》一、《词记》二、《朝廷优崇》一、《遗文》一、《诸贤赞颂论疏》一、《诸贤论颂》一、《诸贤诗颂》一、《祭文》一，盖自元椠之后以此刻为佳耳。”

又王国维为乌程蒋氏撰《传书堂藏善本书志》中，亦著录明覆元刊本，《正集》及附种均与此本相同。提要中有“盖此本出天历本，天历本又出于宋乾道饶州本也。《遗事录》以下，皆明刻所增，惟《遗文》则元本已有之，然皆忠宣文，与文正无关，应附忠宣集后。有‘谢在杭家藏书’、‘兴公’、‘闽中徐惟起藏书印’、‘祁绳’、‘书樵’诸印”。

现在国家图书馆、上海图书馆、南京图书馆、北京师范大学图书馆、中国科学院图书馆、山西省图书馆、沈阳市图书馆等，均藏有嘉靖原刻全书。

（五）明范惟一玉雪堂刊本

《范文正公集》二十卷，《别集》四卷，明嘉靖四十年(1561)范惟一玉雪堂刻本。每半页十二行，行二十一字，白口，上下单边，左右双边。(范惟一字于中，初号洛川，更号中方，松江华亭县人。嘉靖二十年(1541)进士。历山东少参、浙江提学副使，官至南京太仆寺卿。年七十五卒。著有《振文堂集》、《太仆集》。)

此刻见于《南京图书馆善本书目》(卡片)及《复旦大学图书馆善本书目》。但近年所编《中国古籍善本书目》(征求意见稿)上已不见著录。

（六）明康丕扬、毛九苞刻本

《范文正公集》二十四卷，《年谱》一卷，附录一卷。题宋范仲淹希文著，明康丕扬士遇校。《目录》题“明康丕扬士遇校正，属吏毛九苞次订”。每半页九行，行十九字。首有元祐四年（1089）苏轼序，尾有万历三十七年（1609）毛九苞刻书跋。跋云：“苞既受命直指康台次订《韩公集》矣。复次《范公集》为二十四卷：《赋》二卷，《诗》三卷，《义说》、《论赞》、《颂述》一卷，《奏议》四卷，《札状》一卷，《表》二卷，《序记》一卷，《书启》三卷，《尺牍》二卷，《祭文》一卷，《碑》一卷，《墓志铭》、《墓表》三卷。《年谱》、《年谱补遗》以冠集首，《本传》、《褒贤碑》、《墓志铭》、《遗事》、《义庄规矩》、《西边地图》附录于后。”又《凡例》云：“初刻《目录》、《年谱》、《本传》、《碑志》、《遗事》与本集杂为十卷，今更定本集为二十四卷，余附之前后。”九苞，安仁人，万历三十一年举人，官扬州府通判。王重民撰《中国善本书提要》著录北京大学藏本，卷内有“匪棘堂藏书印”、“范士楫印”、“江”、“修汲图书”等印记。书面又有“壬子科孝廉”印记。

《中国古籍善本书目》中著录上海图书馆藏有此刻。

另外《国家图书馆善本书目》则著录馆藏有明万历三十五年（1607）康丕扬刻《宋两名相集》十卷本。题《宋文正范先生文集》。康丕扬，字士遇，陵县人。万历二十年进士。密云县令。

（七）明毛一鹭刻本

《范文正公集》十二卷，《补编》四卷，《褒贤集》五卷，

《言行遗事录》四卷，《鄱阳遗事录》一卷，《义庄规矩》一卷，《遗迹》一卷，《年谱》一卷，《补遗》一卷。每卷第二行题“明严陵后学毛一鹭汇编”。凡卷一至二《奏议》，卷三《状》，卷四《表》，卷五《赋》，卷六至七《诗》，卷八《序》、《记》、《易义》、《说》、《论》、《赞》、《颂》、《述》，卷九《书》、《启》，卷十《尺牍》、《家书》，卷十一《祭文》、《碑铭》、《墓志》，卷十二《墓志》、《墓表》。明万历三十六年（1608）松江司理毛一鹭刻本。每半页九行、行二十字，白口，四周单边。首有嘉祐四年（1089）苏轼序。又周孔教、蔡增誉、毛一鹭重刻序，以及校梓、参校衔名。

书尾刻有“校梓衔名”：督抚应天等府右佥都御史周孔教，提督南畿学校监察御史杨廷筠，督理浙直盐课监察御史方大镇，整饬常镇兵备按察使蔡献臣，整饬苏松兵备副使李右谏，松江府知府蔡增誉，同知尤大治，推官毛一鹭，华亭县知县熊剑化，上海县知县李继周，青浦县知县韩原善。“参校衔名”：松江府学训导王大源，华亭县学训导洪翼，华亭后学陈继儒，松江府学生员俞汝楫，十七世孙、云南提学佥事范光临，十八世孙、金山卫学生员范必溶，督工知事黄隆。

观此书序文纪年及校梓衔名，是毛一鹭官松江府司理时所刻。但毛本人序后题作天启二年。官衔也改为“巡抚直隶苏松等府监察御史前松江府推官”。从万历戊申（1608）至天启二年（1622）前后相去十四年。谅系天启时重修之本。故康熙丁亥（1707）范时崇所作《重刻文正公忠宣公集后序》中亦有“今惟有明熹宗时云间所刻版，不特刓缺，且字句多脱落”等语。按：毛一鹭，字孺初，浙江遂安人。明万历三十二年（1604）进士。授松江司理，天启间巡抚应天，党魏忠贤。于苏州虎丘山塘建忠贤生祠，以及构陷周顺昌，捕杀机工颜佩韦等五人而声名狼藉，为人所不齿。

现苏州古旧书店藏有《范文正公集》残存卷二至三、卷六至十二。原为涵碧山庄（留园）主人刘恕（蓉峰）旧藏。有“臣恕之印”、“蓉峰”、“彭城伯子”、“传经堂印”、“空翠阁藏书印”等印记。但每卷第二行原有“明严陵后学毛一鹭汇编”一行，已被铲版而成空白。由此之故，历来藏目罕见著录。仅有《明代版刻综录》收有《南京图书馆善本书目》（卡片）著录此刻全帙。原书已在建国前运往台湾。

（八）清康熙间吴郡义庄本

《范文正公集》二十九卷，《附录》十九卷，清康熙四十六年（1707）二十一世孙范时崇精刻本。有《重刻文正公忠宣公全集后序》。

又十九世孙范能濬《重刻文正公忠宣公全集后序》：“先文正公集，家存旧本凡三：一本止有《文集》一十卷，已阙而勿完；一本有《别集》及《忠宣公集》二十卷，俱全；一本则元天历戊辰重刻于吴门义塾之岁寒堂。按《别集》北海綦焕跋云：‘鄱阳郡斋旧有《文正公文集》、《奏议》，孝宗淳熙十三年丙午以旧京本《丹阳集》参校刊补，又得诗文三十七首为《遗集》附焉。’《尺牍》则淳熙三年刻于桂林郡斋者也。元天历中，八世孙国儁始镌刻《年谱》，而《褒贤祠记》、《碑传》、《规矩》、《言行拾遗》、《遗迹》、《忠宣遗文》诸种，则元统中世孙文英又得鄱阳别本续刊，以补集后。今考《文正公文集》全本二十卷中，已增四十余首，意不全旧本，当犹是淳熙以前所刊也。《忠宣公集》二十卷，始刻于嘉定中，楼钥序云：‘少读忠宣公《言行录》，如《奏议》、《国论》等书，皆当终身诵之。'而陈宗道亦云：'范公出处大节见于《国论》、《奏议》、《言行录》，今侍读修史紫微先生以家藏《文集》二十卷属零陵史君锓版郡庠。'紫微先生谓清献公之柔，史君则零陵守沈圻也。是则《忠宣公文集》在宋时惟永州始有刻本。明初王宾序云：'文正公十世孙天倪言：《忠宣公文集》前朝已刻十卷，今吴县主簿三衢清之江公，特为刊之以完焉。'今按旧本《忠宣公文集》二十卷俱存，未尝缺其半也。惟《忠宣奏议》旧本独无，而《国论》、《言行录》亦佚而勿传。意江君所补刊别有一本，不可复睹已。明嘉靖中又重刻于书院，亦缺《忠宣奏议》。是时世孙惟一视学两浙，复续编文正、忠宣《奏议》、《书牍》，命严州守韩叔阳梓行，版俱久不存。今惟存天启中云间司理所刻版，官府程督，取材匪良，身其事者大都苟简塞责，故不数十年而渐于蠹坏，且其间舛错遗落字句甚多，较诸旧本又复遗去《西夏堡寨遗迹》、《诸贤论赞》数帙，殆将什之一焉。濬主祠事数年以来，有志剞劂而力未逮，弗克举也。辛巳之冬，沈阳忠贞公子时崇，方膺廉察之寄。出按入闽，未几晋藩山左，旋擢开府粤东。往来吴中，再谒祠下，询知先集藏版残缺，遂捐赀重梓，属濬董其役。深幸素志克酬，乃合家藏诸本，细加校勘，正其谬讹，《文集》悉遵旧本摹刻，而《忠宣奏议》则考《赵忠定奏议》标目而次第其年月，分为二卷。其前此续刻附录中，有前后简编继续错乱者，稍为序次而条分诸目，以便稽考。复搜辑国史、家乘、手泽所载，又得文正、忠宣、恭献、侍郎诸公遗文若干首，并制词传记、名人题跋手迹及忠宣公墓志、祭文之未刻者，分《补编》六卷，以附于后。虽见闻未广，尚有所遗，而阅是编者或不至如云间本之遗憾于阙略也已。工竣之日，抚军自序始末，以纪其成。康熙丁亥三月，文正书院主奉文正十九世监簿房孙能濬谨撰。”

耿文光《万卷精华楼藏书记》：“《范文正公集》二十九卷、《附录》十九卷，宋范仲淹撰。吴郡义庄本。康熙丁亥，二十一世孙、广东巡抚范时崇重刻。凡《正集》二十卷，《别集》四卷，《政府奏议》二卷，《尺牍》三卷，《附录年谱》一卷，《年谱补遗》一卷，《言行拾遗录》四卷，《鄱阳遗事录》一卷，《遗迹》一卷，《义庄规矩》一卷，《褒贤集》五卷，《补编》五卷。自《政府奏议》以下，皆丁亥本所增补。今所通行本即此本也。”

此刻后附仲淹之子纯仁所著《范忠宣公集》，即俗称《两范全集》，莫友芝评为最佳之本。虽然仅是清初康熙时物，且版藏苏州范氏家塾，但至今亦已少见。我省南京图书馆藏有此书。苏州市图书馆、苏州大学图书馆等均无入藏。苏州古旧书店藏有其中《范文正公政府奏议》二卷而已。

（九）清四库全书馆抄本

乾隆时四库馆据江苏巡抚采进本抄写。首有内容提要：

“《钦定四库全书》集部三《范文正集》（别集类二）提要。臣等谨案：《文正集》二十卷、《别集》四卷、《补编》五卷，宋范仲淹撰。……是编本名《丹阳集》。凡诗赋五卷二百六十八首，杂文十五卷一百六十五首。元祐四年，苏轼为之序。淳熙丙午，鄱阳从事綦焕校定旧刻，又得诗文三十七篇为《遗集》附于后，即今《别集》。其《补编》五卷则国朝康熙中仲淹裔孙能濬所搜辑也。……乾隆四十六年十月恭校上。总纂官臣纪昀、臣陆锡熊、臣孙士毅，总校官臣陆费墀。”

此集乾隆时收入《钦定四库全书》中。当时先后抄成七部，分别藏于大内（故宫）“文渊阁”、盛京（沈阳）“文溯阁”、御园（圆明园）“文源阁”、热河“文津阁”及镇江金山寺之“文宗阁”、扬州大观堂之“文汇阁”、杭州圣因寺之“文澜阁”。每部共收书三千四百七十种七万九千一十八卷，订为三万六千三百册。此后“文源阁”之一部已在咸丰十年（1860）英法联军侵入圆明园时焚毁。扬州“文汇阁”、镇江“文宗阁”所藏早在咸丰三年、四年间（1853—1854）为清军逃命时于混乱中焚毁。杭州“文澜阁”之一部也在咸丰十年（1860）太平军二次收复杭州时，为本地流民趁火打劫、流落街市，由丁丙、丁申弟兄自力收集三千一百四十册，缺书重加复抄。光绪六年（1880），“文澜阁”重建，丁氏将书尽数送阁。民国以后由浙江图书馆派人至北京抄补，到民国十四年才补全。“文渊阁”藏本在建国之前已运往台湾。避暑山庄“文津阁”藏本，现藏国家图书馆，故改馆前街名为文津街。“文溯阁”藏书现仍珍藏于辽宁省图书馆。至今实际存世的（包括台湾）仅存四部，且“文澜阁”本《范文正集》第一至十六卷已是补抄之本。

《四库全书》是用榜纸印成朱丝红格，楷书精抄。每半页八行，行二十一字。书面用绢作包背装。七阁之书均钤有御玺。

1983年台湾商务印书馆以文渊阁本影印成精装本。全部一千五百册。

另外乾隆三十八年（1773）时，清高宗弘历已经六十三岁，为了急于观成，下谕先辑《四库全书荟要》，共收书四百七十三种，计一万一千二百五十一册（其中亦收有《范文正集》）。缮成二部，分别藏于长春园味腴书屋和御园摛藻堂，比《四库全书》第一部抄成要早八年时间。现上海图书馆所编《中国丛书综录》著录，北京故宫博物院尚藏有《摛藻堂四库全书荟要》一部。内有《范文正集》二十卷，《别集》四卷，《补编》一卷，《奏议》二卷，《尺牍》三卷。

（十）清福州正谊堂刻本

《范文正公文集》九卷。题“仪封张伯行孝先甫重订，受业诸子同校”。同治八年（1869）福州正谊书院刊。每半页十行，行二十二字。分卷一《奏议》、卷二《表》、卷三《记》、卷四《书》、卷五《祭文》、卷六《年谱》、卷七《言行拾遗事录》、卷八《义庄规矩》、卷九《褒贤祠录》《神道碑铭》。

此刻苏州大学图书馆以及京、沪各大图书馆均有藏本。

（十一）清苏州存古学堂刻本

《范文正公文集》二十卷、《别集》四卷、《政府奏议》二卷、《尺牍》三卷。附录：《年谱》一卷，《年谱补遗》一卷，《言行拾遗事录》四卷，《鄱阳遗事录》一卷，《遗迹》一卷，《义庄规矩》一卷，《褒贤集》五卷，《补编》五卷。宣统二年（1910）元和邹福保据康熙间范氏岁寒堂刊《二范全集》重雕。后附《范忠宣公文集》二十卷，《奏议》二卷，《遗文》一卷，《附录》一卷，《补编》一卷。每半页十一行，行二十一字。首有邹福保《重刻范文正忠宣二公全集序》：

“曩在癸巳之岁，余典试江右。撤棘后，书贾以旧籍来售，购得《范文正集》。视之，乃吾乡范祠中岁寒堂刊本，惜未有《忠宣集》，为怅然者久之。越三岁，丙申冬，在京师琉璃厂书肆架上，瞥见《忠宣集》名，亟抽视，亦岁寒堂本，狂喜，问其价，昂于前书。以心欲得之，遂如值而予。携归，夜篝灯披读，作而叹曰：此两集，一得之于赣，一得之于燕，南北异途，时经数稔，竟如延津之剑、合浦之珠，荟萃一隅，何其巧也!”“洎余丁未解组还里，己酉春，当事延余主存古学堂词章一科，开馆之日，大府长沙陈中丞启泰、署藩司平湖朱方伯之榛皆在座，余谭及此事，咸韪余言，且询曰：‘书可得乎?’余谓有家藏本在，即慨然曰：‘既有书，当筹款开雕，玉成其事，景行前哲，嘉惠士林，亦吾辈官斯土者区区之责也。’余闻之，心益狂喜。明日，遂检出藏本，送当事，及经书粗定，而朱方伯即作古，未几中丞陈公复薨于位。不数月间，提倡刊刻两公，相续沦殂。”“文正、忠宣二公，非但吾吴一乡之大贤，实乃天下之大贤也。其可师可法，悉载于其文字，是书之存亡与当世学术之兴替，风俗之隆汙，国运之消长，极有关系。今之蒐遗订坠，而椠本重新者，不可谓非天意也。天殆未欲丧斯文，而特使之流传于天下乎!”“是书宋、元、明皆有刻本，宋本不获见，偶得元天历残本，略校一过，而以国朝康熙本为主。明刻之《忠宣集》中，有文数首未入康熙本者，今亦采补刊入，并以《文正崇祀孔庙节略》附刻《褒贤集》后，俾臻完备。康熙本剞劂精工，俗谓之软体字，今求之梓人，盖无复有能书能刻者矣，故此本概作宋体字。工既竣，请于官，以其版仍归于范氏裔孙厚甫孝廉、主鬯端信，使之宝藏祠中岁寒堂，以复其旧，余特书重刊之缘起，以为之序。宣统二年庚戌春，乡后学元和邹福保谨撰于可园存古学堂。”

此书刻成后，刷印较多。故现在苏州市图书馆、苏州大学图书馆以及全国各大图书馆均有藏本。

（十二）《四部丛刊》影印明覆元刻本

《范文正公集》二十卷，《别集》四卷，《政府奏议》二卷，《尺牍》三卷，《附录》十三卷。民国八年（1919）上海商务印书馆（涵芬楼）收入《四部丛刊初编》，底本全据江南图书馆所藏明嘉靖间黄姬水等校正本。另有民国十八年（1929）第二次印本、民国二十五年（1936）缩印平装本。

（十三）扫叶山房石印本

《范文正公集》十二卷，《补编》四卷，《褒贤集》五卷，《言行拾遗事录》四卷，《鄱阳遗事》一卷，《义庄规矩》一卷，《遗迹》一卷。题“明严陵后学毛一鹭汇编”。首有毛一鹭序、蔡增誉序。后有《范文正公年谱》及《年谱补遗》。尾有校梓衔名。扉页题：“民国八年文学社校印，上海扫叶山房发行。”至今传世尚多。

（十四）《丛书集成》（初编）排印本

《范文正公文集》九卷。题“仪封张伯行孝先甫重订”。民国二十四年（1935）上海商务印书馆排印平装本《丛书集成初编》中第2359册—2360册。1983年起北京中华书局据商务印书馆本重印。

（十五）《古逸丛书》（三编）本

《范文正公文集》二十卷。1984年北京中华书局据国家图书馆所藏北宋刊本原大影印，为《古逸丛书》（三编）之第五种。线装，一函八册。苏州市图书馆、苏州大学图书馆、苏州铁道师范学院图书馆均有收藏。

奏议

（一）元元统二年吴中范文英刊本

《范文正公政府奏议》二卷，宋范仲淹撰，其子纯仁编。凡八十五篇，所辑自庆历三年至五年在政府及陕西四路宣抚使时奏议、章疏。元元统二年（1334）刊本。每半页十二行，行二十二字。白口，左右双栏，大版心。目录后有篆文墨记，文曰："元统甲戌褒贤世家岁寒堂刊"。据八世孙文英跋称："先文正公奏议十七卷，韩魏公为序。在昔版行于世，虽不复存，其《政府奏议》二帙，卷中不载。兹得旧本，惜多漫灭，将缮写锓梓，而乡士钱翼之见焉，乐为之书。于是命工刻成，置于家塾，期世传之。元统二年甲戌（1334）九月，八世孙文英谨识。"

王国维评此刻"全书作行楷，为钱良右所书，雅近赵文敏"。

按：钱良右，元平江（今苏州）人，字翼之，自号江村民。至大中，署吴县儒学教谕。受代后，不复出，一室萧然。工书，篆、隶、真、行、小草无不精绝。有《江村先生集》。

此本著录于张金吾《爱日精庐藏书志》和潘祖荫《滂喜斋藏书记》。现藏国家图书馆。

（二）明范惟一、韩叔阳刊本

《范文正公奏议》十七卷，《书牍》一卷，《奏议续集》二卷。宋范仲淹撰。明南京吏部尚书朱希同、礼部尚书华亭孙承恩、待诏文徵明、主事陆师道同校，佥事孙惟一重校。明嘉靖四十年（1561）范惟一视学两浙，命严州守韩叔阳刊本。每半页十二行，行二十一字。白口，上下单边，左右双边。首有韩琦《范文正公奏议序》："琦尝谓自古国家之治否，生民之休戚，在人不在天。人或不然之。今于文正范公，然后知其说之胜或者不足疑，而于教之有补也。公以王佐之才，遇不世出之主，竭忠尽瘁，知无不为，故由小官擢谏任，危言鲠论，建明规益，身虽可绌，义则难夺，天下正人之路，始公辟之。其后恤灾南方，扞寇西垂，贰机政，陪宰席，宏谋大策，出入仁义，朝思夕虑，条疏深切，志欲膏泽中夏，鞭笞四夷，使我宋之基万世不拔。不幸经远而责近，识大而合寡，故其言格而未行或行而复沮者，几十四五。逮公之亡也，闻听所及，莫不咨嗟感动，惜公所蕴，不克尽施于世。甚则推诸天，谓人谋之不足为也。呜呼！公之所陈，用于时者，大则恢永图，小则革众弊，为不少矣。其未用者，今副稿所存，烂然可究，一旦朝廷举而行之，兴致太平，如指掌之易耳。此天乎哉？必在乎人而已矣。次子寺丞君缉公遗文，得《奏议》十七卷，《政府论事》二卷，以琦昔帅西兵，翊内枢，与公并任，而出处之与公同也，俾序以冠其首。夫以公之文武兼备，乃靖王室，朝野所论，谓道之亨塞，时之重轻，率系公之用不用，则其德业之著于天下也久矣，恶假鄙文而后知哉！但以忝缘僚旧，饫公盛美，义不敢让，且慰贤嗣之意云。具位韩琦序。"

此刻极为罕见，仅有邵懿辰《四库全书简明目录标注》、宁波范氏《天一阁书目》著录。

（三）明黄姬水、范惟元校刻本

《范文正公政府奏议》二卷。宋范仲淹撰。版刻与明嘉靖覆元刻本《范文正公集》相同，可参阅。

（四）清初岁寒堂刊本

《范文正公政府奏议》二卷。宋范仲淹撰。此书于康熙丁亥年（1707）随《文集》刻于《两范全集》中。

（五）清四库全书馆抄本

《政府奏议》二卷。江苏巡抚采进本。提要："宋范仲淹撰。……事迹具《宋史》本传。仲淹自庆历三年拜参知政事，五年罢为陕西四路宣抚使。在政府者首尾三载，是编皆其时奏札，故以为名。分治体、边事、荐举、杂奏四类，凡八十五篇。皇祐五年，韩琦为河东经略安抚使，始序而行之。称辑之者为寺丞君，谓仲淹子纯仁也。《宋史・艺文志》载仲淹《奏议》十五卷，与此本不同。考琦序，称《奏议》十七卷、《政府论事》二卷。所谓十七卷者，当即《宋志》所载。特《宋志》荒谬，误七为五。所谓二卷者，当即此本。特名曰《论事》，不名曰《奏议》。然陈振孙《书录解题》有《范文正公奏议》二卷，则其名《奏议》久矣。"

此本抄藏经过和存佚情况，与四库全书馆抄本《范文正公集》相同，可参阅。

（六）苏州存古学堂刊本

《范文正公政府奏议》二卷。宋范仲淹撰。宣统二年

(1910) 元和邹福保校刊。此书随《文集》刻于《两范全集》内。

（七）《四部丛刊》影印明覆元刊本

《范文正公政府奏议》二卷。上海涵芬楼据明嘉靖刻本影印，随《文集》收入。先后印过三次，与《范文正公集》相同，可参阅。

尺牍

（一）宋乾道刊本

《范文正公尺牍》三卷。宋乾道三年（1167）鄱阳郡斋刊。嘉定五年（1212）重修。每半页十二行，行二十二字。白口，左右双栏。版心上记字数，下记刻工姓名，间避宋讳。版心视集本微高。当即陈振孙所谓其家所传在正集之外，乃范氏子孙据墨迹编辑，现标题《范文正公尺牍》可知。

此刻陆心源《皕宋楼藏书志》著录。陆氏藏书在光绪时流散日本“静嘉堂文库”，但该库藏目无此书。现已下落不明。

（二）元范文英刊本

《范文正公尺牍》三卷。至元再元丁丑（1337）八世孙文英重刻鄱阳郡斋本。其跋云：“先公尺牍旧刻郡庠，今梓家塾。”所谓郡庠者，自是苏州郡庠。是桂林一刻，吴中再刊，凡三刻矣。

此刻傅增湘《藏园群书经眼录》著录有见过蝴蝶装原本。

现国家图书馆有藏本。

（三）明范惟一刊本

《范文正公尺牍》三卷。明嘉靖二十年辛丑（1541）十六世孙范惟一刊本。每半页十行，行十八字。

此刻傅增湘《藏园群书经眼录》著录，有序。

《范文正公尺牍》三卷，又有明嘉靖黄姬水、范惟元校刊本，清康熙岁寒堂刊本、清乾隆四库全书馆抄本、清宣统苏州存古学堂刊本、民国上海涵芬楼影印《四部丛刊》本，分别见于《文集》、《全集》、《合集》各本。在《四库全书》馆抄本提要中指出："是编皆其平生手简，为家书三十六首，交游八十一首。盖其家子孙所辑。宋时已于集外别行。后有张栻及朱子所作文正书帖跋语二则，当亦后人所附入。原书五卷，今止三卷，则陈振孙所改编也。"

诗余

（一）《彊村丛书》本

《范文正公诗余》一卷。民国十一年（1922）朱孝臧辑刻入《彊村丛书》。凡收《秋思》（忆王孙）、《怀旧》（苏幕遮）、《秋思》（渔家傲）、《秋日怀旧》（御街行）、《与欧阳公席上分题》（剔银灯）、《自前二府镇穰下营百花洲亲制》（定风波）等六阕。后有跋语："吾郡《范文正公文集》、《别集》皆无《诗余》。比从岁寒堂本《补编》录出，乃后人据《花庵词选》等掇辑，非全帙也。故《苕溪渔隐丛话》前集引《东轩笔录》

云：‘范希文守边，日作《渔家傲》乐歌数阕，皆以塞下秋来为首句，颇述边镇之劳苦，今只存衡阳雁去一调。’《敬斋古今黈》云：‘本事曲子载范文正《前二府镇穰下营百花洲亲制》（定风波）五词，其第一首“罗绮满城”’云云，今且并此无之。然则公词散佚多矣。因合《中吴纪闻》所载，《与欧阳公席上分题》（剔银灯）词为补遗，而以《忠宣公集》《和韩持国》（瑞鹧鸪）词附其后，子统于父。我彊村当亦以为然也。”

其他《年谱》、《言行拾遗事录》、《褒贤集》等，因均非范仲淹自著，且与本文无关，故不再赘述。

沈德潜著作汇考

沈德潜（1673—1769），清代著名诗人，字碻士，号归愚，江苏长洲（今苏州市）人。二十三岁起继承父业，过了四十余年的教官生涯。但他热衷于功名，从二十二岁参加乡试起，总共参加科举考试十七次。到乾隆四年（1739）考中进士的时候，已是六十七岁的老翁。乾隆皇帝称他为老名士，尝召见，与论历代诗学源流升降，并云："张鹏翀才捷于尔，而风格不及。"官至内阁学士兼礼部侍郎。七十七岁时荐天台齐召南自代，许之。赐御画、人参、缎帛及"诗坛耆硕"匾额。命校《御制诗》毕乃行。并谕有所著作，寄京呈览，且曰："朕与德潜可谓以诗始，以诗终矣。"在朝期间，他的诗受到清帝弘历的赏识，常出入禁苑，与弘历倡和。受到皇帝"隆遇"的特殊地位，使他的诗论和作品，风靡一时，影响甚大。他年轻时曾受业于吴江叶燮。他的诗论却违背了老师"合为时而作"的精神，主"格调"，提倡"温柔敦厚"的正统"诗教"，称许前后七子尊唐的主张，对"公安"、"竟陵"持否定态度，因而受到袁枚（子才）性灵派的抨击，沈与袁由此而进行了一场大论战，影响到当时整个文坛。他留存的诗现存二千三百多首，有很多是为统治者歌功颂德之作，也有部分作品反映出人民的痛苦，如《刈麦行》、《夏日述感》等，对辛勤一年、不得温饱的农民的痛苦生活，给予了同情，这是沈诗中的精华。他所编的各种诗选，保存了较为丰富的篇章，流传颇广。《古诗源》选录了不少古代民歌，在当时确是难能可贵的。选本中评语在品鉴诗歌艺术方面有一定精辟见解，因而海外诸国争出高价购求《归愚诗集》。日本使臣高彝，寄书千余言，追溯诗学源流，诋钱谦益（牧斋）持论不公，而以沈氏所论为正宗，赠诗四章，愿附弟子之列，德潜拒之，是效学文徵明“不以书画与远夷”之意。今日看来失之偏颇，但在当时确是爱国行动。德潜身后于乾隆四十二年（1777）因曾为其同年东台县已故举人徐述夔“悖逆”诗词——《一柱楼诗》作序，称徐“品行文章、皆可为法”，被讦告，下廷议，追夺阶衔祠谥。但在二年以后，乾隆帝在《御制怀旧诗》列入五词臣中，仍以他和钱陈群并称“东南二老”。道光年间江苏巡抚陶澍、布政使梁章钜等在沧浪亭“五百名贤祠”内刻有“皇清故尚书沈公德潜”遗像，编入《吴郡名贤图赞》石刻文献中。另外在平江李元度所编《国朝先正事略》名臣传中，仍称为《沈文悫公事略》，由此可见其仍为后世所敬仰。

沈氏著述甚富，于康熙五十八年首刻《唐诗别裁集》，至乾隆三十一年刊《归愚诗抄余集》止，先后相距半个世纪。特别是其自著诗文集，虽然仅有教忠堂家刻，但随着时间的推移，逐步增补内容续刻，因而有同一书名而有几种不同卷数的版本，甚至它的内容也不尽相同。所以各家所藏《沈归愚诗文全集》之子目品种卷数各异。至于其选编各书，如《古诗源》、《唐诗别裁集》等，则当时就风行一时，传播海外，历久不衰，因而有多种翻刻传世。现就文献记载及个人见闻所及，概述如下：

一、诗文

1.《竹啸轩诗抄》十卷，清长洲沈德潜撰。康熙五十五年初刻本，每半页十行，行十九字，线黑口。共收古今体诗三百九十三首，为沈氏未遇时所作。

尾有虞山严翼题识："此集盖在未遇时作也。公诗专主唐音，以温柔敦厚为教，如弦匏笙簧，皆正声也。年六十六举于乡，己未登进士，入翰林，壬戌授编修，屡和上诗称旨，迁左中允、少詹事。典试湖北归，召入上书房，再迁礼部侍郎，校壬戌天下贡士。公自知年衰，荐齐召南自代，而己请老，上许之。命校御制诗毕乃行。归后眷益隆。祝皇太后、皇上万寿，入九老会，图形内府。进诗集三十卷求序，上于小除夕坤宁宫手书以赐。乾隆三十四年九月七日薨，年九十七岁，赠太子太师，赐谥文悫，崇祀乡贤。同治三年甲子八月，虞山后学严翼觉民谨识。"

2.《竹啸轩诗抄》十八卷，此为雍正二年（1724）增订本，共收诗七百八十二首，版式行款与前刻同。前有金坛王汝骧序："汝骧不能诗而至好诗，好之，故尝研寻于诗之为道，而窃有以窥其旨，故不敢辄随人以为之，而只自愧其不能。故见人之能于此者，辄嗟诵叹慕而不能去之口，然叹其能而愧之者有矣。……及得长洲沈子碻士之诗读之，不觉俯首至地曰：'吾乃今得一诗人矣。'或谓余曰：'子之论诗，素以唐人为指归。今沈子之诗，力为高、岑、韦、柳之格，即元和、长庆以下，不屑一字涉也。子之服之，其以是欤？'余曰：'固然，然吾意不尽是。盖古今之论诗者至不一矣。吾以孔子之一言蔽之，曰温柔敦厚而不愚，则深于诗者也。’…甲辰闰月上浣同学弟金坛王汝骧书于墙东草堂。”

3.《矢音集》三卷，题“长洲沈德潜碻士”。乾隆十八年(1753)刻本。每半页十行，行十九字，白口。封面刻《矢音集》三字。右边刻有“御赐吴下一诗翁”及“通奉大夫”二木记。左边刻有“沈氏碻士”、“归愚”两木记。次御制序：

“沈德潜将锓其《归愚集》前，稽首而请序，且曰：‘人臣私集，自古无御序例，第受特达之知，敢恃宠以请，不即望序，或训示数语可乎?’德潜老矣，怜其晚达而受知者惟是诗。余虽不欲以诗鸣，然于诗也，好之习之，悦性情以寄之，与德潜相商榷者有年矣。兹观其集，故乐俞所请，而序之。夫德潜之诗，远陶铸乎李杜，而近伯仲乎高王矣，乃独取义于昌黎。归愚之云者，则所谓去华就实，君子之道也。夫子之训小子曰：‘何莫学夫诗?’使如后世雕龙祭獭之为者，圣人将斥而禁之，顾反疏其源而导其流乎?亦惟是名教之乐，必有言之不足而长言之者，舍是其何以哉！昌黎因文见道，始有是语，固不必执风骨体裁，与李杜较甲乙，而归愚叟乃能深契于此，识夷守约，敛藻就淡，于向日所为壮浪浑涵，崚嶒矫变，人惊以为莫及者，自视若不足，且有悔心焉。是则李、杜、高、王所未及言，而有合于夫子教人学诗之义也。夫非常之人，然后有非常之遇。德潜受非常之知，而其诗亦今世之非常者，故以非常之例序之。异日者，江国行春，灵岩驻跸，思欲清问民艰，暇咨新什，将访归愚叟于愚公溪谷之间矣。诗古文，书窗所夙嗜，践祚以来，万几鲜暇，虽时寄兴吟咏，而古文不数数为之。是序构思染翰，至四刻始就。非复有曩日弓燥手柔之乐，况能津逮古人耶！归愚叟于近代诗家，视青邱、渔阳殆有过之无不及者，故乐为之序，不复计其工拙迟速，书卷以赐。岁云暮矣，封事稍稀，更偿文债，亦足为艺林增一胜事也。乾隆辛未小除夜书于坤宁宫之东阁。”下刻有“乾隆宸翰”、“吟咏春风里”、“洗尘粗氛爽气来”印三方。

4.《恭和诗稿》三卷，题“礼部尚书在籍食俸臣沈德潜恭和”。乾隆二十三年刻本。每半页九行，行十八字。首列“御赐礼部尚书在籍食俸臣沈德潜匾额”。与《御赐诗文》合一卷。其匾额为：

①“诗坛耆硕”，乾隆十一年，四月朔日乞假，蒙恩颁赐。

②“道存风雅”，乾隆十六年二月十日随驾西湖，蒙恩颁赐。

③“鹤性松身”，乾隆十七年正月朔又九日蒙恩赐臣德潜八旬寿品九种之一。

④“词宗耆硕”，乾隆二十二年丁丑仲春朔又六日迎驾，蒙恩颁赐。

次诗稿第一卷题《御赐礼部尚书在籍食俸臣沈德潜诗文》。第二卷为《恭和御制消夏十咏元韵》等。第三卷为《恭和御制汉昭烈庙元韵》等。尾附王廷槐恭纪：

“归愚师自乾隆戊午举于乡，时年已六十有六矣。己未成进士，入词馆，由宫允晋掌坊，晋学士，历宫詹，迁内阁学士，陟少宗伯，辅导青宫，屈指不过七年。此七年中校勘经史，考试觉罗四，学典乡试一，典文武会试各一，清华之选，无不备历。岁已巳，主恩优渥，已许乞身归里矣。师以诗学受知于上，始则臣赓君制，继则君赐臣诗。自乞假葬亲，还朝供职，予告就闲，皆得御诗稠叠。其后进诗迎驾，山居书院，亦皆以御诗宠赉之中，更有转用臣韵者。既命在籍食俸，优游林下，鼓舞太平，今又数年于兹矣。丁丑岁迎驾清江，晋秩尚书，复荷天章嘉予，前后共得御书匾额四道，御制诗三十七章，御画一帧，御序一篇。恩逾古今，光照区宇，此欧阳文忠所谓圣贤相遭万世一时者也。我师已镌诸文石，建御书堂供奉宸章。凡海内之士，莫不鼓舞踊跃，况于亲炙门墙者乎！廷槐自中年抱疾以来，稍从事于六法五字，晦明风雨，时相折衷，仰天藻之光华，念人文之兴起，因得请命于师，用光梨枣，以播君恩，以荣师遇。使天下后世，皆得拜跪诵读，瞻仰楷模，岂不幸甚。后附我师跋语二篇、恭和御制元韵诗三卷，共一百六十四首，尤见我朝主臣一德，真生民未有之遭，转觉祖东门、乞鉴湖、赐飞白诸盛事，煌煌史册者，犹不以同年语也。猗欤盛哉！乾隆二十三年岁在戊寅春王月谷旦，苏州府吴县学贡生臣王廷槐恭纪。”

按此诗稿为德潜学生王廷槐所刻单行本。传世不多，为各家著录《全集》中所未有。

5.《归愚诗抄》十四卷，题“长洲沈德潜碻士撰”。乾隆十四年刻本。每半页十行，行十九字。首有封面，中间刻《沈碻士归愚诗抄》七个大字，右边刻“沈郎诗痕”，左边刻“归愚”、“长洲沈生”木记三方。次为目录。共收古近体诗九百八十九首。为《归愚诗抄》之最早刻本。

6.《归愚诗抄》二十卷，总目后题“门人山阴梁国治、嘉定王鸣盛选，钱唐郁吴邑、嘉善戴兆薇校”。乾隆二十三年（1758）精刻本．每半页十行，行十九字。已为增订本。凡收古乐府、新乐府、四言古、五言古、七言古、五言律、七言律、五七言长律、五七言绝句等诗一千四百二十七首。内容有《真娘墓》、《采茶辞》、《洞庭橘枝辞》、《支公塔》、《莲花洞》、《游积翠》、《茅蓬》、《虎山桥夜泊》等诗，皆咏苏州景物之作，与初刻本体例全异。有乾隆二十三年遂淳方婺如序，称：“……今于大宗伯归愚先生遇之。余未知先生，往与如皋姜自芸叙京师，乃知有先生。自芸，诗人也，负其气不肯下人，独低头拜先生，且谓命代风骚一人而已。余闻之神往，会南还，吾浙有通志之役，当事延先生为泚笔，而余亦滥吹竽，每款言辄移晷，因缘窥其帙，时见先生韵语，又过于所闻京师，随口号数句以赠，有云：‘于古未知谁可比，当今岂得不相推。’私谓先生千载人也，即以诗单行足矣。……”

7.《归愚诗抄余集》七卷，题“长洲沈德潜归愚撰”。乾隆二十三年刻本。每半页十行，行十九字。封面题“归愚诗抄余集”六大字。共收古今体诗五百三十首。首有乾隆著雍摄提格之岁阳月既望遂淳方婺如序。

8.《归愚诗抄余集》十卷，题“长洲沈德潜归愚撰”。乾隆三十一年（1766）刻本。此为沈氏晚年定本，共收诗七百五十首。首有自序：“予归田时年七十有八，耳目聩眵，心思窘竭，与笔墨无缘矣。然不与外事，终日枯坐，难遣岁时，于是复亲典籍，兴到，时成一文。远近因有乞文者，可应者应之，论是非，不论工拙。序、记、传、志外，亦尝发潜阐幽、诛谀责伎，一本中心所欲言，而趋险途、入侧径者鲜焉。第以老年荒落之人，同于已枯之井。枝头之乾，欲求言语妙天下，如易牙之调味，众口咸以为甘，不可得也。积之既多，欲举而摧烧之。既又思鱼无弗爱鳞，鸟无弗爱羽，久经抽思乙乙，结撰有年，而遽使之归无何有之乡，中不忍也，行远乌敢言，聊记日月之迁流云尔。乾隆丁亥正月，沈德潜自序，时年九十有五”。次乾隆丙戌秋七月会稽门生梁国治序。

9.《黄山游草》一卷，题“长洲沈德潜归愚撰”。乾隆十六年刻本，每半页十行，行十九字。首有五峰山樵李果序，后有德潜自识：“黄山，天下奇绝境也，欲游者久苦无暇。己巳夏，蒙恩归里，明年春正，由浙西诣歙州，携笻屐，裹糗糒，凡明秀荒诡之处约略俱到，识黄山面目，并识黄山性灵，既以叹造化之秘，于此尽泄，而感君恩之闲，得以允践而歌咏之也。……同游者周子迂村，得诗三十四篇，《游会稽诗》九篇亦附于后。均属迂村点定。德潜”。

10.《台山游草》一卷，题“长洲沈德潜归愚撰”。乾隆十六年刻本。每半页十行，行十九字。尾有德潜自识：“庚午秋九月十九日，为台岳之游，匝一月，有敕赓和御制于邮递，闻之旋归，未尽山之名胜。然譬诸于人，眉目并见；譬诸于衣，裘领已挈也。台岳高厚深浑，甲于两浙，犹黄山奇秀诡幻，甲于江南，予一岁二游其地，并以诗纪之，在造化为伤惠，在予为伤廉矣。诗二十九章，点定者亦周子迂村。德潜识”。

周准字钦莱，号迂村，长洲人。著有《迂村文抄》。曾与德潜同辑《明诗别裁集》及《国朝诗别裁集》。

11.《恭颂南巡诗》一卷，长洲沈德潜撰。乾隆年间刻本。每半页十行，行十九字。系扈驾江浙各地时所作，凡三十章。内容涉及吴中虎丘、天平、邓尉、灵岩诸景点。

12.《鸾啸集》三卷，题“长洲沈德潜撰，休宁汪瑾辑录”。乾隆二十六年（1761）一鸥草堂刻《黄山导》本。每半页八行，行十六字。首有汪瑾序：“昔横山叶已畦先生游黄山，无文以纪，并无诗以咏，且曰：‘足能履，意能知，笔能言，是发泄天地之秘藏，非其人则不足以当。’夫以横山之才，尚自谦若是，黄山岂易言诗哉。今长洲沈尚书少游横山之门，赐闲归老，以望八之年，扶杖而履危崖，登绝巘，万峰独立，一啸鸾音，山林藉以生色，海寓传为佳话，是横山之言将有待于斯人欤？己卯秋，登览余闲，展尚书纪游诸作，循环讽咏，气象浑厚，意态舒徐，目之所历，尤见其工，当上追浣花秦州，近匹渔洋蜀道，鼎峙千古。瑾品地悬殊，情深景仰，《诗源》、《别裁》诸集，沐教良多，故乐而梓之，名曰《鸾啸》，以增名山韵事云。辛巳冬日，后学汪瑾敬题于浴日轩”。

汪瑾字彩五，号冲岩，原籍安徽休宁，流寓吴中，曾在石湖行春桥西筑有别墅，名为“五湖三亩宅”。别号楞伽山人。编有《黄山导》四卷，卷一为《幻影集》，卷二为《珠璧集》，均辑录唐宋人咏黄山胜景诗。第三卷为《鸾啸集》，系辑录沈德潜一人游黄山所作诗。第四卷名《默音集》，为汪辑《石湖景物诗》。

13.《归愚诗余》一卷，题“长洲沈德潜归愚稿、长洲顾诒禄缓堂阅”。乾隆三十二年刻本。每半页十行，行十九字。

前有乾隆丁亥七月望日小侄顾诒禄序。共收词四十六阕。

14.《归愚文抄》十二卷，长洲沈德潜撰。乾隆三年刻本。封面题《沈碻士归愚文抄》七个大字。右边刻“归愚”二字印。左边刻“云卧”、“敝帚”两木记。次“乾隆戊午春仲归愚沈德潜自题”。总目第一卷为赋，第二卷为议、考、辨，第三卷为说、杂著，第四卷为论，第五卷为策，第六卷为记，第七至八卷为序，第九卷为书，第十卷为传、墓志铭，第十一卷为书后、跋。第十二卷为哀辞、行述、事状。此为最初刻本。

15.《归愚文抄》二十卷，题“长洲沈德潜碻士著”，乾隆二十四年刻本。每半页十行，行十九字。首列每卷篇目，内容较初刻本增加甚多。其分卷为：卷一赋，卷二赋、诏，卷三考、辨，卷四说，卷五折子，卷六论，卷七对策，卷八至卷九记，卷十至十四序，卷十五书，卷十六至十七传，卷十八墓志，卷十九书后、跋，卷二十哀辞。第九卷中有《远香堂记》、《春草园记》、《塔影园记》、《扫叶庄记》、《归愚斋记》、《幻云阁记》、《墨雨堂记》等，为研究苏州历史文化名人故居的极好资料。

16.《归愚文续》十二卷，题“长洲沈德潜碻士著，钱塘厉鹗太鸿评点”。乾隆三年（1738）刻本。每半页十行，行十九字。其分卷内容为卷一赋，卷二考，卷三至卷四论，卷五乡墨，卷六记，卷七至卷八序，卷九书，卷十传、墓志，卷十一跋，卷十二祭文。其中卷十有《与宜阳令温生德山书》一篇，误刻，应移在第九卷末。内容有《西洞庭风土记》、《范文正公祠堂记》等均为吴中掌故。

17.《归愚文抄余集》八卷，题长洲沈德潜归愚撰。乾隆三十二年（1767）刻本。每半页十行，行19字。此本所收内容皆德潜暮年之作。故为其早年时印行本《全集》中所无。

18.《归愚文录》一卷，清长洲沈德潜撰。同治七年（1868）敖阳李氏辑刻《国朝文录续编》本。又光绪二十六（1900）上海扫叶山房石印本。

19.《游牛头山记》一卷。
20.《游虞山记》一卷。
21.《游渔洋山记》一卷。
22.《游蒜山记》一卷。
以上四种为沈德潜所作游记的单行本，均收入光绪间南清河王锡麒排印的《小方壶斋舆地丛抄》中。

二、专著

23.《元和县志》三十二卷、首一卷，题“总裁兼理分纂翰林院庶吉士沈德潜”。乾隆五年（1740）刊本。每半页九行，行二十字。前有“大清乾隆五年岁次庚申清和月知太仓州事前元和县知县晋江江之炜”序：“世宗宪皇帝御极之二年，减浮粮、省徭役、劝农桑、兴学校，海宇之内，生息理极。又允督臣分大县之请，于苏、松、常三府凡地广赋重者分之，而长洲所分厥名元和……爰敬请乡先生之负宿望，暨士林之多闻者，设局纂修，毋循私，毋瞻顾，岁序一周，其书乃成。……夫今日之元和，即昔日长洲之半，而唐万岁通天以前之吴县也。……”次乾隆五年知元和县事桐山张若爔序。次目录及凡例。此为《元和县志》的最早刻本，流传绝少。苏州市图书馆藏有一部。

24.《元和县志》三十六卷，清沈德潜、顾诒禄纂。乾隆二十七年（1762）刊本。首有乾隆辛巳畅月赐进士出身敕授文林郎知元和县事云梦许治撰序，称：“皇上法古时巡幸，銮舆所至，询风俗于典章，讨沿革于载籍，则邑志尚矣。但田赋时有损益，户口岁渐蕃滋，沟洫之堤防屡易，学士之撰著日多。执旧志以上陈黼座。恐典章失实，载籍非真，志为文具，何以资政治者。……听断之暇，取邑志反复披览，因知新辑之不可缓也。志创于雍正四年分县以后，刻于乾隆五年，迄今又二十余年……爰请同年大宗伯归愚沈公为总裁，而秉笔则任之上舍顾君禄百，十阅月告成。……”

此为乾隆二十七年（1762）元和知县许治重修本，苏州博物馆有藏本。

25.《西湖志纂》十五卷、首一卷，题“长洲沈德潜等恭辑”。乾隆二十年精刊本，封面中间刻《御览西湖志纂》，右刻“乾隆乙亥刊刻进呈”，左刻“赐经堂藏版”。次乾隆帝御笔诗三绝句。次总目，首卷为名胜图，卷一为御制诗，卷二为西湖水利，卷三为孤山胜迹，卷四至卷七为南山胜迹，卷八至卷十为北山胜迹，卷十一为吴山胜迹，卷十二为海塘胜迹，卷十三为西溪胜迹，卷十四为艺文，卷十五为诗词。

“臣谨案：西湖古称明圣湖，见郦道元《水经注》，而元以前未有专志，明嘉靖间提学副使田汝成始创为之，名《游览志》。盖仿《水经注》之例，因水道所经，依路诠次，分西湖为五路：曰孤山路，曰南山路，曰北山路，曰吴山路，曰西溪路，各叙胜迹，以便览观。国朝雍正九年，前任浙江总督臣李卫奉敕纂修《浙江通志》，爰及湖志，悉以通志例，分门记载，卷帙稍繁。乾隆辛未，恭逢皇上三举省方之典，巡幸至浙，驻跸西湖，睿藻留题，日华云烂，符明圣之瑞应，成宇宙之大观。自宜恭纪志乘，以昭示万世。爰仿旧志之例，重辑旧志之文，增入海塘一路，共十五卷，为《西湖志纂》，恭呈御览。予告礼部尚书在籍食俸原任礼部右侍郎臣沈德潜，钦赐赞善职衔原任翰林院编修武英殿供奉臣傅王露恭辑。经筵讲官太子少师协办大学士吏部尚书臣梁诗正奉敕合纂”。首卷有“西湖名胜十景”及“十八景”等合页连式版画，绘画出于内廷供奉之手，雕镂极精。

26.《浙江通省志图说》一卷，题“长洲沈德潜碻士稿，长洲周准钦莱评点”。乾隆间精刊本。每半页十行，行十九字。前有德潜自序：“《周礼》‘土训掌道地图，以诏地事’，职在称说九洲形势，以告物土之宜，典甚重也。浙省为东南要区，圣天子德教诞敷，既已置之仁寿之域，而郊圻封宇、山川民物，时欲登之图籍，使地官称说于殿廷之前，因缀全省诸郡暨江海湖山巨镇关隘名胜之地，绘图陈说，凡有关治术者著于篇”。

按：此书附于全集内，有说无图。

27.《自订年谱》一卷，题“长洲沈德潜归愚自订”。乾隆三十一年（1766）精刻本。内容自康熙十二年（1763）至乾隆丙戌（1766）年九十四岁止。首有顾诒禄序："大宗伯沈公手次年谱，纪少之攻苦力学、遇合淹迟，晚之遭逢帝眷、恩施稠叠，无虚语，无矜辞，质而不华，简而能该，洵儒林之典则也。而论者遂谓公前否后泰，霄壤相悬。不知公六十年以前，固未尝以为否；六十年以后，亦未尝以为泰也。公厚伦敦本，忠信孚朋，经明行修，屡进屡抑，确然自守，不怨不尤，遍览群书，而析义理之中，若将终身。海内士大夫识与不识，皆中心诚服，仰公为道德之宗，人伦之范，固未尝否也。迨入翰林，跻卿贰，掌文衡，君臣鱼水，直陈民瘼，推毂贤良，表彰前哲，予告归田，晋阶大宗伯，初不以爵位自尊，与乡邻说孝友，生徒论文章，暇则抱卷哦吟，萧然若寒士，如未尝泰也。何霄壤之有？诒禄炙公休风余五十年，公尝屈指后进中，奉教久而知心深者，无如诒禄，属为之序。兹谱之传，既可谓读书守道者劝，且以见学高望隆，明良交泰之盛，有迴非前代可及者，异日史氏亦当有所采焉。乾隆甲申（1764）夏五后学顾诒禄谨序。"

以上据苏州博物馆藏本。内容至乾隆丙戌为止。其他均止于乾隆甲申年。

28.《畅叙谱》一卷，清长洲沈德潜撰。光绪十八年（1892）石埭徐士恺刊《观自得斋丛书》本。此为饮酒行令之专著。酒令自唐以来，盛行于士大夫间。实为饮酒时之游戏，推一人为令官，饮者听其号令，违则有罚。

三、选辑

29.《古诗源》十四卷，长洲沈德潜碻士选。康熙五十八年（1719）刻本。每半页十行，行十九字。上下黑口。封面中间刻《古诗源》三大字。右边刻有“长洲沈碻士辑”，左边刻“竹啸轩藏版”五字。首有自序题“康熙己亥夏五长洲沈德潜书于南徐之见山楼”。次例言及参订姓氏。此书选收上自唐虞，下迄隋代之古诗和歌谣。编者认为诗至唐代为极盛，唐以前之诗是唐诗之源，故名《古诗源》。此书刻版行世以后，风行海内，先后有霁月山房刊本，又乾隆及道光间翻刊本，光绪间湖南思贤书局、谢文盛堂、文章书局重刻四卷本。民初上海涵芬楼铅字排印本改称为《评选古诗源》。

30.《唐诗别裁集》十卷，题“长洲沈德潜碻士、陈培脉树滋同选”。康熙五十八年（1719）刻本。每半页十行，行十九字，上下黑口，行间刻有评语。首有德潜自序：“有唐一代诗，凡流传至今者，自大家名家而外，即旁蹊曲径，亦各有精神面目流行其间，不得谓正变盛衰不同，而变者、衰者可尽废也。然备一代之诗，取其宏博，而学诗者沿流讨源，则必寻究其指归何者？人之作诗，将求诗教之本原也。……德潜于束发后即喜抄唐人诗集。时竞尚宋元，适相笑也。迄今几三十年，风气骎上，学者知唐为正轨矣。第简编纷杂，无可依据，故有志复古而未得其宗。因偕树滋陈子，取向时所录五十余卷，删而存之。复于唐诗全帙中网罗佳什，补所未备，日月既久，卷帙遂定。既审其宗旨，复观其体裁，徐讽其音节，未尝立异，不求苟同。大约去淫滥以归雅正，于古人所云微而婉、和而庄者，庶几一合焉，此微意所存也。……康熙五十六年春正二十有六日长洲沈德潜题于黄叶夕阳村舍。”

又陈培脉序称：“选唐诗成集，题曰《别裁》，以其近乎风雅也。……起癸巳，讫丙申，予与沈子始之，予中之，沈子终之。成诗十卷，得一千六百余首，诗虽未备，要藉以扶掖雅道者，或由乎此。康熙丁酉三月朔日长洲陈培脉书于端州之桄榔亭。”

次凡例及参订姓氏，内有山阴杨宾、长洲张锡祚、吴县缪曰芑、长洲李果等三十九人。

按《唐诗别裁集》有长洲何焯（义门）评校本。笔者曾在“文革”期间目睹吴县吴翊风（枚庵）手度何焯评校本，为一画家所珍藏。

31.《重订唐诗别裁集》二十卷，题“长洲沈德潜选”。乾隆二十八年（1763）教忠堂刻本。每半页十行，行十九字。封面题《重订唐诗别裁集》七大字。右边刻“长洲沈归愚选评”，左边刻有“教忠堂藏版”。此书在重订时作了不少增补，选录唐诗一千九百余首，分体编排。入选的是不同时期、不同流派和不同体裁的作品，题材及风格丰富多采。其中李白、杜甫之作品最多，共四百多首，并附有评注。首有德潜自序称：“新城王阮亭尚书选《唐贤三昧集》，取司空表圣‘不着一字，尽得风流’……而于杜少陵所云鲸鱼碧海，韩昌黎所云巨刃摩天者，或未及之。余因取杜、韩语意，定《唐诗别裁》，而新城所取亦兼及焉。镌版问世已四十余年矣，第当时采取未竟，同学陈子树滋携之广南镌就，体格有遗。倘学诗者性情所喜，欲奉为步趋，而选中偏未之及，恐不免如望洋而返也。因而增入诸家，如王、杨、卢、骆唐初一体，老杜亦云‘不废江河万古流’也。……乾隆癸未秋七月长洲沈德潜题于鲟水之清旷楼。”

32.《唐诗别裁集引典备注》二十卷，题“长洲沈德潜归愚选，后学俞汝昌增注”。道光十八年刻本。首有道光丙申元和汪棨序，次道光戊戌归安叶绍本序。凡例后有刻书跋：“昌性拙，自幼失学，不能自文其固陋，且传寒素，无仓架之藏，故读书每以不破为羞。如唐人诗，或引旧典，或陈时事，读之不免望洋而叹。呜呼！故事陈迹尚难了了，安望得诗人之旨耶？因取《别裁集》反复审思，乞书参考，逐一注出，阅九年而成。今手录一编，就正于博雅君子。抄胥末务，贻笑大方。若垂鉴得失，增损校刊，不能无望于有学有力者。……”

33.《明诗别裁集》十二卷，题“长洲沈德潜碻士、周准钦莱同辑”。乾隆四年（1739）精刻本。每半页十行，行十九字。全书共选明人三百四十一人之诗。首有沈氏自序称：“余与周子钦莱，夙有同心，慨焉决择，合群公选本，暨前贤名稿，别而裁之。于洪、永之诗，删其轻靡；于弘、正、嘉、隆之诗，汰其形似；万历、天启以下，遂寥寥焉。而胜国遗老，广为搜罗，比宋逸民《谷音》之选。得诗十有二卷，凡一千一十余篇，皆深造浑厚，和平渊雅，合于言志永言之旨，而雷同沿袭，浮艳淫靡，凡无当于美刺者屏焉。有明之诗，诚见其陵宋跞元而上追前古也。……乾隆三年秋七月望日长洲沈德潜题于灵岩山居。”次古吴蒋重光、长洲周准序。

此书乾隆时《军机处奏准抽毁书目》著录，《明诗别裁集》

“查此集系原任侍郎沈德潜与长洲周准同选。取明一代之诗，按代甄录，凡一千余首，内除屈大均、陈恭尹诸人之诗俱应抽毁外，其余各家尚无干碍，应请毋庸全毁”。

此书清末时有小西山房翻刻袖珍本。1973 年中华书局影印平装本。

34.《国朝诗别裁集》三十二卷，题“长洲沈德潜归愚纂评，男种松校字，江阴翁照霁堂、长洲周准钦莱同辑”。乾隆二十五年（1760）精刻本，每半页十行，行十九字。书口上刻书名，下刻“教忠堂”三字。首有自序：“国朝圣圣相承，皆文思天子，以致九洲内外，均沾德教余事。作诗人者，不啻越之镈、燕之函、秦之庐，夫人能为之也。予辑国朝诗，共得九百九十六人，诗三千九百五十二首。较之钱牧斋《列朝诗选》、朱竹垞《明诗综》只及十之二、三，于数为少。及观唐殷璠《河岳英灵集》亦自贞观及开元，共得二十二人，诗二百三十四首，高仲武《中兴间气集》云自至德元年至大历末年，作者数千，选者二十六人，以予所辑较之，又于数为多。然而不嫌其少者，以牧斋、竹垞所选，备一代之掌故，而予惟取诗品之高也。不嫌其多者，以殷璠、高仲武只操一律以绳众人，而予唯祈合乎温柔敦厚之旨，不拘一格也。自问学殖疏浅、见闻狭隘，中间略作小传，远逊牧斋之详；略存诗话，远逊竹坨之雅。唯殷璠所云‘权压梁窦，终无所取’者，敢窃比焉；高仲武所云‘苟悦权右，取媚薄俗’者，庶几免焉。诗成凡三十二卷，付诸剞劂，播诸艺林。或以为非而斥之，或以为不烦褒斥而置之，一听乎当世之辞人，予不得而知之矣。乾隆二十五年仲冬沈德潜自题。时年八十有八”。序后又有识语：“此系增改第一次本也。初番刻本校对欠精、错误良多，甚有评语移入他篇者，兹既一一改正。又当代名流搜罗未广，兹复增入诸家，以补从前缺略。稍加芟夷，不留平近，总求无戾乎风雅之旨也。重付开雕，质之艺苑。至南粤、西江翻刻，比初次刻本错字尤多，识者自能鉴诸。德潜又识。”次凡例称：“是集创始于乾隆乙丑，至戊寅岁告成镌刻。今岁庚辰，又复增删锓版，共经十六寒暑矣。然鲜见寡闻，虽殚苦心，只抽孤绪，恐无当于大雅之林也。四方学者有谅予之愚，窾启未逮，所深望焉。”

按：此刻为沈氏选清诗别裁之定本。据凡例称，在此之前已有乾隆戊寅（1758）其门人蒋重光出资初刻三十六卷本和广东、江西二个翻刻本，皆有错字，质量不高，故而以此定本携京献与弘历。但仍以其中收有宫鸿历诗，二字与乾隆之名弘历同音而被斥辱。

另外《国朝诗别载集》第一卷所收均明朝降臣之诗，因而引起了清帝的不满，于是下诏严加申斥，并命内廷翰林删改重编。又命将原刻二种版（初刻三十六卷本、定本三十二卷本）的版片悉数销毁，不得留存。已经印成的书，由政府收缴，严禁流传。由此，这二种墨序本便成为禁书而流传较少。

35.《钦定国朝诗别裁集》三十二卷，题“礼部尚书臣沈德潜纂评”。乾隆二十六年（1761）精刻本。每半页十行，行十九字。首有朱印《御制沈德潜选国朝诗别裁序》：“沈德潜选国朝人诗，而求序以光其集。德潜老矣，且以诗文受特达之知，所请宜无不允。因进其书而粗观之，列前茅者，则钱谦益诸人也。不求朕序，朕可以不问，既求朕序，则千秋之公论系焉，是不可以不辨。夫居本朝而妄思前明者，乱民也，有国法存。至身为明朝达官，而甘心复事本朝者，虽一时权宜，草昧缔构所不废，要知其人则非人类也。其诗自在，听之可也；选以冠本朝诸人，则不可。在德潜，则又不可。且诗者何？忠孝而已耳！离忠孝而言诗，吾不知其为诗也。谦益诸人，为忠乎，为孝乎？德潜宜深知此义，今之所选，非其宿昔言诗之道也。岂其老而耄荒，子又不克，家门下士，依草附木者流，无达大义，具臣无眼人捉刀所为，德潜不及细检乎？此书出，则德潜一生读书之名坏，朕方为德潜惜之。何能阿所好而为之序？又钱名世者，皇考所谓'名教罪人'，是更不宜入选。而慎郡王，则朕之叔父也。虽诸王自奏及朝廷章疏署名，此乃国家典制，然平时朕尚不忍名之。德潜本朝臣子，岂宜直书其名？至于世次前后倒置者，益不可枚举。因命内廷翰林为之精校去留，俾重锓版以行於世，所以栽培成就德潜也，所以终从德潜之请而为之序也。乾隆二十有六年，岁在辛巳，仲冬，御笔。"

经过钦定以后的内容，对沈氏原定本的卷一和卷二中收录的钱谦益、王铎、方拱乾、张文光、吴伟业等人删去，更换为慎郡王、蕴瑞、德普等满洲贵族。因是皇帝御定，自然是大量刷印，所以传世的都是这个版本。包括晚清时期小酉山房刻的袖珍本、1973年中华书局影印本、1984年上海古籍出版社标点排印平装本（更书名为《清诗别裁集》），都是源出此本。

36.《七子诗选》十四卷，清长洲沈德潜选。乾隆十八年(1753) 精刻本。凡收嘉定王鸣盛《耕养斋集》二卷、嘉定赵文哲《媕雅堂集》二卷、青浦王昶《履二斋集》二卷、嘉定钱大昕《辛楣吟稿》二卷、上海黄文莲《听雨楼集》二卷、嘉定赵仁虎《委宛山房集》二卷、长洲吴泰来《砚山堂集》二卷。原作者为清中期一时名流，相互倡和，世称“吴中七子”，诗名为日本所盛传。除此刻之外尚有民国二十九年（1940）上海扫叶山房石印本。

37.《宋金三家诗选》五卷，题“长洲沈德潜归愚辑，武进门生陈明善校”。凡《东坡诗选》二卷、《放翁诗选》二卷、《遗山诗选》一卷。清乾隆己丑（1769）亦园刊本。此本为沈德潜九十七岁时所辑录，是他生前最后一个选本。沈氏在其门人陈明善的协助下，先选定陆游、元好问诗，并写了例言、评语。继又抱病选定苏轼诗，未及加评，即于是年去世。其论诗尊崇儒家温柔敦厚的诗教，宣扬以唐诗为正轨，批评宋诗近腐、元诗近纤、金诗未高。对所选苏陆元三家则认为都是源出杜甫，可以继承唐人正轨，是本选录仍本于他别裁伪体的选诗主张。三家共收诗五百二十七首，前有元和门人顾宗泰序，又陈明善序及例言。1983 年山东齐鲁书社据赵翼手批本影印传世。

四、评论

38.《杜诗偶评》四卷，题“长洲沈德潜碻士纂，后学潘承松森千校阅”。乾隆十八年（1753）赋闲草堂精刊本。每半页十行，行十九字。书口下方刻有“赋闲草堂”四字。评语刻于诗间。前有自序：“杜诗无可选，亦不藉评。取杜诗而选之而评之，凡以考一己所秘之深浅，而亦为学诗者道以从入之方也。……予少喜杜诗而未能即通其义，尝虚心顺理，密咏恬吟以求之，不逞泛滥，不蹈凿空，尤不敢束缚驰骤，惟于情境偶会旁通证入处随手笺释。日月既久，渐次贯穿。即未必果有得于鲁直、裕之之语，如与少陵揖让晤言于千载之上，然舛陋踳驳之弊，差解免焉。以此自检前之所窒，后或渐通。而吾党之问途者，或不致航断港绝潢以望至于大海也矣。全集一千四百余篇，今录三百余篇。皆杜诗之聚精会神、可续风雅者。……”

39.《说诗晬语》二卷，长洲沈德潜撰。乾隆十八年(1753)精刻本。每半页十行，行十九字。封面中间刻书名，右刻“长洲沈碻士著”，左刻“德潜之印”、“碻士”、“小山承益”三木记。首有自序：“辛亥春，读书小白阳山之僧舍。尘氛退避，日在云光岚翠中，几上有山，不必开门见山也。寺僧有叩作诗指者。时适坐古松乱石间，闻鸣鸟弄晴，流泉赴壑，天风送谡，谡声似唱似答。谓僧曰：‘此诗歌元声，尔我共得之乎?’僧相视而笑。既复乞疏源流升降之故，重却其请。每钟残灯炧，俟有触即书，或准古贤，或抽心绪，时日既积，纸墨遂多。命曰晬语。拟之试儿晬盘，遇物杂陈，略无诠次也。然俱落语言文字迹矣。归愚沈德潜题于听梅阁。”

沈氏为叶燮门人，习闻师说，论述诗歌源流正变，颇为精审。因而风行一时，故在乾嘉时期就有重刻之本。至建国以前，已有10多种版本传世。具体有：①乾嘉间朱琰刊《诗触》所收巾箱本；②道光十五年刊《青照堂丛书》本；③光绪四年葛元煦刊《啸园丛书》本；④光绪五年上海淞隐阁排印《国朝名人著述丛编》袖珍本；⑤光绪间邹凌翰刊《玉鸡苗馆丛书》本；⑥光绪十一年长沙王启源刊《谈艺珠丛》本；⑦民国十六年无锡丁福保排印《清诗话》本；⑧民国二十五年中华书局排印《四部备要》本；⑨《诗法萃编》本，有许印芳跋语；⑩《萤雪轩丛书》本，有日本近藤元粹评语。

附录：投赠

《归田集》二卷，第一卷收录清帝弘历及王公大臣投赠诗文，第二卷则为吴中师友之作。弘历诗有自注："德潜侍诸王子讲读，前年请假南还，虑其年老，将不果来，后竟如期赴阙，朕甚嘉矣。"

《八秩寿序》一卷，凡收入尹继善、韩孝基、王昶、梁国治等寿序四篇。

《八秩寿诗》一卷，收入史贻直、黄叔琳、钱陈群、汪由敦、蒋溥、梁诗正、孙嘉淦、嵇璜、董邦达、彭启丰、庄有恭、钱大昕、王应奎、郑廷旸、汪芳佩等祝寿诗。最后为德潜自作《八十述怀》诗。

《九秩寿序》一卷，有顾镇、廖鸿章二人所作寿序二篇。

《九秩寿诗》一卷，凡收果亲王、傅王露、钱陈群、阮学浚、乔亿、李绳、王廷槐、顾宗泰、蒋檠、叶鉴、吴德基等人祝寿诗。尾有德潜自作《九秩述怀》诗。

以上五种均刊入《沈归愚诗文全集》中，但都系投赠为主，非其本人著作，故作附录列此，以供参考。

明清江苏印谱考略

印章始于周代，盛于秦汉，历魏晋唐宋以迄于今，与钟鼎彝器、碑碣文字，同为历来考古家所重视。印谱是辑集玺印篆刻书籍的通称，始于宋徽宗《宣和印史》，后有晁克一《集古印格》、姜夔《集古印谱》等，但均早失传于世。

我省刻章之风则自明代何震、文彭开始。此后人才辈出，代不乏人。明清以来随着篆刻艺术的发展，辑集印谱之风气益盛。有汇集古代玺印为谱的，有辑录个人或名家刻印为谱的，有以诗词格言篆刻成谱的。其名称各异，亦有称“印存”、“印集”、“印式”、“印举”等。

其著者如：何震字主臣、长卿，号雪渔，篆刻吸取秦汉印法，尤取汉铸印之长，篆法简洁，章法严正。程原（孟长）曾称其“白文如晴霞散绮，玉树临风；朱文如荷花映水，文鸳戏波”。风格端正，名重一时。

文彭字寿丞，号三桥，为文徵明长子，官南京国子监博士，工书法，尤精篆刻，风格工稳。与何震齐名，并称“文何”。原多作牙章，后得灯光石，乃多刻石章，为后世所崇，称为吴门印派之鼻祖。

上海顾从德以家藏铜玉印二千余方辑为《集古印谱》，刻版传世。金陵甘旸尝见《印薮》木刻本，因其书摹刻失真，乃以铜玉摹刻，废寝忘食，期在必得，终成《甘氏古印正》一卷。他如扬州梁袠，字千秋，寄居白下，篆刻守何震师法，能逼真，有《印隽》传世。歙人汪关，原名东阳，字杲叔，因得一汉铜印“汪关”遂改名，更字尹子，寄居娄东，专法汉印，能得其神髓，有《宝印斋印式》流传。十竹斋主人胡正言，久居金陵，篆刻取法何震一路，运以己意，豪放虽不及何震，但能以工稳见胜。所刻《胡氏印存》、《印存玄览》曾风行一时，为世所重。

清初栎下老人周亮工尤爱藏印。交往皆一时篆刻名手，遍请镌刻印章达千余方，兴到亦能奏刀，古意盎然。其晚年编成《赖古堂印谱》，收入当时宗工巨匠所镌，包括归昌世、顾苓等未有专集的名家作品，代表了明清之际的篆刻风格。乾隆时吴人徐坚，家光福里，工隶书、精篆刻，临摹秦汉印千余钮，集成《西京职官印录》二卷，下载释文及考证，向为艺林共宝。独学老人石韫玉，工诗善书，归田后偶弄铁笔，亦古雅，品在程邃、万寿祺之间，钤有《古香林印谱》一卷，惜不多见。仪征吴熙载，号让之，少为包世臣入室弟子。邃于小学，又工篆刻，能以碑刻摹印，自成面目，为时所崇尚。吴江杨澥，号聋石，篆刻早年学浙派，后侧重秦汉，力矫妩媚之习，自有特点，晚年所刻正隶侧款，得汉魏六朝碑刻遗意。吴县吴大澂，字清卿，号恒轩，晚号愙斋。少从陈奂学篆书，中年后又参以古籀文，兼长刻印。收藏秦汉古铜印极夥，于光绪末年钤成《十六金符斋古铜印存》二十六册，可称是集秦汉古印之大成。安吉吴俊卿（昌硕）二十九岁移居苏州，在潘祖荫、吴云、吴大澂处获见古代鼎彝，其篆刻上溯秦汉印鉨，不蹈常规，钝刀硬入，朴茂苍劲，前无古人，名满天下，日本人尤为崇拜。有《缶庐印存》行世。常熟赵石（古泥）自号泥道人，少为药店学徒，后从吴昌硕学篆刻，作品数以万计，以奔放苍浑胜。有《赵古泥印存》等。

传世印谱未见前人汇录。即《四库全书》中亦未收印谱，仅存目著录《宣和印史》及《顾氏印薮》二种；以私家藏书目录则更十不一二。现就有关文献记载及个人见闻所及，在此发表，以供编史修志参考。

应天府（清改江宁府）

1.《甘氏印正》二卷《印正附说》一卷，明金陵甘旸摹印，明万历二十二年（1594）成书。此谱为其手摹巨印及斋堂别号等章，版框墨刷，每页表里横列二行及一行，有释文。首有许令典序及自序。

甘旸，字旭甫，号寅东，江宁人。隐于鸡笼山，工篆书、精摹印。自谓游心于是者几三十年，所著巨章得汉人碑额意。

2.《甘氏集古印谱》五卷，明秣陵甘旸集并辑，万历二十四年（1596）成书。首有木记“计六册，每部纹银三钱，古玉夔龙为记”十五字，前有徐熥、孙旭、潘锡祚序，并凡例若干则。此亦甘旸手刻。版框墨刷，每页表里横列二行，有释文。摹自王厚之《古印谱》及顾氏《集古印谱》中官私印居多。

3.《何雪渔印薮》三卷，明金陵何震篆、陈九卿摹印，明万历间（1573—1620）钤印。版框兰刷，每页表里自一印至六印不等。有释文。所附《辅嗣印薮》一卷，为陈氏自制印。有舜民跋，又有赠言为屠隆等若干人。

何震（约1530—1604），字主臣，又字长卿，号雪渔。原籍婺源，久居金陵，精篆刻。与文彭为师友之交，后遍历边塞，大将军而下，皆以得一印为荣。后归金陵，主承恩僧舍。性好宾客而不恤其家。

陈九卿，字辅嗣，何震之表弟，得何氏之指授者。

4.《忍草堂印选》四卷，明金陵何震篆刻，明新安程原摹，天启间（1621—1627）钤印本。此书是明人程原、程朴父子于何震死后二十年，在其五千多方遗印中择出一千五百方上品，摹刻而成。

程原，字孟长，新安人。自何震继文彭起，而印学一道遂大昌明，至程原尤醉心何氏之学，故得其嫡传。

5.《印存玄览》四卷，明金陵胡正言篆，清顺治间（1644—1661）刊本。每页表里分数格至十数格不等。一格中有刻名号各一印者。全谱名号印占十之六七。余为斋阁成语印。有纪映钟序。

胡正言，字曰从，原籍休宁。流寓金陵，明武英殿中书舍人。尝从李如真攻六书之学。于书篆隶真草行简正矫逸，年八十时犹为人作篆籀不已。于天启六年（1627）用五彩套印《十竹斋画谱》，不论花卉羽虫，色彩逼真，栩栩如生，向负盛誉。

6.《胡氏印存初集》二卷，明金陵胡正言篆刻，顺治四年（1647）本。每页八印。下有释文，前有陈丹衷、王相业、杜浚、韩诗、周亮工、钱应金序，吴奇、彭原跋。

7.《胡氏篆草》一卷，明上元胡正言篆，约顺治间（1644—1661）蒂古堂印本。孙殿起《贩书偶记续编》著录。

8.《赖古堂印谱》四卷，清金陵栎下老人（周亮工）珍赏，子在浚、在延、在建等辑，康熙六年（1667）钤印本。每页一至六印。版框兰刷。前有高南阜、周铭、高兆、黄虞稷序。尾有周在延跋。据叶铭称："按印皆明清老手所作，而周栎园自用印居多。此谱乃集诸名人印而成。章法、刀法各极其妙。当以此部为冠。共成二十五部。"

周亮工，字元亮，号栎园，原籍河南祥符，移家白下。明崇祯进士。入清后官至两淮盐运使、户部右侍郎，精鉴赏，家有赖古堂，藏有印篆及图书甚富。

9.《文雄堂印谱》二卷，清清溪周廷佐刻，康熙丙戌（1706）钤印本。每页二至六印。有钱必成序。

10.《修汲堂印谱》一卷，清石城曾景凤刻，康熙壬辰（1712）钤印本。每页四至六印。前有高锦勋、龚克庸序。

曾景凤，字木庵，原籍祥符，定居南京。

11.《墨花禅印稿》二卷，清青溪释续行德原篆，乾隆乙酉（1765）钤印本。每页前幅一印至五六印。释文在页之后幅。前有沈德潜、卢世昌、吴贤、邵玘序，褚启宗题，葛敬中跋，德原自跋。

续行，字德源，号墨花禅。俗姓罗，昆山人，祝发于青浦之园津庵。经典余闲，兼精篆刻。苍劲中蕴含秀雅。

12.《古印初集》一卷，题随园老人袁枚集，乾隆四十九年（1784）钤印本。

袁枚（1716—1797），字子才，号简斋，晚号随园老人。乾隆进士，官江宁知县。以诗名闻于时。

13.《止原印略》二卷，清金陵张复纯篆，乾隆五十五年（1790）钤印本。见孙殿起《贩书偶记续编》著录。

14.《宝汉斋铜印略》一卷，清金陵张复纯辑，嘉庆初集印本。瞿中溶《集古官印考》称："此谱金陵张复纯藏原辑，嘉庆初集印。"

15.《漱石竹根印谱》二卷，清六合孙韡篆刻，嘉庆九年（1804）钤印本。

孙韡，字棣英，号漱石，又号怡堂，六合人。尝得《宣和印谱》原本。简练揣摩且十余载，技才大进。

16.《斐然斋印存》一卷，清江宁徐立中篆刻，光绪十一年（1885）成书。每页一印。有方浚颐、刘桂年、何维栋序。

17.《德乡印存》二卷，清江宁徐立中篆刻，光绪十一年（1885）成书。有吴昌硕题，徐乃昌、刘桂年、许贞干、张祖翼、李经畬序，何维栋、凌霞跋。

苏州府

18.《文三桥先生印谱》一卷，明吴门文彭刻，清甫里严氏集。黑格，书口上方刊有“文三桥先生印谱”七字，下方刻“得月簃藏”四字。每半页钤一印，前有嘉庆甲戌（1814）长洲凌晋补序。

文彭（1498—1573），字寿承，号三桥，别号渔阳子，明长洲（今苏州市）人。为文徵明长子。授秀水训导，官南京国子监博士，人称文国博。自幼承家学，工书擅画，精篆刻。尝在金陵得灯光冻石四筐，乃多刻石章，为后世所宗。与何震并称“文何”。刻款以双刀，多行楷。

19.《承清馆印谱》四卷，明古吴张灏篆，明万历四十五年（1617）成书。凡初集二卷，续集二卷。黑格，每页八印。注释文、印质。初集有张崃、陈元素、张嘉、舒白敬等序，李继贞、陆献明、王在公、王伯稠、李吴滋、徐日久、金在镕跋。续集有管珍、张寿朋、陆文献、归昌世、黄元会、张大复序，张灏自序，薄澹儒、钱龙锡、王志坚、陆献明、王瑞璋跋。朱墨俱精。

张灏，字夷令，别署白於山人，吴郡人。尝延名手镌刻子史成语印多至一千余纽。

20.《学山堂印谱》六卷，题吴郡白於山人张灏夷令鉴藏，明万历间初拓本。黑格，每页二至四印。首卷为诸家序跋题词，其余印下注明品质。

21.《学山堂印谱》八卷，明古吴张灏篆，婿葛鼐竑调参校。此为增订本，成书于启祯间。版格墨刷，每页二印至四印。首有诸家序跋题辞及自序一卷、“学山记题咏”一卷。此为增编本，多董其昌、陈继儒序，归昌世《学山记》，马世奇《学山纪游》及张灏自序。

22.《印史》五卷，明古吴何通著，明天启三年（1623）印本。每页四印，有释文及传，首苏尔宣、王开度、陈元素、沈臣序，陈本后序。何通字不违，太仓人。苏尔宣序其书，极称之。收秦始皇至哀平新莽二百二十六人；汉光武至汉献帝二百六人；三国六朝一百八十三人；唐太宗至后五代一百八十九人；宋太祖至元顺帝一百三十五人。人各一印，系其字履官爵事实于下方。

23.《虚白斋印原》四卷，明玄都道人王应麟著，晚明时钤印本。黑格，书口上刻“虚白斋印原”五字，中间刻“王氏家藏”四字。王应麟字履待考。（现为瓦翁先生珍藏）

24.《立雪斋印谱》四卷，清长洲程大年摹，康熙四十一年（1702）印本。版格墨刷，每页前幅二印及四印，第一卷、二卷摹汉印，第三卷自制白文，第四卷自制朱文。有尤侗、郑鉽题，金天昭序，邵深研注释。

程大年，字受尼，精铁笔，师尚秦汉，不屑屑学唐宋，故所制印骏逸入古。

25.《蒋恭棐铜章谱》一卷，清长洲蒋恭棐集，乾隆间钤印本。黑格，每页四至八印不等。上钤印，下释文。书口刻有“生香乐意斋”五字。书衣有题识：“此觉庵施何牧家藏，长洲蒋恭棐拓以贻余，总计二十四幡，皆铜印，师华书。”

蒋恭棐（1690—1754），字维御，一字迪甫。康熙进士，官编修。乾隆初充《清会典》纂修官。曾受卢见曾聘，主扬州安定书院，卒。工诗文，藏书数千卷，皆手评数过。著有《西原草堂集》。

26.《宝汉斋铜印略》一卷，清吴门张复纯集，乾隆间钤印本。

27.《陆氏汉印谱》一卷，清吴门陆绍曾辑，乾隆间钤印本。翁大年《印谱考略》称：“苏州陆绍曾贯夫辑。案是谱官私印三百七十三方，乾隆间拓。”

陆绍曾，字贯夫，号白斋，清吴县人。精于鉴赏，好收蓄古书名迹。工画善书，尤精八分。平生所见碑帖字画，皆为抄录成编。晚年好飞白，有《飞白录》传世。

28.《西京职官印录》二卷，清吴郡徐坚集并辑，乾隆十七年（1752）怀新馆摹印本。每页表里并列一至三印。印下有考释，前有沈德潜、谢淞洲、陈撰序。

徐坚，字孝先，号友竹，吴县人。为名刻家黄备成之甥，工丹青，善隶书，精治印。著有《覞园诗抄》。

29.《孝慈堂印谱》一卷，清吴门薄孟养编集，乾隆三十一年（1766）钤印本。王楠《话雨楼碑帖目录》称：“此谱即毗陵庄氏藏印，吴门薄氏手钤者。”又云：“薄群孟养于乾隆丙戌过寒家，携秦汉印千余纽，皆毗陵庄氏所藏。时先君子勺山公于话雨楼罗列几案间，印成此册。迄今六十余年，散佚过半。仅得四十六页。计五百四十又八印。”

30.《瑶草堂图章谱》一卷，清古吴陆秉乾篆刻，乾隆二十七年（1762）成书。每页数印不等，不注篆名释文。前有吴鸿、陆曾永序及自序。

31.《池上石契集》四卷，清吴门许兆熊集。凡收周孝坤、徐保、徐份及兆熊本人所作印章。嘉庆十八年（1813）钤印本。黑格，书口下方刻有“池上草堂”四字。首有嘉庆十八年（1813）沈钦韩、蔡云序。

许兆熊，字黼周，吴县光福人。喜刻印。曾编集《梘园烟墨著录》传世。

32.《绀雪斋集印谱》四卷，清甫里陈懋淦辑，嘉庆二十三年（1818）印本。

33.《棣花堂印谱》一卷，清吴县黄孝锡摹印，嘉庆间钤印本。每页前幅拓印三行，行五印。朱墨相间，杰然悦目。颇多佳制。

黄孝锡，字务成，号约圃，苏州木渎镇人。栖情铁笔，宗尚云美（顾苓）。与陈阳山友善，讨论古今，析其源流支派，专精三十年而艺益工。

34.《随园诗话印识》一卷，清长洲谈炎衡摹，约嘉庆间（1796 —1820）印本。

谈炎衡，字履元，号二瓢，又号礼园。中行弟，以诗名。间作山水林木，疏落有致。参虞山、娄东之间，著有《礼园诗抄》。

35.《古香林印稿》一卷，清古吴石韫玉刻，约道光间（1821—1850）刻、钤印本。原题独学老人作，书口刊“古香林印稿”五字。版框墨刷，每页二至四印。内容均石氏自刻姓名字号及闲章。共六十三页。

石韫玉，字执如，号琢堂。又号竹堂，别号独学老人。乾隆状元，官至山东按察使。工诗善书，尤工隶书。兼擅古文，归田后闭户著书，谢绝尘网，偶弄铁笔，如其为人，品在程邃、万寿祺之间。

36.《艺海楼印谱》一卷，清长洲顾沅集印，道光二十五年（1845）钤印本。

吴江翁大年跋称：“顾君湘舟雅嗜金石书画，一日以所集《艺海楼印谱》见示，君蓄古印不数年，而卷中上自秦汉以来官印私鉨，与夫文氏彭、何氏震、程氏邃、顾氏苓之篆刻，靡不皆有。……”

37.《梅石庵印鉴》四卷，清吴趋谢庸作。每页一印。

谢庸，字梅石，吴县人。杨澥高弟，工篆刻。尤善镌碑，为吴中第一手。

38.《梅石临百二古铜印谱》一卷，清吴门谢庸集，道光间钤印本。

39.《抱瓮印稿》一卷，清长洲袁三俊刻，约道光间钤印本。

袁三俊，字吁尊，号抱瓮，不屑举子业，唯肆力六书。印章师法秦汉，兼得云美（顾苓）、虎文（汪炳）遗意，著有《篆刻十三略》。

40.《漱芳草堂印商》四卷，清长洲朱宏晋篆刻，约道光间钤印本。

朱宏晋，字用锡，号治亭，一号敏斋，长洲人。性机巧，能摹印。凡金、银、瓷、竹、牙、角无不擅长，而刻玉尤精绝。

41.《兰亭序印存》一卷，清元和夏日礼刻，道光七年（1827）钤印本。

42.《翠竹红榴仙馆印谱》四卷，清吴趋潘丹扆集拓，道光二十二年（1842）钤印本。

43.《传经堂收藏印谱》一卷，清吴门刘运令集，道光间钤印本。

刘运令，字小峰，吴县人。其父刘恕营园林于吴门花步里，曰“寒碧山庄”，延王学浩于家，肆书读画，讨论风雅。小峰耳濡目染，遂以翰墨名家。刻印古雅有法，得乡先辈停云风韵。

44.《二百兰亭斋古印考藏》六卷，清归安吴云辑，同治三年（1864）钤印本。每页一印，印下绘印纽形式，页背载释文及考据。有何绍基署书名，冯桂芬序，吴云自序。

吴云，字少甫，号平斋，又号愉庭，晚号退楼，原籍归安，举人。流寓苏州，曾官苏州知府。好古精鉴，性喜金石彝鼎。法书名画，汉印晋砖，宋元版书，一一罗致。所藏王羲之《兰亭序》二百种最为矜秘。书法颜真卿，刻印泽古功深，迥出凡近。

45.《二百兰亭斋古铜印存》十二卷，清归安吴云藏辑，光绪二年（1876）成书。每页一至二印。全书收印一千多方，选择精审。有吴让之题签，何绍基书封面，吴云自序。

46.《汉印偶存》一卷，清归安姚觐元编，光绪元年（1875）钤印本。每页六印。首有自序。书口下方刻有“咫进斋丛书归安姚氏藏”十字。后附《姚氏印存》一卷。

姚觐元，字彦侍，原籍归安，流寓苏州肖家巷。道光进士。官至广东布政使。工书法，喜治印。

47.《行素草堂集古印谱》四卷，清吴县朱记荣集编，光绪间（1875—1908）拓印本。李文袸《冷雪庵知见印谱目录》著录。

48.《学古退斋印存》二卷，清敬业居士集古，吴县朱记荣定。光绪九年（1883）印巾箱本。

49.《十六金符斋印存》二十六卷，清吴县吴大澂编集，光绪戊子年（1888）钤印本。版框墨刷，每页前幅一印。前有吴氏自序。黄牧甫、尹伯图手拓。为汉印中集大成之作。

吴大澂，字清卿，号愙斋，吴县人。同治进士，官至湖南巡抚。收藏彝器，与潍县陈氏、吴县潘氏相埒。精绘事，少工刻印，尤能审释古文奇字。

50.《十六金符斋古铜印谱》八卷，清吴县吴大澂收藏，光绪间钤印本。首古鉨、次官印、次私印、次唐以后印。黄士陵题书衣墨迹，无序跋。

51.《二十八将军印斋印存》一卷，清吴县吴大澂集，光绪间钤印本。瓦翁先生藏本。

52.《秦汉名人印辑》一卷，清吴县吴大澂编集，光绪甲午（1894）钤印本。

53.《续百家姓印谱》一卷，清吴县吴大澂编集，光绪甲午（1894）钤印本。又有民国丙辰（1916）罗振玉序影印本。

54.《松宿印剩》一卷，一名《仰之印存》，清吴门方镐篆刻，光绪十九年（1893）钤印本。

方镐，字仰之，号根石，又号教让生。原籍仪征。篆隶刻印悉仿吴熙载，橐笔吴门，师事吴昌硕，能得其奥，镂金刻玉，工雅殊绝。

55.《吴昌硕印谱》四卷，清吴俊卿篆刻，民国初年有正书局拓印本。黑格，每页一印，或拓侧款。书口下方刻“有正书局”四字。

吴俊卿（1844—1927），原名俊，字昌硕，别号缶庐、苦铁、破荷、老缶、大聋，七十岁后以字行。二十九岁到苏州，在潘祖荫、吴云、吴大澂处获见古代彝器及名人书画，从杨岘进修文艺，钻研诗、书。篆刻初从浙皖诸家入手，上溯秦汉印鉩，不蹈常规，钝刀硬入，朴茂苍劲，前无古人。

56.《借碧簃集印》一卷，清元和顾承集，同治年间（1862—1874）钤印本。每页一印，拓有侧款。集有丁敬、奚冈、黄易、杨澥、赵之谦等刻印。版框墨刷，书口下方刻有“借碧簃集印”五字。

顾承，字骏叔。顾文彬之子。精于鉴赏。

57.《虹桥印谱》一卷，清吴县沈祚昌篆。李文裿《冷雪庵知见印谱目录》著录。

沈祚昌，字乘时，原名御天，自号虹桥居士，吴县诸生。研讨六书，究心碑版。金石篆刻苍秀雅劲，深得古趣。

58.《媚清居印闲》一卷，清吴县金允迪篆刻。见李文裿《冷雪庐知见印谱目录》著录。

金允迪，字叔向，苏州人。见《广印人传补遗》.

59.《篆摹印谱》一卷，清吴县何世基篆刻。李文祷《冷雪庵知见印谱目录》著录。

何世基，字云石，吴县人。见《广印人传补遗》

60.《鹤庐印存》二卷，元和顾麟士藏印，民国初年钤印本。上卷无格，下卷黑格。书口下刻“鹤庐印存”四字，版框外刻一“玉”字，每页二印。

顾麟士（1865—1930），字鹤逸，别号西津渔父，元和（今苏州市）人。顾文彬之孙，工画山水。过云楼收藏之富，甲于吴下。涵濡功深，故笔多逸气，尤长于临古。其家怡园别业、水木清华，尝与契友会画其中，有云林清秘遗风。

61.《王冰铁印存》五卷，清吴县王大炘篆刻，民国丙寅（1926）印本。蓝线格，每页一印。有吴芝英题首，袁克文、郑文焯、章钰序，俞复跋。

王大炘，字冠山，一字贯三，号冰铁，又署巏山民。清末民初人，所居曰冰铁戡。篆刻初学浙派，后以秦汉为法，旁及皖派。侧款刻单刀楷书，略嫌松散。

62.《徵赏斋古铜印存》五卷，清吴中黄吉园集，民国甲子（1924）印本。黑格，每页二印，首有长沙叶德辉序。

63.《寿石斋印存》四卷，吴县周容篆刻，民国初年钤印本。李文祷《冷雪庵知见印谱目录》著录。

周容，字梅谷，吴县人。精于金石，刻印宗秦汉，又善刻碑石。见《广印人传》。

64.《寒月斋主印存》一卷，吴门张兆麟篆，民国十八年（1929）印本。有李根源书封面，朱家元、余觉、王蕴章等序，张荣培跋。

65.《梅景书屋印选》二卷，吴门吴湖帆藏辑，民国二十二年（1933）印本。

吴湖帆（1894—1968），名倩，原名万。又号倩庵，别署丑簃、翼燕。山水画家。画风秀丽丰腴，清隽雅逸。系吴大澂之孙，故收藏极富。

66.《古今印选》四卷，明鹿城（今昆山）方用光辑，明万历三十一年（1603）刻巾箱本。翁大年《印谱考略》称："是谱鹿城方用光元孚选。"瓦翁先生藏有朱印残卷，内容为顾鼎臣、方鹏、文徵明、王稚登等当时名公姓名章。

67.《传是楼汉印谱》一卷，清玉峰徐氏集钤本。见李文裿《冷雪庵知见印谱目录》。

68.《玉球生印存》二卷，清昆山马光楣篆刻，民国十一年（1922）钤印本。黑格，书口上刻"玉球生印存"五字，下刻"自得庐"三字。每页一印，并拓有边款。首有自序。

马光楣，字眉寿，号梅轩。别号西鹿山人、玉山痴人。

69.《印宗》一卷，清吴江李兼三篆刻，康熙四十二年（1703）钤印本。黑格，书口上方刻有"印宗"二字，下刻页数。每页前后各二印，印下刻有释文。末附《刀篆秘旨》一卷，前有康熙癸未笠泽沈瓒序及自序。

李兼三，字西昆，吴江人。署名据康熙原钤本。可改正《中国美术家人名辞典》作李兼字三西之误。

70.《问奇亭印谱》四卷，清吴江陆廷槐辑，嘉庆十四年（1809）钤印本。日本《静嘉堂秘籍志》卷二十六著录称："此谱清陆廷槐编，共四卷。嘉庆己巳刊。题笠泽陆廷槐花谷氏辑，每卷有序跋。"

71.《清承堂印赏初集》四卷《二集》四卷，清松陵张与令鉴藏，嘉庆十九年（1814）钤印本。版格墨刷，每页前幅四印居多，有释文。

张与令，字芳遐，号杏初，又号涵虚，吴江人。工写生，兼习分隶篆刻。收藏古人名印甚夥。

72.《宝印集》一卷，清笠泽王砚农藏印，道光十二年（1832）钤印本。

73.《陶斋印谱》二卷，清吴江翁大年篆刻并辑，道光间（1821—1850）成书。篆法取法秦汉，结体精致妥贴，侧款作小楷，颇有韵致。

翁大年，字叔均，号陶斋，吴江人。居莺脰湖，善刻印。工秀有法，出自汉印。与曹山彦同工而异曲。

74.《杨龙石印存》二卷，清吴江杨澥刻，约道光间（1821—1850）钤印本。邵松年楷书扉页。每页一印。附拓侧款。

杨澥（1781—1850），原名海，字竹塘，一字竹唐，号龙石，晚号野航，别号石公山人，吴江人。深研金石考据，并善刻竹。篆刻早年学浙派，后侧重秦汉。力矫妩媚之习，自有特点。晚年所刻正书、隶书，侧款得汉魏六朝碑刻遗意。

75.《采柏园古印泽存》一卷，清笠泽凌坛手集，子凌镐校，咸丰丁巳（1857）拓印本。首有吴人徐康题封面，凌龙人、凌苇裳题词，又阳湖李锦鸿绘“西祥先生遗像”。

76.《凌氏藏印》一卷，清吴江凌镐藏印，约同治间（1862—1874）钤印本。每页前幅二印，约九十八纽。首署“凌镐龙人藏印”六字墨迹，尾有虞山杨沂孙题识，称书为凌氏所贻。

77.《灵芬馆印存》二卷，清吴江郭麐藏印，光绪间（1875—1908）成书。版框墨刷，每页前幅一印。间有墨拓边款，前有张鸣珂序。

郭麐（1767—1831），字祥伯，号频伽，吴江诸生。少游姚鼐之门，尤为阮元所赏识。工词章，善篆刻，间画竹石，别有天趣。

78.《郭频伽印存》一卷，清吴江郭麐篆，民国三年（1913）影印本。

79.《印禅室印存》一卷，清吴江孙云锦篆刻。见李文裿

《冷雪庵知见印谱目录》

孙云锦（1821—1892），字质先，吴江人。书宗米董，铁笔得邓石如法。

80.《玉燕巢印萃》一卷，清吴江张澹篆刻。见李文裿《冷雪庵知见印谱目录》著录。

张澹，字春水，吴江盛泽镇人。工书善画，兼精刻印。

81.《严髻珠先生印稿》一卷，明常熟严棫摹印，清初钤印本。每页两印至九印。有钱谦益、王时敏、查士标、钱陆灿等诸名家印记，末有石倳、石步昌、毛扆、枕梅仙史、七芗、季锡畴等跋。

严棫，字子张，号髻珠，明常熟人。为武英殿大学士严讷之孙，长洲文震孟之婿。崇祯进士。工书画，精篆刻。有秦汉人淳朴之致。

82.《虚白斋印谱》四卷，清虞山沈世和摹印，康熙间（1662—1722）钤印本。版框墨刷，每页前幅二至四印。前有益都赵执信序。谱中所载为吴门李煦竹村名号、室名等印，凡三百余枚。

沈世和，字石民，工书画，精篆刻。侨居吴门，廷尉李煦延致幕下，名著一时。

83.《凤凰村印谱》一卷，清虞山徐观复刻，康熙二十六年（1687）钤印本。

84.《宝砚斋印谱》二卷，清海虞林皋刻并辑，康熙五十年（1711）成书。每页钤二至八印。前有钱朝鼎、徐乾学等十六家序文，毛祐等三人跋。

林皋，字鹤田，一字鹤颠，其先闽人。刻印宗文彭，亦似沈石民。当时名家王翚、吴历、徐乾学、钱陆灿等人所用印章皆出其手，后人称为林派。

85.《严素峰印谱》二卷，清海虞严源摹印，乾隆间（1736—1795）钤印本。每页前幅钤一印至二印，并有注释。前有董邦达及贺寿题诗。

严源，字素峰，号景湘，明相国严讷裔孙。尝得严文靖（讷）家传古铜玉印及印谱八卷，昕夕摩挲。师承秦汉，颉颃丁黄。

86.《翁苞封印存》一卷，清常熟翁苞封摹印，道光间（1821—1850）钤印本。版框墨刷，每页前幅一印至四印。

翁苞封，字竹君，号石梅。善各体书，工篆刻，一以完白山人为宗。

87.《小石山房印谱》六卷，清海虞顾湘、顾浩同辑，道光八年（1828）印巾箱本。每页前幅自一印至四印不等，有释文并王学浩、邵渊耀等序。

顾湘，字翠岚，号兰江。与其弟浩（养之）俱有金石癖，富收藏。尤嗜印章，尝延古歙名刻家程春岩镌摹颇夥。

88.《小石山房印苑》十二卷，清虞山顾湘编辑，道光十年（1830）钤印本。版框墨刷，每页前幅一印至四印，自元人朱伯盛迄清道光时程寿岩止。百名家刻印四百余枚。

89.《小石山房印谱》四卷《集名刻》一卷《集金玉晶石铜牙瓷竹木类印》一卷《归去来辞》一卷，清海虞顾湘鉴藏，道光十二年（1832）印本。

90.《述古堂印谱》八卷《临学山堂印》四卷《临赖古堂印》四卷《临飞鸿堂印》八卷，清虞山严熙豫藏，古歙程椿校选，道光十九年（1839）钤印本。每页前幅自三印至六七印不等，皆标明品质。有林则徐、翁心存序文。

91.《印原》二卷，清昭文顾浩篆，道光二十七年（1847）爽来精舍印本。孙殿起《贩书偶记续编》著录。

92.《学山堂印存》四卷，清海虞顾湘藏印，道光二十九年（1849）印本。此为顾氏得《学山堂印谱》原印而成，首有湘自序。

93.《名印传真》六册，顾氏小石山房藏印，后由各房分储，此其后人别编之本。大六开本，版框兰刷，每页前幅一印。墨拓边题，有季锡畴序。

94.《名印传真》十册，顾氏后人别编之十二开本，印亦俱见《小石山房印谱》及《印苑》。版框兰刷，每页前幅一印，墨拓边题，有顾湘序。

95.《铁琴铜剑楼集古印谱》八卷，清常熟瞿镛编，咸丰丙辰（1856）钤印本。每页一至二印，首有宋翔凤、季锡畴、邵渊耀序。

96.《集古印谱》三卷，清常熟瞿镛编，咸丰六年（1856）印本。第一卷为秦汉六朝官私印，第二卷为唐宋金元官私印，第三卷为宋元集印附存。

97.《印隅》四卷，清海虞张汝升篆刻，光绪十一年（1885）印本。

98.《继善印略》一卷，清常熟翁之礽摹，光绪十四年（1888）印本。

翁之礽，字枚生，别号继善居士，常熟南沙人。

99.《印印》四卷，清海虞杨沂孙篆，殷用霖镌，光绪间（1875—1908）印本。

杨沂孙，原名咏春，字子与，晚号濠叟。工篆隶。版框墨刷，每页一至四印，共一百六十余枚，有自序。

100.《臞鹤轩印谱》二卷，清虞山殷用霖摹印，光绪间（1875—1908）印本。每页二至四印。

殷用霖，字伯唐，为杨沂孙入室弟子。工篆隶，精铁笔，所制一如其师。

101.《赵古泥印存》四卷，虞山赵石篆刻，民国三十年

(1941) 印本。

赵石（1874—1941），字石农，号古泥，别号泥道人，常熟人。少为药店学徒，后从吴昌硕学篆刻。工书法，苍老朴厚，与同里翁同龢晚年所书，难分轩轾。篆刻作品，数以万计，以奔放苍浑胜。

102.《芥弥精舍印萃》二十卷，虞山沈煦孙辑，民国初年钤印本。此为常熟沈氏师米斋所得顾氏小石山房旧藏学山堂图章而编辑成书。

103.《兰石轩印草》三十六卷，清虞山庞裁篆刻，民国三十年（1941）钤印本。凡《诗品印谱》六册，《仿古印谱》初、二集八册，《游戏印谱》初、二集八册，《款章印谱》初、二集十册，《残石印谱》初、二集四册。首有吴大澂署封面及印草价目，篆刻润例。

松江府

104.《顾氏集古印谱》六卷，明上海顾从德集并辑，明隆庆壬申年（1572）木刻本。每面四行，上下横格，第一卷为官印，其余皆私印。分韵为次序，首有四明沈明臣、吴门黄姬水序及凡例十五则。

105.《集古印谱》六卷，明太原王常编，云间顾从德集并辑，明万历三年（1575）云间顾氏芸阁刊本。前有王稚登序、顾从德刻书引。

顾从德，字汝修，好藏古印章。沈明臣序称从德所藏玉印一百六十有奇，铜印一千六百有奇，可谓至富。先以原印编拓成谱二十部，因求之者踵接，而钤拓费时，乃钩摹前人所录旧谱，去其重复，悉付枣梨。首尚方诸宝，次官印，次私印。

106.《秦汉印范》六卷，明云间潘云杰编，明万历三十四年（1606）刻钤印本。序及版框均兰刷。前有豫章张寿朋题词、张所敬序，又潘云杰自序，小引、凡例各一，下刻印谱旧序八通。据凡例言："家藏铜印千余，不足者以青田石勒补，二载始竣，顿还旧观。且用朱砂逐方印定。鉴者自能具眼。"

107.《集古印范》十卷，明云间潘云杰辑，明万历丁未（1607）刻钤印本。序及版框兰刷。前有自序，每页六印。共收印二千六百有奇。

潘云杰，字源常，松江人。

108.《古印选》四卷，明华亭陈钜昌摹，万历甲辰（1604）刻钤印本。版框墨刷，每页一至三印不等，印下注释文纽式。前有张翼珍、董其昌、孙克弘序，又陈钜昌自序。

109.《片玉斋集古印章》八卷，明云间陆鑨集，明万历二十三年（1595）刻钤印本。每页二十四格、钤十二印，下注释文。第一卷官印纽式，第二至第八卷私印。凡例十一则附。前有王师鲁、俞希鲁、唐愚士《杨氏集印谱》序，揭汯《吴氏印谱》序，沈明臣、黄姬水、顾从德、王稚登《顾氏印谱》序。

110.《卧游斋印谱》十卷，清嘉定金惟骙辑，乾隆初年印行袖珍本。每页一印。瞿中溶云：“其印谱印行甚少，故传于世者尤未广。”

金惟骙，字叔良，一字月泉，例选西宁府经历，性嗜古，工词翰，尝梓邑人著述数十种。

111.《澄怀堂印谱》四卷，清云间王玉如摹印，乾隆丙寅（1746）洞庭叶氏刻印本。每页前幅二印至四印，有释文。前有黄之隽、凌如焕、杨述曾、李果、吴定璋、沈元禄、叶长扬、沈健行、张炜、叶仁鉴、叶锦、王玉如序。

王玉如，字声振，号研山，松江南桥人。刻印亲承伯氏睿章之指授，工整雅善，微嫌妍媚。

112.《醉爱居印赏》二卷，清上海王睿章篆，乾隆六年（1741）钤印本。并附考篆文刀法，笺释字义，结构精严。

王睿章，字贞六，一字曾麓，别号雪岑翁，康熙时松江人。家贫，藉铁笔为生，与莫秉清、张智锡齐名。

113.《花影集印谱》一卷，清云间王睿章篆刻。见李文裿《冷雪庵知见印谱目录》著录。

114.《存古斋印谱》一卷，清云间张智锡篆刻。李文裿《冷雪庵知见印谱目录》著录。

张智锡，字学之，号药之，松江人。精篆法，以铁笔著称。

115.《葛氏印谱》一卷，清华亭葛潜篆刻，乾隆间钤印本。朱彝尊序云："予见葛氏之谱，凡攻乎坚者益工，深合于秦汉之法，独有会于心而序之也。"

葛潜，又名起，字振千，号南庐，华亭人。工篆刻，宗秦汉，且晶玉陶瓷皆能治之。

116.《坤皋铁笔》二卷，清奉贤鞠履厚摹印，乾隆九年(1744)钤印本。版框墨刷，每页前幅一印至九印不等，有释文。前有沈德潜、史贻直、胡二乐、姚昌铭、王景堂序，又自序及例言六则，并附《印文考略》一卷。

鞠履厚，字坤皋，号樵霞，别号一草主人，奉贤南桥人。长六书，工篆刻，摹前人之作功力精深，名噪一时。

117.《坤皋铁笔余集》五卷，清奉贤鞠履厚摹印，乾隆四十四年(1779)刻成钤印本。

118.《秋水园印谱》四卷，清云间陈炼篆刻，乾隆二十五年(1760)钤印本。

陈炼，字在专，号西庵，又号炼玉道人，原籍同安，流寓华亭。性嗜古，与汪启淑交善。工诗，书法宗怀素。善治印，作品一变故态，直入古人堂奥，自成一格。

119.《属云楼印谱》一卷，清云间陈炼篆刻，乾隆三十年(1765)钤印本。每页二印至四印，首范棫士、汪永楷序。

120.《兰襟印草》二卷，清华亭周玉阶刻，嘉庆十六年

(1811) 钤印本。

121.《瑁湖书屋藏印》一卷，清云间周晋恒集，道光己丑(1829) 钤印本。尾有吴本杰跋。

122.《古铁斋印谱》一卷，清娄县冯承辉篆。李文裿《冷雪庵知见印谱目录》著录。

冯承辉，字少眉，号伯承，娄县人。嗜篆刻，上规秦汉，篆摹石鼓，隶学《史晨》、《校官碑》，旁通画法。著有《印识》及《印学管见》。

123.《秦汉印型》二卷，清青浦陆元珪集。道光间(1821—1850) 钤印本。翁氏《印谱考略》称："青浦陆元珪瑶圃、吴江翁大年叔均同摹，有张叔未序。"

陆元珪，号瑶圃，青浦人，璞堂少子。精鉴古，工诗词篆刻。

124.《印管》十二卷，清上海强行健摹刻。李文裿《冷雪庵知见印谱目录》著录。

强行健，字顺之，别号易窗道人。画山水仿宋元诸家，工书，分隶尤妙。篆刻师何震、苏宣。

125.《文秘阁印谱稿》四卷，清金山杨心源篆。李文裿《冷雪庵知见印谱目录》著录。

杨心源，字复夫，一字修堂，号自山。精研篆隶之学，家藏碑版及明人印谱甚富。又工刻印。

126.《含翠轩印存》四卷，清娄县钱世徵篆刻。李文裿《冷雪庵知见印谱目录》著录。

钱世徵，字聘侯，号雪樵，松江人。国学生，写兰得郑思肖、赵孟坚遗意，工篆刻。

127.《陶斋印存》一卷，清华亭吴钧篆刻。李文裿《冷雪庵知见印谱目录》著录。

吴钧，字陶宰，松江人。工诗，篆隶书并可传世。刻印专师何震。

128.《寿萱室印草》六卷，清华亭陈一飞篆刻。李文裿《冷雪庵知见印谱目录》著录。

陈一飞，以字行，晚号寿萱，松江人。工绘事，精白描，善刻印。

129.《崇雅堂印赏》二卷，清华亭杨汝谐篆刻。李文裿《冷雪庵知见印谱目录》著录。

杨汝谐，字端揆，号柳汀，又号退谷，松江人。以资授通判，篆刻迥异流俗。

130.《方竹居印草》一卷，清华亭郭以庆篆刻。李文裿《冷雪庵知见印谱目录》著录。

郭以庆，字怡云，华亭人。

131.《印谱合璧》一卷，清华亭盛谊枚选辑。李文裿《冷雪庵知见印谱目录》著录。

132.《五马金章印谱》一卷，清华亭张坤篆刻。李文椅《冷雪庵知见印谱目录》著录。

张坤，字南山，华亭人。见《广印人传补遗》。

133.《镜园印谱》一卷，清娄县杜超篆刻。李文椅《冷雪庵知见印谱目录》著录。

杜超，字越伦，一字月舱，别号南冈山人。究心六书，耽篆刻。凡《秦流印薮》、《印统》、《宣和印史》诸谱，搜罗购觅，晴窗临摹，深得古法。

134.《讷庵印谱》四卷，清华亭徐钰篆刻。李文椅《冷雪庵知见印谱目录》著录。

徐钰，字席珍，号纳庵，松江人。工刻碑碣，波磔处毫发无遗憾。善镌晶玉铜瓷印。

135.《葭轩印品》四卷，清嘉定杜世柏篆刻。李文椅《冷雪庵知见印谱目录》著录。

杜世柏，字参云。自号葭轩。嗜篆刻，研究入体。探讨石鼓、壁经及各碑版，复工拨腊法，铸铜章直逼秦汉。

136.《胡公寿集铜印》四卷，清华亭胡远集，光绪间（1875—1908）钤印本。

胡远，字公寿，号瘦鹤，画用字行，又号横云山民，华亭人。能诗，善书画。咸丰十一年（1861）至上海，后买宅，颜曰“寄鹤轩”，与李善兰、胡震诸名流友善，卖画自给。

137.《阿兰那馆印草》十二卷，清娄县沈铦篆刻。李文裿《冷雪庵知见印谱目录》著录。

沈铦，字元成，号诚斋，娄县人。廪贡生。光绪初流寓上海，精汉隶，工山水，似胡横云，尤得天真烂漫之趣。刻印亦然。

138.《印林从新》二卷，清金山张隽生篆刻，光绪庚辰（1880）年钤印本。回文格袖珍本，每页二印至四印。背刻释文，首有自序。

139.《依古庐篆痕》一卷，清崇明童大年篆刻。李文裿《冷雪庵知见印谱目录》著录。

童大年，字醒庵，又字心安，号性涵。崇明人。后流寓上海。

常州府

140.《漆园印型》十三册，清晋陵庄冏生集，道光辛卯（1831）钤印本。前有许琏、张廷济序。

庄冏生（1627—1679），一作褐生，字玉骢，号澹庵，武进人。顺治进士，仕至右庶子兼侍读。工诗古文辞，善书画。

141.《受斋印存》一卷，清毗陵白受斋篆，嘉庆十年（1805）钤印本。

142.《西螽印谱》一卷，清武进黄景仁篆刻。李文裿《冷雪庵知见印谱目录》著录。

黄景仁，字汉镛，一字仲则，自号鹿菲子。乾隆四十一年清帝东巡，召试，入二等，在武英殿书签，例得主簿，以诗词有名当代，旁通篆刻。

143.《画梅楼摹古印存》一卷，清武进汤绶名摹刻，道光六年（1826）成书。每页二印，前有汪昉、汪喜孙题诗，王志融序。

汤绶铭，字寿民，一字封民，武进人。汤贻芬之长子，袭云骑尉。官盐城守备。精四体书，又工铁笔。善画墨梅桃花。

144.《适园印存》二卷，清武进吴咨篆刻，道光三十年（1850）钤印本。每页一至四印，首有自序及汪昉撰《吴圣俞传》。

吴咨（1813—1858），字圣俞，号哂予，武进人。博览金石文字、秦汉碑版，通六书，擅篆隶书。篆刻取法秦汉，参以宋元，别具一格。

145.《剑秋印书》二卷，清兰陵董剑秋篆刻，同治七年（1868）钤印本。

146.《百将百美合璧印谱》八卷，清武进赵穆篆，光绪十一年（1885）钤印本。

赵穆，字穆父，原名垣，字仲穆，又字穆庵，号牧园，别号琴鹤生，晚号老铁，武进人。性高旷，早年旅客扬州，受业于吴熙载门下垂十载。后追踪秦汉，别树一帜。工篆刻，刀法圆健，远近争相罗购。

147.《圣庙先贤姓氏爵里印谱》八卷，清武进赵穆篆刻，光绪间（1875—1908）钤印本。

148.《双清阁印存》二卷，清武进赵穆篆刻，光绪十八年（1892）钤印本。

149.《遂园印稿》四卷，清武进徐养吾篆刻，民国二年（1913）钤印本。

150.《云深处印存》一卷，清阳湖史致谟集。李文裿《冷雪庵知见印谱目录》著录。

史致谟，字彰圣，号幹辅，光绪时官湖北侯补知县。善隶篆，工刻印。

151.《渥雪堂印谱》一卷，清毗陵杨式金篆刻。李文裿《冷雪庵知见印谱目录》著录。《广印人传》称其铁笔有逸致。

152.《古今印则》四卷，明梁溪程远摹选，明万历间（1573—1620）项氏宛委堂钤印本。版框墨刷。每页前幅横列六印，下有释文。有朱之藩、屠隆、张纳升序，次凡例五则并归昌世、董其昌、顾起元、沈漼、陈继儒、张凤翼、王稚登、虞长孺、姚士麟跋，末附《印旨》一卷。上册摹秦汉印，下册摹明人作印。

程远，字彦明，无锡人。篆书刻印兼擅并美，摹刻前人名作足为后人楷则。

153.《素园印存》一卷，清锡山王游篆刻，乾隆五年（1740）钤印本。每页四印。前有诸洛、周天度序，倪学端跋。

王游，字景言，号镜岩，一字素园。为金坛王澍弟子。工书，善铁笔。有《青箱阁临古帖》二百余种。

154.《四本堂印谱》一卷，清金匮王游篆刻。李文裿《冷雪庵知见印谱目录》著录。

155.《秋蘋印草》二卷，清锡山华文彬篆刻，嘉庆二十一年（1816）借云馆钤印本。孙殿起《贩书偶记续编》著录。

156.《履园印选》一卷，清金匮钱泳篆刻，道光间（1821—1850）钤印本。

钱泳，字立群，号梅溪，别号梅花溪居士。尝客游毕沅幕中。工篆隶，精镌碑版。作印有文彭、吴迥风格。

157.《芙蓉馆印言》一卷，清梁溪张觐垣篆刻。李文裿《冷雪庵知见印谱目录》著录。

张觐垣，字在宁，无锡人。工篆刻。

158.《演露堂印赏》二卷，明江阴夏树芳鉴定，云间陈继儒同参，明崇祯六年（1633）钤印本。孙殿起《贩书偶记》著录。

夏树芳，字茂卿，江阴人。万历举人，著有《茶董》、《酒颠》、《奇姓通》、《法喜志》等书。

159.《谦斋印谱》二卷，清江阴沈凤篆并辑，雍正七年（1729）钤印本。每页一至八印，前有汪士宏、王澍序及自序。

沈凤，字凡民，号补萝，江阴人。曾官南河同知，幼从王澍学，时澍馆淮安程氏，得观所藏碑帖彝器、晋唐真迹，纵观临摹，业遂以精。自言平生篆刻第一，画次之。

160.《友石轩印谱》二卷，清澄江钱浦云篆刻，乾隆二十六年（1761）钤印本。每页一至四印。前有卢文弨、庄承篯、沈畴初序。

161.《夏氏半阁拾古印遗》二卷，清江阴夏犀集，乾隆壬辰（1772）钤印本。分官印、私印各一卷，印下附释印文及某钮。首附《古印考略》一卷，有张兆佳、杨振昆序及其子莘跋。孙殿起《贩书偶记续编》著录。

162.《四知堂印谱》一卷，清江阴杨德敷篆，同邑钱廷栋摹，乾隆四十三年（1778）钤印袖珍本。孙殿起《贩书偶记》著录。

163.《玉台印谱》一卷，清江阴孔千秋篆刻并辑，乾隆间（1736—1795）钤印本。

孔千秋，号瑶山，江阴布衣。精究六书，以铁笔世其业。毕沅《经训堂帖》多出其手。

164.《绳斋印稿》一卷，清江阴陈继德篆，嘉庆四年（1799）钤印本。孙殿起《贩书偶记》著录。

陈继德，字晋亭，道光时国子生，工篆书，兼精刻印。

165.《古梅花阁仿完白山人印剩》二卷，清暨阳王尔度篆刻，光绪元年（1875）成书。每页一至四印。

王尔度，字顷波，宜兴人。篆书刻印一以邓完白为师。

镇江府

166.《摹赖古堂印谱》不分卷，清丹徒张秉锐篆刻，嘉庆八年（1803）钤印本。自序称：“摹得闲章一百二十余方，分为二卷。”中为其弟镜堂所镌者十之二三。

167.《问经堂印谱》三集十二卷，清丹徒包桂生摹印，咸丰间（1851—1861）钤印本。每页前幅一印至四印，释文在页之后幅，有咸丰间诸家序。

包桂生，字子丹，丹徒人。摹印专宗林鹤田，临林诸刻，纤微毕肖，可以乱真。

168.《研妙室印略》一卷，清丹徒赵荣篆，咸丰九年（1859）钤印本。每页四印，有杨桀序。

赵荣，字子木，别字怀公，丹徒人。诸生。工山水，尤精篆刻。

169.《自怡堂印存》四卷，清丹徒周德华篆刻，光绪二十四年（1898）钤印本。

周德华，字小舫，号赘庵，又号方舟，丹徒人。嗜古学，精鉴别，所蓄古印及自刻印几及万钮，故颜其室曰“万印山房”。

170.《铁云藏印初集》十卷《续集》十二卷《三集》十四卷《四集》十二卷，清丹徒刘鹗集。全书收录二千余钮。约光绪间（1875—1908）印本。

刘鹗，字铁云，丹徒人。所著《老残游记》驰名于清末小说界，而其研究与集藏甲骨，实为中国研究甲骨文之先驱。

171.《侣鸿轩印稿》一卷，清丹徒吴芷令篆刻，民国十五年（1926）印本。李文裿《冷雪庵知见印谱目录》著录。

172.《餐霞阁印稿》一卷，清镇江吴载和篆刻，民国十五年（1926）印本。李文裿《冷雪庵知见印谱目录》著录。

173.《蝶庵印谱》一卷，明金沙冯克圣篆，黟山倪士默集，万历四十六年（1618）刻印本。孙殿起《贩书偶记续编》著录，一名《篆影》。

太仓州

174.《修能印品》九集，明疁城朱简摹印，明万历间（1573—1620）钤印本。每页四印至十余印。此谱拓印有特异处，即钤印在每页之后幅，刻释文于次页之前幅，共分七品为七集，每品有题名及韵语若干句，冠于首。每集末页后幅载明刻竣年月。末集墨刷，备述前人刻印之讹误，并举摹若干印考释是正，至为详尽。前有陈继儒、赵宧光序，尾有黄经、赵益昌跋。

175.《宝印斋印式》一卷，明太仓汪关篆刻并辑，明万历间（1573—1620）成书。每页六至八印，所辑皆晚明名人用印，有李流芳、程嘉燧、唐汝询亲笔题。顾氏过云楼藏原稿本。

汪关，原名东阳，字杲叔，后得一铜印“汪关”，以此更名。原籍歙县，定居娄东（今太仓）。家藏金玉铜印不下二百钮，治印力追汉人，步武宋元，精于冲刀法。作款，喜以双刀为之，对后世影响甚大，世称“娄东派”。

176.《赵凡夫先生印谱》不分卷，明太仓赵宧光篆刻，乾隆十年（1745）冲规草堂钤印本。每格一印，有释文。原装十二册，有赵宧光、吴翀序。

赵宧光，字凡夫，一字水臣，号广平，太仓人。国学生，卜居苏州寒山。尤专精字学，《说文长笺》其所独解。曾创作草篆，能刻印。

177.《朱子家训印章》一卷，清娄东邢德原篆，乾隆十五年（1750）钤印本。版框墨刷，每页二印注释文。书口刻有“耕云书屋”四字，前有沈起元、毛咏、方青选、刁戴高序及自序。

178.《阴骘文印谱》一卷，清娄江邢德厚篆刻，乾隆十六年（1751）钤印本。每页四格，每格二印，注释文。有沈德潜、毛咏序，柏谦跋。

179.《古今印谱》一卷，清娄东赵壁篆刻，乾隆十九年（1754）钤印本。

180.《广绀斋印谱》二卷，清镇洋毕泷辑，毕熙曾音释，嘉庆元年（1796）钤印本。孙殿起《贩书偶记续编》著录。

181.《翦霞馆印谱》一卷，清娄江张尚礼摹，道光七年（1827）钤印本。孙殿起《贩书偶记》著录。

182.《意园古今富印匋》八卷，清东娄侯汝承集，民国十四年（1925）印本。

侯汝承，字意园，原籍杞县，流寓太仓。诸生，官行唐知县。工花卉草虫，得恽寿平神韵。亦能山水，喜藏古印。

183.《菌阁藏印》一卷，明疁城朱简摹印，明万历间钤印本。每页十二印者居多。此亦朱简手刻，墨刷朱钤，式样一如前谱。所刻印文大抵当时名公巨卿之名号。谱中摹拟秦人朱文小鉨法者十有六七。末为斋堂名称印。前有自识，册尾有自跋及诸家题辞。

184.《乐古印存》八卷，清嘉定钱侗篆刻。李文裿《冷雪庵知见印谱目录》著录。

钱侗，字同人，号赵堂，钱大昕之侄。嘉庆举人，叙知县。能传大昕历算之学，篆刻不多作。

185.《乐斯堂印存》三卷，清嘉定钱侗篆刻。见李文裿《冷雪庵知见印谱目录》著录。

186.《古藤斋印谱》一卷，清嘉定陈浩篆刻。见李文裿《冷雪庵知见印谱目录》著录。

陈浩，字智周，号沚洲，嘉定人。诸生。摹印得张紫庭秘授而取法汉人。

187.《练滨草堂印谱》一卷，清嘉定杨谦篆刻。

杨谦，字吉人，嘉定人。中年客邗上。善书画，尤精篆刻。

188.《芸轩铁笔》四卷，清嘉定杨谦篆刻。见李文裿《冷雪庵知见印谱目录》著录。

扬州府

189.《考古正文印薮》六卷，明江都张学礼、京口刘汝立同选，明万历十七年（1589）钤印本。每页二至四印。前有自序，末附印谱旧序七通及自跋。此谱首创，皆秦汉原印。观者快目。

190.《印隽》四卷，明广陵梁帙摹印，明万历三十八年（1610）钤印本。版框墨刷，每页横列印二行或一行。前有祝世禄、俞安期序。

梁袠，字千秋，扬州人。居南京，工刻印。一以何震为宗，善摹何氏之作。

191.《师意斋秦汉印谱》一卷，清甘泉程从龙辑，乾隆三年（1738）钤印本。孙殿起《贩书偶记》著录。前有厉鹗、周铨序并自序。

192.《程荔江印谱》一卷，清甘泉程从龙篆刻，民国十三年（1924）商务印书馆景印本。

193.《罗两峰印存》一卷，清扬州罗聘篆刻，宣统间（1909—1911）上海影印本。孙殿起《贩书偶记续编》著录。

罗聘，字遁夫，号两峰，自号花之寺僧，扬州人。金农弟子，“扬州八怪”之一，刻印入上乘。

194.《小碧琅馆印谱》一卷，清江都林鸿篆。李文裿《冷雪庵知见印谱目录》著录。

林鸿，字椒生，林溥之弟，隐居不仕，工刻印，与陈鸿寿埒.

195.《卤亭印谱》一卷，清江都许瓒集，李文裿《冷雪庵知见印谱目录》著录。

许瓒，字玉粲，工小篆，善铁笔。

196.《老姜印谱》一卷，清江都张镠篆刻，咸同间钤印本。

张镠，字子贞，一作紫贞，号老姜，别号井南居士，江都人。书工篆隶，善作写意山水。精刻印，宗汉人。字法、刀法又得力于浙派印风。

197.《十二砚斋印存》八卷，清仪征汪鋆藏，同光间钤印本。版框墨刷，每页一印。书口分别刻有“金石丝竹匏土革木”八字。

汪鋆，字砚山，仪征人。工诗，邃于金石，善山水花卉，兼能写真。著有《十二砚斋金石过眼录》。

198.《晋铜鼓斋印存》四卷，清仪征吴熙载篆刻，李培桢辑，光绪二年（1876）成书。每页一至四印，前有吴云、方鼎锐及辑者序。

吴廷扬，字熙载，五十后以字行，号让之，又号晚学居士，仪征人。少为包世臣入室弟子，邃于小学。善各体书，尤工篆隶，能以碑刻摹印。传邓石如衣钵，亦自成面目。

199.《师慎轩印拾》八卷，清仪征吴熙载篆刻，光绪间钤印本。

200.《吴让之自评印稿》一卷，清仪征吴熙载篆刻，同治四年（1865）辑，自刻钤成。

201.《听雨草堂印集》四卷，清仪征吴熙载篆刻，民国七年（1918）印本。

202.《信古斋印存》二卷，清扬州徐信之篆刻，光绪二十一年（1895）钤印本。

203.《积古山房印谱》一卷，清高邮宋侃篆。李文裿《冷雪庵知见印谱目录》著录。

宋侃，字竹亭，奏刀运腕绰有慧业。王石臞、夏澹人为印谱作序。

204.《九如百寿印谱》一卷，清高邮梁登庸篆刻。李文裿《冷雪庵知见印谱目录》著录。

梁登庸，号惕庵。刻《陋室铭》，并著有《篆要》八则。

205.《意园印谱》一卷，清高邮宋彝篆刻。李文裿《冷雪庵知见印谱目录》著录。

宋彝，字人龙，尝以径寸寿山石摹禊帖，笔意工致，几欲驾玉枕而上之。

206.《敩让生印存》一卷，清仪征方镐刻，李文裿《冷雪庵知见印谱目录》著录。

方镐，字仰之，号根石，别号敩让生。篆隶刻印，俱仿吴让之。橐笔吴门，师事吴昌硕，能得其奥窔。

南通州

207.《皇明印史》四卷，明南通邵潜辑，天启元年（1621）钤印本。每页四印，有释文及小传。首有陈继儒序，毛应翔撰《邵山人传》。

邵潜，字潜夫，自号五岳外人。通州布衣。工诗歌，精籀篆，善八分，摹印乃其余事。

208.《谷园印谱》六卷，清如皋许容篆刻并辑，康熙十九年（1680）钤印本。版框墨刷，每页一至六印。有释文并注明刀法及篆文出处。

许容，字实夫，号默公，如皋人。官福州府检校，深究六书，熟写小篆，作印上追秦汉。

209.《柳舫集印》一卷，清如皋许容篆，嘉庆二十二年（1817）钤印本。

210.《史印》一卷，清如皋童昌令篆刻，康熙间（1662—1722）钤印本。版框墨刷，每页前幅一至二印。有释文，首有周金然序及自序。

童昌令，字鹿游，精六书，刻印尤工。冒襄《同人集》题其所作《印史》，有“知君绝艺能千古，一册能昭历代人”之诗句。

211.《韵言后略》一卷，清如皋童昌令篆刻，康熙四十七年（1708）钤印本。

212.《耕先印谱》一卷，清南通李荣曾篆刻，乾隆二年（1737）钤印本。每格一印，注释文。前有王游、吕燕昭等序及自序。

李荣曾，宁耕仙，一字耕先，南通人。国子生，善书画，能写墨竹。善刻印。

213.《楚桥印稿》四卷，清如皋黄学圯篆刻并辑，道光六年（1826）成书。每页一至二印。

黄学圯，字孺子，号楚桥，如皋人。

214.《历朝史印》十卷，清如皋黄学圯摹印，道光九年（1829）钤印本。前有朱圭序，沈业富、汪棣等跋。所刻自周代至明代著名人物姓名印，下载释文。

215.《读画轩印存》四卷，清如皋王俊篆刻。光绪三年（1877）钤印本。李文裿《冷雪庵知见印谱目录》著录。

216.《玉连环室印存》四卷，清崇川徐氏金石斋珍藏，光绪九年（1883）钤印本。

217.《求是于古斋印存》六卷，清如皋祝尧令编辑，光绪二十五年（1899）钤印本。

参考书目：

周亮工：《印人传》。
汪启淑：《续印人传》。
叶　铭：《再续印人传》。
李文裿：《冷雪庵知见印谱目录》。
罗福颐：《印谱考》。
罗福颐：《古铜印谱简目》。

叶　铭：《叶氏印谱存目》。

王敦化：《古铜印谱书目》。

张鲁庵：《张鲁庵藏印谱目录》。

孙殿起：《贩书偶记》。

孙殿起：《贩书偶记续编》。

江苏明清丛帖考略

我国的书法艺术，源远流长，至今已有三千多年历史。商周的甲骨契刻和鼎彝铭文，可见书法继承和发展。秦篆、汉隶、魏碑，晋唐宋元以来名家辈出，更是丰采多姿。著名书法家如东晋王羲之创妍美流便新体，又备精诸体，为历代学书者所崇尚；唐代有欧（阳询）、褚（遂良）、颜（真卿）、柳（公权）四大家，而怀素、张旭之狂草则别具艺术魅力；赵宋时有苏轼、黄庭坚、米芾、蔡襄并称名家；元人赵孟頫书法，篆籀分隶真行草无不冠绝；明代苏州有宋克、祝允明、文徵明、王宠等人均精于小楷，素负盛誉；清朝为翁（方纲）、刘（墉）、梁（同书）、王（文治）名闻于海内外，扬州八怪之一的郑燮融合正草隶篆，别具一格，创有“板桥体”。由于时间的推移，真迹日渐稀少，通过临摹镌刻丛帖的形式，使古人书法，赖此以传。

丛帖俗名“套帖”，相传始于五代南唐，见于宋人周密《云烟过眼录》载褚伯秀语：“江南李后主尝诏徐铉以所藏前代墨迹、古今法帖上石，名曰《升元帖》。”但此帖向无传本。宋代淳化三年（992）太宗赵炅出秘阁所藏历代法书，命侍书学士王著编次，标名法帖，摹勒于枣木板上；大臣进登二府，则赐一本。此即久负盛名之《淳化阁帖》。自此帖盛行，历代重辑、翻摹者甚多，宋帖如《大观帖》、《修内司帖》、《潭帖》、

《绛帖》、《戏鱼堂帖》诸刻，皆其子孙。影响所及，被奉为法帖之祖。但以上诸帖均非我省所刻。据文献记载，现属江苏范围内，自宋初至晚清时期所刻主要丛帖有：北宋时宋绶于淮安摹刻《赐书堂帖》、南宋时施宿于海陵摹刻《澄清堂帖》，原拓本亦早已不传；直至明代嘉靖年间（1522—1566），无锡华夏编次《真赏斋帖》、长洲文徵明撰集《停云馆帖》，同为名工章简父镌刻；万历年间（1573—1620）江宁徐氏所刻《金陵名贤帖》与长洲章藻镌《墨池堂选帖》、金坛王肯堂编刻《郁冈斋墨妙》，并为明代苏南刻帖之表表者；晚明时期松陵（今吴江）陆绍琏摹刻《有美堂帖》、江阴徐宏祖编《晴山堂帖》，神采颇足，亦称明帖中之佳品；清初康熙时虞山蒋陈锡辑刻《敬一堂帖》、扬州李宗孔撰集《李书楼正字帖》、长洲吴一蜚摹集《一经堂藏帖》，全帙传世不多；及至乾嘉之际，刻帖之风取得长足发展，镇洋（今太仓县）毕沅刻《经训堂法书》、吴县潘奕隽刻《三松堂墨刻》均称佳品，金匮（今无锡市）钱泳精镌碑帖，自辑及代人镌刻达数十种之多；清季元和（今苏州市）顾文彬所刻《过云楼藏帖》，可称《丛帖》之殿军。现据有关实物资料，结合个人知见所及，概述如下，以供编史修志参考。

应天府（清改江宁府）

1.《金陵名贤帖》八卷，明万历四十三年（1615）江宁徐氏勒石。此帖所刻为一时一地之书，凡五十四家，多其他丛帖中所不常见者。内容以诗为多，间有尺牍序记，摹勒颇精雅。是刻不独于书学有功，对研究乡邦文献者亦有所助。

卷一

杜水部环临王羲之五帖并跋、又焦竑跋

张阁学益英翰墨序、焦竑跋

李祭酒时勉徐镃冠礼诗文集序

张尚书暄参议王公像赞并序

丁郡伯镛送王兄谪官云南五律

金郡伯润题画卷七古、吴宽题七绝

庄内翰昶看到七律

卷二

黄工部谦送谢文卿归江东七古

陈别驾钢节临海亭序、徐缙跋

倪宗伯谦都宪罗公乞归五律

倪太宰岳倪谦制诰

倪方伯阜除夕七律

史处士忠冯夷七律

李太仆甡明日帖、与辣斋书

陈学宪钦渺渺桐江五古

黄锦衣琳与子象诗翰

卷三

顾司寇璘大仪五古、与子七律，顾起元跋

刘司空麟吾怀五古、与黄亲家训长书

梁司徒材与张中丞书、顾起元跋

徐山人霖会稽刻石、青莲五古

景宫允旸西铭、碧山七绝、与西亭年丈书

卷四

谢山人承举春风七古

王太仆韦阿娇怨等七绝四首、与惕庵亲家书、游大梁七律四首并跋，顾璘跋

张御史大夫琮录黄山谷与圣弼简并跋

卷五

周司徒金断壁七绝

李廉宪熙茂林五古

易郡伯蓁乱山七绝

陆刺史垔烟材七绝

尤佥宪霓翼南七绝

陈侍讲沂云头七绝二首、满庭芳词，顾起元跋

顾宪副璟游石门洞五律及七律、癸巳除夕自慰七律、奉和印冈先生庄居七律

王吏部銮元日早朝七律、顾起元跋

金山人琮鱼虾为侣七律二首、与宗鲁新翰

张佥宪恕两世通家七律

卷六

谢公直少南与张玉亭亲家书、茅斋七绝

严山人宾灯夕五律

王山人逢元歌赠歌伎五七律二首

俞孝廉大车申伯七律

金山人大舆应诏五古

黄孝廉炎杲赠谢子五古

顾山人源沈石田画跋、密竹七律

卷七

陈明府芹间讼、睡讼、良友赞

高郡丞远雨铭图跋

许太常谷止酒苦雨五律二首

王郡伯可大万里寒江七律、顾起元跋

胡内翰汝嘉入山、天坛、宝光寺、登阁五律四首

杨太学希淳西湖七律

余祭酒孟麟桃叶渡、落星冈五律二首

卷八

陈佥宪凤江村冬日竹枝词八首

马司业一龙涛河五古

姚郡伯汝循锦石山斋倡和诗序，赠张太初、朱元价超贡入京五律二首

姚鸿胪淛辛酉入春杂咏

黄吏部甲满树梅开七律二首

盛贡士时泰谢公墩游记并七古、大城山中旧游诗、与鸣岩兄契书二通

凡五十四人。每卷尾页刻有“万历乙卯徐氏勒石”篆书两行。

近人张伯英云：“《金陵名贤帖》八卷。帖末具名，每卷之末印‘万历乙卯徐氏勒石’篆书八字。所采以诗为多，间有尺牍序记。书则四体皆备。多帖中不恒见之人。题跋则焦竑、徐缙、顾起元等，顾跋尤多。疑此刻为顾所审定。各家之书多寡

不同。大抵名较著者选取较多。摹勒亦颇精雅。或谓选刻文字不当以地为限。限以地则隘与滥皆所不免。其说似近理，然昔贤文字佚而不传多矣。若学者各于所生之地求乡先进遗墨，视异乡人难易百倍，由知之也详而征集亦便。倘各郡邑皆有汇刻书如《金陵名贤》之例，则文字颇以保全者何限，但无仿为之者。原石已佚，往者觅此刻于江宁，意不可得，兹完帙尤可珍矣。”

2.《萤照堂法书》十卷，清康熙三十三年（1694）金陵刘文焕镌刻，车万育辑集。此帖初刻于长安，后随粮船载归南京。于明人书虽不全备，但亦可见一斑。共收一百二十三家。帖首隶书“明代法书”四字。允为丛帖中之善本。

车万育字与三，号鹤田，康熙三年（1664）进士。官至兵科给事中，在谏垣二十余年，拒请谒，发积弊，当路严惮之。善书法，收藏明人墨迹颇富。

3.《秋碧堂法书》八卷，清康熙间（1662—1722）金陵尤永福摹刻。所刻为晋陆机、王羲之，唐杜牧、颜真卿，宋高宗、苏轼、蔡襄、黄庭坚、米芾及元赵孟頫十家书。经真定梁清标鉴定，但帖未刻成而梁清标卒。后金德英侍郎督学京畿，始拓而行世。梁氏富收藏，善鉴赏，诸帖多出自真迹，摹勒亦精，诚为清刻之佳帖。

梁清标字玉立，号苍岩，明崇祯十六年进士。降清，官至保和殿大学士。诗词书翰并精妙，所藏法书名画甲天下。

4.《酣古堂法书》四卷，清乾隆间（1736—1795）金陵穆大展镌刻。卷一为黄庭坚书，卷二为鲜于枢书。卷三、卷四为祝允明书。此帖以后三种刻工最佳，大有可观。第一卷则极平庸，颇为论者所诟。

穆大展字君度，别号玩松子，金陵人。在苏州开设近文斋刻书局，木刻、石刻俱精。嘉庆七年时在世，年八十四岁。刻有《关圣帝君圣迹图志》。

5.《听雨楼帖》四卷，清乾隆间（1736—1795）金陵穆文、宛陵刘宏智镌刻。云南周於礼编集。卷一为褚遂良、颜真卿、蔡襄书，卷二为苏轼、苏辙、苏迟书，卷三为黄庭坚书，卷四为米芾、赵孟頫书。其中褚遂良《枯树赋》和颜真卿《述长史笔法十二意》，因其他刻本不多，故为世所重。但所刻有伪迹，为论者所病。惟摹勒极精。

周於礼字立崖，号亦园，乾隆十六年进士，官大理寺少卿，以书法名。

6.《惕无咎斋藏帖》二卷，清嘉庆十六年（1811）金陵刘文奎、子镜瀓镌刻。卷一为苏轼、米芾、董其昌及祝允明书，卷二为杨氏先人杨廷麟、杨锡绂书。

刘文奎与弟文楷、文谟均金陵著名刻工。乾隆五十一年（1786）至道光二十年（1840）在世。除石刻外，尤善镌古籍。有数十种之多。

7.《甬上名人尺牍》二卷，清嘉庆十九年（1814）金陵冯瑜摹勒，宁波黄定兰编集。前有帖名、人名。正书题签。分上下册。梁同书云："余旧藏前人尺牍，于明得二百余家，近为金陵冯鸣老借钩勒石，只十之一耳。甬上黄君定兰见而赏之，因出其所藏乡先辈手札，属鸣老摹刻，多余所未及见者。若丰考功坊、施都督翰、杨廉访德政，又为君所未有，予检箧中三札，俾并刻之。得二十六人。不独重其笔迹，并择其人。……”此本经梁山舟（同书）审定，而慕义堂冯氏以摹勒擅名，故刻拓皆有可观。

冯瑜字鸣和，于书法研习极深，故摹刻及毡椎之妙，迥出时手。

8.《明人国朝尺牍》十卷，清嘉庆二十年（1815）金陵冯瑜摹勒，钱塘梁同书审定及书目录。《明人尺牍》第四册及《国朝尺牍》第六册尾均刻有：“嘉庆二十年夏四月金陵冯瑜摹勒上石”隶书二行。此冯瑜选刻梁同书所藏尺牍，凡收明人三十五家、清人六十二家。

按：明清二代尺牍合刻有海昌马笙谷所摹无锡秦氏藏本。惟马本是明人多，此本清人多。镌刻之精，与吴思亭《昭代名人尺牍》并称善本。

9.《瓯香馆法书》四卷，清金陵冯瑜摹勒。刻年未详。此帖专刻恽寿平一人之书。计临古帖一卷（十二种）、题画帖二卷（八十一种）、尺牍一卷（十九通），卷帙颇富，可称恽帖之大观。

恽格字寿平，以字行，又字正叔，号南田，又号白云外史。江苏武进人。山水清腴，别具秀致，见王翚画，乃让之独步。自学没骨写生，以北宋徐崇嗣为归，一洗时习，独开生面；诗笔超逸；书法褚遂良，高雅秀迈，游行自在：时称三绝。

10.《青霞馆梁帖》六卷，清嘉庆二十年（1815）金陵冯瑜摹勒，海盐吴修编集。此帖专刻梁同书一人之书。为梁氏与吴修之书札及其贻赠墨迹。摹勒出于名手，颇可观。

11.《频罗庵法书》八卷，清嘉庆二十二年（1817）金陵冯瑜摹勒，梁同书书。外作《慕义堂梁帖》，册首则题《频罗庵法书》，命名不一致。此帖全刻梁同书一人之书。共二十六种，中多晚年之作。梁同书以书擅名当世。刻其书者有数家，而以此刻为胜。尾有“嘉庆丁丑仲秋句曲冯瑜摹勒上石”隶书两行。

12.《话雨楼法书》八卷，嘉庆二十三年（1818）金陵周玉堂摹勒，华阳卓秉恬编集。此帖全刻永瑆一人之书，共八十一种，临古及自书各半。永瑆身为显贵，其书亦擅名一时。故当时汇刻其书者众。此刻出自双钩，其精美在诸刻之上。

13.《莲池书院法帖》六卷，清道光十年（1830）江宁周玉堂，仇文法镌刻，那彦成编集。卷一为褚遂良《千字文》，卷二为颜真卿《多宝塔》，卷三为怀素《自叙》，卷四为米芾《虹县诗》，卷五为赵孟頫《蜀山图歌》及董其昌五帖，卷六为董其昌书李太白诗二首，惜帖中糅入伪书，惟米赵董三家为可观。

14.《墨缘堂藏真》十二卷，清道光二十四年（1844）上元（今南京市）蔡世松编集，钱祝三摹勒。卷一、卷二为唐人书，卷三、卷四为宋人书，卷五为金人书，卷六、卷七为元人书，卷八至卷十二为明人书。共刻书五十三种。

蔡世松字友石，号听涛。江苏上元人。嘉庆十六年（1811）进士。官顺天府尹，降太仆寺少卿。翰墨精妙，尝手摹名人墨迹，刊《墨缘堂法帖》传于世。

15.《听雨楼法帖》六卷，清咸丰元年（1851）金陵穆庭椿、邵仁礼、吴鸣歧、穆蔼堂等镌刻。太谷孙阜昌编集。卷一唐宋人书八种，卷二宋元明人书十一种，卷三明清人书八种，卷四清人书十八种。此帖所刻几乎尽属伪帖，真者不过数种，为鉴赏家所不取。与乾隆间穆文所刻《听雨楼帖》名同而实异。

苏州府

16.《停云馆法帖》十二卷，明嘉靖十六年至三十九年（1537—1560）长洲文徵明编集，子文彭、文嘉摹勒，温恕、章简甫刻。先有四卷以小宋标题，毁去后重刻成十二卷。卷首未刻帖名。

晋唐小字卷第一

王羲之黄庭经、又残缺本，倪瓒跋

乐毅论、又残缺本，东方朔画像赞，曹娥碑，冯审、李商隐、杨汉公、怀素、王仲伦、刘钧、韩愈等观款

临钟繇墓田帖、宣示帖

王献之洛神赋十三行，柳公权跋、柳璨观款

陶弘景元帝帖

虞世南破邪论序

欧阳询心经、尊胜咒

褚遂良草书阴符经、度人经，范正思跋

颜真卿麻姑仙坛记

柳公权消灾经

尾刻“嘉靖十六年春正月长洲文氏停云馆摹勒上石”（隶书三行）

唐摹晋帖卷第二

王方庆万岁通天帖，岳珂、张雨跋

沈周尺牍，王鏊、文徵明跋

李怀林仿嵇康绝交书，汤垕、文徵明跋

尾刻“嘉靖十七年春三月长洲文氏停云馆摹勒上石”

唐人真迹卷第三

孙虔礼书谱

唐人真迹卷第四

颜真卿祭侄季明文，陆深、陈绎真、文徵明跋

朱巨川告身，邓文原、乔篑成跋

林藻深慰帖

王羲之告姜道帖（只前四行）

怀素草书千字文，文嘉跋

杨凝式神仙起居法，米友仁鉴定，宋高宗释文，高挺、留梦炎、文徵明跋

尾刻“嘉靖二十年夏六月长洲文氏停云馆摹勒上石”

宋名人书卷第五

李建中许昌帖

杜衍与留守龙图书、推许帖，黄裳、陈旸、魏了翁跋

欧阳询与谏院舍人书

文彦博左藏帖

王安石与著作明府书、与颖叔书

蔡襄澄心堂纸帖、脚气帖

苏轼与梦得秘校书、与子明通直书

苏辙贵眷令子帖

黄庭坚与立之承春书、沈睿达书评、魏泰观款

米芾与葛君德忱书（葛叔忱帖）、元日焚香贴、草体贴（草书入晋帖）、中秋登海岱楼七绝、梅惇帖、海岱帖，米友仁鉴定

宋名人书卷第六

苏舜元时相帖

苏舜钦与子玉长官书

司马光与太师书

冯京与修撰书

范仲淹道服赞并序、文同跋

范纯仁奉别滋久帖

钱勰与完夫国信书

贺铸与汉逸大孝书
林逋与瑫兄座主书、送菱角帖、三君帖
秦观与方叔贤书、与元礼宣德书
毛滂与知府学士书
释参廖与宁师乡友书
李之仪太夫人帖
陈与义江行晚兴等书五首
薛绍彭兰亭序，危素跋
李冲元李龙眠莲社图记
尾刻“嘉靖三十七年秋七月长洲文氏停云馆摹勒上石”

宋名人书卷第七

米友仁杜门帖
陆游与明远老友书
叶梦得与季高贤亲书
王巩与安国书、与运使吏部公书
范成大外姑生朝帖
姜夔兰亭序跋
朱熹德门庆叙帖
张栻先正大家帖
虞允文病久气羸帖
韩驹与叔兴礼部书
尾刻“嘉庆三十年冬十月长洲文氏停云馆摹勒上石”

元名人书卷第八

赵孟頫与中峰和尚书八通、与吉甫教授书、临王羲之服食帖、临洛神赋十三行、常清净经、与晋之书、与叔和书、与逸民山长书

赵麟奉酬廷璋博士及奉和诗二首

尾刻“嘉靖三十四年夏五月长洲文氏停云馆摹勒上石”。

元名人书卷第九

邓文原与伯长学士诗、与简斋相公书

鲜于枢与澄虚真人书

鲜于去矜李白今日风日好诗

胡长孺与叔敬贡士诗

虞集与昭文相公诗

揭傒斯送刘粹衷序

揭汯汉晋印谱序

康里夒夒与彦中判州书、与承旨相公书

周驰与治中相公书

袁桷与昭文相公书

饶介与士行尉相书、与经历原善书

陈基与伯升廷玉二贤契书、上相国平章大人书

张雨中庭古柏七律

王蒙姑苏钱塘怀古六诗

倪瓒姑苏钱塘怀古六诗

尾刻“嘉靖三十四年夏五月长洲文氏停云馆摹勒上石”

国朝名人诗卷第十

宋濂与无逸徵士诗

宋璲鄙书帖

詹希元王宾序字、文徵明跋

宋克钟繇王羲之二小传

解缙渊静解先生像赞

解祯期李白乘舟七绝

沈度圣主得贤臣颂、与三舅书

沈粲李密陈情表

徐有贞劝进酒七绝

马愈游石湖词

刘钰与启南贤亲书

李应祯陈言事表

张弼和元启七律六首并跋

尾刻“嘉靖三十五年春二月长洲文氏停云馆摹勒上石”

国朝名人书卷第十一

祝允明古诗十九首并跋、榜枻歌，秋风辞，顾璘、陈淳、王宠跋，许初、王守看款书述

尾刻“嘉靖二十六年□□□长洲文氏停云馆摹勒上石”

停云馆帖卷第十二

文徵明黄庭经、西苑诗十首、山居赋

尾刻“嘉靖三十九年夏四月长洲文氏停云馆摹勒上石”

此帖后归寒山赵氏、武进刘氏、常熟钱氏、镇洋毕氏、桐乡冯氏。

文徵明初名壁，以字行，更字徵仲，号衡山，长洲人。十试有司，每试辄斥。嘉靖二年巡抚李充嗣贡于朝，得旨授翰林院待诏，五年致仕。画山水以工致胜，气韵神采独步一时。又善写花鸟竹果。楷书师二王，古隶师钟繇。诗傅情而发，娟秀妍雅，得中晚唐格外趣。

17.《宝翰斋国朝法书》十六卷，明万历十三年（1585）东吴章田、马士龙、尤荣甫刻。西吴茅一相编集，帖名《国朝书法》，四字行书。

首有茅一相序云："国朝名人书法，兆于宝贤，惜其尝鼎一脔，览者憾之。此帖凡百余种，皆遍求海内名家所藏前人遗墨勒之石者。墨迹既不易得，临摹亦非俗手可与，或岁摹一卷或半卷，自辛酉至今乙酉始迄。积宝制器，聚狐成裘，为工者苦心矣。"

18.《来禽馆法帖》三卷，明万历二十八年（1600）长洲吴应旗、吴士端父子摹勒，临清邢侗编集。此帖纯出摹古。第一卷为《兰亭序》三种、索靖《出师颂》、《黄庭经》及邢侗临《西园雅集图记》，第二卷为王羲之《十七帖》，第三卷为《澄清堂帖》三十八则。其中以第二、第三两卷为最好。邢侗既深于书学，摹勒亦出自良工，故历来对此帖评价颇高，与董氏《戏鸿堂帖》齐名。

19.《二王帖选》二卷，明嘉靖二十七年（1548）长洲章杰摹勒。前有文徵明隶书“贰王帖选”四大字，不署名而有“停云”、“文徵明印”二白文印。目录隶书。卷上为羲之像、《兰亭序》、《告誓文》、《黄庭经》、《豹奴帖》、临钟繇《宣示表》，卷下为献之像、《洛神赋》、《孙权帖》、《乞假帖》、《辞中书令》。此帖乃翻自“淳化阁”、“宝晋斋”、“越州石氏本”、“雪溪堂本”等刻，摹拓精工，可为学者法。

20.《二王帖》七卷，明嘉靖四十年至万历十三年（1561—1585）吴江董流策父子摹勒。首有二王像。董氏以江阴汤世贤所刻《二王帖》三卷为木刻，易于刓损，乃易为刻石，并将原帖上中下卷各分为二，复增入《兰亭序》、《黄庭经》、《曹娥碑》、《东方朔画赞》、《乐毅论》、《宣示表》、《洛神赋》七帖，合为七卷，仍名《二王帖》，末附《二王帖目录评释》三卷。此帖残石于嘉庆初年归吴县刘恕。刘氏重为修补，分原、补、损三类。所补者并非原损之帖，乃取“淳化阁”、“戏鱼堂”、“墨池堂”、“玉烟堂”、“余清斋”、“戏鸿堂”、“泼墨斋”诸帖中二王书刻于此。至于既损各帖则仅列其目而不复补。帖名《寒碧山庄二王帖》，分上中下三卷。

21.《墨池堂选帖》五卷，明万历三十八年（1610）长洲章藻摹勒。前有隶书目录，帖名隶书。卷一为钟王小楷，卷二为晋诸王氏及索靖、智永集右军书，卷三为唐人及卫夫人书，卷四为苏黄米蔡及薛绍彭书，卷五为赵孟頫书。尾刻“万历三十年春正月长洲章氏墨池堂摹勒上石”。

章藻为简甫之子，能习父业，书法尤精。惜章氏疏于鉴别，故此刻伪书不少，惟镌刻固其长，神采不让“停云”、“郁冈”，亦为明代著名刻帖。今此帖原本已难得，通行皆翻刻，神采远逊原本。

22.《剑合斋帖》六卷，明万历间（1573—1620）吴县陈钜昌刻。为陈刻董其昌书四种之一。其余三种为“鷦鷯馆”，“红绶轩”及“延清堂”。此帖共刻董书四十五种，其中多临古之作，书皆经董氏鉴定。摹勒颇精到，为陈刻董帖中佳品。

陈钜昌字懿卜，与董其昌为姻亲，曾重摹刻《太清楼帖》。

23.《鷦鷯馆帖》四卷，明万历间（1573—1620）吴县陈钜昌刻。为陈刻董书四种之一。卷一为董其昌临《兰亭序》、《鷦鷯赋并序》及《别赋》，卷二为潘安仁《秋兴赋并序》及《大佛顶首楞严经圆通偈》，卷三为《文赋并序》，卷四为蔡苏黄米仿书九种。此帖妍媸参半，远不及陈氏他刻。

24.《红绶轩法帖》四卷，明万历四十七年（1619）吴县陈钜昌刻董其昌书。帖名隶书。卷二尾刻“万历己未秋八月红绶轩勒成”古文二行。

此为陈刻董书四种之一，笔力清遒，视《剑合》、《延清》别成一格。此四卷皆中年时书。姿态横生，不减墨迹，惜有缺损。

25.《延清堂帖》六卷，明天启四年（1624）吴县陈钜昌刻董其昌书四种之一。此帖共刻董书三十六种，俱为精采之作。摹勒尤为精意，为陈刻董帖中之最佳者。

26.《赐闲堂遗墨》十卷，明天启间（1621—1627）摹勒刻石。长洲申时行书。帖名全称《申文定公赐闲堂遗墨》，帖名隶书。此帖所收均申时行一人所书。绝大多数为其自作诗，行书为主，间有小楷，共一百四十种：

卷一为瑞莲赋有序，应制画牛，落花诗。

卷二为西湖诗，游张公洞、莫厘峰、缥渺峰、虞山拂水岩，游善卷洞。

卷三为由三江至海上，游六和塔，吴山行。

卷四为次韵吴生叔嘉，叔嘉侨居金陵年已及艾诗以赠之，庚子除夕，辛丑元日，七夕，元夕，游赵凡夫寒山别业留赠二首，夜望灵岩、灵岩玩月，刘柱峰双寿，龙井寺，销夏湾玩月，登天平山，题王氏大槐园，九月登虎丘饮悟石轩，招隐榭看桂花，梅园小集用前韵，晚泊七宝，庚子除夕，辛丑元日，辛丑除夕，壬寅元日，壬寅除夕、癸卯元日，人日喜晴次韵。

卷五为杜律秋兴八首，松涛、花影、烟柳、梅雪、香蕉、睡余，送吴淳仲内侄游金陵，小楼看杏花作，秋日汎阳澄湖作，唐子西诗。

卷六为灵岩玩月二首，存问纪恩，春日山阁看梅二首，孟孺见示述怀之作次韵，归鹤高唱少韵奉答，谒周夏二公祠有感次韵，虎丘千顷云蛱蝶之作，桃溪、竹径、桂林、牡丹亭、松冈、菜栏、杏园、水玉亭，题沈氏芳林园，冬夜步月小园，病起，题一真六逸园，送王声伯至赵林。

卷七为湖上观白莲花二首，夏日积善庵看竹二首，闰月九日偕友人登灵岩阁二首，元夕，己酉除夕，庚戌元旦，除夕元旦之作次韵，春日赵凡夫别墅看梅，丙申除夕，丁酉元旦，甲辰除夕，乙巳元日，乙巳除夕，丙午元日，上海即事，池旁看雪，七夕遇雨作，元日，园居三首，戊申除夕，己酉元旦，送友人游晋阳，寿陆伯生尊兄六十，赠郭春吾，七夕古风二首。

卷八为题钦改庵小像，九日偕友人登灵岩，又登琴台，再游天平，春游李甥山庄感旧，再和石湖汎月韵，登尧峰山二首，烟雨楼，小园对雪，送王伯谷游武林，题渔隐，游金山寺作，中秋病怀十绝，雪后抵光福看梅，雨泊，赠曹别驾署篆昆山，赠钱上池，偶成六首，墨孺偕范东生邀集虎丘作，望涵香阁用韵，寿顾韦所七十，寿陈兰谷六十，寿钱上池六十，赠别孙建侯文学，园居纪兴二首。

卷九为小园叠石成山，赐闲堂写怀作，赐闲堂作，坤仪明府以余乞归见怀六律次韵奉谢，忆虎丘，游玉女潭，秋日汎太湖次韵二首，春日梅园小集次韵，旷观楼看杏花，春日访若抚不遇兼订后会，小园看梅邀集二首。

卷十为明故沈隐君既配俞硕人合葬墓志，多心经，劝学词，九日灵岩琴台再叠前韵，圣教序跋，题周苹野小像。

申时行字汝墨，长洲人。嘉靖四十一年进士第一，以文字受知于张居正，万历中累官吏部尚书、建极殿大学士，政务宽大，世称长者。善真行草书。

27.《有美堂帖》十二卷，明崇祯二年（1629）松陵陆绍琏摹勒，帖名篆书，无卷数。尾刻“崇祯己巳中秋松陵陆氏有美堂摹勒上石”款识及刻帖跋。此帖所刻书迹起自魏钟繇，迄于元赵孟頫，并附自书一卷。此帖基本翻自旧刻，摹勒尚佳，大略能保存原刻面目。

卷一为钟繇书三种，卷二至卷五为王羲之书十四种，卷六为王献之书四种，卷七为欧阳询书三种，虞世南、颜真卿、柳公权书各一种，卷八为褚遂良、薛稷书各一种，卷九为苏轼、黄庭坚书各一种，卷十为米芾书三种，卷十一为赵孟頫书二种，卷十二为陆氏自书二种。

28.《渤海藏真帖》八卷，明崇祯间（1628—1644）古吴章镛摹勒，海宁陈甫伸编次。卷前有目录，为汇帖所创见。所刻书迹自唐迄元共十家。陈氏以精鉴自命，然此帖亦间有伪迹。但摹勒不失矩度，可称佳制，流传较广。

卷一为钟绍京书，卷二为褚遂良、陆柬之书，卷三为蔡襄、苏轼书，卷四为蔡京、黄庭坚、米芾书，卷五为米芾、米友仁父子书，卷六至卷八为赵孟頫书。

陈甫伸字申父，号鲁直。天启元年举人，官至上江督粮储道。

29.《衡山四山咏》四卷，明长洲文徵明书，吴鼒、吴应祈摹勒。《四山咏》为蔡汝楠作，文徵明为之楷书。卷一《前山十四咏》，卷二《后山十六咏》，卷三《苍山十咏》，卷四《南山十咏》，咏各有序。文书秀逸有韵，吴氏父子以刻石著名。故此帖为习帖者所宗尚。清初石已剥泐，乾嘉时有覆刻本。改原本每行廿字为十字。成巾箱本。文字无甚出入而刻则远逊。

30.《停云馆真迹》四卷，刻人刻年未详。前有文徵明像，董其昌赞。张维坚题五律。帖名隶书，下刻有“吴郡张仁镐鉴定印”。全帖俱为文徵明书。卷一为《原道》、《西苑小宛平》七律，《木末禹台》七绝。卷二为隶书《千字文》、《百家姓》。

卷三为《虎丘云岩寺重修募缘疏》。卷四为杜甫《秋兴》八首。

31.《白云居米帖》十二卷，清康熙六十年（1721）吴门姚士斌辑刻宋米芾书八卷。乾隆五十三年（1788）姚学经续辑四卷。

张伯英云："《白云居米帖》十二卷，清姚士斌刻八卷，其孙学经续刻四卷。皆米元章书。士斌父继韬字渭生，因东坡谓'米元章清雄绝俗之文，入妙超神之字'，遂购其书，先后得八种，大小行草俱备，将勒之石，甫弱冠而没。子士斌字式峰，于雍正四年（1726）刻成八卷，前列米元章像，后书米传，计帖一十二通。继其先人之志，故名曰白云居。至乾隆时学经续刻七种为四卷，合成十二卷。自来丛帖莫不杂有伪书。但有伪亦有真，如《清芬阁帖》伪书夥矣，然真米书尚居其半。似此自始至终无一真帖，亦事之大奇者。……姚氏孝行可嘉，而识解甚陋。积祖孙数世之力，刻米氏一家之帖，竟使全帖无一米字而流传犹盛，可见知帖者之少矣。"

32.《敬一堂帖》三十二卷，清康熙五十四年（1715）虞山蒋陈锡编辑，吴门朱廷璧镌木。帖名隶书，有帖名者仅二卷。此帖第一卷为唐宋人书，第二至七卷为宋人书，第八至十八卷为元人书，第十九卷以后为明人书。虽系木版而刻手精工，有淡墨、重墨之别。淡墨者颇有神采，后版木残缺，全本极其难得。

蒋陈锡字文孙，号雨亭，康熙进士。官至云贵总督。康熙六十年西陲用兵，命往西藏犒军，未至藏百里遘疾卒。

33.《一经堂藏帖》二卷，清康熙间（1662—1722）长洲吴一蜚编集。卷一为王羲之、王献之、智永，虞世南、褚遂良、李邕书。卷二为赵孟頫书。此帖名不彰，二卷疑非完帙。帖石后归吴县刘恕寒碧山庄（今苏州留园）。

吴一蜚字翼生，康熙进士。官至吏部尚书。

34.《清晖阁藏帖》十卷，刻人刻年未详。或疑为清王翚所刻。此帖专刻董其昌一家之书。共六十四种，卷帙不弱，选择颇精，摹勒亦善，不逊于董氏自刻之帖。

清晖阁为王翚之室名。晚年自号为清晖老人。则此为石谷辑刻无疑也。

35.《仁聚堂法帖》八卷，清乾隆三十五年（1770）昆山葛正笏编集，金陵穆大展镌刻。嘉庆十一年石归吴县刘恕，间有缺损。此刻都取材于历代汇帖。卷一为魏晋人书，卷二为唐五代人书，卷三至卷五为宋人书，卷六为元赵孟頫书，卷七为元明人书，卷八为清人书。共刻书迹六十八种。摹勒精工，颇有可观。

葛正笏字搢收，号信天。昆山太学生。早年受笔诀于汪士鋐、徐昂发两先生，临摹不已，工力日深。初学李北海，后师颜鲁公，又参之宋元诸大家，以进窥二王堂奥。

36.《澹虑堂墨刻》八卷，清乾隆三十六年（1771）吴江汪鸣珂编集，吴郡王景桓镌刻。第一卷为唐摹《兰亭序》，王羲之《寒霜帖》、《袁生帖》，《王方庆万岁通天进帖》。其中唐摹《兰亭序》帖石为明万历二十五年（1598）项德弘旧刻。第二卷为智永《千字文》，石乃项元汴旧刻。第三卷为唐欧薛褚三家书，其中褚书《千字文》为旧刻。第四卷为宋人书。第五卷为赵孟頫及佚名书，赵书为项氏旧刻。第七、第八两卷为明人书。此帖大抵为汪氏以所得项氏旧石纂辑重拓，再补以新刻而成。

汪鸣珂字宣纶，号瑶圃，吴江人。工书善诗，早年即见器于王鸣盛、沈初诸公。官广西知州。而襟期洒落，悠然高尚。

37.《传经堂法帖》四卷，清乾隆四十二年（1777）吴县宋思敬编集，吴门王凤仪镌刻。帖名行书，无卷数。此帖专刻董其昌一家之书，共二十九种。前二卷为临魏晋唐五代及宋四家书，后二卷为自书，皆甚精湛。摹勒亦精善，论者谓尤胜于董氏自刻。

38.《荔青轩墨本》四卷，清乾隆（1736—1795）吴门汤士超摹刻。桐城方观承编集。帖名隶书。卷一为方氏先人遗墨，卷二为赵孟頫、揭傒斯、文徵明、董其昌书，卷三及卷四为方氏自书。此帖摹勒之精，不让《三希堂法帖》。

汤士超，苏州著名刻工。曾于乾隆四十一年为太仓陆时化刻《吴越所见书画录》。

39.《诒晋斋书》五卷，清嘉庆九年（1804）元和袁治刻。此帖专刻永瑆一人之书。首卷为御制文四种，后四卷以临古为主，共十九种。摹刻出自名手，而永瑆书亦摹古功深。故此刻颇可观。

40.《契兰堂法帖》八卷，清嘉庆十年（1805）吴县谢希曾编集，古郧高铁厂、晋陵毛渐逵（毛湘渠）摹刻。帖名篆书。所刻书迹起自晋王羲之，迄于明代董其昌，共一百二十余种。宋以前书皆取材自前代汇帖。宋以后书则多摹自墨迹。刻者意在与《停云馆帖》并比。每卷后刻有“吴郡谢氏契兰堂勒石”隶书两行。

谢希曾字孝基，号安山，吴县诸生。工小楷，精鉴赏，山水得倪、黄意，此帖以所藏名迹摹勒。

41.《诒晋斋法帖》四卷，清嘉庆十年（1805）元和袁治摹勒，成亲王永瑆编集。此刻共四十余帖，以宋元人书为主。晋仅得陆机《平复帖》，唐则止欧阳询、怀素二帖。明亦止得数帖。俱以真迹上石。摹勒颇精善。为清代著名汇帖。

42.《寿石斋帖》四卷，清嘉庆十年（1805）昆山孙铨编集，陈景川镌刻。孙氏刻清代七十四家书，亦名《寿石斋藏帖》，此则专刻其所藏永瑆一人之书，共六十余则。永瑆善书法，孙氏则以钩摹名，故此帖虽为一家之书，亦有其可观处。

43.《宋贤六十五种》八卷，清嘉庆十二年（1807）吴县刘恕摹勒。前行题小篆六字，无卷数。人名、官名隶书。此帖采自旧刻及刘氏自藏墨迹。其中翻自《停云馆帖》者三十余种，尾刻“嘉庆十二年春三月上浣花步刘氏寒碧重摹上石”。帖中伪迹满纸，为鉴赏家所不取。

刘恕字行之，号蓉峰，所居寒碧山庄，收藏甚富。

44.《诒晋斋巾箱续帖》四卷，清嘉庆十三年（1808）平江贝墉千墨庵摹勒。帖名隶书，无卷数。此帖共刻永瑆书十七种，临古与自书各半。

据钱泳《写经楼金石目》记：“《诒晋斋巾箱帖》刻成之后，海内风行。翻版纷纷至十余部。而书估中又将他人仿书刻石，亦为四卷，名曰《续巾箱帖》，后亦有‘金匮钱氏摹勒’字样。以此冒名射利。……”此刻名《续帖》，惟明书“平江贝氏千墨庵上石”字样，或非钱氏所指者。

45.《寿石斋藏帖》四卷，清嘉庆十三年（1808）昆山孙铨编集。帖名隶书，前有木刻目录。孙氏既刻所得永瑆书为四卷，又集嘉庆以前清代名家翰札共七十四家，勒成此帖。清代四朝书家略备于此。孙氏以钩勒擅名，故此帖摹勒精美，颇受推许。

孙铨字少迂，工书画，善钩摹，曾为成亲王刻《诒晋斋帖》。

46.《紫藤花馆藏帖》四卷，清嘉庆十六年（1811）吴江徐达源编集。前有孙晋灏书目录，帖名篆书。此帖所刻具为朋好投赠徐氏之书。卷一为刘墉、法式善、王鸣盛、袁枚书，卷二为梁同书、王文治、赵翼、余集、陆开荣书，卷三为吴锡麒、顾元熙、阮元、伊秉绶、洪亮吉、唐仲冕、方振书，卷四为顾汝敬、陆应宿、袁棠、尤维熊、魏标、高庆、陆鹤耀书。共二十三家。同治十一年（1872）石归吴兴周昌富，光绪二十一年（1895）再归刘锦藻。

徐达源字无际，号山民，吴江人。善画梅，简老疏古，得扬无咎法。间作山水。博雅工诗。集名人投赠手迹刻成此帖。

47.《红蕉馆藏真》五卷，清嘉庆十七年（1812）吴县叶潮摹勒，仁和周光伟编集。帖名隶书，无卷数。卷一为苏轼书，卷二为黄庭坚、米芾书，卷三为宋宁宗书，卷四为文天祥书，卷五为柳贯、董其昌书。周氏题识谓以家藏妙墨择优上石。其实帖中伪迹过半，殊不足珍。

48.《诒晋斋藏帖》四卷，清嘉庆十七年（1812）元和袁治摹勒。巾箱本，帖名篆书，无卷数。卷一为永瑆《恭颂大清千字文》，卷二为《阴符经》、《洞庭春色赋》，卷三为《圣主得贤臣颂》，卷四为《老子》、《嘉贶帖》。每卷之后刻有“嘉庆壬申三月谨摹上石”隶书一行。

49.《诒晋斋藏真帖》四卷，嘉庆十七年（1812）元和袁治摹勒。前有嘉庆九年上谕及成亲王永瑆谢折，帖名隶书，无卷数。凡收二十五种，卷一后刻有“嘉庆十七年六月谨摹上石”隶书两行。

50.《宝岩集帖》五卷，清嘉庆二十年（1815）平江贝墉编集，方云裳、乔铁庵摹勒。帖名隶书，无卷数。题签分宫商角徵羽，前有木刻目录。第一卷为宋人书十二家，第二卷元人书九家，第三、第四为明人书二十家，第五卷为清人书十八家，末附清八家书。选摹俱精。论者谓视《博古堂帖》之精审、《停云馆帖》之秀逸，殆有过之而无不及。

贝墉字既勤，号简香，吴县人。好金石书画，以嗜古不事生产贫其家。

51.《惟清斋帖》四卷《续临》二卷，清嘉庆二十一年（1816）吴县支云从镌。瑞元编集。帖名行书。前四卷临自唐太宗、玄宗、褚遂良、欧阳询、颜真卿、怀仁、孙过庭、怀素、宋苏轼及米芾诸家，续二卷临自钟繇、王羲之、王献之及孙过庭诸家，全帖共临书四十七种。铁保工书法，此刻恒为世人所重。

52.《寿鹤山房法帖》四卷，清嘉庆间（1796—1820）吴县石韫玉摹勒。卷一为宋米元章至明沈启文五人书，卷二为文徵明书，卷三为文徵明至张世文五人书，卷四为唐寅、王伯谷、董思白书。

石韫玉字执如，号琢堂。乾隆进士，廷试第一，善书法，精篆刻。

53.《南韵斋帖》四卷，清嘉庆间（1796—1820）元和袁治摹勒。此帖共刻荣郡王绵亿书七种。为《和御制诗》、《临米帖》、《孝经古本》、临赵文敏《兰亭序》、楷书《千字文》、楷书《小园赋》及杜甫《题画诗》，摹勒颇精。

54.《明人小楷帖》二卷，清嘉庆末年，长洲蒋凤藻编集。此帖所刻明九家小楷书。卷一为沈度、王绂、王进、祝允明、文徵明书。卷二为王宠、彭年、文彭、陆深书。卷帙虽少，然所选却精。可为学书者法。

55.《味古斋恽帖》二卷，清道光六年（1826）吴县陈墫编集，陈贯霄摹勒恽寿平一人之书。共五十六种，以自书诗为主，间有临古之作。恽氏不独以画名家，其书亦别有逸趣。此刻选择摹勒俱精慎，刻者自诩胜于《瓯香馆》、《宝恽室》诸帖，实非夸辞。

陈墫字仲尊，号苇汀，长洲人。山水得法于翟大坤，潜心学古，布墨用笔尤近董其昌，间学道济、金农。作花果杂品，亦自不俗。

56.《三松堂墨刻》十卷，清道光间（1821—1850）吴县潘奕隽、潘世璜父子手书，江阴方云裳摹勒。首行帖名五字篆书。无卷数。此刻潘奕隽书八卷三十七种，潘世璜书二卷九种，基本为临古书。书不为佳，未足取法。

潘奕隽字榕皋，号三松。吴县人。乾隆进士，官户部主事。工行楷篆隶。

57.《辟疆园帖》六卷，清道光间（1821—1850）长洲顾沅汇刻古人法书。内容亦掺入伪品。刻成后经太平天国战事，传世不多。

顾沅字澧兰，号湘舟，长洲人。搜罗金石碑版，藏于“吉金乐石之斋”。为吴中之冠。

58.《过云楼藏帖》八卷，清光绪九年（1883）元和顾文彬编集，前有石刻目录，各目标题用古文，下有“元和顾氏过云楼审定印”，俞樾署签。卷一为智永书，卷二为唐人《郁单越经》及《三弥底部论》，卷三为褚遂良书《兰亭序》、定武

《兰亭》、古本《兰亭》，卷四为范仲淹、苏轼书，卷五为米芾、赵世恬书，卷六为赵孟頫书，卷七为祝允明书，卷八为文徵明、董其昌书。顾氏鉴古颇矜慎，故帖中伪书甚少，颇可观。

顾文彬字子山，号艮庵。元和人。道光进士，官宁绍台道。书法溯源欧褚，所藏碑版、卷轴，乌栏小字题识殆遍。著有《过云楼书画记》行世。

59.《兰雪斋帖》二卷，清光绪二十四年（1898）常熟邵松年编集，长沙陈伯玉摹勒。上卷为宋拓定武《兰亭序》，下卷为赵孟頫《右军故事》四则。二帖颇精好，惜刻手不称，至有呆若木鸡之讥。

邵松年字伯英，号息庵。常熟人。光绪进士，夙擅词翰，尤精鉴别。曾将所藏书画碑帖益以妇翁杨庆麟旧储撮录为《古缘萃录》。

松江府

60.《戏鸿堂法书》十六卷，明万历三十一年（1603）华亭董其昌摹勒。前有“翰林院国史编修制诰讲读官董其昌审定”隶书一行，末有“万历三十一年岁次癸卯人日华亭董氏勒成”楷书或篆书两行。帖名隶书。沈弘嘉、孙商丞镌刻。其中以唐玄宗李隆基书《鹡鸰颂》、苏轼书《寒食诗》二帖摹刻较精，其余不甚佳。又因改动原帖行次，失真颇多。初为木刻，遭火焚毁后重刻于石，故传世拓本有木石两种。

董其昌字玄宰，号思白。华亭人。万历进士。官至南京礼部尚书。天才俊逸，少好书画，临摹真迹，至忘寝食。中年悟入微际，集诸家之长，风流蕴藉，为一代所宗。

61.《宝鼎斋法书》六卷，明万历三十七年（1609）上海吴之驥摹勒，董其昌书，帖名隶书。

张伯英云："董书刻本为香光所自定者，《书种》、《家藏》、《汲古》、《研庐》并此五种。今眇传本。……世刻董书多行草，此皆小真书；又董书文字多删节，此则篇幅完整，似玉烟堂所刻；每篇之后有香光自题语，自道所得，足以启发学者：诚董帖善本也。"

62.《玉烟堂帖》二十四卷，明万历四十年（1612）上海吴之驥镌，海宁陈瓛编集。无帖名卷数，董其昌序。

张伯英云："《玉烟堂法帖》二十四卷，明陈元瑞辑，万历癸丑刻成。董其昌为作序，称其深于书学。取历代名迹石刻佳本以意折衷……使临池之家有所总萃。"

63.《书种堂帖》六卷《续帖》六卷，明董其昌书，万历四十四年（1616）孙董镐摹勒。帖名正书，外签隶书。续帖尾刻有"万历四十四年岁在丙辰冬十一月侄孙董镐彦京氏摹勒上石"隶书三行。

64.《晚香堂苏帖》三十五卷，明万历四十四年（1616）华亭陈继儒编集，释莲儒、古水、蕉幻、陈梦莲摹勒。宋苏轼书。首刻有苏东坡像，汉阳守孙克弘绘。帖名篆书，无卷数。

张伯英云："眉公嗜苏书，所见墨迹石本均为摹勒。随得随刻，每册第一帖之第一字记其版数，不列卷数。今全帙极少，所见二十八册，此外尚有与否，无从考知。自明以后刻苏书者大都不辨其真伪，此帖采摭既富，伪书亦少，眉公鉴古之精在董思翁上也。”

65.《崇兰馆帖》六卷，明泰昌元年（1620）华亭莫后昌编集，莫如忠、莫是龙书。顾功立镌。帖名隶书，无卷数。

张伯英云：“《崇兰馆帖》十一卷，明莫如忠及其子云卿之书。从孙后昌刻为十卷、续一卷。……如忠字子良，号中江。云卿原名是龙，得米海岳石有‘云卿’两字，因以字行。更名廷韩，号秋水。后昌字君全。汇诸家所藏中江父子遗迹以成此帖。”

66.《旧雨轩藏帖》十卷，明崇祯十三年（1640）上海朱长统摹勒。首有张溥、董其昌、陈继儒题辞。帖名篆书。尾刻“崇祯十三年岁在庚辰孟冬之吉沛国朱长统支石父摹勒上石”篆书三行。

67.《英光堂帖》一卷，清道光二十四年（1844）上海徐渭仁重摹宋米芾书，题作《宝真斋米帖》。

张伯英云：“此宋岳珂英光堂帖中之宝晋书简，原文具载《宝晋斋法书赞》，上海徐渭仁得其残帙，重加摹勒。……明清之间刻米书者颇多，大都真伪相杂，此与绍兴御刻及群玉堂刻皆宋本仅有，无一伪书。摹勒之妙不减墨迹。”

徐渭仁字文台，号紫珊，晚号随轩，上海人。国子生，善书法，尤长汉隶，能鉴别古帖。

68.《兰言室藏帖》四卷，同治三年（1864）上海王寿康编集，帖名隶书，无卷数。

宗稷辰云："沪上王二如封君，素好金石之学，地当吴会，文物所聚，易于收藏，故刻有《兰言室藏帖》，凡若干卷。在古维采中郎，近则宋取苏米，元取赵，明聚文、祝、吴、董、王、黄诸书家，本朝多收张文敏与刘文清、何义门。遭咸丰初寇乱，石刻多为兵燹所毁，惟文清书《直臣曹公墓碑》获存，乱平后，封君命其令嗣叔彝搜研各帖拓本，复镌补之。仍嵌于重葺里庐，以完兰言室之旧。"

王寿康字保之，号二如，上海人。嘉庆时诸生。工书，善临古迹，书学刘墉。

常州府

69.《真赏斋帖》三卷，明嘉靖元年（1522）无锡华夏编集，长洲章简甫镌刻（原石今在苏州）。

卷上：钟繇荐季直表，陆行直、郑元佑、袁泰、李应祯、吴宽跋。

卷中：王羲之袁生帖

卷下：唐王方庆万岁通天进帖王羲之姨母帖、山阴帖

王荟疖肿帖、翁尊体帖

王徽之新月帖

王献之廿九日帖

王僧虔王琰帖

王慈柏酒帖、汝比帖

王志雨气帖，岳珂、张雨跋

刻有："嘉靖改元春正月既望真赏斋摹勒上石"行书两行。后有文徵明、文彭跋。

华夏字中甫，无锡人。端靖喜学，尤喜古法书图画、古今石刻及鼎彝器物，构真赏斋以藏之。文徵明为作《真赏斋铭》、丰坊为作《真赏斋赋》，品鉴推江东巨眼。

章简甫原名文，号贫谷，后以字行，长洲人。大父昶，父浩，负善书名，兼工镌刻，至简甫而益著。文徵明所书，非简甫刻石不快。是时祝允明、王宠、陈道复、彭年有所书，亦心属之。

70.《二王帖》三卷，明嘉靖二十六年（1547）江阴汤世贤兼隐斋翻刻宋临江郡守许开刻本。首有二王像，附目录评释。上中卷为羲之书，一百零六帖。下卷为献之书，四十四帖。此刻乃翻自宋刻，所采凡十五种。诸帖多已罕存，赖以得窥其一二。

71.《晴山堂帖》八卷，明崇祯五年（1632）江明徐宏祖编辑，梁溪何世太摹勒。此帖所刻皆为当时名人题赠徐氏一家之诗文，兼有墓志，亦有部分颂扬徐霞客本人之碑刻，共九十四种。书法行草居多。其中元代如俞贞木、杨维桢、倪瓒，明初如宋濂、高启等书皆为重写而非真迹。

徐宏祖字振之，号霞客，江阴人。年三十，母遣之出游，每岁三时出游，秋冬觐省以为常。东南佳山水皆几案衣带间物。天启甲子，母寿八十，陈继儒为寿序，张大复作《秋圃晨机图记》，李维祯引之。名公题咏几遍海内，宏祖并前人投赠其先人诗文寿之贞珉，刻为此帖。

72.《净云枝藏帖》八卷，明崇祯间（1628—1644）宜兴蒋如奇摹勒。卷一为二王及张旭书，卷二为欧阳𤩽（蒋如奇跋）及怀素书，卷三为宋代蔡苏黄米四家书，卷四至卷八为蒋如奇自书。由其子胤敬、胤睿摹勒。神采颇足，宜为明刻帖之佳者。

蒋如奇字一先，号盘初，宜兴人。万历进士，官湖西道，转浙江参政。性笃孝友，情喜山水，不以仕禄为念，故其书法潇洒绝俗，董其昌称其“天骨超逸，功力复深”。

73.《吾心堂论古》六卷，清乾隆四十九年（1784）江阴孔广居，古吴谭芳洲、刘恒卿刻石。此帖所刻为郑润临古之书，共十二种。临自钟繇、王羲之、王献之、褚遂良、苏轼、朱熹诸名家书。郑润以书画名岭南，其书丰神韶秀，颇重于时。

74.《瑶山法帖》六卷，清乾隆五十二年（1787）江阴孔广居摹勒。卷一为《智鼎铭》及王献之、张旭、王敬客、钟绍京书，卷二为米芾书，卷三、卷四为赵孟頫书三种，卷五为赵孟頫、倪瓒、文徵明、恽寿平书七种，卷六为孔氏自书及诸家题咏凡十一种。孔氏工镌刻，故此帖与俗工迥异。

孔广居字尧山，江阴人。偶游城市，见铜印一方曰“孔千秋”，爱不能释，解袯被易之。归，遂自名千秋。九垆山人得一石，高径尺，峰峦秀削，岩洞幽邃，举以相赠，因自号瑶山。刻字与俗工异。

75.《三希堂法帖摹本》六卷，清嘉庆四年（1799）无锡秦震钧摹勒，帖名冠以“御赐”二字。所刻书迹乃摘摹自《三希堂法帖》，约不及原刻五分之一，然自晋至明名迹略具。摹拓之精，不下原本。因《三希堂法帖》不易得，故此帖流传颇盛。

秦震钧，无锡人。曾官两浙盐运使。收藏碑帖至富。

76.《诒晋斋法帖》十六卷，清嘉庆十年（1805）金匮钱泳摹勒。永瑆书。帖名隶书，每集前有目录，凡十六卷，共刻永瑆书六十二种，临古与自书各半。永瑆以书名于时，钱泳则工于摹勒，故此帖刻成后，风行海内，翻版者众，成为学书者之楷模。

第一集　第一卷　临褚本乐毅论等五种
　　　　第二卷　自书拟公咽诗四种
　　　　第三卷　韩昌黎进学解
　　　　第四卷　与肃亲王论书、草书百家姓
第二集　第一卷　自书古今体诗四十卷
　　　　第二卷　临钟太傅帖等十种
　　　　第三卷　自书近光楼诗等上
　　　　第四卷　自书近光楼诗下、吴谷人诗
第三集　第一卷　临右军东方朔画赞等四种
　　　　第二卷　临隋僧智肃论书八种
　　　　第三卷　临董思翁乐志论等五种
　　　　第四卷　宋名臣言行及李眉山诗
第四集　第一卷　陆佐公新刻漏铭等三种
　　　　第二卷　谢惠连雪赋等五种
　　　　第三卷　临米南宫六帖等二种

第四卷 题风雨跋等五种

77.《寄畅园法帖》六卷，清嘉庆六年（1801）无锡秦震钧编集，宣州汤铭摹刻。帖名隶书，下注小字册数。附于御赐《三希堂法帖》的摹本后。

秦震钧曾选刻《三希堂法帖》，已著录。此则取其始祖秦观书及名人墨迹，自宋迄清乾隆间，共六册。宋代四家，秦少游、吴云壑、范石湖、王逸老，乃三家书皆真，惟淮海独伪。元虞集、揭奚斯、王蒙均非真迹。明以后书大都选择精善。秦氏自明为无锡甲族，其寄畅园在惠山之麓，王伯谷为作记。此帖于秦氏先人及常州先贤之书收辑颇富，镌刻之美、拓墨之善几与内拓诸帖相埒。

78.《清爱堂石刻》四卷，清嘉庆十年（1805）金匮钱泳镌刻，刘鐶之奉旨摹勒刘墉书。此帖专刻刘墉一人之书：石刻四卷十五种，中多临古之作；墨刻二卷十种，以自书为主。刘墉书名满天下。鐶为其侄，所选诸书皆精，惟摹勒则稍钝。

79.《诒晋斋巾箱帖》四卷，清嘉庆十二年（1807）金匮钱泳摹勒。十六年增刻四卷，名《集锦帖》，钱刻永瑆书二十二种，以临古为之。《集锦帖》十四种，临古及自书各半。摹勒精美，足供玩赏。

80.《松雪斋法书》六卷，清嘉庆十五年（1810）金匮钱泳摹勒，元赵孟頫书，英和编集。全帖共刻赵孟頫书十五种。俱以墨迹上石，钱氏工摹勒，此帖足为学赵者法。

81.《小清秘阁帖》十二卷，一名《吴兴书塾藏帖》，清嘉庆十七年（1812）金匮钱泳摹勒。前二十一卷收自晋至元历代法帖，卷十二收日本、朝鲜等国书迹。共六十八种。原石后归云间沈氏。

清钱泳《写经楼金石目》卷十三称：“此帖所收或墨迹，或旧拓本，选其佳者，辄为摹刻……传遍海内，至琉球、日本、朝鲜诸国咸来求购云。”

82.《小楷集珍》八卷，清嘉庆十八年（1812）金匮钱泳摹刻，云间沈恕编纂。

沈恕字正如，号绮云，松江人。好藏书。曾刻《绍熙云间志》及《四妇人集》传世。

83.《福州帖》四卷，清嘉庆十九年（1813）金匮钱泳摹勒，宋蔡襄书。前有目录。

钱泳曰：“嘉庆十九年甲戌冬，山居多暇，偶取蔡君谟诸书帖，刻为四卷，曰《福州帖》。以寄汪稼门制府及王南陔（绍兰）中丞，时二公俱镇闽中为督抚也。”

84.《写经堂帖》八卷，清嘉庆二十年（1815）金匮钱泳摹勒，所收法帖始自钟繇《荐季直表》，止于范成大《与尊妗令人书》。近人张伯英《法帖提要》称：“梅溪长于摹勒，短于鉴别。此刻犹伪书之较少者，为钱帖内最善矣。”

85.《黄文节公帖》六卷，清嘉庆二十一年（1816）金匮钱泳摹勒，宋黄庭坚书，共三十四种。

钱泳曰："嘉庆二十一年丙子，南城黄两峰湄为昭文令，介余选集山谷大小行书六册，曰《黄文节公帖》。苏蔡米三家各有专刻，而文节无之耳。"

86.《续松雪斋帖》六卷，清嘉庆二十二年（1817）金匮钱泳摹勒，元赵孟頫书。帖名隶书，无卷数。全帖共刻赵孟頫书十七种，俱以墨迹上石。

钱泳曰："嘉庆二十二年丁丑，婺源齐梅麓太守彦槐令吾邑，偶见前英相国所刻《松雪斋帖》而爱之。视相国所未备者，又续刻《松雪斋帖》六卷。"

87.《吴兴帖》六卷，清嘉庆二十二年（1817）金匮钱泳摹勒。卷一为王羲之《王方庆万岁通天进帖》，卷二为唐刻《定武兰亭》、褚摹《兰亭》，卷三为颜真卿书，卷四为苏轼、米芾书，卷五、卷六为赵孟頫书。钱泳尝将此帖卷二加入李白二诗，卷四去苏、米书，易以《写经堂帖》之范仲淹、范纯仁、文彦博、欧阳询、赵令畤、苏轼、朱熹、陆游、张孝伯、张即之、范成大十一家书，以赠巴光诰。

88.《述德堂帖》八卷，清嘉庆二十三年（1818）金匮钱泳集摹。

钱泳曰："嘉庆二十三戊寅，又自刻《述德堂帖》。自唐人临本《黄庭》、颜鲁公《竹山联句》及宋四家、赵荣禄、俞紫芝、张伯雨、吴仲圭、郭天锡、倪云林等书合而为一，计八卷，以续《写经堂帖》之后。"

89.《攀云阁临汉碑》十六卷，清嘉庆二十三年（1818）金匮钱泳集临，子曰奇、曰祥摹勒。前有木刻目录，缩临汉隶四十种。扬州鲍观察崇城刻之。

90.《完白真迹》四卷，清嘉庆间（1796—1820）武进李兆洛摹勒，此帖专刻邓石如一人之书。第一卷为篆书五种，第二卷为隶书六种，第三卷为正书六种，第四卷为草书五种。为邓氏中晚年之作。邓氏书工四体，享名当世，由此刻可略见其面目。

李兆洛字申耆，阳湖（今常州）人。嘉庆进士，官安徽凤台知县。嗜临池，逮经三纪，古人之作，所见日多，摹仿之勤，不问寒暑，遂善书法，尤工草书。

邓石如原名琰，避皇帝讳，以字行。更字顽伯，号完白山人，安徽怀宁人。工四体书，篆法以二李为宗，而纵横捭阖之妙则得之石鼓，稍参隶意，杀锋以取动折，故字体微方，与汉碑额为尤近。

91.《抱冲斋石刻》十二卷、附二卷，清嘉庆二十五年（1820）金匮钱泳摹勒，长白斌良编集。此帖前四卷为赵孟頫书，后八卷为董其昌书，卷末附永瑆书及潘奕隽、钱泳诗二卷，以董书为佳。

钱泳曰："嘉庆庚辰，长白斌笠观察为苏松太道，属余集刻松雪、思翁二家书，为十二卷，计九十六石。"

钱泳字立群，号梅溪，金匮人。官候选府经历。工分隶行楷，手书碑版几遍江浙。书学赵孟頫，以妍媚得众好。阮元隶书多其代笔。

92. 《餐霞阁法帖》五卷，清嘉庆二十二年（1817）常州毛渐逵编集摹刻。帖名隶书，无卷数。卷一为晋人书，卷二为唐人书，卷三为宋人书，卷四为元人书，卷五为明人书，共刻书迹三十四种，多取材于旧刻帖。此帖所收，多属小楷书。

毛渐逵字湘渠，武进人。所摹小楷，似多出自《停云》，刻法颇似钱梅溪而尚有劲气。

93. 《蔬香馆法书》五卷，清道光元年（1821）江阴方云和摹勒，金芝原编集。帖名隶书，无卷数。卷一为元人书，卷二至卷四为明人书，卷五为清人书。共刻书四十余种。选书颇精，摹勒亦善，为近刻之佳本。

94. 《述德堂枕中帖》四卷，道光二年（1822）金匮钱曰奇摹勒其父钱泳书。皆为临古之作，共二十七种。钱泳以工书及摹勒擅名，于古帖无所不临。此帖虽不能尽古人，然亦全神团结，转折自如，堪可赏玩。

95. 《瓣香楼近刻》四卷，清道光初年阳湖杨玉麒编集，维扬汪耀南镌刻。此帖所刻俱时人投赠熊介滋之诗文，共五十二家，其中有数家为女史。

杨玉麒识语云："先祖西和公伦少与渊如、稚存、味辛诸先生齐名。庚子、辛丑联捷后，益肆力于古。著《杜诗镜铨》，萃三十年之力之为。秋帆尚书、石君相公序之。已详《九柏山房稿》。后荷青垣侍御、松崖漕帅、宾谷中丞，并船山、兰雪、朗斋诸先生皆为题词。予幼，不及侍起居，遂废举业。然性嗜先辈手迹。顷客维扬曲水，见介滋一丈笥中诸公尺牍，虽零简剩纸，亦方之昆山片玉也。适汪君耀南工于铁笔，代为摹勒，以公同好。”

96.《辨志书塾所见帖》四卷、《续刻》一卷、《补遗》一卷，清道光六年至十四年（1826—1834）江阴孔宪三摹勒，阳湖李兆洛编集。石藏常州暨阳书院。此帖初刻于宋，终于明。于宋仅收岳飞、文天祥二人，元仅余阙一人，余则为明人书，凡二十八人。《续刻》收明十七人。《补遗》刻于道光二十一年（1841），未成而李氏卒。共刻明九人书。此帖精雅可玩，非俗本所及。

97.《仁本堂墨刻》六卷，清道光七年（1827）金匮钱泳摹勒，周升桓书。此帖钱泳为嘉善周又山观察刻其尊甫山茨先生遗墨，大小楷行草书全。

周升桓字稚圭，号山茨，嘉善人。乾隆进士。官苍梧道。书学东坡，四方人士以绢素乞书者无虚日。长碑短碣，得其书写以为荣。

98.《完白山人篆书帖》六卷，清道光八年（1828）武进李兆洛摹勒。咸丰十年杨翰重刻。此帖专刻邓石如篆书。先后为《弟子职》、《阴符经》、《西铭》、《谒余忠宣公墓诗》、《第一法格言》、《石涧记》各一卷。邓石如书以篆隶为工，有清一代无能与之相抗。帖中以《弟子职》一种最著，亦最好，为完白山人晚年杰作。

99.《学古有获之斋帖》四卷，清道光八年（1828）金匮钱泳摹勒，前有目录。

钱泳曰："道光八年戊子，又自刻《学古有获之斋帖》四卷。自钟鼎款识，并周秦两汉魏晋六朝，以及有唐一代之书，各摹数字，略备体格。本为课孙而刻，亦以便初学观览，为书法之源流也。"

100.《学古斋四体书刻》四卷，清道光八年（1828）金匮钱泳自书刻石，其徒华士仪摹勒。帖名隶书，无卷数，前有目录。此帖所刻四体书为篆隶真草。第一卷篆书十八种，第二卷隶书十五种，第三卷真书二十三种，第四卷草书十七种。乃自古钟、鼎、碑、帖略摘数行或数字而缩临，工致有余而古意尽失。钱泳意欲以此为儿孙楷模，实贻误后人。

101.《澄鉴堂石刻》四卷，清道光八年（1828）金匮钱泳摹刻。帖名隶书，无卷数。自宋迄明行楷，大小一照原本；二画及诸家题跋俱为伪物。

钱泳曰："道光八年戊子，为肤施张河帅芥航先生刻文与可、苏东坡画竹题跋计二大册，分装四卷，曰《澄鉴堂石刻》。"

102.《采真馆法帖》四卷、《续刻》二卷，清道光十四年（1834）江阴方云裳摹勒，董恒编集。帖名隶书，无卷数。前有石刻目录。初刻卷一为朱熹、吴琚书，卷二为赵孟頫书，卷三为祝允明、文徵明、董其昌书，卷四为恽寿平书。《续刻》二卷：一卷名《采真馆续刻》，为祝允明书；一卷名《观妙斋石刻》，为姜宸英书。此帖鉴别精审，取舍谨严，不失为佳帖。

103.《约园藏墨》二卷，清道光二十七年（1847）阳湖赵起编集，钱雨若、孔宪三摹勒。帖名正书，无卷数。常熟杨沂孙题签。此帖专刻恽寿平一人之书，共六十九种。以自书诗文书札为主，临古者仅十种。恽南田书秀逸有致，此帖能传其神，颇可观。

赵起字于冈，号约园，阳湖人。道光举人。工词，善写意花卉，韵致洒落。所居约园，亭榭颇胜。《藏墨》凡二十四石，毁于乱，有残石五。

104.《昭代名人石刻》六卷，清道光间（1821—1850）金匮钱泳编集，钱萱摹勒。无标题，无卷数。此帖为有清一代书，选择谨严，未有赝迹。卷一为金俊明、释正谊、宋琬、查士标书，卷二为王士禛、文掞、毛奇龄书，卷三为严绳孙书，卷四为汪士鋐、何焯、王澍、郑燮、刘墉书，卷五为梁同书、王文治、顾元熙、陈鸿寿书，卷六为杜文原、方维翰、姚元之、孙尔准、蔡世松、钱泳书，共二十六家。以楷书为多，摹勒颇精，有秀逸之韵。钱泳刻帖甚多，以此刻为最佳。

105.《梅花书屋藏临帖》二卷，清同治八年（1869）武进陈肇镛编集。

陈肇镛字子俶，武进人。道光举人，官河南中牟知县。嗜金石图籍，时称鉴赏家。

镇江府

106.《郁冈斋墨妙》十卷，明万历三十九年（1611）金坛王肯堂编集，管驷卿镌刻。原刻半木半石，取材自魏晋唐宋名家书迹。卷一钟太傅、王右军书，卷二至卷六王右军书，卷七索靖《月仪帖》及唐宋无名氏帖，卷八王方庆、陆柬之书，卷九虞世南、褚遂良书，卷十米元章、苏东坡书。王氏鉴别不审，帖中伪书不少。惟刻工为名手，而钩拓出于己笔，故亦秀润可人，为明代著名刻帖。

王肯堂字宇泰，江苏金坛人。明万历十七年（1589）进士，选庶吉士，授检讨，降补南行人司副，终福建参政。书法深入晋人堂室，辑《郁冈斋帖》，手自钩拓，为一时石刻冠。

107.《泼墨斋法书》十卷，明金坛王秉錞编次，长洲章德懋镌刻。刻年无可考。此帖取材于宋之《淳化阁帖》、《续帖》以及明之《停云》、《墨池》、《郁冈》、《戏鸿》等帖，真伪参半。卷一为汉魏人书，卷二至卷四为晋人书，卷五为晋人书及唐摹晋帖，卷六为南朝及唐人书，卷七为唐人书，卷八为唐、五代、宋人书，卷九为宋人书，卷十为宋元人书。此帖临摹精致，论者谓是与《玉烟堂帖》抗行。卷末有“□□□年金坛王氏泼墨斋摹勒上石”篆书两行。

王秉錞字和声，金坛人。

108.《虚舟千文》十种，清雍正间（1723—1735）汪竹庐摹勒。金坛王澍以篆、隶、楷、行、草五体书周兴嗣《千字文》，勒之石上。每体书二种，一用己法，一临古。篆书仿元吴睿，隶书仿明文徵明，行楷仿唐欧阳询，草书仿宋薛绍彭章草。王澍以书名，以帖可窥其一斑。

王澍字箬林，号虚舟，江苏金坛人。康熙五十一年

(1712) 进士。官吏部员外郎。楷草篆隶书无所不工，远近士大夫家榜于庭、镌于石必求王书，以金币请，殆无虚日。

109.《快雨堂诗帖》二卷，清嘉庆元年（1796）汪谷摹刻。此帖所收为梁同书、王文治两人书迹。卷一为王文治向梁山舟索书七古二首，梁同书次梦楼索书原韵七古三首并跋，并王文治三用前韵并序。卷二为王文治《踏青词》七绝八首及《赠许梓邻》五古。

王文治字禹卿，号梦楼，丹徒人。乾隆进士，官翰林院侍读，云南姚安府知府。书法源出董其昌，风姿侧媚。与翁方纲、刘墉、梁同书齐名。并称“翁刘梁王”。

110.《昭代名人尺牍》二十四卷，清道光六年（1826）句容冯瑜及子遵运、遵建、遵拱摹刻。海盐吴修鉴定。此帖所刻以清初至乾隆、嘉庆时书家尺牍为主。他如经史、金石、诗古文、词曲、画家及名人翰札，所见无不采录，共六百一十余家，七百三十余札。卷帙之富，为历来刻尺牍者所罕见。选择亦复谨慎，大率无伪迹孱入。各家俱附小传，于其出处行谊一一登载，对研究清代书学及社会情事，均有极大参考价值。

111.《绿天庵帖》二卷，清道光十三年（1833）僧达受摹勒。石在焦山寺中，此帖所刻为唐人怀素草书《千字文》两种。

扬州府

112.《李书楼正字帖》八卷，清康熙间（1662—1722）扬州李宗孔编集，吴门管一虬摹，宛陵刘光信刻。帖名六字篆书，无卷数。卷一为魏晋唐人书十种，卷二至卷六为宋人书十六种，卷七为元人书三种，卷八为明人书四种。此帖摹勒，优劣参半。

李宗孔字养时，号书云。

113.《安素轩石刻》十七卷，清嘉庆元年（1796）江都党锡令摹勒，歙县鲍漱芳编集，其子治亭、约亭续成。帖名篆书，无卷数。全帙皆以墨迹上石，第一至第四卷为唐人书，第五至第七卷为宋人书，第八至第十一卷为元人书，第十二至第十七卷为明人书。共刻书六十余种，帖中所收伪书不少。石毁于乱，今全帙已罕有。

鲍漱芳字席芬，以得唐人书《郁单越经》，自署安素轩。此刻自唐迄明，无卷数次第，每册以隶书《安素轩石刻》五字标目。鲍氏为徽之盐商，寄居扬州。刻石均在维扬，洪杨劫后，全帙罕有。

114.《秦邮帖》四卷，清嘉庆二十年（1815）高邮知州师亮采编集，金匮钱泳摹勒。石藏高邮四贤祠。前有帖名及目录，每卷无帖名。卷一至卷二为苏轼书，卷三为黄庭坚、米芾、秦观书，卷四为赵孟頫、董其昌书。此刻多伪书，不为鉴赏家所重。

师亮采字禹门，韩城人。嘉庆甲戌署高邮知州，属金匮钱泳聚诸名迹摹刻，置石于文游台四贤祠。

115.《朴园藏帖》八卷，清道光元年至二年（1821—1822）之间，金匮钱泳为仪征巴朴园摹刻。

钱泳曰："道光元年辛巳、二年壬午之间，仪征巴朴园、宿崖昆仲，索视余所刻诸帖。余因检得六十四石，藏之朴园壁间。"

116.《澄清堂帖》十卷，清道光二十六年（1846）耆英重刻翻本。澄清堂为南宋时海陵（今泰州）提举茶盐司一所厅堂，宋嘉泰间（1201—1204）常平使施宿重刻，专收王羲之书之法帖。当时先刻五卷，前三卷选自《淳化阁帖》，后两卷则选自《大观帖》、《太清楼前后帖》及《绛帖》，不采其他杂帖。明时已无完帙。此帖摹刻精良，论者谓出《淳化阁帖》之上。

117.《秦邮续帖》二卷，清光绪二十年（1894）仪征张丙炎编集。张丙炎至秦邮时，偕友同游文游台，读台上《秦邮帖》，遂有《续帖》之刻。上卷为苏轼书，下卷为苏轼、苏辙、王巩、秦观书。

张丙炎字午桥，号药农，仪征人。咸丰进士。散馆授编修，官至廉州知府。工篆隶。

118.《小倦游阁法帖》四卷，清光绪二十六年（1900）真州张丙炎摹刻。此帖专刻包世臣一人之书。第一卷杂临古帖及自书诗文二十四种，第二卷删定《书谱》并跋，第三卷临《十七帖》及《十七帖疏证》，第四卷《答十二问》。包世臣不独以书名，其书论亦每多精确，足启发学者。此帖后三卷为包氏之重要书学论著，皆见于《艺舟双楫》中。此本钩摹出吴熙载、朱震伯手，二人皆包氏高足，俱能传其笔意。

太仓州

119.《簏斐堂帖》六卷，明万历四十五年（1617）太仓王时敏摹勒。帖名篆书，以礼乐射御书数刻版口。此帖所刻为王时敏之父王衡一人之书。共三十一种，尾有娄坚帖跋。王衡书学苏轼，而随意结构，姿态横溢，由此帖可窥其貌。

王衡字辰玉，太仓人。锡爵子，万历进士。官编修，负才名。

王时敏字逊之，号烟客，衡子。以祖荫授尚宝丞，官至太常寺少卿。工诗文书画，画兼宋元诸大家之长，而仿王公望尤擅胜。董其昌称：“苍秀高华，夺帜古人”者也。

120.《经训堂法书》十二卷，清乾隆五十四年（1789）镇洋（今太仓县）毕沅编集，金匮钱泳、孔千秋镌刻。帖名隶书，无卷数，前有木刻目录。所刻书迹自晋王羲之起，迄于明董其昌，共六十五种，其中以元人书多佳品。此帖视他刻伪变较少，摹刻亦佳，为清代法帖之可观者。

毕沅字湘衡，号秋帆，别号灵岩山人，镇洋人。乾隆状元，官至湖广总督。好著书，经史小学、金石地理，无所不通。小真书笔致秀媚，蝇头八分尤佳。

通州

121.《碧奈山房记篆武王铭》二卷，清嘉庆九年（1804）崇川（今南通）冯云鹏书。此帖篆取《大戴礼·武王铭》十七则、《太公金匮·武王铭》十五则、《太公阴谋·武王铭》五则，共三十七则。以古文三十七体书之，实属文字游戏，不足为法。

冯云鹏字晏海，南通州增字贡生。善篆隶，工摹拓，与弟云鹓同撰《金石索》十二卷。皆图形摹文，手自钩勒。

补　遗

122.《贮香馆小楷》六卷，清道光十七年（1837）江阴方文煦、侄方埻，句容冯瑜、子冯建，江阴孔宪三，吴郡刘季山、朱安山摹勒，四明万复贤编集。帖名隶书，无卷数。此帖以元明清三代墨迹摹勒上石。卷一为赵孟頫、祝允明、文徵明书，卷二为唐寅、董其昌、王宠、万泰书，卷三为查升、永旋、永瑆、姜宸英书，卷四为汪士鋐书，卷五为汪士鋐、汪由敦、何焯书，卷六为王澍、王杰书，卷七为张照、梁诗正书，卷八为刘墉、郭尚先、林则徐书。此帖选择精审，摹勒亦佳，颇为鉴赏家所推许。

123.《千墨庵帖》四卷，清嘉庆十九年（1814）吴县贝镛编集。首列《千墨庵帖》帖名标题，次列木刻目录，尾刻“嘉庆十九年七月既望平江贝氏五经笥堂刻石”十九字，并孙星衍、张问陶、陈希濂三人跋。

第一册

宋克感旧诗

释宗泐纪游诗

陈璧范南村处士诗，贝镛跋

方孝孺怡颜草堂记、黄子澄记怡颜草堂醉歌辞、俞贞木怡颜草堂诗卷跋，贝镛跋

第二册

徐有贞游山诗，谢希曾跋

刘钰送马抑元诗，谢希曾跋

李应祯尺牍三首

吴宽元夕诗

沈周琼江寒月图诗

邵宝尺牍

第三册

祝允明阴符经，自跋、王澎跋、谢希曾跋，又尺牍二首，又书米南宫论纸说

唐寅沧浪诗、又梦筠图诗

文徵明游西山诗

文嘉尺牍

第四册

陆师道书虞雍公梅花词

黄姬水题董姬小象诗

沈周尺牍，贝镛跋

张凤翼书诸家寿西园丈人诗

陈元素励志诗

薛益励志诗

董其昌杂书禅门语偈、又题画二则

陈洪绶上元诗

贝镛刻有《宝岩集帖》，前已著录。此则为其选编明代名家墨迹，刻在《宝岩》之前，摹勒之精，向负盛誉。

明代金陵坊刻戏曲

金陵自东晋以后，就成为有名的都会。1368 年，朱元璋称帝于应天，改称南京。这是南京第一次成为全国政治中心。明初在此建造了有 13 个城门的皇城和规模宏伟的宫殿。朱棣在永乐十九年（1421）迁都北京后，南京体制不改，府部犹存，仍不失为东南军事重镇。在明初 50 多年时间里，南京的经济、文化得到了很大的发展。印刷出版事业占全国首位。到了万历至崇祯的几十年间，金陵的坊刻戏曲更是盛极一时。究其原因，不外乎是几个方面：

（一）随着经济的繁荣，推动了文化艺术的发展，明代中叶，出现了魏良辅、梁辰鱼、张凤翼、冯梦龙等杰出的戏曲作家，造作传奇，每一篇成，辄自召倡乐即家开演。

（二）戏剧活动在万历期间表现为各地声腔剧种的众声竞奏，不仅“四大声腔”（海盐、弋阳、余姚、昆山）在继续发展变化，而且还在声腔演变中产生了许多新的声腔剧种，受到广大群众的普遍欢迎。

（三）演剧活动的空前繁盛，不仅民间活动盛况空前，出现了西湖春、秦淮夏、扬州清明、虎丘中秋等引人向往的演剧闹季；而且文人也乐于登场作戏，或组织家乐作巡回演出，更壮大了演剧声势，这就需要更多的剧本来满足。

（四）由于湖州、歙县两地刻书工艺的发展，有很多刻工集中到了金陵。因而插图剧曲的制作十分繁荣，版画雕刻技术，更有飞跃的进步，几乎发展到了“无曲不图”的境地。

明人胡应麟在《经籍会通》中说：“凡金陵书肆多在三山街及太学前。凡姑苏书肆多在阊门内外及吴县前。书多精整，然率其地梓也。余二方未尝久寓，故不能举其详。”那时南京著名的书坊有：富春堂、世德堂、文林阁、广庆堂、继志斋等。像富春堂、世德堂主人都姓唐。唐富春用自己名字缀一“堂”字作为书坊的字号。所刻戏曲小说前冠以“出像”、“绘相”等字样，都说明书内有插图。有的是单面方式，有的是双面连式。曲本正文版式，都以回文形图案花纹作栏，可说是别开生面的创新。富春堂与当时著名的陈大来氏继志斋、汪廷讷之环翠堂诸家，争奇斗胜，搜遗拾坠，都大量地绣梓出刊插图剧曲，形成了一时一地的百花齐放。

诸唐所镌插图，自能成一体系。宋元期间插图多是上图下文形式，到这时已不多见，完全扩为半幅或整幅版面，构图以大型人物为主，戏剧性地加以排列，运用粗毫大笔，表现了庄整、雄健、劲挺之趣。尤重黑白对照，利用大片墨地，显出铁划银钩的刻线，光暗极为显明和谐。图版中如描写发髻、纱帽、锦茵、罗帏、书衣、伞盖，以及山门、墙基、树干、箱笼之类，皆巧妙地运用墨地显托，别有古调。刀刻人物面貌生动，而尤能以极明显的刀锋，表达画面人物的内心感情。

近代著名戏曲理论家吴梅在《青楼记》的题跋中说：“富春刊传奇，共有百种，分甲乙丙丁字样，每集十种。藏家目录罕有书此者。余前家居，坊友江君持富春残剧 50 余种，有《牧羊》、《绨袍》等古曲。余杖头乏钱，还之，至今犹耿耿也。”可见其传世之稀。

这些戏曲读物，据郑振铎在《中国版画史图录》序中引用明代人杨之炯《蓝桥玉杵记》凡例中的话说："每出插图，以便照扮冠服。"这就证明戏曲脚本之插图，原具应用之意。但在封建统治时期，以其非为正经正史，不为藏家所重视，道学先生则禁其子弟阅读。《四库全书总目》更不予列入，任其在民间流行，湮没失传者甚多。现据有关资料，辑出目录如下：

唐氏富春堂所刻书

☆《校梓注释圈证蔡伯喈》三卷，题高明撰、刘弘毅注。演蔡伯喈、赵五娘事。三节版。下卷末刻有"万历丁丑秋月，金陵唐对溪梓"。

○《新刻出像音注点板徐孝克孝义祝发记》二卷，明张凤翼撰。演徐孝克卖妻祝发养亲事。卷端下题"书坊对溪富春堂"，版心下镌"富春堂"。

○《新刻出像音注司马相如琴心记》二卷，明孙柚撰。演相如、文君遇合事。以相如以琴曲挑文君，故名琴心。卷端下题"金陵书坊富春堂梓"。

○《新刻出像音注何文秀玉钗记》四卷，题心一山人编次（明陆江楼撰）。演何遇月金、琼珍二女，皆以玉钗作合，故名。版心下刻"富春堂"。

○《新刻出像音注花栏韩信千金记》四卷，明沈采撰。演韩信、项羽故事。卷端下题"金陵书坊富春堂绣梓"。

○《新刻出像点板音注李十郎紫箫记》四卷，明汤显祖撰。演霍小玉观灯至华清宫，拾得紫玉箫，以此名剧。卷端下题"金陵富春堂梓"。

△《新刻出像音注唐朝张巡许远双忠记》二卷，明姚茂良撰。演唐张巡、许远拒贼睢阳先后殉节事。卷端下题“金陵书坊富春堂梓”。

△《新刻出像音注管鲍分金记》四卷，明叶良表撰。演管仲、鲍叔牙友谊故事。卷端下题“金陵三山富春堂梓”。

△《新刻出像音注韩朋十义记》二卷，明罗佑音注。演韩朋夫妇因拒黄巢而遭难，经男女十人仗义救之，故名。卷端下题“金陵对溪唐富春梓”。

△《新刻出像音注姜诗跃鲤记》四卷，明陈罴斋撰。演后汉时姜诗妻跃鲤事。卷瑞下题“金陵书坊富春堂梓”。

○《新刻出像音注劝善目连救母行孝戏文》八卷，明郑之珍撰。演目连母堕饿鬼中，目连白佛救度故事。卷端下题“金陵富春堂梓”。

○《新刻出像音注刘汉卿白蛇记》二卷，明郑国轩编。演刘汉卿义救白蛇故事。卷端下题“金陵三山唐氏富春堂梓”。

○《新刻出像音注五代刘智远白兔记》二卷，明佚名撰。演后汉高祖刘智远与妻李三娘事。前有“皇明万历金陵三山街唐氏富春堂梓行”木记。

○《新刻出像音注岳飞破虏东窗记》二卷，明佚名撰。演岳飞故事。

○《新刻出像音注花栏南调西厢记》二卷，明崔时佩、李日华撰。以王实甫北剧，不利于笙笛，改作南调。凡李增入者，下皆注“新增”字样。

○《新刻出像音注范睢绨袍记》四卷，明佚名撰。演范睢受须贾绨袍事。

○《新刻出像音注宋江水浒青楼记》四卷，明佚名撰。叙宋江事，全据《水浒传》。

《新刻出像音注花将军虎符记》二卷，明张凤翼撰。演明初花云战太平事。

△《新刻出像音注薛仁贵跨海征东白袍记》二卷。叙唐薛仁贵征东故事。

○《新刻出像音注苏英皇后鹦鹉记》二卷，叙梅妃陷害苏后，本事无考。

《新刻出像音注韦皋玉环记》四卷，明佚名撰。演韦皋与玉箫女事。

△《新刻出像音注齐世子灌园记》二卷，明张凤翼撰。演齐世子田法章灌园实事。

《新刻出像音注花栏裴度香山还带记》二卷，明沈采撰。演裴度还带故事。

○《新刻出像音注刘玄德三顾草庐记》四卷，明佚名撰。本《演义》者居多。以卧龙三顾始，以西川称帝终。

《新刻出像音注王昭君出塞和戎记》二卷，明佚名撰。演汉代昭君和番故事。

△《新刻出像音注释义王尚忠节癸灵庙玉玦记》四卷，明郑若庸撰。演王商、秦庆娘事。

《新刻出像音注韩湘子九度文公升仙记》二卷，明郑若庸撰。演韩湘子度韩愈故事。

《新刻出像音注花栏王十朋荆钗记》四卷，明朱权撰。演王十朋、钱玉莲以荆钗为聘事。

《新刻出像音注观世音修行香山记》二卷，明罗懋登撰。演观音菩萨修道因缘。

《新刻出像音注商辂三元记》二卷，明沈受先撰。演商辂事，亦名《断机记》。

《新镌图像音注周羽教子寻亲记》四卷，明王錂重订。演吴县尹周瑞隆辞官寻亲事。

○《新刻出像音注薛平辽金貂记》四卷，明佚名撰。演薛仁贵事，与正史殊多未合。

《新刻出像音注吕蒙正破窑记》二卷，明佚名撰。演吕蒙正、刘氏女彩楼招亲故事。

以上均明万历间富春堂刻本。

唐氏世德堂所刻书

○《新刻重订出相附释标注拜月亭记》二卷，元施惠撰。叙述蒋、王离合悲欢，为金末时事。卷端下题“绣谷唐氏世德堂校梓”。封面题“万历己丑（1589）夏月世德堂梓”。

○《新锲重订出像注释节孝记》二卷，明高濂撰。上帙记陶潜事，下帙记李密事。陶以节，李以孝。

○《新刻出像附释标注香囊记》四卷，明邵灿撰。演张九成事。卷端下题“绣谷唐氏世德堂校梓”。

△《新锲重订出像附释标注惊鸿记》二卷，明吴世美撰，秣陵陈氏尺蠖斋注释。演唐玄宗及梅杨两妃事。

△《新刊重订附释标注裴度香山还带记》二卷，明沈采撰。演裴度还带故事。

《新锲出像注释李十郎霍小玉紫箫记》二卷，明汤显祖撰。演霍小玉观灯拾得紫玉箫事。封面题“万历丙申冬月世德堂梓行”。

《新刻重订附释标注出相五伦全备忠孝记》四卷，明邱濬撰。五伦为道学作品，其关目情节，即为慈母孝子、节妇之类。

《新刻重订出相附释标注千金记》四卷，明沈采撰。演楚汉相争故事。

《新刻重订出相附释标注赵氏孤儿记》二卷，明佚名撰。演春秋时屠岸贾尽灭赵朔族，更求孤儿，门客程婴等百计藏匿，护之成人，卒报父仇。

《新刻出像双凤齐鸣记》二卷，明陆华甫撰。演赵范、赵葵兄弟立功事。

○《新刻出像玉合记》二卷，明梅鼎祚撰。演唐诗人韩栩与柳氏故事。

文林阁主人唐锦池所刻书

（锦池名鲤耀）

△《新刻全像观音鱼篮记》二卷，明佚名撰。演鲤鱼精诱惑秀才刘真事。题“金陵书铺唐氏梓行”。

《新刻牡丹亭还魂记》四卷，明汤显祖撰。演柳梦梅、杜丽娘事。

《新刻全像易鞋记》二卷，明沈鲸撰。演程鹏举与妻白玉娘易鞋为别，始离终合事。

《新刻全像包龙图公案袁文正还魂记》一卷，明佚名撰。演袁文正与妻韩氏事。题“金陵唐锦池梓行”。

《重校古荆钗记》二卷，明朱权撰。演王十朋、钱玉莲事。封面题“文林阁梓行”。

△《重校绣襦记》二卷，明薛近兖撰。演郑元和、李亚

仙事。

《重校锦笺记》二卷，明周履靖撰。演梅玉、柳淑娘婚合事。

◯《重校四美记》二卷，明佚名撰。演蔡襄母子、夫妇为四美。

《新刻狄梁公返周望云忠孝记》二卷，明金怀玉撰。演狄仁杰故事。

《新刻五闹蕉帕记》二卷，明单本撰。演龙骧与胡氏之遇合，以狐仙撮合，变蕉叶为罗帕赠骧，故名。

《新刻校正全像音释青袍记》二卷，明佚名撰。演梁灏事，言灏以青袍覆女，负归送母室事。

《新刻全像汉刘秀云台记》二卷，明蒲俊卿撰。演东汉初兴事，大抵以王莽更世间事，取云台二十八将为名。

《新刻全像高文举珍珠记》二卷，明佚名撰。演高文举与王百万女故事。

《新刻全像胭脂记》二卷，明佚名撰。演郭华事，以买胭脂为题材。

《新刻全像点板张子房赤松记》二卷，明佚名撰。演张良事，与《千金记》相仿。因张欲从赤松子游，故名。

《新校剑侠传双红记》二卷，明航更生氏编。演唐人小说红线盗盒，合以昆仑奴盗红绡故事，故名双红。

《重校投笔记》四卷，明丘濬撰。演汉班超投笔从戎事。

《重刻出像浣纱记》四卷，明梁辰鱼撰。演范蠡、西施事。

《重校玉簪记》二卷，明高濂撰。演潘必正、陈妙常相悦事。

《重校注释红拂记》二卷，明张凤翼撰。演唐李靖、红拂故事。

《新刻全像古城记》二卷，明佚名撰。叙刘、关、张自徐州失败，关羽义勇辞金、五关斩将至古城聚义事。

《重校拜月亭记》二卷，元施惠撰。演蒋世隆、王瑞兰事。

广庆堂主人唐振吾所刻书

○《新刻出相音释点板东方朔偷桃记》二卷，题“新都吴德修纂集，金陵唐振吾校梓”。

○《新刻出相点板宵光记》二卷，题“秦淮墨客校正，唐氏振吾刊行”。演卫青，铁勒奴事。

○《新刻出相点板八义双盃记》二卷，题“秦淮墨客校正，唐氏振吾刊行”。封面题“镌点板出相八义双盃记，金陵广庆堂校梓”。演程婴、公孙杵臼事。

○《新编全像点板窦禹钧全德记》二卷，明王稺登撰。叙窦氏五子事。

○《新刻出相点板折桂记》二卷，明纪振伦（秦淮墨客）撰。演薛璋之女玉梅从空飘堕望仙楼上，遂为梁灏妻。

○《新刻出相西湖记》二卷，署“秦淮墨客校”。叙秦一木伪为庸书、求配段女事。

▽《新刻出相音释点板留伯仁八黑收精剑丹记》二卷，明谢天瑞撰。演项羽、张飞、周仓、尉迟恭、锺馗、赵元坛、郑恩、焦赞等八人（即世俗盛传为黑面）诛妖事。

○《新刻出相点板葵花记》二卷，明高一苇订正。演高彦真、孟日红事。以梁相埋日红于井中，种葵花其上，故名。

《新刻出相点板武侯七胜记》二卷，题“秦淮墨客校”。演诸葛亮七擒孟获事。

《镌新编全像霞笺记》二卷，明佚名撰。演元时李彦直悦妓张丽容悲欢离合故事。

继志斋主人陈大来所刻戏曲

（大来名邦泰）

○《重校琵琶记》四卷，元高明撰。演蔡伯喈、赵五娘事。明万历二十六年（1598）刊。序后题“万历戊戌大来甫重录”。

《重校玉簪记》二卷，明高濂撰。演潘必正、陈妙常事。明万历二十七年（1599）刊。目录后有“己亥孟夏秣陵陈大来校录”一行。

○《重校韩夫人题红记》二卷，明王骥德撰。叙韩翠蘋御水流红叶故事。卷末有“秣陵陈大来录梓”一行。

○《重校孝义祝发记》二卷，明张凤翼撰。前有封面，题“出像点板徐博士孝义祝发记，继志斋原板”。

○《重校红拂记》二卷，明张凤翼撰。演风尘三侠故事。明万历廿九年（1601）刊。目录后刻有“秣陵陈大来校梓于继志斋中”。

○《重校五伦传香囊记》二卷，明邵灿撰。演张九成故事。卷末刻有“白下陈大来手书刊布”一行。

《重校浣纱记》四卷，明梁辰鱼撰。演范蠡和西施事。

△《重校双鱼记》二卷，明沈璟撰。演刘皞、邢娘流离苦难事。

○《重校十无端巧合红蕖记》二卷，明沈璟撰。演郑德璘与韦女姻缘，以红渠作合。

《重校紫钗记》二卷，明汤显祖撰。演唐人李益与霍小玉事。

○《重校苏季子金印记》二卷，明苏复之撰。写世态炎凉曲画，令人感喟发愤。

《重校玉合记》四卷，明梅鼎祚撰。演唐诗人韩栩、柳氏事。

《重校锦笺记》二卷，明周履靖撰。演梅玉、柳玉娘婚合事。明万历廿七年（1599）刊。

《新镌量江记》二卷，明余翘撰。演樊若水量江事。

△《重校埋剑记》二卷，明沈璟撰。演吴保安弃家赎友事。

○《重校义侠记》二卷，明沈璟撰。演武松故事。

《重校旗亭记》二卷，明郑之文撰。叙宋董元卿遭胡金之乱，得遇隐娘事。

《重校北西厢记》五卷，元王德信撰。演张珙、崔莺莺恋爱故事。明万历二十七年（1599）继志斋刊本。

《重校古荆钗记》二卷，明朱权撰。演王十朋、钱玉莲事。

○《重校吕真人黄粱梦境记》二卷，明苏汉英撰。叙吕应举，与云房遇于旅店，倦而入睡，梦中历尽繁华，至于衰败，醒时黄粱还未熟。

○《李卓吾先生批评锦笺记》二卷，明周履靖撰。演梅玉、柳淑娘婚合事，明万历卅六年（1608）继志斋刊。

《新刻河间长君校本琵琶记》二卷，元高明撰。明万历卅六年（1608）金陵继志斋刊。

○《新镌半夜雷轰荐福碑杂剧》一卷，元马致远撰。封面题“继志斋原版”。

○《新镌李太白匹配金钱记杂剧》一卷，元乔吉撰。

○《新镌铁拐李度金童玉女杂剧》一卷，明贾仲明撰。

○《新镌杜子美沽酒游春杂剧》一卷，明王九思撰。

○《新镌大雅北宫词纪》六卷、《南宫词纪》六卷，明陈所闻辑。明万历卅二年（1604）秣陵陈氏继志斋刊。

环翠堂主人汪廷讷所刻戏曲

金陵插图戏曲的刻印，除唐氏、陈氏书坊之外，汪氏环翠堂可称别树一帜。汪氏名廷讷，字昌期，别号坐隐先生，原为徽州巨富，喜戏曲，侨寓金陵。所作传奇插图绘画，系出汪耕一人之手。汪耕字于田，画风富丽堂皇，纤细入妙。图版中的窗格、地毯、衣裙、栏槛，喜欢作连续图案纹样。画中人物修颐长身，垂鬓高髻，面目清秀，缠绵之情，跃然纸上。图版又是请徽州名工为之操刀，刀锋的整肃流利，更补助了画笔之不足。因而环翠堂插图戏曲，在明代万历时已经获得与富春堂唐氏、继志斋陈氏并驾齐驱的地位，并且所刻好多戏曲是汪延讷自己所著，故在制作插图方面，付出了丰厚的财力，不惜工本地把插图扩大为整幅大版。

《环翠堂乐府狮吼记》二卷，明汪廷讷撰。演陈季常妻柳氏奇妬事。

○《环翠堂乐府投桃记》二卷，明汪延讷撰。叙南宋潘用中与黄姬故事。

○《环翠堂乐府三祝记》二卷，明汪延讷撰。演范仲淹父子事功文章。

《环翠堂乐府种玉记》二卷，明汪廷讷撰。演霍仲孺事。

○《环翠堂乐府彩舟记》二卷，明汪廷讷撰。演江生与吴女情事。

○《环翠堂乐府义烈记》二卷，明汪廷讷撰。演张俭、孔褒、孔融事。

○《环翠堂乐府天书记》二卷，明汪廷讷撰。演孙膑、庞涓事。

《元本出相西厢记》二卷，元王德信撰、关汉卿续。演张珙与崔莺莺故事。

《窃符记》二卷，明张凤翼撰。演信陵君救赵事。

○《坐隐先生精订王西楼乐府》一卷，明王磐撰。环翠堂四词宗合刊本。

○《坐隐先生精订金伯屿爽斋乐府》一卷，明金銮撰。环翠堂四词宗合刊本。

○《坐隐先生精订梁少白江东白苎》一卷，明梁辰鱼撰。环翠堂四词宗合刊本。

○《坐隐先生精订冯海浮山堂词稿》四卷，明冯惟敏撰。环翠堂四词宗合刊本。

○《坐隐先生精订梨云寄傲》二卷，明陈铎撰。

○《坐隐先生精订秋碧轩稿》二卷，明陈铎撰。

○《坐隐先生精订可雪斋稿》一卷，明陈铎撰。

○《坐隐先生精订月香亭稿》一卷，明陈铎撰。

○《坐隐先生精订纳锦郎传奇》一卷，明陈铎撰。

○《坐隐先生精订太平乐事》一卷，明陈铎撰。

○《坐隐先生精订草堂余意》二卷，明陈铎撰。

○《坐隐先生精订滑稽余韵》二卷，明陈铎撰。

以上八种总名《陈大声乐府全集》，明万历三十九年（1611）汪氏环翠堂刊本。

△《坐隐先生精订真傀儡》一卷

△《坐隐先生精订一文钱》一卷，明破悭道人撰。

△《坐隐先生精订再生缘》一卷，明蘅芜室主撰。

△《坐隐先生精订男皇后》一卷，明秦楼外史撰。

△《坐隐先生精订齐东绝倒》一卷，明竹痴居士撰。

以上五种曲均明万历时汪氏环翠堂刊本。

汪氏环翠堂除了刻过上面各种戏曲之外，还刊行了汪廷讷自著的其他著述，最为名贵的是万历二十八年（1600）精刻的《人镜阳秋》二十二卷，插图版画精绝，久负盛名。因不属戏曲范围，故不再赘述。

附注：

☆标号者藏华东师范大学图书馆。

○标号者藏国家图书馆。

△标号者藏北京大学图书馆。

▽标号者藏上海图书馆。

无标记收藏不详。

苏州戏曲志专著条目提要

1.《元刊古今杂剧三十种》，杂剧剧本集。原本未标书名。清吴县（今苏州市）藏书家黄丕烈题为《元刊古今杂剧》。王国维改题今名。汇集关汉卿《单刀会》、马致远《陈抟高卧》、王伯成《贬夜郎》等杂剧三十种。其中未见收于《元曲选》的杂剧十四种。为现存元人杂剧最早刻本。大都只载唱词，无宾白，唱词较明代刊本为多。清末曾藏于苏州顾氏过云楼，后为罗振玉所藏，现藏国家图书馆。版本有日本大正三年（1914）京都帝国大学据罗振玉藏原本影印本，民国十三年（1924）上海据日本版重印本，1958 年《古本戏曲丛刊》第四集影印本，1980 年中华书局出版徐沁君新校本，全称为《新校元刊杂剧三十种》。

2.《词林摘艳》，戏曲、散曲选集。明吴江张禄根据《盛世新声》增删补订而成。十卷。所收元明戏曲尤称丰富。包括《南北小令》二百八十六阕，《南九宫》套数五十三章，《北九宫》套数二百七十二章。采用戏文有《下江南戏文》等五种，杂剧《丽春堂》等三十四种。散曲部分，南曲有元赵天锡、明朱大声诸人作品，北曲有元关汉卿、明朱有燉诸人作品，其他作品未见他书者颇多。其中时调小曲，为研究当时民间小曲的重要资料。有明嘉靖四年（1525）自刊本、嘉靖三十年

(1551）徽藩月轩道人刊本、明万历二十五年（1597）内府刊本。1955 年文学古籍刊行社影印本。

3.《四友斋曲说》，戏曲论著。明华亭何良俊撰，系近人邓实从何著《四友斋丛说》笔记中将有关戏曲部分论述辑录成书。以北曲为主，对元曲诸大家均有论说，亦记有与北曲曲师顿仁研讨北曲的情形。有民国二年（1913）上海国粹学报社印行的《古学汇刊》本。1959 年收入中国戏剧出版社出版《中国古典戏曲论著集成》，改名《曲论》。

4.《南词引正》，戏曲论著。明嘉靖时太仓魏良辅所作《曲律》另一传本，是一本歌唱经验的总结。提出了“字正、腔纯、板正”，“字字句句，须要透彻唱理”，“唱出各样曲名理趣”以及“两不杂”、“五不可”等唱曲要领。新中国成立后从明昆山张丑《真迹日录》的清抄本中发现。抄本写明《南词引正》为明文徵明手书，魏良辅撰，吴昆麓校，卷尾并有嘉靖丁未（1547）夏五月曹含斋跋。该书内容较《曲律》各种传本略多，如对当时各种戏曲声腔源流的论述即为他本所无。今人路工将全文收入其《访书见闻录》中。1985 年上海古籍出版社出版排印本。魏良辅所著《曲律》现在所见最早刊本为附刻于明万历刻本《吴歈萃雅》卷首之《吴歈萃雅曲律》，又题《魏良辅曲律十八条》。另见明天启许宇编《词林逸响》卷首，称《昆腔原始》，不载作者姓名。另见明末张琦、张旭初合编的《吴骚合编》卷首，称《魏良辅曲律》。《中国古典戏曲论著集成》简称《曲律》。以上各本十八条或十七条不等，较文徵明写本《南词引正》均少。

5.《曲藻》，戏曲论著。明太仓王世贞撰。一卷。系隆庆六年（1572）王氏重订《艺苑卮言》附录中论曲部分。万历时，后人辑出，题作《曲藻》单刻行世。总四十一条。主要论述元杂剧曲文及南曲、北曲的特征。对《西厢》的作者问题，有所考证，并肯定为王实甫所作。录有明涵虚子对元词曲家一百八十七人的评语。对明剧作家朱有燉、王九思、陈铎、杨慎、梁辰鱼、张凤翼等的作品，兼及对苏州著名词曲家祝允明、唐寅、杨循吉等人的生平轶事，均有记载。有明万历间单刻本，万历八年（1580）茅一相编丛书《欣赏续编》本，明末刊《锦囊小史》本，民国二十九年中华书局《新曲苑》排印本。1959年中国戏剧出版社收入《中国古典戏曲论著》第四集。

6.《乐府名词》，全名《新镌汇选辨真昆山点板乐府名词》。戏曲选集。明鲍启心校。两卷。凡选传奇《琵琶记》以下三十四种，散曲〔步步娇〕以下二十一套，杂入《金貂记》传奇一种。所选传奇有较为少见之《四节记》、《减灶记》、《合璧记》等。有明万历年间刊本。曾为郑振铎所藏，现归国家图书馆。

7.《阳春六集》，传奇剧本集。明长洲（今苏州市）张凤翼撰。集《红拂记》、《祝发记》、《窃符记》、《灌园记》、《虎符记》、《扊扅记》传奇六种。于万历十四年至二十一年（1586—1593）间撰成。汇刻原本未见。《红拂记》有明万历武林容与堂刊本、金陵继志斋刊本、文林阁刊本、玩虎轩刊本、富春堂刊本、萧腾鸿刊本，明末汲古阁刻本、吴兴凌氏校刻朱墨套印插图本，民国初年刘氏《暖红室汇刻传奇》本。《祝发记》有明万历富春堂刊本继志斋刊本和玩虎轩本。《窃符记》有明万历继志斋刊本、新安汪氏环翠堂刊本，清雍正沈闰生抄本，怀宁曹氏藏抄本。《灌园记》有明万历富春堂插图本、明末汲古阁刊本。《虎符记》有明万历富春堂刊本，程砚秋原藏清延陵嘉兴抄本，梅兰芳原藏朱格抄本。《扊扅记》已佚，仅《群英类选》、《月露音》中残存佚曲。今存五种，1954 年、1958 年分别收入《古本戏曲丛刊》初集和三集。

8.《清音阁传奇四种》，传奇剧本集。明吴江顾大典撰。乃其所著《青衫记》、《义乳记》、《葛衣记》、《风教编》传奇四种之合称。万历五年（1577）撰成，汇刊本未见。《青衫记》有明万历金陵凤毛馆刊本、明末虞山汲古阁刊本、1955 年郑振铎主编《古本戏曲丛刊》第二集影印本。《葛衣记》有梅兰芳原藏旧抄本。《风教编》在《南九宫谱》中仅存残曲三支。《义乳记》已佚。

9.《属玉堂传奇》，传奇剧本集。明吴江沈璟著。是其所作《红渠记》、《埋剑记》、《双鱼记》、《义侠记》等十七种传奇之合称。汇集原本未见。《红渠记》、《埋剑记》、《双鱼记》、《义侠记》有明万历间（1573—1620）金陵继志斋刊本。《桃符记》、《坠钗记》有旧抄本。《博笑记》有明天启三年（1623）刊本，民国二十一年（1932）上海传真社影印本。以上七种均收入郑振铎主编《古本戏曲丛刊》初集、三集。《埋剑记》见民国十九年北平图书馆影印本。《分钱记》、《十孝记》在《群英类选》中存有散折曲文。《鸳衾记》、《分柑记》、《四异记》、

《凿井记》、《珠串记》、《奇节记》、《结发记》等七种，于《南词新谱》中存有残曲。《合衫记》已佚。

10.《增定南九宫曲谱》，一名《增定查补南九宫十三调曲谱》，南曲曲谱。明吴江沈璟编。二十一卷，附录一卷。是书根据明嘉靖时蒋孝的《南九宫谱》改编而成。选录南曲曲牌七百十九支，并详列各曲牌格律，分别正字、衬字，注明板眼。明万历二十二年（1594）编就。有明天启年间吴门三乐斋刊本和文治堂刊本。

11.《吴歈萃雅》，戏曲、散曲选集。明茂苑（今苏州市）梯月主人（周之标）选辑。分元、亨、利、贞共四集，元、亨两集收元高则诚《游春》（〔泣颜回〕）、明梁伯龙《秋夜悼念》（〔瓦盆儿〕）等散曲，利、贞两集收《千金记》、《浣纱记》、《彩楼记》诸剧中曲文，四集共收南曲二百八十套。以“情真境真”为采选标准。附有点板，便于清唱。牌名板眼均以蒋孝《南九宫谱》为准则。每集各附插图四页。总集卷首并附明魏良辅《曲律》十八条。有明万历四十四年（1616）刊本。

12.《词林逸响》，戏曲、散曲选集。明苏州许宇编。四卷。卷首有天启间邹迪光序。前两卷选载名人散曲套数。后两卷辑录元明传奇散曲。多采《琵琶》、《西厢》、《荆钗》、《白兔》、《幽闺》、《浣纱》等名作。以套曲为主，附有点板，无宾白。有明天启三年（1623）萃锦堂刻本，有插图，版刻极精。

13.《梅花草堂曲谈》，戏曲论著。明昆山张大复（字元长）著。张原有《梅花草堂笔谈》十四卷，系记载明中叶以来苏州风土习俗的笔记。该书对于昆曲演进以及魏良辅、梁辰鱼诸人事迹，记载较详。《董西厢》之版本、唱法，俞三娘（他书作俞三姑）评注《还魂记》之情况也有介绍。后人将其记述戏曲部分辑录成《梅花草堂曲谈》一卷，收入民国二十九年（1940）上海中华书局版《新曲苑》。《梅花草堂笔谈》全书则有明梅花草堂原刊本，民国初年上海进步书局《笔记小说大观》石印本，1983 年江苏广陵刻印社影印本。

14.《度曲须知》，戏曲论著。明吴江沈宠绥撰。两卷，三十六章。全书解说四声、出字、收音、字头、鼻音、声韵翻切等。有出字、收音和辨声口诀，并论及南北曲声腔及弦律存亡等。末两章节引魏良辅《曲律》及王骥德《方诸馆曲律·亨屯曲遇》。是论述昆曲唱法的专著。有明崇祯十二年（1639）初刻本，清顺治六年（1649）与《弦索辨讹》合印重修本，民国初年商务印书馆影印本，1959 年中国戏剧出版社《中国古典戏曲论著集成》本。

15.《弦索辨讹》，戏曲论著。明吴江沈宠绥撰。共三卷。列举元王实甫所作杂剧《西厢记》和明代传奇《千金记》、《焚香记》、《宝剑记》、《红拂记》、《西楼记》、《红梨记》、《珍珠衫》等剧中十余套曲词，共三百七十五曲。分别以符号标明字音、口法，以作演唱准绳。有明崇祯十二年（1639）初刻本，清顺治六年（1649）与重修《度曲须知》合印本，1959 年中国戏剧出版社《中国古典戏曲论著集成》本。

16.《三家村老曲谈》，戏曲论著。明常熟徐复祚著。一卷。明天启年间，徐氏仿元陶宗仪《南村辍耕录》，撰有《三家村老委谈》，又名《花当阁丛谈》笔记，三十六卷。现常熟市图书馆藏有清初曹炎批校的手抄本八卷，末有乾隆十七年（1752）鱼元傅跋。嘉庆十三年（1808）虞山张海鹏将曹炎抄本刊入《借月山房汇抄》，民国九年（1920）上海博古斋出版影印本。民国元年（1912）邓实编辑《古学汇刊》，摘《委谈》与何良俊《四友斋丛说》中有关戏曲部分，合辑成《何元朗徐阳初曲论》。民国二十九年中华书局排印《新曲苑》本，改名《三家村老曲谈》。建国后出版的《中国古典戏曲论著集成》，将此书何、徐两人作品分别辑成《曲论》两种，并从《借月山房汇抄》所收八卷本《花当阁丛谈》中辑出邓实所未摘录的数条，作为徐著《曲论》附录。

17.《杂剧三种合刊》，杂剧剧本集。明太仓王衡撰。三卷。凡收《没奈何哭倒长安街》、《杜祁公藏身真傀儡》、《王摩诘拍碎郁轮袍》等杂剧三种。有明天启间（1621—1627）合刊本。《没奈何》有明万历间刊本，《真傀儡》、《郁轮袍》另有明沈泰《盛明杂剧》本和明孟称舜《酹江集》本。

18.《脉望馆古今杂剧》，明常熟赵琦美所藏元明杂剧剧本的总称。原有三百四十种，今存二百四十二种。包括刻本《古今杂剧选》本十五种、《古名家杂剧》本五十四种，抄自“内府本”、“于小谷本”等一百七十三种。其中，元人所著杂剧二十九种系海内孤本。所抄“内府”本，剧末附记“穿关”的一百零二种，详列每折戏之登场人物穿戴的衣冠、髯口、服饰及应执砌末，乃是明代宫中演出这些剧目时的实况。清初为钱曾收藏于也是园，故亦称《也是园藏书古今杂剧》。后从泰兴季振宜家散出，经黄丕烈、赵宗建递藏。民国二十七年（1938）于苏州丁祖荫寓所散出，流至上海为郑振铎所得。清黄丕烈编有《也是园藏书古今杂剧目录》二百六十六种，并手书冠于卷首，现藏国家图书馆，收入1958年上海商务印书馆影印《古本戏曲丛刊》（第四集），《目录》另编入1959年中国戏剧出版社《中国古典戏曲论著集成》（第七册）。近人吴县王季烈又从《脉望馆古今杂剧》中选出绝少流传的抄本一百四十种，原属《古名家杂剧》刊本三种、《古今杂剧选》剧本一种，共一百四十四种，加以校勘，并撰各剧内容提要，以《孤本元明杂剧》书名于民国三十年由长沙商务印书馆出版。1958年北京戏剧出版社据商务纸型重印，改为精装本四册。此外，丁祖荫撰有《古今杂剧校语》一卷，原稿手写本，后归孙楷第所藏。

19.《南曲九宫正始》，全名《汇纂元谱南曲九宫正始》。南曲曲谱（无卷数）。明末徐于室（一作徐子室）初辑，清初苏州钮少雅完成。主要依据宋元南戏旧本，考证南曲曲牌的源流，收录了一些少见的宋元南戏的曲词。有清顺治十八年（1661）抄本，民国二十五年（1936）北平戏曲文献流通会出版影印本。

20.《墨憨斋定本传奇》，传奇剧本集。明苏州冯梦龙编定。共十四种，二十八卷。冯氏曾改编汤显祖《还魂记》、李玉《永团圆》、袁于令《西楼记》等传奇，称为“墨憨斋定本”，陆续刊印。原有崇祯年间刻本。清乾隆时复刻本名《墨憨斋新曲十种》，收冯氏改编明人传奇《量江记》、《女丈夫》、《新灌园》、《梦磊记》、《洒雪堂》、《楚江情》、《精忠旗》、《酒家佣》等八种，自著《双雄记》、《万事足》两种。1960 年中国戏剧出版社据《墨憨斋新曲十种》，又增收冯氏改编之传奇《风流梦》、《邯郸记》、《人兽关》、《永团圆》四种，辑成《墨憨斋定本传奇》影印出版。

21.《醉怡情》，全名《新刻出像点板时尚昆腔杂曲醉怡情》。昆剧剧本集。明末菰芦钓叟编。八卷。选收杂剧、传奇等作品中的一百六十六单出。大都为当时舞台上流行剧目。现存明崇祯年间原刻本和清初苏州书坊致和堂刊本。附有剧情插图。

22.《广辑词隐先生增定南九宫词谱》，南曲曲谱。明末清初吴江沈自晋辑。此书是据沈璟（自晋叔）所编的《南九宫十三调曲谱》修订补充而成，简称《南词新谱》。体例依旧，而更换部分曲目，并增加标注说明，又收入不少明末新创的曲调。选录的曲牌，由原本的七百十九支增至九百九十六支。内容较原本更为精详。有清初顺治十二年（1655）原刊本，署“词隐先生原编，鞠通先生删补”。参阅者，列有冯梦龙、孟称舜、吴伟业等九十五人。1986 年北京中国书店出版影印本。

23.《渔阳三弄》，杂剧剧本集。明吴江沈自徵撰。收其自著《杜秀才痛哭霸亭秋》、《傻狂生乔脸鞭歌妓》、《杨升庵诗酒簪花髻》等杂剧三种。合刊本未见。三剧有明崇祯间（1628—1644）刊《盛明杂剧》本。民国七年（1918）武进董氏诵芬室复刊本，民国十四年上海中国书店影印巾箱本，1958 年中国戏剧出版社影印精装本。内《傻狂生乔脸鞭歌妓》一种，尚有明刻《酹江集》本。

24.《北词广正谱》，北曲曲谱。明末清初吴县李玉编。根据徐于室（一作徐子室）所辑北曲谱加以扩充。凡十八卷，内四卷有目无曲。全书选录北曲曲牌四百四十七支，每支曲牌列出不同格式，分别正字、衬字，注明版式。收罗较详备，过去戏曲作家常用为填写曲词的依据。有清初文靖书院刻本和康熙年间青莲书屋刻本，民国十一年（1922）北京大学出版影印本。

25.《一笠庵四种曲》，传奇剧本集。明末清初李玉作。共八卷。收《一捧雪》、《人兽关》、《永团圆》、《占花魁》传奇四种，后人称之为："一、人、永、占。"有明崇祯年间原刊本，清乾隆五十九年（1794）宝研斋刻本，1957 年文学古籍刊行社《古本戏曲丛刊》第三集影印崇祯刊本。

26.《秦楼月》，传奇剧本。清初吴县朱皠（字素臣，号苼庵）著。两卷，二十八出。后附《素素二分明月集》。有康熙年间苏州文喜堂刊本，卷首有清初宫廷写真画家太仓顾见龙（云臣）摹绘二分明月女子之小照，徽州名手鲍天锡、鲍承勋所刻。有武进涉园陶氏影印本、《古本戏曲丛刊》影印本（收入第三集）。

27.《音韵须知》，韵书。清广陵李书云、吴门（苏州）朱

（素臣）合编。两卷。以六书假借、转注二义不为时重，而声音厘正，间存一线于梨园，故取经籍中奥僻字和转音通用之字，加以绎注。采杨升庵《古字骈音》、沈约《诗韵》、周密《诗韵》而成书。苏州古旧书店藏有康熙二十九年（1690）孝经堂刊本。

28.《六十种曲》，戏曲作品集。明末常熟毛晋辑。凡一百二十卷。收有元杂剧《西厢记》一种；南戏《荆钗记》、《白兔记》、《幽闺记》、《杀狗记》、《琵琶记》，明传奇《浣纱记》、《玉簪记》、《水浒记》、《鸣凤记》以及《玉茗堂四梦》等五十九种，共六十个剧本。为现存明汇刻传奇最丰富、最重要的总集。全书六集，先后分六次刊行。每套十种，标名《汲古阁绣刻演剧十种》。有崇祯年间汲古阁原刻本。清初重印一次出书，始名《六十种曲》。现通行有道光间补版重印本，民国二十四年（1935）上海开明书店重校排印本，1955 年文学古籍刊行社出版重印本，并作若干校正。

29.《寒山堂曲谱》，全名《寒山堂新定九宫十三调南曲谱》。南曲曲谱。明末清初吴县张彝宣（大复）编订。卷首有《谱选古今传奇散曲集总目》七十种，部分未见他书著录。选曲以元代南戏和南散曲为主，兼采明代作品。附有《曲话》十七则。目前仅有抄本流传。

30.《贯华堂第六才子书西厢记》，杂剧剧本。元王实甫作，清吴县金人瑞（圣叹）评。共八卷。金氏将《西厢记》与《庄子》、《离骚》、《史记》、《杜诗》、《水浒》并列为六才子书，并详加评点，题为《贯华堂第六才子书西厢记》。有清初贯华堂原刊本，康熙间苏州致和堂、郁郁堂刊本名《笺注绘像第六才子西厢释解》（附版画）。乾隆以后有怀永堂等巾箱本多种。清末民初上海各书坊出版石印本多种。又收入《金圣叹全集》第三册，由江苏古籍出版社于 1985 年出版。并有单行本印行。

31.《梅村乐府三种》，杂剧、传奇剧本集。清太仓吴伟业著，署名灌隐主人。凡收吴氏所著杂剧《通天台》、《临春阁》各一卷，传奇《秣陵春》（一名《双影记》）两卷。有清顺治间（1644—1661）初刻本，民国五年（1916）董康刻《梅村家藏稿》附刊本，民国八年刘世珩暖红室刊本（附杂剧两种曲谱）。《通天台》、《临春阁》有顺治年间刊《杂剧新编》（一名《杂剧三编》）本，宣统二年（1910）吴梅《奢摩他室曲丛》（第一集）本，民国二十年郑振铎编《清人杂剧初编》影印本。《秣陵春》传奇有 1957 年文学古籍刊行社《古本戏曲丛刊》（第三集）影印顺治本。

32.《西堂曲腋》，一名《西堂乐府》，杂剧、传奇剧本集。清长洲尤侗撰。收所作杂剧《读离骚》、《吊琵琶》、《桃花源》、《黑白卫》、《清平调》（一名《李白登科记》）等五种及传奇《钧天乐》一种。原刻附于《西堂全集》，有康熙间聚秀堂原刻本，民国初年上海文瑞楼石印本。杂剧五种，有民国二十年（1931）郑振铎《清人杂剧》影印本。传奇《钧天乐》一种，收入 1985 年上诲古籍出版社出版《古本戏曲丛刊》第五集中。

33.《经锄堂乐府》，杂剧集。清昆山叶奕苞撰。四卷。合其所著杂剧《老客归》（一名《老客妇》）、《长门宫》（一名《长门赋》）、《奇男子》（一名《卢从史》）、《燕子楼》四种。有乾隆七年（1742）叶氏“经锄堂”刊本。

34.《长生殿传奇》，传奇剧本。清洪昇作，长洲徐麟乐句。两卷。演唐玄宗、杨贵妃钿盒情绻爱情生活，复系家国兴亡之感。凡五十出。作者经十余年随撰随改，三易其稿而成。又“经徐麟审音协律，辨正查误，批注一百二十七则”，对音韵曲律均有阐述。昆剧《定情》、《密誓》、《惊变》、《埋玉》、《闻铃》、《哭像》诸出，即出于此，有康熙十八年（1679）稗畦堂原刊本，乾隆间刊巾箱本，民国七年（1918）暖红室重刊本，上海各书坊多种石印本，1954 年人民出版社影印本，1955 年文学古籍刊行社影印本。

35.《十美词纪》，笔记。清吴江邹枢撰，共一卷。邹枢字贯衡，别号酒城渔叟。书成于康熙二十年（1681）。首载同邑杨凌霄序及自序。次列“巧蝴蝶”、“如意”、“陈圆”、“卞赛”、“沙才”、“梁昭”、“李莲”、“朱素”、“罗节”、“朱增”等十人小传，后各缀以词，文中述及作者曾赴南闱，访金陵歌院，并在家亲观陈圆圆演《西厢》，扮演贴旦红娘脚色，兼及梁昭、李莲、罗节等，均为当时吴门娼兼优中之佼佼者。最后琵琶妇朱增一传，原稿已佚，故缺。尾吴江杨复吉跋。有道光二十九年（1849）松陵沈氏世楷堂刻《昭代丛书别集》本，宣统元年（1909）上海国学扶轮社排印《香艳丛书》本传世。

36.《新定十二律昆腔谱》，昆曲曲谱。清康熙年间，茂苑

（今苏州市）王正祥编。卢鸣銮、施铨、储国珍点订。共十六卷。取“按月调配之说，而以阴阳十二律分隶诸曲”。各律中分联套、单词、兼用诸类。又以〔朝元令〕、〔二犯江水儿〕诸曲为闰月；以〔红衲袄〕、〔不是路〕、〔入赚〕诸曲为通用；以〔渔灯儿〕、〔雁鱼锦〕诸曲牌为附录。凡收鼻音、闭口音字分别以符号标明。沿用《南词定律》，其论律诸条，较胜旧谱。有康熙二十三年（1684）停云室刻本，民国初年刘氏暖红室《汇刻传奇》附刻本。

37.《新定十二律京腔谱》，曲谱。清康熙年间，王正祥编。卢鸣銮、施铨、储国珍点订。十六卷。是书乃弋阳腔曲谱，载清初弋腔，而欲推为曲谱之正宗，故以京腔名之。又分别各调正、衬，详加板式，并标识行腔之高低缓急。有康熙二十三年（1684）停云室刻本。

38.《宗北归音》，曲谱。清康熙年间，王正祥编，卢鸣銮、施铨、储国珍点订。共六卷。编者自编定《十二律昆腔谱》、《十二律京腔谱》后，复以北曲从未有谱，而订此书。凡收宫音四十五调、角音一百二十调、徵音九调、商音十二调、羽音二十三调。附录余音六条。每调列两曲，前为元人曲体，后为点板曲格。红色套印。曲中四声及鼻音、闭口音皆注出。仅有清康熙二十五年（1686）停云室刻本传世。

39.《新编南词定律》，曲谱。清康熙年间苏州吕士雄、刘璜、唐尚信，浙江杨绪合编。十四卷。在前人诸家曲谱的基础上，斟酌删补，使前后正犯相同，不致矛盾。凡句读、板式相同即为一体；句拍皆不同的，为另一体。其中引子二百二十三体，二百三十二曲；过曲五百四十七体，一千零三曲；犯调五百七十二体，六百五十五曲。除引子外，有旁谱板式，并注明每曲句数、板数。有康熙五十九年（1720）刻本。

40.《太古传宗》，曲谱。清苏州汤斯质撰，徐兴华、朱廷鏐订补。六卷。凡《琵琶调西厢记曲谱》两卷，《琵琶调宫词曲谱》两卷，《弦索调时剧新谱》两卷。按宫商合套，注明工尺，以便按谱弹奏合曲。有清乾隆十四年（1749）和硕庄亲王刊本，前有康熙六十一年（1722）序文。

41.《乐府传声》，戏曲论著。清吴江徐大椿撰。一卷。前有清乾隆九年（1744）自序，阐扬魏良辅、沈宠绥各家的度曲理论，提出“正字音、审口法”为唱曲的基本原则，详述昆曲四声五音的唱法和出声、收声、归韵的要领。有清乾隆十三年（1748）丰草亭原刻本（附有《回溪道情》一卷），道光四年（1824）徐培重刻本，咸丰九年（1859）真州吴桂重刻本，光绪《正觉楼丛书》本，民国北京肇新印刷局石印本，上海中华书局《新曲苑》本。建国后编入《古典戏曲声乐论著丛编》和《中国古典戏曲论著集成》。

42.《万家合锦》，全称《新镌时尚乐府万家合锦》，传奇选集。清无名氏编。一卷。选录十种明人传奇的折子，有较罕见的作品。傅惜华藏有清乾隆年间苏州王君甫刊印的巾箱本。

43.《千家合锦》，全称《新镌时尚乐府千家合锦》，杂剧选集。清无名氏编。一卷。选录十种元明杂剧的折子，有的较为罕见。傅惜华藏有清乾隆年间苏州王君甫刊印的巾箱本。

44.《书隐曲说》，戏曲论著。清吴江袁栋撰。一卷。袁栋著《书隐丛说》，凡十九卷，自刊于清乾隆九年（1744）。民国二十九年（1940）任讷将其中论曲部分辑出，以《书隐曲说》为篇名，收入《新曲苑》，由上海中华书局排印行世。

45.《玉田乐府》，杂剧集。清袁栋撰。八卷。收其所著《陶朱公》、《赚兰亭》、《江采苹》、《姚平仲》、《白玉楼》、《郑虎臣》、《鹅笼书生》、《桃花源》等杂剧八种。有乾隆十九年（1754）原刻本。

46.《九宫大成南北词宫谱》，简称《九宫大成谱》，曲谱。清和硕庄亲王允禄奉旨编纂，常熟周祥钰，苏州徐兴华、朱廷鏐等人分任其事。成书于乾隆十一年（1746）。共八十二卷，五函五十册。谱有南曲的引、正曲、集曲和北曲的只曲，共二千零九十四支曲牌，连同变体共四千四百六十六支。另有北曲套曲一百八十五套，南北合套三十六套。详举各种体式。分别正字、衬字，注明工尺，有板无眼。其中收有唐宋诗词、诸宫调、元曲、元明散曲以及明清传奇的曲调，较为详备，是研究南北曲音乐最丰富的资料。有乾隆十一年内府刊朱墨套印本，民国十三年（1924）上海古书流通处影印本。

47.《缀白裘》，戏曲选集。清玩花主人选，苏州钱德苍增辑。全书十二集，四十八卷。收乾隆时流行剧目《琵琶记》、

《牡丹亭》等单出四百八十九出，内昆腔四百三十出，高腔、乱弹腔、梆子腔等五十九出。均是舞台演出本。乾隆三十九年（1774）编成，由钱氏的宝仁堂刊行。后有乾隆四十六年（1781）四教堂刊本，乾隆五十二年（1787）博雅堂刊本，乾隆五十二年嘉兴增利堂刊本，嘉庆五年（1800）吴门五柳居书坊刊本，嘉庆九年（1804）三雅堂刊本。清末民初时上海各书坊出版石印本多种。亚东图书馆排印平装本。1955 年北京中华书局出版汪协和校订本。

48.《中州音韵辑要》，韵书。清昆山王鵕著。共二十一卷。系将元周德清《中原音韵》，明范善臻《中州全韵》合并，并参考《诗词通韵》写成。分韵类为二十一。即将《中原音韵》中“齐微”韵，分为“齐微”“归回”两韵；将“鱼模”韵，分为“居鱼”、“苏模”两韵。平声、去声并分阴阳。有乾隆四十六年（1781）咸德堂刻本。

49.《吟香堂曲谱》，昆剧曲谱。清苏州冯起凤编选。共四卷。内《牡丹亭曲谱》两卷，《长生殿曲谱》两卷。均收曲、词，详注工尺、板眼，末附宾白。有乾隆五十四年（1789）刊本。

50.《增订中州全韵》，韵书。清昭文（今常熟市）周昂撰。共二十二卷。继明范善臻《中州全韵》，完成曲韵吴音化。从《韵学骊珠》“机微”韵分出“知、痴、池”等字，从“居鱼”韵分出“知、如、书、枢、除”等字，另立一个“知如”韵，平、上、去声共二十二韵，加入声八韵，共三十韵。四声都分阴阳。有乾隆五十七年（1792）此宜阁刊本。

51.《韵学骊珠》，韵书。清太仓沈乘麐撰。二卷。以明范善臻《中州全韵》为底本，参以《中原音韵》、《洪武正韵》写成。分四声二十九韵。平声、去声均分阴阳两类。上声虽在韵目下注明“阴阳合”，而韵内标注“阴上声”、“阴阳通用”“阳上声”三类。入声恢复专立，列入韵，亦分阴阳。成书于清乾隆五十七年（1792）。有嘉庆元年（1796）枕流居刊本，光绪十八年（1892）华亭顾文善斋刊本，民国十三年（1924）上海朝记书庄石印本。1964 年苏州市戏曲研究室校订加注，改按笔划编排，白话例释，编成《韵学骊珠新注》上下集，内部印行。

52.《写心杂剧》，杂剧剧本集。清吴江徐爔（种缘子）撰。凡《游湖》、《述梦》、《游梅遇仙》、《痴祝》、《青楼济困》、《哭弟》、《湖山小隐》、《悼花》、《酬魂》、《醒镜》、《祭牙》、《月下谈禅》《蝨谈》、《觅地》、《求财卦》、《入山》等杂剧十六种。有乾隆五十四年（1789）梦生堂刊插图本，郑振铎藏旧抄本，郑本较刻本多《问卜》、《原情》、《寿言》、《覆墓》四种，而少《觅地》、《求财卦》两种。

53.《红心词客四种曲》，传奇集。清吴县沈起凤撰。共八卷。收所著传奇《才人福》、《文星榜》、《伏虎韬》、《报恩猿》（一作《报恩缘》）四种。有乾隆年间苏州石韫玉古香林原刊本和近人吴梅根据乾隆刊本影印的《奢摩他室曲丛》本。

54.《纳书楹曲谱》，戏曲曲谱。清苏州叶堂编。二十二卷。正编、续编、补遗、外集共十四卷。收乾隆时舞台上流行的昆剧以及一小部分时剧，共三百余出。又《玉茗堂四梦》曲谱八卷。均收曲词而未附科白，详注工尺、板眼。有乾隆五十七年（1792）吴门纳书楹自刻本，道光年间补刻本。

55.《西厢记曲谱》，曲谱。清叶堂撰。共两卷。以《北西厢》无人歌唱，故制成全谱，书成，风行一时。称为“叶谱”。乾隆五十七年（1792）叶氏继订《纳书楹曲谱》后编成。收曲词，未附科白。注有工尺、板眼。有乾隆年间吴门纳书楹刊本。

56.《花间九奏》，一名《花间乐府》，杂剧剧本集。清吴县石韫玉撰。凡九种，敷衍九事：《伏生授经》、《罗敷采桑》、《桃叶渡江》、《桃源渔父》、《梅妃作赋》、《乐天开阁》、《贾岛祭诗》、《琴操参禅》、《对山救友》。有清嘉庆间苏州石氏花韵庵原刻本。民国二十年（1931）郑振铎据以影印，收入《清人杂剧初集》。

57.《梨园原》，原名《明心鉴》，戏曲论著。清黄旛绰著。据道光九年（1829）秋泉居士原序说，黄是乾嘉时人，“本江南书香，以家寒弃儒习乐，竟享大名”，盛唐时有名艺人黄旛绰，这位弃儒习乐的江南书生，也以黄旛绰为名，这显然是故意隐去真姓名而改取的艺名。所著《明心鉴》经其友庄肇奎（胥园居士）增补若干考证，改名《梨园原》。道光时原书残稿为黄弟子俞维琛、龚瑞丰所得，并各出心得，再托友人叶元清

（秋泉居士）补正成书。载有“艺病十种”、“曲白六要”、“身段八要”以及《宝山集》八则等有关表演艺术的论述。向来仅有抄本流传。民国六年（1917）经梦菊居士汇辑校订，初次铅印出版。后有上海书坊所出石印本两种，北京中华印书馆铅印本。1959年中国戏剧出版社收入《中国古典戏曲论著集成》。

58.《审音鉴古录》，昆剧剧本选集。不署编者姓氏。卷首有清道光十四年（1834）琴隐翁序。不分卷。收昆曲单折戏《琵琶记》十六出，《荆钗记》八出，《红梨记》六出，《儿孙福》四出，《长生殿》六出，《牡丹亭》十出，《西厢记》六出，《鸣凤记》四出，《铁冠图》六出，共六十六出。注有排场、身段、穿戴等，并附剧情插图。存道光十四年刊本。南京图书馆藏有咸丰五年（1855）王世珍重校刊本，并增刻眉批，为道光刊本所无。

59.《遏云阁曲谱》，昆剧曲谱。清清河王锡纯辑，苏州李秀云拍正。共十二册。成书于同治九年（1870）。是在《纳书楹曲谱》、《缀白裘》中选出昆曲《琵琶记》、《长生殿》、《绣襦记》、《临川四梦》、《幽闺记》、《水浒记》、《西厢记》及时剧《思凡》、《下山》等昆剧八十七出，细加校正。曲词、科白、工尺、板眼俱全。有民国十四年（1925）上海著易堂书局铅印本，附有天虚我生《学曲例言》一卷。

60.《异同集》，昆曲汇集。清末吴门听涛主人抄录集成。据抄录者自叙：“光绪癸巳（1893）年，在补园主人（张履谦）处见曲谱一宗，有六百数十出，内有文而无腔者俱多。陆续集成九百六十七出。请吴门殷四先生（溎深）校正。费十余载精神，草草录全，装订百本。”下署“宣统己酉（1909）年仲冬，听涛主人录”。是书收集抄录剧目一百零六种、九百六十七出，实存七十九种、六百四十五出，搜罗广博，材料丰富，曲目众多。如载《寻亲记》有十八出，《双珠记》有三十二出之多，为他本所罕见。有些出目为其他曲集所无。剧目排列，以每一剧本留存的剧目多少为序。仅存原抄本。

61.《二十世纪大舞台》，戏剧期刊。我国最早的专业戏剧杂志。晚清吴江陈去病创办于光绪三十年（1904）十月。柳亚子在《发刊词》中号召戏剧革命，呼吁作家编写推翻清王朝的“壮剧”、“快剧”。该刊物主要刊登传奇、京剧等戏曲剧本和戏曲论文以及有关戏剧的诗词、舞台掌故、梨园杂志等。言论激烈，出版两期，即被清廷查禁。有光绪三十年上海二十世纪大舞台丛报社排印本。

62.《六也曲谱》，昆剧曲谱。清末吴县殷溎深原稿，张怡庵编。《初集》四册。卷首有吴梅序及吴门替花愁主人序。收《铁冠图》、《烂柯山》、《白蛇传》、《金印记》、《金锁记》、《吉庆图》、《渔家乐》、《占花魁》、《衣珠记》、《西厢记》、《慈悲愿》、《荆钗记》、《水浒记》、《彩楼记》十四种传奇折子戏三十四出。有光绪三十四年（1908）苏州振新书社石印巾箱本。民国十一年（1922）又增订成《增辑六也曲谱》。分“元、亨、利、贞”四集，共二十四册。卷首除吴梅原序外，又增加了春水斋主人序、碧桃花馆主人序。共收《浣纱记》、《长生殿》等五十五种传奇折子戏一百九十四出以及《赐福》、《上寿》、《福猿》、《送子》开场戏四出。但《初集》所有《铁冠图》（四出）、《吉庆图》（两出）、《西厢记》（两出）增辑本未收。宾白、工尺、笛色、锣鼓俱全。有上海朝记书庄 1922 年石印本。

63.《昆曲粹存初集》，昆剧曲谱。清末昆山东山曲社编，殷溎深订谱。收昆曲《铁冠图》、《千钟禄》、《鸣凤记》、《吉庆图》、《精忠记》等折子戏五十折。宾白俱全，工尺正确。清宣统三年（1911）编成，民国八年（1919）上海朝记书庄石印本。

64.《春雪阁曲谱》，昆剧曲谱。殷溎深订谱。凡三卷，共两册。收《玉簪记》、《浣纱记》、《艳云亭》三种宫谱。有民国十年（1921）上海朝记书庄石印本。

65.《吴语》，消闲小报。每日刊。创刊于民国五年（1916）11 月。主办人马飞黄、编辑李井郎。内容分为《褒贬语》、《见闻语》、《花絮语》、《香艳语》、《宫商语》、《古今语》等几个部分，其《宫商语》为戏曲专栏，刊载"新滩簧"、"打斋饭"、"五更调"、"小热昏"等唱曲小调。作者笔名有"老苏州"、"武祥"、"鉴影"、"听香"、"井郎"、"白兰花"、"纪贞"、"施愚公"等。民国九年该报改变风格，后经改组扩充为《吴县日报》。

66.《螾庐曲谈》，戏曲论著。近人吴县王季烈撰。共四卷。分《论度曲》、《论作曲》、《论谱曲》、《余论》四部分。民国十一年（1922）附于《集成曲谱》各卷卷首发表。民国十七年上海商务印书馆出版石印线装单行本。

67.《集成曲谱》，昆剧曲谱总集。王季烈、刘富梁辑。共三十二册。凡选昆曲、时剧宫谱四百十六折。分金、声、玉、振四集。曲谱经王季烈等按律校订，与戏场流行之曲谱多有出入。各集卷首附有《螾庐曲谈》。有民国十四年（1925）上海商务印书馆石印线装本。

68.《与众曲谱》，昆剧曲谱。王季烈辑订，太仓高步云同正拍。共八卷。选昆曲八十九出，时剧六出，散套三套，另开场两出，共一百出。宾白、工尺俱全。专选歌场习见流行之曲，有别于《集成曲谱》。与戏场流行曲谱不尽相同，故称“与众”。另辑《度曲要旨》一卷，附于各折末尾。有民国二十九年（1940）合笙曲社石印线装本。

69.《正俗曲谱》，昆剧曲谱。王季烈选编（印行时署正俗曲社同人编著）。锦章书局石印平装本。有丁亥（1947）暮秋王氏自序称：“取《龙舟会》、《琼屑词》、《桃花扇》、《芝龛记》、《续离骚》、《冬青树》、《归元镜》、《万里缘》等传奇。选剧百折，堪就歌谱。凡皆忠孝节义之事，慈祥恺悌之言，冀以移风易俗、反朴还淳，或于救正世道人心，有万一之效欤。故名之曰《正俗曲谱》……”原计划分十二卷陆续出版。后于民国三十六年（1947）12月印成子辑，收《龙舟会》中《忆远》、《示梦》、《解谜》、《遇仇》、《杀贼》、《禅悟》六折及《琼屑词》中《采桑》一折。民国三十七年（1948）续出丑辑，收《桃花扇》中《听稗》、《眠香》、《却奁》、《阻奸》、《抚兵》、

《守楼》、《骂筵》、《誓师》、《沉江》等九折。兼备曲文、工尺与宾白，对学唱者较为方便。寅辑至亥辑订谱完成初稿，因故未能续出，遗稿已佚。

70.《弦歌小集》，乐谱。近人吴江张粟庐编。一卷。卷首有民国十一年（1922）松陵赵无病序，后有凡例、图说。谱分正调工尺、时调工尺、杂调工尺、时调实例、曲调工尺。有民国十二年上海世界书局石印本。

71.《清人杂剧四种》，杂剧剧本集。近人苏州张玉森辑。四卷。收晚清松江姚锡钧《沈家园》、苏州叶楚伧《落花梦》、无锡王蕴章《碧血花》和《香桃骨》等杂剧四种，有古吴莲勺庐抄本。曾为郑振铎所藏，见《西谛书目》著录，现藏国家图书馆。

72.《西游记杂剧五种》，杂剧剧本集。张玉森辑。五卷。凡收《通天河》、《盘丝洞》、《车迟国》、《无底洞》、《西天竺》等五种。古吴莲勺庐抄本。曾为郑振铎所藏，见《西谛书目》著录，现藏国家图书馆。

73.《莲勺庐抄存传奇提纲》，曲目。张玉森撰。八卷。张氏莲勺庐抄存明清杂剧、传奇共二百八十一种。编有总目《传奇提纲》，并撰有内容提要。卷首有民国十八年（1929）张氏自序，是未刊稿本。所述传奇抄本，未几即散佚。民国二十年5月郑振铎在苏州购得其中百种，郑曾作《抄本百种传奇的发现》一文，发表于同年6月《编辑者》第一期（附有子目）。

现藏国家图书馆。

74.《道和曲谱》，昆剧曲谱。苏州道和俱乐部审订。凡四册。为道和曲社歌演昆剧一周年之纪念品。谱《荆钗记》“眉寿”至“钗圆”，宾白俱全。首有《道和曲》，隐含会员三十人的姓氏名号和住址，并有道和俱乐部会员姓氏录及汪家玉（鼎丞）、张钟来（紫东）、徐鉴（镜清）等三十人的合影。民国十一年（1922）上海天一书局石印，苏州振新书局藏版。

75.《绘图精选昆曲大全》，昆剧曲谱。清张怡庵辑。四集。收《长生殿》、《渔家乐》、《占花魁》、《满床笏》等传奇五十种，折子二百出。曲白、曲谱、笛色、锣鼓乐谱俱全，并绘有舞台表演插图。民国十四年（1925）上海世界书局出版石印本。

76.《新谱六种》，昆曲曲谱。近人苏州徐镜清编撰。六卷。凡《鱼儿佛》谱一卷，《疗妒羹》谱一卷，《钧天乐》谱一卷，《伏虎韬》谱一卷，《情邮记》谱一卷，《才人福》谱一卷。稿本，上海图书馆藏。

77.《顾曲麈谈》，戏曲论著。近人长洲（今苏州市）吴梅撰。全书凡四章：一、原曲（分论宫商、音韵、南曲作法、北曲作法），二、制曲（论作剧法和作清曲法），三、度曲，四、谈曲。此外，兼谈元明以来曲家轶闻多则。有民国五年（1916）商务印书馆出版《文艺丛刊》甲集本，民国十九年《国学小丛书》本，后编入中国戏剧出版社1983年出版的《吴梅戏曲论文集》中。

78.《古今名剧选》，杂剧剧本集。吴梅辑。仅印行三册。一、二册收元曲十种。第一册选收《东堂老》、《梧桐雨》、《范张鸡黍》、《黄粱梦》、《王粲登楼》等五种；第二册选收《岳阳楼》、《货郎担》、《望江亭》、《萧淑兰》、《误入桃源》等五种。第三册选收明朱有燉杂剧《天香圃》、《烟花梦》、《义勇辞金》、《曲江池》、《继母大贤》等五种。每种末均有题跋。据首册前总目，全书原拟选收四十种，但出书三册后未见续刊。有民国十一年（1922）北京大学出版部本。

79.《奢摩他室曲话》，戏曲论著。吴梅撰。全书似未完成，已发表的有吴氏自序，正文两卷。卷一论杂剧院本及论务头两章；卷二为诸曲提要，只刊王、关《西厢》，马致远《任风子》两剧（《任风子》亦未刊完）。分载于清光绪三十三年（1907）《小说林》第二、三、四、六、八、九各期。

80.《中国戏曲概论》，戏曲论著。吴梅撰。凡三卷。卷上论金元诸杂院本，诸宫调、杂剧、散曲；卷中论明人杂剧、传奇、散曲；卷下论清人杂剧、传奇、散曲。有民国十五年（1926）上海大东书局排印本。后编入中国戏剧出版社 1983 年出版的《吴梅戏曲论文集》中。

81.《奢摩他室曲丛》，杂剧、传奇剧本集。吴梅编辑。凡初二、两集。原拟目录有百种之多，包括散曲、杂剧、传奇诸种，今只出两集：初集收嵇永仁《扬州梦》、《双报应》传奇两种及沈起凤《报恩猿》、《才人福》、《文星榜》、《伏虎韬》传奇四种。二集收朱有燉《诚斋乐府》二十四种及吴炳所作传奇《粲花斋五种》。民国十七年（1928）上海商务印书馆影印，排印线装本。

82.《奢摩他室曲丛目录》，杂剧、传奇剧目。吴梅编。一卷。列杂剧、传奇剧目二百六十四种。抄本。有西谛民国十八年（1929）1月17日题跋："此为第一次草目，计二百六十四种，后减为一百五十种。"曾为郑振铎所藏，现藏国家图书馆。

83.《元剧研究ABC》，戏曲论著。吴梅撰。上下两卷十章。只出版上卷四章。专叙元剧之来历，现有剧目及其作者考略。下卷未出版，据例言，应为元剧剖解并及元曲方言。有民国十八年（1929）上海世界书局排印本。

84.《曲选》，传奇剧本选集。吴梅编辑。选《琵琶记》以下传奇三十二种，一百九十四折。只录曲文，不及宾白。以套式为多。每种少者选二折，多者选十二折。每种前略记作者小传，末加品评或掌故等题跋。有民国十九年（1930）商务印书馆出版中央大学丛书本。又中央大学讲义本名《百嘉室曲选》。

85.《霜崖三剧》，杂剧剧本集。一名《瞿安三种》。吴梅撰。三卷。附谱三卷。收《湘真阁》四出（自谱）、《无价宝》南曲一出（刘凤叔作谱），《惆怅爨》北曲五出。《惆怅》剧包括《香山老出放杨枝妓》、《湖州守乾作风月司》、《高子勉题情国香曲》、《陆务观寄怨钗头凤》四短剧。由吴梅、刘凤叔、吴粹伦、徐镜清分为作谱。自序谓《惆怅》五折，用力稍勤，殆其得意之作。《霜崖三剧》有民国二十二年（1933）吴氏自刊本。《湘真阁》原名《暖香楼》，曾载《小说林》第一期。有清宣统二年（1910）吴氏《奢摩他室曲丛》第一集初刊本，民国十六年苏州利苏书社影印本。

86.《长生殿传奇斠律》，戏曲论著。吴梅撰。据作者自序："近岁检订《南北词谱》，粗有存书，意有阂滞，取此记证之，辄迎刃而解，始服昉思守法之细，非云亭山人所可及矣。因逐出稽核，成此一编。"刊登于民国二十三年（1934）10月，中央大学《文艺丛刊》第一卷第二期（未见全篇）。

87.《霜崖曲跋》，戏曲论著。吴梅撰，任中敏辑。三卷。辑录吴氏有关戏曲作品之一部分题跋九十四则。刊载于民国二十九年（1940）上海中华书局《新曲苑》中。

88.《南北词简谱》，戏曲曲谱。吴梅撰。共十卷。第一至四卷为《北词谱》，计收黄钟宫二十四章、正宫二十五章、大石调十九章、小石调五章。第五至十卷为《南词谱》，收黄钟宫五十二章、正宫七十八章。该谱北采《太和正音谱》、《北词广正谱》，南参《九宫谱定》、《南词定律》。对旧谱中一些疑难问题，有所疏释。《北词谱》曾由东南大学印作讲义。全书有民国二十八年（1939）10月《白沙吴先生遗书》编印处石印本，卷首附有卢前（冀野）所编吴氏年谱一卷。原稿现藏国家图书馆。

89.《吴梅戏曲论文集》，戏曲论著。吴梅原著，王卫民编。凡收入《顾曲麈谈》、《中国戏曲概论》、《元剧研究》、《曲学通论》、《曲海目疏证》、《长生殿传奇斠律》、《朝野新声乐府校勘记》、《瞿安读曲记》等八种及叙跋、散论、书牍，卷首有总论，末附《吴梅年谱》。1983 年中国戏剧出版社出版排印本。

吴门贩书丛谈

下

江澄波⊙著

贩书经眼之属

古刻名抄经眼录

馆课诗赋不分卷

清吴江殷兆镛撰，四宝斋红格手写稿本。序及目录则刻有“河岳英灵阁”五字。前有自序：“他官皆有职事，翰林则否。翰林之职，读书、稽古以备顾问。司讲幄，代言论，思学制，编校。昔人所谓玉堂天上。天上，一切龌龊猥琐，曾不足关虑者也。故事，初预馆选，曰庶吉士。我朝特赐馆邸，简宰执硕学重望者二人为馆师。月课诗赋，曰大教习。又择翰詹官数人分课之，曰小教习。向有派习国书者。道光戊戌科奉旨停止。兆镛为庶吉士一载，循例作诗赋如干首。窃念自古文思天子，莫不慎选词臣，置诸左右，虎门、麟趾，丽正、集仙，至目为私人，尊为内相。圣世二百年来，公忠硕辅，理学名儒，胥由此出，尤卓跞隆古。然则国家所以宠异词臣与词臣所以报称国家，固自有在，植矩班马，摛思卿云末已。顾余所为存是稿者，作人雅化，且使异时展卷，无忘当日铃索声中然烛起草初心，所自期许者为何也。是科，馆师大学士军机大臣蒲城王公鼎、户部尚书军机大臣满洲隆公文，而小校习翰林检讨盐山孙公葆元，实分课余。道光二十有一年秋七月翰林院编修吴江殷兆镛自序于京师宣武坊南之冰壶玉尺斋。”

尾有同邑赵汝砺跋："殷子谱经为庶常时，汇所作馆课诗赋如干首，归以呈予。予于斯事本不工，近益衰迈荒废。忆辛巳岁携生就试昆山，学使姚公考古学，以牛角挂书命题。时生犹未作赋与试也，窃拟为之。予见其稿惊异，因与论赋不一体，律赋必以唐贤为宗，取案头坊刻《衡裁》举示之。谱经髫龄高特，甫执笔能莩甲新意。县试春蕁红、千叶桃花二赋，大为邑令所赏而故抑焉。由是益自刻厉，枕经葄史，所作才气横溢，骎骎日上。弱冠试诸生古学，病未完卷。学使辛筠谷先生拔置前茅，食饩。诗赋名甚噪，然擅场固不独赋也。其后朱虹舫、申镜汀、廖钰夫诸学使，紫阳书院石琢堂山长咸极称之。暨登贤书，犹下帷罔辍，如诸生时。迨通籍后亦然。去秋奉告旋里，为予言近日馆课及殿廷试赋，崇尚唐贤，与昔年师言脗合。予谓是何足以益生，生少孤，克自树立，异日为国家有用材。予虽老，所期望生者，岂在辞章小技。昔裴中立《铸剑戟为农器赋》，范希文《金在镕赋》，论者以为不愧斯言，皆《衡裁》所聚也。方今时事多艰，兵戈满地，当勉旃哉。于其假满还朝，书此赠之。时道光壬寅七月同邑友人趙汝砺。"

殷兆镛（1806—1883）字序伯，号谱经，晚号硃砚老人。清吴江人。道光十年举人。二十年庚子成进士，选庶吉士，由编修累官至礼部左侍郎。曾任湖北、陕西、顺天考官，直隶学政。负经世大略，数上封事，洞悉外情。英法联军进犯天津，力主抗战。光绪七年以病乞归。著有《玉尺堂诗文集》及《齐庄中正堂集》传世。

东垣十书（十二种）二十三卷

金李杲等撰，明吴勉学辑，明吴氏师古斋刊本。（每半页□行，行□□字。）原为吴人徐康所藏。有题："自东垣立《脾胃论》与《内外伤》，后人推广者如明之薛、高、赵、张、周、查、胡数家，均深得李氏遗法而张景岳为一大家。本朝则缪松心、何元长，亦称明此旨。今则鲍韵笙反溯其源，李氏亦□于三因方耳。仆窜身海上，幸得生还。倦淑以医为活，惜三世所藏遗编尽矣。昨岁冬杪，偶于琳琅阁浦老处得山左刻十种。如乞人乍获真珠船，美而胜□。恨老矣，苒苒如岁□夕阳尔，悔少时思以文字鸣世，迄无所成。徒欲以口舌易升斗，奈何！同治己丑九月朔日，后学徐康拜书后。"钤有"徐康"、"观易堂"印记。

考古正文印薮五卷

明江都张学礼汇选，钱唐胡文焕同选。明万历壬辰（1592）刊本，每半页六行，行二十字。首有万历壬辰上元日张学礼自序，次凡例，末附印谱旧序及万历壬辰春仲胡文焕跋。

新刻注释孔子家语二卷

明云间夏允彝撰，晚明时书林郑以祺体晋甫校梓。每半页九行，行二十八字。首有自序及附图六页，极精。

今献备遗四十二卷

明秀水项笃寿纂，明万历十一年（1583）项氏万卷堂刊本。每半页九行，行二十字。目录后刻有“癸未孟秋万卷堂刻梓”木记一行。

项笃寿（1521—1586）字子长，号少溪，别号兰石主人，明嘉兴人。嘉靖四十一年（1562）进士。授刑部主事，历兵部郎中，仕终广东参议。性友爱，与弟元汴皆好藏书。年六十六卒。著有《小司马草》六卷传世。

古今格言类编十六卷

题震泽席本祯宁候甫辑，楚黄牛若麟鹤沙甫校，清顺治十年（1653）刊本。首有自序。

据《太湖备考》：“席本祯，字宁侯，家富于财而好行其德，崇祯辛巳（1641）江南大祲，山中市贩俱绝，本祯捐八千金，市粟赈饥，多所全活。又上言愿输家所有以佐军，巡抚黄希宪奏闻。授文华殿中书，寻加太仆寺少卿，诰赠祖、父，如其言。时中原不靖，湖中多焚劫。本祯以全力捍御，一山安堵。卒年五十五。里人感其德，建祠于本山涧桥，祭列祀典。子启图，字文舆，以例贡授中书舍人，能继父志。……集古今嘉言懿行二十卷，名《畜德录》，康熙卅二年崇祀乡贤。”另在陆陇其作《畜德录》序中提到系在其父所作《格言类编》基础上补充内容而成书的。

考定文字议疏证不分卷

清吴县冯世澂撰，光绪间绿格手写原稿本。首有自序，题“光绪十七年岁次辛卯（1891）吴县冯世澂识于秣陵官廨之瞻园”。钤有“冯印世澂”、“十二棠花馆主人”、“小寄庐”等印记。

冯世澂，字伯渊，清吴县人。桂芬孙。与钱人旭、费廷璜等同肄业于正谊书院。经义、小学、古诗文辞皆精，尤研数理，著有《知积蒙求》二卷附《和数开方式》一卷，有光绪二十二年（1896）冯氏校邠庐自刊本。

商山吴氏祖墓四至图不分卷

题“明廷顺公六世孙士彦编辑”，明崇祯十七年（1644）刊本。每半页十六行，行二十六字。首有崇祯甲申（1644）春月二十四世孙甲滋序。又弘治甲寅（1493）宋安抚文肃公九世孙景存原序。

卍川诗抄一卷

清吴江迮朗撰，其子迮霍寿手抄本。首有嘉庆甲戌（1814）沈钦霖序。尾附陈瑄《怡山诗》一卷。并有手札一通：“字呈东溪先生。柳古槎三兄到敝馆征诗，惜先君子古文词赋概不存稿，兹从友人处抄录数首呈上。俟登载一二首。又故友陈亨霞有诗稿三十余卷，昨通阅一遍，摘其佳者六首，内有

《明妃怨》一首，诗甚好，不知是刻本否？须一查。教弟制迮崔寿顿首。”

陔余丛草十四卷、半间斋吟草一卷

清长洲吴士俊撰，精写原稿本。首有顾宝鸣、沈赞、彭凤高、潘遵炳序。又朱绶、沈赞、褚逢椿、潘遵炳、觉阿等人题词。

吴士俊字惕如，清长洲人。

石韫玉与《花间九奏》

石韫玉（1756—1837）字执如，号琢堂，又号花韵庵主人，晚号独学老人，江苏吴县人。年十八，补县学博士弟子员。乾隆五十一年（1786）状元，授翰林院修撰，历任乡试正考官、湖南学政、重庆府知府、山东按察使等，因事被劾革职，其后复念旧劳，又赏编修。于是称病回籍，主讲苏州紫阳书院达二十余年。性情奇癖，一日阅《四朝闻见录》，见有劾朱文公疏，忽拍案大怒，亟脱妇臂上金钏，质钱五十千，遍搜东南书坊，得三百四十余部，尽付一炬。道光时主修《苏州府志》，为世所重。韫玉诗学大苏，写作又勤。除诗文外，作有短剧九种，名曰《花间九奏》，敷演九事：

《伏生授经》，本事见《史记·儒林传》：伏生济南人，故为秦博士。文帝时求能治《尚书》者，天下亡有闻，惟伏生治之，时年九十余，老不能行，使掌故晁错往受之。卫宏《尚书序》云：伏生老，不能正言，言不可晓，使其女传言教错。

《罗敷采桑》，本事见《古今注》：秦氏女名罗敷，采桑陌上，赵王登台，见而悦之，置酒欲夺焉。罗敷乃弹筝，作《陌上桑》之歌以自明。

《桃叶渡江》，本事见《古今乐录》：王献之爱妾名桃叶，尝临渡作歌以送之。

《桃源渔父》，本事见陶潜《桃花源圮》。按：渔人姓黄名道真。

《梅妃作赋》，本事见唐曹邺《梅妃传》：妃江氏，名采蘋，善属文，自比谢女。有《萧兰》、《梨园》、《梅花》、《凤笛》、《玻杯》、《剪刀》、《绮窗》七赋。太真杨氏入侍，宠爱日夺，竟为杨氏迁于上阳东宫。妃以千金寿高力士，求词人拟司马相如为《长门赋》，欲邀上意。力士方举太真，且畏其势，报曰："无人解赋。"妃乃自作《楼东赋》。

《乐天开阁》，本事出《云溪友议》：居易有妓樊素善歌，小蛮善舞。年既高迈，而小蛮方丰艳，因作《杨柳词》以托意，遣之，不忍去。

《贾岛祭诗》，本事见《金门岁节》：岛常以岁除，取一年所得诗，祭以酒脯，曰："劳吾精神，以是补之。"

《琴操参禅》，本事出《冷斋夜话》：苏东坡守杭日，有伎琴操，颇通佛书，解言辞。一日游西湖，戏语琴操曰："我作长老，汝试参禅。"

《对山救友》，本事见《嵩阳杂说》：李空同与韩贯道草疏，刘瑾切齿，必欲置之死。赖康对山营救得脱。后对山得罪，空同议论稍过严，人作《中山狼传》以诋之。

《花间九奏》有嘉庆间石氏家刻本，已极罕见，仅国家图书馆及上海图书培尚有藏本。另外，民国二十午（1931）长乐郑氏（振铎）据原刊本影印，收入《清人杂剧初集》内，至今亦已流传不多。

人称韫玉以一卫道之士而撰写戏剧，实属少有。但在建国初期，吴江县同里镇范瑞轩藏书散出时，曾经发现过石韫玉亲笔评注过的汲古阁刊传奇二十六种，部分还有题跋。这二十六种具体书名是：

《幽闺记》二卷　《明珠记》二卷
《红拂记》二卷　《还魂记》二卷
《紫钗记》二卷　《邯郸记》二卷
《南柯记》二卷　《春芜记》二卷
《琴心记》二卷　《玉镜台记》二卷
《怀香记》二卷　《彩毫记》二卷
《三元记》二卷　《投梭记》二卷
《鸣凤记》二卷　《飞丸记》二卷
《红梨记》二卷　《千金记》二卷
《杀狗记》二卷　《玉环记》二卷
《龙膏记》二卷　《昙花记》二卷
《白兔记》二卷　《香囊记》二卷
《四贤记》二卷　《节侠记》二卷

以上各种文献古籍，现为复旦大学图书馆保藏。由此可见石韫玉不仅是位剧曲作家，并且还称得上是一位名符其实的戏曲评论家。

附：石韫玉其他著述目录

《多识录》九卷，道光八年（1828）刊。
《读语质疑》一卷，道光八年（1828）刊。
《袁文笺正》十六卷、《补注》一卷，嘉庆十七年（1812）刊。
《独学庐全集》，乾隆六十年至嘉庆间精刊。
初稿　留云旧草一卷　江湖集三卷　玉堂集一卷
剑浦归槎录一卷　湘中吟二卷　杂文三卷
读左卮言一卷　汉书刊误一卷
二稿　玉堂后集一卷　鹃声集一卷　学易斋吟草一

卷　花韵庵诗余一卷　微波词一卷　杂文四卷

三稿　杂文五卷　晚香楼集六卷

四稿　杂文五卷　池上集四卷

五稿　燕居集二卷

《独学庐尺牍偶存》二卷，道光三年（1823）刊。

《古旧书讯》1988年第二期

韦光黻与《寒山寺汉铜佛像题咏汇编》

姑苏枫桥寒山寺，以古刹钟声，闻名天下。寺内大殿后，旧有古佛阁，供有古铜佛一躯。道光壬寅（1842）九月，里人摹像上石，诗人韦光黻作记。惜铜像已失，碑石无存。幸韦氏所辑《寒山寺汉铜佛像题咏汇编》一书留传，其中可见像石梗概。

韦光黻（1789—1853）字涟怀，号君绣，别号洞虚子，长洲（今苏州市）人。清诸生。少受业于顾元熙，书法学欧阳询而近文徵明。绘花卉得夏之鼎指授。尤工于诗，出入盛唐名家。晚年居枫桥老屋行医，并善鼓琴。家与寒山寺为邻，故自称“佛脚书生”。辑有《寒山寺汉铜佛像题咏汇编》一书行世。是书刻于道光二十三年（1843），书版在咸丰十年战火中焚毁。印行不多，传世极少。

《汇编》共四卷，每半页九行，行二十一字。封面题字：钱唐赵之琛（次闲）。卷首有长洲吴锦序。刻有吴县羊毓金绘《汉铜摹旃檀如来佛像》。次有篆刻家王云（石香）“姑苏城外寒山寺”印篆题字和金德鉴（保三）所绘“唐张祠部诗意图”。图中绘有一小舟将泊于枫桥和铁铃关（敌楼，道光十年，巡抚陶澍改为文星阁）及寒山寺院山门、大殿、崇楼佛阁等全景，道光时寺貌由此可见，这是一件难得而富有历史价值的版画。

《汇编》卷一，编有碑记、辨正、经论摘要、如来三十二相各条。在碑记及辨正中，记有韦氏请人摹像上石经过及所作《古铜佛像记》全文。特摘录如下，以飨读者。

在辨正条中记："予自庚午（1810）冬赁居枫江，去寒山寺咫尺，然不数至也。习闻有汉铜佛像，素未瞻拜。壬寅（1842）之秋，放下万缘，翘心净土，偶与同里张闻珊、惠迪之辈过访，乞善绘者摹写金容至再至三，善友助舍刊石拓印流通，具详碑记。……"

碑记条中记有其所作《古铜佛像记》："寒山寺有汉铜佛一，铜质古黝，佛相精严。以建初铜尺度之，连座得二尺六寸八分强，当汉末尺约计二尺一寸二分。座缘阴识'赤乌十三年郡主孙权奉供'十一字。《府志》：寺为妙利普明塔院，不详创始岁月。宋元以来，屡经毁建，亦不载铜佛。而父老相传，以为吴得殷炮烙铜所铸。向供古佛阁，康熙时失去数十载。乾隆年间，某氏质库屋上，时现白毫光。一日主人忽睹僧入内室，尾之至壁下，第见铜佛在积尘中，遂谋建阁他寺。寒山住持踪迹迎归。道光十二年寺邻灾，复失铜座。越三年，得于江阴市肆，其灵感亦赫矣！

"吾郡光福寺有铜像大士，宋时出自土中，祷雨辄应，自来为士庶所顶礼，具有碑记。而赤乌当蜀汉延熙，同在十三年庚午，迄今一千五百九十有三，灵迹昭然而久湮不彰可乎？予因募众捐资、绘像勒石，并广征题咏汇梓，传示久远。至于考证金石，辨论是非，予病未能，以俟当世博雅好古者。长洲韦光黻。"

是记对铜像的形制尺寸甚详，至于记述民间传说，自不免带有神奇色彩，但却一定程度上反映了两次失而复存的经过，亦未可厚非。对铜像是否殷铜所铸，是否赤乌年造，尤不作确定，采取慎重态度，也是可取的，同时亦反映了当时已存有异议。如后来的《寒山寺志》作者叶昌炽，就曾持否定说：“吴主权以魏太和三年称帝，是年为黄龙元年，历嘉禾至赤乌十三年，建国已久，何以又以‘郡主’之号？亳社之铜，又何以至吴下？此殆闾巷郢书赝说，不足辨也。然其像则已古矣。”附此备考。

《汇编》卷二至卷四，均为佛像题咏之作。作者有文人、书画家，也有释氏、羽士，共九十四人（姓氏另附）。是书末尾有张廷翰书跋：“寒山寺兴废屡矣，乾隆三十二年慧宗和尚……今住持一澄上人……有重建古佛阁之愿，有志竟成，自有福缘辐凑。予与韦居士摹刻汉铜佛像，亦偶然之事。幸得题咏成帙，刷印流通，因识数语于后。道光癸卯四月浴佛日闻珊张廷翰书。”这里又给我们道出了曾有重建古佛阁的事。

附题咏者姓氏录：

苏州周国祯（子莲）、吴县陆荣（兰圃）、长洲褚逢椿（仙根）、元和程步瀛（星槎）、长洲顾云鹏（搏九）、吴县吴嘉亨（侣棠）、仁和钱杜（叔美）、吴县高翔麟（芾堂）、苏州曹廷燮（丽堂）、元和朱翀（凤楼）、吴县赵文麟（萃芗）、休宁程福永（问梅）、吴县赵文龙（云槎）、法螺寺释道明（逸山）、元和韦文熙（子文）、金山钱培益（蕡圃）、太平崔齑（礼园）、张尔旦、黄美镐（饮鱼）、杭州汪福臣（棣香）、元和金德鉴（保三）、元和陈文涛（莘田）、吴县汪家瓒（竹樵）、元和韦文玉（也愚）、吴县张廷翰（闻珊）、长洲汪汉霖（云桥）、虎丘小普陀寺释定慧（乘戒）、吴县江启采（亮卿）、吴县管兰滋（谷香）、长洲叶麟（子丰）、元和樊景恒（晓埭）、镇海张继梓

(燮堂)、吴县江宝书(云史)、北濠斗坛羽士吴浩(拙存)、吴县袁鼎镛、吴县金玉宝(相堂)、叶汝兰(纫之)、元和张炤(春煦)、元和袁鉴(惕安)、长洲金孝先(子年)、朱和羹(指山)、朱和义(子鹤)、吴县金应仁(子山)、长洲夏鼎(也芗)、长洲孙成梁(涉甫)、吴县陈士镇(品梅)、长洲顾荣(帅前)、元和莫颐(养恬)、吴江钟海(紫沧)、元和朱文渊(蔼人)、吴江杨澥(聋石)、元和包瑞瓚(味琴)、长洲徐石麟(云阶)、元和李维恒(湖帆)、何垓(仲山)、震泽赵筠(静芗)、吴县程光旭(素安)、吴县查维熊(瀛山)、长洲汪明远(声谷)、长洲李树(听雨)、震泽范用源(湘槎),元和袁权(兰轩)、法华寺释莲舟、宝莲寺释莲现(藕香)、元和刘文傅(怀卿)、韩德基(蔗田)、汪琎(雨蕉)、元和程士森(小槎)、南通州法轮寺释悟义(昭惠)、高邮州安乐寺释心圆(观西)、太平巷释祖道、元和袁文翰(锦湖)、顾震涛(默巷)、程锡龄(隽岩)、元和高起鹏(瞻云)、江右周京(旭青)、吴县程锡恩(瑶波)、长洲程锡龄(侣椿)、长洲黄寿凤(同叔)、徐晋镕(冶伯)、钱唐汪熙(慧生)、长洲施沄(君珊)、长洲程国钧(紫荷)、长兴朱紫贵(立斋)、释昌印、颜怀宸(紫轩)

附闺秀姓氏:

朱文淑、韦孟庄(宾鸿)、韦仲雅(韵觉)、颜素娟、袁淑慎、长洲李慧生(定之)、长洲陈筠湘(灵箫)

嘉庆刊本《涧上草堂纪略》

《涧上草堂纪略》一卷、附一卷，清吴江徐达源编辑，嘉庆十四年（1809）刊本。每半页十行，行二十二字，白口，四周双边。首有徐达源自序：“吾吴徐俟斋先生所居涧上草堂，在上沙村，先生殁后为豪家所得，将毁以为葬地，赖门人潘稼堂（耒）太史之力，得赎归。又别以田与其孤孙易此屋为先生祠，其事具详《遂初堂文集》中。迄今百余年矣。达源少受业于潘晓槎师，师为太史曾孙，承先志，主祠祀勿替。后以笔耕少暇，不能时往省视，祠遂倾圮。顾不鄙达源为不肖，命代理其事。遂于嘉庆建元之岁，取先生遗像及手书遗嘱并祠地契券相付，达源不敢辞，即鸠工修葺。每岁清明敬诣祠致奠。又置江邑中系圩田九亩有奇，牒具注册，用供祠地赋税，以期永远奉行。惟是祠止三楹，孤立于荒榛蔓草间。祠中祭器，往往遗失，甚而丐者栖焉。秽渎至不可问，欲广其宅，募守者居之，而力有未逮。今乃得平望赵生竹君，捐资襄事，而达源姐婿冯月坡为之经营缔构，遂于四周筑墙，又增建堂屋门间，及斋房庖湢悉备。工始于戊辰四月，凡五阅月而竣事，然后栋宇一新，式增旧观。乃榜曰：涧上草堂，庶可以妥先生之灵、继太史之志而无负吾师委任之初心矣。夫以徐氏之祠而潘氏主之，太史之笃于师门也。今达源又主之，亦不敢废师命也。襄事者赵生，又师事达源者也。即达源与赵生，何敢比拟太史？而先生忠孝大节，实为百世之师。凡后世宗仰高风，而有事于此祠者，谓皆先生弟子可也。先生遗像及手书，达源曾乞当代名贤题咏勒石以传，兹并录先生本传及祠地契券、当官禁约等，俱付剞劂。书成略述修建颠末，俾后人闻风兴起，共相保护于无穷，是达源之志也。嘉庆十四年七月朔日吴江后学徐达源谨序。”

书中次第载：徐枋本传、遗像、遗嘱、祠堂地址图、祠堂图，以及潘耒、袁枚、洪亮吉、孙晋灏等著之祠堂记。再次为题辞及赠诗，皆乾嘉时期著名文人，计有青浦王昶、仪征阮元、吴县潘奕隽、钱唐梁同书、长洲蒋业晋、昆山徐云路、元和冯培、昭文孙原湘、武进赵怀玉、开化戴敦元等三十余人。附卷则为禁示、契券、承揽等文献资料。据《中国古籍善本书目》著录此书仅国家图书馆和南京博物院各藏有一部，可见传世之稀。

徐枋（1622—1694）字昭法，号俟斋，长洲（今苏州市）人。明崇祯十五年（1642）举人。父徐汧（1597—1645），字九一，号勿斋，崇祯进士，累迁左庶士，充日讲官，参与复社，与杨廷枢结交尤契；李自成克京师后，福王召为少詹事，不获信用，移疾归；次年南都、苏、杭相继失陷，清政府剃发令下，投苏州虎丘新塘桥死，以明气节。枋号泣欲从死，父谓之曰：“吾不可以不死，若长为农夫以没世可也。”枋自是隐居终其身，足不入城市。所居涧上草堂，在天平山麓，由灵岩高僧宏储于康熙二年（1663）为其建成。因而时常往来于灵岩、支硎之间，与沈寿民、巢鸣盛称“海内三遗民”。性峻洁，键户不与人接。书法孙过庭，画宗巨然，间法倪（瓒）、黄（公望），自署秦余山人。海内得其真迹，争宝之。湖广总督蔡毓荣慕其名，具书币属友人通意，却之。睢州汤斌任江苏巡抚，慕其高节，屏驺从诣门，自通曰："中州汤斌求谒，斌亦苏门孙征君门下弟子，幸无相避。"枋遣守门苍头回告，"已入秦余山中矣。"斌坐门外久之，叹息而去。与游唯沈寿民及莱阳姜实节、昆山朱用纯、同里杨无咎、山阴戴易、宁都魏禧、门弟子吴江潘耒及灵岩山僧宏储等数人而已。家贫甚，时耐饥寒，不纳一丝半粟，惟宏储周之，则受曰："此世外清凉食也。"尝豢一驴甚驯，通人意。日用间有所需，则以所作书画卷，置簏于驴背驱之，驴独行及城闉而止，不越出一步。见者争取之，曰："高士驴至矣。"亟取卷，以日用所需物如其指，备纳之簏以为常。康熙三十三年（1694）卒，年七十有三。遗命不受吊。所著有《居易堂集》二十卷、《二十一史文汇》、《通鉴纪事类聚》三百二十卷、《读史稗语》、《读史杂抄》等。道光八年（1828）在沧浪亭西创建五百名贤祠，曾将徐枋遗像刻石其中，至今保存完好。

《通鉴纪事类聚》徐枋手写原稿本，竹纸黑格，建国初期在苏州市上发现，为我收得，由潘景郑老师经手，为上海合众图书馆购藏，仅存二百零九卷，现藏于上海图书馆。据《吴县志·艺文考》著录全书应三百二十卷。至今半个世纪过去了，未见续出，不知尚在人间否？

徐达源（1767—1846）字岷江，一字无际，号山民，别号小峨山人。清吴江黎里镇人。由太学候选布政司里问，改翰林院待诏。与其妻吴琼仙（珊珊）同为袁枚弟子。博雅多才，风义好施，广交名流，所居禊湖，宾朋不绝。与洪亮吉、顾元熙尤称莫逆。工诗古文词。善画墨梅，简老疏古，得杨无咎法。间作山水小幅，脱略畦径。曾集往来文人投赠之篇章、尺牍手迹，于嘉庆十六年（1811）刻成《紫藤花馆藏帖》四卷，凡三十一石。其中刘镛、法式善，王鸣盛、袁枚、梁同书、赵翼、余集、阮元、伊秉绶等皆为乾隆进士、文坛泰斗；行文复率真自然，直抒襟怀，妙语迭出，文采风流：可称是史料与艺术兼备的刻石珍品。经过太平天国战乱以后，这批石刻于同治十一年（1872）春间，为浙江南浔镇周昌富以重金向黎里书肆购归，倍加锺爱。在其晚年又转让给同镇首富刘锦藻，嵌置于刘氏小莲庄之长廊壁间，至今尚存。徐达源的著作除《黎里志》已刊外，尚有《新咏楼诗稿》、《紫藤花馆文稿》、《吴郡甫里诗编》均未刻，仅有抄本流传于世。

张郁文《木渎小志》称："涧上草堂即徐俟斋先生宅，在上沙。门人潘耒赎旧屋建先生祠，王昶署额，徐达源、赵筠、顾禄诸人皆重修。吴县丞徐承恩继之，后毁。同治六年里人重建。民国四年由自治公所修葺。……今碑刻存者仅文氏后记而已。"（此处指当时江苏布政使文柱所撰之后记。前记志顾禄事，后记志徐承恩事。）

涧上草堂在抗战前尚存，腾冲李根源曾经实地考察。他在《吴郡西山访古记》中说："……至涧上草堂，徐俟斋先生故宅也。中祀俟斋先生，附祀杨先生无咎、吴先生祖锡、戴先生易、潘先生耒。堂悬王少寇涧上草堂额……碑二：一，《重修徐俟斋先生祠堂记》，道光二十七年文柱撰，钱德承书；二，《重修俟斋先生祠碑》，民国四年姜文蔚、严良灿记，包光宗书。门额'苦节承先'道光乙巳张邦瑜书。《全榭山集》有祠堂记一首，文美事赅，今草堂无此石，其未经付刻耶？抑毁于兵火耶？拟他日补书刊立。……"

关于涧上草堂现在情况如何？我曾请问过陆永文同志（原

吴县文管会主任)，他回忆后说："十年前还在，当时是天平山果园的一个工区。"因此希望有关部门关心一下，如果房屋尚在的话，能否妥加保护，使其成为天灵景区的一个历史名人故居。另据钱镛老先生曾告诉我，"涧上草堂不仅是徐枋故居，它还是清初时期抗清运动的秘密联络点，所以也可称为苏州的一个十分重要的历史遗迹。"

稿本《吴郡文编》

《吴郡文编》二百四十六卷，清长洲（今苏州市）顾沅辑，旧写原稿本。蓝色印格，白口，四周双边。版心下方刻有“然松书屋”四字。每半页十一行，行二十三至二十四字不等。内容凡分二十九类。首志序，次堤防、山水、游记、水利、赋役、桥梁、坊巷、公廨、学校、坛庙、僧寺、道院、第宅、园林、列传、政迹、记事、赠送、庆挽、行状、冢墓、墓碑、志碣、书序、集序、书画、金石、杂文等类。前有吴县董国华序称：“今顾子湘舟综三公之旧撰，益以旁收之逸篇，复取昭代百余年来名公巨制，先哲遗文，分类编辑，都为一集。……既博既精，其难其慎，煌煌然一代完书也。”尾有元和王同愈跋，略谓：“《吴郡文编》，都二百四十六卷，装八十巨册，册百余页。综其数当不下四百万言，于郑、钱、吴三家之外多至三倍。书成于道光七年，以卷帙繁重，剞劂有待，而当时搜访甄采、传录、校勘之勤，与夫舟车、廪厨、灯火、笔札之烦，时历三载之久，更费浩穰，幸而成书，力亦殚已！越三十四年，咸丰庚申，赭寇陷省垣，时先生已归道山（先生生嘉庆四年，卒咸丰元年）。嗣孙康如茂才年尚幼，苍黄避地，金石图书之属委而去之。同治癸亥苏城克复，丰顺丁公日昌入城安抚，即驰赴先生园第（甫桥西街辟疆园），盖耳先生名，欲藉以一探琅嬛也。于是艺海楼之孑遗，悉为持静斋之珍秘，其漂散在外者，尚不知凡几（传抄秘阁本为仁和朱氏所收居多。见《结一庐书目》）。比康如归，知敝庐无恙，翳惟丁公之力，遂亦不复他及。而先生之藏弆既无簿录可稽，即遗著亦鲜有能举之者。又越五十余年，先生曾孙浩臣，余女夫也，以余粗知艺海故事，饫闻而心慕之，慨然思拾先人之坠绪，辟宅之西偏为艺海小筑以见志。岁戊午孙君伯南于上海南洋中学校长王培孙获睹是编，煌煌钜著，动色相告。浩臣惊喜欲狂，遽割五百金购归，庋之艺海小筑，曰庶几不虚此筑已，他长物可有无尔！属为记其得书始末。余谓斯书完璧来归，殆有先灵呵护，甚望浩臣之削衣损膳，力谋梓行，以绵先人未坠之绪也。浩臣勉乎哉！己未仲春栩缘老人王同愈跋。时年六十有五。”钤有“王同愈”、“王胜之”、“商角斋”、“艺海小筑珍藏”、“翼东珍藏”等印记。

苏州地区历史悠久，自古以来为东南一大都会，经济繁荣，山水优美，儒林文苑代不乏人。因此早在宋代，就有郑虎臣搜编《吴都文粹》十卷。明人钱穀续辑《吴都文粹续编》五十六卷，乾隆时收入《钦定四库全书》。清初时人吴伟业收罗两家遗文，编成《吴郡文献》三十卷。顾沅在上述三编基础上，去其重复一千余篇，又增加三家遗文及清代百余年间名公巨著三千多篇，分类编辑而成。可称是研究吴中历史文献之巨编。咸丰庚申以后，顾氏藏书遗散，绝大多数为江苏巡抚丁日昌所得。《吴郡文编》归江苏布政使吴煦所有。清末民初，吴氏中落，又归南翔南洋公学校长王植善收藏。民国七年（1918）顾氏后人从王氏赎回，珍藏于艺海小筑。建国初期由其后人顾翼东先生捐献给苏州文管会，永久保藏，可称是物得其所了。

按：顾沅（1799—1851）字澧兰，号湘舟，清长州人。道光间官教谕，家有辟疆园（在苏州甫桥西街）收藏古籍及金石文字甲于三吴。乌程孙燮在《艺海楼藏书记》中说："长洲顾君湘舟，敏悟好学，家藏书籍甚富，为园于葑门西双塔寺之侧，中构一楼，颜曰艺海，移藏书以实之。而寓书于余曰：'某先曾祖方伯公精鉴赏，喜藏秘籍。某承先人遗训，束发即有志搜罗。见刻本之善者必购得之，无刻本者就藏书家写之……至宋元旧刻，人世希有之本，略购一二，以无力不能遍收。计得书十万余卷。又碑刻四千余种，书画千余家，并藏楼中。乡人子弟有愿学者，许登楼纵观。春秋佳日，园花盛开，杯酒会友，陈书几上，相与考证经史，评说古今，此足以乐而忘老。'"又丹徒严保庸在《辟疆小筑记》中称："……由弄而西则为艺海楼。楼纵横环列三十六厨，贮书十万卷，经史子集以类从，名人书画真迹称是。下为吉金乐石之斋，商彝周鼎，晋帖唐碑之属靡弗具，亦靡不精。"辽阳杨钟羲称："顾湘舟艺海楼藏书，不及《四库》六百余种，而《四库》未收者二千余种，亦吴下嗜古之巨擘也。"咸丰庚申之劫，其所藏精品尽为丁日昌捆载而去。丁氏《持静斋书目》著录者多其所藏。沅之先世曾蒙清世祖（福临）颁赐古砚，因颜其所居曰赐砚堂。道光十年（1830）刻有《赐砚堂丛书》四十种；另外曾辑刻《吴郡名贤图传赞》二十卷、《古圣贤像赞》十六卷、《圣庙祀典图考》六卷、《孔孟圣迹图》二卷，可称是集历代肖像画之大成。自著有《听漏吟》、《游山小草》、《然松书屋抄诗》，未刻。

吴煦（1809—1873）字晓帆，号荔影，清钱塘（今杭州市）人。历官江苏宜兴、吴江、嘉定等县知县。后署苏松太道驻上海，奉命向英美法等国借兵镇压小刀会起义及太平军，升署江苏布政使。喜藏书。其《清来堂书目》共有五千余种之多，且有宋人朱熹注《论语》中之《颜渊》一章，尤为镇库之宝。此外，另有《档案》九大箱，记自道光二十一年至同治四年，多太平天国史料。建国初期定名为《吴煦档案》，编辑出版。

王植善（1871—1952）字培孙，晚以字行。上海南翔人。南社社员。早年就读于南洋公学（交通大学前身）。光绪三十年（1904）以其叔父所办之育材私塾扩建为南洋中学，聘丁文江等任教务，自任校长。民国初年在上海开设利川书店，复办南洋图书馆，馆藏极为丰富，以史料、方志、诗词、戏曲、笔记、小说、佛经等为多。地方志除粤、桂、滇、黔外，各省大略具全。曾以二万金得吴煦“十间书屋”藏书，所储益富。室名“日晖楼”，共藏书七万六千六百多册，悉于生前捐献给上海市人民政府。

王同愈（1855—1941）字胜之，号栩缘，晚号栩园老人。江苏元和（今苏州市）人。清光绪十五年进士。历任顺天乡试同考官、湖北学政等，为吴大澂入室弟子，与国内名士游，文誉日隆。辛亥革命后退隐上海，博览图籍，以书画、撰述、度曲、饮酒自遣。后卜居南翔。在苏州时常和吴郁生、叶昌炽、费念慈、江标等讨论金石文字、书画目录之学。并与吴大澂、陆恢、郑文焯、翁绶琪、顾麟士等结成书画社于怡园。擅书画。山水得四王遗韵。书法取径欧褚，工稳谨严。有《王同愈山水册》传世。藏书百箧，多经史实用之书。有《栩园藏书目录》稿本，近人王謇曾见之。身后遗书存其外孙顾翼东处（苏州大郎桥巷）。抗战胜利后由我经手售出。现苏州古旧书店尚存有新城王士禛《带经堂全集》九十二卷，为康熙间七略书堂精刻本，钤有“王印同愈”、“元和王同愈”、“栩栩庵”等印记。

朱梁任校跋本《阳山志》

《阳山志》三卷，明长洲岳岱撰。民国乙卯（1915）昆山赵氏峭帆楼刻本。前有嘉靖庚寅（1530）仲春望后岳岱自序。曾经吴中名人朱梁任手校并录滇中李学诗（希白）录自阳山灵济所藏旧抄本中《咏阳山》五七言诗各一首，并有题识及印记。因其长诗内容为刻本所无，故照录如下，以存吴中文献。

“阳山攀嵯峨，大石当北面。幽径闭灵异，游屐多未探。族人墓其下，岁或一登玩。今晨招我俱，春光适收殿。放舟通安桥，迤逦行野岸。暖风吹微醺，满眼杨花乱。曲坞古木深，阴崖灵境换。拜扫旋登涉，策兴秋鹘健。石势何崚嶒，形状极诡变。或为饿虎伏，或为惊蛇窜。或为络角连，或为浮梁断。雄或当秦关，险或走蜀栈。空明雪窦穿，逼塞野藤缠。一一巨灵劈，举目辄震眩。白云藏半龛，红泉出千涧。上有仙人路，草色杂花绚。残碑记前哲（吴匏庵有碑记），老木拄危段。巨区万顷波，直上鳌脊看。始叹眼界宽，未及游历半。斜阳挂远林，欲别意还恋。乘兴当复来，长啸秋崖畔。”

又《吟阳山龙冢歌》：“君不见阳山白龙之寺分东西，其东屹立古柏青云齐，西下千尺龙冢隅，断崖绝涧奔泉趋，神工鬼斧岂易得，传自山志语不诬。志云晋时山下有女冒雨汲，龙腥感触神魂殊。无夫而娠父母弃，玉毬产下千金躯，倏忽毬穿婉蜒白龙出，龙去女死虫嚼肤，风雨霹雳一夕摄无影，但见山腰突兀高冢俄，盘纡土人立寺肖象祀龙母。白龙朝母上下柏树千寻株，载之山志垂祀典。祷雨灵异龙所驱，我来龙冢傍徨立，秋风飒沓惊猿狙。呜呼，白龙实怜母氏劬，心折首碎母遽徂，飞上九天声一呼，雨师风伯为其奴，灵物至性有是乎？山头月黑啼慈乌。”

“右五七言诗各一首，滇中李希白先生录自阳山灵济所藏澄照寺旧抄本，并将过录本与赵氏刻本雠校一过。民国十七年戊辰六月朔识于阙园。”钤有“朱氏梁任”印记。

阳山距苏州古城区西北三十里，一名秦余杭山。《吴郡志》称“秦余杭山者，越王栖吴王夫差山也。”《吴地记》则说“山有白土如玉，甚光润。吴人取之充贡，号曰石脂。”即现在阳山产之白泥。

按：岳岱字东伯，明长洲人。自称秦余杭山人，别号漳余子。先世以军功隶苏州卫，至其父始好读书。嘉靖二年（1523）辟草堂隐于阳山。能诗善画，尝采当时十四人诗，辑为《今雨瑶华集》。

李学诗（1874—1930）字希白，别号罗生山人。云南腾冲人。李根源之族兄，早年毕业于云南陆军讲武学堂，曾任军职。晚年依李根源定居苏州以终。著有《罗生山馆诗集》五卷、《治平吟草》四卷、《文稿》一卷。刻入《曲石丛书》中。

朱梁任（1873—1932）原名锡梁，号纬君，别署君仇。吴县（今苏州）人。南社社员。光绪二十五年（1899）因撕碎清朝赏给其父小汀之诰封，触怒其父，遂东渡日本，接受孙中山革命思想，加入同盟会。后毕业于东京弘文学院。光绪二十九年（1903）发起组织祝秉刚、包天笑、苏曼殊等人，去苏州城外狮子山，举行以诗文招国魂活动。并在慈禧太后做寿时，有意穿着素服衣冠而被满清官吏逮捕。后被认为疯子而释放。又景仰章太炎，“苏报案”发生后常去上海巡捕房监狱探望。宣统元年（1909）冬曾参加南社在苏州虎丘张东阳祠举行的第一次雅集。武昌起义后投身革命军队。1914 年第一次反袁失败，曾去广东从事革命活动。此后先后任上海《商务报》编辑副主任、《民国新闻报》编辑主任、苏州《正大日报》社社长，1924 年任南京东南大学教授，1927 年受苏州美专创办人吴华源（子深）之聘，任该校校董兼主金石学讲座，又担任过吴县古物保管委员会委员及江苏省古物保管委员会委员。1932 年 11 月 12 日与其子世隆一起乘船去角直参加唐塑罗汉古物馆开幕典礼，中途在吴淞江覆舟，父子同溺死。其好友陈去病、柳亚子等四十人为治丧。发丧启称：“吴县朱梁任先生早岁奔走革命，著声南社，学术湛深，品节端粹。”苏州美专校刊《艺浪》亦称赞梁任先生：“学问淹博，才华奇绝，南北推为巨子。所作诗文传诵艺林，尤擅金石之学，通甲骨文，书法高古别成一格。”著有《草书探源》、《词律补体》等书，惜多散失。

梁任先生署识于阙园，该园在十全街，为李根源定居苏州时寓所。因其母姓阙，故名。当时四方名流竞集吴会，在此谭道讲艺，妙论泉涌，亦一时盛事。

明万历刊本《四书绪言》

《四书绪言》十卷，题“华亭赤城唐汝谔士雅父口授”，明万历四十六年（1618）贻清堂刊本。每半页十行，行二十九字，白口，四周单边。前有张鼐撰写的序，序中称：“余尝笑肤学腐生墨守章句，穷年矻矻，不脱关闽唾余，讲解诸家日新月变，非袭道学先生良知公案，即效禅那和子喝棒机锋，究竟翻去覆来，仍是几句婆子舌头话。其于孔孟本来面目，总之尚隔数重。……士雅唐君，昔为《四书微言》，撮要钩玄，学士家奉为鼎吕。而今复著《绪言》数卷，觉微言奥义尽属家常话头，即可解不解处读之，令人自焕然冰释，泠然会心，用是津梁一世，其不为墨守章句也的矣。余喜其不离尘劫，能证菩提，遂书而命诸副墨之乎。”

唐汝谔，字士雅，明松江华亭（今上海市）人。天启中以岁贡生官常熟县教谕。著有《诗经微言合参》八卷、《古诗解》二十四卷，著录于《四库全书·存目》中。黄虞稷的《千顷堂书目》中收录其所著《四书微言》二十卷。钱谦益在《列朝诗集小传》中称他笃信王李之学。此《四书绪言》十卷并不见于历代公私藏书目录。或许他的学说倾向于李贽，不为信奉程朱之学的正统派学者所重视，因而刊成后一直绝少流传，几乎成为孤本，弥足珍贵。

此书的凡例中称：“是编系士雅先生帐中之秘，以便过庭讲习，不欲出示他人。……是书为士雅先生口授，故或出于文言，或杂以俚语，或顺文讲解，而间入以主意，务在发明书义而止，不甚拘拘也。且其书亦陆续成编，非一时裁定，故或参直解，或改折中，或先生特出己见，而词皆创获，俱不可知，第在不浅不深之间，予敢标识之以公同志。”凡例后有“南乡高”、“蒲溪草堂”二印。

作序者张鼐，字世调，号侗初。明万历三十三年（1604）进士。仕至南京吏部侍郎，兼詹事府詹事。曾于万历三十五年（1607）入东林。万历四十四年（1616），董其昌因民抄其家而反扑，阴谋诬杀同邑生员十人，但因张鼐力阻而未逞，因此张鼐受到地方人士的尊敬。万历四十六年（1618），他曾作《读卓吾老子书述》（见于《续焚书序》）。由此可知，此人亦是李贽的信徒。他的著作有《吴淞甲乙倭变志》、《宝日堂日抄》等传于世。

近人孙殿起所作《贩书偶记》亦著录《四书绪言》四十四卷，为清代新安孙瑯撰，康熙丙寅（1686）年树德堂刊本，包括《大学》四卷、《中庸》六卷、《论语》二十卷、《孟子》十四卷。实为同名异书而已。

王芑孙手跋本《类编标注文公先生经济文衡》

《类编标注文公先生经济文衡》前集二十五卷、后集二十五卷、续集二十二卷，宋代滕珙辑，明万历三十四年（1606）宋吾弼、朱崇沐等刊本。每半页九行，行二十字，白口，四周单边。书衣上有吴人王芑孙题跋："宋滕珙辑《朱子经济文衡》前后续集，一部全。乾隆年中先大父官歙县教谕时所得。余小时就塾即已见之，藏余家五十余年矣。今破坏重装，并为六册，应与《朱子全集》同置一处。"钤有"老铁晚年书"印记。书中钤有"苏州渊雅堂王氏图书"、"沤波舫"、"楞伽山人"、"龙门书院珍藏"等印记。

据《四库全书总目提要》记载："滕珙，字德章，号蒙斋，婺源人。淳熙十四年（1187）进士，官合肥令。与兄俱游朱子之门。……今观其书取朱子语录文集分类编次，前集皆论学，后集皆论古，续集则兼二集所遗而补之。每一论必著其缘起，次标其立论之意，条分缕析，条理秩然，视他家所编《经世大训》之类，或简而不详、或繁而少绪者，迥乎不同。"

王芑孙（1755 —1817），字念丰，号惕甫，一号铁夫，别号楞伽山人。清长洲（今苏州市）人。乾隆五十三年（1788）召试举人。官华亭教谕。后主北京东阁大掌士董诰家。性简傲，客游公卿间，不屑从谀。间与法式善、张问陶、杨芳灿等琴歌诗酒，为时望所推。诗最工五古，尤以书法名世。其妻曹贞秀，字墨琴，室名写韵轩。原籍安徽休宁，随父曹锐侨居吴门。无金粉之好，能画梅，书法钟王，所临十三行石刻为士林推崇。叶廷琯在《鸥波渔话》中称其为清朝闺阁第一。曹墨琴著有《写韵轩小稿》正续集三卷，嘉庆年间附刻于其夫王芑孙所著《渊雅堂全集》之后。此外，曹墨琴亦好藏书。缪荃孙的《艺风堂藏书记》中著录的《程氏续考古图》上钤有"铁夫墨琴夫妇印记"一印，可作明证。

王芑孙曾为大藏书家黄丕烈（荛圃）写过一篇《陶陶室记》。文中称："同年黄荛圃得虞山毛氏藏北宋本《陶诗》，继又得南宋本汤氏注《陶诗》，不胜喜，名其居曰'陶陶室'。饮余酒，属余为记。余未及为也。又二年，又得南宋本施顾二家注《东坡和陶诗》，于是复饮荛圃家。而卒为之记曰：今天下好宋版书，未有如荛圃者也。荛圃非惟好之，实能读之。于其版本之先后、篇第之多寡、音训之异同、字画之增损，及其授受源流、翻摹本末，下至行幅之疏密广狭、装缀之精粗敝好，莫不心营目识，条分缕析，积晦明风雨之勤，夺饮食男女之欲，以沉冥其中，荛圃亦时自笑也。故尝自号佞宋主人。"其文对黄丕烈的藏书宗旨和版本研究作了全面总结。

明万历刊本《类编草堂诗余》

《类编草堂诗余》四卷，题“翰林院荆川唐顺之解注，翰林院钟台田一隽精选”，明万历十二年（1584）刊本。该书每半页八行，行十六字，小字双行，书口上方刻有“诗余”二字，每卷前有目录，书眉有朱笔批注，钤有“姜印鼎相”、“禹梅”、“衡调氏”三印。正文前的嘉靖庚戌七月既望东海何良俊撰写的序中称：“余家有宋人诗余六十余种，求其精绝者，要皆不出此编矣。顾子上海名家，家富诗书，世传礼乐。尊公东川先生博物洽闻，著称朝列。诸子清修好学，绰有门风，故伯叔并以能书供奉清朝，仲季将渐以贤科起矣。是编乃其家藏宋刊本，比世所行本多七十余调，是不可以不传。今圣天子建中兴之治，文章之盛，几与两汉同风。独声律之学，识者不无歉焉。然则是编于声律家其可少哉。他日天翊昌运，笃生异人，为圣天子制功之乐，上探元声，下采众说，是编或大有裨焉。”此书原本在乾隆时被收入《四库全书》，《四库全书总目提要》称此书“为明杭州顾从敬所编。前有嘉靖庚戌何良俊序，称为从敬家藏宋刻，较世所行本多七十余调。其刻在汲古阁本之前，又诸词之后多附有当时词话，汲古阁本皆无之。”这段话中对顾从敬的籍贯的记述有误，王重民在《中国善本书提要》中指出了这一错误。

该书的原本历来被认为是由南宋的何士信选辑。该书收唐、五代、宋词 367 首，以宋词为主，所收词以周邦彦、柳永、苏轼、秦观四人为多。该书所收的词作按内容分为春景、夏景、秋景、冬景、节序、天文、地理、人物、人事、饮馔四用、花禽等十一类。每首词下有词人姓名，但题名体例颇不一致，如苏轼，有的题“苏子瞻”，有的题“苏东坡”。有的词句下加注，词后附各家词话。该书所收词虽杂，但不猥滥，历代学者将其与《花间集》并称，它成为研究宋词的重要参考著作。该书的宋刊原本已佚，现能见到的传世者，为嘉靖二十九年（1550）上海顾从敬（武陵外史）刊本。

此书的序后刻有“万历甲申年孟秋重刊正”一行字，可证实系唐顺之、田一隽重订之版本，离嘉靖时的原刊本已三十四年，与《国家图书馆善本书目》著录之明万历十二年（1584）书林张东川刊本所署姓名、版式、行款、字数等均相符；且写刻精美，可与当时金陵书坊富春堂刊本相媲美。另外，黄裳先生在《苏州的旧书》一文中曾说起当年到苏州访书的一件事：“一次坐三轮车到阊门去，忽然发现路边竟有一家书店。赶紧停车，跑进去一看，竟自买到了一册明万历刻的《草堂诗余评林》，书只剩了一半，但却是书林刻本。”据笔者推断，黄裳先生文中提到的那本书很可能与此书为同一内容。此外，利用状元、会元、翰林等名人批注系当时书坊刻书之风气，由于时间不长，故传世甚少。

据文献记载，明代嘉靖、万历时期，顾氏为上海名门望族。何良俊在序中所说的“东川先生”为顾廷芳。顾廷芳（1489—1554），字世安，号东川，精通医术，曾为太医院御医。顾廷芳有四个儿子，分别是顾从礼、顾从义、顾从德和顾从敬。

吴骞评校本《宋四家外纪》

《宋四家外纪》五十卷，明盐城（海盐）陈之伸编。明崇祯二年（1629）自刊本。每半页十行，行二十字。白口，左右双边，前有武林王道焜序。

按，王道焜字昭平，明钱塘（今杭州）人。天启初举于乡，崇祯时历南雄同知，后改知光泽县，剿抚兼施，境内安定。杭州陷后，自缢死。《明史》有传。

王序书眉上有吴骞用朱笔所写题识："四大家外纪，尚有张待轩先生序一篇。《虫获轩笔记》谓，张序甚佳，王序不佳。然昭平先生矫矫大节，与日月争光。有此一序，足为是书增重，又不当沾沾于语言文字上求之。"

由于吴骞对王道焜人品的崇敬心情，曾经搜集他的诗文什著，编成《王节愍公集》，于嘉庆九年（1804）印刻传世。但却未将此序收入。因而我推想很可能此书为吴氏在《王集》刻成以后才收得。

《宋四家外纪》各自成书，能分能合。分别是：

《蔡福州外纪》十卷《附录》一卷。题仙游徐㶿编次，盐城陈之伸订补。凡分：恩宠、德行、政事、书学、艺谈、赏鉴、纪异、茶癖、茶录、荔枝谱等十卷，又附录一卷。前有隅园居士陈之伸所作小序。第二卷首页又有吴骞朱笔评注："盐城乃淮安府属县名。海宁从未有盐城之称。张承之《虫获轩笔记》已讥其谬。”辨明了当年陈之伸所署籍贯之误。

《苏东坡外纪》十五卷，题瑯琊王世贞编次，盐城陈之伸删定。前有王世贞撰原序。凡分：恩遇、赏誉、好士、志行、政术、诗话、诗案、文谈、玄理、禅那、调谑、风流、书画、考误、遗迹等十五卷。

《黄豫章外纪》十二卷，题盐城陈之伸编次，茂苑金日升订伪。前有陈之伸撰小序。凡分：恩遇、赏誉、志行、品题、谈艺、诗话、书学、清言、雅笑、禅悦、笺注、杂说等十二卷。

《米襄阳外纪》十二卷，题禾郡范明泰编次，盐城陈之伸参补。前有陈继儒撰原序。凡分：恩遇、颠绝、洁癖、嗜好、麈谈、书学、画学、誉美、书评、画评、杂记、考据等十二卷。

陈之伸，字申父，号鲁直。明海盐人。万历举人。室名运甓斋。官广平县令。曾于万历三十一年（1603）刻过陈与郊所著《广修辞指南》二十卷传世。

吴骞（1733—l813）字槎客，号兔床。清海宁人，诸生。博综好学，勤于搜讨。遇善本书，倾囊购之亦不惜。并与吴门、武林诸藏家互相借抄。藏书达五万余卷。筑拜经楼藏之。闻黄丕烈将收藏宋本处命名为百宋一廛。吴骞亦风雅好事，便以自已藏书处称为千元十驾，以收藏千部元版书相抗衡。为此黄丕烈有诗赋吴骞：“千元百宋竞相夸，引得吴人道是娃。我为好奇荒产业，君因勤学耗年华。良朋隔世亡双璧，异地同心有几家。真个苏杭闻见广，艺林佳话传天涯。”

劳格校抄稿本《恬裕斋藏书记》

《恬裕斋藏书记》四卷，清常熟瞿镛编，旧抄清稿本，每半页十行，行二十字，曾经仁和劳格用朱墨两色笔校注。经部第一页有“劳格”、“季言”两印记，并有“丙子正月廿六日祥符周星诒阅”题识一行。书衣有题识：“常熟瞿氏藏书，旧刻名抄之富甲于江浙，魏婿性之曾手写其书目寄陆仪顾，见而夺之，予不允，乃以此本相易。此有解题，且有劳季言评注，惜失史部一册耳。闻丁松老有全本，当从借补之。巳翁。”又“自《四库全书提要》颁行，书目之作，为例颇难。渊如先生《祠堂目》示学人以途径，张氏《藏书志》详版刻之源流，斯为善矣。惜孙氏分类尚未尽当，张氏记录亦未富备，如瞿氏者能合两家之例而□之，必传之作也。”扉页有叶景葵跋：“《恬裕斋书目》编成，甫刊三卷，即遭庚申之难。后改编《铁琴铜剑楼目》，经管申季、王芾卿、叶鞠常诸君增删改正，较旧稿益臻完密。此本为当年原稿传抄，又经吾乡劳氏丹铅先生详校，多所纠正。其精要者如：《宋本春秋名号归一图》、《旧抄本五经说》、《影宋抄本方言》、《校宋本荀子》、《校宋本扬子法言》、《元刊本针灸资生经》、《影抄宋本史载之方》、《抄本续谈助》、《庶斋老学丛谈》、《职官分纪》、《西斋话记》、《广异记》、《华阳陶隐居内传》、《众妙集》、《二妙集》，各条皆管、王、叶诸君未曾改正者。前辈读书慎思明辨，一字不肯落过，深堪敬佩。书抄阁主评注各条，亦藉以广新知，在今年所见群籍中，足为珍秘之一。乙亥季冬既望叶景葵谨识。”钤有“叶印景葵”、“揆初”两印记。

恬裕斋藏书的创始人是瞿绍基（1772—1836），字荫棠，曾任阳湖（今常州）县学训导。读书乐道，广购经史善本，旁及金石。曾得当地陈氏稽瑞楼和张氏爱日精庐二家善本，藏书才甲于吴中。室名恬裕斋是取古书上“引养引恬，重裕后昆”之义。后因得到一张铁琴和一把铜剑，乃是汉唐古物。因而得意非凡，就请书法家孙星衍用篆书写了块“铁琴铜剑楼”的匾额。

瞿氏藏书第二代传人，即此目的编者瞿镛（1794—1864），字子雍，岁贡生。在其父藏书的基础上，广收扩充，特别是收到了苏州汪氏艺芸书舍散出的黄丕烈旧藏善本，使他的藏书量达到十多万卷，成为当时民间四大藏书家之一。与山东聊城杨氏海源阁齐名，并称“南瞿北杨”。他精于版本目录之学，故编著的藏书目录质量很高。

劳格（1820—1864）字季言，清仁和（今杭州）人，经元之子。其父笙士撰《唐折冲府考》（未完稿），格续成之。

劳氏家塘栖，先世累代富藏书，季言尤以博洽名。当太平军进入他家时，上级训诫部下云：“此读书人家，毋惊之。”及入室，取架上书观后，说：“闻此家多藏秘籍，何以皆非善本，殆移匿他处耶?”徘徊良久，不动一物而去。由此可见太平军中亦有识版本学者。

劳季言抄校本书的大量流散，是在民国初年。据陈乃乾先生叙说：“杭州文员堂主人杨耀松以六十元从塘栖购得书两大筐。启筐检视，但见每册皆有蝇头小字批注满幅，而无一棉纸书，大为失望，以为无利可获矣。他日试以数册示京估，每册索十元，京估欣然受之。嗣后北京人相继追踪而来，索购蝇头小字之书。傅沅叔先生亦派专人来杭，所获较多。两月之间，销售一空，获得二万余金。杨氏以此起家，事后始有人告耀松曰：‘尔所售蝇头小字书，皆劳季言批校本也。若持至京沪，每本当值百元以上。’”顺此附记于此，以存书林掌故。

周星诒（1833—1904）字季贶，号窳翁，别号癸巳翁。清河南祥符（今开封市）人。周星誉之弟。曾官福建建宁知府。喜藏书，室名书抄阁。有《传忠堂书目》传世。

叶景葵（1874—1949）字揆初，号卷盦。浙江仁和（今杭州）人。清光绪二十九年进士。官财政总局会办，大清银行正监督。辛亥革命以后，曾任汉冶萍公司经理。1914 年起任浙江兴业银行董事长兼经理达三十年之久。抗日战争期间，在上海创办合众图书馆，并将其全部藏书捐入，为保存祖国文献作出了重大贡献。著有《卷盦书跋 · 札记 · 文存 · 诗存》，顾廷龙辑合为《叶景葵杂著》。

此书原藏沪上某氏，为“文革”后落实政策归还之物（书上有上海图书馆藏印可证）。20 世纪 80 年代后期，我为苏州古旧书店收得。20 世纪末已通过嘉德公司拍卖而易主。

乾隆刻本《华山书》

《华山书》六卷、卷首一卷，题吴中黄昌寿谦山撰述，华山释谛信即山编辑。清乾隆十五年（1750）刻本，白口，左右双边，每半面九行，行十九字。首有封面，中间题“华山书”三大字，右旁刻“乾隆十五年季冬镌”八字。次乾隆辛未苏州知府邵大业序，乾隆庚午谛信、同里周廷夔、毗陵须洲等序及目录。

邵氏序称：“乾隆十四年冬，皇帝诏巡江浙，凡圣祖仁皇帝（玄烨）临幸名山古刹，悉给帑整葺。十五年春，余阅工华山，询是山始末，住僧即山出黄子谦山撰《华山书》示余，余观其记序列传井井有法度，出入古人而不傍古人篱落，其不以志名而以书名，殆庶几古史氏《天官》、《河渠》之遗意欤！夫山以书传，余未识黄子之人也。顾即其不为余识，而其人可知矣。其书之传洵将与兹山不朽乎！即山为请序于余，余于行之日书此以弁其首。即山颇知诗，盖亦黄子尊人之教也。并及焉。乾隆辛未夏五月赐进士知苏州府事析津邵大业书于官署。”

卷首《奏对录》为康熙二十八年（1689）清帝玄烨临幸华山时与住持晓青问答笔录和康熙三十八年（1699）在山与住僧敏膺奏对记录及《谢恩疏》。卷一为御书宸翰、御赐宝物、恭跋、恭颂、奏对录。卷二为自序、记考、塔铭、墓志等。卷三为高僧传。卷四为名贤传、逸民传。卷五为碑记诗文。卷六为题咏、纪瑞等。校阅姓氏凡十三人，有元和程姑文虎、长洲程学海再苏、吴县顾锡九文年、元和毛曙旭轮、震泽史开基体仁，长洲夏晨岳宇亭、吴县徐志京世求等。

书中《华山记》概述了全山景物，大意说：“华山在苏州吴县治西三十里。道书上称为‘上有天池’，池开千叶莲花，故名。华山又名天池山，山高四百余丈，横亘三千余步，北连鹿山，南接隆山，山形回合，岩宇深奥，为西南第一佳境。石之奇而著者一十有五。从坡至寺有龙颔、古佛岩、礼拜坪、邀月台、仙人座、跳蛙、石床、古人居。从寺至颠有云梯石、穿云栈、石琴、石梁、莲华峰、莲子峰、石鼓。山洞有四，一曰支公洞，二曰默然洞，三曰苍玉洞，四曰观音洞，均近山巅。泉水有二，为地雷泉和莲叶池。凡石泉岩洞上悉有前人题刻。树有杉、松、桧、柏、冬青、石楠、枫栗、槐檀、修篁、绿竹，花果有梅、桃、桐、杏、老桂、杜鹃、野茶、天竺、草兰、芷门冬、蒿蓬、海棠、白茅、葶葛、薜荔、芝菌。兽类则有獐、猫、麂、野兔等。鸟为鹊鹳、黄鹂、鹰隼、画眉、白头乌，燕子、规翠羽，间有野雉、白鹤。凡竹树飞走等物类有七，其名四十有九。大抵石状奇于上，竹木盛于下，艺植茂于寺，飞鸣草卉下上相埒。山下有涧一，曰桃花涧，桥一，曰支涧桥。上山径有二：山前者迂回幽曲，自莲花峰南下，名曰鸟道；山后者曰竹竿岭，下通竹坞篁村。”

第四卷《名贤传》有宋人张（太守）裕，明人周太常顺昌，文大学士震孟，姚詹事希孟；《逸民传》中有赵宧光、朱鹭、王在公、郑敷教、徐枋、戴易等。说明该处确是物华天宝、人杰地灵之区。

著者黄昌寿为吴中诗人黄子云之子。事迹附见其父传后。

据《木渎小志》称："黄子云字士龙，别号野鹤，昆山籍，居吴县雌村。幼即工诗，稍长游辇下，名动公卿。会高文良公（其倬）抚吴，欲以鸿博荐，坚谢之。惟随其师徐葆光使琉球，足迹所经，南北万里，得风云山水之助，气益壮，诗益豪，有《长吟阁诗集》十卷。先生以诗负盛名，沈归愚称其天才俊逸，无一语平庸，无一字轻浮，真堪压倒元白。兼工书法。……又著《四书释疑》、《诗经评勘》及其子昌寿撰《华山志》俱佚。"另据民国《吴县志·人物传》称"黄子云……子昌寿同撰《华山志》先卒"，仅在《艺文考》中著录"黄昌寿《华山书》六卷"而已。

是书刻成于乾隆十五年，至今仅历时二百余年，不知何故流传绝少，现吴中公私藏家均无收藏。据《中国善本书总目》著录，全国仅北京故宫博物院图书馆藏有一部，即是此书，其珍贵可知。

叶德辉手校本《观古堂藏书目》

《观古堂藏书目》四卷，长沙叶德辉编，1916 年叶氏观古堂铅活字排印本。曾经叶德辉用朱墨二色笔校正兼补注，后赠昆山赵诒琛。

卷首钤有“峭帆楼藏”印记。赵诒琛又以墨笔在书眉增补甚多。

此目为叶氏在辛亥革命时，避乱于长沙南郊的朱亭乡时所编。他的本意是担心藏书不能保全，编成书目可供后人参阅。此书体例继承了《汉书·艺文志》及《隋书·经籍志》的传统，大小类之前，均有序录。记述各类学术的流变、分类的义例，借以“辨章学术、考镜源流”。每书之下又详注该书的不同版本。在近代藏书目录中并不多见。

叶氏观古堂藏书在抗日战争期间，由其子叶启倬、叶启慕售与日人山本，现藏于日本。这是自清末陆心源皕宋楼藏书东渡以来，我国古籍又一次大规模外流。因而他的藏书留在国内的为数甚少。此本则为其生前赠与赵诒琛的。

叶德辉（1864—1927）是著名藏书家，虽然他流寓苏州时间不长，但在古书行业里流传着他许多遗闻轶事。当我从学校进入书店时，父亲就叮嘱我，对待顾客切勿直呼其名。我问为什么，父亲举的例子就是叶德辉的故事。说有一次叶到玄妙观西脚门内的觉民书社访书。同时苏州藏书家许博明已先在楼上看书，店主告他，叶德辉在下面，如果不想见他，就在楼上等一歇。哪知叶在楼下逐架细看，许在楼上等得时间长了，就轻轻地问一声："叶德辉走了没有?"不料被叶听到了，就大发雷霆地说："我的名字只有父母和皇上叫。你是什么东西，能叫我的名字吗?"一时弄得大家十分尴尬。听了父亲的讲述，懂得了在待人接物时的一种礼节规矩，避免不必要的矛盾发生。

赵诒琛（1869—1948）字学南，昆山人。父元益，字望岵，号静涵。同治八年（1869）受江南制造局之聘，入翻译馆，与西人林乐知、傅兰雅辈译述西学。性好读书，且为无锡荡口镇华氏之婿。太平天国时吴中缙绅故家，莫不携带贵重之物避居该镇，由此而收得黄丕烈、汪士锺旧藏古刻及名人抄校古籍甚多。曾刻《高斋丛刊》十种传世。其故居在上海江南制造局附近。后在战乱中藏书与屋舍全毁。民国三年（1914）赵诒琛移居苏州大井巷西口后，继续搜访古籍，且校书不辍，并与王德森、吴梅、王大隆等人交好，同时有坊友丁志伟携书来此供应，历年所得甚多（可参阅《吴梅日记》）。后又在正仪镇赵氏义庄中创办赵氏藏书楼，除征集昆山地方文献及乡贤著述，对缺藏者则千方百计请人传抄，遂蔚为大观。1926年编成《赵氏图书馆藏书目录》五卷，以铅活字排印传世。所附善本书目一卷，则是回忆乃父所藏名人抄校善本及明清佳刻。其性质与钱谦益所编《绛云楼书目》相同。这是我国较早以图书馆命名的私人图书馆。惜乎这些藏书，在抗战时流散。书上大都钤有"寄云楼藏书"印记。很大部分转为无锡荣氏大公图书馆收藏。1920年赵氏在苏刻成《峭帆楼丛书》后，好友黄钧赠诗云："劫后藏书又满楼。"诒琛喜甚，又刻《又满楼丛书》，且作四言一章自述藏书之事。其自著之《顾千里年谱》二卷和

《爨龙颜碑考释》一卷，刻成后于 1936 年收入《对树书屋丛刊》中。另外他还从 1934 年起与王大隆等人发起集资辑印《甲戌丛编》(每年四册)，连续出过八年，至《辛巳丛编》为止。他的又满楼藏书在他身后开始流散，此书亦是其中之一，但可喜的是现在已经保藏在其故乡，可称是物得其所了。

书林旧闻之属

苏州古旧书业简史

《苏州古旧书业简史》主要取材于各家藏书目录和古籍题识及专著，并结合个人的所见所闻。成稿后又经沈伟民、钟尚康两同志作了修改。限于本人的水平，遗漏和错误在所难免，敬请读者批评指正。

引言

吴门古旧书历史悠久，明清两代，尤称极盛。刻书之精，藏书之富，书坊之多，除北京外，首推苏州。故海内学者采觅典籍，莫不于此求之。

据史料记载，明代晚期书坊，汇集于金阊；清代中叶，则观前、庙前、胥门、山塘亦皆有散设之肆。辛亥革命以后，又转向护龙街及玄妙观。然民国《吴县志》仅收清代书商三人传记，余皆失载。

本篇所记书业，以专营古旧书为主。所载收售之古籍，亦以珍本、善本书为主，以资后人查考。

中唐时期的刻书

我国图书刻印发行，起源于私人书坊，至今已有二千年的历史。古代的书坊称为书肆，亦称书铺、书棚、书堂、书坊、经籍铺等，最后才称为书店。“书肆”二字，最早见于西汉末期扬雄著《法言》，其中说：“好书而不要之仲尼，书肆也。”可见当时已经有了书肆。从文献记载和现存实物来看，唐代刻本的图书都是书坊刻本。书坊刻书是书籍生产的基本力量，也是书籍流通分配的主体。

苏州是具有悠久历史的文化名城。据长庆四年（824）元稹为白居易作《长庆集》序中有“缮写摹勒，炫卖于市井”的语句，下面自注“扬越间多作书摹勒乐天及余诗……”郭味蕖在《中国版画史略》里，也说到：“在唐代太和九年（835）前后，四川和苏州北部一带地方，民间都曾开始制作雕版历日，拿到市场上出售。”由此可见，在中唐时期，已有书商在苏州刻卖历书、诗歌、字书等。由于书坊主人都不见史传记载，并且至今还未发现有实物流传下来，故无从得知其详。

宋元时期的经坊

宋元时期，随着政治、经济中心的南移，苏州的木刻印刷事业，得到了进一步的发展。据文献记载，嘉祐元年（1056）姑苏郡斋王琪刻有《杜工部集》，元符改元（1098）苏州公使库刻有《吴郡图经续记》，绍兴十五年（1145）平江府刻有《营造法式》等书，元代至正廿二年（1362）吴郡庠刻《通鉴纪事本末》，至正廿五年（1365）平江路儒学刻有《战国策》等书。这些都是当时官刻，其中除《杜工部集》原刊已亡，现上海图书馆仅藏有宋代翻刻者外，其余尚有实物流传于世。

至于宋元书坊刻本，大致以通俗读物为多，实用性强，不像佛经能砌入砖塔，藏之佛寺，得以长期保存。例如：宋平江府碛砂延圣院于绍定四年（1231）设经坊，一名大藏局，开雕全部藏经，陆续刻印发卖，直到元代至治二年（1322）全藏才刻成，前后历时九十一年。

《碛砂藏》为梵筴本，每版卅行，行十七字。全部共五百九十函，六千三百六十二卷。藏主法忠，功德主清圭。据叶恭绰在《中国藏经考略》中说："陕西西安开元、卧龙二寺，有全藏十分之八。"现国家图书馆藏有宋刊《佛说无量清净平觉经》为《碛砂藏》本。苏州西园戒幢律寺也藏有宋元刊本零种。计宋刊《功德庄严王经》尾有"延圣院比丘清满书"，《陀罗尼闻持法》末有"比丘志开书"，清满和志开都是碛砂主要写经人。元刊《鬼问目莲经》，尾有"大德十年松江府僧录营主八题跋"。这些都是现存宋元时期苏州经坊刻书的重要实物。

明代的书坊和刻书

明代中叶，苏州已是我国东南地区刻书中心之一，民间书坊有四五十家之多，在全国负有盛名。明人胡应麟在他所著《经籍会通》中，有较为详细的记载。他说："凡姑苏书肆多在阊门内外及吴县前。书多精整，然率其地梓也。"又说："吴会、金陵，擅名文献，刻本至多，钜帙类书，咸荟粹矣。"自万历至崇祯数十年间，湖州、歙县两地刻工很多移居到苏州、南京一带。因而苏州和南京的书坊更盛极一时。主要有些书商本人就是藏书家、出版家，兼事编纂刻印，也有仅接受委托刻印和贩卖的。当时刻印了不少为广大市民阶层所常用和喜爱的科举书和戏曲小说。例如：天启间吴门书林衍庆堂所刻冯梦龙编著的《喻世明言》、《警世通言》和《醒世恒言》（简称三言）以及崇祯间金阊书林尚友堂刻本凌濛初编著的《拍案惊奇》和《二刻拍案惊奇》（简称二拍）都是我国古代重要的白话短篇小说集。它以众多的篇幅反映了当时市民阶层的思想、生活和情趣，对后来的白话小说和戏曲，都产生过很大的影响。又崇祯元年（1628）金阊书林绿荫堂刻张楚叔辑《吴骚合编》，则是一部散曲总集，为研究我国明代文学不可缺少的重要著作。这些书还附有精美的插图，也可以说是现存明代苏州版画的代表作。但是由于时代的局限性，这样优秀的文学作品一直被封建士大夫认为不登大雅之堂而未予重视，所以历来府志和县志都没有著录。

现据有关资料，将明代的书坊及刻书列述如下。

苏州陆元大

明正德十四年刊《晋二俊文集》二十卷，晋陆士衡、陆士龙撰。

同年又刊《李翰林别集》十卷，唐李白撰。

明正德十六年刊《花间集》十卷，蜀赵崇祚编。

缪荃孙《云自在龛随笔》：“《李翰林别集》、《晋二俊文集》、《花间集》，苏州陆元大各用宋刊翻雕，形式古雅，今亦视之为宋本矣。考《夷白斋诗话》，陆元大，洞庭涵村人，性疏懒，好远游，晚岁业书，浮湛吴市，尝刻《漫稿》中有《寄余》诗云：‘尝记寻君过浒墅，竹青堂上唤青梲’，也盖记实也。”

吴县叶杏园

明嘉靖廿四年刊《名家诗法》八卷，明黄省曾撰。

苏州阊门内中街路书铺

明嘉靖廿七年刊《蔡伯喈琵琶记》二卷。

东吴书林

明嘉靖卅三年刊《方山先生文集》二十二卷，明薛应旂撰。

古吴存诚堂（陈长卿）

明嘉靖卅六年刊《古今医统大全》一百卷，明徐春甫编。

明万历廿五年刊《笺释梅亭先生四六标准》四十卷，宋李廷忠撰，明孙云翼笺。

明万历卅九年刊《刘氏鸿书》一百零八卷，明刘仲达撰。

明万历无年月刊《历朝捷录大全》四卷，明顾充撰。

明万历无年月刊《妇人良方》廿四卷，宋陈自明撰。

明天启三年刊《文心雕龙》十卷，梁刘勰撰，明杨慎评，梅庆生音注。

明崇祯无年月刊《新刻魏仲雪先生评点西厢记》二卷，明魏浣初评，李裔蕃注。

吴县郑子明（字云亭）

明隆庆六年刊《新刻批释举业切要古今文则》五卷，明归有光批。

吴县书林叶华生

明万历二年刊《王宇泰先生订补古今医鉴》十六卷，明龚信撰，龚廷贤续，王肯堂订补。

吴县书林叶清庵

明万历二年刊《新刻校正大字李东垣先生药性赋》二卷。

古吴敦古斋

明万历四年刊《医学入门》七卷，明李梴撰。

明崇祯无年月刊《群书典汇》十四卷，明黄道周辑。

金阊黄玉堂

明万历七年刊《唐宋八大家文抄》一百四十四卷，明茅坤辑评。

金阊书林宁寿堂（徐守铭）

明万历十五年刊《事类赋注》二十卷，宋吴淑撰并注。

同年又刊《初学记》三十卷，唐徐坚撰。

明万历间无年月刊《王凤洲先生校选白乐天长庆集》二十二卷，唐白居易撰。

吴门畔畔斋（殳氏）

明万历卅年刊《北西厢记》二卷。

金阊书坊舒载阳（文渊）

明万历十四年刊《黄帝内经素问灵枢注证发微》九卷。

明天启无年月刊《新刻锺伯敬先生批评封神演义》二十卷一百回，明许仲琳撰。日本内阁文库藏本封面题："批评全像武王伐纣外史：《封神演义》（每部定价纹银贰两）。此书久系传说，苦无善本，语多俚秽，事半荒唐，评古愚今，名教之所必斥。兹集乃先生考订批评，家藏秘册。余不惜重资购求锓行，以供海内奇赏，真可羽翼经传，为商周一代信史，非徒宝悦琛瑰而已，识者鉴之。金阊书坊舒仲甫识。"

吴县书林叶龙溪

明万历十六年刊《尚论编》二十卷，明邹泉撰。

明万历无年月刊《万病回春》八卷，明龚廷贤辑。

金阊世裕堂

明万历廿三年刊《汇苑详注》卅六卷，明邹道元辑。

明天启七年刊《重刻说文解字五音韵谱》二十卷，宋李焘编。

同年刊《说文解字》十二卷，汉许慎撰。

明天启无年月刊《海琼白玉蟾先生文集》六卷、《续集》二卷，宋葛长庚撰。

吴郡嘉乐堂

明万历廿六年刊《校订具茨先生诗集》五卷、《文集》八卷、《附录》一卷、《遗稿》一卷。

明天启无年月刊《锡山景物略》十卷，明王永积撰。

吴县书林龚尧惠

明万历廿八年刊《白榆诗集》八卷，明屠隆撰。《新刻地理紫囊书》，明赵佑撰。

苏州徐履道

明万历卅八年刊《元本出相北西厢记》二卷，元王德信撰。

姑苏三会堂

明万历四十二年刊《大方广佛华严经》八十卷，晋释跋陀罗等评。

金阊书业堂书坊

明万历四十三年刊《字汇》十二卷、首一卷、末一卷，明梅膺祚撰。

明崇祯三年刊《橘中秘》四卷，明朱晋祯辑。

古吴书林龚绍山

明万历四十三年刊《标题评解武经七书》十二卷，明陈元素撰。

同年刊《新镌陈眉公先生批评列国志传》十二卷，明余绍鱼撰。每卷前附图五页。首题“云间陈继儒重校，姑苏龚绍山梓行”。

明万历四十七年刊《镌杨升庵批点隋唐两朝志传》十二卷

一百廿二回。日本尊经阁藏本，尾有长方型木记，题一百十三字："是集自隋公杨坚于陈高宗大建十三年，辛丑岁，受周主禅即帝位起，历四世禅位于唐高祖，以迄僖宗乾符五年戊戌岁，唐将高元裕剿戮王仙芝止，凡二百九十五年。继此后则有残唐五代志传，详而载焉。读者不可不并为涉猎，以睹全书云。万历己未岁秋既望，金阊书坊龚绍山绣梓。"

吴门书坊主人翁少麓（龙游人）

明万历四十五年刊《名世文宗》正续编，明胡时化辑。

吴门书林叶应祖

明万历四十七年刊《王伯谷全集》廿一种四十二卷，明王稚登撰。

苏州集雅斋主人（新安黄凤池）

明万历四十八年刊自辑《梅兰菊竹四谱》一卷。

古吴书林清绘斋

明万历无年月刊《名公扇集》不分卷，明张龙成辑。
明万历无年月刊《唐诗画谱》不分卷，明黄凤池辑。
明万历无年月刊《古今画谱》不分卷，明唐寅绘刊。

金阊书林绿荫堂

明万历四十八年（1620）刊《汝南圃史》十二卷，明周文华辑。

明崇祯无年月刊《吴骚合编》四卷，明张楚叔辑。

明崇祯无年月刊《字汇》十四卷、附二卷，明梅膺祚辑。

金阊拥万堂

明万历无年月刊《古名儒毛诗解》十六种卅四卷，明钟惺辑。

明万历无年月刊《四书图史合考》廿四卷，明蔡清撰。

明万历无年月刊《秘书九种》六十六卷，明钟惺辑。

明崇祯无年月刊《吕东莱先生左氏博议》六卷，明陶珽辑。

姑苏经坊徐待溪

明万历无年月刊《大佛顶如来密因修证了义诸菩萨万行首楞严经》十卷。

阊门书林

明万历无年月刊《新镌午未注释二三场程玉谷集》不分卷，明李滋编。

长洲书林杨文奎

明万历无年月刊《易经生生编》，明苏浚撰。

吴门经坊

明万历无年月刊《妙法莲华经》七卷，姚秦鸠摩罗什译，宋释戒环解。

金阊十乘楼书坊

明万历无年月刊《新镌增补标题武经七书》七卷。

明万历十七年刊《精选诗林广记》四卷，宋蔡正孙辑。

金阊书林天葆堂（叶瑶池）

明万历无年月刊《五车韵瑞》一百六十卷，明凌稚隆辑。

金阊玉夏斋（叶启元）

明万历无年月刊《新镌玉茗堂批选王弇州先生艳异编》四十卷、续集一卷，明王世贞编。

明万历无年月刊《尺牍双鱼》十九卷，明陈继儒辑。

明崇祯无年月刊《梅花渡异林》，明支允坚撰。

金阊宝鼎堂

明万历无年月刊《陈眉公先生订正画谱》八卷，明孙丕显撰。

吴县书林开美堂

明泰昌元年刊《麟经指月》十二卷，明冯梦龙撰。

吴门书林宝翰楼

明天启三年刊《删补古今文致》十卷，宋刘士麟撰，王宗增补。

明崇祯间刊《顾文康公文草》十卷、首一卷、诗草六卷、续稿六卷、三集四卷，明顾鼎臣撰。

明崇祯间刊《东坡先生诗集注》卅二卷，宋苏轼撰，王十朋集注。

金阊书坊主人（翁得所）

明天启四年刊《谭子诗归》十卷，明谭元春撰。

古吴书林酉酉堂（陈龙山）

明天启四年刊《奇赏斋广文苑英华》廿六卷，明陈仁锡辑。

同年刊《续古文奇赏》三十四卷，明陈仁锡辑。

同年又刊《三续古文奇赏》廿六卷，明陈仁锡辑。

明天启五年刊《四续古文奇赏》五十三卷，明陈仁锡辑。

明天启无年月刊《明文奇赏》四十卷，明陈仁锡辑。

吴门书林段君定

明天启五年刊《琴张子蛍芝集》六卷、《评琴张子禅栗秣》二卷，明张明弼撰，周鏕评。

吴县书林能静居（叶昆池）

明天启五年刊《春秋衡库》卅卷、附录三卷，明冯梦龙撰。

同年刊《古今谈概》卅六卷，明冯梦龙撰。

同年又刊《春秋三发》四卷，明冯士骅撰。

吴县书林衍庆堂

明天启七年刊《醒世恒言》四十卷，明冯梦龙编。

明天启无年月刊《警世通言》四十卷，明冯梦龙编。

明天启无年月刊《喻世明言》二十四卷，明冯梦龙编。

古吴铭新斋

明天启七年刊《满纸千金》不分卷，明李白策辑。

明崇祯八年刊《妙一斋医学心印种子编》五卷，明岳甫嘉撰。

吴县书林天许斋

明天启无年月刊《全像古今小说》四十卷，明冯梦龙编。

吴县书林同人堂

明天启无年月刊《石点头》十四卷，明天然痴叟撰，冯梦龙评。

吴县书林三多斋

明天启间刊《古今列女演义》六卷，明冯梦龙撰。

阊门书林大观堂（徐氏）

明崇祯元年刊《宋三大臣汇志》十二种四十五卷，明郑鄤辑。

明崇祯二年刊《资治通鉴大全》四百二十一卷，明陈仁锡辑。

明崇祯三年刊《潜确居类书》一百二十卷，明陈仁锡撰。

明崇祯六年刊《说文长笺》一百卷，明赵宧光撰。

明崇祯十五年刊《增定二三场群书备考》四卷，明袁黄撰。

明崇祯间刊《五经疏义统宗》五种十二卷，附《周礼》二卷。

明崇祯无年月刊《宋元通鉴》一百五十七卷，明薛应旂撰。

金阊尚友堂（安少云）

明崇祯元年刊《拍案惊奇》四十卷（附图四十页），明凌濛初撰。日本日光山轮王寺慈眼堂法库藏本，有封面识语："即空观主人胸中磊块，故须斗酒之浇。腹底芳腴，时露一脔之味。见举世盛行小说，遂寸管独发新裁，摭拾奇邪，演敷快畅，原欲中规箴之善物，矢不为风雅之罪人。本坊购求，不啻供璧，览者鉴赏，何异藏珠。金阊安少云梓行。"有"尚友堂印"一方。

明崇祯七年刊《二刻拍案惊奇》三十九卷、《宋公明闹元宵杂剧》一卷（附图卅页），明凌濛初撰。

金阊东观阁

明崇祯八年刊《历代名臣奏议》三百五十卷，明张溥删正。

金阊书坊大雅堂

明崇祯八年刊《博物典汇》十九卷，明黄道周撰。

吴县书林

明崇祯十一年刊《食物本草》二十二卷，金李杲编。

金阊书林五雅堂

明崇祯十五年刊《列国志》十卷一百零四回，明余邵鱼撰。

金阊书林五云居

明崇祯无年月刊《三国文》二十卷，明张采辑。

吴县书林宝鸿堂

明崇祯十三年刊《伤寒全生集》四卷，明陶华撰。

金阊贯华堂

明崇祯十四年刊《第五才子施耐庵水浒传》七十五卷。

吴县书林叶敬池

明崇祯十五年刊《扶轮集》十四卷，明黄传祖撰。

明崇祯无年月刊《石点头》十四卷，明天然痴叟撰。

明崇祯无年月刊《醒世恒言》四十卷、《新列国志》一百零八回（凡余邵鱼书有疏陋处，皆根据古书，加以改订），明冯梦龙辑。

金阊叶敬溪书坊

明崇祯间刊《醒世恒言》四十卷（附图四十页），明冯梦龙辑。

金阊书林传万堂

明崇祯十五年刊《颐生微论》四卷，明李中梓撰。

吴县书林兼善堂

明崇祯十五年刊《古文备体奇妙》十二卷，明钟惺辑，黄道周评。

明崇祯间刊《古文小品冰雪携》不分卷，明卫泳辑。

金阊叶显吾书坊

明崇祯间刊《重刻张阁老经筵四书直解》二十七卷。

吴郡书林藜光楼

明崇祯间刊《李卓吾先生批评三国志》一百廿回，元罗本撰，明李贽评。

金阊书林叶瞻泉

明崇祯无年月刊《芑山文集》三十二卷，明张自烈撰。

金阊振邺堂

明崇祯间刊《云林医圣增补医鉴回春》八卷，明龚廷贤撰。

金阊书林夏霖雨

明崇祯间刊《周易传义大全》二十四卷，明胡广撰。

明崇祯间又刊《易经汇证》二卷，明刘庚撰。

吴门书林童涌泉

明崇祯无年月刊《四六新函》十三卷，明钟惺辑。
明崇祯无年月又刊《草堂诗余》四卷。

吴县书林白玉堂

明崇祯间刊《新刻剑啸阁批评东汉演义传》十卷，明谢诏撰。

吴郡书林长春阁

明崇祯无年月刊《新镌批评绣像烈女演义》六卷，明冯梦龙撰。

吴郡宝翰楼（尤云鹗）

明崇祯间刊《四书注疏大全纂》卅七卷，明张溥撰。

古吴麟瑞堂

明崇祯间刊《开辟衍绎通俗志传》六卷，明周游集。

金阊嘉会堂

明天启无年月刊《墨憨斋批点北宋三遂平妖传》四十回，宋罗贯中编，明龙子犹补。日本内阁文库藏本封面题“墨憨斋手校新平妖传”。有识语云：“旧刻罗贯中《三遂平妖传》二十卷，原起不明，非全书也。墨憨斋主人曾于长安复购得数回，残缺难读，乃手自编纂，共四十卷，首尾成文，始称完璧。题曰《新平妖传》，以别于旧。本坊绣梓，为世共珍。金阊嘉会堂梓行。”又有两印章，右下曰“颖川陈氏”，左上曰“勗吾发兑”，盖书坊主人也。

清代的书坊和刻书

清初时期，由于工商业的兴起，市民需要多种多样的精神生活，也促使戏曲小说的刊行。

洞庭东山席氏得常熟毛氏汲古阁书版，遂设扫叶山房书肆于苏门阊门。据同治《苏州府志》载，康熙皇帝巡幸江南，驻跸洞庭东山席氏东园，主人献新刻《百家唐诗》四函，获得康熙帝嘉奖。从此声誉卓著，成为苏州唯一的大书店。

同时长洲何焯，广收宋元版书和名家抄本。全祖望在《长洲何公墓志铭》中说：“……吴下多书估，公从之访购宋元旧椠及故家抄本，细仇正之。”可惜在他的题跋中，没有提到书的来处和书估姓名。

现据有关资料，辑录清代书坊刻书的牌号和见存目录，以供研究参考。

吴门书林

清康熙二年刊《辟疆园杜诗注解》十七卷，清梁溪顾宸撰。

吴门柱笏堂

清康熙七年刊《凌烟阁功臣图》附观音、关帝像，封面题“吴门柱笏堂授梓”。

金阊同文堂

清康熙间刊《小儿推拿广义》三卷，清西蜀熊应雄撰。

金阊绿荫堂

清康熙间刊《百名家词抄》，清聂先、曾王孙辑。

清康熙间刊《李卓吾先生批评三国志》一百二十回（附图一百廿页）。

清康熙间刊《九宫补定》十二卷、总论一卷，东山钓史、鸳湖逸者辑。

清康熙间又刊《西湖佳话》十六卷，古吴墨浪子搜辑。

吴郡藜光楼

清康熙间刊《李卓吾先生批评三国志》一百廿回（附图一百廿页）。版刻形式与绿荫堂本同，惟改眉批为夹批。

吴郡楠槐堂

清康熙间刊《李卓吾先生批评三国志》一百廿回（附图一百廿页）。

金阊书业堂

清康熙廿七年刊《花镜》六卷、图一卷，清西湖陈淏撰。

清乾隆四十年刊《龙图公案》十卷，不著撰人。

清乾隆四十三年刊《济颠全传》二十回，清天花藏主人编。

清乾隆四十四年刊《说呼全传》十二卷四十回，清半闲居士编。

清乾隆四十六年刊《豆棚闲话》十二卷。

清乾隆四十七年刊《素问灵枢类纂约注》三卷，清休宁汪昂撰。

同年又刊《芥子园画传》初集五卷、二集八卷，清绣水王安节摹，王宓草，王司直同摹。

清乾隆四十八年刊《食物本草会纂》十卷、附图一卷，清西湖沈李龙撰。

清乾隆五十一年刊《过百龄四子谱》二卷，清锡山过文年撰。

清乾隆五十八年刊《新刻批评绣像后西游记》四十回，题天花才子评。

清乾嘉间无年月刊《剑啸阁批评东西汉演义传》。

清乾嘉间无年月又刊《张氏医书七种》，清张璐、张登撰。

清嘉庆四年复刊汲古阁本《十三经注疏》。

清嘉庆二十四年刊《景岳全书》六十四卷，明张介宾撰。

清道光元年刊《万氏妇科汇要》四卷，明楚黄万全撰。

清道光三年刊《老子袭常编》二卷，清南通州王绍祖撰。

清同治四年刊《新刻史纲总会列国志传》十六卷，明余邵鱼撰。

金阊扫叶山房

清康熙四十一年刊《唐诗百名家全集》，清席启寓辑。

清乾隆六十年刊《东都事略》一百卅卷，宋王称撰。同年又刊《大金国志》四十卷，宋宇文懋昭撰；《契丹国志》廿七卷，宋叶隆礼撰；《元史类编》四十二卷，清邵远平撰。清嘉庆二年刊《南宋书》六十八卷，明钱士升撰。以上五种名《宋辽金元别史》，清席世臣辑。

清乾隆间刊《小儿推拿广义》三卷，清西蜀熊应雄撰。

清嘉庆四年刊《钱塘遗事》十卷，元刘一清撰。

清嘉庆五年刊《泰西水法》三卷，泰西熊三拔撰，明徐光启记。

清嘉庆六年刊《千金方衍义》卅卷，清长洲张璐撰。

清嘉庆十八年刊《困学记闻五笺集证》二十卷，元王应麟撰。

清道光元年刊《桃花泉奕谱》二卷，清海宁范世勋撰。

清同治八年刊《秘传花镜》六卷，清陈淏子撰。

清光绪五年刊《医林改错》二卷，清玉田王清臣撰。

清光绪八年刊《扫叶山房书目》一卷。

同年又刊《画史汇传》七十二卷、附录二卷，清长洲彭蕴章撰。

同年又刊《此木轩杂著》，清云间焦袁熹撰。

清光绪十五年刊《温病方论》四卷，清吴门周扬俊撰。

清无年月刊《新刻济颠大师醉菩提全传》四卷，题“天花藏主人编”。

金阊宝翰楼

清康熙四十二年刊《中晚唐诗》，清刘云份辑。

同年又刊《明文英华》十卷，清顾有孝辑。

同年又刊《李卓吾先生评新刻三国志》（附图一百廿页），有眉批、总评。

清无年月刊《文杏堂批评水浒传》三十卷。

清无年月刊《于少保萃忠全传》十卷。

金阊学耕堂

清乾隆间刊《西湖佳话》十六卷。

吴门仁寿堂

清乾隆九年刊《济公传》十二卷。

金阊函三堂

清乾隆间刊《列国志辑要》八卷，清杨庸撰。
清乾隆六十年刊《外科大成》四卷，清燕越祁坤撰。

金阊映雪草堂

清乾隆六年刊《玉茗堂四种传奇》八卷，明汤显祖撰。

金阊瑞凝堂

清乾隆间刊《新镌古本绿秋亭贞节全传》，存十六回。

姑苏稼史轩

清乾隆间刊《醒梦骈言》十二回，题“蒲崖主人偶辑”。
同时又刊《新世鸿勋大明崇祯传定鼎奇闻》四卷，题“蓬蒿子撰”。

吴门五柳居（陶氏）

清嘉庆三年刊《司马温公太玄经集注》十卷，宋司马光撰。前有封面，刻篆文“五柳居陶氏藏版”长方木记。卷末有陶氏跋云："扬子云《太玄经》，今所行者惟晋范望解。而温公注本，虽明嘉靖间有刊本，然经文与注均作大字书，其间舛误殊甚，且其本世亦不多见焉。余从秋塘张君处，得影写宋本，乃前明唐子畏家藏本，因即付梓。行款悉照原书，复挽顾君涧蘋重校一过，遇有疑似之处，仍存其旧，盖慎之至也。自后读子云书者，得温公注本，而识所指归矣。时嘉庆岁在戊午季冬月既望，五柳主人识。"

姑苏王氏聚文堂

清嘉庆九年刊《十子全书》，清王子兴辑。

又刊《异说征西演义全传》六卷四十回，吴门恂庄主人编次。

姑苏云龙阁

清乾隆五十一年刊《吉庆图》弹词。

姑苏来青阁

清嘉庆十八年刊《吴门画舫录》三卷、《投赠》三卷，清个中生编。

清光绪二年刊《本草述》廿二卷，清刘若金撰。

姑苏裕德坊

清嘉庆十八年刊《双金锭》弹词八卷。

同年又刊《新镌时调弹词说唱福寿双金锭》七集五十卷，清陈遇乾撰。

金阊步月楼

清道光七年刊《明史弹词辑注》一卷，清长洲龙柏编辑。

金阊世德堂

清道光元年刊《地理元宗图说》二卷，清金匮秦蕙田撰。

金阊经义堂

清道光五年刊《明贡举考略》五卷，清黄崇兰辑。

同年又刊《国朝贡举考略》二卷，清黄崇兰辑，赵学曾续辑。

苏城得见斋（玄妙观内）

清同治五年刊《希奇宝卷》。

又刊《江南铁泪图新编》一卷、附编一卷，题“寄云山人辑”。

清光绪六年刊《庶几堂今乐》初集十六卷、二集十二卷，清余治撰。

苏州玛瑙经房

清光绪九年刊《潘公免灾救难宝卷》一卷。

清光绪十五年刊《秀英宝卷》一卷。

清光绪十九年刊《回郎宝卷》一卷（附《七七宝卷》、《花名宝卷》）。

清光绪廿六年刊《节义宝卷》一卷。

清光绪卅年刊《达摩宝卷》一卷。

清光绪卅三年刊《杨公宝卷》一卷。
清光绪间刊《卖花宝卷》一卷。

徐氏灵芬阁

清光绪十三年木活字印《爱日精庐藏书志》卅六卷、《续志》四卷，清张金吾撰。

姑苏红叶山房

清光绪十四年刊《续四才子》四卷。
同年又刊《凤双飞全传》，步月主人著。

姑苏文英堂

无年号刊《新刊京本春秋五霸七雄全像列国志传》八卷。

吴门萃锦堂

无年号刊《新镌全像武穆精忠传》八卷。

姑苏锦奎堂

无年号刊《新增第五才子水浒全传》十卷（封面题“征四寇传”）。

附：明清坊刻引用书目

（一）杜信孚《明代版刻综录》
（二）瞿冕良《宋元明清刻书小史》
（三）孙楷第《日本东京所见小说书目》
（四）上海图书馆《中国丛书综录》

（五）郑振铎《西谛书目》
（六）孙楷第《中国通俗小说书目》
（七）孙殿起《贩书偶记》
（八）孙殿起《贩书偶记续编》
（九）江标《黄荛圃年谱》
（十）中国书店《古籍版本知识》
（十一）莫友芝《郘亭知见传本书目》
（十二）胡士莹《弹词宝卷书目》

乾道间吴门书市

清代藏书家尊重宋元版本之风，开始于钱谦益的绛云楼和毛晋的汲古阁。毛氏衰落，后人将其书售之潘稼堂不成而售之泰兴季振宜。钱遵王述古堂、也是园藏书，几乎同时被收存。至此有明以来藏书家的宋元古刻名抄，基本上作一结束。合久必散，久散复聚，此后季氏之藏，一部分由徐乾学传是楼转入宫内。乾嘉道时期，苏州黄氏士礼居专收毛、钱二家零余，并在题跋中注明来源，间接地给我们提供了当时书坊历史的原始材料。现摘录于后。

五柳居（庙前）陶蕴辉

乾隆五十七年售稿本《天下郡国利病书》三十四册。

乾隆六十年售旧抄本《钜鹿东观集》九卷。又售沈宝砚校本《扬子法言》十卷。又售元刊《诗外传》十卷于五砚楼。

嘉庆元年售宋刊《唐百家诗选》残本十一卷。

同年又售何焯手校《玉山名胜集》九卷。

嘉庆五年刊《缀白裘新集合编》十二集四十八卷，清玩花主人辑，钱德苍增辑。

同年售明刊《赵清献公集》十卷。

道光三年售毛晋手校明刊《王建诗集》八卷。

民国《吴县志》：陶正祥，字廷学，号瑞庵。少贫，以读书为业，闻见日广，能知何书为宋元佳本，有谁氏刻本，版贮何所，谁氏本善且备，谁氏本删除本文若注，或舛误不可从。都中巨公宿学欲购异书者，皆诣正祥，辙满户外。会开四库全书馆，安徽提学朱筠言于当道，属以搜访秘书，能称事。正祥家吴门，侨寓都下，贤士大夫，往来辐辏，广求故家书籍秘本，历数十年。尝慕陈思之为《宝刻丛编》，也欲为一书记所遇宋元明刻经传、诸子名本卷帙、文字异同优劣，补书目家未备而未成。贸易不沾沾计利。嘉庆二年卒于都门，年六十有六。子珠琳，字蕴辉，能传其业。黄丕烈谓其熟读《读书敏求记》，得书都与商榷。

萃古斋（山塘）钱景凯

嘉庆八年售宋咸平刊本《吴志》三十卷。

嘉庆十九年售旧抄本《宝晋英光集》十卷。

严元照书宋椠残本《春秋经传集解》后："宋刻《左传》四卷，萃古斋主人钱景凯所贻。景凯名时霁，湖之书估也，寓于苏州，能诗，善鉴别宋元版刻并法帖书画，以此书贻我，畀以钱，不受，亦称有雅尚者。"顾千里题《清河书画舫》后："白堤老书贾钱听默，能视装订签题根脚上字，便晓属某家某人之物。"每遇宋元精刻或名抄，或盖一小印曰"白堤钱听默经眼"。

民国《吴县志》：钱听默，湖州书估也。本苏州白堤人，设萃古斋书肆于城。曾言书有明刻而可与宋元版相埒者，惟明初黑口版为然，故藏书家多珍之。

经义斋（胥门）胡立群

嘉庆十年售明徐子器刊本《蔡中郎集》六卷。

同年售明抄《对床夜话》五卷。

嘉庆十七年售抄本《竹斋诗集》一卷。

道光元年售校本《西京杂记》六卷。

黄丕烈题《玄珠密语》后云："经义斋主人，胡姓鹤名，立群其字也。在书估中能识古书之一人。惜知观书而所见未广，闻见尚不能扩耳。"

学余堂书肆

乾隆五十六年售吴宽丛书堂抄本《孟子注疏解经》十四卷。

嘉庆元年售文徵明写刊本《文温州集》一卷。

嘉庆二年售宋刊本《温国文正司马公文集》八十卷。

学山堂书坊（玄妙观前）

嘉庆十九年售顾抱冲手校汪文盛刊本《汉书》一百卷。

带经堂书坊

乾隆六十年售何煌手校旧抄本《钓矶立谈》一卷。

敏求堂（府东）

黄丕烈题《芦浦笔记》后："余居城西时，惟府东有一书坊，所谓敏求堂是也。既而由府以至按察司前，直至胥门学士街，三十年间，书坊之多，几以十数矣。玄妙观前向多书坊，今更大盛。自余再迁县桥，与观前更近，故贾人之迹，日盈我门矣。"

闵师德堂（玄妙观东）

嘉庆九年售校旧抄本《尹河南集》十卷。
嘉庆十九年售明刊本《戴石屏诗集》十卷。

玉照堂（臬署前）

乾隆五十五年售陆敕先校明翻宋刊本《国语》二十一卷。

中有堂书坊（臬辕东）

嘉庆三年售明刊本《刘子新论》十卷。
同年又售明人钱穀、钱允治父子校明黄省曾刊本《水经注》四十卷。
黄丕烈跋云："主人郑姓，余数十年友也。人既朴实，无时下习气，遇有古籍，必携以相质，为余言之不诳也。"

崇善堂书肆（醋坊桥）

乾隆六十年售元刊《元统元年进士题名录》一卷。

墨古堂（王府基）周姓

嘉庆十二年售北宋本《说苑》二十卷于五柳居。

黄丕烈跋云："是书墨古堂周姓物，周本不识书者，设肆于郡东王府基。"

留耕堂（阊门横街）

嘉庆八年售明刊本《衍极》五卷。

嘉庆十年售明校抄本《录异记》八卷。

文秀堂书坊（阊门）

嘉庆二年售明吴岫校本《抱朴子》内编二十卷、外编五十卷。

芸芬堂书铺（阊门外桐泾桥头）

乾隆五十八年售旧抄《剡源集》三十卷。

乾隆六十年售元人抄本《书经补遗》一册。

墨林居（玄妙观前）

嘉庆十九年售校旧抄本《芦浦笔记》、《杨公笔录》合册。

黄丕烈跋云："是册出墨林居，盖新开铺子者。"

紫阳阁书坊

嘉庆二十三年黄丕烈题宋刊《文苑英华纂要》跋云："书友邵锺琳携书两种，就余质证，云是从太仓得来，欲求售者。其一为七寸版《苏老泉先生嘉佑集》……四十年前曾于紫阳阁书坊朱秀成处见过，知为善本。”

宝是堂书肆

戴光曾题旧抄《石门集》后云：“以文又云吴中书肆宝是堂徐氏者。以文以壮岁至吴，识徐氏一老者，生平精于鉴赏，并多蓄秘抄之本。以文与之往返凡十余年。一日忽谓以文曰‘余所有之书，惟归于子为得所，直可不计’，促其携归。惜以文以客囊无几，仅取其精品数十种，此其一也。后再往，则此老已殁，书亦去所归矣。”

按：鲍廷博，字以文，号渌饮，歙县人，诸生，流寓桐乡之乌镇。藏书极富。四库开馆，进书六百余种。又校刊《知不足斋丛书》三十集，时称善本。

大观局（葑门）

嘉庆十四年售旧抄本《绍兴十八年同年小录》一册。

黄丕烈跋云：“嘉庆己巳恭遇今上五旬万寿，各省大僚虔备贡品，书籍文玩亦在购备之列。吾吴为江南省垣，珍物云集，城中特开贡局。景云始开于前，大观继开于后。”“大观局者，葑门彭、宋两家所开也。彭行三，号朗峰；宋亦行三，号晓严，皆诸生。”

遗经堂

嘉庆十九年售旧抄本《建炎时政记》三卷。

酉山堂（卫前街）

乾隆五十六年售冯舒校明刊本《前汉纪》三十卷。

嘉庆六年售宋本《孟浩然诗集》三卷。

道光元年售明刊《晦庵先生五言诗抄》一卷。

本立堂书坊

嘉庆十六年售旧抄本《古逸民先生集》一卷。

南仓桥书坊

嘉庆十年售元刊《重刻宋朝南渡十将传》十卷。

三益堂书坊

嘉庆十三年售旧抄本《槎轩集》十卷。

胡苇洲书肆

嘉庆二十五年售明刊本《山窗余稿》一卷。

王府基高姓书摊

道光元年售宋本《新雕注解珞琭子三命消息赋》三卷、《校正李燕阴阳三命》二卷。

书船郑辅义

乾隆六十年售北宋本《新序》十卷。

书船邵宝墉

嘉庆十三年售残宋本《普济方》六卷。

书船吴步云

嘉庆二十五年售金本《中州集》十卷。

书船曹锦荣

嘉庆二十年售抄本《铁崖赋稿》一卷。

书友吕邦惟

乾隆六十年售宋本《三谢诗》一卷。

书友胡益谦

乾隆六十年售宋刊本《北山小集》四十卷。

书友邵锺麟

乾隆六十年售明刊校本《半轩集》十二卷。

书友沈斐云

乾隆五十六年售抄校本《吴都文粹》十卷。

书友吴东亭

乾隆六十年售校明抄本《灵台秘苑》十五卷。

书友郑云枝

嘉庆十三年售校宋本《礼记》二十卷。

书友郑益偕

嘉庆十年售影宋本《李贺歌诗编》五卷。

书友吴立方

嘉庆十四年售抄本《王子安集》二册。

黄氏滂喜园书籍铺

黄丕烈，字绍武，号荛圃，苏州人。乾隆五十三年（1788）举人，喜藏书，得宋椠百余种，学士顾莼题其室，曰百宋一廛。尝得汲古阁旧藏北宋本《陶诗》，又得南宋本《汤注陶诗》，因名其室曰陶陶室。王芑孙为之记，其中说到："今天下好宋版书，未有如荛圃者也。荛圃非维好之，实能读之，于版本之后先、篇第之多寡、音训之异同、字划之增损及其传授源流、翻摹始末，下至行款之疏密广狭、装缀之精粗敝好，无不心营目识，条分缕析。积晦暝风雨之勤，夺饮食男女之欲，以沉冥其中，荛圃亦时自笑也。"因此凡黄氏题跋识语，都为后世所宝，为其内容亲切而富于人情。其别号见之题跋者曰荛夫、复翁、复见心翁、一阳更生、廿止醒人、独树逸翁、抱守老人、秋清逸叟、六十老人、龟巢老人，其他如荛圃主人、士礼居主人、小千顷堂主人、黄氏仲子等比较常见。黄氏久居苏城，承平无事，专营古籍的书坊又多，可以时收时卖，书肆中人也无不以士礼居为归宿。道光五年（1825）为其长孙习业，自设滂喜园书籍铺于玄妙观西察院场。他在开业的当天给常熟张蓉镜写的信中说："……然此时为长孙习业，开设书籍铺，则举家之书，皆铺中物也。铺中以市道待人，何妨议价乎？且计较多寡矣，无已拟直拾洋，合缗钱每册一六，不为多也。特送上，即付价与来人（来人是船户任姓，是老主顾），与之不妨也。实缘今日乃挂牌吉日，取生意兴隆，得此十金，是佳谶也。敢以实情奉告，谅允行矣。外附去元版《通考》一函，实直六洋，留则给值，否则还书可也。《吕衡州集》，一时检不出来，容缓日带来一认，诸本中不知何本为旧所归也。上芙川大兄，丕烈启。廿日后志书可得再送来。十七日惊蛰日。”（摘录《纂图互注荀子》跋）

道光二十五年乌程范锴所著《华笑庼杂笔》卷三，记载黄氏刻书一则：“吴郡黄荛圃主政丕烈，藏书甚富，宋元版及影抄旧本，无不精善。尝出示《士礼居刊行书目》，其书价、册数均注明其书之下，并记付梓之岁。录之以备后之观览者：

“《国语》五册，《汲古阁书目》一册，《国策》九册，《博物志》一册，《季沧苇书目》一册，《百宋一廛赋》一册，《梁公九谏》一册，《焦氏易林》四册，《宣和遗事》二册，《舆地广记》七册，《藏书纪要》一册，《三经音义》一册，《仪礼》三册，《船山诗选》二册，《周礼》九册，《洪氏集验方》二册，《夏小正》一册，《伤寒总病论》三册，《汪本隶释刊误》一册。前有‘书价制钱七折’六字，后有‘滂喜园黄氏书籍铺’、‘苏州玄妙观察院场’两图章。其《百宋一廛赋》为黄氏手书上版，刻字工人为夏天培，刻印俱精。”

晚清的古旧书业

咸同年间，书市沉寂。其时苏地故家所藏，都携以避居无锡县之荡口镇，是时市上书摊甚多，乾嘉名人抄校稿本，俯拾即是。金匮华翼纶、新阳赵元益所得尤多，赵氏所刻《高斋丛刻》中，明人钱穀手抄《游志续编》等底本，均为当时所得。

光绪间戊戌变法，推行新政，崇尚西学，古籍也一度不受重视。光绪廿二年（1896），元和江标在《前尘梦影录》序中说："标生也晚，年十六七时，曾见窳叟（徐康）于玄妙观世经堂书肆中，闻述访古源流，皆非常骨董家数。……书肆为湖州侯念椿所设，侯亦年六七十，目睹各家藏书兴废，分别宋元椠刻、校抄源流，如辨毫厘，尚称之曰'今之钱听默'。……方今事事从新学，而于金石书画图籍、一切好古之事，恐二十年后无有知之者矣。可慨矣！"可作当时写照。

世经堂

侯念椿，吴中书估，貌寝身短而偻，人呼为侯驼子。设肆曰世经堂，多识簿录、旧抄旧刻，何年何人收藏、何省何处装订、写椠先后、题跋真赝，一见纸墨，辄能言之不爽。刘泖生辈皆与往还，搜遗腊志。四方收藏家至吴门访古者，莫不造世经堂之肆。（摘自民国《吴县志》）

汇文轩（观前）

店主戴姓，名已不详，人称戴大。地址在观前街北仓桥西。经营业务以木刻《四书》、《五经》等学堂课本和医卜星相等书为主。科举废除以后，营业大受影响。民国初年本人病故，儿子对此不感兴趣，遂即闭歇。

平桥书肆

徐康《前尘梦影录》云："先叔父鸿宝公，尝携弟子张、陆两生同至平桥书肆小憩。书贾出河东君诗四本，卷帙甚薄，丹黄迨遍。系河东君手录底本，中有松圆老人倡和及主人红豆诗甚多，索价四金。订以少顷携值往取，讵叔父归舍，旋赴会文之约，二鼓始返。翌日遣弟子持资去取，书贾云：'昨日令师去后，即有人来，如数付价取去，人海茫茫，无从踪迹。'叔父为之怅然者累日。"

东来书庄

光绪戊戌变法，洋务运动兴起。由包天笑等八人集资百元，开设东来书庄于养育巷女冠子桥包叔勤家门口。后迁观前街（施相公弄口），主要经售中国留学生在日本出版的《江苏》、《浙江潮》等期刊以及《支那疆域沿革图》等日本新书、杂志，兼售信纸、信封。常往购书的有：常熟曾孟朴，吴江金松岑、杨千里，昆山方唯一等。该店还先后发行过《励学译编》和《苏州白话报》，都是委托临顿路毛上珍印书局用木刻版印刷的。

有正书局

总店在上海，晚清时期设分店于苏州，地址在东中市都亭桥。主要发售自印的各种碑帖及名人墨迹。大都是用连史纸石印，里面夹有衬纸，品种极多。民国初年珂罗版印书技术传入我国，石印本逐渐淘汰，旋即停业。

玛瑙经房

店主吴钧伯，此店原为其父开设在观前街，后迁景德路（雍熙寺弄对面），专靠自己印刷木版佛经、劝善之书及私塾训蒙课本为主。随着时代的不断前进，教科书都已改用平装或铅印本，木刻读本已无人问津，佛经及劝善之书也营业极小，加上本人不善经营，因而难以维持，解放初期停止营业。

振新书社

开设在观前街（平安坊西），店主周章卿，无锡县人。始创于光绪末年，经营业务以新印木板书为主，不收旧书。民国初年曾用珂罗版印过不少线装画册，抗战前夕倒闭。敌伪时期，改换店名为东吴书局，业务以文具为主。解放初期停业。

文瑞楼与绿荫堂

包天笑《钏影楼回忆录》："观前街一家叫做文瑞楼，比较最大，我们亦最熟，可以走进他们的柜台书架旁随意翻书的。但是他们都是旧书，木版线装，满架都是经史子集，新书不大欢迎，最近点缀其间，除非是畅销的书，至于什么杂志之类，一概不售的。"

文瑞楼为无锡人浦鉴庭所创设，后迁上海，曾石印过一大批古典小说和国学基本用书。门市兼营批发，营业极大。本人去世后由儿子福之继承。另开绿荫堂书店于苏州阊门城门口。仍以私塾读本和中医书等为主要业务，也有部分木版，可以刷印出售。后又兼售文瑞楼石印各书，营业大有起色。但福之早故，其子永泉继承父业，不善经营，兼染有阿芙蓉癖，将所存之书，论斤出售。至解放初期关闭。

扫叶山房书店

本系苏州较老的书店之一。地址在阊门城门口，经营以发售本版木刻印刷的学堂课本及医卜星相等书为主。总店设在上海棋盘街，已转变为自印各种石印书为主，品种之多，堪称全国第一。民国初年苏州分店由经理陈韵笙主持店务，主营批发，兼有零售，营业尚可。从抗日战争至解放，业务日趋衰落，一蹶不振，解放初期停止营业。

灵芬阁

店主徐敏甫，苏州洞庭西山人，店初设在护龙街嘉余坊北，于光绪十三年（1887）用活字排版《爱日精庐藏书志》行于世。次子玉麟（人称徐老二）长期在外地厘卡工作；失业回家时，就在店内协助。1936 年潘景郑于该店购得方恒临张皋文校本《汉书》及拜经楼吴氏抄本四种（郑康成《三礼目录》，汉甘露《石渠礼仪》，刘向《五经通义》、《五经要义》）。抗战前夕迁移乐桥南面家中，不久玉麟病故。

文津书林

初设在观前施相公弄东首（现新华书店原址），后迁护龙街乐桥北。店主周清臣，原籍浙江湖州，能识古书，有学徒李德元。抗战以前本人故世后，儿子文达、文逵分别经营文怡书局和交通书局，主要为新书文具业务。文津停业，但藏有明刊《程氏墨苑》一部，是明代版画中精品。不愿出售，一直保存在家。抗战爆发，携以避难。途中遇日机空袭，放置路旁。事后寻找无着，甚为可惜。解放初期处理旧存店底残书中，尚有明嘉靖刊本《皇明诏令》（郑晓藏印）和万历刊本《河防一览》等珍本。

来青阁书庄

店主杨云溪，苏州洞庭东山人。原业茶叶，后改行贩书。于光绪间创设，地点在护龙街嘉余坊口。1913 年设分店于上海福州路青莲阁茶馆楼下，后迁汉口路，从此苏州店里存书中较有价值的，均包扎运沪，业务重点也随之转移。苏店则是争取货源的机构，但一般线装书尚多。二开间店面，书架上之书都很整齐。儿子早故，其孙寿祺性敏，凡遇宋元善本，一见能知其价值，故往往得之甚廉而获善价。其一生经手宋元版书甚多，最著者为建本《礼记郑注》和书棚本《群贤小集》。《礼记郑注》为南宋时建安余氏万卷堂所刻，原藏于阊门下塘街陆润庠家。杨氏收得后，曾用珂罗版影印行世。《群贤小集》则是南宋时临安（杭州）书棚刊本，全称为《江湖群贤小集》。麻纸印本，有白有黄，间有竹纸，因当时刻印有前后，故刻工有精有粗，行款每半页十行，行十八字为最多。卷中有曹楝亭藏印及“白堤钱听默经眼”印，钱听默是乾嘉时期苏州书商。故在鲍廷博为石门顾氏读画斋重刊《南宋群贤小集》跋文中说：“……乾隆壬辰仲冬，予于吴门钱君景开书肆见之。惊喜。与以百金，不肯售，许借校雠，才及三之一，匆匆索去，以售汪君雪礓。不数年雪礓客死金阊，平生所藏书画尽化为烟，而是书遂不可踪迹矣。”

1947 年前后，此书在长沙被发现，由当地书商李某经手，售之上海来青阁，后为中央图书馆馆长蒋复璁购去。解放前夕被运往台湾，现藏台湾“中央图书馆”，可惜当时这部书既未影印复制，又未摄下照片。

此外该店还影印过端方编的《陶斋古玉图》和陈介祺的《簠斋吉金录》。苏州来青阁于1956年停业，并入沪店。杨寿祺在“文化大革命”期间病故于常熟幼子处。

文学山房

主人江杏溪，娴于版本目录，又善访旧籍，苦心经营，遂名闻东南。杏溪原名如礼，以字行。祖籍湖州织里镇。太平天国时期其父椿山来苏，进扫叶山房为夥。光绪七年（1881）生子杏溪，光绪二十五年（1899）创文学山房于护龙街嘉余坊口。1931年迁至大井巷北首，有水竹邨人徐世昌及曹福元所书招牌和匾额，三开间宽阔的店堂，古书盈架，随人翻阅，后有座楼，成为东南旧籍贩卖的名铺。这时其子静澜已精于贩书之术，协助店务，经营古书益盛。如无锡朱达夫、吴下冯桂芬以及管礼耕、叶昌炽、丁士涵、沈秉成、王同愈、单镇藏书，皆囊括于店中，海内珍本，也时有搜集。于是南北名家时聚山房，若涵芬楼之张元济、孙毓修，浙江兴业之叶景葵，北则傅增湘、朱希祖、顾颉刚、谢国桢皆时来访书，名作家郑振铎、阿英等皆是不速之客；至于吴门学者名流李根源、张一麐、陈石遗、邓邦述、金松岑、吴梅、沈祖绵、顾麟士、赵诒琛、王德森、王謇、汪东、潘圣一以及潘承厚、承弼兄弟，时集文学山房，可谓群贤毕至。不但选择各需书籍，同时也成为探讨学术的场所，加之主人杏溪善交文士，凡三四学者来店，辄邀至朱大官酒店小酌。这是富仁坊口的弄堂小店，但菜肴精美可口，价又极廉，促膝谈心，各抒心得，无松鹤楼喧闹，聚陋室而畅谈，妙论泉涌，诚别有一天地也。

文学山房贩书数十年，经手罕见善本甚多，略举一二：

（一）宋蜀刊大字本《后山居士文集》。

（二）元刊本《唐诗歌吹》。

（三）旧抄《得月楼、述古堂、传是楼宋本书目》合册。《述古目》八页，为黄丕烈手抄。

（四）陆漻手写《佳趣堂书目》，书衣有何焯题“其清手抄书目”六字。

（五）毛氏汲古阁抄本《复古编》和《鸡肋编》。

（六）钱穀补抄明刊《道德指归论》，后附钱谦益致钱曾手札，系绛云烬余之物。

（七）明人蓝格抄本《古今岁时杂咏》，有何焯、黄丕烈校跋。

（八）旧抄本《近光集》，书后有黄丕烈跋。

（九）旧抄本《七经孟子考》，有吴骞校并题跋。

（十）旧抄本《元诗选癸集》稿本，有王芑孙校并跋。

（十一）明初代王府刊本《谭子化书》（黑口）。

（十二）明嘉靖刊本《白虎通德论》，有孙星衍校跋。

（十三）明嘉靖刊本《雅宜山人集》，王宠著。

（十四）明嘉靖刊本《林屋山人集》，蔡羽著。

（十五）明万历刊本《祝氏集略》，祝允明著，吴梅跋。

（十六）明万历刊本《南峰杂著》七种，杨循吉著。

（十七）明万历刊本《祝子志怪录》，祝允明著。

（十八）明万历刊本《纳锦郎传奇》，陈铎著。

（十九）明万历刊本《书言故事》（精图十二页）。

（二十）明崇祯刊本《绿窗女史》，首有插图一卷精绝。

至于缘督庐旧藏明刊罕见者以及清代吴郡人诗文集，大半由滂喜斋后裔收藏。前后数十年间，贩售精本甚多，若能编成目录，将有助于研究之用。

文学山房由贩卖古书，转为自印专著，用聚珍木活字印出，其《文学山房丛书》又名《江氏聚珍版丛书》，共出四集二十八种，以连史纸印行，所编内容以训诂、考证及书画题跋为主，曾风行一时，远销日本、欧美。后又得蒋凤藻《心矩斋丛书》及谢家福《望炊楼丛书》书版，亦重印发行。1935 年起，每年编印存书目录，先后出过三期，分别由瞿启甲、叶恭绰、吴梅题写封面。

解放以后编成《文学山房明刻集锦初编》一书，由顾颉刚作序，顾廷龙题署。此编选明版书一百六十种，每种一页，加以说明，有助于版本目录研究。发行后各图书馆争藏，惜仅辑成三十余部，现在吴门公私藏家，均无是编，其珍贵可知。

文学山房于 1956 年书业合营，并入苏州古旧书店。杏溪于 1949 年病逝。其子静澜继承遗业，曾任新华书店旧书回收部主任，1965 年退休，1978 年病故。

附：《文学山房丛书》总目

（录自沈延国《苏州文学山房记》）

初集：

唐才子传十卷，元辛文房撰。

古今伪书考一卷，清姚际恒撰。

思适斋集十卷，清顾广圻撰。

艺芸书舍宋元本书目二卷，清汪士钟撰。

别下斋书画录七卷，清蒋光煦撰。
墨缘小录一卷，清潘曾莹撰。
持静斋藏书纪要二卷，清莫友芝撰。

二集：

南濠居士金石文跋四卷，明都穆撰。
铁函斋书跋四卷，清杨宾撰。
拜经楼藏书题跋记五卷、附录一卷，清吴寿旸撰。
小鸥波馆画识三卷、画寄一卷，清潘曾莹撰。
迟鸿轩所见书画录四卷，清杨岘撰。
国朝书画家笔录四卷，清窦镇撰。

三集：

程氏考古编十卷，宋程大昌撰。
历代寿考名臣录（不分卷），清洪梧等撰。
雕菰楼集二十四卷，清焦循撰。附：蜜梅花馆文录一卷、诗录一卷，清焦廷琥撰。
知圣道斋读书跋二卷，清彭元瑞撰。

四集：

经读考异八卷、补一卷，清武亿撰。
句读叙述二卷、补一卷，清武亿撰。
四书考异一卷，清翟灏撰。
群经义证八卷，清武亿撰。
读书脞录七卷，清孙志祖撰。
家语证伪十卷，清范家相撰。

声类四卷，清钱大昕撰。

书林扬觶一卷，清方东树撰。

西圃题画诗一卷，清潘遵祁撰。

辛亥革命后的古旧书业

据杨寿祺《五十年前苏州书店状况》一文中说：“宣统元年……书业又有新书、老书、旧书三个名称。新书店贩卖教科书、科技书、小说杂志以及初级外文书籍等，并兼售文具。他们与旧书店虽是同业，但彼此业务上很少往来。扫叶山房称为老书店，他们有自己本版的《四书》、《五经》、医卜堪舆等书，又兼售各省局版及私家藏版古书。招牌上写的是‘发兑各省局刻家藏经史子集’。他们是不收旧书的。旧书店写的是‘发兑经史子集、收卖旧书’。一种小店只写‘收卖旧书’。他们收到旧书后，随便出售，不问顾客同业，一律待遇。他们大都新收的书皆临时开价，有的见同业要买，就居为奇货，信口开价了。这时科举早已停止。……所以在这个阶段，明本旧刻的价格是非常便宜的，后来明刻本逐渐昂贵，是由于皕宋楼陆氏藏书被日人收购，刺激了人心所致。……当时（苏州）为江苏省城，所以附近各县同业如收到什么佳书，都到苏地出售。当时苏州尚有所谓书船者，同里镇的梅舜年，常年雇用画舫一艘，船身不大，舱内可容四五人。苏地为水乡之区，乡镇交通，到处需用舟楫。梅以收购旧书为主，兼收字画古玩，到处边收边售，不需寻找旅社，泊舟就可为家。这可以说是旧书业中别开生面者。一九一二年阊门外遭遇兵变，资产阶级及地主阶级纷纷迁居上海，加之候补官吏陆续回籍，人口减少，市面萧条，旧书业尤为不振。一九一四年欧战发生，这一时期苏地旧书业很困难，欧战停止后才渐有起色。直至一九三七年日寇侵华之前，支持苏州旧书业的，仅江杏溪之文学山房一家而已，余皆旋起旋歇，难以悉数。”

苏州沦陷后被作为江苏省会，伪省长陈群为纪念其父，创办泽存书库，大量收购古籍。因而北京书商也纷纷来苏，甚至就地开设温知书店推销。古书源源不断南运，改变了历史上只有南书北运的局面。抗战胜利后，无锡荣氏创办江南大学，广收经史子集国学基本用书，给苏州古旧书业也多少带来了一些生机。

从辛亥革命至苏州解放前的这一时期，苏州的古旧书业，除了文学山房、来青阁等几家老店继续经营外，其他尚有三十家之多，现据采访所得，概述如下：

觉民书社

店主程雍之，本地人。起初开设在玄妙观西脚门内。除了收卖旧书之外，还兼营租借小说书业务，有时还到外地去销售和进货。程雍之去世后，其子汉芳继承父业。抗战时期迁至护龙街（尚书里南面）。1928 年初，常熟丁祖荫在苏州家里藏书经乱散出，他曾在旧货担上收得黄丕烈校跋旧抄本《静春堂诗稿》和《宋刑统》。另外还有一部抄本《天文大成》的衬纸里，拆出明刻本《晋溪本兵敷奏》和《罗龙寨略》。后来还收到一部明刻百回本《水浒传》，售与北京来薰阁主陈济川。公私合营后，书社并入苏州古旧书店。

来青阁春记书店

店主张春生，为来青阁主杨云溪寄子，所以也能用来青阁招牌。地址在东中市中段。初以经营木刻学堂读本和医卜星相书为主，后兼售上海石印小说唱本。有一女儿嫁与陆德荣。陆即在店中助理店务。解放初期经常外出收购，先后收到过明刻本《说文长笺》、《马经》等善本书。

欣赏斋

设在护龙街（宜多宾巷南），主人徐松甫，本地人。其所收到的善本书，绝大多数为名画家顾麟士（鹤逸）所得。抗战时期去世，店即停业。

育文书社

店主潘秋莹，苏州人。店设于玄妙观中牛角浜。解放初期本人去世后，由其妻徐惠芬继承，合营高潮后并入平江合作书店，旋即被吸收进入苏州古旧书店。退休后病故。

适存庐与大成书店

主人丁志伟系灵芬阁徐敏甫学徒。初随老中医孙禧年学过中医。该店初设在护龙街嘉余坊口，后迁至马医科内。解放前夕以儿子丁俊生名义在护龙街九胜巷口开设大成书店。1954年后与曹信安一起外出至泰兴、湖州等地收购，获书不少。曾收到过明初天顺刊黑口本《丹崖集》。1958 年后曾先后负责古旧书店旧书门市及文学山房门市部工作。1981 年 2 月患肺气肿去世。

百双楼书店

初开设在护龙街怡园北面。系周绍朴（伯耐）、屈爔（伯刚）两人合资开设，并请张石生当经理。还收有二名学徒李光皓和华开荣。后因意见不合而分开。屈在五卅路言桥堍开设国学小书摊，王云甫为经理。周则把书搬回塔倪巷自己家中，招牌改为百拥楼，曾编辑过《思适斋集外书跋》一册行世。抗战以后两家先后停业。

含光阁书肆

主人陈方恪，字彦通，江西义宁人，为陈三立之子。店设在护龙街宜多宾巷口，以家藏图书陈列店中，琳琅满目，为一时之富。由于陈出生望族，店务悉交一夥主持，不谙商情。故其中善本为沪上书商购去，不数年即歇业。

文庐书店

主人李德元，原是文津书林周清臣的学徒。该店初设在玄妙观内三清殿西侧。年轻时常跑无锡县属甘露、荡口等镇，最著者是和李惠生在甘露大庙（道士观）访到明刻黑口本《三国志通俗演义》，后为来青阁主杨寿祺购去，由商务印书馆影印出版（缺卷去日本复制配全）。其他善本亦时有所获，大都为王荫嘉、潘博山、潘景郑兄弟收去入藏。1956 年后将店迁移至景德路王天井巷口，并与妻兄许仲英合并经营。经济改组后安排在苏州古旧书店搞收购工作，先后在吴江、太仓等地收得善本书甚多。特别是 1958 年在洞庭东山废品回收站中，抢救出明末爱国诗人——归庄手写诗稿和明刻插图本《吴骚二集》

等孤本。退休后于 1977 年病故。

渊雅斋

店主李惠生，苏州洞庭东山人。初在上海博古斋当学徒，后回苏在护龙街大井巷南，开设渊雅斋，不久停业。后去来青阁作夥，与金少林同去宁波收书时，正值范氏天一阁藏书被窃之时，收到珍本古籍甚多。后在上海病逝。

艺芸阁

设在护龙街尚书里南面，店主马瑞生，常熟人。修补装订技术甚好。抗战时期故世，店亦结束。

集古山房

开设在道前街西段，店主马福生。1921 年左右将店中存书全部售出。后改业旧货，兼收古书。抗战胜利后故世。

国学书社

主人尹言顺，丹阳人。系来青阁杨寿祺学徒。店设在玄妙观后牛角浜内。抗战后即停业。解放后在上海古籍书店工作，后派往福建厦门帮助当地建立古旧书店，因染急病身亡。

学海书林

该店设在牛角浜，店主俞文皋，武进人，专营线装旧书业务。抗战以后歇业，旋即返回原籍。

大华书店

主人唐耕余，伊斯兰教徒，原是上海中国书店郭石麒的学徒，店设于景德路中段。1928 年常熟丁祖荫所藏《脉望馆抄校古今杂剧》在苏州住宅中散出，先后二次被该店所收，售于上海。不久唐即故世，年仅三十余岁。店由其妻继续经营，至解放前夕停业。

存古斋书店

店主严瑞峰，常熟人。原业西药，后随其兄严琢如学旧书，遂来苏设店于护龙街怡园北隔壁。货源绝大多数来自常熟。有学徒名胡石生。严与北京同业关系较好，1942 年往北京进货时患急病身亡。由嗣子严永奇继承店务，并请夏淡人当经理，维持三四年后即闭歇。

琳琅阁

主人程水泉，原是适存庐丁志伟学徒。抗战前设店于玄妙观西脚门内。1954 年苏州工专迁往西安，并入交通大学。他将店歇业后随往西安交大图书馆工作。退休后留在西安。

松石斋

开设在护龙街慕园斜对面，店主张石生，常熟人。有一学徒名李荣。抗战以前他收到过一部金版《地理新书》，确系罕见秘籍。张初在百双楼书店担任经理，后自设此肆。解放初期病故，所有存货、生财均被李光皓购进，并将自己存书并入，以百城书店名义继续开业。

百城书店

主人李光皓（一名小林），原是百双楼学徒，后自设书店于护龙街尚书里口，曾收到过毛晋世美堂刊本《杨大洪先生忠烈实录》和明刻插图本《顾曲斋杂剧》残本等珍本。1956 年 5 月将店歇业后去上海复旦大学图书馆工作。1981 年退休。1984 年在苏病故。

百城耀记书店

店址在玄妙观西脚门底，主人李光耀，系李光皓之胞弟。1956 年随其兄去上海复旦大学图书馆工作，退休后留居上海。

博古斋书肆

初设在上海，为苏州洞庭山人柳蓉春所开创。柳原为茶叶店夥，后转业学旧书。由于苦心钻研，对鉴别古书有相当经验。曾以卖预约券的办法，影印了《津逮秘书》、《苏斋丛书》、《士礼居丛书》、《拜经楼丛书》、《守山阁丛书》、《岱南阁丛书》、《墨海金壶》、《借月山房汇钞》、《指海》、《百川学海》、《宋六十名家词》等十一种。柳殁后数年，该店由沪迁苏，其子元龙对古书不感兴趣，在护龙街间邱坊口购进住宅一所，门前继续开设书店。抗战前夕，元龙病故。由其妻继续经营，直至解放初期停业。

苏州书林

店主费根生，原是来青阁主杨寿祺的学徒。店设在景德路黄鹂坊桥西面。初有职工尹姓和学徒一人，偏重售卖医卜星相及平装旧书，店主染病早故。后由尹仲彬主持店务，继续经营。由于该店地段较好，货源占有优势，善本书时有发现，特别是在土改期间，曾在收进废书中拣出明万历刊本《大明会典》全部。五十年代初又在苏北泰州收到过明代万历刊本《扬州府志》。1955 年停业后去上海历史文献图书馆工作。未满退休年龄即在苏州病故。

温知书店

店主孙助廉，冀县人。原在北京开设修绠堂书店。日伪时期，陈群任伪江苏省长，大量收购古书。北京书商亦纷纷南下，孙氏为了捷足先登，就向即将售完存货的博古斋租下一间店面，就地开设此店。日本投降后乃将存货运至上海，在广西路上以温知书店名义继续营业。

求智书店

该店开设于护龙街塔倪巷南，店主孙耀昌，也是来青阁杨寿祺学徒。一直留在上海来青阁工作。抗战胜利后回到苏州，其堂兄集宝斋主孙伯渊为他提供房屋及旧存文素松藏书的底货。由于社会动荡，书市不振，因而架上虽有《东方杂志》、《小说月报》全套，也少人问讯。解放初期，常熟丁祖荫家中藏书出售时，他曾和吴瀚等人合伙，前往挑选一批，携往上海出售，其中有明铜活字印本《栾城集》、清初旧抄本《猃园》等佳品。1953 年去上海图书馆工作，书店就此结束。1984 年退休回苏。

瀚海书店

店主人吴瀚，原在徐松甫开设的欣赏斋学业，后来到来青阁当职员，过了一段时间提为经理，主持苏店工作。1945 年辞职，自设瀚海书店于护龙街慕园对门。抗战胜利后曾介绍四川金融巨子戴良吉购买许氏（怀辛斋）博明所藏版本古书一批。建国初期又在外地购得明代铜活字本、闵文振著《事物异苑》数册。凡遇大批书而感资金不足时，就联络几家合作。最著者是卫道观前沈惺叔藏书一批，内有明代嘉靖时刊、谢纯编的《漕运通志》四册，为国内罕见之本。1956 年将店停业后，去上海复旦大学图书馆工作。退休后留居沪上。

徵汉阁

徵汉阁系民国初年卞镜铭所创设，地址在护龙街禅兴寺桥南面。以代人刻碑为主要业务，另外还自拓一些碑帖出售。抗战时期过世后，由其子堪生继承遗业。由于当时社会不安定，刻碑业务基本停顿，而旧书业则大有起色，从而逐步转向以书为主。1956 年常跑无锡县之甘、荡二镇，收到过明代万历刊本《昆山县志》和《灵岩山志》等珍本古书。1984 年退休。

琴川书店

店主夏淡人，常熟人。原在常熟文艺书局学业。后经介绍来苏，先后在文学山房和存古斋工作。1946 年起自摆书摊，往来于常熟、无锡两地。随收随卖，逐渐发展。旋在护龙街怡园对面，自创琴川书店，其时同业合伙收进吴大澂藏书底货，由他并进，存书骤增，乃迁至吉由巷南，业务逐渐扩大，由其侄淦年助理店务。前后收到珍本古书有：宋刻残本《柳河东集》一册，明蓝格抄本《华夷译语》，钱谦益手写《楞严蒙抄》残卷一册，明刻插图本《吴骚合编》、《顾氏画谱》以及乾隆刊本《长洲县志》、《元和县志》、《吴县志》等书。1956 年 10 月，自找门路去江苏师院图书馆工作。1983 年退休。

文宝斋

店主邹念生，也是在抗战时期从碑帖店转业而搞旧书的。邹本人从小就学刻碑和拓碑技术。后以收购废书为主，在其中也能挑到古籍珍本。建国初期从一批自浙江运来废书中，曾经检出过清初人金维骏所著《排闷集》四卷、《野庵诗抄》四卷、《翡翠兰苕集》五卷的手稿本，前面还有沈德潜、张鹏翀亲笔书序。另外还从大石头巷沈家，陆续收购到意大利人郎世宁所绘《平定新疆图》影印大画册多本。1958 年安排在来青阁门市部工作，后在旧书回收部做装订工作。1964 年病逝。

敬古斋

主人王赓麐，开设在景德路西段（现儿童医院西面），原以经营古玩杂件为主，后兼卖旧书。特别是土改时期，吴江同里等地用船将书运来苏州出售，一次就有数百斤之多。惜乎当时书业不景气，他收下挑出少数留在店中之外，仍大多作废纸处理掉。有一次曾在废书中检出明万历刊本《烟花小史》和崇祯刊本徐鸣时著《横溪录》（即横塘镇志）。1958 年经济改组后安排在东方门市部工作。1959 年患脑溢血去世。

和记书店

店主郁恩锡，店在景德路中段。原为古玩商店，起初是在藏家收古玩时，附带收些旧书回来，后因情况不断变化，倒过来以收书为主，古玩为副。1956 年前后与王赓廖同去角直收购时，收得明刊本《国雅》一部。1958 年并入苏州古旧书店工作，1980 年退休。

养庐书店

主人潘友竹，原籍安徽歙县，开设书店在景德路环秀山庄西面。本人原系小学教师，亦是从古玩杂件开始而转业旧书的。解放前曾在收到废书中拣到明刊插图本屠隆评《古本荆钗记》和清初刻本《小河洲传奇》等珍本。公私合营后一直在新华书店石路门市部工作，1980 年退休。

文友书店

该店在景德路中段，店主孔志刚，专营平装旧书和杂志，兼营废书。其中以日伪时期所出《大众》、《万象》、《古今》、《风雨谈》等期刊尤多。抗战时期还收进一批《江苏通志稿》平装本。最多的可理出不同品种四十多册。解放以后孔转业至工厂工作，闻已去世。

附：抗战初期孤本元明杂剧的出现

《脉望馆抄校古今杂剧》是明代赵琦美所藏元明杂剧剧本的总称。大都是宫廷演出本，保存了许多很少流传的剧本，并附注剧中脚色之服装。清初曾藏常熟钱氏，著录于《也是园书目》，此后下落不明。直至 1929 年《国立北平图书馆馆刊》（三卷四号）内，刊载了《黄荛圃题跋续记》一文。在此文章里，忽然发现黄丕烈撰《古今杂剧》跋。丁氏注云："初我曾见我虞赵氏旧山楼藏有此书。假归，极三昼夜之力展阅一遍，录存跋语两则。时促，不及详录，匆匆归赵。曾题四绝句，以志眼福。云烟一过，今不知流落何所矣，掷笔为之叹息不置。"当时该文为郑振铎见到后，曾千方百计地询其踪迹。他认为："这是如何重大的一个消息，在民国十八年间，丁氏还能见到这六十四册的也是园《古今杂剧》，则此书不曾亡佚可知。"因而乃托北京友人与丁氏相识者直接询问。但丁氏只说阅过后，便已交还给旧山楼。岂知此乃丁氏自欺欺人、故作狡狯之语，布下疑团，藉得避免世之关心此国宝者。相隔九年以后，抗日战争爆发，丁祖荫在苏州民治路住宅被日军侵占。这部《古今杂剧》随着木器家具，为旧货商收得，当发现里面有古书，就转手卖给旧书店。大华书店主人唐耕余先收得下半部，售于潘博山（见潘景郑《丁芝荪古今杂剧校语》跋）。上半部晚出，且有黄丕烈手抄目录，亦为唐氏续收，携往上海，售于古董商人孙伯渊。几经周折，最后仍为郑振铎求得，收归国家所有，永久保存于国家图书馆。

这个元明杂剧宝库的发现，郑氏将其比作："在近五十年来，其重要恐怕仅次于敦煌石室与西陲汉简的出世。"

解放后的古旧书业

建国初期，苏州市的古旧书店约有四五十家（包括店、摊）。为继承祖国的文化遗产，国家对古旧书业加强了领导管理。到1955年5月，据苏州图书文具业旧书组会员情况调查表记载，当时还有二十三家，店号、业主、地址如下：

店号	业主	地址
来青阁春记书局	陆德荣	东中市216号
信记书店	曹信安	人民路626号
大成书店	丁俊生	人民路346号
琴川书店	夏淡人	人民路250号
文学山房书店	江静澜	人民路326号
瀚海书店	吴瀚	人民路291号
文宝斋书店	邹念生	人民路251号
觉民书社	程汉芳	人民路327号
来青阁书店	杨寿祺	人民路289号
百城书店	李光皓	人民路297号
大众书店	温肇炘	人民路304号
徵汉阁书店	卞堪生	人民路453号
文庐书店	李德元	西脚门43号
百城耀记书店	李光耀	西脚门48号
育文书店	潘秋莹	牛角浜18号
东方书店	罗梅侣	景德路252号
敬古斋书店	王赓麐	景德路311号
文友书店	孔志刚	景德路135号

续表

店号	业主	地址
万象书店	浦元祯	景德路 I77 号
庆记（苏州）书店	张维庆	景德路 306 号
养庐书店	潘友竹	景德路 290 号
苏州书林	尹仲彬	景德路 307 号
和记书店	郁恩锡	景德路 187 号

此外还有旧书摊四十余户。

1956 年 1 月，在全行业实行公私合营的高潮中，全市的私营新、旧书业都被批准为公私合营。

根据当时国家文化建设的需要，同时考虑到这个行业的人员过剩，市文化部门和新华书店将苏州来青阁书庄合并到上海来青阁总店，归上海新华书店领导。还介绍李光皓、李光耀、吴瀚三人到上海复旦大学图书馆工作，介绍尹仲彬到上海历史文献图书馆工作。夏淡人也自找门路，去江苏师范学院图书馆工作。

1957 年，还将经营废书废纸为主的庆记书店、同泰昌、森昌以及五户书摊，划归市手工业合作社管理。

在此期间，国家经济和文化建设正掀起高潮，文化学术单位大量收购有历史价值的图书资料，加上提倡发展中医事业，古本中医中药书籍也销路奇畅。因此，1956 年古旧书业的营业额竟达到 209000 元，比上年增长 2.6 倍。

1958 年，市文化部门对古旧书业进行经济改组工作。先将文学山房、大成书店、觉民书社、文庐书庄、徽汉阁书店等五户合并，再将大众书店、东方书店、万象书店、敬古斋书店、养庐书店、和记书店、文宝斋书店、来青阁春记书局、信记书店及书摊等共十三户合并。并根据业务需要，重新调整了机构布局。改组后的店号为“公私合营苏州市古旧书店”。分设文学山房（专营古籍，在人民路 326 号）、东方（专营旧期刊，在景德路 252 号）、大众（专营旧书，在观前街山门巷口）、来青阁（专营废旧书，在东中市）等四个门市部。年底，又将八户个体书摊，联合组成平江、沧浪两个合作书店。平江合作书店设在临顿路（旧学前北），至 1960 年 5 月停业。沧浪合作书店设在凤凰街中段。1959 年 5 月整顿发行网时，划归区民办总店领导。

通过经济改组和机构调整，各个门市部的业务各有所专，人员也能各显其长，扩大了旧书收售业务，加强了古籍的搜集、整理和供应。

1961 年 4 月 8 日，文化部通知，要求新华书店大力开展旧书回收业务，以缓和图书供需紧张状况，故于 4 月份在观前街 166 号设立“新华书店旧书回收部”，名义上挂新华书店牌子，实际上是古旧书店的收购机构。同时还成立了古旧书修补装订小组。

同年，为了贯彻“调整、巩固、充实、提高”的八字方针，除文学山房门市部仍保留外，大众、东方、来青阁等三个门市部撤销，另在观前街 177 号设立新旧书门市部。1965 年，因调换房屋，新旧书门市部迁到观前街 49 号营业，直到“文化大革命”结束。

1962 年 7 月，经市文化局批准，将公私合营书店（新书）和公私合营古旧书店两个经济核算单位，合并为苏州市公私合营书店一个经济核算单位。1966 年“文化大革命”后，转入国营新华书店。

1962 年秋，十四号台风袭击苏州，文学山房门市部的房屋年久失修，致使大量古籍受潮，损失严重。市文化局领导亲临现场观察，书店亦上书焦康寿市长和茅于一副市长，反映情况，要求市房管部门进行大修或另行安排店址。后经市府研究决定，将商业系统的人民路 342 号房屋调给古旧书店使用。

古旧书业机构改革调整的同时，业务也有很大的发展。广大工作人员为了抢救宝贵的文化遗产，不辞辛苦地深入城乡民间收购，访问藏书家，或奔波外县、外省搜集，甚至到废品回收站、造纸厂，在废纸堆中收罗挑选，曾获得不少珍贵文献和有价值的书刊资料。

1958 年

从洞庭东山造纸厂的原料堆里，抢救出明末昆山名人归庄手写的《恒轩诗稿》。这部湮没三百多年的作品发现，不但对归庄有更多的了解，而且对研究当今社会政治情况，也增加了一份宝贵的资料。（该诗稿当时为路工购藏）。1959 年，中华书局曾影印出版了 1600 册，其中特藏本 600 册。

1959 年

从本市及郊县的废品回收站的废纸堆中，先后抢救出革命文献资料 40 余种。其中有：1925 年中国共产党机关刊物《响导》［汇刊］第三集，中国左翼作家联盟机关刊物《文学月刊》(1933 年 4 月创刊号)，还有清末的进步刊物《觉民》、1926 年出版的《无锡评论》等。这一批革命文献资料，都已捐赠给苏州市文管会珍藏。同时，为了向建国十周年献礼，还向该会捐献了一部重要的地方文献——明代正德刻本、王鏊修的《姑苏志》。这是晚清苏州进士单镇的旧藏本。

还在民间当作废书的里面，检选到一部《明清画家印鉴》，很有考证参考价值。

同年，还到外地搜购到很多珍贵书刊。其中有明柳浪馆刊插图本《邯郸记》、明刊孤本医书《杏苑生春》（已供应省中医学院）、明万历本《皇明法传录》、明刊《国史经籍志》、《宋会要》、《金文靖公集》和《乾隆吴县志》等古籍以及1929年毛泽东编的《政治周报》、瞿秋白编的《文学》、鲁迅著的《中国矿产志》（附图）等重要文献。还有太平天国革命实物《酒坊执照》、《军需执照》等史料。

是年12月份，正值废品回收高潮，书店配合文管会，组织一批人员到回收站、造纸厂抢救，从废书堆中抢救出有参考价值的古旧书刊十余担，曾受到文化局和文管会的大会表扬和书面表扬。苏州专区文物会议代表亦为此到书店参观访问。

根据中共苏州地委宣传部的指示，新华书店组织古旧书店具有鉴别古籍书画能力的专业人员，成立工作组，从9月份开始深入苏州专区各县（市）开展整理古籍古画工作。

先在吴江县作了试点，共整理了古旧书刊31000余册、古画2500余件。一部明嘉靖刊本《吴江县志》，就是从乱书堆中，东一本西一册配到的。明代苏州名画家陈道复（白阳山人）绘的《花卉图》，亦是一件精品。还有当地文献600余册，画31件。一般有参考价值的书籍7400余册、画300余件。经过整理后，《吴江县志》已交给中共吴江县委保存参考，一般古画也在县里布置展出。

与此同时，工作组深入集镇、公社向民间了解藏书保存情况，召集有关人员座谈，宣传保护古书、古画的意义和作用。

同里镇有一户居民，藏有大批古书，因只有一个七十多岁的老太太在家，既不懂古书，又无力整理，任其霉烂虫蛀。通过帮助整理，抢救出价值 2000 多元的古书，其中有珍贵的明刊插图本《元曲选》，明刊《文苑英华》、《古列女传》、《吴江县志》等。

11 月份，试点结束后又到太仓县继续工作，将流散在各乡镇的古书 1200 余册、古画 300 余件，集中县政协保管，帮助整理和鉴别。

工作组人员的辛勤工作和负责精神以及整理成果，受到当地党政部门和地委宣传部、省文化局的好评。

1959 年，古旧书店收购古旧书共支出人民币 67115 元。

1960 年

从本市张氏仪鄦庐收购到明代江南巡抚张国维所编的《吴中水利全书》二十八卷。这是苏州地区历代兴修水利的资料汇编，内容极为丰富。此书仅在明代崇祯年间刻过一次，三百多年来一直没有翻印过。已提供给苏州专区水利局，为现代水利建设提供参考资料，发挥其应有的作用。

又从洞庭东山民间收购到《吴骚二集》一部，全书四卷，题武林张琦、王晖合编，系明代万历四十五年刊本，书内附有插图二十余幅，雕镂精绝，堪称明代版画代表作。

还有清初刻本《麟阁待传奇》，题简社主人编，此书历来公私藏家均未有著录，实属孤本秘籍。

以上两书已连同其他戏曲小说等书一批，供应给苏州市戏曲研究室保藏。

同年，在苏州华盛造纸厂的原料堆栈，发现大量的邹韬奋主编的《抗战》、《生活周刊》和《东方杂志》以及明清古籍，经过抢救整理，收集了数百余斤，免遭损毁。

1961 年

4 月 9 日成立新华书店旧书回收部，统一办理全市的旧书回收业务。从此，旧书收售业务在国营书店的直接领导下，又开始进入了新的阶段。特别是新旧书的收售业务有了很大的发展，对当时缓和供需紧张状况起了积极作用。

据统计，从回收部成立至 1963 年 11 月止的二年半时间，共回收旧书 440200 多册，其中新旧书刊 386000 多册，古旧书刊 54200 多部（册），报废书 87000 余斤，不论购进和销售，都比原来古旧书店时，增加了二至三倍。

回收的古书中，有明崇祯五年刊本《泰州志》、明嘉靖刊本《唐荆川先生集》、清康熙刻本《新编麟阁待传奇》等明清善本、孤本。有 1924 年恽代英主编的《新建设》和《革命日报》，瞿秋白主编的《热血日报》，邹韬奋在香港主编的《生活日报》、《生活星期刊》等革命文献。还有一张从未发现过的《中国矿产志图》及其附说。这些珍贵古籍和文献资料，都根据上级指示精神，分别不同对象，供应了本市和全国有关部门收藏。

回收部成立后，除加强本地收购，还积极到外地收购，一年间就往省内外收购达 147 次。

1961 年 5 月，回收部成立不久，一位收藏者上门出售一部光绪二十四年上海出版的《格致益闻汇报》，自创刊号起连续十年完整无缺。当即收购，并供应给江苏师范学院历史系，该校十分感谢书店的关心。

还从常熟收购到明弘治四年刊黑口本《宋纪受终考》三卷和清照旷阁刊批校本《洛阳伽蓝记》五卷等珍本。

还从吴江黎里废品站抢救出明嘉靖丙午河间府刊本《河间伤寒三书》二十卷等珍贵专著。

1961 年 8 月，从民间收购到太平天国苏福省苏州郡昭文县左营军帅汪所发《亲劝捐输》文凭一张。原件红纸底，黑笔书“奉慷天福大人钧谕亲劝捐输，昭文县左营军帅汪”等十二字。中间盖有“太平天国军苏福省苏州郡昭文县左营军帅”关防。这是难得的革命历史文物，已提供给苏州博物馆。

1961 年 9 月、10 月间，根据市人委指示精神，组织人员到华盛造纸厂，从废书堆里挑选、鉴别和整理出有历史价值和实用的书刊 400 多斤，共 728 部。其中有古籍 125 本，光绪版本的《彊村丛书》和康熙版本的《锦树堂书鉴》都是较好的古籍。七十九册抄本《苏州摊簧》也是研究民间曲艺的重要资料。

同年 11 月，从江阴民间收购到 1927 年中央军事政治学校武汉分校政治部（武昌）印行的《革命生活日刊》汇订本一册，计存总第三十二期（三月二十）至六十七期（四月三十），又总八十五期（五月廿二）至一百十七期（六月廿七）止。其中刊载了中央军事学校的命令、通电、通告、特载、评论等。主要内容为反帝及讨蒋资料。执笔者绝大多数为军校同学。附有“欢迎第三国际代表、国际工人代表团、中国工农领袖特刊”、“第二期北伐誓师专号"、“讨蒋特刊”和“中央农民运动宣传周特刊”等。并有共产党中央领导同志文章，第一〇三期上刊载周恩来的《工农武装问题》讲稿。另外还附有当时革命战士（署名天定）用“中央军事政治学校武汉分校用笺”写的家信十九页，向祖父报告他参加革命和行军讨伐夏斗寅、杨森等经过。这份珍贵的革命文献已提供给中国人民军事博物馆，受到来信表扬。

同年，还在浙江平湖，从民间收到一部地方小志《竹里述略》稿本，后附《新篁竹枝词》，系清代嘉兴徐士燕所著，从未刻印过。1962 年 11 月 14 日《浙江日报》报导了这本手稿的消息后，浙江图书馆和杭州古旧书店都来信要求买这本书。经研究，调拨给杭州市新华书店，由他们处理供应。

1962 年

在外地收购到的珍本、善本古籍有：明隆庆间铜活字印本《袁海叟集》四卷和明万历间起凤馆刊插图本《元本出相北西厢记》二卷，已提供给南京（省）图书馆珍藏。

还在吴江黎里镇废品站抢救出明初时写本《大明太宗文皇帝实录》残卷三册。

1963 年

在民间收购到康熙刊本《吴江续志续编》上册（一至六卷），后来了解到吴江文化馆藏有该书下册（七至十卷），经联系协商借抄一部后，将原刻本上册配给吴江县文化馆，使其成为全璧，作为珍贵的地方文献保存于当地。

同年 5 月，上海一位藏家来苏出售二部十分稀见的宋版古籍。经过一番周折，终于以 3050 元的价格收了下来。这二部宋版古籍，一部是宋建宁郡斋刊本《西汉会要》七十卷，二十四册。题“宋从事郎前抚州州学教授臣徐天麟上进”。版式宽大，每半页十一行，行二十字，注双行同。细黑口，左右双栏，版心上记大小字数，下记刻工姓名，系宋嘉定时所刻。一部是《东汉会要》四十卷，二十册。题“宋奉议郎武学博士徐天麟上进”。宋宝庆二年刻本，每页十一行，行十九字至二十字不等，版式与《西汉会要》相仿。已有元明递修之页，明初用公牍纸背印，有天顺、成化等年号及官印。原藏马氏汉唐斋，钤有“马玉堂”印记，又“眠琴山馆”藏章。全书卷帙完整。京沪各大图书馆，亦仅存有此书残册，其宝贵可知。此后供应给南京（省）图书馆珍藏。

此外，还收到明刊《诗叙指南》和明崇祯刊本《石室私抄》等，后者已提供给南京图书馆。

1964 年

1 月，收到一部明万历间写刻本《幼幼新书》四十卷，二十四册，宋刘昉撰。此本题“后学古吴陈履端于始辑，锡山华承美以彰校”。校阅人每卷不同。另在每卷刻一斋堂楼阁之名，有“城西草堂"、“葑溪书屋”等 18 个名称。全书曾经清初名医傅山（青主）硃笔批注，并有印记。现藏南京图书馆。

3 月，在安徽歙县三阳坑民间，收到一批古书，其中有广东、浙江等省的地方志。同时在屯溪古籍书店亦调剂到许多古书，其中有明刻《昭代王章》等，是清代禁书，故流传很少。

5 月，在本市民间发现清代道咸间苏州人袁学澜（一名景澜）著《吴郡岁华纪丽》的手稿本。全书十二卷，是研究苏州风物的专著，内容极为丰富，从未刻印过。这书早在民国初年修的《吴县志·艺文考》里，就说到这部书的稿本已以五百美元售给了美利坚人。但实际上还流落在我国民间。经过收购人员努力，终于把它收购回来。已提供南京图书馆收藏。

6 月，从昆山陈墓镇李姓家购到古籍一批，其中有明代嘉靖刊黑口本《皇明政要》四册，题娄性撰，乾隆时禁焚书目著录，极为罕见。已提供给中国科学院历史研究所。

同时，还收到明刻插图本《金瓶梅》和《隋炀艳史》各一部。这二部具有版本价值的文学名著，根据当时省新华书店通知精神，被列为淫秽书而上缴省店。至今下落不明，甚是可惜。

1965 年

从太仓民间收到季锡畴校宋本明刊《北史》（明人龚立本旧藏本）三十册。

同年，还在昆山陈墓镇收到明万历刊本《治统会要》八册（沈尧中著）以及明隆庆刊本《正杨》四册（陈耀文著），均已提供给中央高级党校收藏。

1966 年

年初，在本市画家陈子清家收到部分藏书，其中有黄丕烈校跋旧抄本《梅花字字香》一册，王鸣盛批校康熙刊本《词综》四册。

由于“文化大革命”的开始，古旧书回收工作也就被迫停止。

据估计，当时在“破四旧”中，苏州约有三百吨图书资料被销毁。

古旧书店中所存戏曲小说、弹词、宝卷、佛经、家谱等方面的古书，以及抗战前出版的新闻画报和电影画报等，装上二条船，运往横塘红光造纸厂销毁，造成了不可挽救的损失。这是“文化大革命”动乱初期的一个沉痛教训。

与此同时，全市各废品回收站，也收购到大量的线装古书和平装旧书，集中在阊门外半塘莲花斗仓库。废品公司主动与新华书店联系，要求派人前往检选。后来在其中发现了一些珍本和善本书。根据经理室的意见，这批古籍全部由市图书馆以废纸价格购回保存。

随着运动的发展，苏州古旧书店被迫停业，一切收售业务亦告停顿，所有人员分别安排到新华书店各部门工作。

1972 年

1972 年 10 月，苏州古旧书店在人民路 342 号原址恢复营业。当时人员编制为 14 人。

由于古旧书店被迫停止业务活动六年之久，故开业的头几天里，唐诗、宋词、元曲、明清传奇小说等文学作品以及字帖、画册等艺术书，都被抢购一空。为了补充货源，曾向市图书馆购进一批所藏图书中的复本，主要是铅印、石印本，暂时缓和当时的供需矛盾。

古旧书店复业后，抓紧古旧书的收购工作，又为国家保存和抢救了一批图书文物。宋版《容斋随笔》和《杜陵诗史》等数十种珍贵古籍的发现，是书店干部职工在“文革”时期的特殊历史条件下，作出的又一贡献。

1972 年冬，得知吴江县黎里镇废品站有大量的线装古书时，当即派人前往联系。但已经有二船古旧书售给了无锡洛社纸厂，立即跟踪前往抢救，但很遗憾，晚了一步，绝大多数已经下缸。最后还从原料堆中拣出明版及清初残本和一般线装书600多斤，挽回了一些损失。

1973年

经过收购人员拜访藏家、上门串户、访书收书，终于收购到一批极为珍贵的古书，它们是：

宋刊小字本《汉书》（天文志），每半页十四行，行廿六字，严蔚、张乃熊旧藏，一册。

宋刊《乐府诗集》，残存五十八卷至六十一卷，八十五卷至八十八卷。每半页十三行，行廿三字，李盛铎旧藏，二册。

元初刊本《周易象义》，残存下经第二卷至三卷，每半页九行，行十八字，孙承泽旧藏，一册。

按：此书在抗战前《北平图书馆藏善本书目甲编》中著录为宋刊本（武陵丁易东撰），建国后编印《馆藏善本书目》改为元刊本。也有孙承泽藏印（馆藏的这二卷是抄补本）。可见已流散较长时间。后将其供应给国家图书馆，可谓“延津剑合”。

元刊本《明经题断诗义钤式》十卷，元进士林泉生著，每半页十一行，行廿一字，二册。

元刊本《博物志》十卷，每半页十一行，行廿二字，孙从添、沈可培、张乃熊递藏，一册。

毛抄本《梅花衲》一卷、《剪绡集》一卷，汲古阁影抄宋书棚本，毛晋、毛扆、汪士锺旧藏，二册。

明抄本《野客丛书》，残存一卷至十五卷，黄丕烈校跋，黄琳、顾湄、韩德钧旧藏，四册。

明归昌世手写《假庵杂著》、《记季父遗事遗言》，稿本，未刊过，归曾祁、肖盅友旧藏，一册。

旧抄《弁阳老人词》，鲍廷博手校，何煌、韩应陛、蒋祖诒旧藏，一册。

以上各书，均已提供给国家图书馆善本部收藏。

在民间收购时，发现张姓藏家有宋蜀刻大字、白麻纸印本《元包经传》（附《元包数总义》）一部（全书四册）和宋章贡郡斋刊本《容斋随笔》、《续笔》一部（全书十二册）。这两部书都是属于极为稀见的一级文物。后来因种种原因，《元包经传》被上海古籍书店收购，供给上海图书馆；《容斋随笔》、《续笔》则由苏州古旧书店收购。

1974 年

深入各县市收购时，在太仓发现了一部北宋建阳书坊刻本《王状元集注编年杜陵诗史》，该书共三十二卷，题“宋嘉兴鲁訔编年并注，永嘉王十朋龟令集注”，每半页十三行，行二十一字，注文双行，行二十七字，薄纸精印，分订十四册。曾经华夏、季振宜、徐乾学、宋荦、刘之泗递藏，均有印记。另有日本人“拙翁文库”印。此书宋版原本，国内公私藏书目录均未著录。后由苏州市图书馆收藏。

1975 年

从民间收购到明末遗民、金陵张怡所著《白云学诗》五卷手稿本，有伍福校，杨士镛、马其昶题识。还有明代郭正域编的《文选后集》五卷，系万历间刊朱墨套印本，此书流传较少，仅黄虞稷《千顷堂书目》著录。均已为南京图书馆收藏。

新时期

1976年10月，粉碎江青反革命集团的胜利，使我国进入了社会主义现代化建设的新时期。特别是党的十一届三中全会以后，苏州古旧书店的业务有了新的发展和变化。

为了加强为科研、教育机关单位和专家、学者服务的工作，更好地满足广大读者的需要，古旧书店恢复了代查、代找、配套补缺等服务项目。

古籍残本的清理配套，是全国少数几家古旧书店特有的专业业务。特别值得一提的，是一部明代嘉靖时刊本《龙川文集》，原为清初人田雯旧藏本，并有批校（田雯自号山姜，晚号蒙斋，康熙进士，累官工部郎中，曾督学江南）。我店残本书库中原有四册。后在民间发现其余二册，终于购回，配成全书，提高了这部书的文物价值。

1978年8月，经领导研究，决定将宋刊本《容斋随笔》、《续笔》共十二册，售给市图书馆收藏，成为该馆又一镇库之宝。

《容斋随笔》十六卷、《续笔》十六卷，宋洪迈撰，系宋嘉定五年江西章贡郡斋刊本，每半页十行，行廿一字，白口，左右双栏，版心鱼尾上记字数，下记刻工姓名，宋讳慎、贞、桓缺笔，与他书不同，刻工有遇、鼎谅、圭等字。又肖谅、邓鼎、肖文超、肖文显等。晚清时外流日本，曾藏“鞠山文库”。民国初年，田伏侯在东京时购回，后归徐恕介可，再由傅增湘代涵芬楼收购，价为银币一千二百元。印入《四部丛刊》续编中。后因南浔张石铭藏有清人钱曾影宋抄本《说文系传通释》半部。钱曾自诩为“惊人秘籍”。商务馆向张石铭借印，他提出的条件是要涵芬楼所藏宋本《容斋随笔》、《续笔》。该书是洪迈侄孙洪汲所刻，“字体端严，写刻绝精”。为了《丛刊》里加一精品，只能忍痛割让（见《张元济日记》，1921 年 1 月 13 日至 15 日）。此书为宋刻宋印，流传极少，国家图书馆也仅藏有《初笔》而无《续笔》，其宝贵可知。

1979 年，南京为创建龚贤纪念馆（龚贤号半千，明末昆山人，流寓金陵，善画山水，为金陵八家领袖，名扬海外），派专人来苏，要求帮助解决有关资料。乃及时从书库中找出清初时龚贤自刻原本《中晚唐诗纪》一部，所收唐人小集数十家，每种封面上书名，都是龚贤手书上版，间接保留了他的书法墨迹。另外还提供了关于龚氏的著作和历史、绘画等方面的资料，获得好评。

为使稀少古籍扩大流传，是年开始，恢复了传抄古书业务。对流传稀少，较为珍贵的古书，其中绝大多数是从未刊印过的稿本，如《吴郡岁华纪丽》、《垂虹识小录》，《吴门园墅文献》、《吴门坊巷待輶吟》、《吴门竹枝词汇编》、《琴川志注草》、《虞乡志略》、《直塘里志》、《鳅闻日记》等等，进行传抄。先后提供给国家图书馆、南京博物院等单位，作为历史研究的参考资料，很受欢迎。

1980 年又从安徽收购到明代弘治间刊黑口本《歙南萧江氏重修族谱》六卷，题“篁墩府君二十一世孙嘉祯重编”。尾页刻有钟形木记，并有“毋售非族，毋紊宗支，宜乎孙子，历世宝之”十六字。又明万历年间刊本《萧江大统宗谱》廿五卷，裔孙元阳编。还有万历卅年刊本《新安歙北徐村徐氏宗谱》，题“裔孙槐芳编”。这些都具有历史研究和文物价值的宗谱资料，京沪各大图书馆也未有入收。

古旧书店历年以来，仓库积存大量的碑刻拓片，其中绝大多数是符合国家出口标准的。经过全面清理，慎重拣选，出售了一部分，争取外汇收入二万余元。

为了解决偏远地区对文、史、哲专业图书的买书难问题，几年来，通过编印专业书目，向全国大专院校和科研单位推荐，很受欢迎，并收到一定效果。每年邮购总额，约占全年销售的百分之四十左右。

1981 年从民间收购到《粲花阁诗》一册，题“钱塘袁涛秋江撰”，曾经乾隆时名人袁枚（子才）评阅，并有手跋一则。还有康熙刊本顾嗣立《昌黎诗补注》四册，为钱大昕批校本，首有印记。

同年 11 月，从太仓民间收购到五四时期北京大学蔡元培、胡适等人给狄膺（君武）的亲笔信汇贴本一册，内容涉及陈独秀被捕后在警厅的情况。在朱一鹗所写的长信中说到：“……三代表赴国务院探听政府方面是否接陆专使报告拒绝签字之电。据云尚无。……陈独秀先生尚在警厅，闻尚优待……”等史料。已及时提供北京市社会科学研究所。

1982 年 2 月，提供南京（省）图书馆江苏地方文献古籍一批，其中有虞山钱遵王述古堂抄本《古文三皇书》一册，苏州王芑孙手写《洞庭王氏祠堂记》一册，无锡安吉手稿本《天籁集》一册，常熟徐堂手抄《牧斋尺牍二集》二册等。

1983 年 4 月，由北京中国书店、上海书店、扬州古旧书店发起召开的全国古旧书店工作座谈会在扬州市举行。

通过这次会议，与会代表对古旧书店的地位和作用，加深了理解，进一步明确了古旧书店必须贯彻党的“古为今用，洋为中用”，“百花齐放，百家争鸣，推陈出新”和“为社会主义服务，为人民服务”的方针。同时还确定了当前的任务是：

一、坚持抢救、整理、保护祖国的文化遗产，努力做好古旧书刊、新旧字画、碑帖拓片的收购管理、配套和发行工作。二、同有关出版社加强联系和协作，积极开展特约经销业务，认真发行好新版古籍和文史哲学术著作。三、有条件的古旧书店在当地出版行政部门的批准下，也可以开展多种印刷形式的古旧书刊复印出版工作。

1984 年，从安徽民间收购到明代《万历九年丈量鱼鳞图册》，其中详细记载各户田地之图形、亩分、四至等项，对研究我国农村经济，很有参考价值。已提供给中央农村政策研究办公室。

湖北蕲春是我国明代医药家李时珍的故乡。当地政府为了纪念这位科学家的历史功绩，要筹建李时珍纪念馆，特派专人来苏搜集各种不同版本的《本草纲目》，作陈列展览之用。我店提供了五种版刻各异的明刊残卷，同时还供应了一些有关的其他著述。他们非常满意。

这一年还开展了一项新的业务，书店添置了一台复印机，对版本较好，流传很少，较为珍贵的古籍进行复印，不但补充了书源，而且还可对残缺不全的书进行复印补缺。

是年，还从民间收购到《黄河图》和《运河图》各一册，这是清初常熟钱曾（遵王）彩绘精抄，古香可爱，精妙绝伦。对研究我国古代水利很有参考价值。

为适应古旧书店业务发展的需要，在省、市领导部门的关怀与支持下，在人民路乐桥北首，与苏州文物商店合资建造了一幢结构现代化、外观古典式的营业大楼。古旧书店使用面积约 1200 平方米，五开间四层。1981 年破土动工，1985 年年底竣工。苏州古旧书店将以新的面貌，在两个文明建设中，发挥应有的作用。

补遗

鸣琴室

店主杨馥堂，苏州人。创设于晚清时期，地址在临顿路菉葭巷口。初以贩卖碑帖为主，后兼营古书，善本时有所获。傅增湘《藏园群书题记》中著录《跋顾鹤逸藏洪武本苏州府志》："壬子（1912）岁余客苏州，书贾杨馥堂携一巨帙来，检视其中有洪武刻《卢熊志》二十册，时余未尝留心方志，不以为贵也。馥堂谓此吾苏古志，世所罕觏，劝余勿失之交臂，乃以四十金得之。"潘景郑《著砚楼书跋》著录《辑本淮南万毕术》："此抄本为长洲马钊录，吴江沈小垣辑本……此本盖数年前得之鸣琴室杨贾之手。"杨馥堂于抗战前去世，店由其子继承，由于不善经营，旋即停业。

万象书店

店主浦元祯，苏州人。原业电料。初与东方书店陆行白合作。后自设万象书店于景德路道堂巷西。曾收到过吴江倦圃野老（王元榜）所著《庚癸记略》稿本，系未刻过的太平天国史料。还收到过近人许云樵著《姑胥》散片书页一批。后曾任古旧书店东方门市部主任、苏州旧书店主任。1984 年退休。

书林琐话五则

第一则

古书的刻工、纸张，也往往反映了各个时期的社会经济面貌。如明代嘉隆间，社会经济情况经过了一段较长时期的稳定，这时刊印的古书刻工较精，纸张亦都以棉纸印刷；经过了明末一段时期的兵燹，社会经济遭受了一定的破坏，因此在清初纸的生产便不能满足需要。我们时常遇到那时印的古书，有的把空白的尾半页裁去，有的以零星纸拼成整页印刷，也往往有整部都是如此的。这种情况，只要稍一留意便可见到，不再例证。

节约用纸表现在另一方面，则是出现了以旧书书页裱封面或作衬纸的风气。由于时代变化，对书籍内容的估价也就不同。过去所推崇的书籍，到现在也许已毫无参考价值了，如精刊本的有关科举文章书籍等。过去是很普通，或为士大夫阶级所摒弃的书籍，而在现在却正是我们所需要蒐求的了。明版书中很多整部有用的东西，当时便有不少遭到了拆散当衬纸的命运。仅我所知，在敌伪统治时期，苏州曾有人在一部抄本《天文大成》的衬纸里，清理出明嘉靖刊棉纸书七部，且均完整无阙。其中包括《兵府奏议》（十二册）、《罗龙寨略》（六册，少数民族地区地方志）及明人诗文集五种。另外又在别的古书衬纸中拆到了明万历本《来安县志》(安徽)，仅缺去二页。二三年前，我也在坊刊读本《孟子》内，拆出了明万历刊本吴邑公田书册（现归江苏省博物馆收藏）和启祯间刊当时人笔记《间史》(江阴地方掌故)，以及明末清初人诗文集甚多。这种情况不少，或许还有人知道更突出的事例。

由此可见，收购古书是件相当细致的工作，必须全面观察。如果只注意书的本身，而忽略了衬纸，很可能将一些极宝贵的东西失之交臂，所以应该引起注意。

至于以旧书书页裱书籍封面，则终因书籍封面数量少，很难得到全帙，似乎关系不大。但对有些已经失传的书籍，能够得到几篇残叶，对考证其刊刻时代、存佚情况，也起着极重要的作用。如阿英同志的《小说闲谈》中所述嘉靖本《翡翠轩》及《梅杏争春》(清平山堂话本）四十残片，即由书面中撕下，所以这一点也不可不加注意。

第二则

科学文化与生产技术一样，都是在实践过程中获得丰富和发展的。当人们意识到镌版不太经济时，便开始想到用活字印刷。北宋时候泥活字版已有使用，此后更进而应用铜活字及木活字。由于还存在一定技术困难，所以活字印书法仍没有被普遍采用。直至明代弘治至嘉靖间才得到较大的发展。当时江苏的无锡几成了活字印刷的中心，其中较著者如华氏兰雪堂、会通馆、安氏桂坡馆等。这类排印书一般印数不多。如我收到过明活字本《太平御览》残册，书口下方就有“宋本校正游氏活字印行一百余部”小字二行，可以验证。大概也是由于印刷技术所限，加以四五百年来，过了虫鼠兵燹之厄，流传愈稀。因此有些明版活字本，历来藏家几与宋刻同珍。

活字本书除部分在版心有着刊行室名和年号外，其绝大多数是没有特殊标志的，由于活字本与一般刊本无显著区别，从事时间较短的同志难免会感到不易识别。就我个人体会，似有下列几点可作判断参考：

（一）活字印的书一般其字体大小不一，且多歪斜，使人有不匀称的感觉（但也有很整齐的）。

（二）因为排印时使用一个框或少数几个框，故只要把书口看一看，就可以清楚地看到上下栏间距离相同，或几个很整齐明显的不同高度。

（三）因为活字长度很难做得完全一样，故有个别字参差不齐，所以从背面看就能发现有些字受力很重，因而凸出，且墨色特浓。

（四）一般除版框及版心有细栏外，行间的直栏几乎没有一条完整的，也有整个半页没有空格的。

（五）个别字有横排或倒排。这是最好的证据，不过不是每一种书都一定能找到的。

（六）大都用棉纸印刷。但我最近收到的万历时上海顾从德用活字印的杨循吉《松筹堂集》，就是用竹纸印的。

总之，只要仔细观察，一定能够找到更确切的证明。二年前，有一博物馆要找明代活字本书作为陈列品，我先介绍了几种，但他们还是有些怀疑。后来我在徐师曾著《文体明辨》里找出了有个别的字横排在内，这样就得到了他们的信任。

明代的铜活字版字体比较古拙，且大都有宋代旧序，因此书贾为了追求利润，有时竟将书上年号和室名一并剜去或用墨涂去，以充宋本。早在清乾嘉时，吴人黄丕烈在兰雪堂铜活字本《蔡中郎集》题跋里已有“惜目录后碑牌剜去年号，不知其为明代何时所刻，自后或见有藏是集者，非举碑牌而全去之，即于印行时移去年号干支，故不知仅据天圣年间一序，视为宋刻，往往获大价，岂不可笑乎”的记载。另华燧《会通馆集九经韵览》，根据鄞范氏天一阁书目著录，鱼尾上方有“弘治岁在著雍敦牂”八字（分二行），版心下也有“会通馆活字铜版印”八字（分二行）。就我去年在苏北见到的一本，则已被涂去年号与室名，且尚隐约可见，但究已损害了本来面目，因也失去了应有的价值，所有这些亦是我们在收购工作中所要注意的。

第三则

我国的文化遗产是丰富的。但其中也有一些糟粕，用处不大。同志们终日和古籍打交道，日子久了，对有些熟悉的普通书印象很深，一听到这种书便不屑一顾。这样，有时却会因此而发生偏差，使很有价值的古书失之交臂。

一般说来，地方志是大家比较重视的，在这方面失误极少。但也不可因此疏忽大意。譬如同一地方由于时间的变迁，每隔若干年便重修地方志一次，内容往往也有所增删，价值也就大有高低。即以文化较发达的常熟为例，在明代弘治至清代康熙间就有七部内容不同的县志。

古书中书名相同而内容不同的情况是比较多的。像我一向知道《尚论篇》是清代名医喻昌（嘉言）所著的医书，但是我在去年就见到一本明万历刊邹泉著的《尚论篇》，其刊行时间要比喻氏早数十年，而且内容为史论而非医理，二者截然不同。又如明人叶向高有《纶扉奏草》三十卷，而我在去年却又收到申时行的《纶扉奏草》四卷。“纶扉”指拟制诰的地方，因为他们二人都是当时宰相，故而他们的奏折都冠以“纶扉”的名称。

此外同名的书如众所周知的《南唐书》有宋人马令和陆游撰的二种，《续后汉书》亦有宋人萧常和元人郝经著的二种。至于不是这类情形的诗文集则更多。如元人江阴许恕著有《北郭集》，而明初吴郡徐贲也著有《北郭集》；明代昆山归子慕著有《陶庵集》，而明末嘉定黄淳耀也著有《陶菴集》；清代诸暨陈洪绶著有《宝纶堂集》，而天台齐召南也著有《宝纶堂集》；山阳潘德舆著有《养一斋集》，而武进李兆洛也著有《养一斋集》。这类由于室名相同而书名相同的真多得不胜枚举。

也有这样的情况：同一作者的著作，题着相同的书，而内容完全不同，其价格也因流传多少而出入颇大的。如张大复的《笔谈》和《文集》，都题名为《梅花草堂集》，前者流传较多，而后者却很少见到，因此两者价格出入颇大。

还有几件事给我留下很深的印象。

在解放初期有人口头问我，有部刻的《同治尚论录》是否要看。当时我仅凭主观臆断，认为此书只是一部同治间的科举策论而已，就毫不介意，没有要他拿来看。不料后来才知道那是一部弘光时刻的《同时尚论录》，是一部绝好的南明史料。只为“治”与“时”的一字之误听，对工作带来了损失。这使我得到了一次深刻的教训，至今事隔十年，犹时刻引以为戒。

早几年有人说起有部明版《一夕话》出售，当时我们认为此书最早亦不过乾嘉时的刊本而已，就半信半疑地请他带书来看。等看到该书，却使得我们高兴，确实是一部晚明刊本《山中一夕话》。因急取通行本《一夕话》对勘，发现通行本除在笑话一类内删去不少外，还少冯梦龙的《挂枝儿》、《夹竹桃》一卷。后来看到郑西谛先生《中国文学研究》里谈到的冯氏《挂枝儿》系浮白山人七种内选本，乃知即是此书，大约他藏的一部已失去封面和总目了。

我有一次在乱书中见到《日知录》二册，初意为残本而已。后经细阅，却是傅沅叔先生求之二十年而始得到的符山堂原刊八卷本（潘景郑先生在《著砚楼书跋》中对该刊本也作很好的评价）。

我又曾在同业书架上见到《樊南诗抄》标签，当时只认为是李义山的诗集。但又看到这书开数较一般为少，心想也许是个特别刊本，因把它抽下一看，原来并不是李诗，确是道光时刻的题为“邑人延君寿辑”的樊南地方的诗总集四卷。

第四则

稿本一般分原稿及謄清稿二种，原稿大都系著者亲笔所写，因此又常称“手稿本”，大都盖有著者印章。原稿有写得字体较端正的，但也有不少字迹很潦草，涂抹很多，甚至一改再改几至不可辨认的，这也反映了作者当时的思想过程，所以更加宝贵。至于謄清稿则已经一番整理，仅是没有出版而已。稿本之未能刊行，其原因多方面的，有的因为内容上触犯了封建统治者的利益，有的则因限于经济关系。前者往往是研究我国政治社会等历史情况的极有用的资料，在收购中需要特别注意。

我虽从事古书业的时间不算很长，但遇到的稿本书却已不少，可惜都没有及时地记录下来。至今大都已经淡忘。现将近年所看到的一些较有价值的稿本就回忆所及记述如下：

去年我店在洞庭东山造纸厂原料中抢救出来的明末昆山归庄亲笔所写的《恒轩诗稿》，是一部具有文学价值和文献价值的稿本。其中《悲昆山》等篇，以生动的笔调描述了国破家亡的悲惨遭遇，充分揭露了当时满清统治者的血腥罪行，反映了作者的爱国思想和鲜明的爱憎。当时南明（福王）虽然已经崩溃，但归庄还是念念不忘故国，强烈地希望自己的民族能够复兴，因此在这部稿本的《隆武集》，题名为“昆山归祚明天兴父著”。他这种威武不能屈、贫贱不能移的坚定的抗清意志，注定了他在文学史上的爱国诗人的地位。这部埋没三百多年的作品的发现，不但对归庄得到更多的了解，而且对研究当时的社会政治情况，也增加了一份宝贵的资料。这确是一件值得兴奋的事。它大大地鼓舞了我们，加强了我们对古书收购工作的光荣感和责任感。现此书已由中华书局依原稿影印行世。

几年前苏州曾发现一部分《通鉴纪事类聚》原稿本残册。此书为明末长洲徐枋（俟斋）所著，当时由潘景郑先生代上海历史文献图书馆购藏。去年我又收到《通鉴纪事类聚》稿本十余册，就及时地供应了该馆，并入原书。

前几月我店收到了清代元和丁士涵的稿本一批，其中有《陆音类要》四卷、《增补唐韵考》五卷、《说文艺类》二卷，写得非常精致，都是膳清稿本。现藏吉林大学图书馆。另有《管子校本》二卷为手稿本（已供应南京图书馆收藏），朱墨灿然，校注极密。据县志上著录：丁先生字咏之，同治庚午举人，幼受学于陈奂（硕甫）之门，以经学著名。积书数十万卷，闭门谢客，年六十余犹灯下著书不少衰，黄子寿方伯聘为学古堂山长，访谒见拒，其高尚如此。此外，我看到过的稿本，尚有清代吴门谢庭著《续毫缘传奇》（一名《鸳鸯梦》），江阴姜体乾著《本草搜根》，昆山潘道根著《医林撷秀》和《临症度针》，吴县张履恒著《草木总考》和《词律补案》，吴县谢家福著《桃坞名胜记》和《柔远全书》（鸦片战争史料），德清戴望著《管子正误》，以及近人泰兴金钺（蘅意）著《泰兴县志稿》和《江苏艺文志稿》（经史二部分）等。这些稿本已先后供应了国家学术单位收藏。

我们在收集稿本工作中，必需注意下列两点：

（一）由于受到明人胡乱刻书、改易书名的风气影响，写本书也曾出现过一股逆流。如唐虞世南著的《北堂书抄》，明万历时陈禹谟已刊过，到了清初朱彝尊所藏的一部抄本，其书名已改为《大唐类要》，后来到了乾嘉时黄丕烈所藏的此书抄本，其名又改为《古唐类范》。又如清代长白七十一所著《西域闻见录》流传的旧写本很多，而书名各异，就我个人见到的已有《西陲纪略》、《异域琐谈》、《回疆纪事本末》等好几个书名。

（二）在旧社会里书贾为了追求利润，竟有将抄本残书改头换面以充全帙的。仅如最近某处寄给我店一部题着万斯同辑《四明诗剩》抄本，经我细阅，发现该书全部都有朱笔圈点，而独每卷首半页无圈点，上卷后结尾处也都有裁割痕迹。因此，我们断定它是一部残缺的《甬上耆旧诗》，每卷经重补半页，更改书名和卷数，以充全帙的。此外作伪尚多。但是无论作伪手法如何高妙，只要我们用心仔细观察，掌握一些主要规律，一定能够发现疑点，从而鉴别出来的。

第五则

古籍善本，除宋元刊本外，无不以著名学者和藏书家的抄校本为重，而抄本中又以毛抄最为宝贵。因而自清代乾嘉以来的藏书家，都对它作出了极高的评价。据《天禄琳琅书目》载："毛晋藏宋本最多，其有世所罕见，而藏之他氏不能得者，则选善手以佳纸墨影抄之，与刻本无异，名曰影宋抄。一时好事家皆争仿效，而宋椠之无存者，赖以传之不朽。"

孙从添《藏书纪要》也说："汲古阁影宋精抄，古今绝作，字画纸张，乌丝图章，追摹宋刻，为近世无有。能继其作者，所抄甚少。抄录书籍，以软宋字、小楷、颜柳欧字为工，宋刻字更妙。摹宋版字样，笔画均匀，不脱落，无遗误，乌丝行款，整齐中带生动，为至精而美备。序跋图章画像，摹仿精雅，不可呆板，乃为妙手。"

毛晋初名凤苞，晚更名晋，字子晋，常熟人。生于明万历二十六年，卒于清顺治十六年，享年六十有二。平生性嗜古籍，并以高价收购，因而当时湖州书船云集于门，邑中为之谚曰："三百六十行生意，不如鬻书于毛氏。"毛晋不仅以重金向民间收购，另外还向藏书家借抄，以增加品种。当时推官雷某曾赠诗云："行野渔樵皆谢账，入门童仆尽抄书。"可见其抄书规模亦甚大。因而前后积书八万四千册，于宋元刊本之精者，以宋本、元本椭圆式印记别之，又以"甲"字印钤其首，构汲古阁、目耕楼以藏之。传刻古书，流布天下，在明季博雅好事，名重一时。

就我见到的毛抄本中．可以分为两个类型：一是用毛太纸影抄，不打乌丝栏格，例如在抗战期间，从管（礼耕）氏“操敦斋”散出的藏书中，有宋代张有著《复古编》两册，前有“毛晋之印”、“子晋”两印记，尾有“毛扆之印”、“斧季”两朱记。书系据宋本影抄，纸墨甚精，古雅可爱。后为张葱玉先生购去。至今已四十多年，尚记忆犹新。

还有一种类型是乌丝栏格影抄本。如过去我店收到的两种宋人小集——李龏著《剪绡集》和《梅花衲》即属于这一类型。两书都是用白纸抄的，不仅笔画均匀，行格整齐，还钤有“宋本”、“甲”字印和毛晋、毛扆父子印记。真可谓纸洁如玉，墨光如漆，如不仔细辨别，乍一看来，几乎与宋刻无异。

在这两册书的收购过程中，还有一段插曲。当藏家携来时，为某单位同志见到，即查阅《国家图书馆藏善本书目》，其中著录《剪绡集》、《梅花衲》两书为毛氏汲古阁影宋抄本，翁同龢所藏。因而该同志肯定北图藏本是真的，而这两本可能有问题了。后与北图善本部联系，把两书进行对比，发现北图藏本首页也有“宋本”、“甲”字和“毛晋”名字印，颜色发红，是水印，但无“毛扆”图章。新发现的书上，“毛晋”印发黄，用的是油印。并且书中有些字用白粉涂抹，在涂字处可看出原字和北图藏本相同，涂去重写是改正了错字。最后的结论是：两部书上毛晋印章相同，盖有“毛扆”印章的本子中，白粉涂去重写是改正了错字，较北图藏本更好。由此可知：毛晋抄本尚在明代，用的是水印；毛扆抄本，时间上晚一些，就用的是油印了。通过此事，给我教育很大，如果当时也主观臆断来处理，认为是假的，将会使好书失之交臂。

毛扆字斧季，晋子，生于明崇祯十三年六月廿六日，精校勘，著名于时。有《汲古阁珍藏秘本书目》一卷，系其晚年拟将藏书售于吴江潘耒（稼堂）时之帐单。就我个人所知所见的毛抄本，绝大多数是并有毛晋和毛扆父子两人印记的。抗战前故宫博物院影印的《天禄琳琅丛书》中的毛抄《算经十书》上还有毛扆题识。苏州市图书馆特藏库中的毛抄《三经音义》（《孝经》、《论语》、《孟子》）也有毛扆题字。另外，过去我还收到过他手校的《说文解字》，待下次再作介绍。

记卅年前上海古旧书业的一次标卖

抗战胜利后，金坛冯煦（蒿庵）的藏书一批，运到镇江出售。我随杨寿祺前辈同往选购，书都放在一条叫“小街”上的一家旅馆里。据我回忆，当时购回了一批旧刻本的《易经》，包括泰山磁版的《周易述略》。后均售与无锡荣氏，现为无锡市图书馆保藏。

那次回苏以后，杨老告我，他接到上海来信，那里同业合资从常熟沈家收进藏书一大批，准备采用标卖的方式出售。他邀我一同去沪选购，住在三马路惠中旅馆（标卖的书也放在该处）。到开标时，上海从事古籍工作的老前辈都来了，南方有来青阁的杨寿祺、学海书店的郭石麒，北方有来薰阁的程济川、修文堂的孙实君、温知书店的孙助廉、富晋书社的王富山，忠厚书庄的袁西江等人。至今事隔卅多年，上述这些老人中，仅有袁西江尚健在，并已退休北返。

当时标卖的办法，是在房间中央放一台子，各人可围着台子而坐，由当事者取书放在台上，大部头书取一段样本（四、六本）小种则以一捆为单位，任人翻阅。然后各人报估价，以出价最高者得之。在这批书中，旧刻本和批校本书较多，大多数为孙氏弟兄和郭石麒标去，丛书则均为程济川所得。由于当时正值国民党发行金圆券，每两黄金限价廿元，因而书价在无形中提高了不少。

以上就记忆所及记述一二，作为上海古书业中的一段历史掌故。

记吴江费善庆、苏州管礼耕、叶昌炽三家藏书的流散

苏州向称人文荟萃之地，读书藏书蔚然成风，文化名人亦代不乏人。因而历来吴中旧家，每多经史子集四部书之储藏，虽然寒俭之家，亦往往有数百册之多。所以大江以南藏书之富，首推苏州。1981 年黄裳同志来苏访书，曾和我谈到“苏州一隅几十年中某些藏书家，其中有些是小藏家，他们藏书的主要内容，流散始末……这一类地方性文献史料，都是值得搜集保存的……”由此我得到了启发，并引起了我在涉足书林中的一些回忆，现就我初学时期经历吴江费善庆、苏州管礼耕、叶昌炽三家藏书的流散情况，叙述于后，以存书林掌故。

抗日战争后期，吴江费氏藏书出售，主人费伯缘，名善庆。光绪三年（1877）取入震泽县庠，好读书，收藏甚富。生前曾与柳亚子、薛公侠等创建“吴江文献保存会”，汇编县内十二家所藏地方文献目录一册，以“文献流传，后生之责，维桑与梓”十二个字作藏书家代号。例如柳亚子藏本为“文”，费伯缘的藏本则为“献”字（尚有油印本流传于世）。他的藏书里好书不少，有嘉靖刊本徐师曾纂《吴江县志》、晚明刊本周灿著《西巡政略》、清初刊潘柽章著《松陵文献》、潘耒著《类音》等，以及明嘉靖三年（1524）储良材覆宋陈道人刻本《释名》等古本佳品。他的著作有《垂虹诗剩续编》二卷已刊。

另有《垂虹识小录》八卷、《玉壶仙馆备忘录》七卷，存有手稿未刻。他的住宅是在县政府对面的一条巷子里，那时他本人已经去世。全部藏书共装一船，运来苏州。经过整理、快要结束的时候，在单本乱书中被我发现了一册蛀得揭不开的书，看它的外形是很旧的，所以我先用手扳了一下书口，看到了《谈艺录》三个字，方知是明朝人徐祯卿所著。接着我轻轻地把书面和扉页揭去，先在书眉上发现了朱笔评语，因而继续向右面撕去，得见竟是经何焯评校的明刻本。在正书第一行的下角，盖有"何焯之印"。进一步核对批注笔迹，确是义门先生亲笔，不禁为之狂喜。好的页数不多，就用旧纸裱托装订起来。

与此同时还在乱书中发现了一本巾箱本的小书，名为《冬心先生自叙》。每半页四行，行十多字或二十余字，是金农请他好友丁敬手书精刻。版式和无锡王邦采所刊《晁具茨集》相仿，但纸张很旧，颜色深黄，绝不是清初时物，使人不可理解。遍查各家藏书目录，都未有著录。后来在晚清人徐康（子晋）所著《前尘梦影录》中看到一则关于此书的记载："旧藏冬心翁著作最备，其自叙一卷，用宋纸、方程古墨轻煤研印。……丁钝丁手书精刻，古香古色，不下宋椠。虽在灯下读之，墨采亦奕奕动人。"我才恍然大悟。实为清初时选用宋代旧纸精印本。当然此书是否即是徐氏故物，尚难确证。总之，至今四十多年来，尚未见到过第二本。足见其传世之稀。

以上两种小品，后来为当时任过上海商学院院长的裴复恒收去。但同时给他的明版《合璧事类》一书，建国初期已在上海来薰阁书店架上见过。由此可见，裴氏藏书也已流散。现在已不知流落何处了。

管礼耕字申季，别号操敦。元和县学恩贡生。肄业于正谊书院。为冯桂芬所器重，助校《说文段注考证》及《苏州府志》，与王颂蔚、叶昌炽齐名。他的故居在苏州菉葭巷中，其后人民国初年曾在驻日使馆做过事。抗战胜利前夕，散出抄校本数十种。其中绝大多数是礼耕之父管庆祺手校本。有过录严可均校《商子》、手度黄丕烈校《齐民要术》等，基本上都为陈群泽存书库所收，现藏南京图书馆。另外特别值得一提的是一本严君平《道德指归论》，原系万历间刻《秘丹汇函》六卷本。曾经明人钱榖（叔宝）亲笔补抄第七至十三卷。书法精妙。首面钤有“牧翁蒙叟”印记。末有钱谦益手跋：“嘉兴刻《道德真经指归》，是吾邑赵元度本。后从钱功甫得乃翁叔宝抄本，自七卷讫十三卷。前有总序，后有‘人之讥也’至‘信言不美’四章，与总序相合。其中为刻本所阙落者尤多，焦弱侯辑《老氏翼》亦未见此本，良可宝也。但未知与《道藏》本有异同否？绛云余烬乱帙中得之，属遵王遣人缮写成善本，更参订之。辛丑除夕牧翁记。”另有黏附钱谦益写给钱曾（遵王）手札一通：“乱帙中简出《道德指归》，专人驰去。此夕持此残书商榷，良可一卢胡也。诸俟献岁面言，谦益再拜。”

据杨绍和《楹书偶录续编》，著录此书黄丕烈校本，有跋说：“此书亦出郡城顾氏，忘其为某房矣。顷顾氏为任蒋桥一房分支而迁居在濂溪坊者，有书欲销，余往观之，于丛残中检得严君平《道德指归论》，系钱东涧手跋本，内黏附与遵王之札一条。想经遵王缮写即成，而倩东涧跋之，以原札附入之本也。后书主欲并他书总去，为他人所得。余踪迹是书所在，假归复勘。……”

由此可见是本未遭绛云之炬，而由牧斋赠于钱曾，再入吴中顾氏，然后转入管氏收藏。前后二百七十多年，未出常熟、苏州两地。终为著名文物收藏家、鉴赏家张葱玉先生所得。与此同时收去的，还有宋人张有编的《复古编》二册。系清初毛氏汲古阁影宋抄本，毛太纸、无栏格。首尾钤有“毛晋之印’、“子晋”、“毛扆之印”、“斧季”等印记。经过十年浩劫，这二书不知尚在人间否？

叶昌炽字颂鲁、号鞠裳，清长洲县（今苏州市）人。光绪十五年（1889）进士。官至翰林院侍讲、甘肃学政。平生爱好金石，更喜图籍。自恨家贫，不能得异书。光绪初年曾为常熟瞿氏校书，得见铁琴铜剑楼之藏，复馆潘祖荫家，对于潘藏宋元古本，无不寓目。叶氏精版本目录之学，尤熟藏书家故事，所辑《藏书纪事诗》七卷，为研究中国藏书历史的专著，在学术界颇有影响。藏书日富，所收明清人文集为主，尤以明人著作占半数，中有世所罕见之乡贤遗著。由于他三个儿子都早卒，缘督庐藏书在其身后归其女婿王心葵。王系苏州商人，绝无学问，故对书不感兴趣，只是闲置一屋，从未阅读。抗战胜利以后，为鞠裳先生嗣孙锡藩索回，有《治廧室藏书目》一册。系用红格账簿抄写。最初在上海，经王佩诤先生介绍，出让了康熙《长洲县志》、《吴县志》等地方志乘一批。还有一册《新序》是嘉靖间单刻本，并经德清戴望（子高）手校者，当时叶君视为至宝，议价未成，一直保存着。

其余之书，存放于西花桥巷故居，准备继续出让。我随祖父往观，在靠西面的一个房间里，一幢幢的放在台上或地上。真可说是古刻名抄，俯拾即是。由于叶氏要连放在楼下的普通实用书一起解决，需款较大，一时难以筹措。祖父即着我去找潘景郑先生联系，潘先生在其中选取了一批他还缺藏的明刻明人集，其中有：吴江赵宽的《半江赵先生文集》十六卷，长洲刘凤的《刘子威集》三十二卷，常熟孙楼的《孙百川先生集》十二卷，海虞瞿景淳的《瞿文懿公集》十六卷，瞿汝稷的《瞿商卿集》十四卷，吴郡姚希孟的《棘门集》四卷，长洲俞琬纶的《自娱集》十卷，吴县伍袁萃的《贻安堂稿》八卷，长洲陈仁锡的《无梦圆集》（四集）四十三卷，吴县严果的《天隐子遗稿》十七卷，常熟钱希言的《松枢十九山集》七种，长洲文肇祉辑刻的《文氏家藏诗集》八种等。此外还有几种清初刻本明代昆山人著作，如郑文康著的《平桥稿》十八卷，顾恂著的《桂轩先生全集》十卷，顾潜著的《静观堂集》十四卷，顾梦圭著的《疣赘录》九卷《续录》二卷，以及清代长洲吴翌凤《与稽斋丛稿》手稿四册，都是罕见的地方文献。由此筹集了一部分资金，乃将书全部运回。提出潘老所选之书外，细细整理，尚有不少好书，像明成化间覆刻金晦明轩刊黑口本《重修政和经史证类本草》三十卷，弘治刊黑口本《元遗山诗集》二十卷，有“袁氏五砚楼”、“沈均初”、“徐康”藏印。嘉靖间吴郡袁氏佳趣堂翻宋刊本《世说新语》，嘉靖川上草堂刊吴江周用著《周忠肃公集》十六卷，吴县王宠著《雅宜山人集》十卷，吴门袁袠著《袁永之集》二十卷。万历刊本吴县袁尊尼著《袁鲁望集》十二卷，长洲申时行著《赐闲堂集》四十卷，长洲王穉登著《王伯穀全集》二十一种等等。也是世不多见的珍本。

特别值得一提的是叶家最后出示旧抄本书目二册，其一为《得月楼·述古堂·传是楼三家宋版书目》合装本，首尾二种为黄丕烈属门仆张泰手抄，卷后有黄氏题识：“江阴李氏《得月楼书目》，各家簿录未载。江阴近在同省，亦未知李氏为谁？余自古泉山馆借得，传写一本，以备披览。此目虽云摘录，然中多罕有之书，是可珍也。原本误及可疑处，用原笔识之；写误者以墨笔改之。荛翁记。”

“江阴李氏得月楼，不知其谁何？顷见东涧手录陶九成《草莽私乘》，谓借自江上李如一，并言‘如一好书独专，甚之减先人产收买图籍而不惜。其他性情意气，无非爱惜之至。’此云江阴李氏，殆即所云江上李如一乎？余友海虞陈君子准云‘东涧相好有江阴李贯之’，殆即是人。予见闻孤陋，不识如一、贯之是否一人？以此目证之，约略近是。湖估借此目录副，还书之日，因书近日见闻如此。道光甲申秋闰月十三日老荛记于学耕堂。”

“《传是楼书目》裒然大帙，约有数本。兹题《昆山传是楼宋版书目》，未知即是《小楼书目》否？《小楼书目》专载宋版也。兹本亦从古泉山馆借来，原与延令季氏《宋版书目》、江阴李氏《得月楼书目》摘录合装，题曰《三家宋版书目》。余因延令季氏《宋版书目》先有抄本，故第录两家，命阍人张泰手抄，张泰曾在京佣书，故字迹颇不恶云。癸亥二月八日荛翁记。”

李、徐两目抄成以后，黄丕烈又从他处亲笔抄得《述古堂宋版书目》八页，补入其间，仍保留《三家宋版书目》之旧称。

其二，《佳趣堂书目》则是清初时写本。书衣有墨笔草书“其清手抄书目”六字。审其笔迹为何焯手书。首有陆漻自序及置书年份，自康熙十四年（1675）至雍正八年（1730）。内容则分类著录，中间留有空白，以备增补添入，足证确是逐年收书记录原本。内有宋元刻本、宋元人抄本、明贤录本、明贤稿本。元版顾仲瑛《玉山雅集》为文徵明旧藏本。宋版魏仲先

《钜鹿东观集》、孙奕《示儿编》都是当时惊人秘笈。

佳趣堂为吴县人陆漻室名，漻字其清，精医术，所居听云室，收藏图书金石甚富。幼时家贫失学，喜借书昼夜抄写，严寒不辍。曹溶、何焯、朱彝尊、顾维岳等人常往借抄，自言竭六十年之心血。

以上两册书目，经当时在上海机联会工作的程守中先生介绍，为陈澄中先生收去。陈先生名清华，湖南祁阳人。其时任上海中央银行稽核处长。几乎每天都到广东路艾少记古玩店去访古。所以有事即可到那里去找他。其时我只有二十多，他已年过花甲。交谈以后，承他不弃，给我讲述藏书源流。他说："前人所鉴定的宋元版书，现在有的已被否定。究其原因是在乾嘉时期，只有江浙一隅的藏书家互相交流，见闻不广。现在全国的好书都集中在北京和上海，范围要大得多，如有作伪等情，一比较就清楚了。"使我得益非浅。他的藏书在上海解放前夕运往香港。

1955 年 11 月 10 日，郑振铎给张元济的信中说："……得森玉先生函，知先生时以陈澄中的善本书能否收归国家所有为念。这件事已进行了两年多，最近方才解决。已在港点收完毕，从此世綵堂的韩柳文，蜀刻的唐人数集，以及许多宋元善本，明抄黄跋均得庋藏于国家图书馆了。从此善本图书的搜集工作，除了存于台湾及美国者外，可以告一段落了。"由此可见陈氏的藏书，是为全国文化学术界所关注的。从香港购回之书，藏于国家图书馆，但其中并无这两册书目，就是近年所编《中国古籍善本书目》（征求意见稿）上也没有著录，因此可以说是下落不明了。

附注：此文作于 20 世纪 80 年代，至今已历时三十年了。关于这二册黄跋书目，当时认为已下落不明。后接嘉德拍卖公司拓晓堂先生电话告我："这二册黄跋的书，已从美国回归祖国，请你放心。"前年承韦力先生告我经过是这样的："这二册书目，原来是放在一个宋版书的小木箱里的，陈家托他带回来的，后来因为他们的大主顾——上海杨先生说：'我买了这许多书，却没有一册黄跋的。'因为这二册没有成本，所以作为春风人情，把《三家宋版书目》赠于杨君。"另一册《佳趣堂书目》也无偿地送给了韦力先生收藏。总之能够从海外回归，藏于国内，也是一件值得高兴的事。

2017 年 4 月九二老人江澄波补记。

过云楼藏书归公亲历记

过云楼收藏，始于道光进士、宁绍台道顾文彬，初以收藏古人字画为主，曾编有《过云楼书画记》十卷行世。其子顾承因为自幼聪颖过人，鉴别真伪一见即决，故有胜兰之美誉，惜乎英年早逝。光绪八年，其父曾作《哭子诗》四十首来悼念这位爱子。传至承子顾麟士（鹤逸），遂开始把收藏范围扩大，着手搜集名人手札及抄校古籍和宋元明清古刻善本。因他收购渠道较为秘密，绝大多数是经过护龙街上欣赏阁主人徐松甫之手收得的。在我涉足书林初期，曾听先父讲过，当时明刊白棉纸书的市价大约每册银元三枚而已。同时还有一个绝好机会，那就是正值辛亥革命成功，军政府撤散苏州府，省会移往南京。在苏候补官员纷纷回籍。阊门外又发生兵变，因而富有之家大都迁往上海租界，造成人口减少，经济萧条，旧书店更是进多出少。这样就给顾家创造了收书的有利条件。直到北方学者傅增湘南下访书，才有了竞争，就不这么顺利了。顾麟士得识傅氏后曾同意他到过云楼观书，但有个条件是“只能看，不能抄”。所以他看到默记在心，回到旅店后再写出来。后来返京后他曾在《国立北平图书馆馆刊》上发表了《顾鹤逸藏书目录》，内容除著录了宋元明古刻之外，还有大量的清中期学者黄丕烈、顾广圻等人的抄校本。由此而使过云楼秘密大显于世。后来在析产时，根据各人爱好，把古代书画部分给了则扬

（公雄），古籍部分就给了则奂（公硕）。虽然经过了抗日战争，但一直保存得很好。直到“文革”抄家后，才运往市博物馆。此后，历史学家谢国桢见到后，就在《江浙访书记》中做了重点介绍。因而过云楼藏书为中外学术界所重视。后经落实政策，全部发还顾家。据说当时分作四份，由公硕四个儿子各自保藏。其中一部宋版《锦绣万花谷》，我听潘景郑老师在生前告我，这书也是每人十册分配。但是后来我到笃瑛先生家取书时，他还要我给他看宋版书是怎样的。因此，实情究竟如何，只有他们自己知道了。

1992 年时，我在苏州古旧书店工作，时任南京图书馆副书记的宫爱东（江苏省副省长宫维祯女儿）来看我时说：“柳伯伯叫我来看你，希望一定把过云楼藏书留在江苏。”此后，我想我和顾笃璜先生比较熟，假使我直接向他提出，他却一口回绝，我面子上过不去。所以转请老领导钱璎同志（原市文化局副局长）先问问笃璜先生。隔了没几天，钱局长对我说：“我替你问过老顾了，他会直接找你的。”又过了一段时间，为了编写《苏州戏曲志》，在市文化局开会，笃璜先生来得稍迟。他自己介绍是在黄天源请客吃饭。我问他请谁，他说是请台湾朋友。我就对他说：“以你顾先生的身份，至少要到松鹤楼去才相称。”他说：“我没有钱啊。”我说：“你是背靠米囤活饿死。”他就问我：“阿是你要叫我卖掉书？”我说：“这是柳林同志的意见，具体情况你自己考虑。”接着他问能值多少钱，我说必须看书以后才能估价。他说：“天好了再约你。”过了几天果真来约我到他家里看书。顺序是他从房间里一幢一幢地搬出来。我就逐部地做好版本记录。接着同去上海他大哥和四弟家。同样做好记录。回苏后和臧炳耀同志一起估好书价（约

30 万左右），经顾家同意后，再与南图联系。由于当时正值水灾，省里一时付不出钱。经向新华书店经理室汇报后，同意由书店先行垫付。接着与我的同事谢杏生、何忠林一起前往三处顾家把书运回来。告知南图后，由省文化厅派出于滴水同志负责，带领南图副书记宫爱东、古籍部主任陈政等一个小组来苏验收。大约把书装入一百个纸箱并由南图派来图书出借专用汽车运往南京，同时带去一张由古旧书店开出的销货发票，金额是四十万元。然后由省里汇回清帐。这是过云楼藏书四分之三归公的全过程，可称是物得其所。饮水思源，省图书馆能够在1992 年得到过云楼藏书的四分之三，应该归功于我们的老首长——柳林同志的英明预见。假使没有他的及时关心，到现在不可想象将整批藏书拆散到什么程度了。所以，应该实话实说地载入史册，让人民永远怀念他。

另外，随着文物拍卖之风越来越大，我思想上也产生过一些波动，认为 1992 年把书归到南图，而使顾家在经济上吃了大亏，于心不安。去年在参加“纪念苏州传统文化研究会成立二十周年大会”时，笃璜先生坐在我身边，闲谈时向他说出了我的心里话。我说：“那时我做的那件事（把书送到南图）现在想来有些过意不去。”他就说：“同你不搭界，书都归到南京图书馆，你也没有拿我一分钱。”由此可见，笃璜先生思想是高尚的，不愧是一个名符其实的老共产党员。他在建国初期就辞去市文化局副局长的职务，而把一生精力和财力集中在振兴昆剧的事业上，值得大家尊敬和钦佩。

附录一：过云楼古籍收藏、拍卖始末

百余年前的过云楼因藏有数百件珍贵的古代书画作品而驰誉天下。

顾文彬（1811—1889），字蔚如，号子山，苏州人，道光进士，官至宁绍台道。他是苏州怡园及过云楼的创始者，也是过云楼藏品的第一代主人。顾有三个儿子，即廷熏、廷熙、廷烈（承）。不幸的是三个儿子都先他而去。晚年主持分家时，他认为后辈中只有顾承的儿子顾麟士通书画之道，有能力接他的班，遂把书画藏品全部交由他继承。

顾麟士（1865—1930），字鹤逸，自署西津渔父。他幼承庭训，不但擅长丹青，更精于鉴藏。顾文彬谢世后，他出色地守成了家业，而且还有较好的发展。除了继续收藏书画名迹外，他尤其在古籍善本的收藏上取得了非常可观的业绩，大量的宋元以来的佳椠旧炒、珍秘善本入藏过云楼。从傅增湘民国二十年（1931）发表的《顾鹤逸藏书书目》中可得见其详。缥帙盈架、书香满屋的过云楼在顾鹤逸时期因新的高度而傲视一方。

顾麟士有四个儿子，即顾公柔、顾公可、顾公雄、顾公硕。他在自己的花甲之年，将过云楼藏品分为四份，通过抽签传给了四位儿子。这样无论是书画还是古籍，每个儿子都得到四分之一。

20 世纪 90 年代初，过云楼四分之三的古籍入藏南京图书馆，全部书价 30 万元。

2005 年，另四分之一的古籍，在北京春季嘉德全国古籍善本拍卖上，以 2310 万元的价格拍出。计 179 种 1292 册，包括存世最大宋版书《锦绣万花谷》。

2012 年 4 月，北京匡时宣布这四分之一再上拍场。

2012 年 4 月、5 月，古籍在北京、杭州、上海、厦门、苏州、南京、成都巡展，影响巨大，其间 5 月 18 日到苏。

6 月 1 日，北京预展现场搭建“过云楼”，令人惊艳。

6 月 4 日夜间，过云楼古籍以 1.88 亿元成交，连佣金 2.162 亿元。拍卖公司宣布，根据规定，七个工作日内国有文物机构可行使优先购买权，因此归属尚存悬念。

6 月 5 日下午，江苏凤凰出版集团宣布自己是竞买者，并将建藏书楼以此套古籍为镇馆之宝，有意古籍再版印刷。

6 月 12 日，北大行使优先购买权，宣布以同样的价格购买。江苏省政府随即发函北京文物局，承凤凰竞拍得到省委政府支持，竞拍由南京图书馆和凤凰公摊实施。

6 月 12 日，北大和凤凰都坚持自己应该得到古籍，双方协调未果，最后归属权将由国家文物局裁决。此事引发全国热议，但舆论总体偏向凤凰，希望古籍在江苏合璧。

北京匡时国际拍卖公司在 6 月 13 日 13 点 47 分发布的微博里说：“今天，我公司收到北京市文物局对‘过云楼藏古籍善本’事宜的复函，复函中说‘北京大学与南京图书馆皆为国有文物收藏单位，且均参与了过云楼古籍善本的竞买，应根据拍卖规则确定买受人。请你公司据此与江苏凤凰出版传媒集团和南京图书馆进一步落实完善竞买及购藏事宜’。”

由此，引发权属之争的过云楼四分之一藏书，将归江苏凤凰出版传媒集团和南京图书馆，与此前已入藏南京图书馆的四分之三藏书合璧。

附录二：过云楼藏书目录

由于这批过云楼藏书归入南京图书馆时，《中国古籍善本书目》已经编成定稿，所以未能收编在内，大为憾事。斗转星移，至今又是二十年过去了，尚未见整理编目发表，使得古籍研究学者和藏书家难以得见庐山真面目。为了满足广大读者的渴望，现从我当时看书记录中，摘出部分精品，在此发表，以资书林谈助。

洪武苏州府志五十卷图一卷，明卢熊纂，明洪武十二年刊黑口本，傅增湘跋，二十册。

石湖志略，明卢襄撰，旧抄本，吴志忠手校，一册。

中吴纪闻六卷，宋龚明之撰，明汲古阁刊本，王芑孙手校，一册。

吴中旧事一卷，元陆友仁撰，明居节手抄本，一册。

考古正文印薮五卷，明张学礼汇选，明万历刊本，五册。

黄帝内经灵枢经十二卷，宋史崧音释，明嘉靖赵府居敬堂刊本，三册。

弇州山人续稿二百零七卷，明王世贞撰，晚明时刊本，五十二册。

增广注释音辨唐柳先生集四十三卷，唐柳宗元撰，元末明初刊黑口本，何焯据宋本校并跋，十二册。

鸟鼠山人集十八卷，明胡缵宗撰，明嘉靖戊子刊本，八册。

津逮秘书十五集，明毛晋辑，明毛氏汲古阁刊本，一百五十册。

汲古阁题跋刊本，明毛晋撰，汲古阁刊本，一册。

法书要录十卷，唐张彦撰，明嘉靖覆宋刊本，五册。

中山传信录六卷，清徐葆光撰，清康熙六十年刊本，二册。

石墨镌华八卷，明赵崡撰，明万历刊本，叶树廉校跋，二册。

东垣十书，金李杲撰，明万历吴勉学刊本，徐康校跋，六册。

遵岩先生文集二十五卷，明王慎中撰，明隆庆刊本，十六册。

锦绣万花谷前集四十卷后集四十卷续集四十卷，明嘉靖秦汴覆宋刊本，四十八册。

万姓统谱一百四十六卷，明凌迪知撰，明万历刊本，四十八册。

南巡盛典一百二十卷，清高晋撰，清乾隆辛卯年刊本，四十八册。

晚香堂小品二十四卷，明陈继儒撰，明末刊本，何绍基题书衣，八册。

集千家注分类杜工部集二十七卷，唐杜甫撰，元刊黑口本，瞿启甲跋，二十册。

东人诗话二卷，明成化刊黑口本，一册。

己畦诗集十卷，清叶燮撰，清康熙刊本，四册。

午梦堂诗集，明沈宛修等撰，清康熙刊本，四册。

李文饶文集二十卷、别集八卷，唐李德裕撰，明嘉靖刊本，五册。

牧斋初学集一百十卷，明钱谦益撰，明崇祯时瞿式耜刊本，二十四册。

余冬序录六十卷，明何孟春撰，明嘉靖刊本，十三册。

东维子文集三十一卷，元杨维桢撰，清味兰轩黑格抄本，六册。

祝氏集略三十卷，明祝允明撰，明嘉靖刊本，十六册。

董解元西厢记四卷，明汤显祖评，明凌刊朱墨套印本，四册。

渔洋山人精华录十卷，清王士禛撰，清林佶写刊本，翁方纲批，顾麟士跋，二册。

中谿先生存稿十卷，明李元阳撰，明万历十四年刊本，四册。

宛陵集六十卷，宋梅尧臣撰，清康熙徐氏刊本，八册。

南宋馆阁录十卷，宋陈骙撰，旧抄本，沈树镛藏印，六册。

寰宇访碑录十卷，清孙星衍、邢澍同撰，刘喜海批校、顾麟士跋，清嘉庆平津馆刊本，四册。

刘向说苑十卷，汉刘向撰，元刊黑口本，四册。

关中集一卷，明李延康撰，明嘉靖三十年刊本，二册。

识遗十卷，宋罗璧撰，清赵氏小山堂抄本，赵信手跋，二册。

坡仙集十六卷，宋苏轼撰，明万历金陵继志斋刊本，八册。

杜工部诗集二十卷，唐杜甫撰，明嘉靖时刊本，八册。

续博物志十卷，宋李石撰，明弘治贺志同刊本，二册。

韦苏州集十卷，唐韦应物撰，明嘉靖仿宋刊本，四册。

石洲诗话五卷，清翁方纲撰，绿格自书稿本，有翁方纲自跋，一册。

素问入式运气论奥三卷，明嘉靖间田经刊，细黑口本，一册。

戒庵老人漫笔八卷，明李诩辑，明万历刊本，四册。

五石瓠，清刘銮撰，清初抄本，史开基、顾麟士藏印，一册。

国朝诗的十二卷，清陶煊辑，旧抄本，八册。

襄阳耆旧传一卷，潘氏渊古楼抄本，一册。

冲虚至德真经八卷，晋张湛注，元刊黑口本，二册。

新译大方广佛华严经音义二卷，陈倬黑格手抄本，有跋，一册。

苏老泉嘉祐集十四卷，宋苏洵撰，明仿宋刊巾箱本，八册。

说诗晬语二卷，清沈德潜撰，清乾隆刊本，叶凤毛批校并跋，一册。

竹啸轩诗抄十八卷，清沈德潜撰，乾隆刊本，三册。

宛陵先生文集六十卷附录、拾遗各一卷，宋梅尧臣撰，明正统四年刊黑口本，叶盛、毛晋递藏，十六册。

吴渊颖先生集十二卷，元吴莱撰，康熙辛丑无锡王邦采刊本，四册。

斜川集六卷，宋苏过撰，乾隆赵氏亦有生斋刊本，一册。

苍岘山人诗集五卷，清秦松龄撰，清康熙刊本，一册。

檀园集十二卷，明李流芳撰，明崇祯刊本，四册。

梦梁录二十卷，宋吴自牧撰，吴氏拜经楼抄本，刘履芬校，曹元忠跋，二册。

大雷山房稿，清俞刚撰，绿格手写稿本，一册。

灵隐子六卷，唐骆宾王撰，明陈魁士注，明万历陈大科刊本，四册。

雪矶丛稿六卷，宋乐雷发撰，四库进呈本，有翰林院官印，一册。

子华子十卷，晋程本撰，明初刊黑口本，一册。

列子鬳斋口义八卷，宋林希逸撰，明弘治刊黑口本，二册。

盐铁论十卷，汉桓宽撰，明弘治十四年刊本，四册。

新集古文四声韵五卷，宋夏竦撰，旧抄本，吴云藏印，二册。

大戴礼记十卷，汉戴德撰，明嘉靖仿宋本，二册。

南部新书十卷，宋钱易撰，清初旧抄本，二册。

钜鹿东观集七卷，宋魏野撰，清初旧抄本，二册。

翁阁学文稿，清翁方纲撰，手写原稿本，有翁方纲印记，一册。

匡谬正俗八卷，唐颜师古撰，乾隆雅雨堂刊本，张绍仁校并跋，一册。

圣朝名画评五卷，宋刘道醇撰，明嘉靖覆宋刊本，一册。

南纪集二卷，明徐学谟撰，明嘉靖戊戌刊本，二册。

列子八卷，晋张湛注，明嘉靖世德堂刊本，二册。

书画总考二卷，清高士奇编，戴光曾手抄本，二册。

阳羡名陶录，清吴骞撰，徐康红格抄本，一册。

俨山外集四十卷，明陆深撰，明刊本，四册。

白云稿五卷，明朱右撰，旧抄本，曹溶藏，一册。

巾箱集不分卷，清吴骞辑，手写原稿本，四册。

铁崖先生文集二卷，明杨维桢撰，黑格手写原稿本，有印记及释性安跋，二册。

王伯谷集，明王穉登撰，明万历刊本，八册。

松陵集十卷，唐陆龟蒙编，明汲古阁刊本，四册。

鹤栖堂墨稿，清尤侗撰，清康熙刊本，二册。

自怡集，明刘琏撰，戴光曾藏旧抄本，一册。

怀星堂笔记，明祝允明撰，黑格抄本，一册。

寓意编二卷，明都穆撰，清初黑格抄本，一册。

文始真经言外经旨三卷，宋陈显微撰，明刊本，三册。

骆宾王文集十卷，唐骆宾王撰，元刊本，二册。

武林灵隐寺志八卷，康熙刊本，四册。

钝吟老人遗稿十卷，清冯班撰，清初刊本，三册。

离骚集传，宋钱杲之撰，清初旧抄本，史开基藏印，一册。

虚谷评五谢诗，旧抄本，一册。

顾华阳集二卷，唐顾况撰，明万历刊本，一册。

祝子志怪录五卷，明祝允明撰，明万历刊本，二册。

元氏长庆集六十卷补遗六卷，唐元稹撰，明万历三十二年马元调刊本，四册。

西溪先生易说十二卷，宋李过撰，明嘉靖间红格抄本，金檀文瑞楼藏印，四册。

乐府雅词三卷拾遗二卷，宋曾慥编，明人抄本，焦竑、毛晋、席鉴、黄丕烈递藏，曹元忠校跋，十二册。

前汉书一百二十卷，汉班固撰，元太平路刊本，三十六册。

集韵十卷，宋丁度撰，康熙曹氏楝亭刊本，二十册。

西山先生真文正公文章正宗二十四卷存一至十一卷，宋真德秀撰，宋刊残本，十册。

重刻宋本纂图互注标题六子全书六十卷，明建阳坊刊黑口本，十六册。

王荆公诗笺注五十卷，宋王安石撰，李壁注，乾隆精刊本，八册。

昌黎先生诗集注十一卷，清顾嗣立注，清康熙秀野草堂刊本，有张燕昌印及批校，四册。

淳化秘阁法帖考正十二卷，清王澍撰，清乾隆刊本，残存六至十二卷，翁方纲批，周星诒跋，二册。

重广补注黄帝内经素问二十四卷，唐王冰注，明嘉靖间顾从德仿宋刊本，四册。

御制诗四集一百卷，清高宗撰，乾隆内府刊本，三十册。

说文解字十五卷，汉许慎撰，毛氏汲古阁刊本，有潘介繁印及批校，八册。

郁仪楼集五十四卷，明邹迪光撰，明万历刊本，顾嗣立、徐坚藏印，六册。

玄牍记，明盛时泰撰，魏锡曾手抄本，一册。

名迹录一卷，清朱珪辑，刘喜海黑格抄本，一册。

王梅边集，宋王炎午撰，潘志万黑格抄本，一册。

词苑三十六卷，清宋庆长辑，黑格手写稿本，六册。

锦里耆旧传四卷，宋句延庆纂，清初旧抄本，朱彝尊、吴焯、周星诒校跋，一册。

庆湖遗老诗集九卷，宋贺铸撰，旧抄本，黄丕烈、汪士钟递藏，潘钟瑞校，顾麟士跋，四册。

金正希先生燕台阁集，明金声撰，清初旧写本，史开基藏印，一册。

秋锦山房集十卷，清李良年撰，康熙刊本，二册。

新镌抱朴子外编四卷，晋葛洪撰，明万历甲申刊本，钮树玉校跋，二册。

乐圃遗稿十卷，宋朱长文撰，康熙刊本，一册。

韩非子二十卷，周韩非撰，明嘉靖刊本，明人郑晓藏印，四册。

金石录三十卷，宋赵明诚撰，旧抄本，潘康保藏印，四册。

享金簿，清孔尚任编，旧抄本，一册。

李五峰集六卷，元李孝光撰，汪氏振绮堂抄本，一册。

冲虚至德真经释文，唐殷敬顺撰，思适斋抄本，顾广圻跋，一册。

词谱四十卷，清陈廷敬编，康熙五十四年内府刊本，四十册。

顾文康公集十六卷，明顾鼎臣撰，明崇祯刊本，十四册。

五色线三卷（残存二卷），明弘治刊黑口本，二册。

画继十卷，宋邓椿撰，明嘉靖覆宋刊本，二册。

摭古遗文二卷，明李登撰，明万历刊本，门人姚履旋亲笔补注，二册。

山海经十八卷，晋郭璞注，清康熙项氏群玉书堂刊本，一册。

梅花草堂笔谈十四卷，明万历刊本，四册。

龙门子凝道记三卷，明宋濂撰，明成化刊黑口本，卢文弨藏印，一册。

贻安堂稿八卷，明伍袁萃撰，明万成刊本，四册。

大般若波罗蜜多经，存一三四、一三五卷，宋刊藏经本，二册。

字通，元李从周撰，吴氏拜经楼抄本，一册。

易象正十六卷，明黄道周撰，黑格旧抄本，六册。

烈皇小识二卷，明文秉撰，嘉庆时周文作抄本，六册。

后村居士集二十卷，宋刘克庄撰，康熙十九年刊本。

山堂群书考索前集六十六卷，宋章如愚撰，明慎独斋刊本，二十二册。

亢仓子，唐王士元撰，旧抄本，陈奂校跋，一册。

旧唐书二百卷，晋刘煦等撰，明嘉靖乙未闻人诠刊本，四十册。

张太常奏疏二卷，明张翀撰，隆庆元年刊本，二册。

文房四谱五卷，宋苏易简撰，十竹斋黑格抄本，周星诒藏印，二册。

艺芸书舍宋元本书目，清汪士钟藏，潘氏渊古楼黑格抄本，一册。

静斋至正遗编四卷，元阙里外史行素居士著，汪氏古香楼旧抄本，鲍廷博校，四册。

草木子四卷，明叶子奇撰，嘉靖癸卯刊本，一册。

清碧园稿，清曹锡宝撰，手写原稿本，朱珪等题识，一册。

七观斋巢子山诗稿，清巢祚士撰，手写原稿本，后附《钗园》五十二折，一册。

闲情偶寄十六卷，清李渔撰，康熙刊本，八册。

补汉兵志，宋钱文子撰，朱彝尊抄校并跋，一册。

辛巳泣蕲录，宋赵与褒撰，知不足斋抄本，一册。

乖厓张公语录二卷，宋张咏撰，宋绍定庚寅刊本，曹元忠校跋，二册。

考槃集六卷、玄珠集四卷，明陆卿子撰，晚明时刊本，二册。

续资治通鉴长编一百零八卷，宋李焘撰，顾广圻抄校本，三十二册。

宋六十名家词，明毛晋辑，明汲古阁刊本，十八册。

韦苏州集十卷，唐韦应物撰，明嘉靖刊十行本，二册。

震泽先生集三十六卷，明王鏊撰，明嘉靖丙申刊本，六册。

陈后山集二十四卷，宋陈师道撰，清雍正学稼轩刊本，四册。

金石录三十卷，宋赵明诚撰，乾隆雅雨堂刊本，袁廷梼校跋，四册。

枝山笔记，明祝允明撰，旧抄本，一册。

牧斋诗集，明钱谦益撰，明蓝格抄本，四册。

律吕新义四卷，清江永撰，清中期抄本，四册。

二十名家词二十四卷，清姚瑚抄校并跋，四册。

魏书一百十四卷，北齐魏收撰，宋刊明修本，八十册。

分类补注李太白集三十卷，唐李白撰，明嘉靖癸卯郭云鹏刊本，十册。

景定建康志五十卷，宋周应合撰，旧抄本，十九册。

神僧传九卷，明成祖御撰，明永乐十五年刊黑口本，九册。

太古传宗琵琶调曲谱，清乾隆四十一年庄亲王府刊本，六册。

林和靖诗集四卷，宋林逋撰，清康熙吴调元刊本，四册。

河东先生集五十二卷，唐柳宗元撰，明嘉靖间郭云鹏刊本十二册。

米海岳画史，宋米芾撰，明嘉靖覆宋本，一册。

南华真经，明吴默批释，明万历刊本，一册。

诗经泽书三卷，清堵胤锡撰，吴骞抄校并跋，二册。

震泽编八卷，明蔡昇辑，王鏊修，二册。

事物纪原集类十卷，宋高承撰，明成化八年刊，黑口本，四册。

边华泉集八卷，明边贡撰，明嘉靖刊本，四册。

春秋属辞十五卷师说三卷，黑格旧抄本，四册。

二妙集八卷，金段成己、段克己撰，吴氏拜经楼抄本，一册。

流寇志七卷，清彭孙贻撰，史开基抄本，一册。

伴梅花馆词存三卷，清王汝玉撰，道光二十一年手写稿本，一册。

字苑类编十卷，明宋濂撰，明蓝格抄本，黄丕烈校跋，二册。

史记一百三十卷，汉司马迁撰，嘉靖六年柯刊本，八册。

豫章先生外集十四卷，宋黄庭坚撰，明嘉靖刊本，八册。

国初群雄事略，明钱谦益撰，旧抄本，四册。

贝清江集十三卷，明贝琼撰，康熙金檀刊本，五册。

柳先生文集四十五卷附五卷，唐柳宗元撰，明嘉靖刊本，倪颖仲批校，八册。

颐庵居士集二卷，宋刘应时撰，毛氏汲古阁抄本，二册。

桂林集八卷，清顾嗣立撰，清康熙五十年刊本，二册。

地理囊金集注一卷，明刘谦撰，谢昌注，明弘治十三年黑口刊本，一册。

佛果圜悟禅师碧岩录十卷，日本覆元刊本，十册。

熙丰日历一卷北辕录一卷，明抄本，徐乾学藏印，一册。

宋东京留守忠简公文集，宋宗泽撰，旧影宋抄本，黄丕烈手跋，一册。

六书正伪五卷，元周伯琦撰，明赵均手抄本，二册。

甲乙事案二卷，明文秉撰，嘉庆周文抄本，有题跋，六册。

刘向说苑二十卷，汉刘向撰，明嘉靖覆宋刊本，四册。

漫录评正六卷，明伍袁萃撰，明万历刊本，四册。

摭言十五卷，唐王定保撰，清初旧抄本，王士禛校跋，二册。

贡文靖公云林诗集六卷，元贡奎撰，明弘治刊黑口本，一册。

四声猿四卷，明徐渭撰，明末刻插图本，史善长校跋，一册。

南渡录，宋辛弃疾撰，陈鳣抄校本，一册。

窃愤录，宋辛弃疾撰，魏锡曾抄校并跋，一册。

类篇四十五卷，宋司马光撰，康熙曹寅刊本，二十八册。

重修玉篇三十卷，宋陈彭年等修，康熙曹寅刊本，十二册。

幸存录一卷、续幸存录一卷，明夏允彝撰，旧抄本，一册。

韩魏公集三十八卷，宋韩琦撰，明万历康丕扬刊本，二十册。

京口三山志选补二十卷，明霍镇芳修，明万历刊本，二十册。

集古印苑十卷，明潘玉杰编，明万历刊蓝印格钤印本，五册。

元曲选一百卷，明臧懋循编，明万历刊附图本，四十册。

宝印斋印式，明汪关撰，手稿本，李流芳、程嘉燧手书序文，一册。

杨文懿公集三十二卷，明杨守陈撰，明弘治刊黑口本，黄丕烈手跋，十二册。

王摩诘集十卷，唐王维撰，明嘉靖覆宋刊本，四册。

清溪遗稿二十八卷，清程正揆撰，康熙刊本，五册。

古今韵会举要三十卷，元熊忠撰，明嘉靖刊本，十册。

初学记三十卷，唐徐坚撰，明嘉靖安国刊本，十二册。

熙朝乐事十卷，明黄省曾引，明末刊插图本，二册。

四照亭诗抄四卷，清何煌撰，清雍正元年刊本，二册。

蒙隐集二卷，宋陈棣撰，知不足斋抄本，二册。

大雅集八卷，元赖良注，旧抄本，朱彝尊跋，陈鳣藏印，一册。

桃谷遗稿，明陆俸撰，杨炤手抄本并跋，一册。

泗州录，明抄本，钱曾、季振宜递藏，有印记，一册。

避戎夜话，宋石茂良撰，明抄本，季振宜藏印，一册。

避乱录，宋胡舜中撰，明抄本，季振宜藏印，一册。

金石录三十卷，宋赵明诚撰，清顺治刊本，四册。

文心雕龙十卷，梁刘勰撰，晚明张遂辰刊本，二册。

逊国遗书四卷附从亡随笔一卷，明崇祯刊本，二册。

陆包山诗集，明陆治撰，翁栻手抄本，一册。

黄山志定本七卷图一卷，清闵麟嗣撰，清康熙刊本，八册。

黄山志续集五卷诗一卷，清汪士鋐辑，康熙刊本，三册。

唐朝名画录，唐朱景玄撰，明嘉靖覆宋本，一册。

风雅遗音二卷，宋林正大撰，明刊本，二册。

程巽隐诗集二卷，明程本立撰，雍正金檀文瑞楼刊本，一册。

东莱先生诗律武库前后集三十卷，宋吕祖谦撰，康熙精刊本，四册。

姑苏名贤小记二卷，明文震孟撰，明万历甲寅刊本，徐釚批校，一册。

一笠庵编清忠谱传奇二卷，清李玉撰，清康熙刊本，二册。

篆文六经四书，清乾隆内府刊本，十六册。

初学记三十卷，唐徐坚撰，明嘉靖安桂坡馆刊本，十册。

新编事文类聚翰墨大全十集，元刘应李辑，明刊黑口本，二十册。

文公家礼仪节十六卷，明丘濬撰，明万历戊申刊本，二册。

岳集五卷，宋岳飞撰，明徐阶编，明嘉靖丙申刊本，二册。

古欢堂经籍举要，清吴翌凤撰，绿格手写稿本，一册。

元叟和尚住湖州路翔凤山资福禅寺语录，元法林编，元刊黑口本，一册。

附释音尚书注疏二十卷，唐孔颖达疏，元刊本，十四册。

居易堂集二十卷，明徐枋撰，清嘉庆吴江赵氏刊本，四册。

大复遗稿三卷，明何景明撰，明嘉靖刊本，一册。

述古堂诗集（存二十九至三十二卷），清钱兆明撰，乾隆时黑格手写稿本，一册。

唐诗四十名家集，清谢浦泰辑，康熙时手写稿本，二十册。

书集传六卷，宋蔡沈集传，明黑口本，六册。

徐文长文集三十卷，明徐渭撰，明万历甲寅刊本，六册。

白沙子集八卷，明陈献章撰，明嘉靖刊本，八册。

宝刻丛编二十卷，宋陈起编，魏氏绩语堂抄本，魏锡曾批校，十六册。

铁函斋书跋六卷，清杨宾撰，魏氏绩语堂黑格抄本，一册。

南史八十卷，唐李延寿撰，元信周路儒学刊黑口本，二十四册。

陆状元增节音注精议资治通鉴一百二十卷，宋司马光撰，陆唐老集注，明汲古阁刊本，四十一册。

汉魏丛书，明程荣辑，明万历刊本，三十二册。

豫章黄先生文集二十卷，宋黄庭坚撰，明弘治刊本，八册。

老泉先生文集十四卷，宋苏洵撰，宋坊刊巾箱本（傅增湘定），六册。

穆天子传六卷，晋郭璞注，明程荣刊《汉魏丛书》本，周锡瓒手校并跋，一册。

唐宋白孔六帖一百卷，唐白居易撰，宋孔传续，明嘉靖覆宋刊本，四十八册。

江淮异人录，宋吴俶撰，潘氏渊古楼黑格抄本，一册。

虞山妖乱志，明冯舒撰，周星诒黑格抄本，一册。

晦庵先生朱文公续集十卷，宋朱熹撰，元刊黑口本，六册。

骆宾王文集十卷，唐骆宾王撰，黄氏士礼居影宋抄本，二册。

黄文献公集二十四卷，元黄溍撰，谢浦泰手抄本，宋宾王跋，六册。

曲洧旧闻九卷，宋朱弁撰，危素编，明蓝格抄本，曹森跋，二册。

北户录二卷，唐段公路撰，吴翌凤抄校并跋，一册。

韩诗遗说三卷，清臧镛堂撰，蓝格旧抄本，赵之谦校跋，一册。

鹤林玉露十六卷，宋罗大经撰，明嘉靖刊小字本，清程邦宪跋，四册。

仪礼图十七卷、旁通图一卷，宋杨复撰，元刊明修本，十一册。

稼轩长短句十二卷，宋辛弃疾撰，明嘉靖丙申年刊本，四册。

岩下放言二卷，宋叶梦得撰，吴志忠抄校本，一册。

意林五卷（残存二卷），唐马总撰，旧抄本，黄丕烈校，沈树镛跋，一册。

尔雅三卷，晋郭璞注，明嘉靖四年刊本，三册。

书学汇编十卷、法帖释文一卷，乾隆时抄本，六册。

唐清塞诗集，唐周贺撰，明刊本，黄丕烈跋，一册。

中州集十卷、乐府一卷，金元好问撰，明毛氏汲古阁刊本，颖谷过录冯班校，十册。

管子二十四卷，唐房玄龄注，明万历刊中都四子本，陈奂校跋，六册。

学苑，明赵㧑谦编集，旧抄本，四册。

金兰集三卷续一卷，明徐达左辑，乾隆写刊本，二册。

野处类稿二卷，宋洪迈撰，史开基抄本，一册。

松园浪淘集十八卷，明程嘉燧撰，明崇祯刊本，六册。

宝晋山林集拾遗八卷，宋米芾撰，四册。

竹崦盦金石目（平江贝氏藏），清赵魏集，旧抄本，一册。

资治通鉴外纪举要三十六卷，孙星衍绿格抄校本，十六册。

续资治通鉴六十四卷，明王宗沐撰，明隆庆刊本，二十册。

钱湘灵先生诗集十六卷，清钱陆灿撰，清初旧抄本，六册。

筠溪牧潜集七卷，元释园至撰，明汲古阁刊本，何焯批校并跋，二册。

古今说海一百四十二卷，明陆楫辑，明嘉靖陆氏俨山书院刊本，四十册。

中吴纪闻十卷，宋龚明之撰，明黑格抄本，毛晋藏印，顾湄跋，二册。

新刻丹溪心法附余二十四卷，明方广撰，明嘉靖甲寅刊本，十册。

贾太傅新书十卷，明何孟春注，明正德刊本，许士良批校，四册。

春秋左传注解辨误二卷、补遗一卷、古器图一卷，明傅逊撰，明万历癸未刊本，四册。

图画见闻志六卷，宋郭若虚撰，明嘉靖覆宋刊本，三册。

王氏农书三十六卷，元王祯撰，明嘉靖庚寅刊本，十二册。

东医宝鉴二十三卷，朝鲜许浚撰，朝鲜内医院刊本，二十五册。

钤山堂集四十卷，明严嵩撰，明嘉靖乙巳刊本，八册。

孟东野诗集十卷，唐孟郊撰，明嘉靖秦禾刊本，二册。

御选唐诗三十二卷，清圣祖玄烨撰，康熙内府刊本，十五册。

东都事略一百三十卷，宋王偁撰，黑格影宋抄本，十册。

分类补注李太白集二十五卷文集五卷，唐李白撰，明万历许氏霏玉斋刊本，六册。

夷坚志二十卷，宋洪迈撰，顾秉谦手抄本，四册。

续夷坚志二卷，金元好问撰，张绍仁手抄本，施国祁跋，二册。

临川先生文集一百卷，宋王安石撰，明嘉靖三年刊本，二十册。

朝野佥载十卷，唐张鷟撰，曹炎抄本，一册。

晞发集十卷，宋谢翱撰，明万历刊本，八册。

空同集六十六卷附二卷，明李攀龙撰，明万历刊本，八册。

缑山先生集二十七卷，明王衡撰，明万历刊本，八册。

雍熙乐府二十卷，明郭勋辑，明嘉靖十年刊本，原缺卷二、十、十二，曹寅抄补，江标跋，二十册。

李义山诗集三卷，清朱鹤龄注，清顺治刊本，沈厚塽批校，二册。

国初事迹，明刘辰撰，陈鳣抄校本并跋，一册。

水经注四十卷，汉桑钦撰，清康熙项氏玉渊堂刊本，吴骞校跋，十册。

荀子二十卷，周荀况撰，唐杨倞注，明嘉靖吴门顾氏世德堂刊本，六册。

谋野集四卷，明王穉登撰，明万历江阴郁氏刊本，二册。

原始秘书十卷，明臞仙撰，明万历金陵书坊周曰校刊本，五册。

郭鲲溟诗集四卷、奏疏一卷，明郭谏臣撰，清康熙刊本，二册。

尺牍清裁六十卷，明王世贞编，明万历刊本，六册。

学古绪言二十四卷，明唐时升撰，明崇祯刊本，六册。

游鹤堂墨薮二卷，明周之士撰，明万历刊本，一册。

晦庵先生语录类要十八卷，宋朱熹撰，明叶士龙编次，明成化刊黑口本，孙星衍藏印，八册。

唐李嘉祐诗集五卷，明刘成德编校，明刊本，何焯、黄丕烈跋，一册。

龙川略志六卷、别志四卷，宋苏辙撰，南宋坊刊本，曹寅旧藏，曹元忠跋，四册。

茅山志十五卷，元刘大彬撰，元刊本（存一、二、八卷），四册。

香溪先生范贤良文集二十二卷，宋范浚撰，元刊黑口本，汪士钟、张金吾藏，六册。

埤雅二十卷，宋陆佃撰，明刊黑口本，归昌世藏印，六册。

补注释文黄帝内经素问十二卷，唐王冰注，明嘉靖赵府居敬堂刊本，六册。

容春堂全集六十一卷，明邵宝撰，明万历刊本，十五册。

日知录三十二卷，清顾炎武撰，清康熙潘耒刊本，陈鳣校注本，八册。

集千家注杜工部集二十卷，唐杜甫撰，明嘉靖刊本，十二册。

古欢堂集，清田雯撰，清乾隆刊本，八册。

吕氏家塾读诗记三十二卷（补抄五至八卷），宋吕祖谦撰，明嘉靖刊本，十册。

后汉书一百二十卷，刘宋范晔撰，明嘉靖汪文盛刊本，二十四册。

绵津山人诗集十八卷，清宋荦撰，清乾隆刊本，四册。

附释文互注礼部韵略五卷，宋丁度撰，清康熙曹寅刊本，八册。

周易参同契发挥三卷，宋俞琰撰，明宣德三年刊黑口本，三册。

本草元命苞九卷，元尚从善撰，旧抄本，八册。

珊瑚木难八卷，明朱存理撰，绿格旧抄本，八册。

大学新编黼藻文章百段锦，明方颐孙编，明刊本，二册。

新编张仲景注解伤寒发微论二卷伤寒百证歌五卷，宋许叔微述，元刊本，曹元忠跋，二册。

存复斋文集五卷，元朱德润撰，明刊黑口本，季振宜藏印，二册。

蕉窗九录，明项元汴撰，周星诒黑格抄本并跋，一册。

六书本义十二卷，明赵㧑谦撰，明正德己卯刊本，四册。

新增韵府群玉二十卷，元阴时夫撰，元大德刊本，二十册。

吴歈小草十卷，明娄坚撰，晚明时刊本，四册。

山带阁注楚辞六卷、余论二卷、说韵一卷，清蒋骥撰，康熙癸巳刊本，四册。

赐砚堂丛书，清顾沅辑，清道光刊本，十二册。

乡党图考补正，清潘锡爵撰，清刘履芬手抄本，一册。

校补竹书纪年，清赵绍祖撰，清刘履芬手抄本，一册。

大唐六典注三十卷，唐李林甫等注，清刘履芬手抄本，四册。

伤寒明理论四卷，宋成无已撰，清刘履芬手抄本，一册。

邓析子二卷商子五卷素书一卷，清刘履芬手抄本，一册。

印人传三卷，清周亮工撰，清刘履芬手抄本，一册。

菰中随笔，清顾炎武撰，清刘履芬手抄本，一册。

稽瑞一卷，唐刘赓撰，清刘履芬手抄本，一册。

醉翁谈录八卷，宋金盈之撰，清刘履芬手抄本，莫友芝跋。

纂图释文重言互注老子道德经二卷，汉河上公注，清刘履芬手抄本，一册。

玉笥集十卷，元张宪撰，清刘履芬手抄本，一册。

天台林公辅先生文集，明林右撰，清刘履芬手抄本，一册。

琴隐园诗集，清汤贻芬撰，清刘履芬手抄本，一册。

增广圣宋高僧诗选前集一卷后集三卷续集一卷，宋陈起编，清刘履芬手抄本，一册。

国朝七家词选，清孙麟趾辑，清刘履芬手抄本，一册。

书人书话之属

《苏州图经》流落何处

苏州古地志，以唐人陆广微所著《吴地记》为最古，但内容极为简单，只可以说尚是方志的雏型。宋代朱长文著有《吴郡图经续记》三卷，始可作为初具规模的地方志。但这部书完成于元丰七年（1084），作者在自序中说："……吴为古郡，其图志相传固久。自大中祥符中诏修《图经》，每州命官编辑而上，其详略盖系乎其人。而诸公刊修者，立类例，据所录而删撮之也。夫举天下之经而修定之，其文不得不简，故陈迹异闻□于俱载。由祥符至今七十年矣，其间近事未有记述也……于是，参考载籍，探摭旧闻，作《图经续记》三卷，凡《图经》已备者不录。"这里说得很清楚，在他著此书之前七十年，已有了《图经》，所以称为《续记》。

现今我们在同治《苏州府志》和民国《吴县志》的艺文考中，都可以看到著录，有李宗谔《苏州图经》六卷。据《宋史》本传载：李宗谔，字昌武，深州饶阳人。李昉之子。生于宋太祖乾德二年（964），卒于真宗大中祥符五年（1012），年四十九岁。七岁能属文，耻以父任得官，独由乡举第进士，授校书郎。明年献文自荐，迁秘书郎、集贤校理，同修《起居注》。真宗时累拜右谏议大夫。……风流儒雅，藏书万卷。内行淳至，又好接待士类，奖拔后进。宗谔工隶书，为西昆体诗人之一。著有《文集》六十卷、《内外制》三十卷、预修《太宗实录》、《续通典》，又作《家传类录》，并传于世。

另外在宋人陈振孙所撰《直斋书录解题》卷八里，也著录有《苏州图经》六卷，题“翰林学士李宗谔昌武撰，景德四年（1007）诏以四方郡县所上图经，刊修校定为一千五百六十六卷，以大中祥符四年颁下，今皆散亡，馆中仅有九十八卷，余家所有惟苏、越、黄三州刻本耳”。根据这段话来看，当时陈振孙家里是藏有刻本《苏州图经》的。

陈振孙，字伯玉，号直斋，宋江西安吉人。历任福建南城、莆田知县，端平三年（1236）知泰州、除浙东提举，嘉熙元年（1237）任嘉兴知府，淳祐四年（1244）官国子司业，终侍郎。在莆田时传录故家藏书五万余卷。就所藏仿《读书志》例撰《直斋书录解题》二十二卷，极为精详，为后来学者考证所必备用书。

《苏州图经》在宋代见于著录之后，一直未见踪迹。在明初正统六年（1441）杨士奇所编的明皇家藏书——《文渊阁书目》中也未查到。到了清代乾隆年间，高宗皇帝纂修《四库全书》时，曾下圣旨向民间征集遗书，仍旧没有出现。因此大家认为已经失传。

晚清时期，苏州大藏书家叶昌炽在他所著《藏书纪事诗》卷三李如一贯之条中引王士禛《池北偶谈》：“《南唐书》今止传陆游、马令二本，胡恢书久不传。惟江阴赤岸李氏有之，李即忠毅公应升之叔，忘其名矣。”昌炽案：“即贯之先生也。实为忠毅公之伯父，余见其《得月楼书目》，又有《南唐书》十卷，徐洪撰。考《通志艺文略》，《江南录》十卷，徐铉、汤悦等撰，记江南李氏之事，疑即此书。而‘铉’误为‘洪’也。又有周淙《临安记》十五卷，足本宋敏求《河南志》二十卷，李宗谔《苏州图经》六卷，赵抃《成都古今记》十卷，皆世所不传之本”。这就说明在明朝万历年间，江阴李氏还藏有此书，至于是刻本，还是抄本，就不得而知了。

陈彬龢《中国书史》上也说：“江阴李鹗翀，字如一，别字贯之，多识古文奇字，晚年和虞山钱谦益很要好，因为两人都有爱书癖性，可惜他得月楼的书，在乙酉国变的时候(1645) 都散失了。”

根据上述文献记载，这部《苏州图经》最后一次是在明末清初时期下落不明的。所以是否还在人间还是一个谜。因为有的事情是会出人意料的。譬如宋代赵明诚所著《金石录》三十卷，宋椠久亡。明代就仅有抄本流传。钱曾在《读书敏求记》中说：“冯砚祥有不全宋椠十卷，刻一图记曰‘金石录十卷人家’，长笺短札，帖尾书头，每每用之，亦艺林中一美谈也。”砚祥名文昌，曾得王羲之《快雪时晴》真迹，并在西湖孤山上筑“快雪堂”以藏书。冯氏书散，这一惊人秘笈就先后为江立、鲍廷博、阮元、潘祖荫等递藏，都诧为奇书，各镌“金石录十卷人家”小印，以自矜异，认为是人间孤本了，而孰知宋刻三十卷完整的《金石录》尚在民间，建国初期终于在南京发现。后捐献给国家图书馆，1983 年由中华书局影印行世。

还有宋代丁度编《集韵》，在元、明二朝时，默默无闻。顾炎武作《音论》时也未见其书，疑已失传。时隔不久，秀水朱彝尊从汲古阁得传抄宋本，由曹寅刻于扬州诗局，才大显于世。

根据上面两个例子，证明了一句“书囊无底”的古话。这部《苏州图经》是在明末清初时期在江阴县境内散失的。因此希望附近地区的县（市）乡有关部门，结合文物普查，加强宣传，注意搜访，说不定有朝一日也会和宋版《金石录》一样，忽于千百年沉埋之下，灿然呈现。

《传统文化研究》第一辑
1992 年 9 月古吴轩出版社

“绝世孤本《杜陵诗史》百年沉浮记”质疑

1992年8月17日，《书讯报》第8版上刊载了宋路霞先生所作“绝世孤本《杜陵诗史》百年沉浮记”一文，拜读以后感觉宋先生撰文介绍此书收藏源流，对弘扬民族文化、传播书林掌故都将起到很大作用，是件大好事。但是记中部分内容与实际情况有些出入，现在为了使藏书史实不致发生误传，就我所知作如下说明：

宋先生的文章在《杜陵诗史》递藏者的姓名中，列有一个叫宋犖的人。我想很可能是宋荦之误。因为宋在康熙年间曾任江苏巡抚，在苏州时间长达十四年之久。并且书上盖有一方“纬萧草堂藏书记”可以证明。

宋文说：“公鲁（刘之泗）去世后，遗下妻子儿女，一家十口，只得靠变卖图书文物度日。此孤本《杜陵诗史》就在这时被迫作价抵押给当时国民党的一个政界人物，人称是蒋介石的老师叫何亚农的人手里，时在1940年左右。”实际上这部宋版《杜陵诗史》，早在抗战以前，就由刘之泗以2500银元抵押给王季常。后在日军攻占苏州时，刘之泗被日军杀害。此事就不了了之。从此这本书为王季常所有。王季常是清代光绪六年进士、任军机章京王颂蔚的幼女。她母亲谢长达曾创办苏州振华女子中学（即今苏州市第十中学）。大哥王季烈是当代戏曲专家，编过《集成曲谱》和《孤本元明杂剧》，先后由商务印书馆出版。王季常本人出嫁时丈夫已有病，不久夫死，终身守寡。据悉王季常在得到这部书以后，想请当时在北京燕京大学工作的顾廷龙先生鉴定。后因抗战爆发而未能实现这个愿望。由此可以说明此书在1937年前，已在王季常处。因此我个人认为抵押给何亚农一说，缺乏根据。

《杜陵诗史》上除了盖有华夏、朱大韶、季振宜、徐乾学、宋荦等人藏印之外，书上还有“拙翁文府”木印。视其风格，系日本收藏家印记。说明此书在清代中期流散至日本，约在光绪间由周缉之从日本购回。周缉之，名学熙，字止庵。光绪举人，曾任天津道，长芦盐运使。辛亥革命后，先后二次出任财政总长，与五国银行团签订善后借款合同，创设中国实业银行，开办华新纱厂等企业，是民国初期北方财政实业家的著名代表。在中国古籍上盖有日本藏印的，还有1975年苏州古旧书店提供给苏州市图书馆的另一部宋代江西章贡郡斋刻本《容斋随笔》《续笔》上，也有日本“鞠山文库”长方形木记，这是民国初年任奉天省特派员的田潜在日本东京购回来的。

1974年苏州古旧书店从民间收购到这部稀世珍本以后，随即提供给苏州市图书馆保藏，成为该馆镇库之宝。可说是物得其所了。但近几年来，王季常家人为该书所有权问题提出争议，已通过法院进行审理。

教化遗墨

——关于范仲淹的教科书

范仲淹的人品事业、卓绝一时，因而元明以来就把他的事迹，作为启蒙教材，刊布于世。现特介绍几种：

第一种是《新刊大字分类详明日记大全》九卷。题“建安草窗虞韶以成纂集、书林鳌峰后学熊大木校注”。明嘉靖间刊，黑口本。前有嘉靖二十一年（1542）书林熊大木序。尾有“壬寅年重加校正整新刊梓行”木记二行。此书清代倪灿、卢文弨《补辽金元艺文志》经部小学类和钱大昕《补元史艺文志》类书类均有著录，可知此书编于元代。明嘉靖中熊大木加以整编、注释。熊氏为当时出版家，以刻印上图下文本小说闻名于世。这个本子原为郑振铎旧藏，内有范仲淹故事五则，现摘录其中三则。

《经济生民》：宋范仲淹少时尝自曰：“士当先天下之忧而忧，后天下之乐而乐。”初举进士第，知陈州。岁大蝗旱，江淮、京东滋甚。仲淹请遣使奏言，帝恻然，乃命仲淹安抚江淮，所至开仓赈之，奏蠲其税。后除河东陕西宣抚使，赐黄金百两，悉分余钱招还流民三千余户，奏免其税。

《戒享富贵》：宋范文正公仲淹，字希文。既贵，常以俭约训人，戒诸子曰：“吾贫时与汝母养吾亲。汝母躬执爨而吾亲甘旨，未尝充也。今而得厚禄，欲以养亲，亲不在矣。汝母又以早世。吾之所最恨者。忍令若曹享富贵之乐也。”子纯仁娶妇将归，以罗绮为帷幔，公闻之不悦，曰：“罗绮岂帷幔之物耶？吾家素清俭，安得乱吾家法，敢持至，当火于庭。”

《还所付金》：范仲淹少贫悴，常与一术者游。会术者病笃，使人呼仲淹而告曰：“吾善炼水银为白金，吾儿幼，不足以付，今以付子。”（称仲淹曰子）即以其方与炼成白金一斤封志，纳仲淹怀中，仲淹辞逊而术者已绝。后十余年仲淹为谏官，术者之子已长，仲淹呼而告之曰：“汝父有神术，惜已死矣。以汝尚幼，故俾我收之。今汝成立，当以还汝。”出其方并白金，封志宛然，授于其子。

第二种是《新刻学堂日记故事》一卷，清同治间（1862—1874）苏州玄妙观内得见斋书坊刊本。目录后有识语：“原刻名日记故事续集，即本王晋升先生日记故事而续衍之。善教之师往往购备，以授生徒，颇为大雅所不弃。兹因原刻漫漶，乃复增广采辑，计得故事一百条，仍各绘以图，更其名曰学堂日记。所愿当代人师，令生徒各备一编，时与讲说，俾令日记数条，以资养正，裨益当非浅鲜，亦吾辈砚田种福之一端也。寄云山人晦斋氏志。”

查寄云山人为无锡余治之别号。余治号莲村，诸生。同治二年（1863）移家苏州，著述甚多．并在玄妙观开设“得见斋”书坊，发卖各种劝善之书，其自著《庶几堂今乐》劝善戏文，德清俞樾为作序。事迹详民国《吴县志》流寓传，书中刊载范仲淹故事一则。

《义田济族》：宋范仲淹字希文，苏州人。少时家贫苦读，寓一僧寺，每日烧粥一盂，划作四块，早晚取二块，断黄齑数茎啖之，如是三年。后官至参政，悉以所得俸银，置田千亩，以济族中之贫困者，名曰义田，天下以为法。……而其居家俭约如寒士，子孙世代科第不绝，家无余资。

第三种是《最新修身教科书》六册，清光绪三十二年(1906) 上海商务印书馆石印本。校订者为高凤谦、蔡元培、张元济。收入范仲淹故事二则。

第四课《笃厚》：范文正公知开封时，遣次子尧夫，将麦五百斛往苏州。还次丹阳，见石曼卿，曰："三丧欲葬，无与谋者。"尧夫以麦金与之。二女未适，又以舟与之。还见，公曰："江南见故旧乎？"曰："丹阳石曼卿者，三丧不归，二女未适，以麦金与之，犹未敷。"公曰："何不连麦舟与之？"曰："与之矣。"公曰："善。"

以上课本，说不上是什么"珍品"和"精品"，仅证明：封建时代，重视德育，尚且如此！

明代王氏三槐堂刻书

王氏望出太原，为周灵王太子晋[1]之后，本姬姓。世传晋登仙是王家之太子，遂称王氏。今言氏族者，皆以为王氏得姓之祖。莘人王祜，字景叔，北宋时知潞州，寻代符彦卿镇守大名，以百口明彦卿无罪，世谓祜积有阴德。尝手植三槐于庭曰：“吾子孙必有为三公者。”后其次子王旦登太平兴国进士，真宗时累擢枢密院，进太保。且当国最久，事至不胶，有谤不较。军国之事，皆预参决。故天下人称为三槐王氏。[2] 宋太宗（赵炅）谓祜文章清节兼著，特拜兵部侍郎。是为三槐王氏之祖。

吾吴以洞庭东山莫厘王氏为最盛。大学士王鏊可说是代表人物。王鏊（1450—1524）字济之，号守溪，吴县人，学者称震泽先生。成化甲午、乙未乡、会试皆第一，廷试第三。授编修，历充侍讲学士，累进户部尚书，文渊阁大学士，加少傅兼太子太傅。中贵李广导弘治帝游西苑，鏊为讲“文王不敢盘于游畋”，反复亲切，帝为动容。刘瑾衔韩文、刘大夏，欲杀之。又欲以他事中伤刘健、谢迁，鏊力救得免，后以志不得行求去。其为人博学有识鉴，文章尔雅，议论明畅。诗萧散清逸，

---

① 见《古今图书集成·氏族典》。

② 见《中国人名大辞典》。

有王维、岑参风格。书法精劲，得晋唐笔意。正德庚辰（1520）所书《行书诗卷》上，除钤有名章室名印外，还盖有“三槐之裔”一印。[①] 好藏书，清内府“天禄琳琅”所藏明版《六子全书》为其旧藏，书上钤有“吴趋”椭圆印及“三槐之裔”、“大宗伯章”等印记。[②] 嘉靖三年（1524）诏复有司存问，未几卒。年七十五。讣闻，予祭葬，赠太傅，谥文恪，其墓葬在东山后山（梁家山）。20 世纪 50 年代笔者去西山访书归来，曾路过此处，刻有门人唐寅所作“海内文章第一，山中宰相无双”对联之石牌坊尚完好。王鏊喜刻书，生前曾以三槐堂名义刻过《震泽编》、《孙可之集》等，其自著《震泽先生集》等则皆为其后人所刻印。其子王延喆曾刻《本草单方》，又在嘉靖丁亥（1527）影摹宋版《史记》重刊，刻印俱精，人称“王本史记”，向负盛誉。万历间其玄孙王永熙等，因《震泽先生集》书版岁久漫漶，重刻行世。其次海虞书坊三槐堂主人亦刻过《侯鲭录》、《雷公炮制药性解》，王昆源也刻《新刻名公神断明镜公案》传世，现就个人知见，简述如下：

（一）《震泽编》

《震泽编》八卷，题西洞庭蔡昇辑、东洞庭王鏊修，明弘治十八年（1505）刊本。每半页八行，行二十字，白口，单边，书口上刻书名，下刻“三槐堂”三字。前有杨循吉序称其“操觚之妙，天机独运，中间有似《尔雅》者；有似《山海经》者，有似柳子厚诸山水记者”，按：“震泽”出于《尚书·禹

① 见《中国书画家印鉴款识》。

② 见《天禄琳琅书目》。

贡》“震泽底定”，即今苏州之太湖，又称具区、五湖、蠡湖、笠泽等，故此书内容以太湖中洞庭东西山为主。首记五湖、七十二山、两洞庭，次石泉古迹，次风俗人物、土产赋税，次水利官署、寺观庵庙杂记，次集诗集文。蔡昇书原名《太湖志》，王鏊重修时，乃取《禹贡》之语，改称今名。建国后成立震泽县，县政府设在洞庭东山，不久裁撤，并入吴县。1985 年中华书局出版，中国科学院北京天文台主编的《中国地方志联合目录》上，误将《震泽编》作为吴江之震泽镇志，故注云“今并入吴江县”，此乃编者不熟悉苏州地理情况所致。顺此提及，以免以讹传误。

（二）《孙可之文集》

《孙可之文集》十卷，唐孙樵撰，明正德十二年（1517）震泽王氏刊本，每半页十一行，行二十一字。前有王鏊刻书序：“凡为文必有法，扬子云断木为棊，梡革为鞠，亦皆有法焉，况文乎哉！近世文章家要以昌黎公为圣，其法所从授，盖未有知其始者。意其自得之于经，而得之邹孟氏尤深。同时自柳州外，鲜克知者。昌黎授之皇甫持正，持正授之来无择，无择授之可之，故可之自诧得吏部为文真诀，可之卒，其法中绝。其后欧苏崛起，百年之后，各以所长，振动一世。其天才卓绝，顾于是有若未暇数数然者，而亦多吻合焉。其时临川荆公得之独深，考其储思注词无一弗合，顾视韩差狭耳；而后之为文者随其成心，无所师承，予窃病之。少读《唐文粹》得持正、可之文则往返三复，惜不得其全观之。后获内阁秘本，手录以归，自谓古人立言之旨，始有丝发之见。且欲痛刬旧习，澡濯新思，而齿发白衰，才思凋落，欲进复却，不能追古作者以足平生之志。读二子书未尝不抚卷太息，喜其逢而惜其晚也。遂梓刻以传，庶昌黎公不传之秘，或有因是而得者”，此刻传世不多，现国家图书馆有收藏。

（三）《本草单方》

《本草单方》八卷，明震泽王鏊辑，明嘉靖五年（1526）子王延喆刊本。前有自序称：“予读《大观本草》，见汉晋以来神医名方往往具在。间或试之，应手而验。乃知药忌群队，信单方为神也，而世不及见。穷乡下邑，独以海上方为良，不知古方固犹在乎！而散见杂出，仓卒之际，未易访寻。予在翰林日多暇，手自抄写为一编。对病检方，较若画一，不敢自秘，因梓刻以传，于乎群队之忌，非独医药也。用人用兵，盖莫不然，有能得是方而治之。”此书为其子王廷喆刻成。现上海图书馆有藏本。

（四）《史记集解索隐正义》

《史记集解索隐正义》一百三十卷，汉司马迁撰，宋裴骃集解，唐司马贞索隐，张守节正义，明嘉靖六年（1527）震泽王廷喆覆宋刻本。每半页十行，行十八字，注双行二十三字。白口，左右双边。首有《史记集解序》，序后有隶书牌子，文曰“震泽王氏刻于恩褒四世之堂”。目录后有篆书牌子，文曰“震泽王氏刻梓”。《索隐》序后有王廷喆识语七行，文曰：“延喆不敏，尝闻于先文恪公曰：《国语》、《左传》，经之翼也；迁书、班书，史之良也。今吴中刻《左传》，郢中刻《国语》，闽中刻《汉书》，而《史记》尚未版行。延喆因取旧藏宋刊《史记》，重加校雠，翻刻于家塾，与三书并行于世。工始嘉靖乙酉腊月，迄于丁亥之三月。林屋山人王延喆识于七十二峰深处。”此书摹刻至精，几与宋版相仿。前贤已多称其善，如四库馆臣及王鸣盛辈均誉之。清人王士禛所著《池北偶谈》里尚记有关于此书的轶闻一则：“明尚宝少卿王延喆，文恪少子也。其母张氏，寿宁侯鹤龄之妹，昭圣皇后同产。延喆少以椒房入宫中，性豪侈。一日有持宋椠《史记》求鬻者，索价三百金。延喆谓其人曰：‘姑留此，一月后可来取值。’乃鸠集善工，就宋版本模刻，甫一月而毕工。其人如期至，索值，故绐之曰：‘以原书还汝。’其人不辨真赝，持去。既复来曰：‘此亦宋椠而纸差不如吾书，岂误耶?’延喆大笑，告以故。因取新雕本数十部散置堂上，示之曰：‘君意在获三百金耳，今如数予金，且为君书幻千百亿化身矣’。其人大喜过望，今所传有震泽王氏摹刻印即此本也。”又钱泰吉《王刻史记跋文》云：“文恪后人有居海昌者，假其家谱观之，延喆字子贞，为文恪长子，以荫入官，由中书舍人擢太常寺右丞副，出为兖州府推官，谢病归。子有壬为尚宝丞，赠如其官，故王氏称子贞为尚宝公。今观跋尾述文恪语，《史记》尚未版行，延喆因以所藏宋刻重加校雠，翻刻于家塾，则宋本为文恪旧藏。”此本原书记明嘉靖间刻书起讫岁月，谅必渔洋先生当时未见原书，仅据传闻记述。因而近人叶昌炽在他所著《藏书纪事诗》中有“一月何能付枣梨，新城烂语太无稽”的评论了。由于此本刻印均佳，因而流传下来之书，凡序目及卷尾有王氏校刊木记处，悉为妄人裁去，染色以后冒充宋版。有明代王氏刻书木记者反不多见。现苏州博物馆藏有嘉靖原刻，白皮纸初印本一部，弥足珍贵。

（五）《王文恪公集》

《王文恪公集）三十六卷，题明震泽王鏊济之著，吴兴朱国祯文宁订、云间董其昌玄宰阅，明万历间（1573—1620）洞庭王氏三槐堂刻本。每半页九行，行二十字。白口，上下单边。书口上刻书名，下刻三槐堂三字。首有朱国祯刊书序称："《震泽先生集》年深漫漶，而先生之曾孙闻谿公清风伟节，异世同符，亦著有《鹃音》、《白社》两稿，存笥未刊。玄孙文学永熙及经辈，合梓之家塾。"次董其昌序及《名公笔记》一卷，有吴廷举、施凤、蔡羽、沈周、吴宽、徐源、杨循吉，祝允明、唐寅、文徵明、陆粲、顾鼎臣、王宠、王守仁、刘凤、邵宝、徐缙、王世贞、冯时可等人所作关于王鏊之疏、跋、联句、像赞、寿诗、传、墓铭等内容。次目录，第一卷赋、诗，二至八卷诗，九卷联句、近体乐府，十至十三卷序，十四卷序、说，十五至十七卷记，十八卷内制，十九至二十卷奏疏，二十一至二十二卷碑，二十三卷传，二十四卷碑，二十五卷行状、墓表，二十六卷表、碣，二十七至三十卷志铭，三十一卷志铭、哀词、祭文，三十二卷颂、赞、箴、铭，三十三至三十四卷杂著，三十五卷题跋，三十六卷书。此书版式与长洲陈仁锡所刻《陈白阳集》相同，盖同为书法家陈元素所写刻者。[①]现苏州市馆藏有此本。

---

① 陈元素，字古白，明长洲人。万历三十四年应试及第，早负才名，工诗文，楷法欧阳，草入二王。

（六）《鹃音》

《鹃音》一卷，题吴趋王禹声遵考著，吴兴朱国祯文宁订，云间董其昌玄宰阅。明万历间（1573—1620）王氏三槐堂刊本，版式、行款、字数与《文恪公集》相同。首有万历二十七年（1599）钱养廉序及自序："始余入潞阳，同游盖有四民部焉。酒杯谭尘，无不偕也，无不适也。甫阅月，曹君能始南迁，报至，盖已深聚散之感矣。未几，而胡君汝扬以榷关去，邓君汝高视学滇中，与能始相继去。旧游在者，余与郭君汝德二人耳。入夏，郭君又去岭海波臣，亦既蒙戎其裘矣。何为是栖栖者与！每听骊歌不觉黯然魂消，恨无晨风之翼也。爰次前后赠行诸篇，附以思归数语，命曰《鹃音》，非徒见一时共事之雅，亦庶几仁者览之恻然兴怀，早俾猿鸟脱此樊笼云。时万历己亥孟夏既望洞庭山樵王禹声。"有"文恪曾孙"，"王印禹声"木记。与此同刻者尚有《白社诗草》，均附于《王文恪公集》后流传。

（七）《震泽先生别集》

《震泽先生别集》六卷，明洞庭王永熙辑，明万历二十六年（1547）刊本。每半页十一行，行二十字。凡收王鏊著《震泽长语》二卷、《震泽纪闻》二卷，王禹声著《续震泽纪闻》一卷、《郢事纪略》一卷。首有绣水贺灿序称："玄孙永熙重寿之梓，并梓其尊人遵考《纪闻续》一卷及《郢事纪略》，总题曰《震泽先生外集》，属余序之。"《长语》前有王鏊自识称："余久居山林，不能默默，阅载籍有得即录之，观物理有得则录之，有关治体则录之，有裨闻见则录之，久而成帙，名曰

《震泽长语》云。”是书明刻四种全帙较为少见，王重民《中国善本书提要》仅著录国家图书馆藏有《震泽长语》而已。

（八）《侯鲭录》

《侯鲭录》八卷，宋赵令畤撰，明天启间（1621—1627）海虞三槐堂刊本。《四库全书总目》著录，提要称：“令畤，字德麟，燕王德昭玄孙。元祐中签书颍州公事，坐与苏轼交通罚金、入党籍。绍兴初，袭封安定郡王，同知行在大宗正事。是书采录故事诗话，颇为精赡。然第五卷辩传奇莺莺事凡数十条，每条缀之以词，未免失之冶荡。……令畤所与游处，皆元祐胜游，诸所记录，多尚有典型，是固不以人废言矣。”此刻向不多见，傅增湘《藏园群书题记》卷七卢抱经校旧抄本《侯鲭录》跋称：“此书惟《稗海》本八卷最为通行，其明天启海虞三槐堂刻颇不经见。”可见其传世之少。

（九）《雷公炮制药性解》

《雷公炮制药性解》六卷，明李中梓辑，明天启间（1621—1627）海虞三槐堂刊本。《四库全书总目》著录。提要称：“凡金石部三十三种，果部十八种，谷部十一种，草部九十六种，木部五十七种，人部十种，禽兽部十八种，虫鱼部二十六种，每味之下，各有论案。其称雷公云者，盖采《炮炙论》之文，别附于末。考宋雷学文《炮炙论》三卷，自元以来，无专行之本，惟李时珍《本草纲目》载之差详。是篇所采犹未全备，不得冒雷公之名。又《江南通志》载中梓所著书有《伤寒括要》、《内经知要》、《本草通元》、《医宗必读》、《颐生微论》凡五种，独无此书，殆庸妄书贾随意裒集，因中梓有医名，故托之尔。”

（十）《新刻名公神断明镜公案》

《新刻名公神断明镜公案》七卷，题葛天民、吴沛泉汇编。明天启间（1621—1627）书林三槐堂王昆源刊本。每半页十行，行十六字或十七字不等。楷书写刻，上图下文。所载内容均明事，亦有取之《疑狱集》等书者。盗贼类中与《廉明公案》重复者尤多，书中一事而立二目，或二事前后从同，略异其文字，亦与《龙图公案》同，盖书贾掇拾张凑成书。其第三卷盗贼类“陈凤宪判谋布客”条，载陈语云：“间阅《包龙图公案》，曾有蝇蚋迎马之事。”则其书尚在《龙图公案》之后，又载邹元标事，故定为天启间所刻印。仅日本内阁文库藏有残本一至四卷。

许自昌与梅花墅

许自昌（1578—1623）是明代万历年间，苏州地区著名的藏书家和刻书家，同时也是一位十分重要的作曲家。他在一生中刻过很多书，众所共知的是《李杜诗全集》和《太平广记》。其他还刻过《前唐十二家诗》、《唐甫里先生集》、《唐皮从事倡和诗》、《唐皮日休文薮》等，至今尚有刻本流传于世。他自著的《橘浦记》和《水浒记》两种传奇，也有名于时。其次还以“梅花墅”的名义改订了许三阶作的《节侠记》和汪廷讷作的《种玉记》。半个多世纪以来，他受到重视，可能就是这个原因。他的一生交游，虽然包括了当时著名的学者，并且有些人还经常到甫里（今角直）去拜访他，但是他的生平事迹却很少为人所知。

郑振铎《中国文学史》中说：“许自昌字玄祐，吴县人。生卒年均不详，约明万历中前后在世，与陈继儒诸人交往，构梅花墅聚书连屋，又好刻书，所刻有《韩柳文集》及《太平广记》等。自昌擅作曲，有传奇《水浒记》、《橘浦记》、《灵犀佩》、《弄珠楼》及《报主记》等。其他有《樗斋漫录》十二卷、《诗抄》四卷、《捧腹谈》十卷，并传于世。”

按：许自昌仅刻过《李杜诗全集》，至于他刻的《韩柳文集》则从未见到过，也不见于公私藏家书目著录，很可能是误记了。

最近查阅了清康熙年间陈维中修的《吴郡甫里志》，在第八卷胄监（例授）中，有下面一段小传："许自昌字玄祐，号霖寰，又号去缘居士，长洲人。未弱冠游雍，即驰隽声，四试棘闱，数奇。万历丁未谒选，授文华殿中书舍人，时年三十。随以养亲告归，筑梅花墅以娱亲。克承先志，为善益力，其不乐仕进有天随子风。与钟伯敬、董思白、张伯起、王伯谷、陈眉公辈友善，日宴客倡和，风流声伎，并甲吴中，有金粟道人风。所著《樗斋漫录》《樗斋诗草》等集行世。详郡志孝友传。康熙辛未奉督学檄，与父朝相俱崇祀府学乡贤专祠中。子元溥、元恭、元任、元方、元敦、元超。"

另外在《甫里志》园亭诗中还有侯峒曾和蒋铉作的二首诗，其中说到许自昌有家乐班子在梅花墅中演剧的资料：

"闭门山水卧有余，博古才同第四车。浮白奏来天上曲（自注：先生有家乐善度新声），杀青搜尽世间书（自注：先生雅好刻书，行世甚多）。回廊浸月疑行树，别渚藏春却放鱼（自注：池中有放生大池）。闻说黄杨垂阴远（自注：先生家有黄杨一株，高可数丈，为万历初难兄源泉公手植），爱花有种习难除。"（侯峒曾《题玄祐先生梅花墅》）

蒋铉所作一律的诗题是《癸亥上元前四日，许中翰张灯梅花墅，岩阿竹树，庭榭廊庑，悬缀皆满。檄两部奏剧，昼宴夜游，极声伎灯火之盛。予适归里，得与斯会。腊月先闯剧场，并及之》：

"春人江水小有天，黛生岩岫锦生川。偶来看竹逢高会，忽复当歌忆旧年。万炬列城光不夜，百妍受月境疑仙。停觞笳歌周遭急，应是催诗客欲眠。"

癸亥是天启三年（1623），自昌即于是年卒。这首诗的内容透露了他生活豪侈的情况，确是非常惊人的。

在我收到过明刻本陈继儒撰的《怡泉许公墓志铭》中，也可看出，许自昌生长在一个地主兼商人的家庭。他的祖上“以积箸起家”，后曾一度中落，到了其父朝相手上，“用计然策，家渐振”，终于成为苏州钜富。“吴役最巨者，增郡城、修郡学，豪有力者皆逊谢不敢当……公锐身骈剧，役竣而损帑不赀，公无几微见颜色。”能够出资经办修城墙、府学这样的大工程，没有雄厚的财力是办不到的。“握算不假筹籍，能腹贮之，即日月锱铢无爽。”由此可见，朝相一定是一个很精明的大商人。他把儿子自昌重点培养，希望能改换门楣，说“是当亢我宗，乃延大儒课督之”。并鼓励他与名人交往，“公倚屏幕间听其议论……私心且喜且语曰：‘儿不意倾天下士如此。’”同时对自昌的广募剞劂氏刻书，亦十分高兴，说：“捐数千金藏书万卷，何如扃金穴中，散之六博格五，而更付于展转不可知之子孙乎！”但是自昌先后四次上京赶考都失败了，回家向父请罪，朝相毫不犹豫地让他进京纳赀捐官，“拜中书舍人”。

梅花墅是许自昌精心设计建造的私家花园。林云凤有《梅花墅二十二咏》历记园中景点，它们是：梅花墅（董其昌书）、杞菊斋、映阁（林乐善书）、浣香洞、小西洞、招爽亭（李长蘅书）、锦淙滩、在涧亭（文震孟八分书）、转翠亭（李流芳书）、流影廊（陈继儒书）、碧落亭（娄坚书）、维摩庵（钱允治八分书曰三止庵）、漾月梁（严澄书）、得闲堂（赵宧光草篆书）、竞观居、浮红渡、鹤籞、蝶寝、涤砚亭（文震孟书）、湛华阁、莲沼、滴秋庵（王穉登书），由此可见这些景点的匾额，集中了当时吴中名人手笔，的确不是一般的了。

得闲堂则是园中的主要建筑，陈继儒在他所作《许秘书园记》中说："渡梁入得闲堂，闳爽弘敞，槛外石台，广可一亩余，虚白不受纤尘，清凉不受暑气。每有四方名胜客来集此堂，歌舞递进，觞咏间作。酒香墨彩，淋漓跌宕，红绡于锦瑟之旁，鼓五挝，鸡三号，主不听客出，客亦不忍拂袖归也。"许自昌家乐演出自作传奇，当然也就在这里。

陈继儒为许自昌作的行状里，对他的生活面貌，写得更加清楚：

"玄祐好闲适，治梅花墅于宅址之南。广池曲廊，亭台阁道，石十之一，花竹十之二，水十之七。弦索歌舞称之，而又撰乐府新声，度曲以奉上客。客过甫里不访玄祐，不名游；游而不与玄祐唱和，不名子墨卿。玄祐亦以榻不下、辖不投、不十日平原饮，不名主人；主人能具主礼，而不登骚坛，则主客皆伧父，不名天下士。"

梅花墅到清代中叶，许氏衰落以后，曾为苏州人汪缙购作别墅，更名二耕草堂。民国《吴县志》中有汪氏所作《二耕草堂记》。乾隆《苏州府志》则称"梅花墅今为海藏庵"。

关于此事，前几年曾问过当地严修祯老先生，他说："梅花墅遗址尚存，惜房屋已归粮库所有，但前几年花园中尚能找到假山、竹林等遗迹，不妨作一次实地查访，以明究竟。"并愿作向导。惜乎不久他因病仙逝，未能成行，大是憾事。

钱谦益的藏书轶闻

钱谦益是明末清初著名的文学家和藏书家。他的学问渊博，在当时文坛上也是声华烜赫，无与为比的。他的诗词文章如《牧斋初学集》、《有学集》、《投笔集》等，至今仍是研究古典文学和历史的重要资料。这和他的善于访书、藏书和读书有很大关系。

钱谦益（1582—1664）字受之，号牧斋，晚号蒙叟，别署东涧遗老、绛云老人、石渠旧史、海因弟子、江村老友、莪眉老行僧、彻修和尚等。苏州府常熟县人。早年已是东林党的重要人物，被魏忠贤目为“浪子燕青”，见于《东林点将录》。明万历三十八年（1610）考中进士，历任翰林院编修、太子中允、礼部右侍郎、翰林院侍读学士等职。因与温体仁争权革职，后又入狱，释放后回常熟。南明福王立，起用为礼部尚书，与马士英勾结。清顺治二年（1645）降清，任礼部右侍郎，管秘书院事，充修《明史》副总裁。在职六月即返乡，以文学标榜东南，后进奉为坛坫。他的早期诗文《牧斋初学集》一百十卷，在明崇祯十六年（1643）时，由他的学生瞿式耜为之校刻行世。写刻俱精，向负盛名。南明时及入清后所作，则在他身后，于康熙甲辰（1664）年，有邹镃序刻五十卷本。后二十年又有金匮山房刊五十一卷本。另有其侄孙钱曾所作《初学》和《有学》二种诗集的笺注本。他还辑明人诗为《列朝诗集》(附有作者小传)由汲古阁主人毛晋刻成，惜乎到了乾隆年间纂修《四库全书》时因其内容语涉诽谤被禁毁，直至清末始有印行。

钱谦益嗜书成癖，且有惊人的记忆力。秀水曹溶在《绛云楼书目题辞》中说他读过的书皆“能言旧刻如何？新版若何？中间差别几何？验之纤悉不爽”。他涉猎广博，于书无所不读。他在青年时代就喜欢结交文人学士，只要听到哪家有书有学问，他就与之交往。为了求得古本、珍本，他到处访书。不久，他家门口几乎天天都有书商前来卖书，甚至“奔赴捆载无虚日”。为了求得秘本，他不惜重金购买，不辞辛苦四出寻访。

高诱注《战国策》一书，经过前人校对疑误，采用正传补注，是极为珍贵的版本。钱谦益得知后，“叹其佳绝”，悬重金征购，未能如愿。经过多年搜访，终于在无锡安国子孙那里找到了这部书。他一见此书，舍不得放手，遂以二十千购得之。他事后高兴地对人说：“得到此书，比获得一船珍珠还要宝贵呢!”

钱谦益酷爱古书，他所收藏的，主要是宋元版本，对明刊及抄本，尚不重视。唐朝元稹所著《微之集》是他非常喜欢读的书，但他仅藏有明代翻刻本和明人抄本，文章内容缺字很多。因而他一直在寻找宋刊本。后来他终于得到了宋版的《元微之集》，看后才知道抄本和翻刻本都出于宋本，但因年代久远，有些地方字迹脱落不清，所以只得空缺。对此他深以为憾。他决心继续探访宋刻的初印本。明末战乱一结束，他就到处访求，有一天在京城的一座破殿里，发现了宋版初印的《元微之集》，急忙带回家中，和旧藏书对校，发现诸本所缺之字，这一本上全部完整无缺。他欣喜若狂，立即把诸本中的空缺字补齐。得意之余，信笔作跋，有云："……乱后余在燕都，于城南废殿得元集残本，向所缺误，一一完好。暇日援笔改正，豁然如翳之去目，霍然如疥之失体。微之之集，残缺四百余年而一旦复完。宝玉大弓其犹有归鲁之征乎！著雍困敦之岁皋月廿七日，东吴蒙叟识于临顿里之寓舍。"著雍困敦为戊子年，皋为五月，作跋时间实为清顺治五年五月。他正侨寓苏州临顿里（一说是拙政园）。

元代赵孟頫旧藏宋版《两汉书》，明代藏书家太仓王世贞以卖掉良田一庄的代价从书商手中换得。后又散落民间。为能够得到这部书，钱谦益花费了几年时间到处寻访。真是精诚所至、金石为开，终于发现了它的下落，以一千二百金的高价买了下来：但是《后汉》部分已缺去二册，未免美中不足。谦益遍嘱书商，欲补其缺。后来有一书商去乌镇，停船河下，自已上岸买面，看到面店主人在败簏中拿出两本书，撕开了包面，细看竟是宋版《后汉书》，大为惊喜，连忙出数文钱买下来。但又发现首页已缺。问主人，店主不以为意地说："刚才对面人家裹了面去了，要回来好了。"终于并首页获全。书商连夜赶往常熟，谦益见后欣喜若狂，款以盛筵，予以廿金，是书终成完璧。（见《牧斋遗事》）

这部《两汉书》是南宋时重刊北宋本。字大如钱，纸洁如玉。共八十四册，锦套十函。从赵孟頫家散出后，一度为苏州人吏部尚书陆完所藏，再为太仓王世贞以一庄易得。谦益从徽州富商家里购得，存放在常熟城中方桥老宅，收藏了二十多年。在崇祯十六年（1643）转让给了他的学生宁波人谢三宾。事后他说："床头金尽，生平第一杀风景事也。此书去我之日，殊难为怀。李后主去国听教坊杂曲，挥泪别宫娥，一段凄凉景色约略相似。”

此书在清雍正年间贡入内府。乾隆皇帝见到后，十分喜爱，亲笔御题，评曰：“内府藏旧刻书甚夥，而《前后汉书》雕镌纸墨并及精妙，实为宋本之冠。”可惜这部稀世之宝在嘉庆二年（1797）武英殿火灾时焚毁。现在只能在《天禄琳琅书目》宋版史部著录的提要中窥见它的面貌。

钱谦益中年时曾筑拂水山房以存放藏书。后又先后收得了苏州刘凤、钱榖，常熟杨仪、赵用贤四大藏书家的旧藏，故又在红豆山庄建造了绛云楼，把自己所收书籍重加整理，分类编目，装满了七十三个大书柜，储藏于楼中。娶柳如是后，常与柳坐绛云楼中展读书卷。柳为钱查找书籍，每查必得，用事差误，多能随口辨正，与士大夫谈论，亦面无难色，因而钱谦益十分看重她，常称为柳儒生。谦益一生于官场很不得志，到了暮年更是百感交集。但是图书却给他带来了莫大的安慰。常对着满楼古书，高兴地自言自语：“吾晚而贫，书则可云富矣。”同时人曹溶在《绛云楼书目题辞》中说钱氏的藏书“所积充牣，几埒内府”。一家人藏书，几乎可与皇家内府相比，可见其收藏之富了。到了顺治七年（1650），一天夜里，他的小女儿和乳母在楼上嬉闹，不当心让烛火烧着了废纸，引起了大火，几乎把绛云楼的藏书全部烧毁。相传当时他痛不欲生，悲愤地高呼：“天能烧我屋内书，不能烧我腹内书!”此后他一面整理少量烬余图书，一面继续收藏，直到他八十三岁去世之前，才把自己的诗文定稿和绛云楼烬余之书，全部赠给了他的族孙钱曾。就是这些烬余，珍本仍不少，《读书敏求记》和《述古堂书目》中著录的一大部分，都来自那里。抗战时期在苏州发现的惊人秘笈——《脉望馆钞校本古今杂剧》就是其中之一。另外还有钱谦益著《大佛顶首楞严经疏解蒙抄》手稿本，残存卷五、八、九卷，现藏于上海图书馆。

经我亲眼目睹的绛云楼烬余之物，有元和管礼耕旧藏的严君平《道德指归论》。抗战胜利前夕，售于文物收藏家张珩（葱玉）。虽已事隔数十年，我仍念念不忘，想知道它的下落。前几年遍检《中国古籍善本书目》，未见著录，认为可能已流往国外。最近有幸得见台湾《国立中央图书馆善本题跋真迹》，书跋俱在，如见故人。为此特将钱谦益和管礼耕原跋录出，以存苏州文献。

“嘉兴刻《道德真经指归》，是吾邑赵玄度本。后从钱功甫得乃翁叔宝抄本，自七卷至十三卷，前有总序，后有‘人之饥也’至‘信言不美’四章，与总序相合，其中为刻本所阙落者尤多。焦弱侯辑《老氏翼》亦未见此本，良可宝也。但未知与道藏本有异同否？绛云余烬乱帙中得之，属尊王遣人缮写成善本，更参订之。辛丑除夕牧翁记。”（钤有“牧斋”印记）

“乱帙中简出《道德指归》，专人驰去，此夕持此残书商榷，良可一卢胡也。诸俟献岁面言。谦益再拜。”

“黄氏《士礼居题跋》云：‘郡城顾氏，为任蒋桥分支而迁居濂溪坊者，有书欲销，余往观之，于丛残中检得严君平《道德指归论》，系钱东涧手跋本，内粘附与尊王札一条，想经尊王缮写既成而倩东涧跋之，以原札附入之本也。后书主欲并他书总去，为他人所得。余踪迹是书所在，假归复勘，中有一二误字及脱校处，复用朱笔正之。时嘉庆甲戌重阳日也。’则兹书为黄氏所欲收而未得者，其宝贵可知。钱跋及原札，黄亦录出，而跋中‘道德’下多‘真经’二字，札中‘再拜’作‘再笔’，盖传写偶异耳。咸丰庚申之乱，我家旧藏都半散佚，此册幸无恙。光绪甲申重付装治。原札几为书贾遗失，迨装来数日检阅始知。亟从其败纸中取得补粘。因喜书数语于后，大雪日元和管礼耕识。”钤有“礼”“耕”联珠印。

管礼耕字申季，号操敦，元和县学恩贡生，肄业于正谊书院。为冯桂芬所器重，助校《说文段注考证》及《苏州府志》，与王颂蔚、叶昌炽齐名。

1994 年 10 月 14 日《苏州日报》第四版

沈德潜与教忠堂

苏州阔家头巷 26 号，为清代著名诗人沈德潜故居，其主体建筑“教忠堂”是一楠木大厅。由于年久失修，前一时期房管部门准备拆除，重建沧浪商业大楼，并已通知住户搬迁。在此关键时刻，市人民政府得知情况后，俞兴德市长亲临视察，决定作为文物保存下来，今后整修开放，必将成为我市又一个名人故居，为苏州这个文化历史名城增添光辉。事实经过颇有足道，兹不详述。总之，这段“市长关心文物”的佳话，可能随着历史传播下去。

“教忠堂”建成年月不详，大约在乾隆十四年（1749）告老还乡之后。这所厅堂很有特点，主要是用料考究，顶柱楠木直径粗达 330 毫米，超过留园主厅顶柱 68 毫米，比东山紫金庵楠木厅顶柱 286 毫米也要粗得多。其次，御赐匾额特多，诸如“词宗耆硕”、“道成风雅”、“鹤性松身”、“学有本原”、“蓬瀛人瑞”等，显示斯时皇帝对沈德潜的宠信。

沈德潜（1673—1769），清代著名诗人。字碻士，号归愚，江苏长洲（今苏州市）人。初学诗于吴江叶燮，得到燮的多次称赞。新城王士禛（渔洋）亦致书于叶燮，称许德潜诗词。同时在里中与张锡祚、张景崧等结城南社及北郭社，成为诗人为吟咏而定期结聚的社团。乾隆元年（1736）举博学鸿儒科未取，三年（1738）举于乡，这年已经六十六岁。明年成进士，选庶吉士，散馆授编修。清帝弘历在《南邦黎献集》中见其诗，极为赞赏，称他是老名士，命和《销夏十咏》及《落叶》诸诗，都称旨，以后赓和不可胜纪。他也因此累迁中允、庶子、侍讲学士，九年（1744）主持湖北乡试。十年（1745）晋詹事，迁内阁学士。请假回籍葬亲。有旨不必开缺，赐诗宠行。十二年（1747）他在家，不久接到入直南书房之命。是年六月还京，后以年老，准许他天明入直，午间即出，旋擢礼部侍郎。明年担任会试副总裁。十四年（1749）他以年老力衰，请求告退，并荐齐召南自代，得旨允准，赐御画、人参、缎帛及“诗坛耆硕”匾额。但仍命他校完《御制诗集》乃行，还特谕以后有所著作都要寄京呈览。次年，沈德潜告别北京，遍游黄山、天台，又去拜谒禹陵。回家后他主讲苏州紫阳书院（地址即今苏州中学）。十六年（1751）高宗南巡，他到清江浦迎驾，蒙赐缎帛参貂，并承优渥在籍食俸。同时乾隆皇帝另赐德潜诗一首：“水碧山明吴下春，三年契阔喜相亲。玉皇案吏今烟客，天子门生更故人。别后诗裁经细检，当前民瘼听频陈。老来底越精神健，劫外胎禽雪里筠。”弘历在诗中自比故人，眷注之情，跃然纸上。是年冬他以祝皇太后万寿入都，召见赐坐，接着又命再入南书房，取出许多御画命他题诗写跋。他再次南归时皇帝又赐诗送行。二十二年（1757）乾隆二次南巡，他迎驾，加礼部尚书衔。二十六年（1761）沈德潜又晋京祝皇太后七旬万寿，进呈《历代圣母图册》，赐杖入朝，并参加了朝廷举办的九老会，赐游香山，又特地画了他的像藏在内府。且谕明年南巡迎送，不必出苏州界。二十七年（1762）迎驾常州，蒙赐额曰“九�诗仙”。三十年（1765）迎驾武进，诏加太子太傅，食一品俸。其后屡有诏存问。三十四年（1769）病逝于里第，年九十有七岁。诏赠太子太师，入祀贤良祠，赐祭葬，谥文悫。御制诗悼之。德潜乡试十七次不第，晚年受殊荣，但生活俭朴，穿戴衣着仍如训蒙叟。他的诗学名闻海外，东亚诸国争出高价购求其所著诗集。日本使臣高彝，寄书千余言，溯诗学源流，并赠诗四章，愿附弟子之列。德潜拒之，是效法文徵明“不以书画与远夷”之意。今日看来失之偏颇，但在当时确是爱国行为。

他的著作有：《归愚诗抄》二十卷，《诗抄余集》十卷，《归愚文抄》二十卷，《文抄余集》八卷，《说诗晬语》二卷，《矢音集》四卷，《归田集》三卷，《八秩寿序寿诗》一卷，《九十寿序寿诗》一卷，《黄山游草》一卷，《台山游草》一卷，《南巡诗》一卷，《归愚诗余》一卷，《浙江通志图说》一卷，《自订年谱》一卷，共十五种、七十五卷，于乾隆三十二年（1767）刻成，总名《沈归愚诗文全集》，封面镌“教忠堂”藏版。

另外他和陈培脉（树滋）合辑《唐诗别裁集》，于康熙五十六年（1717）先刻十卷行世。后经其增加补充，题名为《增订唐诗别裁集》二十卷刊行，书口下方刻有“教忠堂”三字。其早年所作诗名《竹啸轩诗抄》十八卷，刻于康熙五十五年（1716）。又先辑上古至隋代的古诗和歌谣编成《古诗源》十四卷，初刻于雍正三年（1725），是一部影响较大的古诗选本，闻名海内外，故有多种翻刻版本。乾隆四年（1739）刊其与周准合辑之《明诗别裁集》十二卷。乾隆十八年（1753）又刻自著《杜诗偶评》四卷。均单刻别行。

还有一种所辑《国朝诗别裁集》，初次镌刻系乾隆二十四年（1759）完竣，是三十六卷本，为其门人蒋重光出资代刊。

后因纂校未精，又在乾隆二十五年（1760）复经增删镂版，共二十二卷，是与其门人翁照、周准校镌。刻成后带京献与清帝。因第一卷所收均明朝降臣，引起了弘历的不满。时距沈德潜卒后已七年，乾隆四十一年（1776）十二月一日发上谕，认为集内将身事两朝、有才无行之钱谦益居首，有乖千秋公论，而其中体制错谬及世次前后倒置者，亦复不胜枚举。因于御制文内申明其义，并命内廷翰林为之精校去留，俾重锓版，以行于世，其原版自一并销毁。因此之故，沈德潜自刻之书成为禁书，取而代之者为有弘历御制序文（红印）的《御选国朝诗别裁集》，其中第一卷已将钱谦益、王铎、吴伟业等人诗删去，易为慎郡王、蕴瑞、德普等满洲贵族。所以后来凡有沈德潜自序及钱谦益等人诗的“教忠堂”原刻本，无不视为珍品。嗣后沈德潜又因曾为同年东台举人徐述夔的悖逆诗词作序夺谥，几遭大祸，沧浪亭的五百名贤像赞，故曰：“福过灾生，埋忧地下。”

关于沈德潜之亲笔墨迹，笔者曾见过二次，一是乾隆时人金惟骏的诗稿名为《排闷集》、《素庵诗抄》、《翡翠兰苕集》共六册，有归愚老人亲笔书序文（现藏上海图书馆）。二为乾隆时旧抄本《贝清江集》六册，亦有沈德潜和钱陈群手写序文（现藏国家图书馆）。经与故官珍藏乾隆御题书画上的笔迹相对照，初步发现二者极为相似。想起沈德潜生前多次被召在南书房为皇帝写诗题跋，甚疑其中或有不少御笔原来只是臣子的代笔。当再深入研究，另作绍介。

百宋一廛和铁琴铜剑楼

苏州市邮票公司为配合九四苏州书市和姑苏“十佳藏书家庭”评选活动，九月二十五日发行了藏书家黄丕烈和铁琴铜剑楼纪念封各一枚，引起各地邮迷浓厚兴趣。

黄丕烈（1763—1825），字绍武，号荛圃，晚号复翁，别号宋廛一翁等。苏州人。乾隆举人，后被提拔至直隶任知县。但他不想当官，出资捐一六部主事，不久弃官回到故里。把整个精力集中在搜集和校勘古书上。他不仅喜欢读书、买书和藏书，同时还抄书、校书和刻书。他只要听到哪里有宋元古刻或旧抄秘本，就锲而不舍地追求。有一次曾与海宁陈鳣争购汲古阁影宋抄本《周易集解》未成，竟为此卧病数日。后对方照顾友情，作了让步。他买到此书，居然立刻病愈。他最喜欢宋刻本书，自号佞宋主人。前后收到一百多种宋版本，藏书处名为百宋一廛，并请翰林学士顾莼题写了匾额。元和顾广圻作《百宋一廛赋》加以赞美。自作注释书写上版，刻印传世。他是清中期吴门四大藏书家之一，成为我国藏书家中之巨擘。他在家遭火灾之后，仍出重金购书。亲朋见者都笑他是书痴。而他则认为：“天灾忽来，身外之物俱尽，所不尽者，唯此书籍耳。”他一生致力于校书。不论天气冷暖，逢年过节，以及赶考、扫墓途中也充分利用时间校书。甚至在生病未愈期间也仍然在校书。经过他日夜校勘，研索订正，尝刻《周礼郑注》及《国语》等书，皆以宋版原本影摹上版，所以后人称他所刻的《士礼居丛书》，是清代的宋版书。黄氏士礼居藏书中的大册钜编，绝大多数通过汪氏艺芸书舍而转入常熟瞿氏铁琴铜剑楼。

铁琴铜剑楼座落在常熟古里镇，这一带青山绿水、风景秀丽，正可谓“沃野千畦、桑竹弥望”的好地方。镇上有一座五开间的楼房，就是闻名全国的铁琴铜剑楼。这里的藏书是经过瞿氏四代人的辛勤努力才建立起来的。它的创始人是瞿绍基（1772—1836），字荫棠。曾任阳湖（今常州）县学训导。一试职即归故乡。读书乐道，广购经史善本，旁及金石。曾得当地陈氏稽瑞楼和张氏爱日精庐二家善本，藏书才甲于吴中。他藏书之处原名恬裕斋，取古书上“引养引恬、垂裕后昆”之义。后因得到一张铁琴和一把铜剑，乃是汉唐古物，所以得意非凡，就请书法家孙星衍用篆书写了块“铁琴铜剑楼”的匾额。

第二代传人是瞿镛，字子雍，岁贡生。在其父的基础上广收扩充，特别是收到了苏州汪氏艺芸书舍散出的黄丕烈旧藏的善本，使他的藏书量达到十多万卷，成为全国民间四大藏书家之一，与聊城杨氏海源阁并称“南瞿北杨”。他精于版本目录之学，编著的《铁琴铜剑楼藏书目》质量很高。他确是瞿氏门中创业的奇才。

第三代继承者是兄弟二人。兄名秉渊、弟名秉清，都是瞿镛之子。咸丰间战事蔓延至苏。兄弟俩设法在藏书中挑选珍本一千多种，辗转寄存归市、张市、鹿河、定心潭等处，最后渡江藏于海门大洪镇。兵退后载书回里，所有藏书基本保存。乃请人绘了一幅《虹月归来图》，以作纪念。这是瞿氏子孙中为保祖传藏书而东西奔避，吃苦最多的一辈。

瞿氏第四代后人是瞿启甲（1873—1940），字良士，秉清之子。一生淡泊，并善书法。清末朝廷欲补充宫内藏书，派出侍郎四人南下登楼观书，且发现有为光绪帝所欣赏者。故两江总督端方曾劝献藏书，并许官三品京堂、白银卅万作为交易。但他不为所动，仅将影抄本百余种进呈。辛亥以后曾任北洋政府众议员，因拒绝曹锟贿选总统而回乡。后由于战事爆发，乃将藏书秘密运沪，抗战时日本人到处寻访未被发现。他的思想比较开明，一反“秘不示人，绝不外借”的传统，对清贫学子大开方便之门，允许到楼摘抄阅读，还安排食宿。另外除了自印书影及宋本典籍外，还提供底本给学术界。《四部丛刊》中就有他的底本八十种之多，使珍秘图书广为流传，这种精神确是难能可贵的。

传至第五代瞿熙邦（1909—1987，字凤起）手里，用心保藏，煞费苦心。建国以后人民当家做主。他与二兄商量，决定化私为公，把所有善本古籍全部捐赠国家图书馆珍藏。至此绵延五世，历时一百五十多年的铁琴铜剑楼藏书，找到了最好的归宿，可称是物得其所了。

黄丕烈与士礼居

我国藏书家珍重宋元版本的风气，开始于明代末年。常熟钱谦益（牧斋）的绛云楼和毛晋（子晋）的汲古阁最有名。顺治七年（1650）绛云楼遭火灾以后，牧斋把其烬余之书，大半赠给他的侄孙钱曾（遵王）述古堂。毛氏衰落，后人将其藏书售于吴江潘耒不成而转让于泰兴季振宜。述古堂所藏也几乎同时并给。合久必散、久散复聚，此后季氏之藏一部分由昆山徐乾学传是楼献入皇宫，另一部分则流散在民间。乾嘉时期苏州周锡瓒（香严）、顾之逵（抱冲）、黄丕烈（荛圃）、袁廷梼（寿阶）竞收毛、钱二家零余，号称吴门四大藏书家，而以黄氏士礼居为巨擘。

“士礼”是《仪礼》的别称，见于司马迁《史记·儒林传》：“于今独有士礼，高堂生能言之。”又《汉书·艺文志》：“汉兴，鲁高堂生传士礼十七篇。”由于黄氏曾收得宋朝淳熙年间严州刻本《仪礼郑注》和景德时期刻本《仪礼单疏》各一部，故以士礼名其斋（后改居）。

黄丕烈（1763—1825），字绍武，号荛圃（一作荛夫），晚号复翁，别号荛翁、老荛、复初、书魔、知非子、长悟子、廿止醒人、复见心翁、抱守主人、秋清逸叟、陶陶室主、民山山民，员峤散人、一阳更生、宋廛一翁、半恕道人、独树逸翁、龟巢老人、士礼居主人、求古居主人、小千顷堂主人等。江苏吴县（今苏州市）人。十九岁补诸生，二十四岁考中了举人，后来几次参加会试不取，从此无意于科场。嘉庆六年（1801）被提拔到直隶（今河北省）做知县官。但他不想做官，出钱捐了一个六部主事，不久就弃官回到家里，把整个精力集中在搜集和校勘古书上。他的一生不仅是喜欢读书、买书和藏书，同时还抄书、校书和刻书。他只要听说哪里有宋元古刻或旧抄秘本，就锲而不舍地跟踪追求，务在必得。他最喜欢宋刻本书。自称“佞宋主人”。前后收集到了一百多种宋版书，藏在一处，命名为“百宋一廛”，并请翰林学士顾莼（南雅）题写了室名匾额。还请他的好友顾千里做了一篇《百宋一廛赋》加以赞美；并自己作了注释，书写上版，刻印行世。

他曾经收到汲古阁旧藏北宋刊本《陶渊明集》，同时又得到了南宋时刻本《汤注陶诗》；就把收藏这二部书的地方称为陶陶室。长洲王芑孙为他作了一篇《陶陶室记》，其中说到：“今天下好宋版书，未有如荛圃者也。荛圃非维好之，实能读之。于版本之先后、篇第之多寡、音训之异同、字画之增减及其传授源流、翻摹始末，下至行款之疏密广狭，装缀之精粗敝好，无不心营目识，条分缕析。积晦瞑风雨之勤，夺饮食男女之欲，以沈冥其中，荛圃亦时自笑也。……”这里说的是他不但佞宋，而且能够勤奋读书。的确是这样，他每收到一部书的时候，必写一题跋，甚至三跋、五跋。或校正文字，或辨别版刻，或叙述其收藏源流，或评论书之得失，都是他经过反复研究以后所得到的体会。因而凡是黄丕烈所写的题跋识语，都为后来藏书家当作珍宝，因其内容亲切而富于人情。

黄氏久居苏城，社会安定，当时在阊门、胥门内外，玄妙观前，城隍庙前（今景德路东段），虎丘山塘等处，有专营古籍的书坊数十家之多。另外还有书船和行商，可以时收时卖。并且他鉴别力强，又肯出善价，所以一些书商获得好的书，无不先送到他家去。他与学识渊博的著名书商钱景凯（听默）和陶正祥（廷学）、陶珠琳（蕴辉）父子结为知己。这几个人善于识别版本，因而给他看的书，都是他所喜欢而未见过的。所以他有一个室名叫做“读未见书斋”。另外他还与同时代江浙地区的藏书家，除了周香严、顾抱冲、袁寿阶三人之外，还有张绍仁（学安）、吴骞（兔床）、陈鳣（仲鱼）等人情同弟兄，相互交换或借抄。朋友之间的交往，也是他充实藏书的重要渠道，年深月久，积土成山，因而又给自己藏书处取名为“学山海居”。

他一生把校书作为日课，不论春夏秋冬，居家或旅途，都在进行着校书的工作。在他校宋本《砚笺》的题跋里面，写过一首诗：“半是书房半卧房，晨昏作伴有青箱。闲来磨墨亲挥翰，一砚随身友最良。”的确是当时的真实写照。

黄丕烈藏书的特点有两个方面，一是兼收并蓄，广求异本。就是不只是收正经正史，其他天文地理、医卜星相、诸子百家、诗文总集等各类书都收。所谓广收异本就是对同一种书兼收不同的版刻，有时一种书就有三四种，甚至五六种不同的版本。他曾经说过：“余好古书，无则必求其有，有则必求其本之异；为之手校，校则必求其本之善，而一再校之。此余之好在是也。”二是他十分重视搜罗残本书。他认为古书最容易湮没的是残本书。因残缺而不被重视，很可能遭到粉身碎骨的危险。他认为书籍寄托着古人的精神和生命，片纸只字都极宝贵。如果看到残书，抛弃一边，那末就永无完日了。经过他收集残本的实践证明，随着时间的推移，情况的不断变化，往往能使残本书重新配全。例如《庆湖遗老诗集》，海宁陈仲鱼送给他半部，后来住在乔司空巷的张学安也收到半部送给他。放在一起竟是“延津剑合”。因为他喜欢收残书，就自称“抱守老人”，是抱残守缺的意思。

他在嘉庆六年（1801）到北京赶考，在琉璃厂访觅未见之书，从文粹堂书肆买得宋版《梅花喜神谱》一部。就请同行的顾南雅、夏方米（文焘）等人题诗。他自己也写了四首七言绝句。最后一首是：“羡杀西湖旅寓中，得来棋谱宋雕工。今番艺术搜奇秘，欲傲虞山也是翁。”这诗里指的是他在杭州访到的棋谱《忘忧清乐集》和在北京买到的这部《梅花喜神谱》，都是钱遵王“述古堂”旧物，著录于《读书敏求记》里面的。这部宋版《梅花喜神谱》后来为潘氏滂喜斋收藏。民国十年（1921）春，画家吴湖帆夫人——潘树春（静淑女史）三十岁生日，她母家以此书作为礼物相赠。因而吴家就把收藏这部书的地方叫做“梅景书屋”。这是后话了。

他在道光五年（1825）自设滂喜园书籍铺于玄妙观西察院场，他在开业的当天写给常熟张蓉镜的信中说：“……然此时为长孙习业，开设书籍铺，则举家之书皆铺中物也。铺中以市道待人，何妨议价乎！……实缘今日乃挂牌吉日，取生意兴隆，得此十金，是佳忏也。敢以实情奉告，谅允行矣。外附去元版《通考》一函，实直六洋，留则给直，否则还书可也。”（见《纂图互注荀子》跋）

经过他日夜校勘、研索订正，尝刻《国语》、《战国策》、《周礼郑注》、《焦氏易林》、《舆地广记》等书，都以宋版原本影摹上版。所以后人称他所刻的《士礼居丛书》，是清代的宋版书。

黄氏士礼居藏书，绝大部分归山塘街汪士钟（益美布庄主人）的艺芸书舍。咸同期间又分别为聊城杨氏海源阁和常熟瞿氏铁琴铜剑楼所得。现在其中绝大多数已保藏于国家图书馆，可称是物得其所了。

据文献记载，黄氏故居有昭明巷老屋、王洗马巷士礼居、悬桥巷百宋一廛三处。前二处早已形迹全无。悬桥新居的百宋一廛，后为潘氏松鳞义庄。听说建国初期尚完整，后为丝绸服装厂使用，现在仅存东面一边砖木结构房屋，作为厂里食堂之用。其主体建筑已经拆除，并已翻建为高层大楼了。

黄丕烈一生所写藏书题跋，学术价值很高。在他身后经过潘祖荫、缪荃孙、江标、王大隆等人的辑录汇总刻成《荛圃藏书题识》正、续和再续编，总计收录黄跋八百多篇，是研究清代吴中文化和藏书历史的重要参考资料。

袁学澜与双塔影园

吴中园林，历史悠久，据文献记载，有数百之多，历经兴废，绝大多数已逐渐沦为民居，原貌如何鲜为人知，双塔影园就是其中之一。

双塔影园（官太尉桥15号至17号）在冷香溪旁，紧靠双塔，面临官太尉桥，原为卢氏旧居，“堂构宏深，屋比百椽，其东北隅有厅事三楹，颜其楣曰：‘郑草江花室’，为罗列文史，会聚朋友谈艺之所”。清代咸丰二年（1852），元和县诸生袁学澜斥资买下，修建双塔影园，增广庭园，种植名花异卉，构筑高楼，因为“邻寺双塔影浮南荣丁位”，据堪舆家的说法，“主居者多寿，娴于文艺，以塔之秀气所聚也”，昔日文基圣（肇祉）于虎丘筑塔影园，满族诗人三桥题诗有“篱豆花香，塔影悬桥”之语，所以“余今所辟之园，亦袭‘塔影’之名，特别以双数，聊记其实”。

双塔影园建成后，袁学澜写了一篇《双塔影园记》，记载了自己建园的过程和命名的由来，称自己的双塔影园“无雕镂之饰，质朴而已；鲜轮奂之美，清寂而已。不过是雪泥鸿爪，偶然留迹，正如雀巢萍寄，托兴焉耳”，感叹说“余得居之，有深幸焉”。

袁学澜原名景澜，字文绮，号春巢，清元和（今苏州市）人，诸生。世居葑门外尹山乡袁村，先世系京西提刑观察使袁珣，随从宋高宗南渡迁吴。玄孙袁枢为郡马，元兵南下时殉节。五世孙袁易，为元代著名文学家，隐居吴淞之滨，构静春堂于苏州葑外蛟龙浦。九传至洪愈，于明代隆庆、万历之间，任南京礼部尚书。祠墓俱在尹山赭墩，子孙繁衍，聚族成村。

袁学澜幼聪颖，少年时师从吴江殷寿彭，以能诗著称于吴下，构静春别墅，更字春巢，人以“诗虎”称之。袁学澜著有《苏台揽胜词》、《虎匠杂事诗》、《姑苏竹枝词》、《田家四时诗》、《吴俗讽喻诗》、《吴门新年杂咏》、《吴门岁暮日咏》等，总名《适园丛稿》，长洲徐康为其题写书名，有同治十一年（1872）香溪草堂自刻本。另著有《吴门岁华纪丽》十二卷，在顾禄《清嘉录》的基础上，增补内容，以岁时节令为序，记叙吴地风俗民情、山川景色、物产工艺，以及行春游嬉、秦楼楚馆、酒肆茶寮、舞台歌吹诸事，后附诗作，详征博引，触类旁通。据民国《吴县志·艺文考》称：“后人以五百金售其稿本与美利坚人。”另外，近人董康所著的《书舶庸谈》中说到：“民国十六年（1927）二月二十二日，在东京……田中复出示《适园诗》二十四册，凡五十二卷，中或称《杏花春雨楼集》，亦称《天香楼集》，元和诸生袁景澜（后半作学澜）撰。文绮尚有《吴郡岁华纪丽》引证繁博，为美国图书馆以五百金购去。”版本学家王重民在《中国善本书提要》中，说他在美国国会图书馆见到此书，并考证说，售于美国人的，是日本东京书商田中庆太郎，非袁氏后人。书的标价为四百元，而不是五百元，《吴县志》有误。

《吴郡岁华纪丽》的原稿本长期藏于苏州民间，直到建国初期方始散出。书首有咸丰六年（1856）董兆熊序，同治三年（1864）亢树滋序，同治十年（1871）俞樾序及道光二十九年

(1849）自序。例言称：“……偶取吴中岁时风俗，拉杂记之，编成十二卷，名曰《吴郡岁华纪丽》。……是书止载郡城三邑岁时风俗，与王元美《苏志备遗》统纪一府之例不同。”全书用《三十六鸥亭丛稿》及《适园丛稿》格纸行书书写。前后钤有“袁景澜印”、“巢史”、“春巢”、“景澜”、“臣澜私印”、“城中僻如沈尤村”、“心好沈博绝丽之文”等印记。笔者与此书之间还有一段因缘。记得该书由我经手售于南京图书馆，成为馆藏江苏地方文献中的精品。20世纪80年代末，由苏州博物馆资料室的甘兰经先生和吴琴女士点校，江苏古籍出版社于1998年出版传世。

双塔影园的建筑分南北两路，袁氏衰落后，双塔影园的南路于抗日战争前归吴县商会会长程幹卿所有，大厅取名眉寿堂，面宽三间10.8米，进深8檩10米，木构件雕刻精细。厅前砖雕门楼，额为乾隆进士、著名史学家钱大昕手书的“云开春晓”四字，挺拔中饶姿媚，很是耐看。北路五进为庞氏所有，两厅三楼建筑时间较南路为晚，东北隅有花篮厅三间，梁枋、垂篮、挂落等雕刻精细，厅后有方形更楼，高高耸峙，显得卓荦不群，乃古建中奇葩。后来双塔影园再度易主，终于成为一个大杂院。

1997年苏州街坊改造，大杂院中居民悉数迁出，双塔影园得到全面修缮和保护，现有建筑面积为2400平方米，已经成为一处具有深厚的古代人文内涵的古建筑群落。

江山刘履芬藏书和他的手抄本

刘履芬，生于清道光七年（1827），卒于光绪五年（1879），浙江江山人。字彦清，号泖生（因生于松江），奉贤知县刘佳之子。诸生。入赀为户部主事。同治初年以佐幕之劳，致花翎同知直隶州，留苏补用知府，充江苏书局提调。性喜藏书，酷爱异书，遇善本必倾囊购之，其不能得者，辄手自抄写，作为日课。因在当时苏州是江苏省会，人文荟萃，结交的藏书家很多，如莫友芝、俞樾、唐翰题、高心夔、雷浚、王颂蔚等，可以互通有无、相互借抄，充实了他的藏书。据文献记载，他藏书中的精品是一部元朝至正元年集庆路儒学刊本、宋人郭茂倩编的《乐府诗集》一百卷，不仅书品完整，并且经清初常熟藏书家陆贻典（敕先）手校过（尾有题跋）。现藏于上海图书馆古籍部。他还收藏了一部元版《茅山志》，系刘大彬编纂，每半页十三行，行二十三字，上下黑口。前有泰定甲子（1324）西秦赵世延序，次泰定丁卯（1327）春正月特进上卿玄教大宗师吴全节序，天历元年（1328）刘大彬自序。原书应十五卷，惜已仅残存第一至二卷及第八卷。他就设法借得，手自抄补，使其重成全书。光绪二年（1876）曲园老人借阅是书以后，作了题识："刘君泖生好学不倦，手写书无虑数十种。余索观之，出示此册，雨窗无事，展读一过，辄记其卷末。光绪二年春二月曲园居士俞樾书于吴中春在堂。"另外他见到了一册季振宜旧藏南宋浙江刊本的《邓析子》，每半页十一行，行十五字，首页虽有断烂缺字，然序与卷上正文衔接，与南宋浙刻本《管子》同。除了自己影抄一本之外，还把它影刻传世。由于是薄薄一小册，不为人们所注意。因而在王大隆在世时，已称为难得之书了。他在《邓析子》提要中说："光绪时江山刘履芬曾据以覆刻，摹勒甚精。谭复堂为撰校文，孙仲容又撰拾遗。……今刘刻传本已罕。"（见《蛾术轩箧藏善本书录》著录）他所手抄之书，除了影抄或补抄之外，一般都用毛太纸，黑色印格，精楷书写，可与前辈吴翌凤抄本媲美。他的室名是古红梅阁（吴梅曾手录其《古红梅阁书目》，残存于北京大学图书馆）、沤梦轩（光绪二年吴县知县高心夔为书《沤梦轩记》）。藏书印记有"刘履芬印"、"刘履芬"、"履芬"、"彦清"、"泖生"、"江山刘履芬彦清手收得"、"江山刘履芬校定书籍"、"履芬眼福"、"江山刘履芬观"、"彦清缮本"、"刘履芬字彦清印"、"泖生手校"、"在官写书"、"江山文字"、"彦清珍秘"、"彦清副置"等。

正当他的藏书事业日益发展壮大的时候，一件不幸的事情发生了。光绪五年（1879）江南乡试，嘉定知县程其珏抽调分校，上级命他代理嘉定知县。他本是一介书生，长期从事编校出版工作，对官场刑名缺乏社会经验，且本性仁慈，一心爱民。后以判狱案为大吏所胁不得申，故自责德薄，知冤不能救，不如死也，乃于当夜自尽身亡，以示尸谏。事上，江苏巡抚吴元炳重其所以，厚恤之。世人莫不惜之。

他工诗词、骈文。李慈铭曾赞其文称"胎息于洪北江，简贵修洁"，"古藻盎然，善言情状"。其词也多见功力。著有诗集《秋心废稿》、《皋庑偶存》、《淮浦闲草》、《沤梦蜕稿》四卷，还有骈文二卷、《怀旧诗》一卷、词一卷。于光绪六年(1880)在苏州刻成，定名为《古红梅阁遗集》。另有别本《秋心废稿》、《皋庑偶存》、《淮浦闲草》各一卷，为其手稿本，现藏浙江图书馆。

刘履芬所藏之书，在他身后开始流散。时任浙江宁绍台道顾文彬收得甚多，一直珍藏于苏州过云楼中。1993年，南京图书馆副书记宫爱东同志来苏找我，转达省委书记柳林同志嘱托，希望能把“过云楼”藏书留在江苏省内。经过多次联系，物主同意将他们留存在苏沪两地的藏书，捐赠于南京图书馆。这是顾氏后人的一次很大的爱国行动，将永远载入史册而流芳百世。

现就我当时看书时的记录，查出刘履芬抄本二十种，现摘要附记于后，以供研究藏书历史的学者参考。

(一) 乡党图考补正

清吴县潘锡爵撰，刘履芬手抄本，一册。尾有“同治癸酉季秋二十六日缮竟，江山刘履芬记”。钤有“泖生”印记。按：潘锡爵字皀侯，号梅孙，咸丰四年(1854)岁贡生。长于经学，与修府志，冯桂芬颇敬礼之。殁于冯氏修志局中。(此书《江苏艺文志·苏州卷》未见著录。)

(二) 校补竹书纪年

清泾县赵绍祖撰，刘履芬手抄本，一册。尾有“同治辛未七月抄，八月三日完，江山刘履芬”。钤有“彦清”印记。

（三）大唐六典注三十卷

唐李林甫等注，刘履芬手抄本，四册。钤有“彦清缮本”印记。

（四）伤寒明理论四卷

宋成无已撰，刘履芬手抄本，一册。尾有题识：“余于同治癸酉秋购得《伤寒明理论》三卷、又《论方》一卷，前二卷纸墨俱古，当是宋刊，后二卷是精抄补足者。考《敏求记》载有此书，而云缺撰人姓氏，今第一卷第一页二行，明著聊摄成无已，则与钱氏所收别一刻本也。既录其副并记，江山刘履芬书于吴门书局。彦清。时十月十一日，从合肥张中丞处校阅正谊书院课艺归，录毕此卷。”有“泖生”印记。

（五）邓析子二卷商子五卷素书一卷

刘履芬手抄本，合装一册。

（六）印人传三卷

清祥符周亮工撰，刘履芬手抄本，一册。尾有题识：“同治壬申依琴川顾氏刻本录，七月五日竟。刘履芬记。”钤有“彦清”印记。

（七）菰中随笔

清昆山顾炎武撰，刘履芬手抄本，一册。尾有题识：“同治元年癸未抄，十四日竟。江山刘履芬。”钤有“履芬”印记。

（八）稽瑞一卷

唐刘赓撰，刘履芬手抄本，一册。尾有题识："光绪丙子夏长洲王茂才仲蔚携是书见示，留置案头，缮写副本，计半月而毕。二十二日江山刘履芬记于吴门燕家浜书局。"钤有"彦清"印记。

（九）醉翁谈录八卷

宋金盈之撰，刘履芬手抄本。有莫友芝题跋："阮文达公抚浙时进呈遗书，金录事《醉翁谈录》是其一种。然外集提要所述，才五卷，相传文达裁去后三卷，盖如《直斋书录》斥唐人《教坊记》猥亵之意，今令钦所录固不废也。己巳仲春江山泖生氏以亲录八卷相示，漫识。郘亭眲叟。"钤有"友芝私印"及"江山刘履芬观"、"彦清珍秘"印记。

（十）纂图释文重言互注老子道德经二卷

汉河上公注，刘履芬影宋抄本。每半页十三行，行二十三字，一册。钤有"闭关饮酒之裔"、"刘履芬字彦清"印记。

（十一）玉笥集十卷

元会稽张宪撰，刘履芬手抄本，一册。

（十二）天台林公辅先生文纂不分卷

明临海林右撰，刘履芬手抄本，一册。按：林右字公辅，临海人。洪武中为中书舍人，与方孝孺友善，尝奉玺书行边有功，进春坊大学士，命辅导皇太孙。以事谪中都教授，弃官归。闻孝孺死，为位哭于家。成祖召之，不至，械至京，犹欲官之，不屈。成祖怒，剮之，死。福王时赠礼部尚书，谥贞穆。

（十三）琴隐园诗集

清武进汤贻芬撰，刘履芬抄本，一册。尾有题识：“贞愍诗闻已付刊，未之见也。此卷从朱二尹康寿借得，令奴子李福为录副册，大抵早岁所作，未能尽其长。同治己巳三月晦日江山刘履芬记于吴门寓楼。”钤有“彦清”、“履芬”、“泖生手校”印记。

（十四）增广圣宋高僧诗选前集一卷后集三卷续集一卷

宋陈起编，刘履芬手抄本，一册。

（十五）国朝七家词选

清长洲孙麟趾辑，刘履芬手抄本，一册。按：孙麟趾字瑞清，号月坡。清长洲人。诸生。有才不遇，幕游数十年，后入宝山令张某幕。晚乃归里，居城东陋巷，未数月，太平军陷苏城，不知所终。

以上是顾氏藏于苏沪两地的刘履芬抄本。1993 年入藏南京图书馆。

（十六）郑志三卷

魏郑小同撰，刘履芬抄校本，一册。钤有“刘印履芬”、“泖生”印记。

（十七）绛云楼书目附静惕堂书目

刘履芬抄校本，一册。钤有“彦清缮本”、“在官写书”、“江山文字”印记。

（十八）遂初堂书目

宋尤袤撰，刘履芬手抄本。尾有“同治辛未刘履芬依海山仙馆丛书本录”。有“履芬”、“彦清副置”印记。

（十九）乾道临安志三卷

宋周淙撰，刘履芬抄本，一册。钤有“江山刘履芬观”、“彦清缮本”印记。

（二十）秋笳集八卷

清吴兆骞撰，刘履芬抄本。尾有：“《秋笳集》有大字本及巾箱刻本，余向皆有之。庚申兵燹，不存。同治丁卯需次吴门，从武林朱县佐康寿借得是书，手录一分。题签尚有《归来集》一种，惜未得见也。腊月廿一日呵冻书竟并记。”钤有“泖生”、“履芬”印记。

以上是顾氏移藏于北京书中的刘履芬抄本，2005 年已通过拍卖而转归他姓收藏。

顾氏过云楼藏书入藏南京图书馆时，《中国古籍善本书目》已经编成定稿，未能收录在内，尤是憾事。除此而外，刘履芬手抄本书，还有很多（约八十种左右），分别收藏于国家和地方各大图书馆中，具体书名可参阅《中国古籍善本书目》和

《中国古籍版刻辞典》。

刘履芬虽然含冤早逝，但可喜的是他有着一位能传家学的儿子——刘毓盘。刘毓盘（1818—1928）字子庚，号噙椒。室名濯绛宧。词学家。早年从谭献学词，光绪二十三年拔贡。官陕西云阳知县。辛亥革命后，先后在北京大学、北京师范大学、中国大学等教授词学。著有《濯绛宧词》一卷，有宣统时刻本。又有《中国文学史》、《词史》、《词学斠注》、《词律斠注》。辑有《唐五代宋辽金元词辑》等传于世。其中《词史》为其学生查猛济、曹聚仁根据他讲学手稿合校付梓（1931 年上海群众图书公司出版）。毓盘亦好藏书，有父（刘履芬）遗的东观阁刊《新增批评绣像红楼梦》。

今年是刘履芬诞生一百八十周年，故作此文来纪念他在藏书事业上作出的不朽功绩。

赵宗建和旧山楼

“经过赵李小藏家，十顷花田负郭斜。劫火洞然留影子，旧山楼上数恒沙。”这是清人叶昌炽在他所著《藏书纪事诗》中的一首诗。在注中，他说：“昌炽二十五六岁时，游虞山，出北郭，登赵氏旧山楼，观所藏书。问主人，则驾言出游矣。稍旧之册，不以示人，楼中插架无佳本。时甫自菰里瞿氏校书归，观于海者难为水，惘然而返。……”因而把他和李芝绶一起，称之谓“小藏家”。关于赵宗建的事迹，在翁同龢为他作的墓志铭中，可以看到他为封建统治阶级服务的政治面貌。宗建字次侯，亦曰次公，先世由江阴迁常熟北郭宝慈里。曾祖同汇，祖元恺，按察使经历。父奎昌，詹事府主簿。宗建少孤，与其兄价人力学，文采斐然。数试不利，以太常寺博士就试京兆，独居野寺，不与人通，已而罢归。参与清皇朝镇压太平天国革命。《县志》还说：“收复县城后，筹划地方善后事宜多尽心力，叙功加四品衔，晚年颇耽禅悦，时以名人书画自怡，收藏甚富，喜为诗，有《旧山楼诗录》。光绪十六年五月卒，年七十三岁。”（1957 年上海古典文学出版社还印过《旧山楼书目》二种）

旧山楼遗址在常熟北门外报慈桥。离城仅一里多，其宅面对虞山。民国初年，江南齐、卢战争时，楼中曾驻过军队。所遗存的古籍，多半为兵士们持作炊柴。兵退后，残帙破纸与马粪污草相杂，狼藉于楼之上下。“文革”以前，我从苏州乘汽车去南通，出了常熟市区不远，在公路旁还能见到危楼二楹，红豆树、白皮松等遗迹。

据有关文献记载：旧山楼藏书的大量流散是在清末民初之间。其最为著名的是宋刊《纂图互注礼记》（有“宗建私印”、“旧山楼”等印，归涵芬楼）、毛氏汲古阁影宋抄四卷本《稼轩词》丁集（钤有“赵印宗建”、“旧山楼”等印，归涵芬楼，遂与甲乙丙三集丰城剑合）、宋刊《窦氏联珠集》（先归江阴缪氏艺风堂，继归吴兴刘氏嘉业堂），都是值得珍视的秘籍。另外《四部丛刊三编》中，影印的南宋馆阁墨本官书《太宗皇帝实录》残本（有“赵印次公”、“旧山楼秘籍”等印），以上这些情况可证明这个“小藏家”是有所作为，不可轻视的。

在民国十八年十月间出版的《国立北平图书馆馆刊》（三卷第四号）里刊载丁祖荫《黄荛圃题跋续记》一文，在这篇文章里忽然发现了黄氏的《古今杂剧》跋。这书凡六十六册（原注：今缺二册），丁氏注云：“也是园藏赵清常抄补明刊本，何小山手校。”又跋云：“初我曾见我虞赵氏旧山楼藏有此书，假归，极三昼夜之力，展阅一过，录存跋语两则。”又云：“案也是园原目除重复外，三百四十种。荛圃所存为二百六十六种，实阙七十四种。……汪氏录清现存目录十四纸，依此书之次第另录之，实存二百三十九种，又缺二十七种。”

此文当时为郑振铎见到以后，曾千方百计地踪迹，他托与丁氏相识的友人们去直接询问丁氏，但丁氏只是说，阅过后，便已交还给旧山楼。他的跋里原来也是说：“时促不及详录，匆匆归赵。曾题四绝句以志眼福。云烟一过，今不知流落何所矣。掷笔为之叹息不置。”又问之虞山人士，都不知此书存佚。

辗转问之赵氏后人，也都不知。再问之丁氏，还是一个不知。不久丁氏归道山，更没法追问此书消息了。

真是“精诚所至，金石为开”，这部国宝——《脉望馆抄校古今杂剧》终于在抗战时期（民国廿七年），由苏州公园路丁氏住宅中散出，但已拆散为二人所得，几经周折，仍由郑振铎经手收归国家宝藏（经过情况详《劫中得书记》附录《跋脉望馆抄校本古今杂剧》）。“文革”以前已收入《古本戏曲丛刊四集》中，影印出版。

丁氏为什么要故弄玄虚呢？我曾听到过一些传说，就是丁祖荫得到此书之前，曾在常熟石梅茶馆品茗，听到赵氏藏有此书的消息后，翌日即坐了轿子前往赵家，很顺利地携书而归，后被某人寻知，当面指责，丁乃讳莫如深，故布迷阵。

旧山楼的藏书除了上面讲起的几种孤本秘籍售给涵芬楼等外，还有一部分售给了盛宣怀，后来又赠给了上海约翰大学图书馆（现华东政法学院）。另外据我所知，当地人丁祖荫（淑照堂）和顾葆龢（小石山房）也收藏不少。从我从事古籍工作以来，历年经手有“旧山楼”藏印的元、明刊本及明、清名人抄校本，也有数十种之多，有的还未见于《旧山楼书目》著录，因此我准备择要发表，以资书林谈助。

1. 元刊《汉隶分韵》，张燕昌旧藏，六册。
2. 明成化刊黑口本《宋纪受终考》，一册。
3. 明绣石书堂抄本《周颠仙传》、《天潢玉牒》，绛云、述古藏本，合装一册。
4. 明抄本《稽神录》，有“建”字印，一册。
5. 钱遵王原注《初学集》稿本，八册。

6. 清初抄本《藏说小萃》，十册。

7. 旧抄本《弈史》、《馔史》、《茗史》，四库底本，有翰林院印，合装一册。

8. 季锡畴校康熙活字印本《吴郡文粹》，六册。

9. 明嘉靖刊本《欧阳文粹》，戈宙襄手校，四册。

10. 清初吴门李崇手抄《清河书画舫》，四册，与通行刻本内容不同。

综观《旧山楼书目》，尚有一些惊心动魄的著录。如宋人司马光《资治通鉴》草稿，朱熹《大学章句》草稿，明人黄道周的未刻稿，徐弘祖游记的底稿与所作诗的底稿，钱谦益手书的日记、信稿和《红豆山庄杂记》，钱曾自写的藏书目录，等等。都是有待于我们寻迹以求，让这些国之瑰宝重现人世。

附注：

1. 赵宗建（1824—1900）字次侯，一字次公，一作次山，号非昔居士。室名非昔轩、旧山楼、梅颠阁、宝慈新居等。少孤力学，擅写文章。与兄价人同负盛名。翁同龢先人及吴人徐康（子晋）曾馆其家，收藏秘本古籍多稀世之宝。1957 年古典文学出版社所刊《旧山楼书目》，记载颇详，可参阅。

2. 丁祖荫（1871—1939）字芝孙，号初我。肄业于江阴南菁书院。辛亥革命后任常熟县民政长，后调任吴江，均有善政。晚年流寓苏州公园路。其收藏善本古籍万余种。据潘景郑先生称：“犹忆丁卯（1927）戊辰（1928）间，与芝孙角逐书林，偶见一奇帙，辄相争取，而书贾从中居奇，互相射覆，芝孙所得为多。”

3. 郑振铎（1898—1958），原籍福建长乐，生于浙江永嘉，笔名西谛。初任商务印书馆编辑，后与沈雁冰、叶圣陶等组织文学研究会，1923年主编《小说月报》，1931年后先后任燕京大学、清华大学、暨南大学教授，抗战时期留居上海，从事抢救古籍文献工作。建国后，先后任中国科学院考古研究所和文学研究所所长，文化部文物局局长、副部长，1958年因飞机失事遇难。生前藏书近十万册。

4. 前引叶昌炽诗首句“经过赵李小藏家”之“李”，系指同时另一藏书家静补斋主人李芝绶。

常熟翁氏六世藏书海外回归

2000年4月28日，流失海外半个多世纪的常熟翁氏藏书80部（542册）终于回到了祖国的怀抱，入藏于上海图书馆。这是我国文化界、学术界的一件大事。

常熟翁氏祖辈原住苏州府长洲县湘城里（今属吴县市）。在明朝初年，有一支迁往常熟西南乡四十九都庙桥的璇洲里村，从而成为常熟翁氏的始祖。翁氏藏书则起源于该系的十四世孙翁心存，历经六世。

翁心存（1791—1862）字二铭，别号千日醉道人。清道光二年进士。咸丰八年授体仁阁大学士。英法联军入侵时主张抵抗，因忤肃顺乞病而去。祺祥政变后，慈禧太后命为同治帝师。翁心存当时显赫的地位，以及与学者们的频繁交往，为其藏书提供了有利的条件。其同乡友好陈揆得唐人刘赓著《稽瑞》一卷，因以名其藏书处为稽瑞楼。楼内藏有珍稀典籍数万卷之多。翁心存与陈氏交厚。陈氏无子，所以在他去世后，翁心存以重金收得其部分藏书，奠定了翁氏陔华山馆藏书的基础。同治元年卒于京邸，谥文端。著有《知止斋诗集》传世。

长子翁同书（1810—1865），字祖庚，号药房，道光二十年进士。咸丰时任安徽巡抚，在皖北一带同太平军与捻军作战，弃守定远、寿州，为曾国藩奏劾逮问。同治二年遣戍新疆，后赴甘肃军营效力，病死于军中。生前喜博览，读书过目成诵，尤长于史学，虽在军中，坚持读书校书，丹黄不去手。著有《舜轩杂记》和《药房诗文集》。继承了翁心存的部分藏书。

次子翁同爵（1814—1877），字玉甫，以父荫授官。在湖北巡抚兼署湖广总督任上去世。著有《国朝兵制考》。

幼子翁同龢（1830—1904），字叔平，署松禅，晚号瓶生，亦曰瓶斋居士。咸丰六年一甲一名进士，状元及第。历官户部尚书、军机大臣兼总理各国事务衙门大臣。平生喜藏书，居官朝中时常去琉璃厂访书。得之怡王府乐善堂旧藏为多。现存翁氏藏书的主要部分，都为此时购入。至清末，翁同龢已经名列全国九大藏书家之一。他因赞成维新变法，开缺回籍，后又“革职，永不叙用，交地方官严加管束”，就住到西门外鹁鸽峰祖坟旁祠堂里的瓶隐庐内。此时与外甥俞钟銮（金门）过从最密，常留宿山中谈论诗文。后来俞氏积得翁书手札四百多通，交上海有正书局印成《翁松禅手札》十册。翁氏每日必写日记，从咸丰八年（1858）督学陕西时起，直到临终前一日——光绪三十年五月十四日（1904 年 6 月 27 日）止，数十年不间断，被誉为晚清三大日记之一。有民国十二年影印本，分订四十册，书名《翁文恭公日记》；另有《瓶庐诗抄》四卷、《诗余》一卷、《文抄》一卷。有晚清时铅印本流传。

翁氏藏书的第三代传人是翁曾源。他是翁同书次子，字仲渊，同治二年状元。工于书法。翁斌孙是翁氏藏书第四代的代表人物。他字韬夫，号笏斋，光绪三年进士。宣统三年署直隶提法使。逊国诏下，称病不出，定居天津。遂将翁氏藏书精品移庋津沽。斌孙风采高秀，长于掌故，记述国家兴替本末，详实可信。词章考订皆专家，于鉴别尤有心得。著有《一笏斋集》。斌孙故世后，由其子翁之廉（1882—1919）继承，是为第五代。之廉字锦芝，一作敬之。官直隶候补道。著有《凤城仙馆词》。之廉无子，以其弟之熹之子翁兴庆过继为嗣子。兴庆字万戈，民国七年（1918）生于上海。早年就读于上海交通大学机电工程专业，后赴美学美术，一生从事绘画和电影等工作。1937 年定居美国，1947 年因闻讯华北战局日益紧张，赶回天津，将自己名下继承的祖传书画、古籍等悉数装箱，交由开滦矿务局的一艘运煤船，运抵上海，又从上海运往美国，存入纽约曼哈顿贮藏公司。举世闻名的翁氏藏书，就此开始了数十年的封存。留存天津之书，解放后由其生父翁之熹捐归国家图书馆。

翁氏藏书历来秘不示人。其中宋刊本《集韵》在清初时毛晋汲古阁和钱曾述古堂各影抄过一部，现分别宝藏于宁波天一阁和上海图书馆。自此以后，二百年来无人知其原本下落。这次原本回归祖国，令人一睹庐山真面目。其次，宋刊本《会昌一品集》，自乾嘉至今，也无人知其所在。清末民初，翁氏藏书已杳然无迹。甚至日本学者岛田翰在我国大江南北四处活动，调查中国民间藏书情况，亦未找到翁氏藏书珍本下落。事实是这些珍本早为翁斌孙秘藏于天津了。

1985 年，美国著名的大都会博物馆，举办了一次翁氏六世藏书展览。专家学者云集。他们惊喜地发现“近百年来学人想望而不知其存亡的秘籍”竟突然出现在自己的面前，无不为之震惊。一致认为翁氏藏书无论在版本上和学术上的价值，远在美国国会图书馆、哈佛燕京图书馆所藏宋元刻本之上。我国古籍版本专家、建筑历史学家傅熹年先生，在惊喜之余，与翁万戈先生取得联系，并受到翁先生的邀请，在 1997 年圣诞节，飞赴位于美国东北部新罕布什州翁氏夫妇寓所，得以尽窥翁氏世藏。回国以后，傅先生即撰文《访美所见我国善本书简记》，发表于《书品》杂志 1999 年第 2 期～3 期上。翁氏世藏的重现人间，真像巨石击水，立即牵动了众多专家学者的关心。中国嘉德国际拍卖公司，凭借其灵敏的市场嗅觉和对祖国文化遗产的挚爱，通过多种渠道，与翁万戈先生取得联系，公司总经理多次赴美，并首次将翁藏宋刻残本《韩昌黎集》携回国内投拍。在 1998 年春季拍卖会上以 111 万元人民币成交。翁氏表示非常满意。经过慎重考虑，致函嘉德公司，对其家藏善本古籍之处理方式，提出二点意见：1. 希望整体收藏，不分散；2. 希望能归入一个第一流的永久性机构。他担心到了私人手中，聚散就很难说了。至此禁秘半个多世纪的翁氏藏书，开始辨认回家之路。与此同时，最早见到翁氏秘藏的傅熹年先生，继续为藏书的回归，奔走呼号。联合国家鉴定委员会、中央文史馆领导和北京大学著名学者及文史界名流，共同上书政府，吁请重视这一重大文化事件。中央领导对此作了重要批示，表示了极大的关怀。2000 年 2 月 22 日，翁氏夫妇乘坐美国班机，亲自护送珍藏达 150 年的 80 部翁氏藏书，抵达北京。最终上海图书馆斥 450 万美元，全部收藏了这批极其珍贵的古籍善本。

这次翁万戈先生整体转让的书中有宋刊本 11 种，156 册；元刊本 3 种，52 册；明刊本 12 种，明人抄本 1 种；清人抄本 25 种；清人稿本 1 种（书目太长，不及备载）。其中即有八种宋版书为传世孤本或为存世中最佳之本。元明刊本及明清抄本、稿本，也全部可以列入善本之列。如清抄本《营造法式》系丁丙八千卷楼抄本，精善秀美，笔精墨妙，可入抄本上品。总之，翁氏藏书整体转让入上海图书馆一事，必将载人我国藏书史册。

自收自散的苏州藏书家许博明

在我国私人藏书的历史上，藏书家对书都有着深厚的感情，总希望自己的藏书能子子孙孙代代相传，宁波范氏天一阁，从明代嘉靖年间一直保存下来，可说是最典型的例子。一般的藏书家也至少要经过几代，至少也要本人去世以后才开始流散。苏州藏书家怀辛斋主人许博明先生，竟然自收自散，可说是我国藏书家中绝无仅有的特例。

许先生名厚基，字博明，祖籍浙江吴兴，流寓苏州城内高师巷中。他祖上以经销进口洋布为业，故家饶于财。时人讥其文化不高，于是，许博明发奋读书，进而斥银数万，广收宋、元、明本古籍。为了纪念其母的养育之恩，他以“怀辛”作为藏书室名，又因为他和夫人生肖都属猴，申属猴，所以将另一处藏书室命名为“申申阁”，并请名画家陈子清先生刻了一颗细朱文的“怀辛斋博明珍秘图书”印，钤于善本书上。其他见于藏书上的印记尚有“许厚基”、“怀辛斋”、“申申阁”、“怀辛主人”、“吴兴许氏怀辛斋藏”等。许博明在广收善本的同时，还热心赞助地方公益事业，曾捐款千元加入基督教青年会，被接纳为特别会员。抗战前夕，我在小学读书时，曾亲眼看到学校二楼的转弯处，悬挂着他的巨幅照片。他还对沧浪亭畔的“苏州美术专科学校”投以巨资，该校亦将其照片刊于校刊《艺浪》上。经过这番努力，许博明终于摆脱了商人的气息，跻身于士绅之列。由此得识傅增湘、缪荃孙等大藏书家，常以所购古书请他们鉴定。时上海古书流通处主人还收得四明卢氏抱经楼藏书，宁波范氏天一阁藏书也有部分流散沪市，先生因此购得善本甚多，藏书益富。据潘景郑老师在《著砚楼书跋》著录向怀辛斋借阅的，就有明弘治刊本《严州续志》、正德刊本《博平县志》、嘉靖刊本《恩县志》、正德刊本《襄阳府志》等惊人秘笈。吴江费树蔚所著《费韦斋集》中有《题吴兴许博明所藏南宋刊本三国志标注后》诗："苕雪溪山清复深，比来刘（翰怡）蒋（孟苹）尽书淫。怀辛年少尤通浃，或者前身许善心（许善心乃隋唐间藏书家）。避讳原非史阙文（是书避宋讳最严，竟有删节原文者），一朝南北划然分。石仓万卷刊雠罢（谓曹君直为作长跋），更把金针度与君。"由此可见，许博明并非一般的藏书家了。

八一三抗战爆发，日本飞机轰炸苏州，一时人心惶惶，许氏避难西行，并取部分藏书委托当时苏州驻军炮兵团长马某，将藏书运往云南。先生抵达昆明后，首先拜访了国民党元老李根源，由李介绍给当时云南省主席龙云，把一部分图书捐赠当地图书馆收藏。龙云委任先生为大理县长，但许夫人本是闺阁千金，一向养尊处优，哪里吃得起长途跋涉的艰辛、舟车劳顿的苦况，所以才到汉口就止步不前，不愿赴滇，因而未曾到大理受职而返回苏州。

许博明经此战乱，家业荡然，开始以变卖藏书来维持生活。先有瀚海书店主人吴瀚介绍四川金融巨子戴亮吉（词人郑文焯婿）购去一批。抗战胜利后，上海来青阁书店主人杨寿祺从湖南长沙书商手中购得南宋临安陈氏书棚本《江湖群贤小集》六十家，所选皆当时诗人，人各一卷，随刊随售，版式不一，用纸也不一致，有白麻纸印本，也有黄纸印本。南渡后，宋朝诗家姓氏不显者多赖此本以传。这部书是抗战时某藏书者携带逃难，在兵荒马乱之际，把书遗忘在长途汽车顶篷上的，被人拾到后售于长沙书商李某，后又转卖于上海来青阁。杨寿祺收得后，就请学识渊博的文物专家徐森玉先生鉴定。徐老一见此书，连声叫好，郑振铎闻讯赶去，也是赞叹不绝。可是当时没人有这个财力，后经国民党元老张继推荐，由当时中央图书馆以一百七十五两黄金的代价购藏，收归国有。此书解放前运往台湾，现藏于台湾“中央图书馆”。

杨寿祺得此巨款后，即以黄金大条七根（70 两）将许博明所存之书一百多箱全部收进。这些书内有许氏收藏的范氏天一阁旧物，以明刻本为主，也有部分蓝格抄本。时张继任国史馆馆长，首先从杨寿祺处选了一批：内有明内府刊本《大明一统志》，嘉靖刊本《大明集礼》，旧抄本《宁波府志》（海内仅有二部，国家图书馆所藏有缺卷），明刊白文《篆文六经》，正德时建阳慎独斋刊本《山堂考索》，元刻本《韵府群玉》、《礼经会元》、《周易程朱先生传》等，以及整整一书架地方志，几乎都是清初康熙刊本。

解放以后，许氏不事生产，坐吃山空，生活十分拮据，最后只得身背木盘，叫卖面包于大街小巷，靠自食其力谋生，直至 20 世纪 50 年代末病故。

丁祖荫的访书藏书和刻书

20世纪30年代末，《脉望馆抄校本古今杂剧》在苏州被发现，全国文化学术界曾经轰动一时，最后为长乐郑振铎先生求得。他的评价是“这弘伟丰富宝库的打开，不仅在中国文学史上增添了许多本的名著，不仅在中国戏剧史上是一个奇迹……而且在中国历史、社会史、经济史、文化史上也是一个最可惊人的整批重要资料的加入。这发现在近五十年来，其重要，恐怕仅次于敦煌石室与西陲的汉简的出世的”。① 这部国宝的收藏者，就是江苏常熟人丁祖荫。

丁祖荫（1871—1930）原名祖德，字芝孙，号初我，别号初园，常熟人，藏书家兼编辑出版家，出身于家道殷实的家庭，就读于江阴南菁书院，光绪十五年（1889）庠生，与曾朴等人首开县内新学，主编《女子世界》。辛亥革命后任常熟县民政长。② 在任年余，各种设施颇多建树，后因回复地方行政长官不能由本地人担任的旧官制而调任吴江县知事。在职期间政迹卓著，以道尹衔存记。七次辞职，始获批准，临行时吴江人士为他建立去思碑表示爱戴。他生活节俭，形若寒士，性嗜古书，精通版本目录之学，藏书万余卷；得同乡赵宗建旧山楼

① 见郑振铎《劫中得书记·附录》。

② 辛亥革命后各县地方官由民选称民政长。

和独山莫棠铜井文房旧藏精善本，藏书益富，室名淑照堂、缃素楼和密娱小筑。热心地方公益事业，捐书数百种，创办常熟图书馆；筹建石楳和塔前两所高等小学，修订本县县志，都有相当贡献。毕生致力于乡邦文献，刻印《虞山丛刊》及《虞阳说苑》甲乙编传于世。

一、早期的编辑活动

丁祖荫一生从事编辑工作，颇能符合时代需要。他在光绪三十年（1904）与曾朴、朱积熙等人，创设小说林，出版《小说林月刊》和其他文艺著作。“小说林登记人，当时用孟芝熙名字，实则是曾孟林、丁芝孙、朱积熙三人的化名。”[①]《小说林月刊》不仅发表了《孽海花》等一大批国内著名小说，还不断发表了大量的如《马哥王后》、《苏格兰独立记》等翻译小说，特别是刊载了《电冠》等科学小说，这在封建没落的清皇朝，无疑是最好的“新声”。他自编的《女子世界》，也由上海小说林社出版。创刊于光绪二十九年（1903）十二月，发行至二卷六期停刊（共十八册），内容有《女魂篇》、《女界革命》、《女权说》、《女雄谈屑》、《为民族流血无名之女杰传》、《革命妇人》、《女魂》、《革命与女权》，并引导女子参加政治活动与革命事业。阿英同志认为是“为宣传革命之妇女杂志中最持久、最表现力量者”。[②]

---

① 见江苏文史资料编辑部编《常熟掌故》。

② 见阿英《晚清文艺报刊述略》。

二、尽力访书并传抄

常熟是毛晋和钱谦益的故乡，藏书的流风余韵，代不乏人。丁祖荫受其影响，一生与书结下不解之缘，访书、藏书、读书、抄书、校书、编书、刻书、印书，终身不倦。他早年从事于搜集地方文献，凡是常熟人的著作，从古到今，见到即收。凡藏于别人处而不能得者，就用借抄的办法来解决。他还刻了一块版框，专门用于抄书，并在书口下方刻有“淑照堂丛书”五字。现常熟博物馆藏有十五种，具体书名是：元人高德基《平江纪事》、陆友仁《吴中旧事》，明人郑敷教《郑桐庵笔记》、复社诸子《南都防乱公揭》，清人彭孙贻《客舍偶闻》、王一元《辽左见闻录》、张寅《西征纪略》、温睿临《出塞图画山川记》、林溥《古州杂记》、吕留良《卖艺文》、史玄《旧京遗事》、管廷芬《国初品级考》、黄凯钧《圆明园恭纪》、张潮《幽梦影》、赵之谦《勇庐闲话》。另外常熟市图书馆也藏有明人陈三恪《海虞别乘》，清人钱谦益《投笔集》、《黄山游记》、《牧斋尺牍》，张琦《词选》、顾镇《支溪小志》（仅存一册）。流散在民间的，我曾见到过金圣叹的《沉吟楼诗选》是经过丁祖荫校正而有题识的，以及单学溥的《钓渚小志》等也是淑照堂丛书黑格抄本。由此可见，这是一部未刻的大丛书，现已分散在各处。究竟一共抄了多少种，已难以查清了。丁氏藏书的另一部分是明刻善本和名人抄校本，大多是民国初年他从吴江辞官回乡时收得的。那时赵氏旧山楼藏书开始流散，他有着近水楼台的有利条件，收得了不少精品，还有一部分是他在苏州搜得了独山莫棠铜井文房旧藏善本。由于他生前十分保密，别人无法知其究竟。潘景郑老师在《丁芝孙古今杂剧校语》跋文中说："如故人丁芝孙先生藏籍，生前殊珍秘，不肯示人，即一二知好，亦莫测其精奥。犹忆丁卯、戊辰间，与芝孙角逐书林，偶见一奇帙，辄相争取，而书贾从中居奇，互相射覆，芝孙所得为多。……"[①] 可见其求书之决心是不计代价而务求必得的。丁祖荫还有一个特点，在他的藏书上，从不盖上藏书印记，包括姓名私章也没有的，可以看出他对古书是十分爱惜的。

三、惊人秘籍的发现

《脉望馆古今杂剧》是明代万历时常熟人赵琦美[②]所藏元明杂剧的总称，原有三百四十种，现存二百四十二种。包括刻本《古今杂剧选》本十五种，《古名家杂剧》本五十四种，抄自"内府本"、"于小谷本"等十七种，其中元人所著杂剧二十九种系海内孤本。所抄"内府本"剧末附记"穿关"的一百零二种，详列每折戏之登场人物穿戴的衣冠、髯口、服饰及应执砌末，乃是明代宫中演出这些剧目的实况。清初为钱曾[③]收藏于也是园，见于《也是园书目》，此后下落不明。直至民国十八年（1929），在《国立北平图书馆馆刊》三卷四号内，忽然发现清人黄丕烈作《古今杂剧跋》丁氏注云："初我曾见我虞

---

① 见潘景郑《著砚楼书跋》。

② 赵琦美，字玄度，赵用贤之子，历官刑部郎中，生平损衣节食假书缮写，自署清常道人，室名脉望馆。

③ 钱曾，字遵王，钱谦益族孙。绛云楼烬余之书都归之。有《也是园书目》传世。

旧山楼藏有此书，假归，极三昼夜之力展阅一遍，录有跋语二则，时促不及详录，忽忽归赵，曾题四绝句以志眼福，云烟一过，今不知流落何所矣，掷笔为之叹息不置。”当时该文为郑振铎见到以后，曾千方百计地寻访其踪迹，他认为：“这是如何重大的一个消息，在民国十八年间，丁氏还能见到这六十四册的《也是园古今杂剧》，则此书不曾亡佚可知。”因而乃托北京友人与丁氏相识者直接询问，但得到的回答仍是：“阅过后便已交还给旧山楼了。”事实上这书早为丁祖荫所收得，因他存在着矛盾心理，既想把黄跋公布于世，但又胆小怕事，故而布下疑团，自欺欺人，借此而避免世之关心此国宝者。但相隔九年以后，水落石出。抗日战争爆发后，丁祖荫在苏州公园路的住宅被日军侵占，这部《古今杂剧》随着木器家具为旧货商人收得。当发现有古书，就转手卖于旧书店。大华书店主人唐耕余先收得下半部，售于潘博山[①]；上半部晚出，且有黄丕烈手抄目录，亦为唐氏续收，携往上海，售于古董商人孙伯渊。几经周折，最后为郑振铎求得，收归国家所有，永远保存于国家图书馆中，可称物得其所。

四、自费刻书和印书

丁祖荫收集地方文献以后，深感古人遗留下来的著作，中间不知经历了多少劫难，见于历代史志和藏书家所著录的古籍，而后人所能见到的，大约仅有百分之几而已。如果只注意于一己之收藏而不去传布推广的语，这些珍贵的古物仍不免有

① 潘博山，名承厚，潘景郑之兄。文物收藏家，曾任故宫博物院顾问。

佚失的危险。因而以刻书为己任。从民国四年（1915）至民国八年（1919）期间，陆续校刻了明人秦兰徵《天启宫词》，周同谷《霜猿集》，毛晋《和古人诗》、《和今人诗》、《和友人诗》、《野外诗》、《隐湖题跋》、《虞乡杂记》，龚立本《松窗快笔》、《烟艇永怀》以及清人王誉昌《崇祯宫词》、钱谦益《吾炙集》、《东山酬倡集》，张宗芝《以介编》等较少流传的邑人著作，有的还是未刻的稿本，所据多丁氏手校正本，后附校语及题跋，取名为《虞山丛刊》。它的版式四周阔边，中间上下黑口，与同时人缪荃孙[①]、曹允源等人所刻相仿，体现了民国初年的时代特征。随着时间的推移和人们对西法传入排字印书的观念转变，丁氏在民国六年（1917）试用铅活字排印了他自己编辑的、有关常熟的历史小说和故事，名为《虞阳说苑》，凡甲编二十种、二十五卷，乙编十二种、十二卷。书后刊有“丁氏初园排印”题识。另外还以“丁氏淑照堂”名义以铅字排印了自著的《松陵文牍》和《一行小集》，达到了“保存文献，嘉惠后学”两个崇高的目的。

五、编县志鞠躬尽瘁

地方志是我国具有悠久历史的一种史书体裁，它记载了某一地区的自然、历史、地理、社会、经济、文化等方面文献资料，内容比较周备。如有一志在手，对当地面貌可得大概，这是封建时期地方官吏下车伊始即索观县志的道理所在。常熟历

---

① 缪荃孙，字筱山，号艺风，光绪进士。官京师图书馆监督，刻有《藕香零拾》等书。

史悠久，经济繁荣，文化发达，因而人文荟萃。以县志为例，从明代弘治至清代光绪，就有六部县志传世。民国六年(1917) 常熟地方人士有重修县志之议，设修志征访处于县图书馆，主其事者就是丁祖荫，“丁氏长于才而勇于任事，富藏书而丰于资财。故发凡起例，分章编则，均经手订。至碑拓缮录，费有不足，恒解私囊，举凡一邑掌故，官私著述，广征博访，参稽考复，缺者补，讹者正……丁氏亲自校雠，稿复手录，人咸服其致力之勤。”① 民国十三年（1924）编志告成，定名为《重修常昭合志》，分为二十二卷，交当地开文社陆续付印。不幸的是他本人于民国十九年（1930）厥功未竟，赍志病殁于苏州寓所。他生前印出单行的《常昭艺文志》，丁氏认为“前志艺文，不著存佚，征考无由”，② 乃历稽藏目，博采藏家，刻写存佚均加标注。书名下撮举撰人，悉记科第列官，兼及别号私谥，凡传所不载者，即略其身世，且著版本存佚。先以朝代排列，复以《百家姓》为顺序，便于检索，科学性强，远胜前人所编各志。由此可见其用功之勤。惜乎《县志》在他去世以后，虽由他人主其事，由于情况的不断变化，一直未能出全，大是憾事。

六、鉴定版本撰识语

铁琴铜剑楼在常熟古里村，为瞿氏藏书之所，与聊城杨氏海源阁齐名，号称“南瞿北杨”。它是经过瞿氏四代人辛勤努

---

① 见庞树森《重修常昭合志辑印经过》。

② 见丁祖荫《重修常昭合志例言》。

力而建立起来的。其中很大部分是太平天国时期，收自苏州汪士钟的艺芸书舍。汪氏的藏书，又来自黄丕烈的百宋一廛，多宋元精刊珍本。民国十年（1921）瞿氏第四代传人瞿启甲（良士）将其藏书中的宋本一百六十种、金本四种、元本一百零六种，聘请同乡丁祖荫为之鉴定，编辑为《铁琴铜剑楼书影》，并撰识语。丁氏在跋文中说："杨氏惺吾[①]创刻《留真谱》，缪氏艺风继之，皆迻写模刻，要不能无毫发憾。寒云影印善矣，[②] 寥寥十数纸，开卷即尽，阅者嗛焉。良士先生概然出所蓄之精英，为世界传播种子，其美且富，駸駸上之。顾摹印辄限于篇页，其序例卷第、款式印记种种，或未能毕具，于斯就所未及，并撷藏目之大要，或改正其误缺，录之以质良士。阅者但审其概略，藉与原书相印证，勿作目录观也。"[③] 此书发行以后，得到专家们的好评，在涵芬楼工作的版本学家孙毓修说："卷后识语出丁君初我手，提纲挈领，条理秩然，允为读书者之助。"[④] 潘景郑老师也说："故人丁初我先生，早岁浸淫簿录之业，尽窥瞿氏珍秘，于目录版本，鉴别至精。尝为瞿氏撰《书影题识》，条理井然。"都作了较好的评价。

---

① 杨惺吾，名守敬，号苏邻，同治举人，光绪间去日本，广收古书，满载而归，有《留真谱》及《日本访书志》。

② 袁寒云即袁克文，袁世凯次子，因获宋人王诜《蜀道寒云图》遂号寒云。室名后百宋一廛。印有《寒云手写所藏宋本二十九种提要》。

③ 见丁祖荫《铁琴铜剑楼书影识语跋》。

④ 孙毓修字星如，号留庵，别号小绿天主人。光绪诸生，商务印书馆编辑，主持涵芬楼购书工作，有《中国雕版刻书源流考》。

七、藏书秘密的公开

在丁祖荫生前，对自己的藏书十分珍秘。直至抗日战争爆发，苏州沦陷，《脉望馆抄校古今杂剧》被发现，除此而外尚有佳品在肩挑旧货担上出现。觉民书社主人程汉芳收得士礼居旧藏旧抄本《宋刑统》和《静春堂诗稿》，均经黄丕烈手校并题跋。另外亦有人购得鲍廷博、劳格所校《林外野言》（丁氏也有校跋数则，今藏苏州博物馆）。建国初期，常熟西仓前壶隐园内丁氏故居藏书，也开始流散。瀚海书店主人吴瀚与求智书店主人孙耀昌等合伙首拔其尤，据我回忆内有明蜀藩铜活字印本《栾城集》、清初旧抄本《藏说小萃》以及明刻明人集多种，后携往上海出售。稍后我接到戴鹤秋先生来信告知，丁氏尚有藏书急待出售，因即前往常熟。我看书以后，感觉尚有好书不少，共选四百余册，内有姚元之手校《水经注》（后为顾颉刚先生购去）、吴骞校跋《世说新语》、朱邦衡手校《淮南子》、严虞惇校汲古阁本《晋书》以及汲古阁毛氏所刻《元人十家集》、《五唐人集》等，且都是赵氏旧山楼原藏之物。

综观丁祖荫的一生，确实是把自己的毕生精力倾注在搜访、整理、编辑、出版方面，对保存祖国文化遗产——珍本古籍，不遗余力，特别是乡邦文献，更是情有独钟。编县志，刻丛书，都作出了很大的贡献。他不仅是一个藏书家和目录学家，同时也是位编辑出版家。所以我认为在我国 20 世纪的收藏史和编辑出版史中，应该都有他一席之地。近人王謇曾为他咏诗一首[①]："郊寒岛瘦清其相，顾校黄抄拔厥尤。说苑虞阳两丛刊，斯人实继旧山楼。"

---

① 王謇字佩诤，号瓠庐。毕业于东吴大学文学系。曾任华东师范大学教授。收藏苏州地方文献甚富。著有《续补藏书纪事诗》及《宋平江城坊考》等书。

忆“八年丛编”

民国二十三年（1934）经昆山赵诒琛[①]、太仓王保譿[②]发起，由群众集资、委托苏州文新印刷公司用铅字排印了一部丛书——《甲戌丛编》。共收书二十种，分装四册。翌年乙亥（1935）继续编印，前后历时八年，至辛巳（1941）而止。该书系白连史纸八开线装本（每集约 250 页—300 页），版框纵 18.3 厘米，横 24.6 厘米。每半页十二行，行三十二字（小字双行），书口鱼尾上列书名，下刊“某某丛刊”四字。其内容以吴门文献中未刻稿本为主，兼及旧刻罕见者。如明人文秉撰《姑苏名贤续记》、清人褚亨奭撰《姑苏名贤后记》、顾予咸《雅园居士自叙》、明赵宧光《寒山留绪》、许元溥《吴乘窃笔》、郑敷教《桐庵笔记》、清曹焯作《庉村志》（吴江）、管庆祺编《徵君陈先生（奂）年谱》等等，均属向不经见之秘本。

《甲戌丛编》前有太仓唐文治序文：“昆山赵君学南暨吾乡王君慧言，发起集资印书，凡得二十种，合为一编，援古人以

---

① 赵诒琛，号学南，昆山人。父元益供职江南制造局，为荡口华氏婿。太平天国时曾收得明清名人抄校古籍甚多，刻有《高斋丛刊》九种。故居民初毁于兵火。诒琛移居苏州，犹日日从事丹铅，补刊旧版，印行《峭帆楼丛书》十八种、《又满楼丛书》十六种、《对树书屋丛刻》六种。

② 王保譿，号慧言，太仓人。父祖畬光绪九年（1883）进士，藏书甚富。保譿继承其业，增益甚多，又喜刻书。日寇侵华，战火中损失十分之三，卒后藏书由其夫人编目庋藏，尚有数万卷，后散出。

年名集之例，题曰《甲戌丛编》，书来问序于余，余展阅之，所收皆零星碎玉，或从未刻行，或旧刻而仅存之本。其属于名人传记、地方掌故者，足资征文考献之助。他如游记、书画、笔记、诗词之类，亦为风雅好古之士所不废。二君皆酷嗜书籍，尤勤搜罗散佚，是编之辑，意在表章前哲，兴起后人。迥异世之藉铅椠以沽名射利者。昔人谓‘收拾遗著之几于湮没者，功德比之掩骼埋胔’。诚者其然也。抑不佞更有进焉。夫学以为人，文以载道，所贵乎著述，有于裨世道人心也。故有学术而后有人心，有人心而后有风俗。美恶邪正，恒视一时风行之书籍。挽近以来，学鲜平实，或索隐行怪以欺世盗名，或浅陋鄙倍以败常乱俗，而又号于众曰‘吾将发扬国学，保存国粹’。殊不知礼乐刑政有古今之损益，道揆法守亘百世而不变。奈何舍孔孟程朱之说而别求其所谓国学者、国粹者？昔吾文贞先师尝谓‘小学洒扫应对之文，历代忠孝节义之事，宋儒心性理气之辨，不啻五谷之卫人生、扶元气，不可一日或缺’。二君既有志于此，更能精心抉择，求所以羽翼经传之书，表而出之。吾知其嘉惠后学者，益匪浅鲜。书此以告学南、慧言，且质诸同志诸君以为何如也？甲戌十一月既望太仓唐文治序。”

第二年吴县王大隆①加入编辑行列，并得到南浔大藏书

---

① 王大隆，号欣夫，吴县人，上海复旦大学教授，为经学大师曹元弼入室弟子，好藏书，精研版本目录之学。著有《学礼斋文存》、《管子校释》等十余种，编辑《荛圃藏书题识》、《思适斋书跋》、《笺经室遗著》等书。

家、嘉业堂主人刘承干①的支持，提供底本。且为之作《乙亥丛编》序："余少不自揆，思尽得前贤著述之未经传播而有裨诵读者，为之锓版行于世。自海内兵起，侨寓沪壖，见故家藏书，捆载易米，四方宿素，多托命夷市。余因得于其间，访求秘籍。延聘方闻笃古之士，与之扬搉校雠，以授剞劂，至于今二十余年，而未刻之稿犹高可隐人。自顾齿发日衰，生事益绌，度终无以竟其志，未尝不悢悢若失也。继思天下之事，必待群力而后举。吾既尽其力所能及矣，则其未能及焉者，安知不有同情于我之士，合谋鸠工以赴之乎？吾友王君欣甫，治流略之学，喜蓄名家校本。近与赵君学南、王君慧言，聚资印书，岁为一集，纪以干支。余既得读其去年之书，今又以《乙亥丛编》出版告，且以弁言见属。王君之志盖与余同，而其所取则为易于散失之单零卷帙。又用排印法，俾宽其力，省其功，相续而不匮。其书抉别甚严，最录诸编皆有益于多闻。余亦稍助其甄采，且思以未竟之业畀君，以完平生之志。昔人谓搜拾残剩文字，比之掩骼埋胔。余以为著述者，人之精神所寄也。前贤既邈然不可复作，而读其书，思其人，恍然笑貌謦欬接于吾前，则传播其著述能使其精神永留而不泯，以视抔土荷锸抑又进焉。余常以此自慰，今喜君能弥余之缺憾。故持以慰君而为之序，亦使人知吾侪怀铅握椠，相寻寂寞而无冀于时者，盖亦有以解嘲云。乙亥重九吴兴刘承干。"

① 刘承干，字贞一，号翰怡，浙江南浔人，清诸生．官候补内务府卿。辛亥革命后迁居上海，以遗老自居。民国九年（1920）在故乡南浔建造"嘉业堂"，藏书先后积至六十万卷。内有宋元本二百余种，明刻二千多种，抄校稿本二千多种。刻印古籍有《嘉业堂丛书》五十六种、《吴兴丛书》六十五种、《求恕斋丛书》三十种、《留余草堂丛书》十种。为近代著名藏书家和刻书家。

读书小识之属

两个李日华和两个张大复

明末清初时期，在东南文坛上，曾经出现过同名同姓的两个李日华和两个张大复。其中只有一个李日华是嘉兴人，其他三位都是苏州人。因他们所处时代很接近，所以常会被人弄错。甚至学者王国维亦有混淆之时，近年笔者在参与《中国戏曲志·江苏卷苏州分卷》编纂工作时，发现了这个有趣的现象。现特略作如下介绍。

一、苏州李日华

第一个李日华字实甫，明代吴县人，生卒年和生平均不详，大约明世宗嘉靖年间在世。他以工散曲著名，曾大胆地翻《西厢记》杂剧为传奇，盛行于世。由于封建时代中戏曲著作被认为是不登大雅之堂的东西，地方志传都无记载。只有在明朝藏书家高儒所编的《百川书志》卷六（外史类）里，著录有李日华《南西厢记》二卷，海盐崔时佩编集，吴门李日华新增。凡三十八折。他改编的目的是因为元朝人王实甫写的《西厢记》是北剧，不利于笙笛，所以改作南调。现在昆剧所演《游殿》、《闹斋》、《惠明》、《寄柬》、《跳墙·着棋》、《佳期》、《拷红》、《长亭》、《惊梦》诸出，都出自这个本子。由此也可确认这个李日华是苏州人。但是历来各家著录《南调西厢记》

都误为嘉兴李日华作，就连号称近代曲学大师的王国维，也没有把两个人搞清楚。所以在他所编的《曲录》里，也把《南西厢》的作者，误定为字君实的嘉兴李日华。《南西厢》最早的刻本是明代万历年间金陵书坊唐氏富春堂，内容凡系李氏增入的，皆用阴文刻“新增”两字。当第一本《南西厢》出版时，由于时代的偏见责骂的批评很多，大家都说这是太仆寺少卿嘉兴李日华所作。这话传到李的耳朵里以后，他就在自己所著的《紫桃轩杂缀》里，登了一条否认的广告。他说：“昔人谓谷永字子云，实作《剧秦美新》而累扬雄；宋方士颜洞宾以采战邪术昵妓女白牡丹，而以累纯阳。忆余筮仕江州理官，上官向余索《西厢记》者，盖以世行李日华《西厢》本也。余既辨明，付之一哂。且幸此公未曾留意医术，不从余觅《本草》，《本草》亦有日华子注本也。”

他列举了汉代谷子云和扬子云、宋代颜洞宾和唐朝吕洞宾（约在 870 年左右）的故事，来说明古人早已为了字号相同而受了冤屈。还说到他去江州做官时上司也要向他索要《西厢记》。由此可见当时的《南调西厢记》是风行一时的，而且都认为是他做的。最后一段话是他有些发牢骚了，说幸亏那个上级不懂医，否则还要来问我讨《本草》呢！因为有一种《本草》是叫“日华子”注的。

读了上面这段话，可以知道，早在嘉兴李日华在世的时候，别人就以为《南西厢》是他做的。所以他要特地澄清，惜乎很少有人看到，以致仍然以讹传讹了几百年。

二、嘉兴李日华

嘉兴李日华字君实，号竹懒，又号九疑，生于明嘉靖四十四年（1565）。他在万历二十年（1592）考中了进士。官至太仆寺少卿。性情淡泊，与人无忤。工书画，精鉴赏，与董其昌齐名。卒于崇祯八年（1635），年70岁。据文献记载：嘉兴李日华生前也来过苏州，第一次是万历二十六年（1598）冬天，在苏州阊门以长歌记吴中新兴乐器三弦，序言说："戊戌仲冬十五夜，泊吴阊门外，霜月满江，同沈伯宏子广、盛寓庸圃，饮张六姬船头，酒酣，客有弹三弦者，曲尽其妙，余作歌以赠之。"这首长诗有云："豪谈剧谑意已尽，坐中忽出三弦客。客年三十美丰姿，正是撩风弄月时。青狨暖耳紫半肩，纤手削玉揉花枝。一弦一珠珠活泼，三珠滚滚乱挑拨。化为黄鸟入花间，淡日和风响钩聒。海棠贪睡柳贪眠，一齐唤起春风颠。沈深堂院下红雨，雨声滴破青苔砖。隔窗有人愁听雨，哝哝唧唧相尔汝。一朝萧飒转无聊，阴廊切切秋虫语。沙头老鹘亦断肠，划然惊起天地霜。千家砧杵梦魂里，万骑饶歌关山旁。悲欢意绪总不同，尽在搊搊抑抑中。风筝线断刀尺冷，佩环何处敲丁东？虫肝鼠胆吉鹩舌，蜂须蝶翅相蒙茸。喜为微溜吐幽籁，悲作老木含西风。四时气候俱可变，何况鬓凋青黛颜！"写出了当时演奏的真实情况，留下了一件吴中掌故。嘉兴李日华第二次来苏州是万历四十年（1612），在阊门市肆购得旧拓本《实际寺碑》一册，见于《味水轩日记》。他一生著作甚富，除了上面说到的几种之外，还有《恬致堂集》、《六砚斋笔记》、《官制备考》、《礼白岳记》、《蓟旋录》、《篷栊夜话》、《竹懒画剩》、《墨君题语》、《玺召录》等传于世。

三、昆山张大复

第一个张大复字元长，明朝苏州府昆山县人。生于嘉靖三十三年（1554），从小就很聪明。三岁时就能以手指划腹作字。少年时才学出众，熟读经史而泛滥于汉魏唐宋诸名家，尤得力于司马迁的《史记》。万历二十八年（1600）游京师，名声藉藉于公卿之间。但他性情高傲，不屑屈居侯门，遂回至故乡昆山片玉坊中的梅花草堂。中年不得志，形成文章越奇、名望益高，家产日落的境地。吴中才华之士，均不敢以自己的作品相示。崇祯三年（1630）汇刻自著笔记为《梅花草堂笔谈》十四卷，内容皆同社酬答之语，间及乡里琐事，关于昆曲方面的资料尤多。所以《四库全书总目提要》说它“辞意轻佻”。生前尝告常熟钱谦益曰：“庄生、苏长公而后，书之可读可传者，罗贯中《水浒传》、汤显祖《牡丹亭》也。”后为哭父失明。晚年多病，自号病居士，名其书斋为息诗坛。闲入酒楼歌场及伎馆，征僻事，商谜语，扶杖拍肩，自得其乐。抑郁时，酒酣曲奏，划然长叹，如有不舍之意。作古文曲折倾写，有得于苏东坡而取法于同乡归有光。撰著《昆山人物传》时，焚香隐几，如见其人。衣冠笑语，务必肖而后止。《记容城屠者》、《济上老人》、《东征献俘》等几篇文章，如果夹在《震川集》里，可使别人难于鉴别出来。崇祯三年卒，年 77 岁，常熟钱谦益为他写了一篇《张元长墓志铭》，刊载《牧斋初学集》。

四、吴县张大复

还有一个张大复，一名彝宣，字星期、又字心期。苏州吴县人。曾居苏州枫桥寒山寺，故而自号寒山子。并命其室名为寒山堂。他精通音律，又好填词，亦颇知释典，性情淳朴，不治生产。约在清初顺治至康熙初年在世。他编的《寒山堂新定九宫十三摄南曲谱》，卷首有《谱选古今传奇散曲集总目》七十种，有的还有按语，里面有若干未见他书著录的南戏剧本以及某些剧本的全称和出数。又附《曲话》十七则。里面称钮少雅为“里丈”。钮少雅生于明代嘉靖四十三年（1564），由此可见，张大复肯定要比钮少雅晚一辈。在这部曲谱里提到的苏州人还有冯梦龙、李玉、朱素臣等等。他的戏曲作品杂剧有：《万国梯航》、《万家生佛》、《万笏朝天》、《万流同归》、《万善合一》、《万德详源》。它的总称是《万寿大庆承应杂剧六种》，主要是为庆祝康熙帝（玄烨）生日而作，估计都是歌功颂德的作品。根据其中《万笏朝天》一出来推测，其题材很可能出自苏州天平山范坟的故事。惜乎现在已经失传，不能看到了。另外他还做了三十种传奇，可称是一位多产的剧作家了。但现今流传于世的，只有：《如是观》、《吉祥兆》、《快活三》、《金刚凤》、《海潮音》、《重重喜》、《钓鱼船》、《紫琼瑶》、《醉菩提》、《双福寿》、《读书声》等十多种抄本，其中绝大多数在建国初期，由郑振铎先生编印在《古本戏曲丛刊第三集》内，避免了失传的危险，真是一件值得高兴的事。

吴三桂的女婿王永宁

苏州拙政园是我国古典园林的代表作之一。它创建于明代嘉靖年间，由御史王献臣在大宏寺遗址始建，取晋人潘岳“拙者为政”句名之。文徵明为之记，以志其胜。后其子赌博，一夜之间输于里中徐氏。徐氏衰落，为清朝相国海宁陈之遴所得。陈在京为官，十年未归，虽图绘咏歌，实未目睹园中一树一石。其妻徐灿字明霞，号湘苹，苏州才女，著有《拙政园诗余》传世。后之遴穷老投荒，流放绝域，此园充公为驻防将军府。康熙初年，当时平西王吴三桂的女婿王永宁住了进去。他虽只住了几年，但曾大兴土木，增建了不少厅堂建筑，园内斑竹厅、娘娘厅即为三桂女儿起居之所。又有楠木厅九楹，四面虚阑洞格，备极宏丽。列柱百余，础径三四尺，高齐人腰，柱础所刻皆升龙图案。又有白玉龙凤鼓墩，皆前明秦、楚、豫王府旧物，远道运来，可见规模之大。康熙十年（1671）太仓十子之一的许旭，约画家王时敏的两个儿子王抃（鹤尹）和王摅（虹友）到苏州来，由乡绅范必英（伏庵）陪同拜访王永宁（长安），因永宁时在扬州而未能见到，仅在园中游赏一遍，作《过拙政园》为题的诗六首。诗曰：

一

豪家新第象蓬莱，叠石穿池势壮哉。

复道恍疑通万户，中天直似起三台。
梁间旧燕辞巢去，亭畔名花照眼开。
记得门前曾列戟，平泉犹望相公来。

注：海盐相公自买此宅，从未一至。

二

银潢绛渚与天齐，桂邸看来势欲迷，
旧榭已经编马埒，新楼端合傍乌栖。
支机石借天孙巧，引凤箫随碧汉低。
遥想二分明月夜，珠帘歌舞待沉西。

三

邪许千人殷若雷，高台屈曲似蠡回。
伐材略比浮湘下，辇石曾闻自代来。
斤竹岭边槐陌起，芙蓉堂北射堋开。
夜游莫怪频添烛，一日谁能醉一回。

四

锦褫牙签聚一楼，千金四部等闲收。
藏来不异如天上，隔断还疑似祖州。
寂寞小山宾孰到，连娟修竹馆偏幽。
心空看只同蓬户，却为名花半日留。

五

玉碣雕楹文杏梁，曲房秘闼缀华珰。
芳林尽改青溪宅，花坞重开白鹿庄。

杂技五方供水戏，清商十部教霓裳。
铜扉尚锁朱阑闭，却被闲鸥占夕阳。

六

兴废人间不自由，沧桑频见几春秋？
当时毳帐成金谷，旧第乌台住粉侯。
鹿去千年悲往事，花秾一日快同游。
休嫌到处添惆怅，此地曾为庾亮楼。

这六首诗，出自当时人的亲身经历，且为《园志》所未收，故特录出，以存吴中园林文献。

关于王永宁此人，清人钱泳（梅溪）在《履园丛话》中，记有故事一则。大意是：王为逆臣吴三桂婿，初其父与三桂同为将校，曾许以女妻之，时尚在襁褓。不久王父死，家徒壁立，寄养于邻家。长大后漂流无依，年至三十未娶。一日有相面者对他说："君富贵立致矣。"永宁始尚自疑，有知情的老亲戚告知其事，时三桂已封平西王，声威赫奕。王遂从旧箧检得当年三桂缔姻帖，沿途求乞至云南。初，无以自达，书一子婿帖至府门，过三日才得传进。三桂沉思良久曰："有之。"命备公馆，授为三品官。供应器具，立时而办。择日成婚。一面移檄江苏巡抚，为其买田三千亩，大宅一座，即拙政园也。永宁在滇不过数月，即偕新妇回吴，终未接三桂一面。待回苏后，穷奢极欲，与当道往来，居然列于公卿之间。后三桂败事，永宁先死，家产入官，真似邯郸一梦，吴中故老有传其事者。（按：原本王永宁之宁字误为康字，谅日久传闻之误。《履园丛话》成书道光年间，离吴三桂造反已有一百五十多年了。）

另在《清代野史大观》中也有一段记载："吴三桂有二女，一居广陵（今扬州市），一居吴门拙政园。其居吴门者有大志，夫王永宁，以奴蓄之。而好与民争利，凡各处水埠船只，必强令纳资。不则解缆而去。春日游诸山，人马导引至众。阊门外卧桥两栏断折，下水溺死者十余人，而仍扬鞭前驱也。御史台据以上劾，奏留中。自是益横。姑苏数百里间，称吴小姐无弗切齿云。"由此可见吴女之骄横。至于"夫王永宁，以奴蓄之"一节，恐是言过其实。王永宁好戏曲、喜歌舞，则是事实。同时人余怀（澹心）手写的《玉琴斋词》，曾记有王永宁邀请他和李渔等人在园中宴集并观家姬演剧的事，留有《玉楼春》词二阕：

一

华堂列炬堆红雪，碧串玲珑摇片月。海山初涌见蓬莱，秘阁新开疑太液。

轻绡十尺遮罗袜，洛浦流波惊落叶。素娥几队出银屏，绛树双声横宝瑟。

二

只应天上闻此曲，何处人间攒碧玉。灯前袅娜闻腰肢，画里分明传竹肉。

红丝步障围金谷，十二巫峰犹恍惚。歌成白雪妒周郎，唤起紫云留杜牧。

可称现场掠影，仿佛如今的电视传真。还有二阕《王长安拙政园宴集观家姬演剧》的《鹧鸪天》词，盛赞："丽人演《牡丹亭·惊梦》、《邯郸梦·舞灯》，娇艳绝代，观者消魂。"

内容已收入《拙政园志稿》，可参阅。

其次在另一位同时人刘献廷（继庄）所著《广阳杂记》里也可看到："吴三桂之婿王长安尝于九日奏女伎于行春桥，连十巨舫以为歌台，围以锦绣。走场执役之人，皆红颜皓齿，高髻纤腰之女。吴中胜事被此公占尽，乃未变之先，全身而殁，可谓福人矣。"他不仅自己有家班，还在石湖里做这种别开生面的船戏，真是一位会享乐的人。

不过，从许旭的第四首诗"锦褫牙签聚一楼……"来看，王永宁倒还是位图书文物的大收藏家呢！现已查明，早在抗战前，故宫博物院出版的《故宫周刊》第165期上，就刊登了王永宁所藏唐人颜真卿《祭侄文稿》墨迹。上面钤有"王印永宁"、"王长安父"和"瞻近堂"的印记。现在上海博物馆所藏宋人米友仁绘的《潇湘图卷》，前后亦皆钤有"太原"、"王印永宁"、"王长安父"、"瞻近堂"等收藏印记。因这些珍品均属"惊人秘笈，国之瑰宝"，故文物出版社出版的《中国书画家印鉴款识》一书，已把王永宁列为收藏家，而将藏印都收进去了。至于他的室名"瞻近堂"，何处出典？据文献记载，晋人王羲之曾用草书写过一幅《瞻近帖》，此帖早已流往国外，现藏英国博物馆，不知是否当年王永宁因藏有此帖作为镇库之宝而命名，尚需进一步查考。

附注：

1. 许旭字九日，太仓人。明诸生。善诗古文。与黄向坚等称"娄东十子"。入清后曾参福建总督范承谟幕，耿精忠反，承谟殉职。旭因先返江南而幸免于难。

2. 范必英字秀实，号伏庵。范允临之子。顺治举人。康熙中召试鸿博，授检讨。分纂《明史》毕，即谢病归。筑万卷楼，藏书二十四楼，皆手自校订。

3. 余怀字澹心，原籍福建莆田，初侨居南京，晚年隐居苏州，徜徉支硎、灵岩之间。征歌选曲，有如少年。年八十余犹撰《板桥杂记》三卷，记狭邪事，哀感顽艳。

太湖莼官：邹弘志

莼菜，见于李时珍《本草纲目》："莼生南方湖泽中，惟吴越人善食之，叶如荇菜而差圆，形似马蹄。其茎紫色，大如筋，柔滑可羹。夏月开黄花，结实青紫色，大如棠梨，中有细子。春夏嫩茎未叶者名稚莼，稚者小也。叶稍舒长者名丝莼，其茎如丝也。至秋老者则名葵莼，或作猪莼，言可饲猪也。……莼久食大宜人，合鲋鱼作羹食之，胃弱不下食者至效。又宜老人，应入上品。"苏州有莼莱则最早记载在《吴郡图经》："莼乃菜之上昧，生水中。叶如凫葵，茎如钗股，亦名莼丝，味甘滑最宜芼羹，三月至八月皆可食。"到了明朝正德年间，王鏊所著《姑苏志》里则说："莼菜出吴江。"可见当时洞庭山上的人还没有发现莼，更不知道这东西可以做菜吃。

直到明朝天启元年（1621）当地有一位文人叫邹斯盛（舜五）的，开始在太湖里采莼。他请名画家张宏（君度）画了一幅《采莼图》，华亭陈继儒、吴县葛一龙等歌诗志美，一时传为盛事。邹斯盛本人也作《太湖采莼诗》，见于吴定璋所编《七十二峰足征集》，他在诗的序上说："辛酉（1621）秋泛太湖，见紫莼杂出蘋荇间，询之旁人，不识也。衍棹求之，得数里许。太湖向无莼，采自余始，因赋诗纪之。"二首诗的内容是："春暖冰芽出，秋深味更精。有花开水底，是叶贴湖平。野客分云种，山厨带路烹。橘黄霜白后，赢得晚盘清。"（其一）“风静绿生烟，烟中荡小船。香丝萦手滑，清供得秋鲜。荇叶分圆缺，鲈鱼相后先。谁云是千里，采采自今年。”（其二）可以作为当时写照。

另外明末清初时，还有一位叫吴时德的人，做了一首《采莼歌》，收进《太湖备考》。吴时德也是苏州洞庭山人，字明之，一字不官，天怀高旷，肆力风格。王潢、顾梦游诸人招入秦淮诗社。常熟钱谦益曾经把他的诗选入《吾炙集》中。

到了清代康熙二十八年（1773）春天，圣祖皇帝玄烨南巡来到苏州。那时邹斯盛的孙子邹弘志把自己种的莼采四缸，还做了二十首《贡莼诗》，连同祖传下来的《采莼图》一轴，迎驾进献。当时皇帝命将莼菜四缸收下，送到北京畅春园种养。张宏画的那幅《采莼图》认为是邹氏传家之宝，发还本人保藏。并安排邹弘志到书馆检校效力。书成以后，议叙授与山西岳阳县知县。据文献记载，邹弘志，字毅仁，号念莼，工小词，以香艳而出名。著作有《念莼遗集》、《燕台游草》、《贡莼咏》、《爱莲宧稿》、《邀月词》等书。可惜已经绝少流传。

由于邹弘志是献了莼菜而做知县官的，所以当时人家都称他为莼官。虽然他早已不在人世，但太湖莼菜却一直传到现在。每当春夏之交，摘取其嫩芽，加上肉丝、笋丝、火腿丝一起煮汤，味道鲜美可口，历来当作苏州名菜之一。

清代精刻古书的苏州地方官

历史上，每一时期的出版事业，总与当时的学术研究和社会风尚有着密切联系。清代乾嘉年间，由于屡兴文字狱，清儒开始把注意力转向纯学术研究，随之校勘学大兴。最初，他们是将诸本异文罗列于本文下面，后来又把校勘所得，别为《校勘记》附于书后。由于明人刻书而古书亡，清儒的目的是要努力恢复古书的本来面目。

苏州自古以来人文荟萃，读书、藏书、刻书蔚为风尚。吴县黄丕烈、元和顾广圻、长洲汪士钟等人所刻之书，都是选择最好的版本，内容精审可靠。不过最好的版本，即如宋本，其中也难免略有舛误，所以需用几个版本互校，将校勘所得，写成《考异》、《识误》或《札记》，对后世校勘起到了示范作用。

这种风气也影响到了在苏州担任地方官的张敦仁和胡克家。他们经过十年寒窗苦读，是由学者进入仕途，一旦个人经济许可，就要为文化事业——校刻古书做一点切实的工作。他们所刻诸书，无不校勘精审，模印精工，遂使秘本、精抄、古刊化身千百，流布人间，其裨益艺林、津逮来学之功，虽千载之后，也不可磨灭。

苏州知府张敦仁

张敦仁（1754—1834）字仲篔，号古余，山西阳城人。乾隆四十三年进士，授江西高安知县。精于吏事，公正廉明，宵小为之敛迹。在任四年，无笙鼓宴饮之事，旋调庐陵同知，历任九江、抚州、南安、饶州知府。嘉庆五年改官江苏，历任扬州、松江、苏州、江宁知府，居官勤于公事，政绩入《清史稿·循吏传》。暇则时研读经史，以校书为日课，虽老病家居不废。嘉庆十一年，张敦仁得元和顾广圻所藏宋抚州公使库本《礼记郑注》，据以重刊。又取各本校雠，成《礼记考异》二卷，附于书后。又汉朝桓宽《盐铁论》十卷，该书古本罕见，自明以来，以江阴涂祯刻本为最善，但颇不经见。嘉庆十二年，张敦仁以重值得之，据以重刻，行款版式，一仍其旧。他又汇集众本对校，成《考证》一卷。由顾广圻作序行世，此本精校精刻，向负盛誉。

张敦仁又精历算。及来吴门，与元和李锐相友善，因共讨论，著有《辑古算经细草》一卷。又以“大衍求一术”载在秦书，鲜有知者，乃著《求一算术》三卷，上卷以究其原，中下以明其法（中为杂法，下则演记也）。元人李治别有《开方记》一书，久佚而弗传，他因取秦书所载正负开方法，列式而详稽之，用补李氏佚书，成《开方补记》九卷，于道光十四年刻成六卷，后因身故而未成全书。

张敦仁官至云南盐法道，寻以病致仕，晚年寄寓江宁中正街，筑“与古楼”以藏书。顾广圻《与古楼记》云：“阳城张观察古余，早年成进士，仕官五十载。其居官也，不激不随，进未有不难，退未有不易，阶级方转而悬车蹈礼，其立身之古也。百行备修，恂恂讷讷，不买名声于天下，而暗然日章，其为学之古也。高明广大，无所不通，老而不肯废书自佚。《儒行》之篇不云乎：‘儒有今人与居，古人与稽；今世行之，后世以为楷。’先生有焉，斯楼之所以名也。”

江苏巡抚胡克家

胡克家（1757—1817）字占蒙，号果亭，江西鄱阳人。乾隆四十五年进士，以主事用，签分刑部。历任主事、员外郎、郎中，乾隆五十九年充广东乡试正考官，第二年京察一等，充会试同考官。嘉庆十一年调江苏布政使，十三年署苏州织造，兼署江苏按察使。他在苏任职期间，延揽士大夫俱有礼仪，为大江南北士望所归。

嘉庆十四年，胡克家在江苏布政使（驻苏州）任上，重刊宋本《文选》六十卷。他在序文中说：“往岁顾千里、彭甘亭见语以吴下有得尤椠者，因即属两君遴手影摹，校刊行世。逾年工成，雕刻精致，勘对严审，虽尤氏真本，殆不是过焉。”书上刻有“鄱阳胡氏果亭手校”图记，书后附有所著《文选考异》十卷，署名“赐进士出身通奉大夫江南苏松常镇太等处承宣布政使司布政使胡克家撰”，可见他对自己所刻书的重视。嘉庆二十一年，胡克家升任江苏巡抚（驻苏）。在任期间，据元朝兴文署本作底本翻刻胡三省注《资治通鉴》，摹勒特精，向为学术界所推崇。胡注通鉴的特点是把《资治通鉴考异》分散插入相应的文本内，便于读者参考。这部书板刻成以后，一直留在苏州。经太平天国战乱，到同治年间，书板部分被毁，尚存第一卷至二百零七卷。其时独山莫友芝任职江苏书局（在今燕家巷），决定筹款补刻。由于战乱，苏州刻书业元气大伤，刻工星散。为了鉴别刻工优劣，乃先以一种小书——司马光著《书仪》分发刻工，要求先刻数页，以观精粗。重刊《书仪》扉页上刻有识语："同治夏四月，江苏书局将复刻司马文正《资治通鉴》胡注兴文署本，刻手杂募，不能识别良拙，乃以文正《书仪》归安汪氏仿宋本，各试刻一页，第其去留，未匝月而工完。"可见，在当时已经采用招标办法，实出无奈。江苏书局补刻成全书以后，一直刷印至民国，抗日战争爆发才停止。

胡克家刻成《资治通鉴》后，即卒于苏州任所，身后宦囊萧然，还亏欠河工币二万余两，特旨豁免，可见其居官清廉。

总之，张刻《礼记》、《盐铁论》，胡刻《文选》、《资治通鉴》，现在已经成为清代苏州刻书中的精品。

晚清苏州三鼎甲墨迹

“三鼎甲”是我国古代科举取士，参加全国会试以后，经过殿试的前三名，也就是“状元”、“榜眼”、“探花”的合称。苏州向为人文荟萃之地，历来鼎甲之盛，他处无与伦比。辛亥革命以后，苏州尚有前清状元陆润庠、榜眼邹福保、探花吴荫培三人。虽然不是同一科的，但也算是“三鼎甲”齐全。他们不仅以读书而获得金榜题名、琼林赴宴而受到人们的尊敬，而且书法功力都很深，还拥有相当数量的藏书，又各自刻印有关苏州的地方文献资料，为继承和发扬吴地文化作出了一定的贡献。为了弘扬民族文化，在这里发表他们亲笔所书手札三件，以供鉴赏。为便于读者对他们的事迹有所了解，故而作了附注。

一、状元陆润庠手札

子雅仁弟足下，叠奉手书具悉。兄恭办丧礼事晨夕在公，身非己有。（须十月永远奉安后始毕。）案头积牍多不能复，谅我为幸。竹公函奉上，未知有济否？程利生过后其款又中变，可骇之至，即颂日安，兄庠顿首。闰廿五。

原件用白色朱格八行笺书写，纵 26.8 厘米，横 14 厘米。书法清华朗润，意近欧虞。此信有月无年，根据《宣统政纪》卷一载光绪三十四年十月上谕："太皇太后……大丧礼制，着派肃亲王善耆、顺承郡王纳勒赫……吏部尚书陆润庠……敬谨管理。一切应行事宜，并着详稽旧典，悉心核议……"又《德宗景皇帝实录》上说："宣统元年十月庚辰奉安孝钦显皇后梓宫于普陀峪，定名东陵。"由此可以确定此信是写在宣统元年闰二月廿五日。他任职吏部尚书之时。

陆润庠（1841—1915）字云洒，号凤石，江苏元和（今苏州市）人。为康熙乙丑科状元陆肯堂七世孙。同治九年（1870）元和县学优贡生，朝考用知县，十二年（1873）举顺天乡试，十三年（1874）成进士，殿试一甲第一名（状元），授翰林院修撰，即日召见，赐御用冠服。光绪二年（1876）充会试同考官、湖南乡试副考官。五年（1879）充陕西乡试副考官。六年（1880）充会试同考官、教习庶吉士。八年（1882）三月奉旨在南书房行走。九年（1883）充会试同考官。三校礼闱，得士甚盛。十月补詹事府左赞善。十年（1884）二月补右中允，旋升司经局洗马，充日讲起居注官，赏加四品衔，升翰林院侍讲，充咸安宫总裁。十一年（1885）转补侍读，提督山东学政。十二年（1886）因生父弃养，开缺回籍。十五年（1889）还朝，仍直南斋，补侍读，充教习庶吉士。十八年（1892）升国子监祭酒。二十年（1894）赏加三品衔花翎，充江西乡试正考官，以母疾归苏州。二十二年（1896）集资在苏创办苏纶纱厂，旋又开设苏经丝厂。次年开工，不久即出租与商人经营。二十四年（1898）还朝，仍直南斋，时朝廷励行新政，奏请设馆编纂洋务书以造就人才。二十五年（1899）升内阁学士兼礼部侍郎衔。二十六年（1900）八国联军入侵，慈禧太后西狩，润庠奔赴行在，代言草诏，升礼部右侍郎，充经筵讲官，署户部左侍郎，升都察院左都御史。二十八年（1902）充东陵随扈大臣，赏穿黄马褂，赐紫禁城内骑马。二十九年（1903）署工部尚书。三十一年（1905）以京察劾罢御史二人，为当时所稀见，旋升工部尚书。三十三年（1907）授吏部尚书，充进讲大臣，参预政务大臣。三十四年（1908）十月充恭办孝钦显皇后丧礼大臣。宣统元年（1909）充实录馆正总裁，德宗景皇帝丧礼值班大臣，以吏部尚书协办大学士充经筵日讲起居注官、翰林院掌院学士，十一月授体仁阁大学士、充禁烟事务大臣，转东阁大学士。三年（1911）充清皇族内阁弼德院院长。辛亥革命后留清宫为溥仪师傅。卒年七十五，谥文端。

陆氏苏州故居在东中市崇真宫桥下塘，藏书楼书箱存放布局成亚字形，收藏古籍甚多。南宋时建安余氏万卷堂刻本《礼记郑注》为其中白眉，书上钤有“元和陆氏藏书”、“小怀鸥舫所藏金石书籍记”藏印。抗战前为来青阁主人杨寿祺收得，于民国二十六年（1937）在上海影印传世。在其生前曾补编其父陆懋修所编《苏州长元吴三邑科第谱》四卷，并校刊其父所著《世补斋医书后集》九种传世。

二、榜眼邹福保手札

铜井先生有道，始秋奉一笺，计登签座。公以神仙之地望，纵瀛海之大观，健羡，健羡。保于月初接家母病电，仓猝弃官而归，幸返里后慈疴渐减，转危为安。日来侍奉汤药，不敢或离。回忆初九道出申江，适遇微雨，坐东洋车经过贵局，遥望之如玉宇琼楼，作天际真人之想，惟是急于归棹，一刻未停，故过门而不入也。介弟从海外返京，晤谭两次。公之小阮，仆在闱中亲见，名书澹墨，喜极欲狂。此时蕊榜先登，来岁蓬瀛直上，贤昆季何乐如之也。咫尺相违，先行函候，便中再谒起居。侄福保顿首。二十日。

原件用“瑞松”木刻仿古钟鼎诗笺书写。纵 22.8 厘米，横 12.5 厘米。上下共二页。分别为粉红和淡绿色。此信是邹福保写给铜井先生顾肇熙的，顾氏字皞民，号缉庭，苏州人。光绪间曾任台湾道。故信中有“公以神仙之地望，纵瀛海之大观”之语，即指台湾宝岛而言。甲午战争我国海军沦没，遣使求和。《马关条约》后清政府弃台湾，命令各官内渡，肇熙撤回上海，主轮船招商局事。所以说到：“回忆初九道出申江……坐东洋车经过贵局，遥望之如玉宇琼楼。……”是说的招商局之豪华气派。所称之“介弟”系顾肇新，字康民，号鼎卿，为肇熙之弟，官至外务部右侍郎，曾随那桐出使日本。由此可知，此札应是写于光绪二十三年（1897）邹氏回苏侍奉其母汤药期间。

邹福保（1852—1915）字咏春，一字芸巢，元和（今苏川市）人。生有异禀，八岁能诗。读书目数行下。光绪十二年（1886）成一甲二名进士（榜眼），十八年（1892）充会试同考官，十九年（1893）典江西乡试，所得刘廷琛、胡思敬、李瑞清辈多知名士。二十年（1894）大考列高等，擢詹事府司经局洗马，旋主福建乡试。二十二年（1896）再擢翰林院侍讲，充顺天乡试同考官，撤闱，闻母病，投牒请归。母丧，哀毁灭性，庐墓服阕。二十八年（1902）始入都，明年补原官，自以文学侍从无济于民，乃究心经世之学。三十三年（1907）朝局日非，遂引疾归。在苏州监督师范学堂，月俸三百坚拒不受，复任学务议长，主自治、咨议诸局不名一钱，大吏专疏以“亮节清风，三吴人望”疏荐耆儒硕学，优诏褒许。其在乡凡利民之举皆力任，殃民之举皆力阻。宣统元年（1909）主讲苏州存古学堂词章科，先后排印自著《文钥》二卷、《读书灯》一卷，宣统二年（1910）重刊宋人范仲淹《文正公集》和范纯仁《忠宣公集》并作《重刻范文正忠宣二公全集序》冠于书首。辛亥以后闭门养疴，不与世事，日惟访书于玄妙观、护龙街（今人民路）古书铺中，藏书多至十万余卷，其藏书印记为楷书“元和邹氏芸巢藏书”八字。暇则焚香诵读，闲吟古今体诗以自遣。乙卯（1915）五月终于里第，年六十四。

邹福保故居在塔倪巷西段（原二十二号），抗战以前其子邹绍朴（百耐）曾在门口创设“百拥楼书店”，战后停业，一度开设“百双礼堂”供人婚嫁租用。今已翻建为纺站针棉织品批发部。

三、探花吴荫培

外增城粉两提，洋手巾一匣，游记一包，家书（未封口）及洋函各件，托顾蓉翁送上。尚有游记一包，少顷再奉交。大旗今日北发否？便物两种，游记两册，希检存。此颂翼周大兄大人行安，愚弟吴荫培顿首，六月廿五午刻。

原件是用自己名片（红色笺中间木刻、墨印魏隶吴荫培三字。）代替信笺写的，纵 24 厘米，横 10.6 厘米。根据手札内容，赠送土产增城粉和洋手巾，增城县在清代属广州府，因而此信很可能是光宣年间吴在广东任知府时所寄。

吴荫培（1851—1931）字颖芝，一字云庵，辛亥以后自号平江遗民。江苏吴县（今苏州市）人。性慧敏，读书过目成诵，深得塾师嘉许。同治七年（1868）入吴县庠，九年（1870）举于乡，光绪十六年（1890）会试成进士，以一甲三名（探花）及第。授翰林院编修，十八年（1892）散馆后久任京官，屡掌文衡，襄校京北及吏部试各二次，又简福建乡试副考官，得士称盛。沈钧儒、郭则沄皆其乡会试时所录取之士。三十一年（1905）自费赴日考察，回国后即条陈：1. 创办女子师范学校，2. 添设幼儿院，3. 提供银行储蓄，4. 改良戏曲，5. 试办农林水产讲习所。蒙旨嘉纳，次第施行。历任广东廉州、潮州、贵州镇远府知府，均有善政。辛亥革命后自黔南返，终老故里，为乡邦公益事业出力，捐资创立吴中保墓会，编纂《吴县志》，抢救虎丘半塘龙寿山房所藏元僧善继血书《妙法莲花经》，避免了外流异国的危险。曾在冷摊捡得清初吴中名人何焯（义门）与其弟何煌（小山）往来家书，内容多研讨学术之作。由于败纸零落，无人赏识，购归后详为整理，装裱成册。确为苏州地方文献之珍品。另编成《义门家书》四卷，连同《义门先生集》十卷、《附录》一卷、《弟子姓氏录》一卷，于宣统元年（1909）刻于广州，向为学者所重。归隐家居时常与张一麐、费仲深、汪东等倡和，有九九销寒雅集之举，诗酒流连，至老不衰。藏书甚富，室名岳云庵，并喜鉴藏书画，独具心赏，兴之所至，偶然挥毫作画，一树一石亦自成佳趣。民国二十年（1931）卒于里第，享年八十，著有《岳云庵诗文稿》八册未刻。

吴荫培故居在右吴路乘马坡直巷 11—2 号，闻房屋尚在，并由其后人居住。可称是吴中鼎甲之鲁殿灵光。

周天球行草书《荆溪阻雨诗》扇

明代折扇盛行，且多金笺，诗画都出于著名书画家，历来为收藏家所珍爱。明周天球所书“荆溪阻雨”七律一首的扇页，即是一例。全文录后：“回峰怨怨水湛湛，最访仙源尚阻深。岚夹白云封涧户，风飘香霭度兰林。遍舟漫游鸥夷往，五岳宁夸向子寻。落日前川催急雨，肯令孤兴似山阴。荆溪阻雨一首录呈□□□□（上款已佚）。周天球。”

周天球（1514—1595）字公瑕，号幼海，又字幻海，别号六止生、六止居士、群玉山人、群玉山樵、江左周郎、侠香亭长。明长洲（今苏州市）人。年十六随父自太仓迁居苏州之和丰仓。试补府学生。从文徵明学，久之，其业乃成。书法亦日有名，善大小篆、古隶、行楷，兼写墨兰，皆模范文太史。徵明极为赞许，曾称：“他日得吾笔者，周生也。”肆力诗文日夜切劘。以诗名一代，五言律沉婉有致，七言律尤工。合作处高华整丽，足上下嘉、隆诸子而率以书名掩之。隆庆中游京师，燕集唱酬之作，一时词客皆为让座。太师江陵张居正邀其至家，以布衣书金匮之首简，欲言于上，由于官之禁近，逡巡谢归。海内慕其名、求书翰者益多，名益显重。晚年更能自得蹊径。及徵明殁，一时丰碑大碣皆出其手，为吴人所宗。年四十患奇疾，遇神医得愈。《明史》附于文徵明传，称：“周天球，字公瑕。钱穀，字叔宝。天球以书，穀以画，皆继徵明表表吴中者也。”亦喜藏书，《滂喜斋藏书记》著录宋刻《淮海居士长短句》有其藏印。室名凝碧堂、棐几斋、鉴止堂等。

此扇行草字迹苍老，为公瑕晚年之作。惜上款已为妄人挖去，以致无法得知当时究为何人所书。荆溪在江苏宜兴县南，以近荆南山得名，上承永阳江，下注太湖。山高而大，岩洞绝胜。诗意描绘烟雨之中在山溪中行舟所见景色。公瑕诗文专集早佚不传，仅有部分散见于钱谦益编选《列朝诗集》和朱彝尊所辑《明诗综》等书内。

据陈继儒《晚香堂集》中《叙姚叔信诗》云：“周公瑕八十而后无闻，度生平著作非并入笔冢，便作泰山无字碑矣。”则可见其晚年所作在明季已难得如此，况又经历三百多年之后，弥足珍贵。

邱逢甲轶诗四首

苏州古旧书店在整理一批晚清人士的信札时，发现有我国台湾爱国诗人邱逢甲诗作手稿。均系其早岁在台湾时写给当时任台湾道台顾肇熙（号缉庭，苏州人）的，为其《岭云海日楼诗抄》未收入的轶诗。兹谨录出，公诸同好。

云林晓发

香椽渡口寒流急，石榴班头晓烟湿。
云中一径穿林出，扑面万山迎客立。
山鹊巢空勒竹枯，荒渠拍拍飞水凫。
村翁卖饮临路店，为言岁歉多萑苻。
行李萧条客憔悴，绿林何用相回避。
客囊正有葫芦本，卖剑遗风忆龚遂。

过鸿指园二首

蒲院榕阴郁古青，虹梁连亘敞云屏。
百年乔木依稀在，斜日来寻四合亭。

匆匆爪印怕重寻，太守残碑藓半侵。
留与海天传故事，东坡断句古墙阴。

七律一首

客里欣逢棨戟临，匆匆录别向萱会。
文章藉靖兵刑气，学校能收悍犷心。
未起人材需夹袋，已伤民命待神针。
难忘慷慨尊前语，露处王尼感不禁。

邱逢甲（1864－1912），又名仓海，字仙根，号蛰庵，1864年生于台湾苗栗县铜锣湾，后移居彰化县。他是我国晚清台湾籍著名爱国诗人，梁启超称他为晚清"诗界革命之巨子"。他对台湾的一山一水都有着深厚的感情，少年时代即富有爱国之心。当中法战争爆发，边警日急时，台湾成为列强虎视垂涎之地，他关怀国是，更加留心西方文化，慨然有维新之志。他虽然身为光绪间进士，并授职工部主事，却不乐仕进，而在故乡台湾游幕和讲学。甲午战后，更不顾清廷割台的朝旨，决心和台湾人民一起为抗日护台而斗争。他"忧勤惕励，不敢稍懈"，"倾家财以为兵饷，不足则乞诸义士以助之"；并号召台湾青壮，知晓以民族大义，"人自为战，家自为战"，终于建成了一支人数众多的台湾抗日义军，并担任义军的统领。由于清政府的腐败，执意割让台湾，台湾巡抚唐景崧等人无意抗战，使侵台日军顺利地占领了台北、基隆等要地。但邱逢甲仍率领部分义军与侵略者血战二十余昼夜，最后饷绝弹尽，才被迫含恨离台。内渡后，侨居广东镇平，创办学校，推广新学，宣传抗日，继续奋斗不已。

他在许多诗篇中，都表达了渴望国家统一的强烈愿望，坚信"大九州当大一统"，台湾一定要回到祖国怀抱。

郑文焯与徐明甫手札

一

明甫先生足下：顷闻查君定于初九日出屋，敝处即于是日移挪物件。凡有书籍仍烦足下预为收拾，并借用书箱数只。请于明后日天晴过我，分付舆丁走扛箱只，以便装贮打点齐备，俾免临时仓促也。特此奉渎，即颂起居，弟焯顿首。

十月初一日

此札郑氏用自制信笺书写，黄色竹纸，纵 110 厘米，横 43 厘米。中间上段刻有自书“撮其近意”四个大字，外有不规则的长方形边框，左下角刻有“阿文”二字木记。下段刻有“大鹤山房制笺”六字，并“大鹤天爰者”五字木印。

二

前托问蘧园所供铜佛一事，即乞速为谋之，勿忘为幸。又刻须看人物画谱，如尊处有任渭长等所画剑仙图，或他名人绘人物古事均可，先借我一观是盼。此致灵芬主人清览。弟鹤顿首。

廿四日

是札亦用其自制另一种笺纸所书。黄色竹纸。纵 95 厘米，横 40 厘米。中间刻有汉砖图样，上有“五凤元年”四字。下段刻有“石芝西堪藏阮氏八砖之一，摹作短笺，取助尔添修五凤楼之意。叔问题记。”并有“瑕东客”木印。

上面这两通信都是郑文焯写给灵芬主人徐明甫的（有月无年）。徐明甫苏州人，约生于清代咸同年间。于民国五年病故。生前在护龙街（今人民路）嘉余坊巷北面开设灵芬阁古书店。善于搜访古籍，又能识版本目录之学。曾在光绪十三年（1887）用木活字排印过《爱日精庐藏书志》传世，由武进费念慈为其题写封面，至今还是研究古书版本的重要参考书。徐明甫去世后，由其儿子玉麟继承。后将店迁移乐桥南面（憩桥巷口），民国二十五年（1936）潘景郑先生曾在该店购得清人方恒手度张惠言校本《汉书》和拜经楼主人吴骞（兔床）抄本四种，详见《著砚楼书跋》。玉麟在抗战时期病故。

信的内容，第一封是要请徐明甫帮他搬家。第二封是托访蘧园所藏铜像，以及告知急要人物画谱。蘧园，《吴县志》上说是在申衙前（现景德路环秀山庄门前的一段），清长洲申勖庵（揆）孝廉将祖上申时行旧第扩建蘧园，并作来青阁，养鹤作伴，每宴客，双鹤逐门，魏禧有记。晚清时可能已是汪氏义庄之一部分。由此，可见当时文人与书店主人的书缘情谊。

由于信上没有记年，因而据其要求借看人物画谱内容，结合苏州寒山寺内一块郑文焯画的寒山子像石刻上面署款“光绪庚辰九月既望枫桥舟中写，大鹤居士郑文焯指头戏墨”来推测，大概这两信也在光绪六年（1880）左右所写。

按：郑文焯（1856—1918）字俊臣，号小坡，又字叔问，别号冷红词客、樵风园客。性爱鹤，尝蓄一鹤，见客则鼓翼舞迎阶下，因自号大鹤山人及鹤道人。奉天铁岭（今辽宁铁岭）人。隶汉军旗。还籍后自托山东高密郑玄之后裔。父瑛棨，曾官陕西巡抚，家门鼎盛。文焯光绪元年（1875）举人，官内阁中书。旋旅食苏州，为巡抚幕客四十年。少工词，南游十年，所学益进，时湖南王闿运（湘绮）以词称雄，及见文焯作，遂自认不及。程颂万（鹿川），易顺鼎（实甫）等亦俯首请益。其词摛藻绮密，近吴文英风格，而刻意处益觉生涩，部分作品追慕姜夔情韵，句妍意远，较多疏逸味。与王鹏运、朱孝臧、况周颐齐名，号称晚清词坛四名家。初来吴下僦居马医科巷，与朱孝臧所住之听枫园为邻，与之倡酬无虚日。尝筑石芝西堪于苏州城东之孝义坊，自云有终老之志。徜徉于虎丘、石湖、灵岩、邓尉间，侍儿可可善吹箫，填词散见《冷红》、《瘦碧》诸词集中。精究小学，通医工词，能书善画，嗜金石图书，所藏至博，征据精审，一经品题，人皆重之，收藏家得其一跋为荣。平生与人往返信札，每早达邮筒，晚付装池。校词读画，题识金石拓片，几成日课。室名书带草堂、石芝西堪。辛亥革命以后，以医术及卖画自给。民国六年（1917）秋曾在茶寮与叶德辉订交，通姓名，道款曲，交谈半日而别。翌日亲往高师巷叶氏寓所，出其所著书及词集，皆手自书函，自称平生与湘人有缘，求叶为其作序（见《大鹤山房全书》序）。是年并在苏州自刻《瘦碧词》二卷，封面中间用隶书自写书名。旁刻识语："此戊子年中冬所初印者，比以吴布政仲怡索丛刻全函，因向苏书局取版，知已于戊戌裁局时失去。此本尚是从吴孝廉印臣许搜致，仅存一帙。十数年前自刻之书，零佚如是，况乾嘉以来名家善本流传迄今，不益难乎。"深有感慨。他的藏书，身后为南海康有为所得。潘景郑《著砚楼书跋》著录有其手校《燕翼诒谋录》五卷，称得之南海康氏可证。建国初期笔者也收到过他亲笔批校的《纪元编》三册，末尾还有题跋，现藏于国家图书馆善本部。现苏州古旧书店存有黎庶昌出使日本对影刻唐写卷子本《文馆词林》上，钤有"石芝西堪校秘书记"印记。

郑文焯之婿戴亮吉，为金融界钜子。抗战胜利后曾来苏州，访求其岳遗著和墨迹，但未能如愿，而另购许氏（博明）怀辛斋所藏版本书一批运回四川去。顺此提及，以存吴中书林掌故。

其故居石芝西堪在孝义坊四号，建于光绪三十一年(1905)。有其自作《满江红》词，序称："乙巳之秋，诛茅吴小城东新营，所住激流植援，旷若江村。岁晚栖寒，流离世故，有感老杜《卜居》之作，聊复劳者，歌其事云。""竹隔桥南，有竹里，人家小葺。依约似，浣花门径，数椽幽僻。居近梅家西市隐。补吟桂树东城植。念岁寒何意老江村，今非昔。怀旧隐，三高宅。空遐慕，五噫客。叹百年，枯菀一般陈迹。归燕犹寻斜日垒，闲鸥且占沧波席。待玉门，春涨棹歌来，渔榔集。"

再《冷红词》中有一阕《念奴娇·壶园自寿》，是他自写身世之作。壶园为郑文焯别号，一直鲜为人知。为了进一步证实壶园是郑文焯的别号，查找了吴昌硕作的《缶庐诗》，在第二卷里就有一首《壶园饯春图为郑小坡孝廉文焯题》诗，内容是："花影水清浅，石根云去来。壶园明镜里，诗境古吴开。把酒自为寿，得天无尽才。传家书带草，蓬勃不须裁。如笠一亭小，隔尘修竹深。有邻鹦憩柳，无语石听琴。息影古地夕，拥书嘉树阴。壶公君即是，仙队莫相寻。"这是最好的旁证。由此可以确定郑文焯就是壶园主人。至今孝义坊四号尚留有石库门墙和三间平屋，周围已经沦为民居，高楼林立。无复当年《西子妆慢・吴小城》序中所说："……五亩之居，刻意林谷"之雅境了。

张一麐佚文

——苏州平江奕社记

弈见于《说文解字》，“围棋也，从廾亦声”，“棋作棊，古时通称博弈之子为棋”。《春秋左传·襄公二十五年》：“弈者举棋不定，不胜其耦。”《文选·吴都赋》亦有“屯营栉比，廨署棋布”的说法。三国魏邯郸淳《艺经》则说：“棋局纵横各十七道，合二百八十九道，白黑棋子各一百五十枚。”唐以前棋局之制是这样。今则纵横各十九道，合为三百六十一道。弈棋一次曰一局。故亦称弈棋之事为棋局。《南史·萧惠基传》称：“当时能棋人琅琊王抗第一品，吴郡褚思庄、会稽夏赤松第二品。”明代吴人王稚登（伯谷）所著《弈史》中则说：“《吴录》称严子卿棋与皇象书、赵达数为吴中八绝。”由此可见苏州弈棋之艺是历史悠久的。直至抗战前夕，在大公园西亭中，尚有平江弈社的组织。

西亭位于公园西南面墙内（临近五卅路大门），建筑较东斋为差。因它纯为营业性质的茶室。民国十九年（1930）时，有本地人王乙舟出面，向当时吴县教育局租地造屋。由于他是一个棋类爱好者，所以就和郭同甫、杨寿生等人，创建了一个平江弈社在内，研究之余，还与各地棋手组织往还竞赛，交流棋艺。没有几年时间就成为江南的一个名社。直至民国二十五年（1936）时，所订房屋合同期满，本来应该拆屋还地，但那时适逢王乙舟本人去世，他弟弟王慕周和王韵荪二人，不忍将这个棋社解散，乃继承其兄遗志，自愿将西亭建筑的土木料，无偿捐出归公，不再拆屋。经过教育局长彭嘉滋批准，重行修理，使其继续存在。并请名人张一麐，作了一篇《苏州平江弈社记》，文章内容为《心太平室集》所未收。为了保存吴中历史文献，录出发表如下：

弈虽小数，实为我国最古之游艺。《弈旨》、《棋经》备详著录。西屏、龙士代有成书。传至东邻，其道益广，其术愈精，急起直追，保兹国粹，固不可以其小而忽之。吾吴多善弈者，而无研究之所。往岁王君乙舟，始创平江弈社于公园之西亭。西亭者，王君赁地所建之茶肆也。王君嗜茶而善弈，宦游归来，藉此坐隐。同社郭同甫、杨寿生诸君，亦皆一时名手，研究之余，辄与各地同好，往还竞赛，六年以来，已卓然为江南名社矣。今岁西亭约到及期，应毁屋而返地于局，时适王君物故，其弟慕周、韵荪不忍斯社之废，乃踵兄志请于教育局，愿捐西亭土木料归公弗复毁。局长彭嘉滋纳其议，重为修葺，以永斯社。王氏昆仲提倡之功，友于之爱，与彭局长玉成之力，均不可没，爰乐为记其缘起，以告方来，而刊之石。惟是世事如弈，急劫方严，局中人能以临敌应变，专心致志之效，推而谋国，勿徒囿于方罫之间，则此社为不朽矣。中华民国二十五年五月吉日里人张一麐记。吴铭常书。

尾有“上海山海大理石公司驻苏经理处赠，古吴黄慰萱刻”两行。

平江弈社虽已时过境迁，西亭亦早已不复存在。但可喜的是，直至目前，在大公园北门内廊下，每天仍有不少棋类爱好者，在此对弈，交流棋艺。可见弈社之流风余韵尚代代相传呢！

按：张一麐（1867—1943）字仲仁，号公绂，别号民佣、大圜居士、江东阿斗等。吴县（今苏州市）人。清末举人。光绪二十九年（1903）录取经济特科。先后入直隶总督袁世凯、浙江巡抚增韫幕。辛亥革命后曾任国务院机要局长、教育总长、总统府秘书长等职。袁世凯策动帝制，引退南返。在乡举办教育、改良农事。抗日战争爆发后，倡组老子军。后往重庆，任国民参政员。病逝于重庆。有《心太平室集》传于世。

吴中探梅说古今

梅之名虽然见于儒家经典，但古时候并不重视其花。故而屈原《离骚》遍咏香草而独不及梅。汉代刘向著《说苑》始有“越使执一枝梅遗梁王事”。这是看重梅花的最早文字记载，以后魏晋六朝至唐代，递相赋咏，至宋朝时遂为诗家所赞美。

我吴范成大于宋代淳熙十三年（1186）以资政殿学士领宫祠，家居石湖，曾作《范村梅谱》一卷，记载所居范村之梅。有江梅、早梅、官城梅、消梅、古梅、重叶梅、绿萼梅、百叶缃梅、红梅、鸳鸯梅、杏梅、腊梅等十二种。前有自序称：“石湖玉雪坡既有梅数百本，又于舍南买王氏僦舍七十楹，尽拆除之，治为范村。以其地三分之一与梅。吴下栽梅特盛，其品不一，今始尽得之，随所得为之谱。”但由于历时已久，谱中品评往往与现在不同。当时成大以为极难得之绿萼梅，现为常产，这是古今地气变化的缘故吧？该书经宋人左圭收入其所编《百川学海》丛书中，得以流传至今。

宋末元初在光福地方出了一个人物叫徐日纶，他字鸣远，号西谷。《镇志》上说他“宋亡后缟素避世，终身不入城市。元伯颜（官拜中书左丞相）知其贤，屡征不出。植梅数十株，畜二鹤，终日苦吟，皆黍离麦秀之句”。是一位爱梅隐士。

以后范村荒芜，苏州探梅的景点转移到了邓尉山。这山在吴县光福，离城七十里。因为汉朝有太尉邓禹曾住过这里，故以为名。到了后晋，有一个做过青州刺史的郁泰玄葬在山上，所以又名玄墓山。传说泰玄性情仁恕，葬的时候有燕子几千只，衔土飞集于其坟上。这山逶迤十里，周围三十多里，山高五百多丈，中峦隆起，南北西三面环绕太湖，风景绝佳，山中栽梅为生的人家很多，古人有“望衡千余家，种梅如种谷”的诗句。栽得最多的地方是菖蒲潭，潭东西至天井一带，间植红梅和绿梅，游人至晚上，有“花月溶溶，溪山寂寂，目接神怡，浑忘身世”的感受。它的品种大都是从范村移栽过来的。

到了明代中叶，苏州名画家沈周（石田）和文徵明都喜观梅花。沈周在成化十一年（1475）和李敬敷、杨启同到城里西竹堂寺去探梅，画过一幅《探梅图》（现藏苏州博物馆），上面有题诗。文徵明也很喜欢梅花，曾经把他书房的室名叫做梅花屋和梅溪精舍。还写过一篇《玄墓山探梅倡和诗序》，他在文章里说：“吴玄墓山在郡西南太湖之上，西崦、铜坑左右，玉梅万枝，与松竹杂植。冬夏之交，花香树色，蔚然秀茂，而断崖残雪，上下辉映，波光渺弥，一目万顷，洞庭诸山宛如几席，真人间绝境也。……此予与方、伍两君探梅之作而有取焉。”惜乎他在文章里没有提到方、伍二君的名字和号，据我推测很可能是昆山方鹏和吴县伍余福。因为这二个人是生长在正德、嘉靖年间，而且都著有游记传世（方鹏著有《游善卷洞记》，伍余福作有《游麻姑山记》），这篇“倡和诗序”的全文收入《甫田集》中，可参阅。

到了万历二十三年（1595），著名文学家、公安派领袖袁宏道（中郎）来苏州出任吴县知县。去光福探梅以后，写了一篇游记，描述邓尉景色，最后则以“此山若得林和靖、倪云林辈妆点其中，岂不人与山俱胜哉。奈何层峦叠嶂，不以宅人而以宅鬼，悲夫”结尾，表达了他那时已对在风景区造坟而感到可惜。

清初康熙时商丘人宋荦（牧仲）出任江苏巡抚，带领新城王士禛（渔洋）、长洲汪琬（尧峰）等文人入山探梅，首唱五律四首，宾从皆作和诗。遗迹刻石置于圣恩寺还元阁壁间，宋荦还亲自写了“香雪海”三个大字，刻碑建亭，由此而名声大振。

康熙二十八年（1689）清帝玄烨巡视江南，曾到邓尉山探梅，在同治《苏州府志》巡幸卷中记载了那次全过程。后来他的孙子弘历，前后六次下江南，每次来苏州都要到邓尉山去看他祖父——玄烨所写诗碑。他在乾隆二十二年（1757）还写了一首《邓尉山香雪海歌》。

乾隆年间苏州有个绅士潘奕隽，字守愚，号榕皋，别号水云漫士，晚号三松老人。他是乾隆三十四年考中的进士，官户部主事。一次去贵州典试以后，就辞官回到家乡。他能诗善画，后人称他“书中颜柳，篆隶入秦汉之室，写意花卉梅花尤得天趣”。由此他非常喜欢梅花。他 51 岁的时候（乾隆五十五年）曾邀请当地人范来宗（芝岩）、蒋业晋（立崖）、陆恭（谨庭）、朱颖（云浦）等人同往光福邓尉探梅，事后他请名画家翟大坤为他画了一张《探梅图》并连同这次探梅唱和之作，刻印传世。这是邓尉探梅的兴盛时期。

嘉庆六年（1801），苏州藏书家黄丕烈（荛圃）和顾莼（南雅）、夏文焘（方米）结伴进京赶考。临行时嘉定瞿中溶为他画了一幅《梅花图》，黄氏把它裱成册叶，带在身边。船到枫桥，五砚楼主人袁廷梼（又恺）折庭梅一枝相赠，祝贺他探花之兆。

黄丕烈还在道光癸未年（1823）元宵节以后，和尤兴诗（春樊）、彭希郑（苇间）三人同往城西积善院。院内有古梅一株，是几百年前之物。探梅至此，花香袭人，诗兴大发。尤兴诗感叹吴中诗社久已冷落，他就推举黄丕烈为诗社发起人，组成一个“问梅吟社”。隔了几天，于正月廿五日在尤兴诗家里，由他主持了问梅吟社第一次吟诗活动。除了他们三人参加之外，还有一位石韫玉，以后大约每月一次，轮流主持集会。直至第三年六月十二日，由黄丕烈主持第廿八次集会，这天是宋代书法家黄庭坚七百八十年的生日。由于黄丕烈在不久之前访到了一部宋版《黄山谷大全集》，所以兴致勃勃，在家里挂起新画的《黄山谷像》来纪念他。这次参加的人又增加了潘奕隽、张吉安、彭蕴章、月船（僧）共八人。张吉安在诗中称赞黄丕烈“海内争趋士礼居，黄金散尽缘收书”。黄氏在主持这次诗社活动后，不久就病倒逝世。后至道光丁亥年（1827）第六十二次集会，参加人数发展到十八人。现在从刻本《问梅吟社诗抄》五卷里可以看出，这个诗社活动最突出的是歌颂明代海瑞、周顺昌等清官。正如尤兴诗所说“自从结社有同志，我辈喜谈气节事”。当然其中也有歌颂李白、白居易等著名诗人和文学家的。这种自愿结合的诗社，对发展苏州的传统文化起过一定的历史作用。

晚清同治年间，做过贵州巡抚的潘霨，在光福铜井山下（涧上）买了一座园林，经过修理以后，作为潘家祠堂。那里有亭轩池馆等古建筑，环境十分幽静，取名韡园，成为光福的一个景点。有一次号称“中兴名臣”之一的彭玉麟前来探梅，潘霨就请他在纵横各二丈多的墙壁上画上一幅《梅花图》，还题上一首七律长歌。

邓尉探梅之风到光绪年间仍然极盛。在吴人谢家福所刻《邓尉探梅诗》四卷里收有凌泗、姚孟起、施绍书、沈景修、费延厘、任艾生、诸福坤和他自己的探梅诗词。据亢树滋在光绪甲午（1894）年写的序文上说："……邓尉为城西胜区，四时景物咸备，梅花尤擅名。商丘宋公抚吴时采风至此，手镌香雪海三字于崖壁，名益著。惟距城稍远，不若灵岩、支硎之可晨往而夕返也。故必届探春时，游者始乘画舫，驾篮舆，提壶挈榼，褰裳联袂而来。穿花丛，叩山房，登佛阁，徘徊瞻眺，以荡涤其烦襟，消融其尘虑，信可乐也。其地幽僻清旷，梅花万树，连村蔽谷，映带于桑畦萝径、竹篱茅舍之间，弥望一白玉映缤纷，芗气蓊勃十数里不断，而又具区临其前，米堆、柴庄、铜井、石壁旋绕其左右，遥望洞庭诸山，烟鬟雾髻，若隐若现于沧波杳霭中，筇屐所至，俯吸湖渌，仰挹山翠，飘飘乎不复作尘世想，宜为雅人韵士所乐游。"由此可以想见当时的实况。

沧浪亭对面的可园里面，也有红梅和绿梅，特别是一株胭脂红（又名铁骨红梅）为距今二百年前之物，前人曾赞称它为"一株奇艳盖江南"。那里原为清代大僚宴集之地，后归正谊书院。抗战以前是江苏省立苏州图书馆所在地。在民国二十五年（1936），由蒋吟秋、王佩诤等先生发起，在可园内举办了一次梅展。除了园梅以外还收集了盆梅佳种，以及梅花名画、梅花书谱等。分室陈列，蔚为大观。

这次出品参展者有叶恭绰、吴湖帆、张大千、吴子深、周瘦鹃、刘公鲁等数十人。展出的画梅珍品有陈继儒、金俊明、金农、罗聘、吴大澂、顾麟士、吴昌硕、倪田等所画立轴和卷册。参观人数每天有一千多人，章太炎先生夫人汤国梨曾往看梅赋诗，邵元冲和张默君夫妇也专程来苏参观，可称是苏州探梅历史上的盛举。

综观吴中探梅历史，种梅时间之长，范围之广，至今还是光福“香雪海”为最。随着太湖旅游度假区的开发，“邓尉探梅”这个传统风俗，必将重振雄风，吸引更多的旅游者。

苏州红豆树

红豆产于华南，结实鲜红浑圆，晶莹如珊瑚，岭南人民常用以镶嵌饰物，作为吉祥物而馈赠亲友。红豆树，乔木，羽状复叶，小叶长椭圆型，圆锥花序，花白色，荚果扁平，种子鲜红色，产在亚热带地方。在苏南地区的成活率极低，所以历来都很珍贵。早在明末时候，常熟大文学家钱谦益（牧斋），因他别墅中有株红豆树，就把它命名为红豆山庄。牧斋曾作十绝句，他的诗题是《红豆树二十年复花，九日贱降时结子一颗，河东君遣人搜枝得之，老夫欲不夸为己瑞其可得乎？重赋十绝句更乞同人和之》。今选录一二，以明题意，诗云："院落秋风正飒然，一枝红豆极鲜妍。夏梨弱枣寻常果，此物真堪荐寿筵。""春深红豆数花开，结子经秋只一枚。王母仙桃余七颗，争教曼倩不偷来。"虽然红豆山庄和红豆树早已不存，但红豆山庄的名气仍然很大。

据民国《吴县志》古迹门载："红豆郡中只有四树，一在玄墓山寺内；一在城东酒仙堂，宋白鸽禅师手植；一在升龙桥南惠太史周惕宅，周惕从酒仙堂分折栽成；一在吴衙场明给谏吴之佳宅内，后易宋，易彭，今为吴刺史诒穀所居。"其历史情况是：光福玄墓山寺内一株早已不存；东禅寺（酒仙堂）的一株亦已踪迹全无；惠氏红豆书庄的一株为清初康熙进士、密云知县惠周惕从东禅寺老树复萌新枝中折一枝移栽阶前，生意郁然，因自号“红豆主人”。僧目存为画《红豆新居图》，主人自题五绝句，又赋红豆词十首，属和者数百人，客过苏州必停舟观赏。传至其子惠士奇，晚号半农居士，康熙进士，官至广东学政，提倡经学，士风大振，学者称“红豆先生”。乾隆时其孙惠栋，为吴中经学大师，著述及藏书甚富，人称“小红豆”。曾在其自著《精华录训纂》书口下方刻有“红豆斋”三字。另外同治间江苏巡抚丁日昌收藏过一册《乾象变异录》，上面钤有“惠栋”、“定宇”、“红豆山房所收善本”诸印。该树在咸丰庚申（1860）战乱中被伐去，因而至今硕果仅存的一棵是在葑门内吴衙场三十七号，明代万历进士、给谏吴之佳宅内。因为在最后一进，所以只要到迎风桥弄十三号、苏州市电教馆大门口向内一望，可见铁杆霜皮，有参天之势的大树即是。

从明代万历中期算起，这棵红豆树生长已近四百年树龄。现在的情况怎样呢？由于保养不善，长期不施肥，缺乏营养，加上紧靠树旁造起了简易房屋，使这棵极为珍贵的名树古木，如同生长在烟囱管内。因而造成树叶枯萎，濒临绝境。所以希望有关部门采取积极措施，救救这棵在我市独一无二的古树。让它重新开花结子，成为苏州一宝。

清代苏州戏馆略述

“阁老厅前锣鼓开，登场袍笏首重回。浮生都是黄粱梦，利锁名缰为底来。”这是近人范广宪（君博）所作《山塘倚棹词》中的一首诗。他在附注中说：“山塘有旧时相府名阁老厅。清雍正初赵成秩重修，今为戏园。”又引清乾隆时顾公燮所著《消夏闲记》中一段：“苏郡向年款神宴客，每于虎邱山塘卷梢大船头上演戏，船中为戏房，船尾备菜，观戏者另唤沙飞、牛舌等船列其旁。客有后至者，令仆候于北码头，唤荡湖船送至山塘。其价不过一钱六分之事。至雍正年间，郭园始创开戏馆，由是卷梢船歇矣。今仅存一只，而戏馆不下一二十余处。”此乃苏州山塘最早有戏馆的文字记载。

乾隆帝弘历六次南巡，苏州繁华益盛，阊门笙歌不绝，宴会无时，戏馆多至数十处。乾隆三十三年（1768）江苏藩司胡文伯查禁戏馆。富商大贾就借会馆演剧，“假此酬酢，或笃乡谊，或谈商事”。那时会馆、公所在商贾贸易中也起着重要作用。同时亦为戏剧的演出，提供了场地。

同治三年（1864）苏州有一个绅士潘遵祁写了一篇《苏城宜永禁戏馆议》，其中说到：“……惟京师为四方辐辏之区，向有戏馆以供仕宦宴会，有戏园以便商贾聚集，不过为联交情、叙乡谊之助，然其弊职官狎优，屡酿巨案而风不稍息。推原其本，优伶向出苏州，实为滥觞之始，则演剧果有益乎？至东南大郡，宁、杭并称都会，维扬夙号繁华，不闻有戏馆之设，何独于苏州而应有之?”（见《西圃集》卷四）由此可见当时已只有北京和苏州有戏馆。

至于古时苏州戏馆，究竟那样？已无从得知。但最近在《点石斋画报》戊集中，发现了一幅标题为《伶人肇衅》的时事画，画面上反映光绪年间江苏巡抚谭钧培下令吴县知县封禁阊门外普安桥金桂戏园之事。门上招牌为金桂茶园，大门上交错贴着“吴县正堂封”条，还挂有一块“本园今日准演南天门、牧羊卷、快活林、月中情”的广告牌。右面大门上则贴有一张光绪十一年七月二十一日的告示。对面还站着官员和衙役，监视着戏班搬运道具，往普安桥方向离去。确是实况写照。

《点石斋画报》是英国商人美查在上海创办，始于光绪十年（1884），创刊号上附有说明：“本斋所出画报，自甲申年四月起，每月印售数次。第一号则为甲一，其余按号而下，故书缝中之数目，则亦鱼贯蝉联，将来积有成数，可以装成一本，幅式大小统归一律，毫无参差不齐之病，鉴赏家以为善否?”这个说明出于问潮馆主沈拱之手笔。那绘画的主干便是苏川大名鼎鼎的画家吴友如。但此幅《伶人肇衅》图，则是田子林所绘，现将图上文字说明抄录如下，以存梨园掌故：

> 苏护抚谭中丞于前月二十一日饬县封禁阊门外普安桥金桂戏园事。缘二十日开演《八蜡庙》时，突有一人手持利刃飞身上台，汹汹寻斗。不料戏房中飞出一镖，适中顶门。其人回身飞步进城，投吴署验伤，任邑尊验得颅门偏左及腰胁臂上均受金刃伤五、六

处。讯供称："因看戏论价争执起见，园主为徐姓，而行凶者徐二也。"有知其事者谓："受伤人亦优人，因有三徒被徐勾去，故来拼命。而其身受其五、六伤，系自知颅门击破，必无生理，特手刃数处以期速死。然犹能忍痛强步数里，诣县喊冤，则其猛鸷之情，亦可想见。封禁而驱逐之，自是地方之福。"

书札忆往之属

购书小札：陈乃乾致江静澜

静澜先生：多年不晤，至为想念。巾箱本《聚珍版丛书》有双边、单边两种，单边者为杭州刻，双边者是苏州刻。苏州刻的共有若干种，向无著录。弟零星搜罗已得二十余种，如有未备者尚想补购，尊处如有双边的小聚珍版零种，请随时见告。《唐六典》扫叶山房刻本或广雅局本均可，《唐尚书省郎官石柱题名考》月湖精舍丛抄本，以上两种，如有书，亦请见告。

敬礼

弟陈乃乾谨启

五月十九日

按：陈乃乾（1896—1971）浙江海宁人，历任上海进步书店、中华书店、大东书局、开明书店、北京古籍出版社编辑，上海中国书店经理，上海市文化局社会文化事业管理处编纂，持志学院、国民大学教授等职，在版本学、目录学、索引学方面，有突出成就。抗战初期在上海协助郑振铎为国家收得了当时在苏州公园路丁祖荫家散出的明人赵琦美《脉望馆抄校本古今杂剧》二百三十九种（详见《劫中得书记》附录），为保存祖国文化遗产作出很大贡献。校勘、考订、影印刊布的古籍有《经典集林》、《永乐大典》等。自著工具书有《别号索引》、《室名索引》、《四库全书总目提要索引》等行于世。

前面这封信是他在建国初期写给我父亲的，信的主要内容是想托访乾隆时苏州刻本的“武英殿聚珍版书”之事，为了弘扬民族文化，特作下列说明：

清高宗弘历（乾隆帝）在抄写《四库全书》以后，于乾隆三十八年（1773）下旨在校辑《永乐大典》中的零篇散简和各省进呈的遗书中，选择一部分世所稀见、可备参考之书，发交武英殿刊刻流通。当时管理武英殿刻书事务的是四库馆副总裁金简，他想到刻书总类既多，工料消费必大，就计划仿照元代王祯创造的木活字印书，于是拟就办法奏呈，很快就得到了乾隆的批准，在乾隆三十九年（1774）刻成木活字二十五万个。由于高宗认为“活字”的名称不雅，所以改称为“聚珍版”。用这些活字排印的书就叫做《武英殿聚珍版书》。在活字还未造成以前，武英殿先以木板刻过《易纬八种》、《汉官旧仪》、《韩魏公谏续录》和《帝范》等四种。于乾隆三十八年（1773）四月雕版，因其在聚珍版排印之前，故名“初刻”。三十八年十月改用活字陆续排印，到五十九年（1794）共印成一百三十四种，共有一百三十八种，是“武英殿聚珍版书”的最足本。每种书的前面，都冠以乾隆《题聚珍版十韵诗序》，目录后有内容提要，书口下方并有校勘官的姓名，初印本上下栏线象刀切一样整齐，很易辨识。

由于内府活字印刷数量有限，不能满足全国广大学者的需要，外省就进行翻刻，江苏和浙江都刻过巾箱本（版框纵 14 厘米、横 20 厘米）。因为版式相仿，粗看很难区分。因而陈乃乾先生在信中说明“双边者是苏州刻”。确实历来各家书目向无著录。

为了弄清这个问题，最近我在苏州古旧书店的书库里，找到了巾箱本的“武英殿聚珍版书”数十册，剔除了其中浙江刻单边本外，共存十八种。但是究竟刻了多少，尚不得而知。

经过仔细研究，发觉苏州刻本的书，还有一个显著特点，就是每种书的后面，还刻有《恭纪》一篇。除略叙缘起外，还列有负责官员名单，可以从中推断刻书时间约在乾隆四十四年（1779）以后的几年内。

王佩诤旧札新注

最近为戏曲志撰写专著条目，查找有关资料时，在一本书目里，发现了几张 20 世纪 60 年代初王佩诤先生给我的信。现将其中一通在此发表，并加附注，以资书林谈助。

> 澄波先生大鉴：违教至念。维道祉吉祥为颂。前在寒寓阅书，有高丽古迹志曰《衍山海经证注》，又《佛祖道影》丁南羽画本曰《寂光镜》者，拟两合百六十元，承示百元。又天海大师手批《倭名类聚》鸟兽虫鱼草木类古本残卷一册，有“不忍文库”“阿波图文库”钤记及天海藏印，拟价百元。三书合二百五十元，倘蒙再予考虑，往返函商成就，当将该书号邮寄呈，静候尊处汇款。初步尊意如何？乞示。专以即请道安，弟王佩诤拜上，一月十五日。尊翁前乞代道候。

按：王佩诤先生名謇，家住苏州颜家巷。年轻时就从沈绥成先生（修）为师，后又列章太炎、金松岑、黄摩西、吴瞿安诸先生门下。并参与《国学论衡》、《文艺捃华》、《吴县志》等的编辑工作。精于版本目录之学，抗战以前任江苏省立苏州图书馆编目部主任，对地方文献和善本古籍的采访保藏以及筹备“吴郡文献展览会”都作出过重大贡献。抗日战争爆发，曾参加馆中保护善本古籍，运至洞庭东西山秘密贮存的工作。苏州沦陷，即迁居上海，曾任上海震旦大学、华东师范大学教授。1969 年去世，终年八十一岁。其遗著中《宋平江城坊考》是研究苏州地方史的重要参考书。

这封信是他在 1960 年时写给我的，当时我在市新华书店旧书回收部负责收购古书业务，在此之前，曾在上海愚园路寓所拜访过他，并看了他的藏书，堆放在二楼，整整一个亭子间。

信中说起的《衍山海经证注》一书，是高丽（朝鲜）人洪澹园氏著，其子羲福证注缮写。前有三溟山人及李璋煜序及羲福自序。钤有“云间小嫏嬛仙馆图书”朱印。书面有佩老题识：“衍山海经证注，高丽古迹纪事诗稿本。云间周氏小嫏嬛馆藏本。周厚堉字仲育，娄县人，富藏书。乾隆间开四库馆，进书数百种。见《松江府志》暨《娄县志》，藏书处曰小嫏嬛仙馆，见叶氏《藏书纪事诗》自注。叶注兼详遗闻佚事，称为高才淹雅。是书向不见著录，即东瀛诸藏书家及公库书目，专载三韩名著者，亦付之阙如，洵孤本也。册端列东武李璋煜月汀一序，后有新城陈硕士用光一跋，得知洪澹园身世大概，尤可宝贵。丙申九秋匏庐橥于澥上愚公谷。海外白狼肆虐，朝鲜古迹被毁者凡六十有七处，均是书游迹所达处也，抚今思古，能不慨然。謇又记。”（此书现藏北京中国科学院图书馆）

《寂光镜》二卷，题还初道人自诚甫次，系明万历间精刻，残存西竺佛像一卷，凡十八幅，绘图出明代名画家丁云鹏手笔。丁字南羽，号圣华居士，善道释人物，得吴道子法，其白描酷似李龙眠，丝发之间，而眉睫意态毕具。刻工亦精妙绝伦，须眉毕现，洵属明刻版画中之代表作。前有真实居士冯梦祯题词，书衣亦有近代名画家吴湖帆题识：“明刻《寂光镜》存一卷，冯梦祯序半篇，用嘉靖白皮纸印，虽非完璧而各家书目俱不载。可知流传之尠。画象笔法谨严生动，绝似圣华，洵版画中上乘禅。庚辰春正月吴湖帆识。”（现藏南京图书馆）

顾颉刚先生访书

抗日战争胜利以后，顾颉刚先生从重庆回到故乡——苏州悬桥巷顾家花园借居。他当时担任文通书局编辑所所长，办公地方就在他家里，因而经常来我工作的那家旧书店访书，得以相识。他需要的是古史和民俗方面的线装古籍，同时也注意收集像《桐桥倚棹录》那样的苏州地方文献。

建国初期，常熟丁祖荫淑照堂藏书散出。我曾收得善本书数十种，其中有一部《水经注》，是乾隆时天都黄晟刻本，原衬订二十册，曾经桐城姚元之用朱笔校注，并有印记。顾老看到以后，爱不释手地要求买回去。但又提出能否分两次付款。我们同意了，他感到很高兴。

顾老不但自己爱书如命，同时也很关心科学研究工作。有一次我收到了一本书名叫《庚癸记略》的手稿本，著者署名为“倦圃野老”，全书记载咸丰十年至同治二年间太平军在吴江活动情况，从来没有刻印过。他看过以后就取出自己名片，写上几句话，要我直接和罗尔纲先生联系。信发出不久，很快接到决定购藏的回信。由于该书史料价值较高，后来被近代史研究所印入《太平天国资料》。关于倦圃野老的真实姓名，那时未能查到。最近我在苏州古旧书店书库里，发现了味无味斋抄本的《事文统载》二册，首有题跋称：“是编为余侄董生梦兰所手抄。……同治丁卯重九前一日倦圃野老王元榜识。”查《县志》，“董兆熊字梦兰，本姓王，父早世，随母姓董。……”王元榜为其叔伯行，与跋中称余侄相符。顺此提及，以供研究参考。

后来，顾老去上海大中国图书局任总经理，兼复旦大学教授。仍常在星期天与胡厚宣先生等五六位教授，结伴同来苏州访书。其时古籍书源充沛，每次都能满载而归。有一次我给他看了部分新收到的珍本古书，有明初刊黑口本《南极地理》和代王府刊黑口本《谭子化书》，明嘉靖刊本《白虎通德论》（孙星衍校跋），万历精刻插图本《净明宗教》（残存九卷），明万历刻本《北西厢记》（吴门殳君素绘图版画），万历精刻插图本《古本荆钗记》，清初旧抄本《有学集笺注》（有黄丕烈校跋，署名“书魔”），乾隆时人稿本《金惟骏诗集三种》（《排闷集》、《野庵诗抄》、《翡翠兰苕集》，有沈德潜、张鹏翀亲笔书序），沈炳垣手稿《斲研山房诗抄》等。他兴致勃勃地看完了书，表示将建议上海图书馆购藏，要我凭他的介绍信去上海找李芳馥馆长联系。结果全部留下。这是顾老关心社会文化事业，为保存祖国文化遗产出力的又一例证。

另一次我在拜读顾起潜（廷龙）、潘景郑两先生合编的《明代版刻图录初编》时，得到启发。我想如果能把明刻残页装订起来，加以说明，不是更好吗？我就到上海四川北路大中国图书局拜访了顾老，把我的想法告诉他。他大加赞赏，表示愿为此书作序。因而我加快步伐，做好了每种书的版本鉴定工作，并写了文字说明，先送请潘景郑先生审定后再转给他。时隔不久，顾老就把序文寄来了，是用文言文写的，对明版书作了很高的评价。

1954年顾老调任中国科学院历史研究所任研究员，全家迁往北京，留在苏州的藏书，决定全部带去，包了一节火车，要求我们帮助解决包装问题。工作结束后，临行之前，他还在西中市六宜楼菜馆设宴表示谢意。席间他介绍了去西北地区考察时的见闻。

此后顾老虽然很少回苏，但仍保持着一定的联系，他经常来信索购北京不易买到的书。三年自然灾害期间，曾经来苏一次，并到书店来看过我，惜因出差在外未能见面。但信函往来则至“文革”前夕才中断。

郑振铎的访书和编辑出版活动

郑西谛[①]先生是我国现代著名文学家和藏书家。他一生从事编辑出版工作。从20世纪20年代初期即开始古今文学的综合研究，为了寻找资料，如饥如渴地搜访古书，重视民间文学和小说、戏曲、版画的收集。l920年11月与沈雁冰、叶绍钧等人发起成立“文学研究会”，主编出版了《文学研究会丛书》，受到学术界的好评。1922年1月他主编了中国第一个儿童读物——《儿童世界》周刊，并写了许多作品，为中国现代儿童文学事业起了开山作用。1923年1月他接替沈雁冰主编《小说月报》，对内容作了革新，反对鸳鸯蝴蝶派。在此期间又在《文学旬刊》等刊物上发表了大量的文学评论，成为当时与沈雁冰齐名的文学理论评论家。1931年主编了《编辑者》月刊，发表了他自己所作《百种传奇的发现》[②] 详述在苏州收得秘本传奇的经过。1935年主编《世界文库》，首先发表古典文学名著，冯梦龙的《警世通言》、笑笑生的《金瓶梅词话》。抗日战争时期留居上海，在敌伪爪牙密布的情况下，不顾个人安危，从事抢救民族文化工作，使《脉望馆抄校古今杂剧》和刘

① 郑振铎，笔名西谛，别号纫秋馆主人。原籍福建长乐，生于浙江永嘉县。1931年起历任京沪各大学教授。

② 刊载于《中国文学研究》，中华书局，1957年，617页。

体智、邓邦述、张芹伯等所藏近四千种古籍珍本保存于国内，杜绝了外流异国的危险。同时还在十分艰难的环境里，自费印书，如《中国版画史图录》、《历史参考图谱》、《玄览堂丛书初集》等。另外还用木版刻印了自己手写的《西谛所藏善本戏曲目录》和《西谛所藏散曲目录》。由于流传极少，今后将与宋刊同珍。1945 年后积极参加民主运动。全国解放后历任文化部文物局局长、文化部副部长。在此期间又主编了《伟大的艺术传统图录》、《古本戏曲丛刊初集》等书，并为国家从香港收回著名收藏家潘明训、陈澄中等所藏宋元珍本古籍。1958 年出国访问阿富汗、阿拉伯联合共和国，中途因飞机失事殉职。他的全部藏书在他坠机遇难以后，由他夫人高君箴同志遵照他生前遗志，献给中华人民共和国文化部，转送国家图书馆庋藏。1963 年编成《西谛书目》，共有七千七百四十种之多，在当代私家藏书中，可以说是屈指可数的。周予同先生说过："振铎是我们朋友中生命力最充沛的一位，他有想头，他有傻劲，他时常有将全力、生命贡献给值得贡献的事业之心。如今我们看到经他抢救而幸存的大量文化遗产，经他努力而创办的考古、文化机构以及出版的书籍，和他所撰写的著作，就会体会到他的一生是那样的有价值。"① 为了怀念这位现代文化名人在访书和编辑出版方面的业绩，试作如下论述。

一、搜访古籍图书

西谛先生生前在搜访、整理、编辑出版祖国文化遗产方

① 见《郑振铎先生书信集》序。

面，都取得了很大的成绩。他藏书的主要类别有：历代诗文集、总集、词集、小说、弹词、宝卷、版画和各种政治经济史料等，范围十分广泛。除去外文书外，在《西谛书目》著录的线装古书，就有七千余种之多。它的特点是明清版居多数，手抄本亦占一定比例，宋元版则仅有《陶集》、《杜诗》及几种佛经。在建国初期的个人藏书中，亦是名列前茅的。他所以能取得如此惊人的成就，是和其一生酷爱藏书分不开的。他“自奉俭薄，唯书是好，节衣缩食，四处搜访”，是其主要因素。他曾经说过：“我从来没有想到为藏书而藏书。我之所以收藏一些古书，完全是为了自己的研究和手头应用所需的。”的确，他的书后来对他编辑和出版起了很大的作用。并且他有一个观点：“用图书馆的书，总觉得不大痛快：一来不能圈圈点点、涂涂抹抹，或者折角划线做记号；二来不能及时使用，‘急中风遇到慢郎中’，碰巧那部书由别人借走了，就只好等待着，还有其他等等原因。所以宁可自己去买。”[①] 由于他爱书如命，曾经想刻两方图章，一方是“狂胪文献耗中年”，还有一方是“不薄今人爱古人”，因为他确实是对于古人或今人的著作，凡稍有可取或有用的，都是兼收博爱的。在中年时代，热衷于文献的搜罗与保护，虽然力所不及，也奋起为之。有时热衷于某一类书的收集，总之是为了自己当时与将来的研究所需，因而常有“人弃我取”的情况。在20世纪20年代时，我国根本没有人注意到戏曲和小说。这类“不登大雅之堂”的古书，也可以说是曲“低”和“寡”，不是自己买，是不能从任何地方借到的。另一方面由于经济上的艰制，有时他舍去大经大史和可

① 见《劫中得书记》序。

以从别处借到的书，而搜访于冷摊古肆。常有藏家们所必取的，他则望望然去而之他。例如有一次在上海中国书店看到一部明刻兰印本的《清明集》和一部清代梁廷楠著的《小四梦》[①] 同时放在桌上，其价相同。《清明集》是古代有关法律的书，既有实用价值，又有版本价值，外间流传极少，他毅然舍去而取了《小四梦》，因为这书是他研究戏剧史所必备的资料。在旁人有来，好比是舍去熊掌而取鱼。另外他对残书零帙也十分注意，认为竹头木屑，何莫非有用之材，并且残书里亦常有孤本秘笈。万难得到全的，如果能得到一二册，亦足"慰情"。历来藏书家只收宋元残本，而明刻残缺者多弃之不顾。他则专收明刊残本，历年所得极多。[②] 他有闻风而动、锲而不舍的性格。比如 1931 年 5 月他在上海来青阁书店看见了一批抄本传奇书目，第二天一早就乘火车赶到苏州去。在藏家仔细挑出以前从未见过的秘本传奇百种：内有明人沈璟作《双鱼记》、《桃符记》、《一种情》，汪廷讷作《天书记》、《三祝记》，清人张大复作《醉菩提》、《空空喜》、《吉祥兆》，朱素臣作《一合相》、《未央天》、《聚宝盆》、《十五贯》、《翡翠园》，毕魏作《竹叶舟》、《三报恩》，朱佐朝作《乾坤啃》、《艳云亭》等。在归途中心里满盈盈的，如同占领一国一城似的胜利的骄傲。由于他对古书重要性的认识，因而凡是见到的，务在必得，从不失之交臂。所以当他在见到历年梦寐以求的《脉望馆抄校本古今杂剧》二百四十二种后，他思想上认为："这书的价值决

---

① 《小四梦》系清人梁廷楠所作《江梅梦》、《园香萝》、《昙花梦》、《断缘梦》的总称。

② 见《劫中得书续记》序。

非数字所能表示的。我最恨市贾们把‘书’和‘金钱’作相等的估计。无数的古籍名著，决不是区区金钱所能获致的。以古色古香的名著较之金钱，金钱诚如粪土。我获见此书，即负契约上一切损失也愿意。”① 另外他在《清人文集目录》跋里，谈出了自己的思想感情：“予素志恬淡，于人世间名利，视之蔑如。独于书，则每具患得患失之心。得之，往往大喜数日，如大将之克名城。失之，则每形之梦寐，耿耿不忘者数月、数年。”他好学不倦，把访书作为日常工作。如果一天不到书店，好像工作没做完。他平易近人，多少年与南北书贾相处，颇受欢迎。因而有新收之书，都优先给他看，或长期保留，甚至有时手头经济不便，也能作分期付款处理。所以他的切身体会是：“夕阳将下，微风吹衣，访得久觅方得之书，挟之以归，是人生一乐也。”② 西谛先生在生前对自己的藏书非常珍惜，大都钤有“长乐郑振铎西谛藏书”和“长乐郑氏藏书”印记，纯然古风，高雅可爱。特别值得钦佩的是：“他发扬传统的方法，对其藏书撰有大量题跋，辑为《西谛藏书题跋》，这些题跋按写作时间先后排列，内容都叙记访书之经过、罕见本之情况以及版本之优劣等，从中可窥见其鉴别版本能力之强和目录学知识之丰富。”③ 另外还有专著《劫中得书记》正续编，向为学术家所重，因其内容亲切而富于人情。

---

① 见《脉望馆抄校本古今杂剧》跋。

② 见《劫中得书记》新序第 4 页，1957 年，古典文学出版社，第 2 版。

③ 见《中国目录学家传略》，第 248 页。

二、提倡通俗文学

通俗文学就是民间文学，也就是所谓“不登大雅之堂”，不为士大夫所重视，而流行于民间成为大众所喜爱的作品。它的范围很广，像民歌、民谣、小说、话本、戏文、杂剧、宝卷、弹词等等。西谛先生有鉴于此，早就注意于此类作品的搜集，惜乎在“一·二八”淞沪抗日战争时，几乎毁失一空。幸亏他于1926年在他主编的《小说月报》（17卷号外）《中国文学研究》上，发表了他自著的《中国戏曲的选本》、《佛曲叙录》（宝卷目录提要）和《西谛所藏弹词目录》是我们现在研究通俗文学的重要资料。与此同时，署名西谛选刊的民歌集——《白雪遗音选》是从清代华广生《白雪遗音》（道光八年刊）中选出“马头调”等百余首。起初书店认为民间情歌，内容猥亵，既无足取，又冒风险。最后还是开明书店用“鉴赏社”名义印出。出版以后，反应甚好。接着华通书局出版了冯梦龙编的《挂枝儿》，至此印行民间情歌，才成为一时风气。1933年7月，他在《文学》月刊的创刊号上发表论文《谈金瓶梅词话》，认为《金瓶梅》是一部很伟大的写实小说，并论述它如何成为一本“秽书”，它的各种版本，它的作者与时代等。

西谛先生主编的《世界文库》于1935年5月由上海生活书店出版，每月出版一册，内容为选辑中外古典文学名著。这些中国文学名著，几乎全部由他亲自校辑和标点的。首先连载《金瓶梅词话》和《警世通言》。至1936年4月20日出至12期后中辍。他在该书编例中说：“今日文学研究者，已有长足的进步，但他们所见到的‘古本’、‘孤本’却不是一般读者所能见到的。(例如冯梦龙辑的《喻世明言》、《警世通言》、《醒世恒言》，我们谈之已久。而能读到这‘三言’的，究竟有多少人呢?）有多少名著是这样的被埋没不彰的？将这一类罕见的名著逐渐地披露出来，不能不为一大快事。……古书已成了古董，书价是那么贵，一个文学爱好者，要想手边有可以随时翻阅的若干书本，即使不是什么‘古本’、‘孤本’，也将有‘为力不足’之感，本文库将重要的著作以最方便、最廉价的方式印出，学人可以无得书维艰之叹矣。……唐以前诗、宋词、元明散曲俱谋刊其全，名家的文集，也以全收为主，不加删节。但偶有秽亵的文句（像《金瓶梅》）不能不删去者，则必注明删去的字数。……”[①] 明确表示了他的编辑出版思想。1936 年 6 月后，陆续又出《文库》单行本十五种，其中收有他编辑校对的《醒世恒言》、《警世通言》、《晚清文选》等书。后来由于抗战爆发和种种条件限制而停止。

他编辑的《中国俗文学史》在 1938 年 8 月由长沙商务印书馆出版。当时人对该书的评价是：“关于俗文学史叙论之文字，除胡适之《白话文学史》外，罕有作者。……郑氏汇集群籍，上自《诗经》，下迄清代民歌，按时代而排比，叙述源流，征引词章，最称详切。浩浩长篇，资料丰美，供献颇多。……举凡古代歌谣，汉代俗文学，六朝民歌，唐代民间歌赋、变文，宋金杂剧词、鼓子词、诸宫调，元代散曲，明代民歌、宝卷、弹词、鼓词与子弟书，清代民歌，莫不网罗无遗，巨细皆

---

① 见《世界文库编例》。

备，前所未见也。”[1]

三、抢救民族遗产

抗日战争爆发，上海形成孤岛。大劫之后，故家所藏版本古籍，逐渐在市上出现，京沪书商搜括江南各藏家殆尽，足迹又遍及山东、山西等地。凡有所得，大致售给美国和日本为主。美国国会图书馆东方部主任赫美尔，曾就中国图书输入美国情形，发表谈片，并扬言：“中国珍贵图书，现正源源流入美国，举凡希世孤本、珍藏秘稿、文史遗著，品类皆备。……中国四千余年以来典章文物，集中北平各图书馆，应有尽有。自今以后，或将以华盛顿及美国各学府为研究所矣。”他并预料：“将来研究中国史学与哲学者，将不往北平而至华盛顿，以求深造。”[2] 西谛先生认为赫美尔之言，虽然未免近于夸大，但涓涓不息地流出，其所言必有实现之一日。因为美国哈佛大学及国会图书馆对于家谱、方志特别注意搜购，所得已不在少数，并有孤本秘笈入藏于其书库中。为了抢救民族文化遗产，他除了自己节衣缩食，尽以购书外，并劝友辈都来购书，以减少外流。

1938 年 5 月有一天晚上，他的好友陈乃乾先生用电话告诉他，有人在苏州发现从著名藏书家丁祖荫家散出的三十多册元剧，他即寻踪查访，得知已为书贾唐耕余和古董商人孙伯渊各得其半，估计至多三千元即可让得，不料待他打电报给当时

---

① 见《图书季刊》新一卷第 3 期。

② 见《劫中得书序续集》序引哈瓦斯社华盛顿航讯。

在香港的北平图书馆馆长袁同礼后，得到回复并决定购致时，唐某手上之半都已为孙某买下，合为全璧。待价而沽，索取万元高价，最后以九千元成交。为了购置这部书，他费尽了曲折艰辛，这部珍贵的《脉望馆抄校本古今杂剧》共六十四册，包括抄本、刻本元明杂剧二百四十二种，并且其中大半是湮没散失已久的。因此他认为这个收获不下于“内阁大库”的打开，不下于安阳甲骨文字的出现，不下于敦煌千佛洞古卷子本的出现。① 在这以前他曾手辑有《古剧钩沉》稿本盈尺。由于其坚信这部《古今杂剧》必有发现之日，而未敢轻易地把自己辑本问世。可称是“精诚所至，金石为开”了。自此以后，更加增强了他对抢救民族文化遗产的信心。1939 年他曾和张元济、张寿镛联名向当时政府建议，“在上海组织购书委员会，从事搜访遗佚、保存文献，以免珍贵古籍落入敌手，流出海外”。但得到的回电是虽然表示赞成，但又说：“惟此抗战时期，筹集巨款，深感不易，而汇划至沪，尤属困难，如由沪上热心文化有力人士共同发起一会，筹募款项，先行搜访，以协助政府目前力所不及，将来由中央偿还本利，收归国有。”随即由中央图书馆长蒋复璁到上海，告知教育部已决定在沪抢救民族文化，由中英文教基金董事会（即前“中英庚款董事会”）拨款购书。此后西谛先生主要负责采购，张元济负责鉴定宋元本，何炳松和张寿镛负责保管经费。因此在最近影印出版的《郑振铎书信集》中，可以见到他为购书之事而写给张寿镛的信最多。1940 年 3 月 20 日致张的信中说：“我辈对于国家及民族文化均负重责；只要鞠躬尽瘁，忠贞艰苦到底，自不致有人疵

① 见《劫中得书记》序。

议。盖我辈所购者，决不致浪费公款一丝一毫；书之好坏，价之高低，知者自必甚明了也！一方面固以节俭为主，同时亦应以得书为目的；盖原来目的固在保存文献也。浪费乱买，当然对不住国家；如孤本及有关文化之图书，果经眼失收或一时流失，为敌所得，则尤失我辈之初衷，且亦大对不住国家也。故我不惜时力，为此事奔走。其中艰苦，诚是冷暖自知。”当时成立“文献保存同志会”的宗旨是：“自今以后，江南文献，决不任其流落他去，有好书，有价值保存之书，我们必为国家保留之”。同时认为此事必须严格保密，以暨南大学、光华大学及涵芬楼名义购书为妥。并且刻了一方“不薄今人爱古人”的图章，作为代表国家收书的暗记。从 1940 年至 1941 年初冬，西谛先生为国家先后收得邓邦述群碧楼、刘体智小校经阁、刘承幹嘉业堂、张芹伯适园、张珩韫辉斋、徐乃昌积学斋等藏家以及平沪各书肆在内，总计约得善本书三千八百种左右。可以抵得过当时《北平图书馆善本书目甲编》的三千九百种。虽然不能说“应有尽有”，但在“量”与“质”的两方面，却是同样的惊人，相当于创立了一个国家图书馆。连他自己也不能相信，竟然会有这么好的成绩。他的好友叶圣陶后来说：“当他在内地的许多朋友，都为他的安全担心，甚至责怪他舍不得离开上海，那知他在这个艰难的时期，站到自己认为应该站的岗位土，正在做这样一桩默默无闻而意义极其重大的工作。”① 用他自己的话来说：“从八一三以后足足八年间，我为什么老留居上海，不走向自由区呢？时时刻刻都有危险，时时刻刻都在恐怖中，时时刻刻都在敌人的魔手的巨影里生活着，

① 见《郑振铎年谱》。

然而我不能走。……前四年，我耗心力于罗致、访求文献。后四年——‘一二·八’以后——我尽力保全、整理那些已经得到的文献。”[①] 在抗战初期敌伪爪牙密布的上海，他不顾个人安危，进行着秘密而又艰难的抢救古代典籍工作。他这种崇高的爱国主义精神，确是难能可贵的。

四、重印清代禁书

明末清初在我国历史上是一个动荡的时期，在那时出现了明末农民大起义。又由于清军的入关南下，激起了广泛的抗清斗争，社会经济也发生了较大变化。反映在上层建筑领域，明末进步的学术思想家提出了民主学说；当时的有心人，为了真实记录这段英雄悲壮的史实，曾写下了不少辉煌的篇章。可是到了清代乾隆年间，统治者就下了严禁野史、焚毁“禁书”的命令。凡是家藏野史而不交出来，就有斩首灭门的危险，因而流传颇少。西谛先生经常留意搜集这些政治经济史料。为了救亡，他曾在 1934 年编辑《明季史料丛书》，内容收王源鲁的《小腆纪叙》、李天根的《爝火录》、杨光先的《野获》、杨士聪的《甲申核真略》、宋征舆的《琐闻录》等，都是历来极为稀见的秘本。他以“圣泽园”的名义影印传世。1941 年为了使这些珍贵的社会经济资料不致埋没，又编成《玄览堂丛书》三十四种影印传世。其中有梁梦龙的《海运新考》、席书的《漕船志》、江大鲲的《福建运司志》、杨时乔的《皇朝马政记》、熊鸣岐的《昭代王章》、张鼐的《辽筹》、冯梦龙的《甲申纪

① 见《清人文集目录》跋。

事》等，都是世所罕见的禁书秘本。日本无条件投降，国土重光。他做的这项工作，受到政府重视，分别于 1947 年和 l948 年先后编成《玄览堂丛书）续集二十五种和三集十二种。内有戴笠的《怀陵流寇始终录》、周文郁的《边事小记》、王鹗的《总督四镇奏议》、王临亨的《粤剑编》、李昭祥的《龙江船厂志》、黄道周的《石斋未刻稿》、王奇的《寓圃杂记》等。通过重印，使这些为清皇朝禁毁和窜改的书，恢复庐山真面目，并为历史研究工作提供了原始资料。

五、发扬传统艺术

西谛先生对于历代版画书籍，有着丰富的收藏和深刻的研究。这是多少年来人所共知的。他最早留意徽派版画，从明代歙县虬村诸黄，如黄德时、黄应光、黄一楷、黄一彬、黄伯符等著名刻工雕制的插图书，以及清初鲍承勋父子的木刊画，他都有收藏。后来又广收宗教版画，宋版《陀罗尼经》、元版《碛砂藏经》的扉画，代表着不同时代的艺术风格。此外上图下文的通俗小说，附有插图的杂剧、传奇和科技用书，各种静物写生和富有生活气息的故事画，无不刻意搜求。1931 年度在北京市场上收到从“佛脏”中掏出来的古刻本佛经二百多种，其刊印时代从宋元至嘉靖都有，得以填补了中国木刻通史的一段空白，加强了他在古代艺术方面进行搜集、整理、研究、影印传世的决心。从明代崇祯年间金陵胡正言（曰从）编印《十竹斋笺谱》以后，一时风行全国，因其为文人雅士书写用纸，使用范围面广量大，延至清代乾嘉时期社会安定，更是百花齐放，盛极一时。待至辛亥革命以后，逐渐沉寂。西谛先生与鲁迅合作，搜索市肆，拔其优异，各就原版印造成书，名之为《北平笺谱》，于 1933 年出版问世。鲁迅作序说：“北京夙为文人所聚，颇珍楮墨，遗范未坠，尚有名笺。……”内署名“荣宝斋笺”者，有齐白石、吴待秋、陈半丁之作，饾版印刷，镌刻工致。这是我国第一部中国古代彩笺纸选集，共收笺谱三百三十二幅，由北京荣宝斋、清秘阁、松古斋、宝晋斋、臧兴斋、懿文斋、静文斋、松华斋、淳菁阁等家提供，分订六册，线装一函。卷首有鲁迅、西谛序文各一，卷末附有西谛《访笺杂记》，分别由魏建功、郭绍虞等书写影印，初版共印一百部，由鲁迅、西谛亲笔签名，编号发行。售完后，又重印一百部。翌年继续与鲁迅合作，据通县王孝慈所藏《十竹斋笺谱》四卷，交荣宝斋翻刻传世。1940 年《中国版画史图录》编成，他在序中说：“我国版画之兴起，远在世界诸国之先。……夫以世界版画之鼻祖，且有一千余年灿烂光华之历史者，乃竟为世界学人忽视、误解至此，居恒未尝不愤愤也。二十余年来，倾全力于搜集我国版画之书，誓欲一雪此耻，所得、所见、所知，自唐宋以来图籍，凡三千余种，一万余册，至于晚明之作，收藏尤多。所见民间流行之风俗画、吉祥画（以年画为主）作为饰壁与供奉之资者，亦在千帧以上。”综上所述，不难看出他编辑《中国版画史图录》的出发点，是具有高度爱国主义思想的。因而在编成后在上海处于孤岛时期，用“中国版画史社”名义出版。以珂罗版和彩色木刻版印刷，共五辑，二十册。所收古代木刻版画一千数百幅，对唐至清代的典籍、佛经和小说、戏曲插图以及画谱、笺谱等博采兼收，每册并附有中英文对照说明。为研究中国版画的重要参考资料。由于当时物质条件限制，每辑仅各印二百部。其中一百九十部为编号发行本。惜乎第六辑印成一半，未能成书，大是憾事。

六、编辑历史图谱

西谛先生为了编好《中国历史参考图谱》曾大量钻研郭沫若等人的历史考古著作，并大量收集实物资料。唐弢同志曾在文章里反映当时郑先生的生活情况："八一三前夕，我从虹口迁到上海西区，离静安寺庙弄他的寓所很近。闲空时到他那里去聊天，进门一条甬道，上了台阶，屋内到处放着残碑、断砖、陶俑和石刻的佛头。必须小心谨慎地在中间绕行。走入书房又是一番风光：架上、柜上、桌上、地上全是线装书，故纸堆儿，显得有些杂乱。西谛总是在城墙似的书架前翻书，或者全身埋在那个单人沙发里，仔细地鉴赏一幅插图、一个抄本、一部罕见书。"① 就是经过这样的艰苦实干精神，才能得以编辑成书。1947 年 3 月 9 日他曾在家宴请史学家朋友，大家一致赞扬郑先生的这一意义巨大的工程。郭沫若题词指出："……郑振铎先生以献身的精神编纂这部《中国历史参考图谱》，实在是一项伟大的建设工作。这应该是国家做的工作，而郑先生以一人之力要把它完成，每一个中国人，凡是有力量的，都应该赞助他这项工作。"翦伯赞指出："这部书的出版，是中国金石图谱第一次的通俗版。从此以后中国的古器物图谱，便会从有闲阶级的观赏品，一变而为人民大众学习历史的宝典。"周予同则说："这都是近于'前不见古人，后不见来者'的傻工作。"的确是公论。该《图谱》从 1947 年 3 月起，

① 见唐弢《西谛先生二三事》（《郑振铎年谱》代序）。

由上海出版公司出版，至 1951 年 5 月止，共出 24 辑，收图片 3003 幅，有 24 函，单页散装、线装、平装三种。前有 1947 年 2 月 1 日写的自序，后有 1951 年 5 月 11 日跋，并附有若干册文字说明（未写完）。另据刘哲民《回忆西谛先生》文章里说："……'图谱刊行会'解放前的银钱支付账上，却没有见到编辑费用和其他任何相当费用的支付。可见这段时期，西谛自己是不取任何报酬而枵腹从公的。"① 这种公而忘私的精神，确是难得可贵的。

七、保护国家文物

建国以后，郑振铎膺中央之命，负责全国文物工作。对搜集汉代画像石，修整武梁祠，保护敦煌千佛洞、龙门石窟等成绩显著。至于对重印古籍问题，也作出了很大的努力。1954 年他在影印《古本戏曲丛刊初集》的序文里，历述了中国古代戏曲的光辉成就，说明了当时查找古本戏曲的不易。"幸而历劫仅存。怎能不急急的要想使之化身千百，古籍能为今人所用呢？……乃征集国家图书馆、北京大学图书馆等公私家所藏，并联合国内各大学图书馆、各戏剧团体和戏剧研究者们，集资影印这个《古本戏曲丛刊初集》六百部作为内部参考资料。"1955 年继续出版第二集和第三集，主要收明末清初剧本，很大一部分为孤本。虽然不能说珠玑尽收、网罗无遗，而明末清初时期的剧作，已可窥其大概。不仅可以帮助戏剧作家们的推陈出新，也可供研究戏曲的专家们研讨，而对于要论述明帝国

---

① 见刘哲民《回忆西谛先生》。

没落期的社会历史学家来说，亦可提供不少活泼真实的史料，厥功甚伟。惜乎他写好该书第四集的序文后，因公牺牲，成为他写的最后一篇文章。

郑振铎工作作风十分踏实，不仅仅是听汇报，而且是亲身实地调查，发现问题及时纠正。例如 1956 年 12 月到苏州视察，当听说有“破布废纸生产合作社”将有用的古书去作造纸原料之事，立即给李芸华市长和文化局范烟桥局长去信，要他们及时处理。还亲往造纸厂查看造还魂纸的经过。再打电话给省文化局，使潘氏滂喜斋所藏一批《搢绅录》得到抢救，免受粉身碎骨之灾。

他学识渊博，对全国各地的文物了如指掌。当 1956 年 4 月去浙江视察文物工作时，做接待工作的施科长感到十分惊异地说：“怎么郑部长这样熟悉我们浙江的文物？哪里有北宋的古塔，哪里有五代的寺院塑像，哪里有南宋的碑石，哪里有晋朝的经幢，他头头是道。有些地方我们还没明确究竟是怎样的？他指点得一清二楚。一到宁波市，他就按图索骥地到天一阁去查看孤本善本等古书，到董孝子的坟旁去察看汉墓，又去察看天封塔的倾斜度，召集藏书家来座谈研究天一阁的消防问题。一刻不停地再到阿育王寺和天童寺等处去……”① 以这种认真负责的态度，称之为“文物卫士”，亦当之无愧。

1956 年 11 月 18 日下午，他来到苏州古旧书店，其时我正从吴县甪直镇收购到一批清代中期刊印的道教中为超度亡灵做“给箓”法事用的文书，上面印有彩色版画，他看到后非常高兴。并告诉我：“这些东西是随着法事而焚化的，所以流传

① 见《郑振铎年谱》533 页。

下来已经极少。不比佛经是藏之名山而历久保存。”使我增长了新的知识，深受教益。他的治学态度和对后学者的关怀和指导，使我终生难忘。全国解放前夕，大陆收藏家所有古代书画和版本图籍，很多流往香港。中央人民政府以故宫文物大都为国民党运往台湾，为充实故宫博物院，决定设法收回流往香港古物。郑振铎负责主办此事。通过在港的世交徐伯郊的关系，从香港收回潘宗周（明训）“宝礼堂”后人捐献给国家的宋元刊本古籍 106 种，版本收藏家陈清华（澄中）的珍本图书，郭昭俊收藏的“三希堂”中的二希（王献之《中秋帖》、王珣《伯远帖》），以及其他各种希世古画，得以回归祖国。1955 年 11 月 10 日，他给张元济的信中说：“……得森玉先生函，知先生时以陈澄中的善本书能否收归国家所有为念。这件事已进行了两年多，最近方才解决，已在港点收完毕，从此世彩堂的韩柳文、蜀刻的唐人数集，以及许多宋元善本、明抄黄跋均得庋藏于国家图书馆了。从此善本图书的搜集工作，除了存于台湾及美国者外，可以告一段落了。”由此可见，他的藏书是为全国学术界所关注的。这些书前几年在李一氓主持国务院古籍整理出版规划小组期间，已选印部分在中华书局出版的《古逸丛书三编》之中。

此外，他通过长期访书，对古旧书业的情况了如指掌。因而 1956 年全行业公私合营时期，他又主持召开了全国八省市对古旧书业改造工作座谈会，并以文化部名义发出“关于对私营古书业改造必须慎重进行”的电示。政绩卓著。饮水思源，我们对他在抗日战争、解放战争时期以及建国以后，抢救祖国文化遗产——善本图书和挖掘保护珍贵文物所作出的重大贡献缅怀不已。今后定将名存青史，永垂不朽。

替阿英找书

经过十年动乱，我幸亏保存下几封阿英同志给我的信，其中一件写道：

澄波同志：

寄来《东游纪念》等书已经收到。……《东游纪念》中有一册收当时留学生爱国运动文献不少，殊可贵。应该谢谢你的帮助。……我最近不得南下，但无论如何终会南来一次，到苏当奉访并面致谢忱。《弹词目》、《晚清诗文集目》，今后也想整理出来。匆致敬礼！

阿英

十三日

这里摘录的是阿英同志在 1962 年 3 月 13 日写给我的信。当时我经常到苏北泰州、兴化、盐城等地访书，那次收到了一部晚清时印的《东游纪念》，把书寄去后，他对此书作了很高的评价。

我与阿英同志的交往，是由周贻白同志介绍。1958 年我们从洞庭东山收购到一批晚清时期用土纸和油光纸石印的《游戏报》、《飞影阁画报》、《图画日报》等。那时贻白同志家属还在苏州工作，因而他在假期就从北京回苏州探亲。每天下午常来书店，这些画报被他看到了，就叫我暂为保留，他立即给阿英同志去信。大约过了三天时间，就接到从北京发来“画报决购”的电报。速度之快，出人意外。从此，他就经常来信提出拟访书目和具体要求。他所要的不是宋元明刻和名人抄校本，而是一向不为人们注意的晚清时期铅石印本小册子，包括笔记、小说、弹词、唱本、报刊、杂志、诗文集等。由于连续不断地为他提供了大量的图书资料，使他很高兴，一再提出要亲来苏州的愿望。

就在那年 6 月 15 日他来信告诉我：“一个月来连跑了大同（云岗）、太原、洛阳（龙门）、西安四个地方，前晚才回家。……所走四地，只买了几本极普通的书。若再动身，可能就是南下了。”由此可以看出，苏州古旧书店对他的吸引力是很大的。

后来他购买了不少《竹枝词》，准备编一汇集。此时我正受中国科学院文学研究所之托，大量收集明清人诗文集，因而利用抄写书目之机，顺便翻阅一下内容，如果诗中有《竹枝词》就抄下寄给他。日积月累，数量较多，使他很兴奋。他以感谢的心情，赠予我他自著的《雷峰塔传奇叙录》、《鸦片战争文学集》、《反美华工禁约集》等书。扉页上还写上我的名字和他的亲笔签名，可惜“文革”期间，书被掠走，至今下落不明。

我和阿英同志不仅仅是读者与营业员的关系，实质上可以说是老师和学生的关系。有一次我在浙江收到一部清初刻本、简社主人著的《麟阁待传奇》，想进行转抄，去信征求他的意见。他很快给我复信，并十分谦虚地建议我就近请范烟桥先生看一下。同时要我注意一下，内容如果涉及李闯部分而又太坏，最好能加以斟酌，然后决定是否传抄。还有清人吴嵰所著

《红雪山房集》，他告诉我有嘉庆时初刻本和后来重刻本两种。按一般讲，当以最初刻本为佳，但其内容无鸦片战争诗，所以从使用资料来说，仍以后者为好。

苏州洞庭东山的大户人家，从古以来，男主人大都外出经商，家属深居闺中，以看弹词小说为消遣，有的还自己抄录，因而在民间保存着大量的清代乾嘉时坊刻和抄本弹词。惜乎由于为时已久，整部全的已较少，残本则在建国初期流出尚多。为此我将陆续收得之书，保存下来。有一次在信上提到了此事，他如饥如渴地希望这批弹词能让给他，作为整理《弹词目录》的重要参考资料，最后终于如愿以偿。

由于他工作繁忙，南下的计划一直没能实现。1976 年 10 月 2 日他悄然来到苏州，刚下火车就提出要去苏州古旧书店一走的愿望。翌日来到书店，问及江澄波，不料我已下放苏北，先生遂悻悻而去。返京不久即与世长辞。我未能见到他最后一面，实为终身憾事。

阿英购书小札

澄波同志：

信收到，谢谢你。

下列各书请寄下：

《新州竹枝词》、《胜溪竹枝词》、《扬州竹枝词》、《鄱阳湖棹歌》、《垂虹杂咏》、《中东战史》、《镜水堂诗集》、《自怡轩开篇》、《审问高彩云》、《玉娇李》、《鸳鸯配》。

又《珍珠旗》，我有一部，缺 25 至 35，如现存能补齐，望同时寄我。

又《梼杌萃编》，我藏本破烂，你处本如何，并望见告。

可能有一二种不一定合用，能否发票后开？请斟酌。

匆致

敬礼

阿英

十二月十日

澄波同志并各位同志：

65 号来信并书目已经收到，谢谢你们。

有些书已经有了。望将下列书寄我：

《六合内外琐言》、《寰宇琐记》、《胜溪竹枝词》、《镜水堂诗抄》、《竹泉生初芽集》、《琴语堂行卷》、《娱志堂诗草》、《飞影阁画报》、《轰天雷》。

想附带说明一下的，就是①《寰宇琐记》我只缺第一及第十一两册，如有零本配，就不要全套，没有残本，可寄全书这一部来。②《飞影阁画报》133 册，我只缺 15、17、31、32、38、39、40、42、43、44、46、47、51、71、84、86、87、89、110、125、126、127、130、131、133，共 25 期；如果这些缺号你本都很完整，就请全部寄来，残破就请先寄缺号部分来看一看，如何？③《轰天雷》有两种版本，我现在存的是线装中式本，如你们的一本是平装两面印的本子，就望寄来。

我想找一部嘉庆十四年吟余阁本《珍珠塔》，我的一部在上海丢掉了，想再找一部。不知你们最近收到弹词没有？残本有无？还想找一部《四美图传》（嘉庆刊）。

晚清白话报仍继续收。还有晚清《生香馆画报》一类的画刊（《点石斋画报》已有全帙）。还有晚清小说。……范围没有什么变化，重点就是这几方面。

有木刻插图的书也很需要，但一般的大都有了。有精本、善本望见告。

匆此即致

敬礼

阿英

四月十一日

待访：

《读骚楼二集》陈逢衡撰（我已有一集及三集原稿）。

《梧溪石屋诗文抄》十卷，温训撰。

《一文钱》（弹词），《十二金钱》、《陶朱富》（这两种弹词，我原有，也丢了），《香雪海》（弹词）。我有很多种普通弹词，也由于在沪损失，残缺不全，都希配全，故你处所收全残本，都望随时见告。

澄波同志：

书早收到了。因连日事忙，未能查对，望谅。

大约月初即可清结，再函告你，并将书款寄上。

祝你们新年好。

匆致

敬礼

阿英

三十日

阿英的苏州书缘

阿英原名钱杏邨，生于 1900 年，安徽省芜湖市人，是我国著名的现代文学家和收藏家。早年参加过五四运动，1926 年加入中国共产党，毕生从事革命文艺活动，曾任全国文联秘书长等职，“文革”期间遭到迫害。1977 年因患肺癌逝世，终年 76 岁。平生著述甚多，不及备载。

一

早在 20 世纪 30 年代，阿英作为中国共产党创建的《电影小组》人员之一，与战友们一起进入上海明星电影公司。1933 年为了拍摄反映沿海渔民生活的进步影片《渔潮》来到苏州，这座城市给他留下了美好的印象。拍摄完毕返回上海之后，他曾向家人表示了今后要到苏州安家落户的愿望。1936 年初夏，他再次来到苏州，本来是因工作需要而收藏古旧书籍，后来成了他的习惯和嗜好，而苏州又是明清以来刻书和藏书最发达的地区，于是便成了他访书买书的主要来源。在他所著《苏常买书记》中，就记载着不少得书的故事。抗战以后，阿英服从组织安排，前往苏北新四军根据地工作，直到解放。建国以后，女儿（钱瓔）、女婿（凡一）长期在苏州，担任市里主管文化工作的领导，早已儿孙绕膝，完成了他在苏州定居的初衷，也使得他与苏州的关系更加紧密了。

他一生热衷访书，凡稍有可取或有用的，都是兼收博爱的。特别是对晚清文献资料的收集，其目的是为了当时与将来的研究所需，因而常有“人弃我取”的情况。晚清文艺和戏曲小说等通俗文学作品，在20世纪20年代时，这类“不登大雅之堂”之小书，也可以说是“曲低和寡”，若非自己买，是不可能从任何地方借到的。因而他积数十年之精力，成为坐拥书城的大藏家，其藏书内容之丰富，足以超过任何一个公立图书馆。因为当时这些书“时近量多”，不为图书馆所重视。

我与阿英同志的交往，是由戏曲家周贻白同志介绍而始。1958年，我们从洞庭东山民间收购到一批晚清时期用土纸或油光纸石印的《飞影阁画报》、《图画日报》、《游戏报》等。那时周贻白同志家属还在苏州小学里当老师，所以他每逢假期就从北京回苏州探亲，每天下午常来书店坐坐，这些画报被他看到以后，就叫我暂为保留，他立即与阿英同志联系。大约过了三天时间，就接到由北京发来“画报决购”的电报，速度之快，出乎意料。从此阿英就经常写信来，提出拟访书目和具体要求。他所要的不是宋元明刻及名人抄校古本，而是一向不为人所注意的，明清时期铅石印本小册子，包括笔记、小说、评弹、唱本、画报、杂志、诗文集等。由于陆续不断地向他提供了大量的图书资料，他很高兴，一再提出要来苏州的愿望。后来他购买了不少《竹枝词》，准备编一个汇集。其时我正受中国科学院文学研究所之托，大量收集明清人诗文集，因此利用抄写书目之机会，顺便翻阅一下，如果书中内容有《竹枝词》的，就抄下来寄给他。日积月累，数量较多，使他很兴奋，他以感谢的心情，赠予我他自著的《雷峰塔传奇叙录》、《鸦片战争文学集》、《反美华工禁约集》等书，扉页上还有他的亲笔签名，可惜在“文革”抄家时被掠走。待至落实政策发还时，却已无法找到。仅以每册人民币二角补偿，现在看来真是天大笑话。

二

我和阿英同志，不仅仅是营业员和读者的关系，实质上可以说是学生和老师的关系，有一次我在浙江收到一部清初刻本，简社主人著的《麟阁待传奇》，因为是人间孤本，所以想进行传抄，就去信征求他的意见。他很快就回信：“澄波同志：书收到，谢谢！《麟阁待传奇》我没有见过。问贻白同志，他也没有见过。不明内容，很难说话，最好请范烟老看一下。同时希你注意一下，如果涉及李闯部分而内容又太坏，最好能加以斟酌，然后决定是否抄传。范老看后，当能最后决定。余再函告。匆匆敬礼，阿英，七日。”

苏州洞庭东山的大户人家，自古以来，男主人大都外出经商，家属身居闺中，以看弹词小说为消遣，有时还自己动笔抄写，因而市民间还保存着大量的清代乾嘉时期坊刊和抄本的弹词。惜乎由于历时已久，整部全的已较少，残本则在建国初期流出很多，为此我把陆续收得之书保存下来。有一次在信上提到了此事，他如饥似渴地希望能把这批弹词让给他，作为整理《弹词目录》的重要参考资料，我最终提供给了他，使他如愿以偿。现在想来，这是他做了件天大的好事，应该谢谢他，如果那时不被买去，这些书在“文革”时必定被作为“封资修”的毒草而送往造纸厂去，遭到粉身碎骨的命运。

20 世纪 60 年代初，我经常到苏北扬州、泰州、高邮、兴化、如皋等地方访书，有一次收到了一册晚清时所印的《东游纪念》的书。把书寄去以后，他马上给我写了回信："澄波同志：寄来《东游纪念》等书已经收到。……《东游纪念》中有一册，收当时留学生爱国运动文献不少，殊可贵，应该谢谢你的帮助。……我最近不得南下，但无论如何，终会南下一次。到苏当奉访，并面致谢忱。弹词目、晚清诗文集目，今后也想整理出来。匆匆敬礼！阿英，十三日。""文革"前夕，社会上掀起了一阵"反对厚古薄今"之风，书市冷落，我已不敢再抄书目给他，因而他就主动给我来信索要书目。内容如下："澄波同志：已记不起有多少时候没有和你通信了，也一直没有收到你们的来书，想一切很好。如有我需要的书，很希望寄点给我。凡一、钱瓔仍在京学习法文，一时还没有出去的消息。匆匆即致敬礼！阿英，卅日。"这是他老人家写给我的最后一封信。

由于他在京工作忙，南下的计划一直未能实现，直到 1976 年 10 月 2 日，他才悄然来到苏州。刚下火车就提出要去苏州古旧书店走一走的愿望。因为当时苏州尚在"四人帮"势力的控制之下，女儿和女婿尚不敢出头露面接他到家里，而由外孙凡晓旺去陪他住在裕社招待所。翌日来到书店，问及江澄波，不料我已下放苏北，他只得悻悻而去，返京不久即与世长辞。我未能见到他最后一面，实为终身憾事。

三

20 世纪 80 年代中期，北京落实政策，把"文革"期间在阿英家抄走之书发还。其时我正有事出差北京，临走之前受钱瓔同志委托，到他们存放发还书的地方——西长安街一个胡同的一个房间里，将从地上堆到屋顶的书看了一遍。当时我感到很奇怪，为什么这些书着地堆放却并不潮湿？后来终于想出了道理，主要是那里地处新华门附近，原来都是皇宫禁地，很可能当年地下有过一些特殊的处理办法隔绝潮湿，不似我们江南民间。

藏书看完，感觉阿英同志的藏书的确和别人不一样。他着重于资料性的收藏，如鸦片战争以后人所著的诗文集，晚清时期所出版的画报和期刊，加上弹词、小说等，收罗之弘富，真可以说是远远超过公立图书馆的。当然其中也发现有版本价值的珍本书。据我回忆所及，有明代朱墨套印插图本的《西厢记》、明代田艺衡的《留青日札》、清代康熙内府刊本开花纸精印的《万寿盛典》（图）、康熙刊本顾湄著的《虎丘山志》和《古歙山川图》、《避暑山庄园》等精品。晚清报刊则有《清议报》、《时务报》、《国粹学报》、《雁来红丛报》等，弹词小说有乾隆木刊《珍珠塔》、嘉庆木刊《水晶珠》、《意中情》等，以及不少乾嘉时期的手抄本。竹枝词中有嘉庆刊本的《邗江三百吟》、道光刊本《崇川竹枝词》等，都十分珍贵。还有很多关于太平天国、鸦片战争、义和团、中法战争、中日战争、反美华工等重要资料以及近代人的诗文集，品种之多，数量之大，也足以惊人，看完书后，承钱小惠先生在四川酒家招待午饭。因为这是一家川菜馆，所以问我们是否加辣。不料与我一起去的同事杨梦梅，他算是客气，“可以可以”。结果菜送上来，吃得老杨满头大汗，连叫“吃不消”。我对他说，“这是你自己假客气而自讨苦吃。”至今三十多年过去了，杨君也已不在人世，但我想到当时情景，仍会暗笑不止。

这批发还之书，分别由四个子女各自保管，后来遵从先人遗愿，绝大部分无偿捐赠家乡芜湖市图书馆。在捐献这批藏书时，钱瓔同志处留有向我借去的阿英同志写给我的 29 封亲笔信。她在捐献书的同时，征求我的意见，“是否能捐给他们的故乡芜湖市图书馆作为永久保藏?”当时我认为“能够放在故乡专室宝藏，也是一件好事”，所以同意这些书信和他们的书一起无偿捐献于当地。所以，希望现在芜湖市主管文化的领导同志认真关心一下，这些宝物是否得到了当年作出“专室宝藏”的承诺？因为这批书是一个整体，集中放在一起，就可以起到突出当地一位文化名人收藏的历史文物作用。而且各省和国家图书馆，都是无法相比的——如果把它们插入普通书库中，那就平淡无奇了。

忆李一氓苏州访书

1990 年 12 月 5 日，我去宜兴丁蜀镇参加《江苏民国出版史》学术讨论会的当天晚上，中央电视台播放了李一氓同志于四日凌晨在京逝世的消息，使我心情十分悲痛。回忆数十年来结下的书缘情谊，他平易近人的音容笑貌，宛然如昨。为了怀念这位为全国人民所敬仰的老共产党员，现就我所知的李老在苏州访书的情况，记述如下：

李老和我第一次见面是在建国初期，他到苏州访书，提出需要各种词集。因为当时古籍存书尚多，向他推荐了十多种清初人所著词集，他感到很高兴。全部买下以后，还问我："还有没有?"我说："请您留个地址，以后发现新的，随时写信告诉您。"他听后马上写了个地址给我。我这才知道他原是抗战胜利后的苏皖边区政府主席。此后他出使缅甸，暂时中断。后来得知他回国后，担任外交部副部长。因此我就写了封信给他，并附去所存明清人词集目录一份。这信是寄到外交部的。只隔了一个星期，就接到了一个印有"中华人民共和国国务院"的信封，拆开一看，信上说："书目所列各书全部购下，可将书寄至北京国务院外事办公室李一氓副主任收。书款另行邮汇……"从此以后每隔一个月或二个月就抄一次新收书目给他。他也把收集的范围告诉了我，从词集扩展到版画、山经水志、以及少见的明版和清初旧本僻书、名人抄校本（参见《一氓题跋》)。如果购书数字大了，就要求分期付款（每月至多付七、八十元)，足见他为政清廉。如果我较长时间不写信去，他就主动来信索要书目。这样的关系保持了一段较长时间。后又来信说:“为方便起见，书可直寄北京东城艺华胡同三十二号。……”他热爱古籍如饥如渴，甚至离开北京去搞四清时，也来信通知我，若有好书可写信到山西文水县胡兰公社去。在此期间，我还寄给他一部康熙原刊初印本朱彝尊编的《词综》四册，书上有清代乾嘉时名人王鸣盛的批校和藏印。他看到后认为是一部难得的好书。总之他先后购去清人词集极多，为后来选编《全清词》收集了大量的资料。

“文革”期间，李老遭受“四人帮”的迫害，我亦下放苏北阜宁农村，访书之事随之停顿。

1978 年 10 月，我经落实政策转业归队，调回苏州古旧书店。其时他已重新工作，出任中共中央对外联络部副部长。当接到我向他报告回苏的信后，马上给我写了回信:“澄波同志:信悉，回店工作甚慰。你店能否找一部乾隆的《南巡盛典》，一部好的万历本《海内奇观》，一部全的《图绘宗彝》? 你店还有什么好书，词、版画一类的。请告知。……”我很快地为他找到了一部乾隆时殿版初印的《南巡盛典》，白纸分订四十册，完整无缺。其中各地名胜古迹的木刻插图十分精美。他看到书后感到非常满意。另外他历年搜访了各种不同版本的《花间集》，作过版本源流的研究。他的态度是严谨的。在未看到实物之前，不作任何臆断；其次把宋本、明本及坊刻本都作为研究的对象，显示了实事求是的作风。著有《花间集校》一书传世。

李老和我不仅仅是读者和营业员的关系，也可以说他是我的老师。例如我曾寄给他一种书名叫做《词谱体辨》的书（有吴江徐釚印记）。他在回信上对我说："《词谱体辨》乃从《文章体辨》中拆出，《李清照诗词集校注》的参考书中已引用。此本称为明本，乃明本中常见书，并非僻书。且《词谱》一类无多大发明，自康熙《词谱》以后，此类已无什么参考价值，我收词多一种是一种。"使我得益匪浅。时间长了，承他不弃，把我当学生看待，有时也叫我替他办些事。譬如他藏有一部《兰皋明词汇选》，其中祝允明（枝山）等人所作小词，已为人裁去，因而内容不全。要我在店中一部同样版本的书中，把这些删掉的内容抄给他补全。我就按他的要求抄录寄去，使他藏的一部《汇选》内容成为全书。

1980 年他在整理藏书时发现三种书，因已破损无法阅读。给我来信说："寄上《黄山志略》分订四本，书根太窄，能不能加书根，只是太麻烦。书品太小，禁不起重整时切上下。《黄山志续》分订五本，主要补虫眼；黄梨洲序补页划栏，已抄有原文可以补写（序抄文另寄）。《恒山志》一本。共三种十册书，全是护页前二后一，第一本前三后二，拟用罗纹纸，书面用磁青纸。罗纹纸可以折叠，磁青纸不能折叠。拟稍迟有人到苏州时捎上。全用双丝线，包绫角。书收到后请告知，如还有什么问题请来信。现在收书，无法同以前一样可以豪华，现在求能够整齐，可以翻阅也就行了。……"这是他藏书的经验之谈，切中时弊。书面纸是由当时苏州市政府副秘书长李尧南同志带来的。我见到书后，请人按他的要求办。《黄山志略》是用金镶玉的装订办法，解决了书根窄的问题。还请会写宋体字的人补抄了《黄山志续》所缺黄宗羲（梨洲）序文，尽量做到与原刻本一致，得到他的好评。此后又曾把成都杜甫草堂请他关心代补《杜诗》缺藏的目录转给我来办。同年 11 月，他南下淮阴，故地重游。顺便来到苏州，因当时人民路正在拓宽，汽车不能开到古旧书店来，约我到南林饭店去见他，久别重逢，分外亲切。重点了解苏州地区古籍的流散和收购情况，大约谈了半个多小时后对我说："因要外出参观，明天下午你再来，最好带些书来看看。"明天下午我携书赴约，他选取了一种清初刻本贵阳江铠著《江辰六文集》的《词集》部分。还有一本乾隆刊本无锡秦仪画的《虎丘山志图》。还有几种清人词。临行时他还赠给我根据他珍藏本影印的《明陈洪绶水浒叶子》一册，并在自己的跋文上盖了一方"一氓七十又七"的印章。

李老是当代著名书法家，功底很深，向为人所重。幸允我所请，为我书写了一首陈毅同志所作"大雪压青松，青松挺且直。要知松高洁，待到雪化时"的诗轴。

1982 年在他主持国务院古籍出版规划小组期间，整理出版了大量濒临失传的古籍，最为特出的是以影印宋元秘本为主的《古逸丛书三编》，还有以赵城金藏为主体的《中华大藏经》，其他亦硕果累累，不胜枚举。与此同时他还指示把《古籍整理出版情况简报》和《古籍点校疑误汇录》按期寄赠给我，使我获知对于古籍研究的情况，增长了更多的信息和知识，深受教益。直至 1986 年后他身体欠佳，回信都由秘书沈锡麟同志处理。李老的治学态度和对后学者的关怀和指导，使我终身难忘。今后一定要在古籍的挖掘、抢救、整理、研究等各个方面，加倍努力地把工作做得更好。

李一氓访书便札

编者按：建国初期，李一氓同志曾来苏州访书，嗣后数十年中，多次驰函，从而结下书缘。现将他在1980年写给苏州古籍书店负责人的两封便札发表于下，并请江澄波同志撰文解说，以志纪念。

（一）

澄波同志：寄上破书一本，请代在苏州觅人修理。用普通竹纸或废书衬作金镶玉样（但不用白粉连），或直沾贴天头不衬亦随便。用个封面订装寄下，费用即在那十四元中扣出。

敬礼

李一氓

三月十一日

得把卷上订在后边，卷下移到前边，颠倒一下，主要留下词。①

---

① 原文无标点，系笺上端补记。

（二）

澄波同志：三种词集及我的那本装订书皆收到，书费在下月初即兑上。于周、苏两同志的字写好后，当即寄上。不知还有什么好玩的闲书没有？

敬礼！

李一氓

三月卅日

附记：抚信忆李老

李一氓同志和我初次见面是在建国初期，他来苏州访书，提出需要各种词集，我就推荐了十多种比较少见的清人词集。他感到很高兴，全部买下了以后，还频频垂询："其他还有没有？"我就请他留个地址，有时再联系。他马上写了个地址给我，方才知道他是抗战胜利后的苏皖边区主席。此后他出使缅甸，联系暂时中断。在他回国担任外交部副部长后，我写了封信并附去书目一份，这信是寄到外交部的。大约只隔了七天时间，就接到了一个印有"中华人民共和国国务院"的信封，信中说："书目所列各书，全部购下，可先将书寄至北京国务院外事办公室李一氓副主任收，书款另行邮汇。"从此以后基本上每隔一个月或二个月抄一次书目给他，也就是通一次信。所以到现在还保存着他的亲笔信二十多封。他热爱古籍如饥如渴，如果我较长时间不写信去，他就主动来信索要书目。这样的关系保持了一段较长时间，但是一次购书数字大了，就要求分期付款（每月至多付七八十元），足见他为政清廉。甚至离开北京前往山西文水胡兰公社去搞四清时，也通知我遇到好书随时写信告诉他。在此期间我还寄给他一部陈子清先生旧藏的康熙本《词综》，书上有清代名人王鸣盛的批校和藏印。他看到书后回信说“是一部难得的好书”。

李老和我不仅仅是读者和营业员的关系，也可以说他是我的老师。有一次我寄去一种书，他在回信上指出：“《词谱体辨》乃从《文章体辨》中拆出，《李清照诗词集校注》的参考书已引用，此本称为明本，乃明本中常见书，并非僻书。且《词谱》一类无多大发明，自康熙《词谱》以后，此类已无甚参考价值。……”使我得益非浅。时间长了，承他不弃，把我当作学生看待，有时也叫我替他办一些事，例如他收藏有一种康熙间刊李葵生等辑的《兰皋明词汇选》二册，其中祝允明（枝山）等人所作小词已为人剪去，以致内容不全。我按他的要求，设法抄补了删去的内容，使他的藏本成为全书。此后他遇到修补古书中的疑难杂症，也寄给我代他处理。上面信上所说寄给我的一本破书，它的书名叫做《海外遗稿》，是清末光绪间人在日本时所作，共二卷，上卷为诗，下卷为词，由于书已破损不能阅读，所以寄来要我找人修理一下。因这页数不多，我就利用休假日代他装好（因他收词为主，上下卷作了颠倒）。连同三种词集一并寄去，这三种书名是：《栩园词弃稿》四卷，陈聂恒著，清初精刻本，有批校及题识；还有是《涧南词》和《词选》，都是旧抄本。另外还代他请人装订过《黄山志略》、《黄山志续》、《恒山志》等书，虽则手续麻烦，但尽量做到符合所提出的要求，故得到他的好评。

李老一生收集了大量的清人词集，为后来选编《全清词》提供了大量极为珍贵的资料。他晚年对版画也十分喜爱，我曾为他找到一部《南巡盛典》，系乾隆辛卯（1771）内府精刻，前有红色印的清高宗（弘历）御制序文。其中名胜古迹（版画）印得非常精致，全书分订40册，完整无缺，首页还钤有“春在堂”印记，尚是曲园老人俞樾旧藏本。

1979年10月，他南下淮阴故地重游，顺便来到苏州。因当时人民路正在拓宽，汽车开不到古旧书店来，就用电话约我到南林饭店去见他。久别重逢，分外亲切。他一再垂询苏州地区古籍流散和收购情况，因他平易近人，关怀备至，使我毫无拘束地畅所欲言。除了购去清初刊本《江辰六文集》（词的部分）和乾隆刊本《虎丘山志图》等书外，还赠给我一本根据他自己收藏本影印的《明陈洪绶水浒叶子》，并在他的题跋上盖上一方“一氓七十又七”的印章。

李老是当代著名书法家，功底很深，一向为人所重，幸允我所请为我书写了陈毅同志所作“大雪压青松，青松挺且直。要知松高洁，待到雪化时”的一首诗轴。后来我又受周良和苏章荪同志之托，代求他两幅墨宝（即信上所说周、苏两同志的字）。给周良同志写的内容是：“‘家在严陵滩下住，秦时风物晋山川。碧桃三月花如锦，来往春江有钓船。’郁达夫诗，一九八一年春初录奉周良同志雅教，李一氓。”

给苏章荪同志写的内容也是郁达夫的诗。

1982年起，在他主持国务院古籍整理出版规划小组期间，整理出版大量濒临失传的古籍，硕果累累。与此同时他还指示把《古籍整理出版情况简报》和《古籍点校疑误汇录》按期寄赠给我，使我获知古籍研究的情况，由此增长了更多的知识，深受教益。李老的治学态度和对后学者的关怀和指导，使我终身难忘。

怀念赵万里先生与我的古籍书缘

赵万里先生是我国近现代著名的词曲家和古籍版本目录学家。早在 20 世纪 50 年代中期，他担任国家图书馆善本特藏部主任期间，来苏州文学山房访书时与我相识。那时他年在五十左右，我还不到三十岁。当时先在店里选购了一部分古籍，因为至今已时隔近六十年，所以具体书名已记不起来了。就是其中有一部太仓程穆衡著的《水浒传注略》二卷，是道光时刻的巾箱本，他最喜欢。并且告诉我："这是研究《水浒传》的第一部专著，也是很少见到的注释通俗小说的书。或许这书版刻成以后，遇到太平天国战乱而被毁，所以传世甚少，在北京从未见到过。"接着他向我提出，要我提供善本古籍的要求，最好能找到一百部明版地方志。我对他说："现在已很少了。"他就说："你们江南地区是全国藏书中最多和质量最好的地方，我们馆中善本部里，有一半以上的藏书，都来自苏州地区。"听后给我很大的鼓励。因此明天一早就乘车前往常熟去访书。首先收到的是一部明代嘉靖刊本、邓韨编的《常熟县志》，内有一本抄配。接着由戴鹤秋先生陪同前往拜访藏书旧家。最后在一位张姓老先生处，见到了一册爱日精庐主人——张金吾的《张月霄遗像册》，首有清中期著名人物画家胡骏声手绘的像，接着就有孙原湘、郭麐、屈轶、周彬等人作的像赞和黄廷鉴、钱泳、黄丕烈、唐仲冕、王鼎、褚逢椿、吴宪征、郭忠谐、丁祖荫等人的亲笔题赠之诗。还有一些张金吾著作的稿本，有黑格写本的《释龟》二卷，内容是采集《三礼》、《尔雅》、《左传》、《史记》、《太平御览》等书所引纬候之说，以存三代卜筮遗法，前有吴江郭麐序文。还有一册是绿色印格的手写本，书名《丝缀积闻》，也是张金吾著的稿本。与物主议价收购后，当天下午我即赶回苏州，吃过晚饭以后，就到赵先生所住旅馆——皇后饭店三楼去拜访他，看书后，他表示："嘉靖本《常熟县志》馆里已有入藏，不要。《张月霄遗像册》决定买下。"接着承他不弃，与我作了一个多小时的长谈。告诉我他去过安徽歙县和屯溪，在那里见到的明版家谱和鱼鳞册特别多，曾经运回北京一车呢！还向我打听苏州高师巷里藏书家许博明先生的情况，想要见见他。还说："许先生在年轻时家里很富裕，别人讥其文化不高，于是发奋读书，进而斥资广收宋、元、明本古籍，当时上海古书流通处主人正收得四明卢氏抱经楼藏书，同时宁波范氏天一阁藏书被窃，也有部分流散上海，所以许博明在此时购得善本甚多。抗战以前他还请我到他家里看书吃饭呢！其中有明代弘治刊本《严州续志》、正德刊本《博平县志》、嘉靖刊本《恩县志》、正德刊本《襄阳府志》等，都是从天一阁偷出后售于上海各书店的。"听他讲后，我才恍然大悟。原来他说要我找明版地方志的目的地就是许博明家了。因此我就告诉他："许老先生晚景不好，所有藏书都已流散，数量最大的有三次：第一次是在抗战初期，日机轰炸苏州，他准备避难到云南，去投奔国民党元老李根源，带去藏书一批，交给驻苏炮兵团长马某，负责运往云南，由李介绍赠与省主席龙云，委任他为大理县长。后因其夫人到了武汉，经不住流离颠沛，回归苏州，故其本人也未往就职而返还苏州。"这些情况是当时曾任吴县商会领导的张寿鹏先生告诉我的。

第二次流散是在抗战胜利以后，由瀚海书店主人吴瀚介绍给四川金融巨子戴亮吉（是晚清词人郑文焯的女婿）购去一批。听说打包后由水路运去，当时正值长江大水，是否损失，情况不明。第三次是临近解放时，上海来青阁主人杨寿祺将宋版《南宋群贤小集》售于中央图书馆后，以所得书价半数，将许家藏书全部买去。内有部分明刊善本，为明内府刊本《大明一统志》，嘉靖刊本《大明集礼》，正德刊本《山堂考索》等，由国民党元老张继作主，售与国史馆。剩余之书存放在其学徒孙耀昌开设的求智书店里，尚有一书架的清代早期地方志和一套完整的《东方杂志》呢！解放以后，许老先生家里多事，且已陷入困境，最后只得身背木盘，叫卖面包于大街小巷，自食其力为生。如果你要见他，明天下午三时左右到我们店里，我来招呼他好了。”他随即表示：“那就不去惊动他了。”当我向他告辞时，还叮嘱我：“今后收到好书不要忘记我们。”经过这次会面，虽然时间不长，但对他孜孜以求访书的敬业精神，深感钦佩，给我留下了深刻的印象。一直把他对我的嘱托和希望，时刻记在心头。所以虽在“十年动乱”期间，仍然提供给北图一批古籍精品，以报答他对我的期望。现将具体书名版本介绍如下，以资书林谈助。

（一）宋末元初刊本《周易象义》存下经第二至三卷，孙承泽旧藏，一册。此书在抗战前编的《北平图书馆善本书目》中著录为宋刊本。建国后编印的《馆藏善本书目》上改为元刊本。也有孙承泽藏印。这二卷是后来补抄本，由此可见已经分散很长时间了，现在得以延津剑合。

（二）元刊本《明经题断诗义钤式》十卷，元进士林泉生著，福建麻沙书坊刊本。每半页十一行，行二十一字。黑口，四周双边。前后无序跋。张乃熊旧藏。一册。

（三）明弘治刊本《博物志》十卷，汝南周日用注，弘治十八年贺泰刊本。每半叶十一行，行二十二字。白口，左右双边。张乃熊旧藏，一册。

（四）明抄本《野客丛书》，存一至十五卷，黑格，白棉纸抄本，黄丕烈校跋。黄琳、顾湄、韩德钧递藏。四册。

（五）毛抄本《梅花衲》一卷、《剪绡集》一卷，汲古阁影抄南宋书棚本，毛晋、毛扆、汪士钟递藏。毛扆手校。二册。

（六）明归昌世手书《假庵杂著》一卷《记季父遗言遗事》一卷，未刻稿本，肖盅友、归曾祁旧藏，一册。

（七）旧抄《弁阳老人词》一卷，鲍廷博手校，何煌、韩应陛、蒋祖诒旧藏，一册。

（八）费云溪手抄《青邱诗集撷华》八卷，乾隆时手抄，首有沈德潜、钱陈群手书序文，并有印记。

（九）明初刊本《汉书・天文志》，每半页十四行，行二十六字。严蔚、张乃熊旧藏。

其时赵先生已退休，是由善本部主任丁瑜和路工两位来苏看书后购去的。可称物得其所。

随着斗转星移。20 世纪 80 年末，宁波陈叔言先生后雨抄堂藏书为我收得。其时虽然古籍拍卖之风已经兴起，但在我脑海中仍然想到当年斐云先生“收到好书不要忘记我们”（北图）的嘱吒，乃与北图善本部联系后，由王润华主任偕同王玉良、程有庆两位同来苏州看书后购去一批，其中有明天启刊本沈朝焕著《泊如斋全集》四十卷足本，为海内孤本。还有明代月湖陆氏蓝格抄本《盛明五家诗》十二卷（有铁保藏印），以及明天启刊本陈继儒编著的《八编类纂》二百八十五卷，清初康熙刊本黄宗羲著的《明文授读》等等。

饮水思源，北图能够收到这些善本古籍，应该归功于赵万里先生当年广结书缘的敬业精神。而且已发展到代代相传承的效果。如果他地下有知，亦当含笑于九泉了。

与黄裳先生一个甲子的“旧书缘”

9月7日在报上看到当代著名藏书家黄裳先生于6日下午在上海瑞金医院逝世，不禁悲从中来。我与他相识于建国初期，结下了书缘情谊，书信往来一直延续至今年春节以后。虽然我先后任职文学山房、古旧书店、文育山房，但是我们两人之间对古籍的交流，却从未间断过，屈指算来已达六十个年头。对我来说，他不仅是一位爱淘古书的老读者，承他不弃，在业务上也给了我诸多帮助，因此也可以说是我的老师。

一

20世纪50年代初，黄裳在上海《文汇报》担任副刊主编，每逢星期天休息，就偕同夫人小雁来苏访书，我与他因此得以相识。他抓住中国古代典籍重新大聚散、大组合的时机，十分积极地淘沥旧书，即便冷落的书店和书摊也不放过。而且他很有先见之明，不但购藏全套，连明版僻书的残本，也兼收并蓄。随着时间的推移，现在这些残本书也已成为宝物了。我们彼此熟悉以后有了默契，我每次收到新书多留给他先看，待他看后再另行销售。

一次，藏家送来一部明代坊刊的《枝山先生柔情小集》，题“异香掾吏”著，共有“醉红”、“窥帘”等集四卷，我就写信向他请教。隔了两天，就收到他的回信，他告诉我这书是明代苏州人祝允明所作，在黄虞稷《千顷堂书目》中有著录，名为《祝氏小集》，应有“金缕”、“醉红”、“窥帘”、“畅哉”、“掷果”、“拂弦”、“玉期”等七卷才完全。祝枝山是苏州人，以风流不检传于里巷之间，又谱入弹词，与唐伯虎同为浪子典型，由来已久，“今观此小集，知非无因，所著《祝氏集略》及《怀星堂集》尚有藏者，此为其佚著，亦可收。”我因此与物主协商以后提供给他。

还有一部明人王路辑，万历时刊本的《烟花小史》八种，虽然亦是残本，却是人间孤本。可见其版本学识之广。由此，也加深了我对他的敬佩。

他连续得到好书后，十分高兴，就不断给我写信：“澄波同志：又剪下邮票几枚寄奉。上月本拟去苏，因故未果。不知道近来收到什么书？有可见让者否？希随时见告，不胜感激！又，新文艺书之旧本、毛边书，如鲁迅等著作，也很想买一点。匆祝冬安。黄裳。十二月七日。”

二

20世纪60年代初，我在苏州古旧书店工作时，受市文管会主任王言同志委托，注意苏州地方文献的收集。有一次在拜访黄裳先生时，得见一部苏州人戴冠所著《濯缨亭笔记》十卷，系嘉靖丁未（1547）无锡华察刊本，末有刻书跋。华察字子潜，号鸿山，生于明代弘治十年（1497），卒于万历二年（1574），系嘉靖五年进士，历任兵部郎中，翰林院修撰，曾出使朝鲜，劾罢，起历侍讲学士，掌南京翰林院事。著有《岩居稿》、《翰苑集》、《皇华集》等传于世。此人即弹词《三笑姻缘》中所谓唐伯虎去卖身投靠之华太师（实际上华仅是太史）。经查考唐寅生于成化六年（1470），年龄要比华察大二十七岁，故嘉靖二年（1523）唐寅逝世时，华察还没有考中进士。其次，华察的儿子名书阳，官礼部主事，为太仓大文学家王世贞之婿，著有《华礼部集》八卷，乾隆时收入《四库全书》，绝非庸才，可见弹词小说内容之无稽。因为此书是苏州地方文献，故一再向他协商，承于俯允收归。南京博物院院长姚迁同志闻询后，来苏购去，藏于该院，也可说是物得其所了。

“文革”前夕，文化上掀起了“反对厚古薄今”之风，由此引起书市萧条，又承黄裳先生转让一部宁波天一阁主人范钦之侄范大澈的手稿本。书名是《史记摘丽》，全部十册，系明代白棉纸黑格精写，书上钤有范氏印记累累，十分古雅。据《甬上耆旧传》称：“初，范钦归里，筑‘天一阁’以藏书，极浙江之盛，大澈数以借观，不时应，乃怫然。遍搜海内异书秘本，不惜重价购之，凡得一种为‘天一阁’所未有者，辄具茗酒佳馔，迎范钦至其家，以所得书置几上，钦取阅后默然而去。其嗜奇相尚如此。”此书收购以后，及时提供给了浙江图书馆作永久保藏。

1978年落实政策，我从下放地苏北阜宁回到苏州原单位（古旧书店）工作，黄裳先生也恢复来苏访书的习惯。曾与之谈及“苏州有很多的藏书家，他们藏书的主要内容，流散始末……这一类地方性文献资料，都是值得搜集保存的”。由此，我得到了启发和鼓励。当他看到我在《苏州杂志》和《苏州文物》上发表的《古刻名抄经眼录》片段后，再次来信提出他的意见：“……尊著颇欲一观，此种小文已集有不少，似可编集。

江苏古籍出版社似可接受出版，不知尊意如何?”自此以后，我加快步伐撰写提要，终于获得出版行世。所以说，我对他的关爱是感激并且终生不忘的。

三

在“文革”后期，上海图书馆落实政策，把当年从他家抄出去的古书发还。由于经历长达十年，黄裳家里房屋早已作了调整，一时难于容纳。他就写信告诉我，要我在一星期之内到他家里去，把他理出之书收购回来。

我们随后去了三个人，看书以后扎成二十五大包，其中大多数是清代康熙至道光时刊本的诗文集。在议价过程中，他提出了一个条件，就是他知道我们店里有二册金农用宋纸印的《冬心砚铭》和《画竹题记》，他准备用名人郑晓旧藏的嘉靖刊本《皇明诏令》二册交换。

当时我认为，既然他舍近（上海古籍书店）而取远，写信给苏州，这是对我们的信任，于情于理应该满足他的要求。后来他在写文章时表达了他的心声，认为非常满意。这批书运回店中以后，刚好有天津社会科学院图书馆的馆长来苏访书，见到以后同我们商量说，馆里刚好有一批经费，要求全部提供给他们。经请示领导后，黄裳的这批书全部供应给了他们。

2006 年 4 月 6 日，我在文育山房工作，接到古旧书店打来的电话，告诉我“上海黄裳先生在店里，希望和你见个面”。放下电话，我取了一锭光绪时胡开文所制的“曲园老人著书之墨”，马上赶到乐桥古旧书店，在门口见到了由他女儿女婿陪着的他，因而就在文物商店门前的护栏石上坐下，交谈了近一小时。谈话内容，先是他问我小店的经营情况，接着是谈到马路对面过云楼藏书的归公经过，最后他劝我，要把文学山房的百年老店招牌恢复。临别时我把预先准备好的小礼物“春在堂朱砂墨”奉赠给他，他极为高兴，返沪之后再给我寄来了一册签名本的《清代版刻一隅》作为纪念——哪知，这竟是见到他的最后一面。

四

今年春节前，我参加了市园林和绿化管理局召开的“老顾问迎春茶话会”，局领导希望我设法搜集园林名胜资料，我因此想起当年曾在来燕榭藏书中见到过一部清初抄本的《虎丘诗集》，所以给他写信告知原委，问他是否愿意割爱。没几天就收到回信，内容如下：“澄波同志：大札奉悉。所说旧抄本事，实为康熙刻《虎丘胜集》，附词一卷，共二册。鄙藏词集以此书甲观，在藏词中不拟抽出使之离群。诸希鉴亮。年来贵店收到何种佳本？盼望不吝告知一二，以慰饥渴。幸甚！匆复即请大安。黄裳壬辰正月十二。”这是他写给我的最后一封信，我将把它作为传家之宝而世代珍藏。

最近经过广大读者和媒体的呼吁，并得到有关部门的大力支持，百年老店“文学山房”的老牌子已经恢复，惜乎黄裳先生已乘鹤仙逝，未能见到他的愿望实现。如果先生地下有知，定能含笑九泉了。今后我还将一如既往做好古籍的挖掘、抢救、保护工作，为读者找书，为书找读者，使得明清以来姑苏名城的传统古旧书业发扬光大，继续为具有中国特色的社会主义文化建设服务。

附录

三世云烟翰墨香　百年丘壑腹笥藏

——江氏文学山房创设百十周年纪念

李　军

年前返苏度岁，从苏州博物馆看完过云楼顾氏旧藏元人《竹林七友图》，绕行一周，由忠王府大门出来，沿平江路径直往南，在悬桥巷口稍作停歇，往里走进几步，居然已是崭新的粉墙黛瓦，全然不见往日的颓败——大阜潘氏松鳞义庄重修了。义庄是道光年间潘氏族人所建，其旧址为乾嘉时期著名藏书家黄丕烈的士礼居。编刻《士礼居藏书题跋记》的潘祖荫，曾来此参加家族的祭祀。辑刻《士礼居藏书题跋续记》的江标，也是从此巷内的家中整装出发，前往湖南任职。至于民国初年，北平来的藏书家傅增湘，到了苏州，多半也会于小巷西首稍作勾留，在书估杨馥堂的鸣琴室中小坐、观书。而今放眼望去，却早已物逝人非，无复往昔景象了。继续往南，从钮家巷口转弯朝西，远远便望见几棵挺拔的广玉兰，走到跟前，很可能就会看见文育山房里的江澄波先生倚靠在书架上，透过玻璃门，看着行色各异的路人匆匆而过。

江澄波先生出生于1926年，当时家中祖父、父亲就已靠业书为生。其家所设书肆名为文学山房，到这一年，已经有二十七年的经营历史了。此后，作为江家长孙的他，便与书林结下了数十年的缘分。闲话攀谈间，屈指推算，江氏文学山房从创设至今，已历经百又十载。环顾苏城，昔日的同行，只有1946年创设琴川书店的夏淡人依然健在，年逾九旬，于往事已多隔膜。每谈及书林往事，江先生总会感叹说："真像是听白头宫女说天宝遗事。"

近年，笔者因受业师吴致之先生之命，协助江先生整理文学山房的相关史料及其著作，有机会对文学山房的历史作进一步深入的了解。值此江氏文学山房创设一百十周年之际，不揣谫陋，就其历史略作介绍，以飨同好。

扫叶山房与文学山房

江氏一族，祖籍浙江湖州织里镇。约在清代咸同年间，因受太平天国运动影响，江澄波先生的高祖、年方弱冠的江椿山，离开故乡湖州，来到苏州谋生，进入位于阊门城门口的扫叶山房充当伙计，从此定居苏城。明人胡应麟在《少室山房笔丛·经籍会通》中曾说："凡姑苏书肆，多在阊门内外及吴县前。书多精整，然率其地梓也。"可见，苏州阊门附近书肆林立，在明代已然。这种局面一直延续到清代，如黄丕烈笔下的老书估钱景凯开设的萃古斋，就在阊门外的山塘街上。

关于扫叶山房的历史，据杨丽莹《扫叶山房史研究》所述，它创始于清代乾隆后期，创始人为移居松江青浦的席世臣。而收购虞山毛氏汲古阁《十七史》版片的，则是席世臣之父席绍容。到了同光年间，席世臣的孙子席元章因太平军攻打松江，在战乱中失踪。扫叶山房由其子席威继承经营，而当时实际主持事务的是吴县人朱记荣。至光绪三十年（1904），朱记荣从扫叶山房拆出，正式创设校经山房，到民国二年（1913）他去世为止，其间不过十年光景，故朱氏槐庐所出各书，多是其在扫叶山房期间所主持编印的。

相对于扫叶山房总执事朱记荣而言，当时的江椿山只是扫叶山房分店的伙计而已，没有能力自立门户。据沈延国《苏州文学山房记》所述，当时江椿山的工资菲薄，不足以赡家糊口，且常遭辞退之厄。由于贫苦，年逾四十，才娶妻刘氏，在阊门外的山塘八字桥西街赁屋定居，生有一子，名为如礼。因江椿山本人一直从事旧书业，加之家境素寒，故在光绪二十年（1894），其子就被他送往浙江的书铺充当学徒。

江杏溪（1881—1949），名如礼，以字行。从十三岁起，他就到嘉兴孩儿桥的一家旧书铺学艺。初进店时，其父即教以刻苦学艺，至诚待人。并将衣裤所有口袋悉数拆去，借以养成廉洁之习，深受同人敬佩。在嘉兴的五年期间，江杏溪凭着本人的聪明与干练，勤奋钻研，不断学习，逐渐入门，最后熟练掌握了采访古书、鉴定版本、修补装订等技术，并且对如何经营旧书店，也积累了一定的经验。光绪二十五年（1899），刚年满十八岁的江杏溪，因父亲江椿山的离世而匆匆返苏奔丧。将父亲后事料理完毕后，鉴于老母在堂，无人奉养，江杏溪决定留在苏州，创设自己的书店——文学山房，来维持生计。单从书店名称上看，很可能是受其父工作过的著名坊肆扫叶山房的影响。

文学山房初创时，江氏家中因新遭变故，经济颇形拮据，乃借贷三百元才得以开业。书肆设于苏州城内护龙街（今人民路）嘉余坊口，其南有过云楼顾氏的后花园——怡园。店面最早用芦席纸糊，勉强营业。不久又因娶妻胡氏，长子静澜随之诞生，人口渐繁，仅靠贩书，不足以养家糊口。老母乃以刺绣所入，补贴家用，方始度过难关。此后二十多年间，经过江氏父子的苦心经营，文学山房终于在民国二十年（1931）左右迎来了它的鼎盛时期。

嘉余坊与大井巷

苏城的古旧书业，从清末到民初这数十年中，逐渐由西北角的阊门、山塘街一带转入城中，慢慢汇聚到护龙街、观前街、嘉余坊一带。究其原因，主要是阊门外街区遭到太平军战火的摧毁，商业迅速凋零。此后，阊门地区失去了往日的繁荣，其热闹程度已不及城内的观前街。文学山房一开始就选址城内，也反映了这一趋势。

随着文学山房的业务蒸蒸日上，嘉余坊口的老铺虽屡经修缮，却难以适应业务发展的需要。1931 年，文学山房新店面落成，地址就在嘉余坊斜对面的大井巷北首。店面三间，高敞明亮，古书盈架，随人取阅。后有楼房，为日常生活起居之所，亦为存书、修书之处。文学山房的招牌与匾额，分别出于水竹村人徐世昌和翰林曹福元之手。

徐世昌（1855—1939），字菊人，号水竹村人。天津人。光绪十二年（1886）进士，官至体仁阁大学士。民国后，曾依附袁世凯等北洋军阀，担任临时政府国务卿。民国七年至十一年间，出任大总统。其人雅好文史，曾组织门客、幕僚编纂《清儒学案》、《晚晴簃诗汇》等书。在编选《诗汇》期间，他派人广搜清人别集，曾有专人南下采访旧籍。文学山房当时为此提供了很多清集，1929 年《诗汇》编刻完成后，依然与徐氏有生意上的往来。江氏新店落成时，经由徐世昌的秘书，请徐氏题写招牌。而在江氏排印的《文学山房丛书》中，有几种书如《程氏考古编》等的扉页题签，也出于徐氏之手。可惜徐氏所书牌匾，1956 年公私合营后，作为古旧书店的公有财产存放在马医科巷仓库中，因仓库地板朽坏，被作为木料锯刨，用来修补地板。而今江先生家中所保存，仅有徐世昌手书中堂一轴而已。

新店落成前，江杏溪之子静澜（1899—1978）已在店中协助父亲料理店务，父子两人将文学山房经营得有声有色，俨然已成为东南贩卖古书的著名坊肆。在 1939 年苏州百灵电台所出版的弹词开篇集中，收录了《文学山房开篇》一首，其小序云："文学山房创设，迄今四十载于兹矣。专营收卖国学参考旧籍，插架所存，不下万种左右，均定价低廉，好古诸君，敬请惠临参观。再江君承平津等处各图书馆委托，征求各种旧籍。贵藏家如有旧储而愿割爱者，尤所欢迎，务请赐洽护龙街文学山房七〇七号，当以重金报命。"在三省主人所作《开篇》唱词中，从暴秦焚书说起，涉及文学山房者有云："（鄙人是）信步护龙、闲逛走，（陡见那）文学山房、映眼睛。入内遍观、图书府，琳琅满目、美无伦。八索九丘、般般有，三坟五典、件件精。搜罗闳富、包含尽，问津之人、必欲因。杏溪江君、善商贾，赴天津、转北平。不惜重金，广搜寻，藏书奚止万余种。"可见，当时文学山房与平津各图书馆也有生意上的往来。

在 1949 年之前，文学山房半个世纪的经营活动中，陆续收得木渎冯桂芬、无锡朱鉴章、苏州管礼耕、叶昌炽、沈秉成、王同愈、单镇诸家藏书。其中如冯氏藏书，自冯桂芬以后，三传至曾孙辈，已非以藏书为志者。据王欣夫兄长王荫嘉在影宋抄本《说文解字韵谱》跋中提到，其书本为冯桂芬所藏，并曾以此作为底本付梓。原书后有冯桂芬跋语，长达数万言，可见其珍重之情。因其曾孙冯武云与王荫嘉为连襟关系，看王氏酷爱此书，乃举以相赠，时在民国七年（1918）秋，而其家藏之书最终也陆续散出，流入坊肆。

朱鉴章（1946—?），字达夫，号海琴。无锡人。同治十三年（1874）进士。光绪间，曾任浙江钱塘、金华等地知县。光绪三十一年（1905）秋，钱基博的舅父孙振烈赴杭游览西湖，朱氏曾相伴同游，可见其人当时仍尚健在。据江澄波先生回忆，其父曾告之，朱氏藏书虽无宋元秘本，但多装治精整，且书衣上多有朱氏工笔所录《四库提要》，可见其郑重其事。

管礼耕（1848—1887），字申季，号操敦。与叶昌炽同受业于冯桂芬，家住城东小新桥巷。其父管庆祺，为朴学大师陈奂的入室弟子，专治《经典释文》、《集韵》。管氏于光绪十二年（1886）二月与好友叶昌炽等同赴广东，入汪鸣銮幕府。次年，因染病乘船返家，到苏不久后即身故。家中部分藏书，由管氏岳父陆敦有做主出售，以补贴家用。管礼耕之子名尚宽，字成夫，早年肄业于京师同文馆，民国初年曾任俄国伊尔库次克领事，解放后任职苏州文管会。管氏操敦斋散出之书，文学山房所获者，有明人钱谷抄补的《道德指归论》，书后附有钱谦益致钱遵王书札，为绛云楼中烬余之物。20 世纪 30 年代，此书经文学山房售归南浔张葱玉韫辉斋，40 年代转入中央图书馆，今藏台北。

叶昌炽（1849—1917），字颂鲁，号鞠裳。家住城东西花桥巷。光绪十五年（1889）进士。叶氏于民国六年去世，其藏书由女婿王立勋接手保管。治廧室藏书在抗战胜利之后的1946年，由其嗣孙叶锡藩索回。其中先经王佩诤先生介绍，在上海出让了康熙《长洲县志》、《吴县志》等一批方志，佩诤先生则购得敦煌藏经洞所出《思益经》残卷。此后，余书运回苏州，存于西花桥巷老屋。江澄波先生随其祖杏溪前往观书，议定由文学山房经售。叶氏藏书多吴中地方文献，其中明刻吴人别集，多归潘景郑先生。当时《上海市立图书馆刊》第一号登载苦竹斋主的《吴门访书》一文，对这批书也有所涉及。

叶氏治廧室藏书中值得引人注意者，还有李氏得月楼、钱氏述古堂、徐氏传是楼三家宋版书目，为黄丕烈家抄本。另有清初吴中医士陆其清《佳趣堂书目》稿本，即叶德辉观古堂刻本所据之底本。两书后经程守中介绍，售归祁阳陈澄中。据江澄波先生回忆，当时随父亲赴沪，将两书面交陈澄中。陈氏当场写支票嘱向银行兑取，三百万元之外，居然多出二十万元。殆因当时法币贬值，纸币一大堆，银行未能一一清点所致。这两种书目，后被陈澄中携往海外，前几年才由嘉德拍卖公司从陈氏后人手中购回国内。《叶氏治廧室书目》，上海图书馆与复旦大学图书馆均藏有抄本，王立民先生与笔者曾分别加以整理。从其书目看，叶氏藏书接近千种，除明人别集外，尚有敦煌经卷五卷以及碑拓千余张，颇为可观。

至于各家藏书中精善之本，曾江澄波先生之手者，多著录于《古刻名抄经眼录》中。每种书均有其曲折本事，在此也就不一一缕述了。

刷印与摆印

在解放前，书肆为了盈利，不仅贩售新旧书籍，同时也经营相关的出版业务。贩售书籍中，既包括自身采访所得之书，也有熟客或同行请求代售之书。顾客不但可以亲自上门选购，还可以通过书店发售的书目，要求寄售或函购图书。出版书籍中，又可分为自己雕版、排印，或者借用、购买别家的版片，进行刷印。而收书过程中，古籍善本之外，兼收书版书画，并承揽修书业务。书肆自身出版之书，顾客不仅可以直接价购，还可用不同书籍进行等价交换，方式可谓五花八门。而文学山房在抗战前，也曾借版汇印和借字摆印丛书。

文学山房借版、买版所刷印书籍，有叶昌炽所著《藏书纪事诗》七卷、《语石》十卷、《寒山寺志》三卷、《辛臼簃诗讔》三卷、《奇觚庼文集》三卷《外集》一卷、《邠州石室录》三卷，既可单种购买，亦可一起购入，汇成一部《缘督庐遗书》。而家住苏州桃花坞五亩园的谢家福所刻之书，包括《吴中旧事》一卷、《平江记事》一卷、《烬余录》二卷、《邓尉探梅诗》四卷、《五亩园小志》一卷《志余》一卷《题咏》一卷、《桃坞百咏》一卷、《五亩园怀古》一卷，也被文学山房汇印成《望炊楼丛书》。此外，叶昌炽协助蒋凤藻校刻的《心矩斋丛书》，曾寓居大井巷的赵学南所编刻的《峭帆楼丛书》，皆曾经江氏刷印。至于单行零种，如吴修《青霞馆论画绝句》、袁学澜《零锦集词稿》、梁章钜《仓颉篇校注》、吴云《二百兰亭斋收藏金石记》及武进费氏所刻高仲武《中兴间气集》等，亦经文学山房重新刷印。此外，如王欣夫《蛾术轩箧存善本书录》中记载，他在文学山房见到江标所刻《汪胡尺牍》版片。因书版刻成不久，江标即去世，故尚未刷印。王欣夫急请刷版朱印数部，其自藏一部，今存复旦大学图书馆。

文学山房初期借版、买版刷印之书，均钤有“苏省文学山房经印善本书籍”或“苏省文学山房杏记经印善本书籍”碑式木戳朱记；而后期所印之书，因无此记，故已难一一辨别。至于文学山房所存版片，解放后公私合营，一度转交苏州图书馆保存，颇有损失。后接到政府相关命令，华东地区各地分藏的古旧书版，均移往扬州，由古籍刻印社整理、保存、刷印。而今扬州所存书版，已全部移储扬州版刻博物馆，得到妥善保管。

在刷印已有书版的同时，鉴于当时书市上某些书籍比较畅销，江杏溪就从无锡借到木活字，精选底本，进行排印，汇成《文学山房丛书》，又名《江氏聚珍版丛书》。共计出了四集，目录如下：

初集

唐才子传十卷　元辛文房撰

古今伪书考一卷　清姚际恒撰

思适斋集十八卷　清顾广圻撰

历朝印识一卷附补遗国朝印识一卷附续编　清冯承辉撰

艺芸书舍宋元本书目二卷　清汪士锺藏

别下斋书画录七卷　蒋光煦撰

墨缘小录一卷　清潘曾莹撰

持静斋藏书记要二卷　清莫友芝撰

二集

南濠居士金石文跋四卷　明都穆撰

铁函斋书跋四卷　清杨宾撰

拜经楼藏书题跋记五卷附录一卷　清吴寿旸撰

小鸥波馆画识三卷画寄一卷　清潘曾莹撰

迟鸿轩所见书画录四卷　清杨岘撰

国朝书画家笔录四卷　清窦镇撰

三集

程氏考古编十卷　宋程大昌撰

历代寿考名臣录不分卷　清洪梧等撰

雕菰楼集二十四卷　清焦循撰

　附蜜梅花馆集二卷　清焦廷琥撰

知圣道斋读书跋二卷　清彭元瑞撰

经传释词十卷　清王引之撰

古书疑义举例七卷　清俞樾撰

四集

经读考异八卷补一卷句读叙述二卷补一卷　清武亿撰

附四书考异一卷　清翟灏撰

群经义证八卷　清武亿撰

读书脞录七卷　清孙志祖撰

家语证伪十一卷　清范家相撰

声类四卷　清钱大昕撰

书林扬觯一卷　清方东树撰

西圃题画诗一卷附诗续　清潘遵祁撰

《江氏聚珍版丛书》前有民国十三年（1924）春屈爔序，

可见全书排印当始于同年。而据最后一种《西圃题画诗》扉页潘宝沂题签署“丙寅秋九月下浣”，则全书约告成于民国十五年（1926）。按：屈爔（1880—1963），字伯刚，号弹山。平湖人，寓居苏城大井巷。他曾与邹百耐合设百双楼书店于护龙街，后因意见不合而拆伙，转往五卅路言桥堍开设国学小书摊，抗战后歇业。屈氏为平湖传朴堂葛氏姻亲，曾为编订《传朴堂善本书目》。生前著述颇丰，稿本今多藏上海图书馆。

从《文学山房丛书》所收各书的类别来看，其中经学类特别是小学类著作，以及艺术类中的书画家传记、题跋等著作居多，这间接反映了20世纪20年代读书人的好尚。据江澄波先生回忆，四集丛书中《历代寿考名臣录》最为畅销，因当时顾客多选购此书，作为寿礼送人。笔者曾逐一调查《文学山房丛书》中各书之底本，撰《江氏聚珍版丛书底本考》一文。整部《文学山房丛书》中，虽不免掺杂如《迟鸿轩所见书画录》这样的伪书，但整体在底本选择和文本校勘上都比较严谨。其中，一开始所印几种书不如后期所印精好。究其原因，很可能是江氏刚开始从事排版印刷，相关的经验还比较欠缺所致。

《文学山房丛书》各书正文、序跋及目录均出于排印，只有各书内封乃江氏请人重新雕版。当1926年秋第四集排印完毕，所用木活字送还无锡书肆，仅二十余块书封版片留存家中。文学山房参加公私合营后，版片作为公产存于仓库，至今早已下落不明。由于《文学山房丛书》本身是活字排印，排成刷印若干部后，就要拆版续排它书，故相对印数有限，最后能完整保存一百册，装成十大函者，并不多见。所以，尽管它只是民国间出版物，而今存有整套者亦不常见。

同行与伙计

吴门书业之盛，明清以后，持续时间长达数百年。在如此悠久的历史中，不断有新肆开业，同时也有老店关张。有的传承几代人、数百年，成为著名的坊肆，如席氏扫叶山房。有的只是一代人，经营数十载，却因店主的学识与才干，同样成为名肆，如钱景凯的萃古斋。还有以藏书家的身份设肆者，如黄丕烈晚年就曾在观前开设滂喜园书籍铺，出售家藏及自印之书。不过，这其中还是无名的书肆居多。在这不断开业、关张的交替中，一代代的书估，传承的是买卖最根本的诚信，传播的是承载知识的典籍。至于在新旧交替过程中，往往是旧店催生新店，新肆旧店之间，书籍的种类、价格固然在不断变化，但不变的是做生意的原则。

文学山房从光绪末年的无名小肆，经过三代人、数十年的努力，最终成为东南著名坊肆。与此同时，它也见证了吴门书业的兴衰。在同行中，如江氏祖上曾经工作过的扫叶山房，当时已成为使用石印技术翻印古书，出售新版普通读物的书店。而古旧书肆中，如光绪间杨氏所设来青阁书庄，在 1913 年，就将分店开至上海福州路，将苏州所收古书中的精善之本运至上海，以求善价。

来青阁主人杨云溪，为洞庭东山人。其子早逝，由其孙杨寿祺接手业务。寿祺精于鉴定，曾从陆润庠家中收得南宋建本《礼记郑注》。更从湖南书估李某处，购得南宋书棚本《江湖群贤小集》。其书原为曹寅楝亭旧物，乾嘉间曾归钱景凯萃古斋，旋即售予汪姓，从此便失去踪迹。直到抗战后期，书主携此书出逃，遗落于客车顶上，被人拾获，后经李估之手，转售来青阁，在京、沪两地均引起轰动。吴眉孙、顾廷龙诸先生均撰有经眼记，对之作了详细记录。此书最后由蒋复聪代表中央图书馆，以十三根半金条购去，今藏台北。

作为江澄波先生的同行前辈，杨寿祺在解放前就与他结伴外出访书。如抗战胜利后，他们曾一起前往镇江看金坛冯煦的藏书。江先生此行，收得清泰山磁版《周易说略》，后售予无锡荣氏，今藏无锡市图书馆。解放后，杨寿祺往来于苏沪两地，上海古旧书店的《古旧书讯》向江先生约稿，有时也请杨氏带信。文革中，杨寿祺在常熟的小儿子家中去世。

邹百耐名绍朴，清末翰林邹咏春之子。早年随父居京师，也算是世家公子。辛亥革命后，百耐随父南下，不久邹咏春去世，家道中落。邹百耐遂以家藏之书易米，与屈伯刚合资开设百双楼。至1933年初，因与屈氏意见不合，拆伙后在塔倪巷家中自设百拥楼，招牌由书画家吴湖帆题写。因邹氏早年濡染家学，本人工于书法，故与吴中学人往来颇密。1933年12月，邹百耐就因经理松江韩氏读有用书斋藏书出售事宜而获利颇丰。同时据韩氏家藏《藏书志》稿本，选编成《云间韩氏藏书题识汇录》一稿，请吴梅作序，并撰自序记其贩书经历，其稿今藏上海图书馆。百双楼原有学徒李光皓、华开荣二人。李光皓后自设百城书店于护龙街，其弟李光耀设百城耀记于观前，解放后公私合营，李光皓兄弟二人转入上海复旦大学图书馆。笔者曾就李氏兄弟事询诸馆中潘继安先生，知当时其手中古书仅存数种，轻不示人。至于华开荣为无锡荡口人，解放后一度赴南京博物院工作，后转回苏州图书馆。文革中，华氏曾与叶瑞宝到造纸厂抢救古书善本，馆藏古籍善本多经其手装治修复。2008 年 2 月，华开荣卒于无锡老家。江先生曾有意为邹百耐撰文，存其事迹，闻此讯后，为之叹息不已。

晚清至民国间，与文学山房同时的书肆无虑数十家，每与江先生谈起，如数家珍。而江先生为方便后人查考，曾撰《苏州古旧书业简史》，以存各家事实。兹因限于篇幅，未能逐一介绍。江先生偶尔也说起外埠书估，如北京通学斋的孙殿起，曾在文学山房见过。印象最深的是孙氏随身携带很多小纸条，看到好书，就随时随地将书名、作者、卷数、行款等内容记下来。当看到他所著的《贩书偶记》，才知道孙氏确实是有心人。

相对于同行中的店主留名书史，店中的学徒就显得不那么被人重视了。文学山房的创始人江杏溪，早年在嘉兴学艺，此后江静澜及江澄波先生均因家中本身开设书肆，故不必外出学艺。不过，当时很多新人入行，还是要从当学徒、伙计开始。在文学山房中伙计中，有后来独立开设琴川书店的夏淡人。

夏淡人（1920— ），常熟人。其父原是中医，因有阿芙蓉癖，以致倾家荡产。夏淡人小学四年级时辍学，年仅十五岁，经人介绍先入常熟惠记书店学艺，师从沈惠民。五后年的 1940 年，他经护龙街上存古斋老板严瑞峰介绍，进入文学山房当伙计。据他在《我的书店生涯》中回忆，“文学山房主人江杏溪，我叫他太先生。小老板江静澜，就是现在江澄波先生的父亲。那里业务比较发达，见到的书也多，实践中又得到他们的指点，使我学到了不少版本方面的知识。我在店里的基本工作，还是修补书，在业余时还为店里抄写过几步吴文英的《吴下方言考》，多数销售日本。”三年后，夏淡人因严瑞峰赴北平进货，客死他乡，为报提携之恩，离开文学山房，帮严家维持存古斋。两年后，严氏后人已能独立经营，夏氏乃自谋生计，在吴瀚的瀚海书店门口摆书摊。至1946年，夏淡人借黄慰萱金石山房碑帖铺半间店面，开设琴川书店，店招曾分别请张星阶和吴湖帆题写。次年，因与同行七八家合购吴大澂家中一批遗书，获其底货，经营略有起色。1956年公私合营后，夏淡人转入江苏师范学院（今苏州大学）图书馆工作。手中所存内府铜活字印《古今图书集成》零本、碧筠草堂本《笠泽丛书》等四五部善本前几年方始让出。

在文学山房当伙计的，还有臧炳耀和束荣昌。臧炳耀为常州丹阳人，公私合营后，进入古旧书店工作，一度曾担任业务经理。退休后，在家仍承接修补古籍的工作，至今亦年逾古稀，极少外出。但由于他早年受教育无多，不像夏淡人等能握笔记事，故对其一生经历详知者不多。

年前陪沈燮元先生参观苏州博物馆，坐在长椅上休息的间隙，偶然谈及南北书肆的老人。沈先生屈指数来，北京、上海、苏州三地，昔日的熟人大多已作古人，健在者已寥若晨星。说到北京的郭纪森先生，算起来要九十多了。当年洪煨莲先生去国赴美，请他照看住宅。“文革”过后，洪先生和他取得联系，将房产赠与郭先生。郭先生人真好，把房子捐给了公家。

亦师亦友之间

书肆对书估而言，是赖以谋生的产业，而对于顾客，尤其是学者来说，它就不仅仅是出售印刷品的店铺。其实书估与顾客，很多时候也不是简单的买卖双方的关系，他们在很多时候，处于亦师亦友之间。很多书估在晚年回忆中都提到，年青时在给一些教授、学者送书过程中，受到的教益，对他们产生了深远的影响，乃至促成了他一生的事业。如通学斋的孙殿起，早年就受教于广东学者伦哲如，最终成为北方著名的书估。与之相似，一些学者在回忆早年经历的时候，也会感慨古旧书肆在他们治学之初，所提供的种种便利与帮助，书店中的老人在推荐古书的同时，也无形中将经验知识传授给他们。

民国十八年（1929）秋，文学山房收到一部宋蜀刻陈师道《后山居士文集》。由于此书纸色晦暗，各藏书家皆认为是明代翻刻本。当时二十多岁的潘博山、潘景郑兄弟独具慧眼，认为确是宋本无疑，斥巨资购置，颜其居曰宝山楼。潘博山（1904—1943），名承厚。胞弟景郑（1907—2003），名承弼。乃滂喜斋潘氏后人。大阜潘氏累世显贵，至潘氏兄弟，承其家学，并精鉴赏。承厚早年管理家中产业，经营有方。抗战中参加文献保存同志会，与郑振铎、徐森玉诸先生一起，抢救沦陷区的古籍善本。惜乎英年早逝，去世时年仅四十岁。生前曾编印《明清藏书家尺牍》、《明清画苑尺牍》等。潘景郑早年经李根源推荐，入苏州章氏国学讲习会，师从章太炎先生，并任《制言》杂志编辑。太炎文学院建立后，担任讲师，主讲版本目录学。抗战期间，他加入上海私立合众图书馆，从事古籍编目工作。解放后，一直在上海图书馆工作，直至退休。据江先生回忆，解放之初，潘景郑先生人在上海，苏州老宅中的古物善本等，被开杂货铺的侄儿潘家嵘贱价出售。江先生奉老师之命，挑选所存古籍中的精善之本运往上海。“文革”过后，江先生赴上海看望老师，潘景郑先生说起几天前整理书札，发现一通江先生父亲的信札，即命儿辈取出，交还给他。江先生事后感慨说，自己家中浩劫之后，父辈笔墨竟片纸无存，而今剩此一通，其意义自非同寻常。潘景郑先生与文学山房的往来，在其所撰的题跋中，不时述及，读者可取而观之。

解放初期，顾颉刚先生回到苏州，至文学山房访江静澜，交谈间言及李根源曲石精庐藏书被论斤秤出，又说悬桥巷丁氏义庄中藏书也散出了。所谓丁氏即丁士涵一族，士涵与管庆祺一样，同是陈奂的入室弟子。这些往事，都被顾颉刚先生陆续记入日记和笔记中。顾颉刚先生可以说是文学山房的老顾客，自北平南归，必至山房看书。1953 年，江先生以《文学山房明刻集锦初编》求序于顾先生，序文有云："苏州文学山房夙为书林翘楚，江君景澜及其文郎澄波积累代所学，数列代缥缃如家珍，每有所见，随事寻求，不使古籍有几微之屈。近年故家所藏，大量论斤散出，江君所获之本，屡有残篇。积以岁月，得明刻百六十种。存之则不完，弃之则大可惜，爰师观海堂杨氏《留真谱》之意，分别部居，装成三十馀帙，俾研究版本学者得实物之考镜。"并认为其书远出《留真谱》复制之上，为目录学别开生面之新编。1954 年 3 月，吴下宿儒曹元弼藏书出售，顾颉刚与沈维均、范祥雍等前往观书。至 3 月下旬，诸家选定所需之书后，顾先生为了不让余书被论斤售予纸厂化作纸浆，乃决定各家落选之书均由他购藏，当时费数百元，而所得之书有五千册之多。3 月 22 日，顾先生与沈维均等一天都阊门西街曹家捆书。据其日记所述，当天江澄波先生与文学山房的束荣昌、臧炳耀一同前往帮忙。顾先生去世后，江澄波先生曾撰《顾颉刚先生访书》一文，对两家的交往作了简要的回忆，此文已收入《顾颉刚先生学行录》

至 1956 年公私合营时，文学山房整整经营了五十七年。抗战前后那十多年，是它的鼎盛期。江杏溪在贩售古书的同时，所结识的学者、藏书家不可胜数。30 年代所出《文学山房书目》三期，即分别由叶恭绰、瞿启甲、吴梅题签。据江澄波先生回忆，原藏各家所赠书画成扇就有二百余柄，可惜“文革”中被革命女将一一撕毁，至今孑遗者仅有余觉、傅增湘、吴梅、瞿启甲、吴颖培、张一麐等六七家。江先生所熟识的学者如陈乃乾、郑振铎、王佩诤、阿英、李一氓等，均曾撰文介绍，而更多的则留在了他的记忆深处，言谈中偶一涉及，便会娓娓道来，令听者忘倦。

公私合营与文学山房

公私合营的到来，宣告了私营古旧书肆时代的结束。据苏州图书文具业旧书组织会员调查统计，至 1955 年 5 月，当时苏州所存古旧书肆尚有二十馀家。至 1956 年 1 月，苏州全市私营新、旧书业被批准公私合营。文学山房与大成书店、觉民书社、文庐书庄、征汉阁书店等四家合并，成立古旧书店人民路门市部，使用文学山房的店面。1962 年 7 月，新、旧书店再次合并，“文革”爆发后，又整体转入国营新华书店。

公私合营以后，江澄波先生作为古旧书店员工继续在文学山房门市部工作。由于解放以后，特别是“文革”期间，古籍无人问津，多被卖入造纸厂化浆造回魂纸。而从造纸厂堆积如山的原料堆中翻检古籍，成为当时古旧书店与图书馆员的重要工作之一。

从公私合营至“文革”爆发这十年中，江澄波先生与同事从造纸厂、废品回收站等处，抢救出的古籍善本不计其数。其中有明末归庄手写的《恒轩诗稿》、明柳浪馆刻本《邯郸记》、万历刻本《皇明法传录》、明崇祯刻本《吴中水利全书》、明万历四十五年刻《吴骚合编》、明崇祯五年刻《泰州志》、清康熙刻本《麟阁待传奇》、嘉靖刻本《河间伤寒三书》、明初写本《大明太宗实录》等。而收购所得者，有明弘治四年刻本《宋纪受终考》、吴卓信校本《洛阳伽蓝记》、稿本《竹里述略》、明隆庆铜活字本《袁海叟集》、南宋嘉定刻本《西汉会要》、宝庆刻本《东汉会要》、明万历写刻本《幼幼新书》、稿本《吴郡岁华纪丽》、季锡畴校本《北史》、明万历刻本《治统会要》、明隆庆刻本《正杨》等，分别提供给各地图书馆收藏。

“文革”中，江澄波先生随同古旧书店人员一同下放苏北阜宁县，参加劳动。到了“文革”后期，才回到苏州恢复工作。1973 年，古旧书店收得宋刻小字本《汉书》（存《天文志》）、宋刻本《乐府诗集》、元刻残本《周易象义》、元刻本《明经题断诗义铃式》、元刻本《博物志》、毛抄本《梅花衲》《剪绡集》、明抄本《野客丛书》、宋刻本《容斋随笔》《续笔》等。此后，陆续还收得宋建阳刻本《王状元集注编年杜陵诗史》、明张怡《白云学诗》稿本、明万历朱墨套印本《文选后集》等。

其中，宋刻本《容斋随笔》《续笔》一书，本为沪估携往南浔，适园张氏因与之论价不谐，未能成议，后仍为上海商务印书馆收去，作为底本影印，收入《四部丛刊》。后张元济欲影印适园张氏所藏钱氏述古堂抄本《说文系传》，张钧衡虽答应他的要求，但条件是商务印书馆将《容斋随笔》、《续笔》让归适园。张元济最后接受此条件，故《容斋随笔》仍入藏适园。张钧衡去世后，此书归其长子张乃熊保藏。张乃熊身后，未售中央图书馆之书，数子平分。其一子名张会五者，解放后寄寓苏州，作为工厂的普通工人，“文革”期间家中藏品未受损失，至“文革”后期，由于生活所迫，将此宋本出售。苏州古旧书店收购后，于“文革”以后提供给苏州市图书馆收藏。

“文革”过后，江澄波先生重新正式回古旧书店工作，直到20世纪80年代末退休。至2001年，他在子女的协助下，重设文育山房旧书店。在此期间，他参与了《江苏出版史志丛书》的编纂工作。而他将历年所经眼古籍善本所撰提要，整理成《古刻名抄经眼录》，与《江苏活字印书》一起被列入《出版史志丛书》中公开出版。

文育山房一名，在吴语中与文学山房异字同音。由于文学山房在1956年公私合营的浪潮中，已经成为古旧书店的一部分，其店名无疑也是无形资产。最终老人对于老铺的依依不舍，促生了文育山房。从本质上说，文学山房与江氏本属一体。文学山房是店铺的名称，是外在建筑与设备，而江氏三代所传承的书业传统，才是文学山房的精神所在。从某种意义上说，文育山房、文学山房无疑是一脉相承的。屈指算来，文育山房重设店面至今，也已有十年光景。在这十年中，陆续有海内外的书友从四面八方来到苏州，从建新巷、小太平巷到钮家巷，来追寻江氏文学山房的踪迹。有的有备而来、满载而归，有的蜻蜓点水、稍作停歇，但不管怎样，看到笑迎来客的老主人，无不感叹百年吴门书林，芸香依然在此延续。

编后记

依稀还记得十多年前的一个大热天，初次慕名寻到临顿路南头的文学山房旧书店，第一次与江澄波先生见面的场景。当时他正倚靠着书架，随手翻看朱家溍的《故宫退食录》。彼时的旧书店还叫文育山房，在临河的小太平巷，距老店重开已有五六年时间。不久之后，据说因小太平巷要拆迁，文育山房搬至钮家巷九号，至今又过了五六年，仍每天开门迎客，店名也终于恢复了江氏祖上所创的名号——文学山房。

2008 年 9 月，我进入上海复旦大学古籍所攻读博士学位，导师吴格先生与江翁交情甚深，每年都会来苏州为复旦大学图书馆采购一些古籍线装书，拾遗补缺。因我是苏州人，又与江翁相熟，于是不时充当信差的角色，居中传递书目、信函等。吴师到苏看书时，也常作陪，得以在一旁饫闻书林掌故。2009 年，恰逢文学山房旧书店创设一百十周年，我利用历年搜集的资料，撰写了《三世云烟翰墨香 百年丘壑腹笥藏——江氏文学山房创设百十周年纪念》一文，刊于中华书局《学林漫录》第十八集。在此文末尾，附录了江澄波先生著述简目，将 20 世纪 90 年代江苏人民出版社已刊的《古刻名抄经眼录》、《江苏活字印书》两书之外，江翁历年所撰写的文稿，无论长短、已刊未刊，均网罗其中，分类编排，陆续复印，汇集于一处，成为这部《吴门贩书丛谈》的最初稿。在此过程中，得到吴师、江翁本人及其子女、孙辈等大力支持，故而十分顺利。同年暑期，我用一天时间，到江翁府上，扫描、拍摄了一批老照片、友人投赠书画与信札等，以备他日出版之用。

这部文稿于十年前搜集、编排完成之后，我曾在复旦北区打印店将之复印成五份，其中两份分别交予江翁、吴师。至2011年6月从复旦博士毕业，回到故乡，入职苏州博物馆后的数年间，曾陆续联系北京中华书局、国家图书馆出版社，以及山东齐鲁书社等出版机构，将此文集复印件寄去审查，可惜一段时间之后，都被告知未能通过选题论证。浙江古籍出版社一度有意出版古旧书从业者的贩书录系列，将严宝善、雷梦水、江澄波诸家著作，汇集起来，但因首选的杭州严宝善先生后人不同意重版《贩书经眼录》，出师未捷，也就无果而终了。在此期间，还有一段小的插曲，台湾书友陈逸华兄到大陆寻访旧书店，与我通电邮过程中，获悉江翁有这样一部文稿，热心为之联络北京从事出版业的朋友，将它纳入计划，于是我再次将一份复印件寄京。大约过了一年时间，迟迟没有音讯，我忍不住与陈兄联系，结果被告知，稿件进入文字录入阶段后不久，其友人的事业因故中辍，出版计划遂尔搁置，功败垂成，听闻之下，不无遗憾与惋惜。

直到去年，偶然与当时供职于北方联合出版社的夏艳女士（现已调入北京燕山出版社）结识，聊天中提及江翁有这样一部文稿，她当即决定将之列入出版计划中，给予的条件也较为合适，很快与江澄波先生签订了出版合同，《吴门贩书丛谈》的出版事宜至此终于尘埃落定。尽管前后经历十年之久，当年八十三岁的江澄波先生今已经九十三岁高龄，所幸此书最终得以顺利面世。庆幸之余，我可以说是如释重负。

环顾当今中国，南北各地古旧书从业前辈中硕果仅存者，只有苏州的江澄波、臧炳耀二老。与此同时，经过二十多年的发展壮大，古籍拍卖已取代古旧书店，成为古旧书销售的主要渠道。而无论是旧时贩书者，还是今之古籍拍卖从业者，一生经手古书无数，有著作传世者却十分稀少。一生经历了继承、经营祖传文学山房旧书店，公私合营后成为苏州古旧书店职工，退休后以古稀高龄重新开店的江澄波先生，能利用余暇记录、研究经手古书，撰写数十万字的文稿，保护、传播祖国优秀传统文化，其难能可贵之处，不言自明。

《吴门贩书丛谈》中所收录的文章，无论是纪事，还是记人，都与古书有着千丝万缕的关系。从撰写时间上看，最早的是20世纪80年代初，江先生应邀赴北京中国书店，为新从业人员授课时的油印本讲义。这份讲义虽此后曾经用铅字重新排印过一次，但一直在内部流通，外间不易见到。全书较为简易，对于刚从事古书收藏、古书经营者而言，是一部简明的入门教材；最近者是他所撰写的黄裳、赵万里两位先生纪念文章，类似者还有他与郑振铎、顾颉刚、李一氓、阿英等的交往回忆，从中不难窥见他丰富的经历。

最后，要感谢曾为此书出版提供过帮助的陈逸华、李天飞、南江涛、武良成、况正兵诸君，更要感谢夏艳女士、责编张永奇先生在此书编校过程中所花费心力。江澄波先生以耄耋之年，仍使用放大镜逐字逐句校阅全部书稿，尤其令人钦佩不已。希望不久之后，我们有机会看到已经绝版多年的《古刻名抄经眼录》《江苏活字印书》两种重印面世。

2018年岁次戊戌天贶节后三日，李军记于吴门声闻室

图书在版编目（CIP）数据

吴门贩书丛谈 / 江澄波著 .—北京：北京联合出版公司，2019. 5

ISBN 978-7-5596-3022-3

Ⅰ.①吴…　Ⅱ.①江…　Ⅲ.①古籍—版本学—中国—文集　Ⅳ.①G256.22—53

中国版本图书馆 CIP 数据核字（2019）第 048015 号

吴门贩书丛谈

作　　者：江澄波
责任编辑：张永奇
整体设计：刘　洋
出版发行：北京联合出版有限责任公司
社　　址：北京市西城区德外大街 83 号楼 9 层
邮　　编：100088
电　　话：(010) 64258472—800
印　　刷：北京富诚彩色印刷有限公司
开　　本：880mm×1230mm　1/32
字　　数：530 千字
印　　张：24
版　　次：2019 年 5 月第 1 版
印　　次：2019 年 5 月第 1 次印刷
定　　价：128.00 元（上下册）

文献分社出品